刘昌毅 主编

威海市社会科学优秀成果获奖作品文库

（第十三卷）

社会科学文献出版社
SOCIAL SCIENCES ACADEMIC PRESS (CHINA)

编 委 会

序

"物之所在，道则在焉"。哲学社会科学是人们认识世界、改造世界的重要工具，是推动历史发展和社会进步的重要力量。习近平总书记指出："人类社会每一次重大跃进，人类文明每一次重大发展，都离不开哲学社会科学的知识变革和思想先导"。在推动社会发展进步的过程中，哲学社会科学与自然科学宛如"车之两轮""鸟之双翼"，相互依存、相辅相成，缺一不可。

党的十八大以来，以习近平同志为核心的党中央多次强调要大力加强中国特色新型智库建设，发出了推动哲学社会科学大发展大繁荣的号召，提出了繁荣发展社会科学的战略任务。在哲学社会科学工作座谈会上，习近平总书记明确提出要坚持以马克思主义为指导，解决好真懂真信、为什么人、怎么用的问题，为繁荣发展哲学社会科学事业提供了思想指南和实践动力。同时，贯彻落实威海市第十五次党代会精神，深入实施"全域城市化、市域一体化""产业强市、工业带动、突破发展服务业"等重大战略，争当全省"走在前列"排头兵、实现现代化幸福威海建设新跨越，也需要丰硕的理论创新支撑。时代呼唤哲学社会科学的繁荣发展。站在新的历史起点上，立足威海发展实际，深入研究回答重大理论问题和实践问题，不断推进理论创新和实践创新，提供更多更好的智慧产品，是实现威海现代化宏伟发展蓝图的迫切需要，也是进一步增进共识、凝聚合力的现实要求。

长期以来，威海市委、市政府高度重视哲学社会科学事业的发展，不断完善机制、加大投入、优化环境，打造了一批有特色、有影响的社科品牌，造就了一批知名专家和学术带头人，推出了一批理论创新成果和学术精品。全市广大哲学社会科学工作者坚持以习近平总书记系列重要讲话精神为指导，深入研究和回答党和国家以及我市经济社会发展中面临的理论和实践问题，在理论普及、学术研究、决策咨询等方面，做了大量卓有成效的工作，为推进现代化幸福威海建设事业提供了有力的智力支持，做出了积极贡献。

经过 20 年的实践，威海市社会科学优秀成果奖评选工作，逐步走上科学化、规范化、制度化的轨道，其公信力、权威性和影响力不断增强，成为推介优秀成果、引导研究方向、展示我市社科水平的重要平台，成为促进研究成果应用、转化的有力杠杆，成为发现、培养优秀人才的学术摇篮，对激发广大社科理论工作者的积极性创造性、推动新型智库建设、繁荣发展我市哲学社会科学事业具有重要意义。

《威海市社会科学优秀成果获奖作品文库》（第十一卷~第二十卷）的出版，是对近十年来全市社会科学优秀研究成果的再次认可，也是对哲学社会科学研究的激励与推动。这是一个回顾，是近十年社会科学优秀成果的一个归集；但更是一个展望，是督促全市哲学社会科学进一步繁荣发展的一个新起点。希望全市社会理论工作者，在以习近平总书记为核心的党中央的英明领导下，坚持马克思主义理论学风，深入实际、求真务实、与时俱进、锐意进取，以更加昂扬的斗志，不断取得理论研究的新成果、新成就，为实现现代化幸福威海建设新跨越，做出新贡献。

中共威海市委常委、宣传部长　刘广华

2017 年 9 月

C目录
CONTENTS

金融危机中较困难企业系列调查

岳连宏　李庆民

随着金融危机影响的加剧，威海市部分优势企业及高成长性企业也出现了资金紧张、市场开拓不畅、不能满负荷生产等困难。根据威海市劳动等部门制定的暂时性困难企业标准，目前，全市审核确认的该类困难企业共有 234 家，其中市直企业 18 家。为摸清这些企业生产经营状况，帮助企业共渡难关，根据市委主要领导的指示，我们选取了部分企业进行了深入调查，形成系列报告。

困难企业调查之一

双丰电子集团难在市场

双丰电子集团大概念属于电子行业，小概念属于仪器仪表及文化、办公用机械制造业。威海市该行业有规模以上企业 22 家。金融危机以来，该行业企业特别是以内销为主的企业受危机影响较小，继续保持了高速增长，销售收入 2008 年增长 46.1%，今年一季度增长 33.2%。

高区双丰电子集团是该行业中的骨干企业。公司创立于 1996 年，经过 13 年的高速发展，公司资产已由 70 万元增长到 4 亿元，现有员工 479 人，年实现利税由十几万元增长到 6000 多万元，排在高区第 9 位，经营领域已由单一电子传感器产品拓展到传感器系列产品、地产、物业、生态农业等领域。公司拥有专利技术 40 多项，承担了 MEMS 石油勘探传感器"863"计划 A 类与 B 类课题，研发能力、生产能力已居全国同行业领先水平。

受经济危机的影响，2008 年，公司实现销售收入 2.72 亿元，利税 4417

万元，利润 3581 万元，分别比 2007 年增长 10.1%、−21% 和 −17.6%。今年一季度，公司生产形势更加严峻，共实现销售收入 520 万元，利税 170 万元，同比分别下降 77.4% 和 76.4%。目前，尽管公司开工生产严重不足，但企业没有采取放大假或辞退职工的做法，而是对一线工人采取了"干二休五"的方式。

企业遇到暂时性困难，主要原因有这样三点。一是市场需求急剧下滑。海外市场占公司市场份额的 55%，受国际原油价格的大幅跳水，国际市场需求急剧下滑影响，一季度，公司产品出口 276 万元，比去年同期下降 83%。同时，公司主要海外市场多位于中东、拉美等敏感地区，政局动荡，更加大了市场需求的不确定性。如公司每年与波兰约有 300 万美元的订单，去年波兰在中东石油勘探的总工遇害，致使订单中断。国内中石油、中石化等巨头也将石油勘探费用缩减了 50% 以上，致使国内市场需求萎靡不振，公司在一季度没有接到一笔大的订单。二是受汇率等因素影响。去年，由于美元贬值，对公司造成了 429 万元的损失，原材料涨价增加成本 89 万元，人工费用成本增加 52 万元，合计减少利润 570 万元。三是奥运因素影响。由于国家要求奥运期间禁止勘探爆破作业，对公司国内市场开拓造成了很大影响。

面对困难，双丰集团采取了加大市场开拓、强化研发创新、加强企业管理、压缩费用开支等积极应对措施，公司上下有信心共同努力，克服困难。一是全力争取多拿一些中原油田 1200 万元的招标大单；同时，加强与中石油、中石化高层的交流，争取他们的新订单。二是在去年研发投入 500 万美元的基础上，今年再投入 2000 万元，力争早日攻克油田勘探数据处理系统，拓展公司业务领域，巩固公司在石油勘探方面的优势。三是利用一线工人干二休五的时机，加强员工业务培训，提高业务技能。四是加大欠款回笼力度，缓解公司资金压力。

调研过程中，公司希望政府能帮助解决以下困难。一是给予研发资金政策扶持。目前公司研发的油田勘探数据处理系统正处于关键时期，今年就可以生产出样机，该成果一旦通过专家论证，不仅在技术上可以填补国内空白，而且可以大大拓展公司的市场空间，据保守估计，仅油田勘探领域每年就可以为公司增加 1 亿元的市场份额。另外，该产品还能广泛应用于潜艇声呐系统、远洋渔业作业等领域。由于公司今年开工项目较多，目前资金非常紧张，虽经公司多方努力，但仍有 2500 万元的资金缺口，希望有关部门能考虑将该研发课题列入省级重点项目，获得省级政策上的扶持，同时帮助协调金融部门给予信贷倾斜，增强企业发展后劲。二是享受 2008 年高新技术企业税收政策上的优惠。公司多年来一直是省级高新技术企业，享受国家对高新技术企业的税收优惠政策，但公司为筹备上市，2007 年 12 月 31 日重新成立了股份公司，而国家在 2008 年出台的高新技术企业管理认定政策规定，成立不满一年的公司不能认定为高新技术企业，致使公司 2008 年只能按照一般企业上缴税收。鉴于企业处在非常困难时期，资金非常紧张，希望政府能考虑双丰的特殊情况，协调有关部门使企业 2008 年继续享受高新技术企业的税收优惠政策。

困难企业调查之二

威海中威橡胶公司难在出口受阻

威海中威橡胶有限公司前身是山东威海橡胶厂，始建于 1927 年，是威海市唯一一个近百岁的老字号工业企业。2002 年改制，主要产品由布面胶鞋转为斜交胎，现有职工 956 人。最好年份 2005 年销售收入达到 2.16 亿元，实现利润 902 万元，税金 1143 万元。金融危机以来，企业一度处于比较困难的境地，2008 年，销售收入、实现利润分别比上年下降 21.87% 和 72.75%；今年以来，生产有所回暖，除 1 月份因"两节"等原因比去年同期下降 39% 外，2、3、4 三个月均比同期略有增长，1~4 月份完成销售收入 4391 万元，同比下降 22.6%，用电量 248 万度，同比下降 13%，按可比口径下降 8.7%。但企业实现利润、上缴税金大幅上升。去年 1~4 月份企业亏损 135.8 万元，今年盈利 251.4 万元，实缴税金 551 万元，同比增长 207.8%。

企业盈利大幅增长的原因有两个方面。一是原材料价格和汇率的原因。去年原材料价格大幅上升，导致企业综合成本上涨 21.9%，美元贬值使企业损失 170 多万元。今年原材料价格相对较低，汇率相对稳定。二是革新挖潜，降低消耗。企业开展了多项革新挖潜、节能降耗活动，比如在电力消耗上，利用峰谷用电等比同期节约 4.3%。

目前企业的主要困难是出口受阻。该企业出口占 46%，其中美国市场又占了出口总量的 80% 左右。金融危机以来，欧美市场需求严重萎缩，对该企业影响较大。虽然企业采取了改变出口产品运作模式、强化服务、稳定老客户群体、大力开拓新市场等积极应对措施，但受危机和美国反倾销的影响，出口订单与去年相比还是不够理想。今年 1~4 月份，实现出口 1456.7 万元，同比下降 43.2%。就该企业来说，出口受阻除了市场本身原因外，还有代理商实力偏弱的原因。从出口的前景看，反倾销应诉失败，直接影响了公司非公路轮胎的出口；奥巴马政府最近签署的特保议案，又将直接影响该厂轻卡轮胎的出口，前景不容乐观。

面对当前的困难，该企业首先在思想上做好了应对危机进一步恶化的准备，在具体措施上做到了以下几点。一是进一步明确产品定位和发展方向。加快产品结构调整，大力发展适销对路的工业胎、港口胎、矿坑胎、实心胎等专用轮胎，强化局部市场占有率高、产品信誉度高的轻卡胎、农用胎促销力度，扩产量，上规模；胶鞋产品在稳定传统产品的基础上，加快时装鞋的开发，争取6月中旬投入批量生产。二是强化自主研发能力，积极开拓国际市场。尽管国际金融危机严重制约着国际市场对轮胎产品的消费需求，但技术含量高、环保型的产品在国际市场上仍有很大的需求空间。针对这一特点，企业积极研发高负荷无印痕环保型粘结式实心胎等新产品，迅速投入批量生产，成为公司新的经济增长点。三是在市场调研基础上，采取激励机制，把技术人员推向市场，使产品研发与市场结合更加紧密。同时，采取产品市场差异化策略，针对不同市场投放不同档次、不同价位的产品，真正做到一切围绕市场转，把市场做活、做大、做强。四是加大节约挖潜力度，依靠技术改造和有效管理不断提高成本控制在生产过程中的针对性和实效性，降低产品成本，提升产品利润空间。五是科学分析市场行情，做好原材料采购工作。从一季度的原材料市场情况看，原材料价格止跌企稳，并有所回升，针对这种情况，下一步要紧盯原材料市场，抓住时机，及时追加原材料库存，防止产品成本出现较大波动。

虽然全球经济的寒冬使企业发展道路充满着艰辛与曲折，但是管理层对未来充满信心。2009年，预计完成工业总产值2亿元，销售收入1.9亿元，比上年增长16.5%，实现利润600万元，增长215%，实缴税金1000万元，增长180%。

困难企业调查之三

百圣源集团公司难在流动资金紧缺

百圣源集团公司属于专用设备制造业。威海市该行业规模以上企业共有66家。随着金融危机的加深，对该行业冲击也越来越明显。2008年规模以上企业实现销售收入147亿元，增长27%；今年一季度实现销售收入51.2亿元，增长 5.6%，增幅回落明显。

经区百圣源集团公司是木工机械和数控机床制造企业中的骨干企业。公司前身是经区直属的集体企业，2003 年进行了职工持股、管理层持大股的股份制改造。现有在岗员工 645 人，总资产 2.8 亿元，净资产 7429 万元。受经济危机的影响，公司 2008 年实现销售收入 1.9 亿元，利税 1315 万元，同比下降 19.3% 和 14.3%；今年 1～4 月份，实现销售收入 3150 万元，利税 243 万元，同比下降 57.4% 和 52.9%。但与去年第四季度相比，市场订单特别是国内市场订单已明显转暖，特别是公司的主打产品——胶合板生产线设备，作为国内唯一生产全套设备的厂家，销售前景非常看好。目前，公司在手订单5000 多万元，加上在谈订单，能满足企业到国庆节前的正常生产任务。

当前，困扰企业发展的最大难题是流动资金不足。由于公司采取合同签订后收 30% 定金为客户垫资生产的模式，合同一旦签订后，就需要有足额流动资金才能保持企业正常的生产经营。目前公司流动资金严重缺乏，并且公司的土地、房产等均已质押，再无抵押物可从银行融资。造成这种困局的原因有三点。一是国外签约客户撤单导致产品积压占用了巨额资金。公司产品外销比例约占公司总销售额的 1/3 左右，受经济危机影响，巴西、东南亚国家和地区的一些客户由于受资金、市场等因素的影响，出现了撤单和延期提货现象，其中巴西一家客户 600 多万美元的合同出现了撤单，致使公司垫资4000 多万元生产的产品全部积压在仓库。二是安置拆迁职工占用了巨额资金。环山路修建时拆迁了公司 100 多户职工的房屋，但这些房屋没有办理产权证，不能享受拆迁补偿，公司只得到修路占地补偿 1000 多万元，为安置职工，公司只能投巨资修建新的职工宿舍楼，又正好遇到了房地产业寒流，公司采用的商业店铺补偿职工宿舍的开发计划受阻，公司在前期规划、设计、基础等环节投入的 5000 多万巨资沉淀。三是银行利息高。公司现有贷款 1.5 亿元，每年仅利息支出就高达 1200 万元。四是企业历史负担沉重。公司作为一家老集体企业，现有 600 多名离岗职工，每年为其发放生活费和交纳三金就需要570 万元。

流动资金短缺已严重影响了公司生产经营。一是订单产品不能按期交付。1～4 月份，公司已完成交付了 2000 多万元的订单产品，尚有近 5000 万元的订单产品因资金不足，不能正常生产，只能延期交货，严重影响了公司在长期合作客户和优质客户群中的声誉。二是高附加值新产品不能上马。公司开发出的"单卡无卡旋切机"目前只有日本企业能够生产，每台售价在 150 万美元左右，就是按 150 万元人民币计算，其利润率也在 50% 以上；开发出的立式刨切机与横式刨切机相比，其利润率可提高7倍。但苦于资金掣肘，新产品不能投入生产。三是研发投入严重不足。公司研发中心是省级工程技术研究中心和企业技术中心，但每年的研发投入只有30万元左右，不仅大大低于有关要求，也与企业自身发展不相适应，必将严重影响企业的发展后劲。

面对困局，公司管理层采取了加大市场开拓力度，多抢优质订单；优化产品结构，开发高附加值新产品；压缩非生产性开支，精简非生产人员等一系列开源节流措施。但因困难太大，企业无力短时期内从根本上解决流动资金不足的难题。特别是公司的银行贷款和银行承兑汇票到期后，如果不能续贷，一旦资金链断裂，企业将陷入崩溃边缘。因此，企业希望政府能在融资、税费等方面予以政策倾斜，帮助企业化解流动资金短缺的困难，特别是在贷款到期后，能及时提供短期的周转资金，帮助企业渡过难关。

困难企业调查之四

威海市海运公司难在行业低谷

威海市海运有限责任公司属运输物流行业。金融危机以来，国际贸易量急剧下滑，作为国际大宗货物运输主要力量的海运企业受到严重冲击，反映海运行业景气情况的波罗的海指数从最高的19000多点，高台跳水至1500多点，后虽有反弹，但始终在2200点上下波动。体现在威海市海运企业上，2008年海上货物运输量1038万吨，同比下降5.9%；今年一季度只有150.3万吨，同比下降41.3%。

威海市海运有限责任公司是全市运输物流行业的骨干企业。公司成立于1988年，1995年取得国际海运经营资质，1999年改制为有限责任公司。目前，公司总资产发展到1.4亿元，净资产8000多万元，公司职工197人，其中船员160多人。受金融危机的冲击，2008年实现营业收入4600万元，利润276万元，同比分别下降8%和60%；今年1～4月份，营业收入820万元，同比下降了70%，亏损额达280万元。

主要原因如下。一是业务量大幅萎缩。受金融危机影响，去年8月份以来，国际贸易交往急剧减少，公司虽然采取了拓展货源腹地、加大国内业务等积极应对措施，但业务量仍大幅下滑，今年一季度，国际货运业务量不到去年同期的1/3，国内业务量也只有去年同期的一半。二是运输价格急剧下滑。高峰时中韩航线、中日航线标准集装箱运价达到800美元/箱，正常价格也在 400 美元/箱左右，而目前为负运价，也就是为客户白载货或倒贴钱，只赚取燃油附加费、洗箱费、堆存费、租箱费等；中欧等远洋航线也由高峰时的 3400 美元/箱降至 200 美元/箱；国内运费价格平均下降了 2/3。三是行业内的无序竞争。由于海运市场进入限制较少，受高额利润的吸引，市场好时，一些地产、煤炭企业老板短时间就能筹集巨额资金新上运输船只。据交通部统计，去年上半年，国内海运业务 80% 都不是由海运专业公司经营的。而公司业务量较大的中韩航线，仅威海市就有 5 家企业在经营，市场好的时候大家都吃不饱，目前国际海运市场恶化，都只能硬挺着。而周边的大连、青岛、烟台、日照等市，都只有一家公司经营中韩航线，经营情况相对我们而言要好许多。四是运输成本增加。海运企业是燃油消耗大户，按常年平均价格计算，燃油成本占国际海运成本的 50%，占国内海运成本的 80%。国家实行燃油附加税改革后，由于海上运输船只不享受燃油补贴，只取消了港航等费用，使海运综合成本增加了 20%。

海运行业复苏，不仅取决于国内经济形势的好转，更重要的是国际大环境改善。据业内专家估计，海运行业至少还有 1 年的寒冬期。面对困难局面，公司制定了"减少亏损、稳定队伍、拓展腹地、巩固客户"的"过冬"策略。一方面缩短船员轮换周期，稳定船员队伍；另一方面大力发展外贸内支线，加强海陆物流合作，拓展货源腹地，巩固长期客户，发展新的市场。但由于整个海运行业处于低谷期，单靠企业自身努力仍无法摆脱困境，如果无法挺过"寒冬"期，不仅企业自身难保，而且对全市招商引资大环境将会造成不利影响。调研过程中，企业希望政府对在国内注册的运输船只给予燃油补贴扶持，以降低运输成本，帮助企业度过困难时期。

困难企业调查之五

福源聚氨酯公司难在产品结构调整

福源聚氨酯公司属化学原料及化学制品制造业。全市该行业规模以上企业共有 73 家。金融危机以来，该行业规模以上企业虽受到一定冲击，但仍保持了较快速度的增长，2008 年实现销售收入 163.9 亿元，增长 19.6%；今年一季度实现销售收入 38.1 亿元，增长 20.4%。

环翠区福源聚氨酯公司属该行业中的中小企业，受危机冲击严重。公司前身为区属烫金材料厂，1997 年被定为特困企业。1998 年，通过改组管理层，内强管理，外拓市场，企业逐渐步入翻番增长轨道，2004年达到高峰，只有120人的企业，当年销售收入突破2000万元，利税1000万元，利润900多万元。2005年，随着国际原油价格的新一轮攀升，生产成本持续增加，而出口退税却由原来的15%下调至5%，利润逐年下降。目前，公司总资产2941万元，净资产1880万元，2008年实现销售收入1053万元，利税273万元，同比下降7.2%和3.2%。今年1~4月份，公司销售收入只有80.6万元，同比下降84.5%，亏损52.4万元，企业基本处于停产状态。

造成目前困难的主要原因有两点。一是老产品订单急剧萎缩。公司主导产品为外销的无充气轮胎和内销的重型汽车外装饰件，受金融危机的冲击，去年10月份以来，公司基本没有接到国外订单，而国内订单与往年相比也下降了80%，且到目前为止，市场需求仍没有出现好转的迹象。二是新产品研发储备滞后。企业虽然在几年前就认识到产品单一、结构不合理、市场空间狭窄的问题，但由于主导产品市场需求一直比较旺盛，放慢了新产品研发步伐，导致公司对市场应用领域广阔的新产品研发投入不足。眼下老产品市场需求受阻，使企业陷入困境。

面对这种情况，管理层一方面狠抓职工队伍的稳定，按国家规定政策，为停产休假职工发放70%的工资，及时足额上缴"五金"，并利用休假期间加强职工队伍培训，提高业务技能。另一方面，从去年下半年开始，迅速投入新产品研发，发挥与中科院化学研究所联合成立新材料技术研发中心的优势，开发出目前国内尚处空白的聚邻苯二甲酸二烯丙酯新材料，能广泛应用于航天、飞机、军工、电器电子、印刷等领域，国际上也只有日本一家企业生产同类产品。该成果已通过了三次中试，下半年将进入试生产阶段，一旦成功，公司有望步入新一轮快速发展周期。

调研过程中，企业希望政府进一步加大对研发创新的扶持力度，特别是对科技型中小企业，在资金、政策、税费等方面予以倾斜，以帮助企业早日渡过难关。

困难企业调查之六

威海新威量量具公司难在产品单一

威海新威量量具有限责任公司属于仪器仪表及文化、办公用机械制造业，虽然公司总体规模不大，但却是国内年产量最大的专业量表生产厂家。金融危机以来，该行业中外销比例较大的中小企业受到明显冲击。公司产品外销比例达 60% 以上，从去年 8 月份开始，国外订单锐减，8~12 月份，月平均生产量不足上半年的 1/5，月平均亏损 20 多万元。2008 年全年完成销售收入 5000 万元，利税 360 万元，分别占年初计划的 90% 和 40%。今年以来，受国家刺激经济发展政策的影响，国内市场逐渐恢复，目前，国内市场月销售量已达到正常年份的平均数，而出口量只有正常年份的一半，以前国外一单产品就成千上万套，现在只有一些几十套、几百套的小单子。1~4 月份，公司实现销售收入 1500 万元，亏损近百万元。公司开工量约占生产能力的 60%，400 多名职工实行轮休。

造成目前困局的原因，除了受经济危机影响，国际市场大幅萎缩外，其最根本的原因还在于公司产品单一，国内市场狭小。公司目前主打产品为百分表、内径表、卡规、杠杆表等四类专用测量仪表，年生产能力 50 万套，其中 40% 内销，约占国内市场的 1/3。由于国内市场需求总量较小，且公司国内市场占有率已经很高，因此，尽管国内市场回暖，但对公司走出困境拉动作用并不明显。面对这种局面，公司管理层采取了积极应对措施。一是与上海工具厂合作，进一步扩大内销比例。上海工具厂是国内专业生产各类刀具的老牌著名厂家，其产品在国内外享有很高的知名度，国内销售网络庞大。公司与其合作，借助他们的销售网络，将公司量表产品与他们的刀具产品捆绑销售，进一步扩大公司产品在国内的占有率。目前，公司月销售额在 200 万元左右，如果借助他们的网络，将月销售额提高到 300 万元，公司就能扭转目前亏损的局面。二是专业做精，规格做全。利用当前生产空闲，对现有产品生产工艺进行改造，提升质量，提高效率。同时，对各种产品断档的规格进行补缺，努力打造专用量表一站式供应商，增强公司的市场竞争能力。三是积极寻求合作，拓宽发展路子。由于公司产品国内外市场需求总量较小，公司可以努力做专做强，但很难做大。管理层已意识到这一点，目前正与澳大利亚客商洽谈，准备利用当前投资成本较低的机遇，新上游泳馆热泵项目。

调研过程中，公司反映，由于国家将排污、排气等环保标准提高了一个数量级，公司电镀分厂搬迁过程中新上节能减排设备增加了 30% 的投资，希望有关部门能给予扶持，减轻公司的资金压力。

（作者单位：中共威海市委政策研究室）

现代海水养殖产业技术创新战略联盟建设初探

张 杰

引 言

当今世界，随着科学技术的迅猛发展，促进了世界各国经济的高速增长，科技进步与经济发展之间的关系越来越密切。有资料表明，在发达国家，20世纪初期科技对经济发展的贡献率仅为5%～20%，而到20世纪中叶已经上升到了50%，80年代上升到了60%～80%。这表明，经济的增长不再是依靠传统意义上的劳动力和生产资料的高消耗，而是依靠科学技术。

与此同时，走以市场为导向，以企业为主体，产学研一体化的创新道路，已经成为世界各国经济与社会发展、增强综合国力和提升国际竞争力的一般规律。产学研合作创新已经成为知识转换成经济效益的最有效途径，是技术创新、经济发展的必然要求。适应这一发展要求，美国DEC公司总裁简·霍普兰德（J. Hop-land）和管理学家罗杰·奈杰尔（R. Nigel）在20世纪80年代提出战略联盟的概念。从此，战略联盟成为管理学界和企业界关注的焦点，并得到迅猛发展。

形势的发展变化，使技术创新成了企业发展和竞争力提高的动力和源泉。但是企业不可能占有创新所需的全部资源，所以能够有效利用高等院校、科研单位的创新资源，进行产学研合作创新，就成为推动企业提升自主创新能力的主要途径。我国自1992年开始，由国家经贸委、国家教委和中国科学院联合组织实施了产学研联合工程，促使我国的产学研合作走上了正规化道路。随着我国市场经济的逐步发展，产学研合作创新逐步走上了更高级的形式——产业技术创新战略联盟。所谓产业技术创新战略联盟，就是指企业、高校和科研单位基于共同的创新目标而结成的开发新技术、新产品或者专业项目以获取市场竞争优势的战略联盟。这一新的产学研合作形式与以往产学研合作的主要区别在于，联盟要求成员单位之间共担风险、共享利益。

自 2000 年开始，我国国内有关战略联盟的研究日渐增多。2007 年，我国首批 4 个产业技术创新战略联盟——钢铁可循环流程技术创新战略联盟、新一代煤（能源）化工产业技术创新战略联盟、农业装备产业技术创新战略联盟、煤炭开发利用技术创新战略联盟正式成立，并取得了显著的运行效果。2008 年，科技部等六部门《关于推动产业技术创新战略联盟构建的指导意见》（国科发政〔2008〕770 号）、《国家技术创新工程总体实施方案》（国科发政〔2009〕269 号），以及《国家科技计划支持产业技术创新战略联盟暂行规定》（国科发计〔2008〕338 号）等文件，力求加快建立以企业为主体、市场为导向、产学研相结合的技术创新体系，促进经济结构调整和产业优化升级，提升产业核心竞争力，实现创新驱动发展。

2008 年，经寻山集团有限公司发起，联合大连獐子岛集团、好当家集团、烟台东方水产有限公司、中国海洋大学、中科院海洋所、水科院黄海所等 29 家国内海水养殖领域的优势企业和科研单位，组成了现代海水养殖产业技术创新战略联盟，并于 2009 年 12 月举行了成立大会。

作为一个新生事物，为了促进产业技术创新战略联盟的健康发展，我们以现代海水养殖产业技术创新战略联盟（以下简称"联盟"）为对象，对相关情况进行了研究，并形成报告如下。

第一章　联盟产生的背景

一　产业发展背景

人类食物的来源大约 90% 来自耕地和牧场，10% 来自蓝色的海洋水域。但随着人口不断增加和耕地资源不断减少，海洋渔业的重要性越来越显现出来，将成为人类解决人口、资源、环境压力的重要途径。

20 世纪 50 年代以来，我国的海水养殖业先后经历了以海带为代表的藻类养殖、以中国对虾为代表的虾类养殖、以扇贝为代表的贝类养殖和以鲆鲽鱼为代表的鱼类养殖等 4 次高潮，目前正向集约化、生态化、高效化发展，海水养殖品种达到上百个，2008 年全国海水养殖总产量达到 1200 多万吨，成为大农业中发展最快、活力最强、经济效益最高的支柱产业之一。我国水产品产量连续 10 多年居世界首位，水产品产量占我国动物性食物生产量的 1/3；我国是世界上唯一一个养殖产量超过捕捞产量的国家，水产品总量的近 70% 来自于养殖；我国渔业人口超过 2000 万人，其中约 70% 从事海水养殖业；我国水产品对外贸易量年均增幅达 20% 左右，出口额连续 6 年居大宗农产品首位。目前，我国海水养殖的主要品种是滤食性贝类和藻类。据测算，生产 1 吨贝类（湿重）可从海水中除掉 7 公斤无机氮和 0.8 公斤的磷。以我国海水贝类年产量 1000 万吨计算，每年通过养殖贝类能从近海水域中消除 7 万吨无机氮和 8000 吨的无机磷。此外，贝类在生长过程中可吸收固化大量的 CO_2 作为贝壳的组成部分，以目前养殖贝类产量测算，每年可固化 CO_2 290 万吨。因此，海水养殖及海产品加工产业在保障国家粮食需求、改善人民膳食结构和提高营养水平、调整农业结构、节能减排、解决沿海"三农"问题及社会主义新农村建设等方面发挥着巨大作用。

过去的 20 余年，从"养捕兼举"到"以养为主"的发展方针，促进了我国海水养殖与海产品加工业的快速发展，对提高人民生活水平和促进国民经济发展做出了重大贡献，但也存在一些问题，主要表现在：

1. 资源环境的刚性约束与渔业可持续发展之间的矛盾日益尖锐

随着工业的发展和城市扩容，沿海优良的养殖水域、滩涂被大量占用，传统的养殖区域受到挤压，旅游、航运等产业开发与养殖业发展的矛盾日益尖锐；城市化、工业化速度的加快使部分养殖水域受到污染，鱼类的产卵场遭受破坏，珍稀水生野生动植物濒危程度加剧；沿海捕捞渔船多、渔民转产转业安置困难的现状，加剧了渔民生产生活与资源保护的矛盾和难度；近海渔业资源严重衰竭、水域生境"荒漠化"现象突出；局部水域滩涂过度开发、水产养殖病害发生频繁、效益下降、抗风险能力弱等，对海水养殖业可持续发展构成严重威胁。

2. 市场对水产品质量安全要求日益提高与我国水产品质量安全保障水平的矛盾日益突出

随着经济的发展和人民生活水平的提高，国内外消费市场对水产品质量安全要求越来越高。但目前我国水产养殖不合理用药现象仍较为普遍，水产品药残超标事件屡有发生；部分渔业水域环境质量下降，导致水产品被污染或携带病毒、细菌、寄生虫、生物毒素的概率增加；加工企业质量风险防范意识不强，加工过程中仍存在使用禁用物质或掺假使假行为，水产品质量安全尚存在很多隐患。水产品质量问题已成为制约海水养殖与海产品加工产业增效、扩大和巩固国内外水产品市场，以及保证消费者食用安全的关键因素。

3. 海水养殖业增长方式转变的迫切要求与当前科技发展水平不相适应

目前，我国渔业科技由于受体制等多方因素的制约，现有的科研能力和创新水平无法满足养殖业增长方式转变的迫切需要。主要表现为：适于养殖的优良水产苗种遗传改良率仅为16%，远低于种植业和畜牧业；海水养殖病害呈多发、频发，且呈逐年加重趋势；疫苗等安全、有效的专用渔药研发滞后，导致在养殖、保鲜、运输、加工过程中不合理使用农药、兽药或化工产品的现象较为普遍；海水鱼类养殖饲料主要依赖投喂天然鱼虾，资源浪费现象严重；80%以上的工厂化养殖采用"大进大出"的用水方式，既不利于水环境保护，也造成地下水资源浪费和能源消耗严重等问题。海水养殖业发展总体上还没有摆脱依靠生产规模扩张和大量消耗自然资源为主的粗放式经营方式。

当然，我国海水养殖业的发展也面临着难得的机遇。

1. 社会主义新农村建设为渔业发展提供了有利的宏观环境

党的十六届五中全会提出建设社会主义新农村的战略部署，是中央以工促农、以城带乡的"两个趋向"重要论断在"三农"工作中的具体体现，有利于各级政府加大对"三农""多予、少取、放活"的力度，促进农业农村经济全面发展；有利于广开农（渔）民增收渠道，建立农民增收的长效机制；农业部养殖增长方式转变等"九大行动"的实施为渔业加速步入科学发展的轨道创造了条件。这将使我国海水养殖业发展处于一个有利的宏观环境之中。

2. 市场需求的稳步增长为拓展海水养殖业发展空间创造了条件

随着我国经济的发展和居民生活水平的提高，海产品的消费结构也将趋于优质化、多样化。垂钓和观赏渔业将成为城镇居民休闲娱乐的重要方式，农村市场的开拓也将拉动常规水产品消费市场。据预测，2001年至2010年我国水产品总需求量将以每年2.3%的速度增长，全球人均水产品消费量也将由16公斤增加到2030年的19~21公斤。由于世界范围内海洋渔业资源呈衰退趋势，未来国际水产品消费市场的缺口将主要依赖养殖产品补充。我国渔业具有养殖生产规模大、技术先进、劳动力资源丰富、加工能力强等优势。国内外水产品市场需求增长将有利于发挥我国竞争优势，并为我国海水养殖业发展提供广阔的空间。

3. 海水养殖业发展能够为保障我国粮食安全继续发挥重要作用

随着人口高峰、工业化高峰和城镇化高峰来临，耕地保护形势日趋严峻，粮食安全保障任务十分艰巨。渔业是农业的重要产业之一，对保障人们食品的安全供给有着重要作用。据对 1990～2004 年我国居民食品消费情况的调查，城镇居民家庭人均年粮食消费由 1990 年的 130.72 公斤，减少到 2004 年的 78.14 公斤，而水产品人均年消费由 1990 年的 7.69 公斤增加到 2004 年的 12.48 公斤；农村居民家庭人均年粮食消费由 1990 年的 262.08 公斤，减少到 2004 年的 218.27 公斤，而水产品由 1990 年的 2.13 公斤增至 2004 年的 4.49 公斤。水产品在改善人们膳食和营养结构中的作用明显。同时，水产动物具有饲料转换率高、水产养殖占地少、海洋生物资源具有可再生的优势，所以渔业在我国未来大粮食安全体系的构建中可以发挥更加重要的作用。

二 我国存在的差距和不足

现代海水养殖产业的核心技术主要集中在种质培养与繁育、新生产模式、生物安全保障、产品精制与质量安全、近海资源与环境养护修复等方面。

在种质培养与繁育上，世界领域内已对 200 多种鱼的精子，其中有 30 多种海水鱼类精子，10 多种贝类的配子及胚胎，以及虾类、海胆、蟹类等超低温保存技术进行了研究。目前国际上日本学者成功地将雄性虹鳟鱼的精原干细胞移植到雌性幼虹鳟鱼体内，并最终使其发育成为卵子。欧美、日本等国在海洋微生物资源库建设方面已做了大量的工作，例如美国佛罗里达州港区海洋研究所的海洋微生物菌种保藏中心已收集了 16000 余株海洋细菌和真菌。美国、英国、日本、澳大利亚等国纷纷将海洋生物，尤其是经济海洋生物（鱼、虾、贝、藻）的遗传育种研究列为重点发展方向，建立了不同海洋生物的不同密度的遗传连锁图谱，筛选、定位和克隆一批性状相关基因。我国在重要养殖动物的育种原理方面取得了重要进展，构建了中国对虾、栉孔扇贝等 10 余种水产经济动物的遗传连锁图谱，并在某些物种中实现了生长等重要 QTLs 的初步定位；在繁殖生物学、营养生理学、动物性控原理等方面取得一系列进展，为突破优良种质的创制提供了理论基础，运用 BLUP 方法成功培育出了"蓬莱红"栉孔扇贝新品种。我国最早在国际上完成了对虾 WSSV 的全基因组序列测定，测定和分析了多种鱼类虹彩病毒基因组全序列；开展了螺旋藻、牡蛎等全基因组测序，完成了鱼腥藻基因组草图的绘制。利用生物信息学技术，建立了具有中国资源特色的基因数据库。

在新生产模式上，我国拥有世界规模最大的近海养殖产业，在世界处于领先地位。但是，在外海养殖、海洋牧场方面发展得较晚。目前，美国在外海养殖、韩国在海洋牧场建设上处于领先地位。我国在浅海滩涂海水藻类养殖、贝类养殖、多营养层次综合养殖技术、深水抗风浪筏式养殖和网箱养殖、工厂化鱼类养殖等方面都有了长足的进步，有些技术如贝—藻—鱼等多营养层次综合养殖技术已处于世界先进水平。

在产品精制与质量安全上，发达国家在水产品加工和质量安全研究方面的研究基础扎实，加工仪器设备的自动化程度高，研究思路超前，高水平创新成果不断产生。目前，日本的全鱼利用率已达到 97% ~ 98%。为了保障水产品安全生产，国外针对水产品产地认证和生产过程控制制定了一系列措施，如起源于欧洲的良好农业规范（GAP）、起源于美国的危害分析与关键控制点体系（HACCP）等，不仅在发达国家得到了广泛应用，而且在我国也逐步得到重视和认可。我国在海洋农产品精制与食品安全技术方面，低值鱼类、鱿鱼、海带等大宗海洋食品资源的精制及养殖海珍品的精深加工取得了一批重大技术成果，攻克了一批海产品精深加工关键技术难题，储备了一批具有前瞻性和产业需求的技术；开展了海洋食品质量安全控制技术研究，建立了重要海洋食品微生物危害定量风险评估技术和海洋食品溯源技术。

在近海资源与环境养护修复上，世界各国和相关国际组织采取不同措施，以实现近海生物资源的养护和合理利用，大力推进人工鱼礁研制和示范，确保海洋及其水域生态系统的平衡。日本等国将渔业资源修复和生态环境保护作为其渔业可持续发展的重要战略，采用了限额捕捞制度（TAC 制度）来进行渔业利用和管理，以实现渔业资源的可持续利用目的。容量评估技术仍将是各国水产养殖学专家所关注的热点之一。日本学者对虾夷扇贝的养殖容量研究取得了一系列的成果，为解决大量死亡等问题提出了可靠的理论依据。欧美各国学者相继进行了贝类养殖海区养殖容量的研究。我国在近海渔业资源修复养护技术方面，发展了近海鱼、虾、蟹、海蜇等苗种放流和贝类底播增殖技术，开展了水生生物自然保护区建设和濒危水生野生动物救助。建立了典型海域和浅海筏式养殖系统养殖容量评估指标体系，评估了实验海区养殖容量，构建多元复合养殖体系；在环渤海地区典型的淤泥质海岸带建立了海岸带生境退化的动态监测方法，进行了生境修复、生物资源恢复的关键技术研究。

经过几十年的技术创新和产业化发展，我国海洋经济正在由海洋资源优势向海洋区域竞争和产业发展优势转变。但是，就总体而言，我国的海水养殖与海产品加工产业还存在许多不足。一是养殖种类和养殖规模与产量居世界首位，但生产工艺优化不足，产品质量保障体系不健全，产品质量安全令人担忧；二是海洋渔业综合养殖、生态养殖模式推广应用不足，现有技术的集成示范水平不高，共性关键技术集成与示范应用欠缺；三是养殖水域污染控制与环境修复技术已经起步，但缺乏大面积推广应用和综合调控技术的集成与示范；四是工厂化养殖水处理设备和网箱性能等部分单项技术已接近国际先进水平，但在技术与设备的系统性和工程化方面，同发达国家比较存在较大差距；五是优良养殖品种培育技术有较大突破，养殖新品种不断出现，但良种覆盖率低、支撑体系薄弱问题没有从根本上解决；六是海产品精深加工高效利用技术有了显著进步，产业化规模和技术水平迅速提升，但资源利用率低、产品附加值低、生态和经济效益不高的问题仍然比较突出。尤其是缺乏上升到国家层面的、可操作性强的产品安全控制技术体系。

鉴于上述情况，寻山集团联合国内相关优势单位，发起成立了联盟。联盟的主要任务是针对我国海水养殖与海产品加工可持续发展的重大科学技术问题，建立以企业为主体、市场为导向、产学研结合的产业技术创新机制，集成和共享技术创新资源，强化技术创新和产品研发，突破现代海水养殖与海产品加工关键技术，构建产业发展新模式，优化和提升海水养殖动植物良种培育及苗种繁育、陆基和浅海工程化养殖设施设备与装备、生态高效养殖、水产品精深加工与高效利用、水产品质量安全保障等技术，不断强化平台建设和产业化基地建设，提升产业现代化水平，完善和规范标准化生产体系，推动我国海水养殖产业的健康、高效、可持续发展。

重点突破方向为：选择育种和性控育种等育种新技术，研发健康苗种繁育技术，攻克养殖种类生殖调控、幼体培育和大规格苗种保育等关键技术；优化浅海滩涂、池塘养殖结构与布局，降低养殖自身污染和生产成本，提高养殖效益，保障养殖产品安全；集成创新海水工程化养殖技术，建立具有自主知识产权和国际先进水平的高效、节水、节能、减排的精准现代海水养殖新模式与技术体系；采用高新技术改造传统产业，攻克海水养殖鱼、虾、贝、藻等海洋食品精制产业链中的重大关键技术，最大限度提高养殖产业的经济效益和生态效益。

第二章　运行机制的确立

一　创新伙伴选择机制

高校、科研院所、企业由于自有知识能力的不足而建立战略联盟，那么首先要面对的是伙伴选择问题，这是联盟构建的基础。因此，对伙伴选择问题进行有效探讨，对联盟的顺利运行至关重要。经过对比，我们提出伙伴选择的原则为：

1. 可信任性

在联盟中，知识活动具有难以契约化的本质，因此以信任为基础的非契约关系成为一个重要因素。

2. 兼容性

要求在联盟成员单位之间在创新目标、企业文化等方面和谐一致。

3. 互补性

伙伴的选择要基于知识和能力的互补，注重强强联合。如果联盟内的单位都是产业领域内的弱势群体，那么难以保证其正常发展。

4. 平等性

组成各方应在平等的基础上，既要重视自身利益，又要看到自己的差距，相互间在平等的基础上结合，才能相互配合。

5. 双赢性

成员单位在创新资源获得和创新成果以及经济利益分配上要体现公平。

6. 灵活性

创新行为要符合组织自身的战略目标，具体情况要具体分析、具体决策。不能预设一定要选择哪些合作伙伴，而是要根据创新效果反过来评估入围伙伴。

二 信任机制

信任关系具有简化、约束、控制、治理以及节约成本的功能。对于联盟，合作者之间的相互信任机制非常重要。特别是在当代信息交流非常发达的时代，合作关系常常出现多元化特点，更容易滋生机会主义行为。在这一形势下，信任就越发重要。

1. 信任的产生机制

共享的合作愿望或在发展目标上的趋同，对信任机制的产生具有积极的促进作用。同时，在合作初始阶段，合作各方的承诺和担保也对初步建立信任关系有着积极的影响。可见，联盟成立时各单位的申请书，对于信任的产生机制具有重要作用。

2. 信任的运行机制

为了使各方的信任强度不断提高，合作各方都应该为了创新目标的实现而努力。当合作过程中出现分歧时，应采取充分、必要的沟通，避免对以后的合作产生负面影响。

3. 信任的保障机制

为了使信任在合作过程中得到保障，合作各方签订的合同或约定之类的契约性承诺非常重要。同时，利益分配问题是影响相互之间信任程度的另一个重要方面，只有公平合理的利益分配机制，才可以保证合作各方信守诺言，减少欺骗行为，从而强化彼此的理性信任。

三 协同创新机制

联盟中的协同创新过程受多方面的影响，主要有内外两个部分。

1. 外部因素

主要包括资源、法律、政策、信息、市场等。

2. 内部因素

主要包括激励、人才、知识等创新资源。

上述两方面因素共同作用于联盟，知识特性、知识基础、知识互动能力决定了知识转移过程，创新动力和协同状况决定了创新能力。知识的转移和创新能力的结合，形成了新的协同创新机制，即技术创新、知识积累、创新能力、学习能力等方面的共同提高。

四 利益分配机制

联盟利益分配的合理性影响着其稳定性。对于利益分配，主要包括一次性总付或分期拨付技术研发费用、按收益比例提成、按股分红、固定支付数额等方式。但是无论哪种方式，都应遵循如下原则。

1. 互惠互利原则

保证各方的基本利益都得到实现，不会影响到任何一方的合作积极性。

2. 协商让利原则

合作各方中任何一方如果对利益分配产生抵触情绪，都会导致联盟运行低效或者是不稳定。当出现分歧时，必须通过合作各方高层间谈判协商解决出现的利益分配问题。

3. 风险补偿原则

一般来说，研发成果的熟化过程中，企业的风险比科研单位的要大，所以在实际利益分配中要高度重视这点，企业所分配利益应与其所承担的风险相对应。

4. 个体与集体合理性原则

要在集体利益最大化的前提下进行分配，不能为了使个体利益最大化而损害集体利益。

第三章 技术创新规划

一 产业科技发展目标

针对我国现代海水养殖业可持续发展的重大科技需求，以联盟为载体，以"引导产业发展、推动技术创新"为宗旨，以《国家中长期科学和技术发展规划纲要》为指导，坚持面向市场、平等自愿、风险共担、利益共享的原则，探索建立以企业为主体、市场为导向、产学研结合的产业技术创新机制；集成和共享技术创新资源，加强合作研发，突破海水养殖与海产品加工产业共性和关键技术瓶颈，搭建联合攻关研发平台；开展技术辐射，培育海水养殖与海产品加工产业集群主体，使联盟成为国家技术创新体系的重要组成部分。

到 2015 年，联盟内将建立较为先进的水产养殖动植物良种培育及苗种繁育技术体系，培育 3~5 个水产养殖优良品种或品系，水产苗种的遗传改良率提高 5 个百分点，优势种类良种覆盖率达到 50%；建立 3~5 种高效、健康清洁养殖生产技术与模式，降低生产能耗 15%，降低设施化养殖污染物排放 10%，提高养殖产出率 10%，减少鱼药使用量，改善养殖水体生态环境；建立海产品加工新技术 10 种以上，精深加工比例提高 10 个百分点，提高海产品加工废弃物综合利用率 10%，开发新产品 20 种以上，其中新型海洋活性物质 5~6 种；构建 6~8 个技术创新平台，形成 20 项技术标准，申请发明专利 200 项以上，培养创新型和实用型人才 1000 人以上，有效集成领域内的一系列关键技术并开展产业化示范，促进海水养殖业由粗放型向集约化升级转型。

到 2020 年，本联盟形成 500 项以上具有自主知识产权的重大海水养殖产业技术成果，海水养殖业中新技术应用比例提高 30%，良种覆盖率提高 20%，新产品及新技术覆盖率达到 70%，产业综合生产能力提高 20%，产业整体能耗（减排）降低 20%；培养和培训 3000 名以上技术骨干和产业科技人才，形成涵盖全领域和产业链全流程的技术、标准体系，基本建立现代海水养殖技术体系。

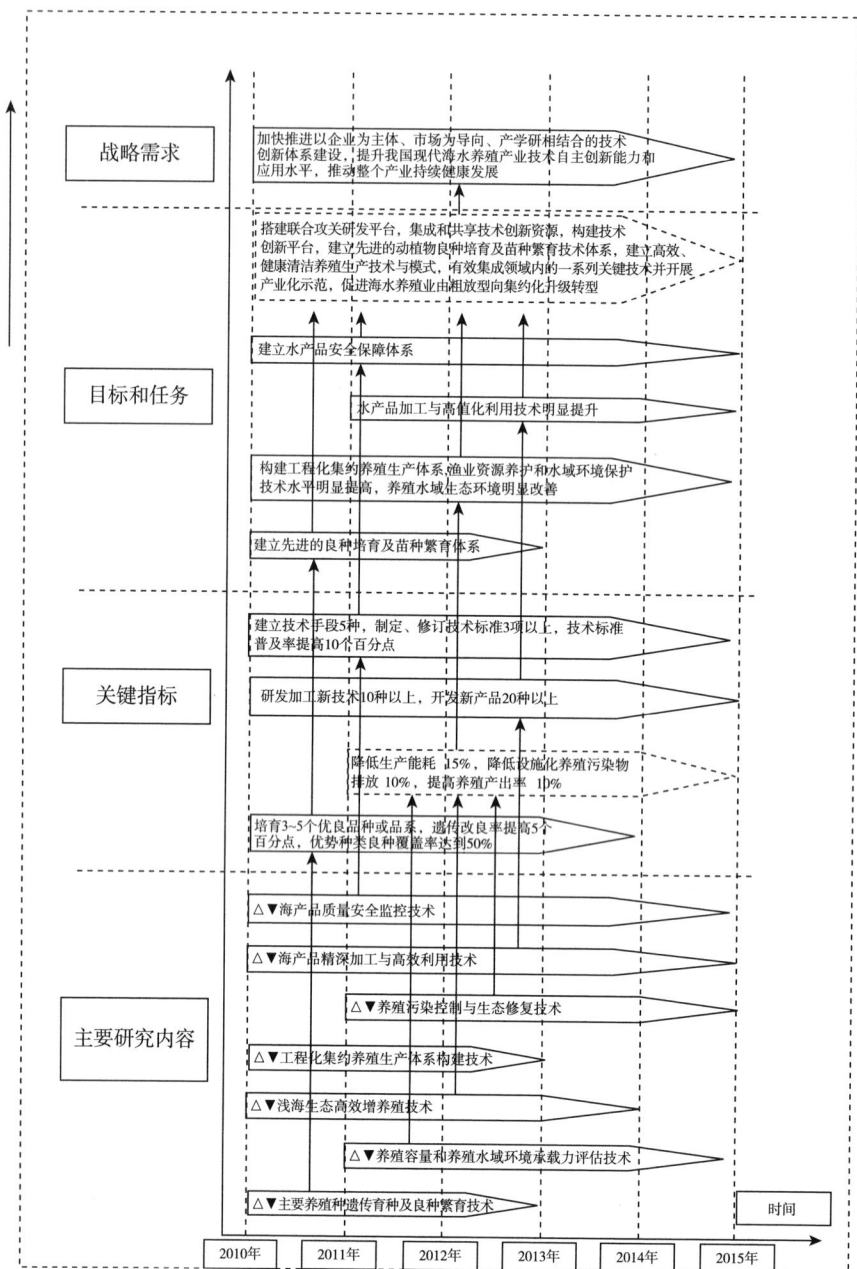

研发基础：好（□），较好（△），中（▽），较差（◇），差（○）；

现代海水养殖产业技术创新战略联盟技术路线图（中期）

二 产业重点科技任务

1. 产业科技发展的重点任务

（1）优势养殖种类高产抗病良种培育与规模化制种。

（2）现代健康养殖技术。

（3）高效安全水产品精制技术及设备。

2. 具体研究内容和时间节点

充分利用现有科研条件和产业优势，结合产业重大技术需求，以项目为依托，重点开展海水养殖与海产品加工共性技术和关键技术及产品的联合研发。

（1）主要海水养殖生物遗传育种及良种繁育技术研发。采用分子育种和常规育种技术相结合，培育养殖新品种，提高养殖良种覆盖率（完成节点2020年）。

（2）养殖容量和养殖水域环境承载力评估技术研发。开展不同海区养殖容量的科学评估（完成节点2015年），在此基础上，建立养殖系统多种类养殖容量评估模型，为养殖布局优化、结构调整和建立生态养殖模式提供理论依据（完成节点2020年）。

（3）养殖污染控制与生态修复技术研发。开展养殖污染控制与清洁生产技术研发（完成节点2015年），建立养殖结构优化技术、自身污染控制技术和养殖生态修复技术（完成节点2020年）。

（4）浅海生态高效增养殖技术研发。围绕浅海筏式生态养殖技术和底播增养殖技术，进行系统的研究和开发，建立浅海生态高效增养殖技术体系（完成节点2015年）。

（5）工程化集约养殖生产体系构建技术研发。研发工厂化养殖生产体系构建与优化技术，开展过程自动化、病害防控和水资源高效利用技术研究，开发新型养殖设施设备，建立工程化集约养殖生产体系（完成节点2020年）。

（6）海产品精深加工与高效利用技术研发。研发养殖产品精深加工与高效利用技术（完成节点2015年），实现加工品种专用化、质量体系标准化、生产管理科学化、加工技术先进化，提高产品附加值、市场占有率和经济效益（完成节点2020年）。

（7）海产品质量安全监控技术研发。研发生态、无公害和有机产品养殖与加工技术（完成节点2015年），制定、修订海水养殖与加工操作规程和产品质量标准，建立科学的养殖与加工产品质量安全检测监控技术体系，确保海产品质量安全（完成节点 2020 年）。

3. 突破的技术关键与目标（到 2015 年）

（1）优势养殖种类高产抗病规模化制种与育苗技术。突破分子育种、选择育种、细胞工程育种、杂交育种和优良品种的制种扩繁等关键技术，培育 3 ~ 5 个海水养殖优良品种，使良种覆盖率达到 50%，扇贝、鲍、海带、对虾等优势养殖种类抗病、增产能力提高 10% 左右。

（2）滩涂和浅海高效生态养殖技术。突破多营养层次养殖系统构建与容量评估、浅海多营养层次立体养殖等关键技术，建立复合型立体养殖技术模式，提高养殖产出率 10%，无污染养殖生物产出率提高 10%。

（3）设施养殖技术。突破病害控制与饵料生产、工程化海水精准养殖与成套装备、养殖生物健康精确管理等关键技术，降低生产能耗 15%，设施养殖污染物排放降低 10%，提高养殖产出率 10%，减少鱼药使用量，改善养殖水体生态环境。

（4）渔业资源养护与修复技术。突破海洋生物多样性保护与资源恢复、环境生态调控、重要渔业资源增殖、人工生息场建设、放牧群体行为驯化及生态与环境监控等关键技术，营造海洋牧场 20 万亩，海底植被覆盖面积提高 10%，建立生物多样性保护与生物资源可持续开发模式，实现近海渔业资源的养护和合理利用。

（5）水产品食品加工技术。突破养殖海产品蛋白质高效利用、海藻功能性色素的提取精制、海洋食品营养功效成分高效分离与利用等关键技术，建立胶、醇、蛋白、油脂等高效富集、分离技术研发新型加工技术 10 种以上，开发新产品 20 种以上，资源综合利用率提高 10% 以上。

第四章　联盟发展的对策建议

第一，构建联盟要重视市场机制的发挥。联盟中的各方属于合作关系。自愿合作是产学研联盟的根本，任何外界压力产生的合作关系都不能持久，随着影响因素的消失，联盟就会解体。自愿则强调了各方的积极态度和参与意识，本身也表明了为之付出努力的决心和动力。而且只有从战略角度考虑问题，相互之间以诚相待，用战略眼光来审视合作目标，联盟各方才能克服短期机会主义行为，保证联盟有效执行，提高整体竞争力，最终实现共赢。

第二，要明确政府在联盟构建中的定位。科技部门或其他相关部门是"红娘"，不是包办婚姻的"婆婆"，其作用是推动产学研联盟这一机制的构建，而不是关注具体哪个产学研联盟的出现和解体。政府重大科研项目是推动产学研联盟产生、发展和更新的杠杆，是产学研联盟技术研发经费的辅助部分，起到"调味剂"的作用。主要经费应来自企业，或由产学研联盟各方共同筹集，政府是"见花浇水"。

第三，要明确合作各方的权责。联盟条款对利益关系，尤其是知识产权归属及利润分配等要明确。利益关系是内部组织和运营的纽带，合作各方都是利益的主体，合作的目的是为"自己"的利益。产学研联盟是各方获得利益的公共平台，这样，这个平台才能朝利益最大化的方向发展，即走向产业和市场，而不是走向政府的怀抱。联盟内部，合作各方的角色不同、生态位点不同、利益要求不同，形成缺一不可的组织结构，有利于发挥各方优势和能动性。

第四，构建联盟应建立开放的合作机制。利益关系可能因时间和市场而发生变化，产学研联盟也应是一个开放的，像机体一样可以新陈代谢，每个部分可以随时建立、强化、收缩和解体的动态的机制。市场会随着时间的变化而变化，联盟也应处于变化之中。联盟内部每个部分的解体和建立同样重要，也应该由市场来决定，这样合作各方必须具有风险的意识，慎重合作、慎重选题。产学研联盟内部的变化就像是细胞更新过程，新的替换旧的，旧的角质化后脱落，新的成为机体重要的最活跃的部分，以确保联盟健康发展。

第五，联盟构建的多样性也需保障。企业和高校、科研院所都可以在不同领域与其他单位构建多个不同的联盟。每个企业都不只有一种技术需求，每个高校和科研单位都不只有一种技术研发团队和平台。产学研联盟强调的应该是用自己"用得上"的人力和技术平台与对方合作，而不应该一哄而上地全面合作。因此，无论是企业还是科研单位，都可能是多个产学研联盟的节点。

（作者单位：荣成市科技局　　课题组成员：王　鑫
梁军妮　王韶华　庄志猛　杨红生　包振民）

以自主创新为第一动力
打造高端产业聚集区
——关于威海发展高端产业的调查与思考

吴永刚

高端产业，是在现代产业基础上提出的一个新概念，其发展程度将逐步成为衡量一个地区综合竞争力和现代化水平的重要标志之一。中共山东省委、省政府多次提出要努力推进"高端、高质、高效"的产业发展战略，把胶东半岛建成高端产业聚集区。威海在这一重大产业布局中，必须有所作为，应该大有作为。

威海发展高端产业的必要性与可行性

关于高端产业的具体定义，国内外还没有明确定论。目前很多地方都在探讨这个问题，如北京提出建设"六大高端产业功能区"，江苏提出把发展高端产业作为经济转型升级的着力点，深圳出台了发展高端服务业的实施意见，等等。这些地方对高端产业的认识和定义，多是从本地实际出发，或从产业层面，或从产品层面，或从技术层面加以概括和论述，说法不一，认识不同。但可以肯定的是，高端产业已成为社会关注的热点，是今后经济社会发展的新方向、新要求，也是威海实现更好更快发展的必由之路和必然选择。

一　发展高端产业，是经济社会发展的新方向

怎样理解高端产业？我们认为，高端产业是一个相对的概念，至少应满足"四高两低"的要求，就是"高技术含量、高附加值、高市场占有率、高经济效益和低资源消耗、低环境污染"。具体讲，应该具有以下几个方面的

特征。

一是高科技性。这是高端产业最明显、最直接的特征。高新技术是高端产业的骨架和支撑，产业高端化过程本身，就是依靠科技进步和创新实现产业高技术含量、产品高附加值和市场高占有率的过程，加快产业高端化的关键，就是推动发展方式由投资拉动为主向创新驱动转变，充分释放科技生产力，不断激发创新积极性，为产业高端化提供科技动力。发展高端产业，必须以自主创新为第一动力。

二是可持续性。这是科学发展的必然要求。目前，资源与环境已成为经济社会发展的第一制约因素。发展高端产业，就是要通过产业结构和技术结构调整，大力开发和利用资源消耗低、污染排放少、生态环境友好的先进适用技术，积极发展循环经济，最大限度地缓解资源"瓶颈"制约，增强发展的可持续性。

三是市场性。这是市场经济条件下发挥市场导向作用的具体体现。高端产业必须以市场来定位，凡是市场占有率高、在行业中具龙头地位的产业和企业，凡是产业链长、经济拉动力强的产业和企业，凡是成长性强、市场发展前途好的产业和企业，都可以发展高端产业。传统产业搞好了，同样可以进入高端领域。

四是地域性。发展高端产业必须立足于区域比较优势理论，根据当地经济社会发展的实际情况进行选择，做到人无我有、人有我优、人优我特、人特我强。如威海的海洋经济、特色农业、造船产业等，具有得天独厚的优势，应当作为发展高端产业的重点来抓。

总之，不论是先进制造业，还是现代农业和现代服务业，不论是传统产业，还是新兴产业，只要是有利于威海持续发展而且有条件发展的产业，都应该也可以大力发展高端产业。

二　发展高端产业，是威海的现实选择

（一）这是在更高层次上参与国际竞争的需要

威海经济具有较强的外向型特征，这在过去是我们的优势，是威海发展的成功经验，今后仍然需要坚持开放不动摇。但由于长期被动接受国际产业分工，使我们的产业被挤压于国际产业链和价值链的低端，主要依托对低廉劳动力和生态资源的粗放利用，担当了"世界工厂"的角色，产业自主度低，国际依附性强，竞争力弱，收益低，抗风险力差。当前，随着我们在劳动力、资源等方面的比较优势日益减弱，传统的竞争力进一步降低，要继续走开放

之路，就必须主动参与到国际产业分工上来，加快实现产业升级，大力发展高端产业，积极占领高端领域，创造新的优势，提高竞争能力，在更高层次上积极参与国际竞争。

（二）这是转变发展方式的需要

威海属于资源相对匮乏地区，能源、原材料主要依靠外部供应，环境对经济发展的承载力较弱。全市人均耕地不足 1 亩，低于全国平均水平，人均占有水资源量仅为全国平均水平的 1/4。在当前国家对降能减排等约束性指标控制严格的情况下，传统的外延增长方式已经难以为继，要求我们必须对经济发展进行重大调整和转换，走高端产业发展之路，把有限的资源、空间和力量向优势产业、骨干企业和竞争力强、附加值高的产品集中，大力建设低投入高产出、低消耗少排放、能够循环利用可持续发展的产业体系，最大效益地利用资源，保护环境，发展经济。

（三）这是推进产业转型升级的需要

发达国家的经验表明："在人均 GDP 达到 3000 美元之后，产业结构和消费结构都将发生重大变化。"去年威海人均 GDP 近万美元，早已进入这个阶段。但与此不相符的是，目前威海市三次产业比重仍为 7.43：61.14：31.43，其中三产比重比全省和全国平均水平分别低 2 个和 8.9 个百分点，高新技术产业比重仅占 GDP 的 32%，低于全省平均水平。这些，都要求我们必须大力实施高端产业战略，加快推进产业转型升级，以高端产业带动传统产业改造提升，向科技要效益，向高端要出路。

三 发展高端产业，威海有基础、有条件

首先，相对发达的经济水平，为威海发展高端产业创造了良好条件。改革开放 30 年特别是建立地级市 20 多年以来，威海充分发挥比较优势推动区域发展，经济规模迅速壮大，质量效益不断提高，已经完成了资本的原始积累和产业的初步升级，处在一个新的发展阶段。2008 年全市生产总值达到1780.4 亿元，财政总收入达到 180.6 亿元，城乡居民人均储蓄余额达到 2.3万元，城市综合实力列全国百强城市第 23 位，3 个县级市全部进入全国"百强县"行列。这在客观上为我们发展高端产业提供了物质保证。

其次，比较合理的产业布局，为威海发展高端产业打下了坚实基础。多年来，威海市坚持立足区位、海洋等自然禀赋优势和产业基础、条件，根据经济发展不同阶段及时调整产业发展重点，加快建设现代制造业、旅游度假、农副产品出口加工三大基地，推动了产业结构由第一产业为主向第二、第三

产业为主的跨越，努力打造优势得到较好发挥、与周边城市错位发展、区域特色明显的新型产业体系，为发展高端产业打下了良好的产业基础。传统产业形成规模。按照省委、省政府建设半岛制造业基地的战略部署，培育发展了运输设备、电子信息、机电工具、轻工纺织服装、食品医药等五大产业群，目前已成为全国最大的轮胎、手工工具、木工机械、渔具、地毯、医用高分子制品等生产基地，重要的造船、汽车零部件、特种打印设备、数控机床、家纺、玻璃等生产基地，有17个行业在全国具有规模优势，去年五大产业群实现销售收入3425亿元，占规模以上工业的比重达到81.6%；全市各类工业企业1.6万家，其中规模以上工业企业2068家，拥有上市企业10家，有60家企业在同行业中占有较大市场份额，居骨干龙头地位；拥有33个工业行业大类、141个工业行业中类和290个工业行业小类，工业产品达3000多种，有30多类在国内具有领先优势的产品，部分已达到国际先进水平。优势产业效益明显。凭借近千公里海岸线、300多万亩滩涂、300多万亩近海的资源优势，建成了全国最大的渔业生产基地，海产品产量连续多年居全国地级市之首，近几年一直在200万吨以上，约占全省的1/3、全国的1/20。凭借独特的气候、土壤等自然条件，大力发展特色种养业，有507个产品通过了无公害、绿色和有机食品国家认证，2008年全市农产品出口8亿美元，占全市出口总额的11.8%；畜牧生产总量大幅增长，形成了奶业、裘皮、生猪、肉鸡四大产业，全市人均占有原料奶105公斤，居全省第一，貂皮、狐狸皮年产量合计1275.8万张，居全省第一，约占全国总量的1/4以上。凭借良好的生态环境和丰富的自然人文旅游资源，大力打造旅游休闲度假目的地，初步形成了以中心城市、海滨生态、渔家民俗、温泉疗养、休闲度假、传统文化六大板块为主题的旅游总体格局，去年接待海内外游客1615万人次，旅游总收入159亿元。新兴产业快速崛起。信息产业、商业物流、服务外包、金融保险、文化、会展、房地产等保持了平稳较快的发展态势，全市服务业去年共实现增加值559.5亿元，增长16.5%，超过GDP增速4.4个百分点，对经济增长起到了很好的拉动作用。

再次，不断提升的自主创新能力，为威海发展高端产业提供了强力支撑。自主创新是经济社会发展的第一动力，也是发展高端产业的第一支撑。长期以来，威海一直坚持以自主创新促改革、促开放、促发展，提出了"以自主创新为第一动力，加快建设创新、开放、宜居、幸福的现代化新威海"的目标思路，大力开展"自主创新年"活动，狠抓"三区"建设，全市科技创新能力大大提升，科技对经济社会发展的拉动水平全面提高。在高层次人才聚集区建设上，全市 7 所高校每年可培养各类人才 2 万多人，去年共引进各类人才 10135 名，其中博士 50 名，有 40 名"两院"院士担任了威海研发顾问。在产学研结合密集区建设上，先后与中科院、山东大学等 9 家知名院所（校）建立了产学研战略联盟，与哈尔滨工业大学、山东大学等院校共建了 29 家研发机构；全市建成市级以上工程技术研究中心 106 家，拥有国家级企业技术开发中心 6 家、省级企业技术开发中心 31 家、省级工程技术研究中心 54 家；90% 以上的规模以上企业与相关高校、科研院所建立了长期合作关系。在科技成果转化汇集区建设上，建成了 5 个国家"863"计划成果产业化基地、1 个国家"863"计划海水养殖种子基地；巨型工程子午胎项目获国家科技进步一等奖，拓展纤维、心脏支架等一批科技项目填补国内空白；拥有中国名牌 19 个、中国驰名商标 12 个、山东名牌产品 107 个、山东省著名商标 74 个、山东省服务名牌 13 个。全市新认定的高新技术企业 63 家，有 94 种产品被认定为山东省高新技术产品。去年，高新技术产业实现工业总产值 1434 亿元，增长 33.76%，工业高新技术产业产值比重达到 31.9%，比年初提高 1.9 个百分点。威海入选"中国城市综合创新力 50 强"。

威海发展高端产业的方向与目标

立足地域特色和产业基础，威海市发展高端产业，必须坚持以自主创新为第一动力，围绕培育现代海洋、现代制造和现代服务三大特色产业，着力在提升传统产业、壮大优势产业、培育新兴产业上下功夫。工作中，要突出发展五大类产业。

一 科技水平高、产业链条长、成长性强的高新技术产业

高端产业首先是高新技术产业。经过多年的发展，全市的高新技术产业已经有了一定的基础，尤其是在新材料、电子信息和生物技术三大领域具有领先优势，具备了加快膨胀的条件和能力，要作为今后高端产业发展的重中之重来抓。

（一）新材料领域

新材料是国家重点支持的八大高新技术产业发展的领域之一。这几年威海市新材料产业发展较快，基本形成了以子午线轮胎、碳纤维复合材料、低辐射镀膜玻璃、铝镁合金材料等为主要支撑，以纳米纺织材料、耐磨材料等为补充的新材料产业体系，碳纤维预浸布、非调质钢曲轴、大型工程子午线

轮胎等项目取得重大成果并实现产业化生产，高性能碳纤维、光伏镀膜玻璃等重大自主创新成果转化项目已进入产业化实施阶段。威海市作为国家"863"新材料成果产业化基地，既有政策优势，又有产业基础，发展潜力很大、前景很好，完全可以依托现有企业加快产业化步伐，形成较大规模的产业基地。一是依托威高集团建设医用高分子材料基地。威高集团与中科院合作，在可降解改性聚乳酸、可降解骨科材料、医用非PVC材料、人工心肺与齿科医用材料等方面，已经取得了较大突破，产业基础较好，今明两年又准备投入25亿元，建设工业园二期和心内耗材工业园。这两个项目达产后，医用高分子材料基地可初具规模，有望实现"百亿威高"的目标。二是依托拓展纤维有限公司建设碳纤维复合材料基地。光威集团目前已突破了生产T300级原丝的关键技术，原丝的质量性能指标优越而且稳定。近年来他们积极与国家发改委、国防科工委、科技部、总装备部、国家开发银行以及高等院校、科研院所开展交流与合作，第一条碳纤维产业化千吨线正式投产，这是我国目前最大的碳纤维生产线，也是全世界最大的单条生产线，各项指标已达到世界先进水平。碳纤维制备国家重点实验室也获国家发改委批准。目前，正在实施第二条千吨级碳纤维生产线以及军工专用线，并开发出更高档次的CCF700级碳纤维，争取今年实现产业化。三是依托万丰镁业等建设铝镁合金材料基地。万丰镁业目前已完成了大尺寸镁合金汽车轮、镁合金铸件旋压技术等国家"863"计划项目研发，新开发了几十款汽车、摩托车零部件新产品，研发和产业化势头都很好。目前正在加快研发世界顶级水平的赛车专用产品以及高级汽车、摩托车、航空航天、兵器行业相关零部件。另外，中玻光电的功能玻璃，新元化工、天成化工等的化工新材料等产业化趋势都非常好。

（二）电子信息领域

"十五"以来，威海市电子信息产业呈现出快速发展态势，产业规模迅速扩大，有六大类产品已经初具规模。一是以北洋电气集团、山东三星公司为龙头的计算机外部设备产品，市场占有率不断提高，在国内外形成了领先优势。二是以哈工大威海微电子中心、日月光集团、北洋电气集团为依托的集成电路设计及封装产品。三是以卡尔电气研究所、宣扬数码公司、宏安集团、文登电缆厂为骨干的通信设备产品。四是以双丰电子集团、诺金传感公司为基础的传感器类产品。五是以大宇电子公司、鼎峰电子公司、齐威电子公司为重点的显示器、显示屏产品。六是以文隆电池公司、科益达电子公司为主体的电池及应用产品。尽管这些产业已经形成了一定的规模，但低端部件多，高端产品少；加工贸易企业多，拥有自主技术和品牌企业少，增值率不高，高端产业低端化的状况比较突出。去年电子信息产业销售利润率仅为 4.1%，比全部工业销售利润率还要低 0.5 个百分点。要充分发挥雄厚的产业基础，下大力气提高研发能力，促进电子信息产业由简单加工装配向高端制造乃至高端创造转变。在继续抓好原有六大类产品优化升级的同时，积极培育新的增长点。目前有五类产品已经进入研发和产业化阶段，要加大扶持力度，努力培育成为电子信息产业高端化的增长极。一是以中玻光电公司为基础的太阳能光伏电池系列产品。二是以东兴电子公司、科化公司为基础的 LED 高效节能照明。三是以哈工大威海微电子中心、天翔集团、海特电子公司为基础的汽车电子产品。四是以星佳电子公司、双丰电子集团为基础的新型元器件。五是以北洋电气集团、华控电工公司为基础的智能电子产品。

（三）生物技术领域

在《国家中长期科学和技术发展规划纲要（2006～2020 年）》中，生物技术被列为前沿技术的第一项，受到高度重视。威海市生物技术产业虽然起步较晚，但也有了良好的开端，生物技术企业和与生物技术产业相关联企业发展到 25 家。在生物医药领域，威高集团、达因制药、泰祥集团、安捷医药、赛洛金医药、迪沙药业等企业开发了生物可降解缝合线、生物医疗输注器械、水蛭素、海产品过敏原生物芯片等一批产品；在生物农业领域，韩威生物、蓝得生物、传福生物、铃兰味精等一批企业开发了土壤缓施肥、土壤改良剂、Bt 生物农药、高效多抗霉素等一批产品；在生物制造领域，清华紫光、健人食品、凯普生物、好当家、鸿洋神、森达生物、宇王水产等一批企业开发了鱼鳞胶原蛋白、深海鱼油、海参多糖、鲍鱼活素、高蛋白调味品、大豆卵磷脂、海带多糖、甘露醇等一批高附加值生物制品。威海市生物产业处于刚刚起步阶段，企业规模普遍较小，大部分生物产业企业研发能力比较弱，大多数生物产业技术仍以技术引进为主，尤其是生物医药企业自己研制的药品很少，有相当一部分企业从事着产品的简单加工，市场竞争能力较弱。要围绕加快做大做强现代生物产业，加快传统生物产业升级，在生物医药、生物农业、生物制造、生物能源等技术领域进行重点开发。目前在这些领域已经有一批比较好的项目正在规划和建设。其中，在生物医药领域，包括威高集团有限公司生物心脏瓣膜、好当家集团海参多糖规模化制备及抗肿瘤活性研究、文登天福生物科技有限公司环丁酮、华夏集团西药及中药制剂等 14 个项目；在生物农业领域，包括荣成蓝得生物公司的土壤调理剂生产、好当家集团复合微生物制剂、恒大化工集团生物有机肥、格瑞安生物公司螺旋藻、紫光科技园和健人科技无花果系列产品等 9 个项目；在生物制造领域，包括寻山集团海带生物产品、泰祥集团海藻浓缩汁系列产品、盛泉集团食品补充剂或保健食品、海之宝海洋科技公司功能性食品等 10 个项目；在生物能源领域，以山东恒大化工集团有限公司等为依托实施奶牛场沼气发电工程等 3 个项目。这些项目完成后预计年可形成销售收入 68 亿元、利税 14 亿元。

二　对未来发展具有重要作用的战略性产业

战略性产业，是指那些产业体量大、拉动力强、对区域经济发展具有战略影响的前瞻性产业。从全市情况看，当前迫切需要加快发展的战略性产业有三个。

（一）清洁能源产业

建市以来，全市用电量一直保持高速增长势头，预计全社会需电量 2010 年、2020 年将分别达到 89 亿千瓦时和 156 亿千瓦时，全市最大负荷将分别达到 161 万千瓦和 300 万千瓦。单凭目前现有发电装机，难以保证未来全市不断增长的用电需求。威海三面环海，有近千公里的海岸线，具备建设大型风电、核电、潮汐发电、太阳能发电等清洁能源项目得天独厚的优势条件。近年来，经过坚持不懈地推进，全市清洁能源产业发展总体状况较好，总装机 380 万千瓦的石岛湾高温气冷堆核电站和总装机 600 万千瓦的乳山红石顶核电站均列入国家核电中长期发展规划，总装机 600 万千瓦的石岛湾压水堆核电站正在积极争取列入核电规划。华能、国华、鲁能等 4 个风电项目并网发电，总装机达到 13.3 万千瓦，大唐、歌美飒等风电项目已经获得核准，即将开工建设，中海油、华能海上风电项目正在加快推进。昆嵛山抽水蓄能电站项目已经取得国家发改委同意开展前期工作的支持性文件，可研报告编制及各项报批附件办理工作正在抓紧进行。要充分发挥这些基础优势，加大推进力度。一是加快打造核电产业集群。石岛湾核电站项目要确保高温气冷堆示范电站一期 20 万千瓦机组于上半年获得核准，下半年开工建设，"十二五"期间开工建设 2 台 100 万千瓦压水堆机组并于"十三五"期间建成发电；乳山红石顶核电项目要在做好各项宣传工作的前提下，积极与上级部门协调沟通，争取项目尽早重新启动，"十二五"期间开工建设 2 台 100 万千瓦压水堆机组并于"十三五"期间建成发电。二是全力推动风电跳跃式发展。争取国华瑞丰二、三期，歌美飒文登，大唐文登等 4 个风电项目及鲁能乳山风电项目年内顺利开工建设，年内开工风电项目总装机 24 万千瓦。中海油海上风电项目要加快可研报告编制及各项报批附件的办理工作，华能海上风电项目要马上开展测风等前期准备工作，尽早进入实质性操作阶段。三是尽早形成抽水蓄能电站的"削峰填谷"效应。文登抽水蓄能电站项目是山东省"十一五"期间的重大能源建设项目，总装机 180 万千瓦，总投资 61 亿元。要敦促项目业主，加快项目前期工作进度，尽快完成项目可行性研究报告编制及土地、环保、水土保持、林业等方面的评审工作。四是择机开发建设一批新兴可再生能源项目。在有条件的区域，因地制宜地推进一批太阳能发电和余热、余压、余气综合利用发电项目建设，加快地热能、潮汐能、农村沼气等可再生能源的开发步伐，力争在"十一五"末建成一批具有示范带动作用的清洁能源项目。

（二）石化产业

石化产业资源资金技术密集，产业关联度高，经济总量大，对促进相关产业升级和拉动经济增长具有举足轻重的作用。威海具有发展大型石化产业的多项优势条件。规划建设的镆铘岛石化基地项目总投资 600 亿元，建设一处 1000 万吨/年炼油、1000 万吨/年天然气、100 万吨/年乙烯、100 万吨石油储备、30 万吨石油码头的综合性大型石化基地，力争把威海市建成山东省乃至全国重要的石油化工生产基地。目前各项工作正在扎实稳步推进，并取得初步成效。一是已争取将镆铘岛石化基地项目所配套的石油码头项目列入威海市及山东省港口总体规划。二是与中石油集团公司保持信息沟通与密切联系，积极协助华东石油设计院搞好镆铘岛石化基地项目的总体规划和论证，及时提供岛内岛外的有关资料。三是提前做好与项目相关的基础设施配套建设。投资近 8000 万元修建并拓宽两条至镆铘岛的公路，分别是长 5216 米、宽 18 米的宁镆路及长 4720 米、宽 31 米的朝阳路，为项目建设提供便利的运输条件。将石岛城区自来水管道向东延伸铺设近 5 公里，以便将来与岛上自来水对接。供暖管道向东延伸铺设近 3 公里，确保未来项目生活区的采暖供应。近期拟开工建设 220KV 变电站，以确保未来项目建设及生产的供电需求。四是中石油规划总院已于 2008 年 8 月就 LNG 码头建设展开科研工作。下一步，要积极配合省政府做好国家发改委和国家能源局的工作，争取荣成镆铘岛项目列入国家"十二五"规划，当前重点是加快 1000 万吨/年炼油项目的推进速度，争取尽早获得许可。该项目总投资 189 亿元，初步测算，项目年均销售收入 338 亿元，上缴税金 27 亿元，税后利润 19 亿元，经济效益十分显著。同时，要大力引进发展高端石化产品，重点发展附加值高、产业关联度强、替代进口、填补国内空白的产品。

（三）船舶工业

船舶工业被誉为"综合工业之冠"，具有技术先导性强、产业关联度大等特点，产业关联度达到 87% 以上。有人形象地比喻："造汽车相当于造房子，而造船好比造城市。"虽然是传统制造业，但对威海未来的发展具有举足轻重的作用。威海发展船舶工业有着得天独厚的条件，特别是经过近年来的大力培育和引进，已成为全省最重要的船舶工业发展基地，全省 6 个船舶聚集区，威海有 2 个，全省唯一的船舶行业技术中心设在威海船厂。目前全市船舶修造及配套企业 90 家，其中规模以上企业 34 家，主要产品有客滚船、汽车运输船、集装箱船、远洋渔船、游艇等 15 大类 40 多个品种。2008 年新增造船能力 30 万载重吨，总量达到 80 万载重吨，造船完工量 52 万载重吨，实现销售收入 85 亿元。全市造船企业现在手持订单 430 万载重吨，生产任务饱满，多家企业生产排到了 2012 年后。2008 年全国造船完工量 2881 万载重吨，占全球的 30%，山东在全国排第 5 位，但总量只有 108 万吨，而排前 4 位的江苏、上海、浙江、辽宁却分别高达 889 万载重吨、650 万载重吨、522 万载重吨、385 万载重吨。威海虽然接近山东的一半，但总量只不到全国的 1/50，与占 1/18 的海岸线很不相称，发展船舶工业还有很大潜力。应立足于地理条件和产业基础，重点实施"3111"工程，即建设皂埠湾、俚岛湾和石岛湾三大船舶工业聚集区，发展新船重工、黄海造船、三进船业、乳山造船、神飞船舶、百步亭船业、扬帆造船、西霞口造船、三星重工、伽耶船业等十大重点企业，构筑一条沿海造船带，培育一条船舶配套产品产业链，到 2012 年，形成整船制造 400 万载重吨、船段生产 60 万吨、配套业收入 100 亿元、船舶修理 700 艘次的能力，实现销售收入 400 亿元。

1. 造船业

应重点发展高附加值、高技术含量的五大船型。一是客滚船。目前全国能造这种船的企业只有 3 家，威海黄海造船公司 2007 年研制了我国第一艘具有完全自主知识产权的大型客滚船"渤海金珠号"，被交通部列为重点船型予以推广，利润率达到 20%，目前该企业手持这种船型订单占全国 60% 以上。应依托该企业，进一步开拓市场，努力打造全国的客滚船制造基地。二是汽车运输船。全国制造该船型比较有名的是厦门重工，但他们最大的船只能装5000 辆汽车。威海三进船业今年研制了全国目前最大的汽车运输船，有 6700个车位，价格 7800 万美元，而且科技含量很高，自动升降系统等核心技术达到世界先进水平。随着汽车产业的持续快速发展，该船型的需求量非常可观。三是不锈钢化学品船。该船型的工艺难度很大，核心技术主要体现在不锈钢的焊接上，因不锈钢易变形，一旦控制不好产品就会失败，全国只有 4 家企业掌握这种技术。乳山船厂 2007 年建成交付了 2 艘，去年又承接了 4 艘欧洲订单，6500 吨的 2 艘，1.6 万吨、1.7 万吨各 1 艘。虽然该船厂规模较小，但凭着过硬的技术，具有很好的成长性，有望不长时间内在本领域占有重要一席之地。四是远洋渔船。黄海船厂凭借开发的大型金枪钓鱼船和超低温金枪钓鱼船，已成为全国最大的远洋渔船企业。威海有 80% 的船舶企业生产渔船，应以黄海船厂为龙头，借鉴成功经验，抓住机遇，有条件的要大力发展远洋渔船，规模较小的要加快联大靠强，尽快使威海成为全国远洋渔船生产基地。五是豪华游艇。威海现有游艇制造企业 10 家左右，每年能生产 80 艘。威海正在打造旅游度假基地，其中一个重要项目是发展游艇俱乐部，这也为游艇发展提供了有利条件。黄海船厂目前正在与上海船舶设计院联合，研发豪华钢制游艇。豪华游艇价格最少都在上亿美元，利润很高，世界市场需求约 400 亿美元，我国仅占 1/130，这是诱人的大蛋糕，应着力争取。

2. 海洋工程

随着造船业市场竞争的日趋激烈和海洋资源的加速开发，海洋工程已成为世界造船强国的重点发展方向。目前全球每年海洋工程需求量在 4000 亿美元左右，我国仅占 5%，未来 5 年全球将投资 1890 亿美元建立 15000 个海上油气勘探和开采井。国家船舶工业振兴规划明确提出加快特种船舶和海洋工程装备修理专业化发展。威海在这方面起步较早，荣成造船工业公司 1993 年曾为胜利油田建造并交付了海洋钻井平台，文登白云船舶制造有限公司为烟台莱佛士建造海洋工程生活模块，价值 1.3 亿元，乳山造船拥有部分海洋工程船舶订单。但总的看步伐太慢，应以浅海钻井平台、各类海洋工程船舶以及海洋工程配套产品为主攻方向，加快推进。

3. 配套产业

船舶工业总产值中，配套要占 65% 左右的份额，船舶工业的利润率主要取决于配套率。目前，日本的造船配套率高达 98%，韩国为 90%，江浙为 40%，山东为 20%，而威海不到 10%。全市有 10 家规模以上配套企业，除济钢启跃外，大多数配套企业的产值在亿元以下，配套产品单一，只能生产一些船用风机、电机和一些船用舾装件，总体存在着配套体系不健全，缺高少重，专业化、集约化程度不高，研发和总体配套能力不强等瓶颈制约。要明确四个发展方向。一是壮大一批。重点发展三星重工、伽耶船业等船段产品，济钢启跃的船用板材，以及船用风机、电机、法兰、轴舵机、油漆涂料等。二是开发一批。鼓励新船重工、三进船业、黄海造船等重点企业，以建立现代总装造船为发展方向，建立专业化、规模化的配套园区，加快船用主机电站、机仓辅机、船用电器、甲板机械、通信导航等高科技产品研发。三是引进一批。重点引进江浙船舶配套企业来威海投资建厂。四是转型一批。引导威海市机械、电子、化工等企业，加快产业升级和产品转型，逐步向船舶配套产品延伸发展。

三　高技术含量、高附加值、高加工度的先进制造业

工业化是产业发展的必经阶段，当前和今后一个较长时期，工业都将是支撑和主导产业。威海目前仍处在工业化发展的中期甚至初级阶段，整体工业装备水平还不高，自主知识产权的品牌不多，很多产业的综合竞争力还不强。必须把调整振兴工业作为经济发展的重中之重，把发展先进制造业作为高端产业的重要方向，努力构建以高新技术产业为先导，以先进制造业为支撑，科技含量高、经济效益好、能源资源消耗低、环境污染少、竞争力不断增强的现代工业产业体系。

（一）巩固壮大行业龙头

通过持续多年的大投入、大调整，以及"退二进三"等政策的推动，威海市一批工业企业实现了规模扩张和产品升级换代，有的成长为行业的龙头老大，有的骨干产品在市场上具备绝对竞争力，全市轮胎产能4000万套，约占全国的12%；渔具产量4000万支，国内市场占有率超过40%；年产各种钻夹头3000万支，手工工具8000万套，占全国的40%；加工水产品174万吨、果汁10万吨、地毯3500万平方米，均居全国首位。要在提高产品档次的同时，进一步扩大市场份额，巩固和抢占行业老大位置，掌握市场竞争的主动权和话语权。重点发展五个龙头产业。一是轮胎。"三角"、"成山"是目前全国轮胎行业仅有的两个中国驰名商标。三角集团轮胎产能2200万套，其中子午胎1800万套，巨型子午胎项目去年获得国家科技进步一等奖。最近又启动了总投资32亿元的工业园项目，达产后可新增1000万子午胎和1万条巨型工程子午胎产能。固铂成山公司产能1100万套，其中子午胎600万套。正在实施总投资18亿元的子午胎扩产项目，将新增产能1150万套。要依托这两个企业，充分发挥技术、品牌和规模优势，以高档子午胎、巨型工程子午胎等高端产品为重点，进一步扩大国内外市场占有率，同时积极研发雪地胎、沙漠胎等特种轮胎，抢占市场制高点。二是地毯。山花地毯是国内地毯行业的龙头企业，连续17年销量全国第一，被评为"中国地毯行业标志性品牌"。目前正在建设总投资7.6亿元的新型地材研发基地项目，开展电脑喷射印花生产线技术改造及天然麻纤维地毯研制。海马地毯在金融危机中充分凸显了高端产品的优势，他们的"阿克明斯特"机织产品，价格是低档混纺产品的

4～5 倍，主要供应五星级酒店，去年在地毯需求大幅下降的情况下，该产品销售额反而增长了 38%，目前订单饱满，今年高端产品比重将达到 60% 以上。要依托这两个企业，重点发展仿手工机织地毯、簇绒地毯、工艺地毯、商用机织地毯等高档产品，不断扩大规模，增加花色品种，使威海成为国内机织地毯特色产业基地。三是渔具。光威集团的产品品种达到 1.6 万多个，年产渔具 2000 万支，是目前世界上花色品种最全、产量最高的渔具生产企业。环球渔具是我国最大的渔竿出口企业，近几年研制新设备 30 多台套，有的性能已超过技术水平较高的韩国和中国台湾，在金融危机中进一步巩固了国际市场地位。要以光威和环球为龙头，进一步拉长产业链，大力发展高附加值、高创汇的碳素渔竿、高尔夫球杆、网球拍、碳素管材等系列产品，争创全国渔具批发市场，把威海建成具有国际影响力的渔具生产和集散基地。四是电动工具。威力工具是世界上最大的活扳手生产企业，年产能力 4000 万支，销售网络辐射 80 多个国家和地区，国内经销商有 700 多个，目前正在与美国最大工具制造商史丹利公司合资 1.1 亿美元新上高档扳手项目。威达机械是世界上最大的钻夹头生产基地，拥有一家上市公司，目前正开发具有自主知识产权的高档新款钻夹头。要以威力、威达等企业为龙头，加强与世界大企业的战略合作，加快电动工具系列产品的研发和生产，壮大一批"小件巨人"。五是食品加工业。这是威海市重要的支柱产业，去年实现销售收入 923 亿元、利税 67 亿元，分别占工业的 22% 和 23%。要充分发挥资源优势，大力发展绿色、有机、无公害食品加工，把食品工业做得更大更强，打造特色鲜明的食品加工基地。主要以好当家、泰祥两个中国名牌产品企业为龙头，抓好十大水产加工园的建设，大力发展水产品精深加工。依托华隆食品、鲁菱果汁、清华紫光等企业，大力发展花生、果汁、无花果等特色食品综合加工。

（二）改造提升传统骨干行业

威海市还有一些传统行业，总体规模不小，但产品层次、附加值不高，品牌不响，支撑力量还不强。如纺织服装业，全市规模以上企业 252 家，占全市的 1/8，但销售收入、利税、利润均只占 1/16。这些传统产业通过改造提升，也同样可以进入高端。一条普通围巾只能卖十几块、几十块钱，而济宁如意集团棉纺和毛纺都能纺到 500 支纱，织出的羊绒围巾 7000 元一条。如皮革制品，一双普通皮鞋价位在一二百元，十几双、几十双才能卖过一双高档名牌皮鞋。金猴集团与总后勤部军需研究所合作，采取纳米技术对鞋底进行防滑处理，在冰上可以行走自如，成为全军将军鞋的独家生产企业，已经开始批量生产。对这些产业，要大力实施名、优、特、新战略，采用新技术、新工艺、新材料，加快产品上档升级，进一步打响品牌，提高附加值。主要发展两大传统产业。一是纺织服装家纺业。纺织业是受金融危机冲击最大的行业之一，部分企业陷入困境，甚至出现停产、关门现象，但与此同时，占行业数量 1/3 的优质企业发展态势良好，创造利润占全行业的 98%。金融危机并未改变人们对生活必需品的需求面，国际市场对质优、价廉、物美的中国纺织品服装产品继续高度认可，中国纺织品服装产品的国际市场份额并没有减少。为此，国务院纺织业调整规划很有信心地提出了未来三年我国纺织行业的三大目标：纺织工业生产保持 13% 的年均增长，出口保持 8% 的年均增长，国内市场衣着类消费保持 20% 的年均增长。我们应认真研究市场趋势和需求，依托优势企业和优质产品，加大技改、装备、研发和营销力度，全面提升质量水平，推动全市的纺织服装家纺业由大变强。在纺织方面，威海魏桥科技工业园所有生产线全部引进世界最先进的纺织设备，总投资 11.5 亿元的魏桥第二工业园建成后，主要生产高支高纱面料，将形成年产棉纱、白坯布 120 万锭的生产能力，销售收入过百亿元。要以魏桥为龙头，加快技术改造和产品升级，提高无卷、无梭、无接头和精梳"三无一精"的比重，形成一批有品牌、有市场的拳头产品，打造世界级的精纺基地。在服装方面，迪尚集团通过跨国并购、完善国际营销网络、打造自主品牌等方法，今年一季度出口 3881 万美元，增长了 43.8%。要以自创品牌为主攻方向，以迪尚、华羽、笙歌、汇泉、皓菲等企业为龙头，研制开发各种新纤维、新面料服装和高档环保针织品，重点开发休闲装及各种高档时装。在家纺方面，要以文登中国家纺名城为平台，以艺达家纺、云龙绣品、银洁绣品等企业集团为主体，优化区域布局，打造知名品牌，保持家用纺织品全国领先水平，把威海建设成为国内最大的抽纱系列产品生产集散地。二是皮革及制品。以金猴集团、森鹿制革、山海皮业等企业为龙头，引进国外先进生产设备，提高皮革产品档次，开发多品种、系列化的皮革材料，提高皮革鞣制、毛皮染整的技术水平，重点发展技术含量高、附加值高、满足环保和节能减排要求的产品。

（三）大力培植装备制造业

发达的装备制造业是工业化水平的重要标志，是产业升级、技术进步的重要保障，也是国民经济的基础产业。威海市的汽车和专用车、电机等已具有一定的基础，大型数控机床已达到国内国际先进水平，要支持引导企业进一步提高自主创新特别是原始创新能力，集中力量突破一批核心技术，提高装备自主化水平，为发展现代制造业奠定坚实基础。一是汽车和专用车。虽然受金融危机影响，全球汽车市场需求严重下滑，但今后较长时期，我国汽车市场将处在增长期，市场需求潜力巨大。国务院十大产业调整振兴规划把汽车排在第一位，也表明了国家对汽车产业的重视和支持。威海汽车工业发展较晚，去年整车产量不到 6 万辆，产业规模小、聚集度低。应根据汽车工业生产规模化、经营品牌化、技术密集化和节能环保化的发展趋势，充分利用国家的扶持政策，整车产品要进一步加大与战略投资者的合作力度，加快新车型的开发和引进，整合资源，提高经济规模，提高产业集中度，大力实施品牌战略，加快产品升级换代和结构调整，进一步提高产品节能、环保和安全等关键技术水平，积极发展节能环保型汽车和市场规模大、附加值高的专用车。重点支持以荣成华泰汽车有限公司节能环保型小排量轿车、东安黑豹的轻型卡车，威海广泰空港设备股份有限公司的机场地面车辆和威海市怡和专用设备有限公司的油料输储、饮用水净化车辆等优势特色整车产品为代表的高端产业发展，进一步壮大企业规模，力争 3～5 年内整车产能达到 70 万辆。二是大型数控机床。华东数控开发的大型数控机床技术达到了国际先进水平，关键部件均实现了自产，而且产业链延伸比较快。2006 年成功研发了轨道板数控磨床，打破了德国对这一铁路建设核心设备的垄断，每台约1500 万元，是进口产品价格的 1/3。国家鼓励订购使用国产首台（套）重大技术装备的政策，特别是随着铁路等基础设施的加快建设，使这种磨床非常抢手，去年底今年初先后拿下了京沪高铁、石武铁路客运专线共 4 亿多元的订单，已实现了批量生产。目前正在与德国希斯公司合作，计划投资 28 亿元，联合开发数控龙门移动式镗铣车削中心、落地镗铣床和六轴滚齿机等代表国际先进水平的重型机床项目，其中镗铣车削中心最大加工宽度可达 8 米，用于风电、核电设施、船舶制造、军工产品等大型零件的加工。百圣源集团将生产了几十年的 300 多个产品全部砍掉，基本完成了以大型高端机床代替低端中小型产品的升级换代，大型胶合板成套生产线一吨钢材能创造产值 7～8 万元，是小型刨床的 10 倍多，目前正在开发数控四尺高速旋切机等 20 多种新产品，推进龙门铣床生产线的数控化技术改造项目。要以这些企业为主体，瞄准国家重点工程建设需求，加快发展数控加工中心、数控龙门机床、数控锻压机床等大型、高精度、全功能产品。三是电机。目前全市已形成了年产各种电机 3000 万千瓦的能力，居全国首位，主要产品是中小型、高效节能电机。华力电机生产能力达到 1500 万千瓦，是国内最大的电机生产企业，是同行业第一个中国名牌产品，正在开发大型风力发电机项目，也正符合威海市发展风电等新能源的需要。恒大电机通过股权转让的方式，与美国泰富电气公司实施了重组，融资 1 亿多元进行技术改造。要依托华力电机、恒大电机等骨干企业，加快高效、智能、节材型电机的开发，重点突破变频电动机集成、智能电动机、机电一体化技术，提高电机系统节能技术和装备水平。

四　资本和知识聚集度高、产业带动力强的现代服务业

高端服务业处于服务业的高端领域，发展高端服务业是经济持续发展的必然选择，是服务业内部结构调整的必由之路，是经济转型升级的内在要求。近年来，威海服务业发展较快，但服务业总量仍然偏小，占 GDP 的比重偏低，服务业内部结构不尽合理，服务业主要集中在商贸、餐饮、仓储等传统服务业上，现代物流、金融保险、科技信息服务等现代服务业发展不足，服务业仍处于低层次结构水平；服务业发展载体不强，企业规模小，全国服务业企业 100 强，威海一家也没有，全省 100 家重点服务业企业，威海也仅有 5 家。要加快服务业的转型升级，努力推进由生活性服务业向生产性服务业、由生活消费品供应低端服务业向休闲娱乐等高端服务业、由传统服务业向新兴服务业的转变，到 2012 年，服务业增加值占 GDP 的比重达到 36% 以上。重点培植壮大现代旅游业、现代物流业、科技与信息服务业、会展业等高端服务产业。

（一）现代旅游业

进一步加快推进旅游业转型升级，努力把威海建设成为特色突出、结构合理、环境优美、设施完善、国际知名的休闲度假旅游目的地。一是全力打造千公里幸福海岸。充分利用海洋、海岛、海岸、海港、海鲜以及海文化等资源，以旅游线路为切入点，将不同的旅游产品串珠成链，不断提升环海旅游的水平。二是着力打造旅游精品。进一步完善刘公岛、赤山法华院、成山头风景区、大乳山旅游休闲度假区等重点景区，加快仙姑顶希望如意园、华夏生态园、福如东海文化园、槎山风景区扩建、圣经山开发、威海湾海上娱乐等景点，打响精品旅游品牌。三是加快打造高尔夫旅游。高尔夫旅游是附加值很高的旅游活动，一个高尔夫客人的消费，相当于 3～4 个普通观光游客的消费总和。据统计，2008 年专程从韩国来威海进行高尔夫旅游的客人达到 2 万人次。要充分利用锦湖韩亚等现有的高尔夫球场，不断完善与高尔夫运动相关的各项服务设施和服务项目，着力引进不同层次的高尔夫比赛，打造高尔夫休闲旅游品牌。四是努力打造中国第一流的"温泉之乡"。威海温泉资源丰富，在全省已探明的 18 处温泉资源中，威海就占了 9 处，全市可采地热流体量为 15248.4 立方米/天。要着力提升温泉的综合利用水平，以宝泉路温泉一条街为基础，着力推进温泉大世界项目建设，积极推进天沐、汤泊、新东

阳呼雷汤等温泉项目。加大对"中国温泉之乡"品牌的宣传力度。

（二）现代物流业

威海交通基础设施比较完备，海陆空立体交通架构日趋成熟，为现代物流提供了有力保障。要充分发挥交通优势，着力推进大型现代物流项目，尽快形成物流集聚区。一是着力推进交通重点项目，进一步完善交通基础设施。加快推进荣乌高速公路、青烟威荣城际铁路等重点交通线路建设，进一步提升铁路客货运输能力，加快威海机场改扩建工程，加大航线密度。二是加快临港物流业发展。进一步加强港口建设，推进四大临港工业区发展，重点抓好国际客运中心和航运中心工程；着力推进威海港物流有限公司物流中心、石岛新港港口物流集配中心等临港物流项目，规划建设港口中转型国际临港物流园区，形成服务制造业基地和进出口的外向型物流聚集区。三是大力发展陆地物流。着力推进汇峰物流中心、威海国家粮食储备库粮食仓储物流中心、金蚂蚁国际汽车广场、好当家物流配送中心等一批重点物流项目建设，加大对现代物流业中重点企业的培育力度，积极推进第三方物流建设，提高物流企业竞争力。

（三）科技信息服务业

威海市信息基础优越，全市电话总普及率达到128部/百人，是全省平均水平的1.8倍；互联网普及率超过45%，是全省平均水平的2.8倍；广播电视综合覆盖率达到98%以上，高出全省平均水平2个百分点；已有获得双软认证的软件企业14家，通过认证的软件产品达到50余种，被评为"中国城市信息化50强"。要充分发挥好这些优势，积极推进信息服务业发展。一是加快创新平台建设。着力推进高区孵化器（公共服务平台）、威海汽车电子技术公共服务平台和科创孵化器有限公司科技孵化器产业园项目建设，充分发挥高新技术创业园等科技平台的示范带头作用，积极推进各市区尽快规划建设特色鲜明、功能互补的创新平台建设，逐步形成以高技术产业开发区为核心，各市区协同发展，具有较强辐射能力和竞争力的公共平台体系。二是大力发展服务贸易。紧紧抓住发达国家服务外包业务和人才向发展中国家转移的大好时机，把承接国际服务外包作为扩大服务贸易的重中之重，积极承接信息管理、数据处理、财会核算、技术研发、工业设计等国际服务外包业务。抓好威海东方硅谷软件园等服务外包园区建设，发挥好服务外包园区的集聚、带动作用，引进和培育一批具备国际资质的服务外包企业，形成一批有影响、有规模、有竞争力的服务贸易品牌企业和品牌产品。到2010年，全市服务外包从业人员争取达到3万人，服务外包企业发展到100家以上，把威海建设成为省内领先、全国有一定影响的服务外包产业基地。三是发展动漫产业。着力扶持信石软件（拓荒岛动漫）、逸云文化传媒工作室、摆渡文化、火龙传媒等动漫企业，培育具有规模性、导向性、主业突出、核心能力强的龙头企业。进一步加强动漫产业基地建设，积极推进鼎峰电子公司投资建设的莱迪动漫基地，通过基地的孵化带动作用，充分吸引国内外动漫企业、人才聚集威海，做大做强威海动漫产业。争取 2010 年前在高区建成 3000 平方米的威海网络游戏研发基地，坚持两年举办一届动漫大赛，并逐步办成全省乃至全国的动漫大赛。

（四）会展业

威海环境优美，交通便利，设施完善，是召开各种会议的理想之地。应把"发展会议经济，打造会议城市品牌"放在会展业优先和重点发展的位置，积极打造会议城市品牌，以会议带展览，着力培育中小型专业展览，以"人居节"为龙头，引进单项和区域性文化体育赛事。实现会展、旅游、文化等产业融合发展。到 2012 年，培育出 3~5 个与威海产业结构关联度高、在国内外有影响的品牌会展项目。

五　具有一定产业基础和市场潜力、区域比较优势明显的特色种养业

威海与农业发达的日韩、欧美一些国家处在同样的纬度，气候、土壤等条件特别适合一些高端品质动植物的生长。应瞄准一流农业强国，充分发挥区域特色优势，面向国际市场和国内高端消费群体，在一些特殊品种上着力培育发展高品质、高营养、高安全、高效益的高端农副产品。主要抓好农业种植、畜牧特色养殖和海洋养殖三个方面。

（一）农业种植业

重点抓两个方面。一是传统优势产业提质增效。在威海市农业主导产业中，花生和果品的整体规模、产地形象、市场影响力最为突出。威海是国内乃至世界上最好的苹果栽培区之一，苹果色泽艳、个头大、品质佳，深受国内外市场欢迎，是主要水果，2008 年全市苹果种植面积占水果的 72%，产量占 81%，年产值占 87%，出口占 89%；威海还是国内花生的主产区和高产区，威海大花生含糖量高、口感好、耐储藏，常年播种面积在 100 万亩左右，占全市农作物播种面积的 30% 以上，产量约 25 万吨。日本是威海市花生出口的最大国际市场，出口量占全市花生出口总量的 95% 以上，日本的大粒花生90% 以上来自威海地区。"威海苹果"和"威海大花生"均通过了国家农产品地理标志登记。但由于大多是粗放型生产，质优价高的产品比例太低，影

响了产业的整体效益和外部声誉。以红富士苹果为例，产品能达到85毫米以上出口果标准的只占15%左右，销售价格比外地同等规格的每公斤低0.4元左右。因此发展高端水果、花生业，必须大力实施"提质增效"工程。一要大力推行标准化生产，在全面实现无公害的基础上，面向高端市场，加快发展绿色食品和有机食品认证，特别是把有机认证作为主攻方向，取得国际市场通行证。二要加快技术升级步伐。对苹果采用现代苹果栽培制度取代传统苹果栽培制度，对花生抓好合理密植等关键生产技术的示范与推广。三要加大品种改造步伐。苹果大力推广红将军、王林、陆奥等世界一等苹果品种，花生大力推广花育22号、丰花1号、花育25号、8130等适合出口加工型优良品种。通过实施"提质增效"工程，标准果由目前15%左右提高到50%；三年内全市花生良种覆盖率达到95%以上，全部达到无公害标准；五年内适宜出口花生品种面积达到总面积的80%。二是新兴优势品种做大做强。近年来，一些新兴特色农作物新品种在威海蓬勃发展，成为发展高端农业、促进农民增收的新亮点。如乳山大姜、高酸苹果、大根萝卜、文登西洋参、加工甘薯等。这些产业的共同特点是，基于独特的土壤、气候条件生产，产地优势和特色明显，产品以加工为主，附加值高，效益突出。如乳山大姜因当地特有的土壤条件而形成了个体饱满、色泽金黄、肉质好、辛香味辣等特点，产品质量优势明显，亩均效益万元以上。文登西洋参因当地自然条件适宜，产品有效成分为国内最好，可与美国进口产品媲美，亩均效益可达数万元。威海是全国最佳甘薯生产基地，具有广泛的种植基础，2008年在威海建立了国家甘薯综合试验站，产业基础好，近几年发展较快。加工甘薯按2008年市场价格计算，亩产值可达3000元以上，为普通甘薯的数倍。依托鲁菱果汁的龙头带动，发展了万亩高酸苹果基地，亩效益可达3000元以上。但目前这些特色产品的规模效益普遍不高，乳山大姜仅3万亩，文登西洋参仅有万亩左右，高酸苹果和加工甘薯的种植面积还满足不了本地龙头企业的需求。要着力把这些新兴的、威海特有的产业进一步做大做强，在品种、技术、加工、销售等方面巩固和扩大优势，切实提高在国内外的知名度、美誉度。总体发展规划是到2012年，专用甘薯种植面积达到16万亩，高酸苹果达到3万亩，大根萝卜达到3万亩，分别建成国内最大的生产加工基地；扶持建设一批大姜、西洋参加工龙头企业，实现以鲜姜、鲜参销售为主向产品系列化的转变，提升产业档次。

（二）畜牧特色养殖业

主要抓好水貂、狐狸养殖。威海地理位置优越，与世界养貂业最发达的北美、北欧地区地理环境接近，气候条件非常适合水貂等特种动物的生活习性。特种动物养殖历史悠久，养殖品种主要为水貂、狐狸，在已形成的奶业、水貂、生猪、肉鸡四大畜牧产业中，最具竞争优势和发展潜力，符合发展高端畜牧业方向。总体思路是：稳定产量，提高质量，搞好加工，增加效益，经过持续不断的努力，把威海市建成名副其实的全国乃至全球的水貂养殖、鞣制加工、制品加工、产品销售的产业化基地。一是加快良种资源的引进和培育，提高毛皮质量和效益。一方面抓好现有国家、省批准的 5 家种貂场的管理，做好选种选育、疫病防治，确保销售的种兽符合种畜禽生产要求；另一方面瞄准国际先进水平，鼓励有能力的养殖场，到国外引进优质水貂良种，加快扩繁步伐，改良威海市现有水貂品种，提高其品质档次。二是引进加工企业"龙头"，延伸产业链条。积极采取措施，引进技术先进的深加工企业（设备），走精养—取皮—硝皮—裘衣加工的产业化路子，实现多次增值。按威海市目前的水貂养殖规模，完全可以创建一个 1000 万张貂皮以上规模的加工企业及一定数量的裘皮服装加工厂。据业内人士介绍，目前加工貂皮产成品每张可平均增值 200 多元，如果加工能力规模能达到 1000 万张，即可创造 20 多亿的销售收入和 1 亿元以上的税收。三是走创优之路，树地方品牌。进一步增强品牌意识、名牌意识，在确保貂皮生产规模和质量的前提下，积极申办"威海水貂"这一地理标志品牌，并通过这一品牌不断强化良种繁育，真正选育出威海水貂的地方品牌。加强对外宣传，积极参加国内外拍卖会、交易会，扩大"威海水貂"知名度，靠名牌带动战略，促进貂种和貂皮的销售，促进效益的提高和生产的发展。

（三）海洋养殖业

重点发展四种渔业。一是远洋渔业。近海渔业资源严重衰退，传统捕捞作业渔场大面积减少，捕捞能力超饱和，捕捞效益急剧下滑，重振捕捞经济的唯一途径就是发展远洋渔业。2008 年全市远洋渔船已达 245 艘，成为全省规模最大的远洋捕捞船队，完成产量 9.4 万吨，实现产值 9.2 亿元，分别占捕捞产量的 12% 和产值的 15%。下一步规划远洋渔船以年均 10 艘的速度递增，到下个五年计划末总数达到 300 艘以上，总功率接近或达到 15 万千瓦，远洋捕捞产量、产值各翻一番，分别占捕捞产量、产值的 20% 和 25% 左右，确立全国第一的地位。二是浅海造礁增养殖业。建设浅海人工鱼礁，能为海底新藻场的形成提供环境条件，变海底荒漠为海底森林，优化局域生态环境，生态效益和社会效益显著。按《山东省渔业资源修复行动计划人工鱼礁建设布局规划》，威海适宜建礁区除文登南海外，基本涵盖整个浅海带，总面积超过 30 万亩，目前威海年扩增面积已达 250 公顷，实现产值 2 亿多元。今后要着力推进发展，争取在较短时间内使浅海海底增养殖成为与海面养殖、滩涂养殖、陆基养殖并驾的第四大增养殖门类。计划到 2014 年，新增造礁增养殖面积 3.5 万亩，总面积达到 5 万亩，年实现增养殖产值 6 亿元以上。三是品牌渔业。经过多年发展，威海在品牌建设上取得了一定成效，获得省级以上名牌称号的渔业产品达到 35 个，其中国家级名牌 3 个；经国家质检总局认定地理标志产品 1 个，经国家工商总局认定地理标志商标 2 个。但从全国情况来看，威海知名水产品并不多，品牌效应远远没有发挥出来，许多品质优良的水产品出了威海就鲜为人知。今后，要着力实施品牌带动战略，加大名牌水产品的培育和优势特色水产品的保护和挖掘，引导各地进行产品质量认证、地理标志认证、产品商标注册，积极培育新的品牌产品、品牌企业、品牌产业。鼓励各类优势水产品品牌扩大宣传范围，逐步实现以产业培育品牌、品牌促进产业发展的良性循环，带动优势和特色产业不断发展壮大。今后将以龙头企业为依托、行业协会为基础，集中培育威海老刺参、威海比目鱼、威海杂色蛤、威海扇贝等大宗品种品牌。四是良种渔业。威海水产良种工程一直走在全国前列，全市已认定国家级水产原良种场 4 处、省级水产原良种场 8 处，数量均居全国地级市前茅；技术开发能力逐步提高，有渔业高新技术企业 20 多家，先后承担国家"863"计划科研项目和科技成果转化项目近 30 个。但总体上海水养殖良种选育和推广范围还很有限，种质退化给威海海水养殖业造成了严重的损失，栉孔扇贝、海湾扇贝养殖发病死亡率一度分别高达 50% 和 60%，年损失过 2 亿元；大菱鲆药残事件造成的损失更大。今后要着力加强水产良种选育、培育和引进开发软硬件设施建设，努力提高良种覆盖率。要全面推行水产苗种生产许可证制度，规范水产苗种生产秩序。抓好水产良种场体系建设，抓好国家级、省级良种场认定工作，争取到 2014 年，国家级和省级水产良种场分别达到 6 个和 15 个以上，大宗和主导养殖品种都有良种场，在此基础上加快良种提纯复壮和杂交选育步伐，增强良种繁育能力；进一步加快良种引进开发步伐，让一批优良品种落户威海，到 2014 年，水产良种覆盖率达到 50% 以上。

发展高端产业的措施与保障

培育高端产业集群、打造高端产业聚集区，最终要落实到项目和企业上，必须坚持以项目为龙头，以企业为基础，想方设法为高端产业的发展创造条件、提供保障。

一　坚持以自主创新为第一动力

实现产业高端化的关键，是推动发展方式由投资拉动为主向创新驱动转变，技术进步路径由引进技术为主向自主创新转变，创新资源配置由政府为主向企业为主转变，通过方式创新和制度创新相互促进，使高新技术真正成为支撑高端产业发展的骨架和核心。去年以来，我们提出了"以自主创新为第一动力"，出台了"三区"建设的一系列政策措施，制定了自主创新五年规划，深入开展了"自主创新年"活动，收到了良好效果，但与国内外先进水平相比，还有不小差距。主要体现在整体创新能力不够强，发展不够均衡，高端技术人才少，自主核心技术少，在本行业、本领域有话语权的企业少等等。今年要通过深入开展"自主创新年"活动，进一步激发全社会创新创业的活力。一要继续大力推进"三区"建设。要抓住金融危机冲击下国际人才流动的新契机，有针对性地组织好海内外高端人才招聘活动，主动加强与知名科研院所之间的沟通与联系，积极引导企业与院所建立产学研合作关系，搞好共性、关键性、前瞻性技术开发和成果转化，提升核心竞争力。同时，要根据需要抓紧出台一系列促进产学研合作的优惠扶持政策，把产学研合作提到更高水平。二要培养集群竞争优势。将新材料、电子信息、生物医药等产业基地的发展与城市间、地区间、经济区域间，甚至与国外的地区或国家的同类企业竞争联系起来，积极培养高新技术产业集群竞争的优势，把握竞争的主动权和市场开发的先机。三要进一步营造自主创新的浓厚氛围。加强对"自主创新年"活动的宣传，使之成为全市上下的共识。对创新活动中涌现出的企业和个人的先进典型，大力宣传和表彰，在全社会形成尊重知识、尊重人才、推进产学研合作的良好氛围。

二　努力把企业做大做强

提高企业的国际竞争力和可持续发展能力，是推进产业高端化、促进产业发展的关键所在。下一步，要对已形成的产业集群作进一步的产业升级和产业结构调整，坚持"高起点、高标准、布局合理、适度超前"的原则，从实际出发，遵循产业集群形成、演进、升级的内在规律，准确把握产业集群不同发展阶段特征，结合本地区域经济、企业优势和特色，科学规划，合理布局定位，统筹区域协调发展，抓住几个有特色的产业集群，在本土企业中培育一批成长型优质企业梯队。对成长中的产业和企业，要通过政策倾斜、资源调配，推动优势资产向优质企业集中、优势资源向优秀企业家集中、优势资金向优良技术和产品集中，打造一批出类拔萃的大企业、大集团。

三　大力实施品牌战略

品牌建设是企业长远发展的原动力，形成了品牌就形成了竞争优势。要大力实施质量兴市和品牌带动战略，提升产业集群内企业品牌意识，推动生产要素向名牌产品和优势企业流动，形成品牌企业的聚集效应。要抓好现有名牌的做大做响，引导中国名牌产品和中国驰名商标生产企业不断提升品牌价值，对名牌企业的技术改造、技术引进、科研立项等要给予优先安排。要抓好骨干企业的品牌培育。鼓励有条件的企业通过收购、兼并、控股、联合等多种途径，实现品牌的低成本扩张，努力形成一批核心竞争力强、品牌带动作用明显的品牌大企业、大集团，加快培育具有特色优势的"小型巨人"品牌企业。要围绕打造品牌农业，加强农产品质量安全区域化管理工作，提高威海农业的高端化水平。要充分利用产业集群效应，进一步整合资源，打造产业集群的区域品牌，努力培育一批在全国甚至全球具有较大影响力的著名区域品牌。

四　加大招商引资力度

培植发展高端产业，既要靠产业结构升级、靠自主创新，也要靠加大招商力度，引资金、引项目。建市以来的实践证明，引进一个实力雄厚的高端企业，就能带起一个产业，像山东三星落户威海后，就先后带来了36个韩资企业为其配套生产，形成了较为完善的打印机产业体系。当前，新一轮国际产业结构调整和产业转移热潮正在兴起，制造业的高端环节和服务业成为产业转移的重点，国内外生产要素流动和产业转移的速度不断加快，国内市场经济扩张和技术进步正在引发新一轮产业升级，这为威海市引进高端产业提供了很好的机遇。一要积极开展产业招商。充分发挥行业主管部门熟悉产业发展态势、掌握丰富资源的优势，围绕"传统产业新型化、支柱产业多元化、新兴产业特色化"的要求，按照产业集聚、关联配套、协调互动、资源共享的原则，突出特色，强化优势，做好重点支柱产业规划，以造船配套、新型材料、环保设备、清洁能源、电子信息软件、创意设计、服务外包等产业为重点，有针对性地大力开展产业招商，引进一批世界500强、国内企业100强之类的大企业，着力打造一批特色产业集群，促进全市产业结构优化升级。二要进一步加强园区建设。园区是高端产业聚集的载体，产业要高端化，园区建设也必须向高端发展。要按照集约开发、突出特色、错位发展的原则，统筹规划各类园区建设，引导新上高端产业项目向高新技术园区集聚。突出高区、经区、工业新区的龙头作用，加快推进科技新城和临港工业园建设，支持高区争创国家创新型科技园区，把制造业做深，把高技术服务业做实，并利用高端要素的集聚效应，积极创造新的产业、新的业态。三要努力扩大对外合作。瞄准国内外各类优势资源，引导企业进一步拓展对外合作的领域，全方位引进资本、技术和市场网络。鼓励企业走出国门，兼并、收购境外研发中心，以获得研究开发能力和自主知识产权，增强核心竞争力；鼓励收购海外销售网络，以带动更多国内商品走向世界。

五　加强政策扶持引导

推进高端产业快速、健康、有序发展，必须有与之相适应的"政策高地"。近年来，我们围绕发展三大基地、五大产业群和三大支柱产业，相继出台了一系列政策措施，既有促进制造业、农业、海洋经济、服务业等大的产业发展的政策，也有推进信息产业、服务外包、会展经济发展的具体政策。这些政策措施，对传统产业有效，稍加调整完善，对推进高端产业发展同样会产生积极作用。最近政府有关部门正在抓紧制定相关产业振兴规划，要抓住扩大内需、促进增长的有利时机，突出高端产业发展这一主题，使各项政策措施有重点地向高端产业倾斜，尽快形成促进高端服务业发展的政策体系。政策要有前瞻性，能够在一个较长时期内在聚集创新资源方面发挥作用；要有针对性，特别是在引导资金使用、税费减免、人才引进、技术研发等方面，能够充分满足高端产业发展的需要；要有灵活性，在事关全局的重大高端项目引进和膨胀发展方面，能够急事急办、特事特办，必要时一企一策；要有影响力，能够体现威海特色，最大限度地聚集高端产业项目和企业。

六　进一步优化发展环境

高端产业聚集区的形成，取决于与高端产业有关的各种要素的集聚程度，而各种要素的集聚，关键在于服务环境的优劣。哪个地方的环境好、服务优，发展要素就流向哪个地方。必须坚持人无我有、人有我优，进一步加强软硬环境建设，努力形成高端产业的集聚效应。这些年来，我们按照建设最适宜人类居住和创业的世界精品城市的要求，加强基础设施建设，完善城市服务功能，为高端产业的发展打下了良好的基础。今后要适应高端产业的发展要求，全面提升环境优势，最大限度地集聚高端产业发展要素。要进一步提高行政效能，优化政务环境，坚决做到"企业创造财富，政府营造环境"、"院内的事企业干，院外的事政府办"，在减免缓收费、减少审批环节、为企业排忧解难方面做好工作。要认真研究高端产业发展先行地区的相关政策，在精简审批项目、提高行政效能、减负让利、特事特办等方面，逐条进行比对，凡是能够做到的，都要尽快落实，力争通过学习借鉴，使服务环境进一步优化。

七 加强与半岛其他城市的对接

胶东半岛城市群内的青、烟、威三市，经济发展势头好，互补性强，2008年三市的装备制造业、高新技术产业、服务业分别占到全省的47%、43.3%和34.6%，规模以上企业的科技人员占全省的30.2%，具备培植高端产业的良好基础和条件。在三市中，威海占的份额还比较小，发展高端产业基础相对薄弱，需要在对接中融入一体化大格局，在错位竞争中提升高端产业发展水平。一是交通基础设施的对接。加强交通网络规划和重大项目建设的协调衔接，加快构筑公路、铁路、水路协调发展的运输体系，实现与青岛、烟台的交通联网。加快与青岛的港口联动步伐，实现威海港口与青岛国际港的对接，利用青岛港航线，把威海港口经济做大做强。同时要搞好各市市域发展规划的对接，构建一体化的发展格局。二是产业合作。打造高端产业聚集区，核心在产业。要按照"互补、共建、配套发展、错位竞争"的原则，加强分工合作，积极搞好配套服务和产业衔接。根据半岛城市高端产业的规划布局，加快威海高端产业发展规划的制定和实施，实现产业接轨，为威海高端产业的发展输入新的动力。三是科技与人才合作。青岛、烟台有着相对雄厚的科技和人才优势，要积极推动威海企业与半岛科研机构、大专院校的产学研合作，增强核心竞争力，提升参与半岛高端产业分工合作的能力。要进一步优化人才创业环境，推进与半岛其他城市的人才交流与合作，畅通半岛人才来威海创业的渠道。

（作者单位：中共威海市委办公室　课题组成员：张　璟
刘　杰　王洪洲　许庆耀）

山东省对外贸易与环境保护
协调发展问题研究

谷祖莎

一 贸易与环境相关性的经济学分析

（一）贸易自由化对环境影响的效应

贸易自由化对环境的影响，一般归结于三种效应：规模效应、结构效应和技术效应。三种效应分别通过贸易对经济规模的影响、对产业结构的影响和技术进步等途径，在贸易自由化进程中对一国环境产生影响。

1. 规模效应

规模效应是指贸易自由化扩大经济活动规模对环境所构成的直接损害以及所带来的环境间接改善。

规模效应对环境损害的直接影响主要表现在两点：一是经济增长规模的扩大使生态支持系统承受的压力增加，资源的恶化性开发和加速损耗成为可能；二是产品在世界范围内的流动性加强，交通运输产生的污染对环境质量的影响越来越显著。而且，跨国界运输进一步造成污染性物质的越境转移。

另一方面，贸易自由化的直接结果是收入水平的提高。当收入水平达到一定的程度后，消费者会提高对环境质量的要求。首先，随着收入的增加，消费者越来越倾向于制定较严格的环境标准和税收制度。其次，随着收入水平的提高，消费者会提高购买在较严环境标准下生产产品的意愿。所以在这个意义上讲，规模效应带来的收入水平的提高对环境的影响是有利的。

2. 结构效应

结构效应是指贸易自由化使一国的产业结构更加适应其比较优势，各部门之间的比例发生变化。在没有市场失灵和政策失灵时，自由贸易时的产品结构比在自力更生下更能适应于一国的环境资源禀赋。经济发展水平越高，贸易自由化越能使经济结构向污染降低的方向转化，并加速从轻工品最终向服务业转移。由于许多发展中国家劳动力成本比其他生产要素低，贸易自由化使劳动密集型产业向发展中国家转移。

3. 技术效应

技术效应是指技术因素对环境产生的影响。贸易自由化扩大了市场，加强了专业化分工，随着专业化分工的深化和国际商品流动的扩大，商品流动产生的技术溢出效果非常显著。一项提高生产效率、降低投入产出比率的技术与规模经济的作用一样可降低对环境的污染，而一项因环境保护产生的新技术对降低环境污染水平具有更为重大的意义。从这个意义上说，贸易自由化产生的技术转移和溢出效应对环境的影响是积极的。另一方面，由于环境政策的不断出台，厂商必须采用符合环境法规的生产工艺及排污标准，会使厂商的生产成本提高。如果厂商通过改进技术来降低成本、减少污染，则可推动技术进步。如果在贸易自由化条件下，这些产品的生产被转移到环境规制较松的发展中国家，而这些国家的技术水平低于发达国家，就会对环境保护产生负面影响。

（二）环境保护对贸易影响的经济学分析

环境保护如何影响一国的比较优势，由此影响两国的贸易结构，笔者借助 H－O 的要素禀赋模型进行分析。

H－O 理论认为由于各国要素禀赋的不同，一国应出口本国富裕要素生产的产品，进口本国稀缺要素生产的产品。在 H－O 模型中并未考虑环境要素，在环境要素越来越重要的当今，环境应当作为一种生产要素被考虑进去（Siebert，1992；Thomas Anderson，1998）。为了分析环境要素对比较优势的影响，笔者对 H－O 模型修正后的前提假定为：两种要素即环境和劳动力；生产的两种商品即密集使用环境要素的高污染产品和密集使用劳动力的低污染产品；其余的假定与 H－O 相同。

假设 I 国为环境富裕国家，II 国为环境稀缺国家，两国的生产可能性曲线见图 1。

显然，在封闭经济下，I 国由于环境为富裕要素，生产可能性曲线偏向高污染性产品 X，在国内相对产品价格 P（i）下，A 为 I 国的最佳生产点和消费点；II 国由于环境为稀缺要素，生产可能性曲线偏向低污染性产品 Y，在国内相对产品价格 P（ii）下，C 为 II 国的最佳生产点和消费点。显然 P（i）＞

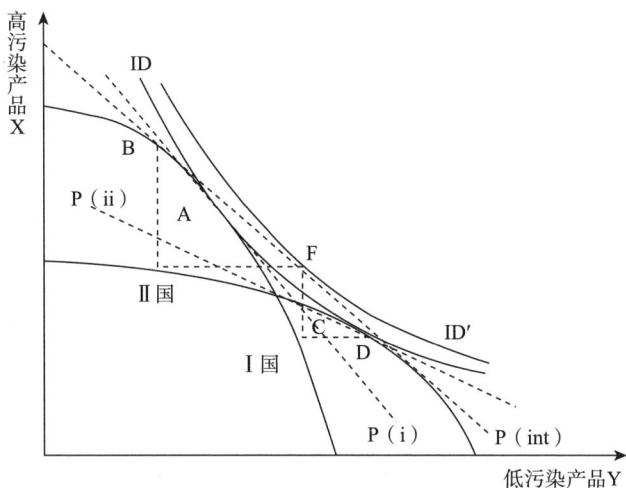

图1 考虑环境要素下的贸易结构变化

P(ii)。在开放经济下，国际交换价格 P(int) 必定位于 P(i) 和 P(ii) 之间。这时，I 国的最佳生产点将从 A 转移到 B；II 国的最佳生产点将从 C 转移到 D，两国新的最佳消费点为 F。

可见，由于环境要素的不同，影响了两国产品的竞争力。I 国的高污染产品由于环境要素充裕（如环境保护标准低）获得比较优势，将扩大高污染产品的出口；II 的高污染产品由于环境要素稀缺（如环境保护标准高等）处于比较劣势，将减少高污染产品的出口。

由于各国的自然条件、消除环境污染的成本和环境标准不同，环境要素在各国存在明显差异，已经成为企业生产中不可忽视的生产要素。理论分析表明，环境要素充裕的国家，密集使用环境要素的高污染产品具有比较优势，将扩大对高污染产品的出口；环境要素稀缺的国家，高污染产品处于比较劣势，将减少对高污染产品的出口，由此环境要素通过改变比较优势影响到两国贸易结构。

二　山东省对外贸易对环境的影响

改革开放后，通过实施"外向带动战略"，山东省对外贸易实现了历史性跨越。2006 年山东省外贸进出口总额为 952.1 亿美元，对外贸易依存度为 35%，对外贸易在全省经济社会发展中的地位显著提高。但是，由于山东省具有比较优势的产业很大一部分属于污染密集型产业或高度污染密集型产业，而政府出于促进经济增长的考虑，在制定产业发展政策时往往倾向于引导企业发展这些具有比较优势的产业。因此，山东省的对外贸易在实现出口创汇、促进经济增长的同时也造成了严重的环境污染。

（一）初级产品的出口导致了自然资源的日益枯竭

在山东的出口中，初级产品占有举足轻重的地位，初级产品在出口总额中所占的比重远远高于全国水平。这些产业主要消耗的是矿产资源和森林资源。矿产资源的开发利用对环境的危害相当大，以煤炭为例（近几年煤炭一直是山东的主要出口商品），煤炭的开采对水源有很大的危害，水流经矿床时会携带大量悬浮物，并会溶入大量金属离子和其他可溶物。

（二）印染等传统劳动密集型产业的发展导致地区性的土壤污染与水污染

皮革、毛皮、羽绒制品和纺织制品等劳动密集型产品是山东传统的出口优势产品，尤其是纺织品占到了出口产品的 20% 以上。这些产业在技术和资本均比较落后的条件下，主要是利用劳动力资源丰富及价格低廉的比较优势进入世界市场，但是这些产业同时也是污染密集型或轻度污染产业。劳动力成本的比较优势，使这些产业在国际上具有一定竞争力，一些地方政府与企业特别是乡镇企业在出口创汇及巨大经济利益的诱导下，大力发展这些产业，导致地区性的土壤污染与水污染日益加剧，严重影响了这些地区的农业发展与居民生活。

（三）国外危险废物的进口时有发生

危险废物通常是指不符合国家环保标准，被国家有关法律法规明文规定禁止进口的有害废物，比如工业垃圾、城市生活垃圾、建筑垃圾等。虽然国家有关法律明令禁止并做出严厉的处罚规定，但在山东危险废物进口事件仍然时有发生。例如，2003 年 6 月中旬，青岛海关查获一宗来自美国的洋垃圾进口案，15 个集装箱共 375.5 吨货物全部是洋垃圾。

三 环保规定对山东省对外贸易的影响

这主要表现在绿色贸易壁垒对山东省出口贸易的限制。

绿色贸易壁垒，是指一些国家以保护人类、动植物生命和健康以及保护生态环境和可持续发展为借口，通过制定和实施有关法律法规、政策和措施，从而直接或间接限制外国商品进口的一种主要的技术性贸易壁垒形式。

（一）静态效应分析

山东省许多产品由于环保、安全因素无法进入目标市场或被迫退出目标市场。

1. 农产品

近年来，美、日、韩和欧盟等国为了限制农产品进口，不仅扩大检验的种类和范围，还大幅度减低农药最高残留限量，凡超标产品一律不许进口。如 2006 年 5 月底，日本实施新的食品管理制度——"肯定列表制度"。"肯定列表制度"将所有的农产品、食品中使用的全部农业化学品残留纳入其管理体系中，规定 15 种农药、兽药禁止使用，对 734 种农药、兽药及饲料添加剂设定了总计 51392 个残留限量标准；许多检测指标的标准比以前的标准提高几倍甚至上百倍。如，洋葱的溴氰菊酯由原来的 0.5ppm 降低为 0.1ppm，提高了 5 倍；草莓的抑芽丹由原来的 40ppm 降低为 0.2ppm，提高了 200 倍。日本是山东省农产品出口的第一大市场，山东省也是全国对日农产品出口量最大的省份。2005 年全省对日农产品出口 26.4 亿美元，占全省农产品出口总量的 38.3%，占全国对日农产品出口总量的 33.3%。"肯定列表制度"将影响山东水海产品、肉类制品、蔬菜及制品、水果及制品、谷物及制品、花生及制品等的对日出口，涉及的出口企业近 1500 家。

2. 纺织服装

从 20 世纪 90 年代起欧盟就对进口服装的 100 多种有害物质含量进行限制。2002 年 5 月、7 月，欧盟又分别颁布了关于修改并发布授权纺织产品使用欧共体生态标签的决定和偶氮染料禁用令；同年 9 月又发布 61 号指令，禁止使用四氨基联苯等 22 种偶氮染料。另外，设限国家还对棉花生长过程中使用的杀虫剂、面料的易燃性、重金属含量、残留污染、游离甲醛等有害物质均有严格限制。山东是纺织生产和出口大省，2005 年纺织品出口额为 106.2 亿美元，占商品出口总额的 23%。由于技术薄弱、产品档次低，不可避免地受到了国外绿色壁垒的冲击。

3. 机电产品

机电产品是第一大出口产品。但是，近几年来发达国家在电磁污染、可回收率、排污量、产品包装等方面建立了严格的技术法规、标准和认证制度。例如，欧盟的 EU、日本的"生态标志"等，这些对我国包括山东省的机电产品出口造成了很大损失。2003 年 2 月 13 日，欧盟公布了《关于在电子电器设备中禁止使用某些有害物质指令》和《报废电子电器设备指令》，分别要求成员国确保从 2006 年 7 月 1 日起投放于市场的新电子和电器设备不含铅、汞、铬等 6 种有害物质；要求报废设备的收集费用由目前市场占有者按比例分担，并且提出苛刻的 80% 的回收比例，这给我国包括山东在内的出口企业带来很大压力。

（二）动态效应分析

绿色贸易壁垒给山东省的许多产品创造了新的市场机遇，具体表现为以下几点：

1. 环境管制能够诱发创新。在环保领域，由于存在信息不完备、科技日新月异、企业经营惯性，以及企业内部控制等问题，企业实际上是具有很多的创新机会的。而创新能够提高产业竞争力。

2. 环境标准将为企业提供新的发展契机，如果企业具有敏锐的商业嗅觉，应当积极地抓住这个机会以获得先动优势。多种统计数据表明，世界需求正向环境友善产品加速转移。很多公司已经开发出绿色产品，并获得了回报和开辟了新的市场。例如，德国因早于大部分其他国家制定和执行了废物回收标准，从而帮助德国企业在发展少包装或无包装产品方面获得了先动优势。

3. 绿色产品在未来的世界市场上具有极大的吸引力和竞争力。绿色产品具有较大的需求和收入弹性，这意味着随着消费者收入水平的不断上升，该类产品的需求量将会有更明显的提高。从市场营销的角度来说，绿色产品将成为 21 世纪世界市场上主要的促销手段。因为绿色产业及绿色产品能"挖掘"人类的内在生态需求，更好地满足人类的需求，因此具有无限的生命力。

四　山东省对外贸易与环境保护
协调发展的对策建议

（一）政府的对策

1. 积极推进环保产业的发展，集中力量扶植一批有国际竞争能力的环保企业集团

由于绿色环保产业需要的技术和投入都较高，离开政府的扶持很难发展，因而山东省政府应借鉴国外成功经验，探索以经济手段调节为主，行政和法

律手段调节为辅的绿色环保产业发展机制。政府应具体做到：帮助企业引进、开发清洁生产技术、污染治理技术和"三废"综合利用技术，为企业生产、出口绿色产品提供信贷、融资便利、税收优惠等；宣传绿色消费理念，引导消费者选购绿色产品，帮助企业培育绿色产品生产的规模优势；树立绿色产品出口龙头企业和典型绿色经济带，逐步带动省内各类企业和各个地区发展绿色经济；引导外资向无污染行业和农业等绿色技术薄弱的产业流动；引进国外先进的绿色生产技术、绿色管理经验以及发展绿色产业所需的资金。

2. 建立外经贸和环保以及质检部门之间有效的协调机制

由于长期以来部门各自为政、条块分割严重，导致不同政府部门出台的政策相互抵触的现象时而可见。不改变这种状况，生态建设与环境保护无法真正落到实处。为此，必须建立各级部门的有效协调机制。具体做法有：开展重大投资项目的环境影响评价，避免投资项目的环境污染与生态破坏；提高环境保护在经济决策中的作用，建立"环境保护一票否决制"；各级部门定期听取环境保护问题的情况汇报和环境保护问题的专题研究，及时协调对外贸易与环境保护的关系。

3. 加强信息收集、整理和发布，建立绿色壁垒预警机制

国际组织或各国政府及其标准化机构经常修订或改变其技术法规、标准等，而山东省出口企业总体来说规模较小、资金缺乏，不重视或没有条件收集目标市场的绿色壁垒信息。因而，山东省政府应充分利用国家贸易壁垒调查机制，通过世贸组织成员提供的有关技术标准和法规的国家级咨询点、驻外机构、外贸企业和外国进口商等多种信息收集和反馈渠道，建立绿色壁垒信息中心和数据库，对贸易伙伴的环保信息、指标体系、检验程序、检测方法等进行动态跟踪，及时向行业协会和企业发送情报使其早做准备。在这方面我们有沉痛的教训。2002 年 1 月欧盟做出对我国动物源性产品封关决定前，已有外商向我国有关部门提供了相关信息，并建议加快整改、积极交涉，但由于缺乏相应的处理机制和组织系统，我们并未重视国外客商提供的信息，致使损失惨重。而同样面临封关的越南，由于措施得力、反应及时，欧盟对其网开一面。

（二）企业的对策

1. 实现绿色管理

绿色管理就是企业根据经济社会可持续发展的要求，把生态环境保护观念融入现代企业的经营管理之中，从企业经营的各个环节着手控制污染与节

约资源，以实现企业的可持续成长。这就要求企业上至总经理下至普通员工，都要树立绿色经营理念，并将其导入企业核心价值之中，形成企业绿色文化；开发绿色产品，即使用绿色技术、选择绿色资源、设计和生产绿色产品并采用绿色包装；开展绿色营销，即选择有良好环保声誉的分销商建立绿色销售渠道，使用绿色会计制度实行绿色定价，通过向消费者宣传绿色产品知识，培养绿色消费意识，引导绿色消费行为；积极取得绿色认证，包括 ISO14000 国际环境标准体系认证和主要进口国的产品认证和体系认证，取得绿色环境标志，争取获得通向国际市场的通行证。

2. 组建绿色联盟

ISO14000 环境管理体系也要求对企业从设计、生产、使用到废弃处理的环境行为进行控制，这就需要同一产品的上中下游企业通力合作，各自完成其相关的环境检验、测试、认证等相关工作和手续，进行科学管理和过程控制，以达到进口国的绿色环保标准和要求。山东省出口企业不仅要考虑产品质量、价格等因素，还要考虑环保因素，以选择理想的绿色合作伙伴。应加强对环境管理能力和管理意识不够强的合作伙伴进行培训和技术支持，来提高供应链的绿色化水平。在产品研发过程中也应吸纳绿色合作伙伴参与，使出口产品更"绿"、更优、更有竞争力。

3. 适时"走出去"，绕开绿色壁垒

山东省出口企业遭遇绿色壁垒的绝大部分原因是企业技术偏低、信息不畅，还有部分原因是进口国对我国实行歧视性标准和检验措施。因此，今后山东省有条件的企业可以根据自己的需要和能力，到发达国家或发展中国家开展直接投资和跨国经营。通过到国外投资，设立研发机构，直接开发适合当地市场的绿色产品，既可以绕开耗时耗财的绿色壁垒，还可以将当地信息及时反馈给母公司，以便掌握国际市场竞争的先机和主动。

［作者单位：山东大学（威海）］

《区域发展与人力资本关系研究》
内容提要

罗润东

一 本研究的理论背景

区域发展是经济、环境、社会全面协调发展的过程。其中区域经济发展是基础，经济发展为其他发展提供物质条件。如果经济得不到充分发展，其他发展如人力资本的提升也无从实现。在区域发展中，区域环境又是经济发展和社会发展的载体，环境的发展制约经济与社会的发展。社会发展主要表现为社会的进步，包括社会制度的改善、社会结构的优化、人类自身素质的发展。另一方面，如果社会不能实现进步，同样将不利于区域经济的发展，对环境的发展也将带来不利的后果。人类自身的发展包括个人素质和能力的提升、个性的全面发展、个人权利得到尊重和个人福利的增加。在区域发展与人力资本成长的关系中，人的发展是经济发展的根本目的，经济、社会和环境的发展都以人的发展即人力资本提升为目标。

西方学者对区域问题的研究始于 19 世纪 20 年代开始创立的区位理论。主要的区位理论有杜能（T. H. Thunen）的农业区位理论、韦伯（Alfred Weber）的工业区位理论、克里斯塔勒（W. Christaller）的中心地理论、奥古斯特·勒施（August Losch）的市场区位理论和一般区位理论。区位理论为区域发展的研究奠定基础，它从影响区域发展的基本要素出发分析了经济活动的空间分布，具有静态性和局部均衡性。二次世界大战以后，伴随社会经济发展和工业化国家区域发展问题的出现，对区域发展的研究开始由微观转向宏观层面。这一时期在经济地理学和新兴的区域科学的核心领域，形成了各具特色的区域发展理论并日趋完善。其中，理论研究对区域经济发展的条件，内在机理、模式和一般规律的研究也形成了基本的框架体系。不仅如此，随着当代科学技术的迅猛发展，区域经济学对于区域发展的研究内容越来越广，主题越来越细化。尤其是在人力资本对区域发展的影响这一方面取得了一定进展。此外，区域可持续发展理论和新经济地理学也成为区域研究的热点，由此深化了一些新的理念如整体协调发展理念、城乡统筹理念等等，进一步繁荣了当代区域经济学理论体系。我国对区域发展问题的研究虽然起步较晚，但在区域均衡发展与非均衡发展、经济结构问题、国土整治、区域发展战略等方面取得了进展，形成了具有中国特色的区域发展理论。

二　主要分析模型

现有经济发展与人力资本成长方面的文献，较充分地解释了人力资本对经济增长的单向影响。然而，对于经济增长如何惠及人力资本形成，或者说二者之间的相互关系则尚未得到清晰描述。本书从区域经济发展与人力资本增长的互动关系角度，量化分析了人力资本对经济增长的贡献，以及区域发展绩效如何通过个人教育投资、公共教育卫生投资以及人力资本迁移等因素影响到区域人力资本成长过程。一个地区人力资本的供给水平不仅取决于它吸引外来劳动力的能力，从长期看，其区域人力资本的"内生性"成长对于区域经济持续发展更显重要。因此，分析不同区域内人力资本的形成模式与人力资本再投资模式，如区域内政府公共财政、居民个人对人力资本的投入水平等因素，可以揭示经济增长与人力资本之间的互因关系。可以发现，已有成果更多地解释了人力资本对地区经济增长的单向影响，而经济增长如何反向作用于人力资本形成或者说二者之间的相互关系尚未得到清晰描述。实际上，区域经济发展对区域内人力资本的形成与促进作用是一个长期的动态过程，由于这一影响的长期性与复杂性而被多数研究者忽略。我们尝试围绕区域经济发展与人力资本增长的互动关系进行重点区域和城市的分析，从人力资本促进经济增长、经济增长反作用于人力资本投资两个层面，量化分析人力资本对经济增长的贡献，同时考察区域发展绩效如何通过个人教育投资、公共教育卫生投资以及人力资本迁移等因素影响到人力资本成长过程，使人力资本的成长模式与区域发展模式相适应。对此，我们选取珠三角、长三角与京津冀环渤海三个典型区域的城市或省份做比较研究，分析我国区域发展对人力资本投资与补偿过程的相同性与差异性，为实现外源性人力资本与内源性人力资本均衡成长提供参考依据。

研究的问题为区域经济增长与人力资本之间的相互关系，这里选择的数据包括两方面指标——即经济增长指标与人力资本指标。其中测度经济增长状况的指标是以 1994 年为基期的人均 GDP 指数。测度人力资本形成状况选择的指标分为两部分。第一，内源性人力资本投资指标——包括（1）反映政府公共财政投入的人均教育事业费支出（教育事业费/常住人口）和人均卫生经费支出（卫生经费/常住人口）。由于其中早期 1995、1996、1997 三年教育经费、科学事业费和卫生经费只有总数，而没有分项资料，我们用 1998～2004 年的相关资料求出教育事业费与卫生经费的平均比率，以此为标准将 1995、1996、1997 三年数据细分开。（2）代表个人人力资本支出的城市居民人均教育支出。第二，外源性人力资本指标——迁入率。这里着重考察区域经济发展与区域户籍人口变动之关系，所以我们这里将迁入率定义为区内迁入人口与户籍人口之比。迁入率由公式"迁入率=（常住人口－户籍人口）÷户籍人口"得到。所选择指标为北京、天津、上海和广东的相关资料。在分析区域经济增长对人力资本投资反作用的过程中，除上述相关指标以外，我们还进一步分析了 GDP 对不同等级的教育经费投入的影响。所选择的数据指标主要包括：初中生均教育经费、高中生均教育经费、中等师范学校生均教育经费、中等职业学校生均教育经费以及地方性普通高等学校生均教育经费等资料指标。

分析依据的是北京、天津、上海和广东等四个地区数据，我们选择运用面板数据（Panel data）分析方法。上述四个地区都处于东部发达地区，同时具有相似的制度环境。我们主要选择混合效应模型对上述数据指标进行估计。选择的基本模型如下：

$$GDP_{it} = C + \alpha_1 JYJF_{it} + \alpha_2 WSJF_{it} + \alpha_3 JMJY_{it} + \alpha_4 QRL_{it} + \mu_{it}$$

公式所描述的是人力资本诸因素对经济增长的作用。其中 GDP_{it} 为地区 i 第 t 期的人均 GDP 指数，$JYJF_{it}$、$WSJF_{it}$、$JMJY_{it}$、QRL_{it} 分别代表地区 i 第 t 期的教育经费支出、卫生经费支出、城市居民教育支出以及迁入率，C、$\alpha_1 \sim \alpha_4$ 为待估计参数，μ_{it} 为误差项。

$$H_{it} = C + GDP_{it} + \upsilon_{it}$$

公式描述经济增长对人力资本成长的影响。其中 H_{it} 代表相关的人力资本指标，在具体估计时区分为 $JYJF_{it}$、$WSJF_{it}$、$JMJY_{it}$、QRL_{it} 以及代表相关等级学校的生均经费指标 CZ_{it}（初中）、GZ_{it}（高中）、ZS_{it}（中等师范学校）、ZZ_{it}（中等职业学校）与 PG_{it}（普通高等学校），υ_{it} 为误差项。

三 研究结论与建议

技术进步在当代有多种表现，从经济学研究的视角看其基本特征体现为人力资本的快速提升。以科技革命为先导，抓住机遇，促进新型人力资本形成与就业战略调整至关重要。它表现在以下几方面。第一，劳动的性质与劳动者群体重新发生分化。在技术进步背景下，与传统工业社会相对应的"脑力劳动"与"体力劳动"划分，越来越难以反映当代劳动者在质上的差异。脑力劳动者的边界愈加模糊，许多领域存在着大量的从事操作性劳动的脑力劳动者，例如多数企业中从事技术性管理、操作与维护的人员等。实际上，现代经济发展中最稀缺的劳动资源是具有创新特征的劳动者，其主体是企业的研发人员。因此，在一些高科技行业和领域，传统的脑力劳动与体力劳动分类逐渐被创新劳动与一般操作性劳动新范畴所取代。劳动者群体的这种新的分化与组合对劳动者个人进行人力资本投资产生重要影响。第二，劳动者的就业岗位数量、结构发生改变。任何一次大的技术进步，一方面在淘汰一些就业岗位的同时，在其他相关领域必然要创造一些新的就业岗位，从而为新型人力资本产生提供机遇。一般而言，技术进步对就业影响的正负效应是不确定的，它取决于就业岗位所需要的技术升级与劳动者实际的技术升级之间的时滞长短。假如技术进步突然降临，大多数劳动者仍然停留在原有技术水平时，结构性失业必然发生。另一方面，如果劳动者对预期的技术进步事先进行了人力资本投资或接受了相关培训，那么新的技术进步就不一定减少就业甚至可能增加劳动力就业，为区域发展提供持续动力。第三，人力资本投资价值凸显。在早期单一的工业化阶段，劳动者与机器要素相结合，在分工基础上进行规模化集中生产。从生产原料、生产过程到所生产出的产品，甚至劳动者自身的生产，都具有了标准化倾向。劳动者在生产之外的消费过程中，只要能恢复必要的体力与脑力就可以了，人力资本投资对于工业化生产的影响并不显著。但是，在技术进步速度加快的背景下，整个劳动力群体就业的规模、结构甚至宏观经济的增长都受到人力资本投资的制约，劳动者个体的消费与投资不再是标准化生产过程的附属，而是像物质资本一样具有通过投资实现收益的能力。第四，劳动力的区域、产业转移有了新特点。工业经济时代，各国劳动力转移普遍存在这样一种现象，即劳动力由农村转向城市、由第一产业转移到第二产业，第二产业有了一定发展后，劳动力又由一、二产业转向第三产业。这种现象在理论上被称作"配第—克拉克命题"。

然而在技术进步不断加速的时代，相当一部分劳动力转移与流动面临技术"门槛"或壁垒。一些对技术水平要求高的部门诸如信息技术、计算机、高新技术行业等，其劳动力需求尽管也有一部分由第二产业转移而来，但更多的却是依靠新增劳动力群体中的高学历、高技能人才来填充，而不是像早期工业化、城市化过程中那样，新兴产业对劳动力的需求主要由前一级基础产业的劳动力转移来提供，可见劳动力在产业间的转移方面呈现出多向性与跳跃性，需要强化教育，增加人力资本供给。第五，在影响我国就业的诸因素中，体制改革具有短期性和过渡性，二元经济因素对我国劳动力就业的影响则具有长期性。从技术层面讲，技术进步加速将极大限度地降低城乡区域差异造成的劳动力流动成本，为城市化以及农业剩余劳动力的转移找到新的空间。如果说工业化的发生使传统农业社会裂变为现代工业与传统农业并存的二元经济格局，那么当代以信息化为特征的技术进步将为二元经济聚变为发达的现代一元经济部门提供重要的技术支撑。可以推断，当我国大部分农村地区劳动力人力资本投资达到某一临界点后，我们的城镇化水平、城乡劳动力一体化水平将大幅度提高，中国经济的增长与就业格局将得到根本性改善。

从新世纪以来的情况看，新兴劳动密集型产业的发展模式将成为我国加快经济增长、提高就业率的现实有效模式。它对于推进我国工业化发展战略、应对技术进步挑战均具有重要意义。所谓新兴劳动密集型产业，是指以必要的物质资本投入为条件、能够吸纳大量的劳动力就业并且具有相对较高技术含量的产业。其特点是劳动要素、技术要素双密集型的产业，它可以由一些新兴产业直接形成，如 ICT 类产品加工制造；也可以由传统劳动密集产业技术升级间接形成。相对于传统的劳动密集型产业而言，新兴劳动密集型产业易于实现生产集约化，因为物质资本是产业投入运转的基本前提条件，而不是决定因素，有一定程度技术和素质的人力资源成为产业发展的决定因素。在当代全球技术进步突飞猛进的今天，新兴劳动密集型产业之所以在我国具有较大优势和潜力，有以下几点原因。首先，尽管当代技术进步在我国已经发生并得到较充分体现，但我国通过工业化扩张拉动经济增长仍具有一定潜力和优势。这种技术进步过程，并非是超越工业化而完全独立的阶段，它实际体现了当代技术进步的"增量"部分，而在"存量"上依然是从属于工业化社会的基本框架。其次，值得注意的是，现阶段我国工业部门对经济的增长与就业两者的作用开始出现不同步。研究显示，20世纪80年代中后期至今工业部门对增加产出的贡献依然很大，而且增长趋势依然显著。而另一方面，这一时期工业部门就业人数比重却呈现下降趋势。例如到世纪之交我国工业部门就业人数出现了绝对减少，这种现象在发达国家早期工业化阶段是绝无仅有的。原因在于中国在工业化未充分发育的情况下，出现了"早熟"现象，即传统的工业化进程被信息化技术进步打断后，传统工业部门就业空间逐渐收缩。中国正处于一个从传统劳动密集型产业向新兴劳动密集型产业转移的过程，这是个重要阶段并且是一个长期过程。这个过程对中国来说是促进就业、产业升级、拉动经济增长的机遇，因此不能超越这个阶段。新兴劳动密集型产业与高科技产业各有其运行的优势空间，不能顾此失彼。高科技面对的是具有战略意义的前沿产业，而大部分产业应该属于新兴劳动密集型产业发挥作用的空间。只有新兴劳动密集型产业取得大发展，国民经济总量上去了，高新技术才能有雄厚的支撑。

[作者单位：山东大学（威海）]

立法后评估的触发机制

——国家与社会联动的视角

汪全胜　金玄武

立法后评估除国家（或政府）主导型、社会主导型的触发机制以外，可能还会发生国家与社会联动激发立法后评估的情形。国家与社会联动发起立法后评估，是指国家机关做出启动立法后评估的决策与社会主体的意愿相吻合，或者，社会主体提出启动立法后评估的需求得到国家机关的积极回应，在评估对象、评估时机等的选择上达成一致，从而激发了立法后评估活动的开展。应该说，这种类型综合了政府主导型以及社会主导型的优势，而又尽可能规避了它们二者的不足，是立法后评估触发机制最理想的类型。本文即从国家与社会联动的视角，探讨立法后评估具体的发生机制。

一　国家与社会联动发起立法后评估的理论基础

尽管国家与社会在一定程度上分离，但是在对社会治理的问题上，国家与社会有时又是协调一致的。国家与社会联动发起立法后评估，作为国家与社会的联合治理行动，其行动的思想基础是什么呢？

（一）　市场失灵理论

18世纪，英国经济学家亚当·斯密在《国富论》提出自由竞争的市场经济是符合人的利己本性的自然秩序。他认为竞争可以激发人的主观努力，从而推动财富增长。他形象地将市场本身对经济的调整称之为"无形之手"，即"看不见的手"，认为当每个人在追求各自经济利益时，"受到一只看不见的手指导"，结果有效地促进社会的利益。政府应尽可能减少对经济社会的干预。

亚当·斯密的理论是建立在完全竞争的完全市场的假设基础上，即必须具备以下前提（假设）：（1）所有的物品和服务可以经由市场进行交易——市场的普遍性；（2）在生产技术方面不存在不可分割性和规模经济性——收益的递减性；（3）所有的市场都处于完全竞争状态（为数众多的买者和卖者，可以自由进入和退出市场，产品具有同质性和无差别性，买卖双方对产品具有完全的知识，买卖双方的行为都是理性的，等等）——市场的完全性；（4）在信息完全的条件下不存在任何不确定性——信息的完全性。

然而现实生活中从来就不存在这种完全竞争的市场状态。况且，即使是充分发挥作用的市场机制，也不能执行社会需要的全部经济职能。市场体系在某些方面不能有效地满足人们生产和生活上的需要；市场体系在某些方面也会产生不良后果，而这些不良后果又不能通过市场自身加以矫正。这就是"市场失灵"。市场失灵有一系列状态，经济学家史蒂文斯将它们归为两类：因为"效率"原因而产生的市场失灵和因为"平等"原因而产生的市场失灵。我国有学者从市场失灵与政府干预之间关系角度对市场失灵作了三种类型的划分：一是由市场本身固有的缺陷导致的市场失灵，这种市场失灵即使在完全竞争市场也是存在的，政府规制主要针对这种市场失灵；二是由于市场不发达或产权关系不明晰导致的市场失灵，这种市场失灵应通过加速市场发育或明晰产权关系来消除，政府干预只能作为临时措施；三是由于政府干预导致的市场失灵，政府干预行为扭曲了市场或是消灭了市场，如泛滥的地方保护主义和基础设施行业的行政垄断，这种人为导致的市场失灵只能通过取消政府干预来消除。市场失灵说明只依托市场自身的力量不能解决它本身产生的诸多问题，市场失灵为政府干预提供了最正当的理由和政府干预的潜在可能性。从立法后评估触发的角度来看，有时单纯依托社会自身的力量并不能有效地激发，还需要国家的适度干预。

（二）政府失灵理论

但是我们说，市场失灵仅仅是政府干预的必要条件，而不是充分条件。科斯认为，显然，政府有能力以低于私人组织的成本进行某些活动，但政府行政机制本身并非不要成本。实际上，有时它的成本大得惊人。而且没有任何理由认为，政府在政治压力影响下产生而不受任何竞争机制调节的，有缺陷限制性和区域性管制，必然会提高经济制度运行的效率，而且这种适用于许多情况的一般管制会在一定显然不适用的情况中实施。因为，所有解决的办法都需要一定成本，而且没有理由认为由于市场和企业不能很好地解决问题，因此政府管制就是必要的。政府干预导致经济运行的低效率或资源配置的无效率，最终实现的社会福利水平更低，则产生"政府失灵"现象。以政府对市场的规制为例，政府规制是政府有效治理的工具之一，但政府规制并不是万能的。政府规制的目的在于提高经济效益与社会公正，实现经济性功能与社会性功能，如果这一目标得不到实现，就是政府规制失灵。针对20世纪80年代以来各国规制失灵的状况，1995年3月9日，OECD理事会通过了《改善政府规制质量建议》，以实现以下目标："1. 通过考察用以改进规制决策的机构和程序战略，改善规制质量；2. 促进对规制体系的更有效管理以提高规制效力和降低成本，促进OECD地区的经济结构调整，改善规制的灵活性和回应性，增强开放度和透明度；3. 通过加深理解运用创新性的规制和非规制手段实现政策目标的各种途径，推动替代手段的发展；4. 提高国际规制体系在解决共性问题方面的有效性和合理性。"政府失灵理论说明了政府干预范围的有限性。政府干预的范围和事项主要包括四个方面：一是经济调控；二是社会福利制度的构建，三是生活质量标准的制定；四是服务和公共资源管理。法律是国家规制社会经济生活的主要手段，对其实施效果的评估需要政府的配合与推进。

（三）共同治理理论

全球治理委员会在1995年发表的一份题为《我们的全球伙伴关系》的研究报告中对治理概念有个规范的界定："治理是各种公共的或私人的个人和机构管理其共同事务的诸多方式的总和。它是使相互冲突的或不同利益得以调和并且采取联合行动的持续的过程。这既包括有权迫使人们服从的正式制度和规则，也包括各种人们同意或以为符合其利益的非正式的制度安排。"这种治理理论强调国家与社会的协调一致，发展出国家或政府与公众的一种新的合作关系，就是公众作为公共治理的主体之一，在享有与政府平等地位的基础上，参与对公共事务的治理。

治理理论认为治理需要权威，但权威并非仅仅来源于国家或政府一家，其他社会主体如非营利组织、企事业单位，甚至公民个人都可以成为治理的主体，从而形成了"共同治理"理念，即"在对国家和社会公共事务的治理中，政府和其他社会力量处于完全平等的地位，没有哪个主体处于绝对的主导地位，而且在不同的治理过程中同一个治理主体也会处于不同的地位上"。共同治理理论的提出，是对传统的官僚体制理论中提出政府处于公共事务治理的主导地位以及绝对权威的挑战，是公众参与民主的进一步发展。

更重要的，与传统的政府自上而下强制性地对公共事务实行单一向度的管理、下级机构或人员只能被动地听命于上级机构或人员的命令和控制的权力运行体制不同的是，治理过程中的权力运行向度不是单一的，而是多元的，它变成了一个主要通过合作、协商、伙伴关系，确立认同和共同的目标等方式而实施的对公共事务的治理过程。因此，共同治理的实质在于建立在市场原则、公共利益和认同之上的合作。它所拥有的管理机制主要不依靠政府的权威，而是合作网络的权威。其权力向度是多元的、相互的，而不是单一的和自上而下的。共同治理理论提出的这种权力运行模式的改变就为社会公众在公共事务的参与中发挥实际作用提供了保证。

法律的实施状况不仅仅是国家或政府部门的事，也是法律服务主体即社会广大公众的事，因此，在立法后评估中应确定政府与公众的合作关系，确保立法后评估结果的客观与公正。

二 国家与社会联动发起立法后评估的基本路径

自 21 世纪初开始，我国一些地方如山东、甘肃、安徽、上海人大及其常委会以及一些国家立法机关如国务院等开始发起立法后评估活动，应该说，这些立法后评估还是国家或政府主导下发起的，但也有了国家与社会联动发起立法后评估的萌芽。据我们掌握的资料来看，上海市人大常委会选择《上海市历史文化风貌区和优秀历史建筑保护条例》作为上海市立法后评估活动的开始，在很大程度上是政府与社会公众共同发起的。2005 年 2 月，"加强立法后评估工作，注重立法的质量评估"正式列入当年的上海市人大常委会的工作要点，经过研究，市人大法制委、法工委决定选择《上海市历史文化风貌区和优秀历史建筑保护条例》作为首次立法后评估的对象。但社会公众在评估对象的选择上发挥了重要作用，在 2005 年的上海市人代会上，一些市人大代表陆续就修改完善《条例》提出了议案和书面意见。一些职能部门和市民群众也通过各种方式反映法规在实施过程中遇到的问题，提出修改完善的意见和建议。因此，可以看出，上海立法后评估的启动是由人大代表和决策部门共同作用的结果。

在美国、日本、韩国等国家开展的立法后评估中，国家或政府与社会公众发动的立法后评估也占有一定的比例，并逐渐成为立法后评估发展的基本趋势。从当前美国政府绩效评估的历史发展趋势上看，加强政府与公众的沟通是政府质量战略的一个重要组成部分，也是政府绩效评估的一个重要取向。

联邦与各州、地方政府都相当关注让公众参与绩效评估过程，强调与公众实现绩效评估信息的沟通。

应该说，立法后评估启动决策的做出是一项公共决策议程的建立或创立。美国学者罗杰·科布提出决策议程建立的三种模型如下。

其一，外在创始型。决策诉求由政府系统以外的个人或社会团体提出，经阐释（对决策诉求进行解释和说明）和扩散（通过一定方式把决策诉求传递给相关群体）进入公众议程，然后通过对政府施压的手段使之进入政府议程。

其二，政治动员型。即具有权威作用的政治领袖主动提出其决策意向，并使其进入政府议程。

其三，内在创始型。决策诉求源于政府机构内部的人员或部门，其扩散的对象仅限于"体制内"的相关团体和个人，客观上不涉及社会一般公众，扩散的目的是为了形成足够的压力以使决策者将问题列入政府议程。

柯比和爱尔德认为，公共决策议程的形成方式有两种：公众的社会权力系统提出的公众议程和公共权力系统提出的正式议程。公众议程是指社会政治系统的成员普遍认为值得公众注意，同时又与政府的法定职权直接相关的所有问题。正式议程是指公共决策系统认为某个公共问题应当解决而且根据一定的价值准则考虑如何解决的过程。根据琼斯的观点，正式议程包括界定问题议程、纳入政策规划议程、进行价值标准和利益讨价还价的议价议程、不断接受科学评估和利益修正的循环过程四个阶段。

根据以上观点，我们认为，国家与社会联动立法后评估的决策过程的建立有两条基本路径：

第一条路径是国家主导型的立法后评估决策议程的建立。科布提出的"政治动员型"与"内在创始型"以及柯比和爱尔德提出的"正式议程"都属于这一种类型。这一模型根据决策议程内容的确定性可分为政府有明确决策目标的立法后评估决策议程和政府无明确决策目标的立法后评估决策议程。所谓有明确决策目标的立法后评估决策议程，是指政府已经很明确立法后评估的对象、标准、方案等内容，而无须征求社会公众来确定立法后评估决策议程的内容，只动员社会公众响应政府的决策，配合政府决策的执行；无明确决策目标的立法后评估决策议程，是指政府虽然有意图启动立法后评估，但对立法后评估的对象、标准、方案等尚无明确认识，需要向社会公众征求意见，在获得公众意见的基础上明确立法后评估决策议程的内容。国家主导型的立法后评估决策议程因为有国家权力的支持以及政治发动的便利，从而较容易形成国家与社会联动发起立法后评估。但是也要看到，政府虽然有一定的主动性，但如果立法后评估决策议程的内容与公众的意愿不相符合，比如对立法后评估对象的确立，公众反映较大的不进行评估或不优先进行评估；或者评估标准与公众认知水平不一致，都有可能造成公众对政府决策议程的抵制或消极应对。

第二条路径是社会为主导的立法后评估决策议程的建立。科布的"外在创始型"以及柯比和爱尔德的"公众议程"即属这一模型。当然，这种模型根据公众建立决策议程是否与政府发动有关系而区分为应政府发动而建立起来的立法后评估决策议程（可称为被动性的公众议程建立）以及非应政府发动而是由公众主动向政府施加压力而建立起来的立法后评估决策议程（可称为积极性的公众议程建立）。前者因为与政府的需求相一致，所以很容易与政府决策意愿相结合而启动立法后评估活动；后者因与政府的需求可能产生一定的距离，并不一定能够形成公共权力系统的正式决策议程。这时的公众议程能否转化为正式的决策议程，不仅取决于社会公共问题的性质以及社会权力系统的力量对比，而且还直接取决于公共决策系统对公共问题认知以及对解决公共问题条件的判断。从形式看，公共决策系统对于公众的决策诉求有四种处理态度：放任其产生、推动其产生、促使其产生、阻止其产生。

三 国家与社会联动发起立法后评估模式的评价

从国家与社会关系看立法后评估的发起，存在三种模式：一是国家或政府主导型；二是社会主导型；三是国家与社会联动型。

国家或政府主导型的发动立法后评估优势很明显，它拥有立法后评估的人财物力资源，为立法后评估的发起与开展提供物质保障；法律实施过程中的很多信息如立法、执法、司法等信息为政府部门所拥有，为立法后评估所需要的信息提供资料准备。更重要的是，它的评估结果直接能对法律的立、改、废提供决策依据等，也就是说它的评估结果能够及时得以反馈，从而更容易实现立法后评估的目的与目标。然而国家或政府主导下的立法后评估也有它不可避免的缺陷，如内部评估的性质决定了它可能只能评估法律绩效的优越性方面，而对它的不足轻描淡写，即评估结果的公正性难以令人信服。另外，国家或政府主导下的立法后评估可能因为缺少社会公众的支持与消极应付，难以获得社会公众对法律实施的真实感受，也使得立法后评估成为国家或政府部门自演自唱的一出戏。由于这种自上而下的评估容易导致少数官员只唯上、不唯下，结果是上级满意而群众不满意。

社会主导型的立法后评估的发动，最重要的优势在于，作为法律调整的主体，社会公众对法律实施状况有真切的感受，他们对法律实施效果的评价可能也客观而真实；社会公众立法后评估的发动是政府部门感受社会公众法律需求的一个重要机制。Michael H. Walker 认为，更好地了解顾客所需是提高政府绩效的关键，将公民调查结果融入绩效评估过程，可以为政府提供服务呈现一个更为明了和准确的目的，只有当政府官员对公众期望和满意度有更多了解时，他们才有可能从实质上提高政府管理。同时，社会公众积极地发动立法后评估，对提升社会主体的参与意识、民族凝聚力等有着重要的作用。但是也要看到，这种模式最大的缺陷在于两个方面。一是公众议程建立的困难。我们知道，社会主体因其利益立场、价值追求等有着不同的利益诉求，如何将这些不同利益诉求的社会主体立法后评估意愿加以整合，是值得探讨的问题。在这个过程中，可能会出现某一强势集团打着社会公众的旗号追求其利益团体的利益；也可能难以整合不同的利益诉求，从而难以建立公众议程。二是公众议程进入正式议程的困难。尽管公众已形成立法后评估的意愿，但它最终能否发挥作用，还是依靠国家政权机关的决策。即使社会主体能够自己建立有效的评估机制（如独立第三方评估制度的建立），但是它的评估目标与目的又如何实现？如果评估的结论对法律的立、改、废没有任何意义，那么这种评估又有什么样的存在意义？

应该说，国家与社会联动发起立法后评估模式结合了前两种模式的优势，而又回避了前两种模式的缺陷，是一个国家立法后评估追求的理想模式。

1. 立法后评估启动的效率性

从政府机关的立法后评估意愿到立法后评估的真正发动体现政府工作的效率，同样，社会主体的立法后评估的意愿与立法后评估的真正发动，不仅体现了政府对公众需求回应的效率，也体现政府工作的效率。在国家或政府部门掌握有决策的权力与意愿、而社会公众有立法后评估的诉求的情况下，双方有效结合，立法后评估决策议程的建立也就表现出一定的效率性。

2. 立法后评估信息的全面性

立法后评估是一个信息收集和加工过程，评估主体只有在掌握全面、真实的信息基础上，才能对法律实施绩效做出科学、客观的判断。在国家或政府与社会公众联动机制下，不论是政府部门所拥有的立法、执法与司法信息，还是社会公众的守法等信息，评估主体都能够真实而全面地获得，从而为评估结论的可靠性打下坚实的基础。

3. 立法后评估结果的公正性与可接受性

立法后评估的过程因为国家与社会公众的多元互动与协调，各种力量都能够通过正式或非正式途径表达自己的意愿，各种利益诉求以及不同的评估信息得以整合，从而使得评估的结果更具有公正性。同时，因为是各方共同参与和协商的结果，不论是政府机关还是社会公众都能够接受。

4. 立法后评估结果的回应性强

立法后评估的直接目的是通过对法律法规实施效果的评价，总结经验，发现问题，为法律法规的进一步完善服务。在国家与社会互动过程中形成的立法后评估报告，可以为立法机关的决策提供参照依据，在国家与社会联动机制下，立法后评估报告进入立法机关的议程也就很顺利了。

5. 国家与社会联动发起立法后评估对政府工作效率的提高、政府的责任心等政府工作形象的构建发挥着重要的作用

同时有助于促进公众对政府行为的参与和监督，改进政府与公众的关系，提高政治合法性，纾解个人与民众对政府的质疑。

四 培育我国国家与社会联动发起立法后评估的制度环境

我国立法后评估只是近几年在行政法规、地方性法规以及政府规章中才逐渐适用，还远没有形成制度化、规范化的立法后评估机制。就立法后评估的萌发机制来讲，政府主导型是我国现阶段的主要特征。我国要建构制度化、规范化的立法后评估机制，首要的任务就是注重培育我国国家与社会联动发起立法后评估的制度环境。目前迫切的任务要从以下方面入手。

（一）促进政府树立"顾客至上"的服务理念

从美国及西方发达国家立法后评估的兴起可以看出，它是与政府确立"顾客至上"的服务理念相伴产生的。1991 年英国梅杰首相发起了"公民宪章"运动，在全国大力推行政府服务承诺制，受到国际社会的关注。1992 年法国政府要求公共服务部门颁布了"公共服务宪章"。1993 年美国戈尔报告提出了"顾客至上"的公共服务理念。1993 年美国总统克林顿签署了《设立顾客服务标准》第 12862 号行政令，要求联邦政府部门制定顾客服务标准。我国也在探索建立"顾客至上"的行政服务理念与实践。1994 年 6 月，山东省烟台市政府借鉴英国公民宪章和香港公共服务承诺制的经验，率先在建委

系统实施社会服务承诺制。政府主动将服务的内容、标准、程序等向公众承诺，并明确宣示自己的违诺责任，这是政府强化服务观念、自我加压、积极向公众负责的表现。在立法后评估中，遵从"顾客至上"的基本原则，奉行公民满意的基本主题，在评估的要素、模式、组织结构中，都可以看到明确服务对象、了解服务需要和促进满意程序的理念设计。

（二）鼓励设立非营利组织

公众社会兴起的主要标志是各种非营利组织的广泛设立。所谓非营利组织，又称为非政府组织、社会中介组织，主要是从组织目标上加以界定的，强调这类组织存在的目的不是为了营利。"社会中介组织的发达将是公民本位和公民意志在公共管理中居于决定性地位实现的一个前提。"它不仅为公民参与公共事务治理提供了组织保证与活动平台，更是公民和社会制约行政权力的一道屏障。我国目前社会中介组织整体力量薄弱，独立性差，管理混乱，体制不健全，正如有学者描述的：绝大多数社团的组织结构、管理体制、决策程序、财务制度、激励机制、监督机制都不健全，而且人员老化、经费短缺、财务混乱是普遍现象……我国政府要为社会中介组织发展提供一个良好的环境。一方面要鼓励各种社会中介组织的发展，简化注册程序，使社会中介组织的发展不仅成为政府由管制向服务转型中承接政府剥离出来的部分职能的一支重要力量，还要成为参与公共事务决策的重要主体。另一方面，也要为社会中介组织的发展提供一些政策优惠，如税收方面的优惠以及必要的财政支持。

（三）培育独立第三方评估制度

立法后评估过程中的独立第三方评估主体是指有别于公共组织与私人组织的、对立法实施效果进行评估的非营利组织。它主要包括受立法机关委托的大学研究机构、专业评估组织，不包括立法机构、法律执行者以及由立法机构临时组织的、由立法机构主导控制的专家评估。独立第三方的评估最大的价值倾向就是评估结果的客观公正性。因为它超然于法律法规制定与执行的公共部门之外，与法律法规没有密切的利益关系，在很大程度上保证能够客观、公正地进行评估。同时，作为专门的法律法规评估与研究机构，具备评估所需要的专业技术人员，熟悉法律法规评估的理论知识、专门方法和技术，并积累有一定的评估实践经验，因而能够保证法律法规评估的质量。我国学者毛寿龙谈到中国建立第三方独立评估制度的意义时认为，独立第三方评估使服务型政府的原则得以贯彻；为政府绩效评估增加了新的途径；是政府进一步了解公民需求的重要机制；进一步完善了中国政府政务公开的制度建设。各国都较重视独立第三方评估机构的建立，如美国的兰德公司、布鲁金斯研究所、现代问题研究所、总会计局；英国的伦敦国际战略研究所、审计委员会等。我国还需要从制度、技术、资源等各方面积极孕育独立第三方评估制度。既可以鼓励大学、科研机构成立评估研究中心，也可以鼓励社会成立非营利性的评估机构，并给予非营利性的评估机构适当的登记以及减免税的优惠政策，从而促进立法后评估主体的多元化。

（四）建构政府信息披露机制，保障政府信息的公开化、透明化

立法后评估的过程，从信息论的角度来看，就是信息的收集和处理的过程。评估的有效性在很大程度上取决于信息本身及其信息的质量。从最初的数据收集到最后的报告之整个旅程，数据质量必须在每一个步骤被考虑和处理。现代信息技术在政府绩效评估中的广泛运用决定了绩效评估本身又是一种信息的交流与沟通。但是，大量的法律绩效信息被立法、执法、司法部门所掌握，社会公众无法获知绩效信息的情况下，就无法对立法后评估的发动产生很大热情，更谈不上对政府活动的参与和监督。因此，各国都非常注重政府信息公开制度的建设，如美国 1966 年制定了《信息自由法》、1976 年制定了《阳光下的政府法》、1974 年制定了《隐私权法》、1996 年制定了《电子情报自由法》等；法国 1978 年制定了《行政文书公开法》，澳大利亚、加拿大都于 1982 年制定了《信息自由法》；英国、日本也于 1999 年制定了《情报公开法》等。2007 年国务院制定通过了《政府信息公开条例》，并于 2008 年 5 月 1 日起实施，这是我国政府信息公开制度的重大举措。在现有制度框架内，我们要进行政府信息公开立法，必须走地方、部门立法先行的路子，在地方、部门立法成熟的基础上，制定《政府信息公开条例》和《政府信息公开法》，逐步建立我国的政府信息公开法律制度。

[作者单位：山东大学（威海）]

《习惯国际法的司法确定》内容提要

姜世波

习惯国际法被称为国际法渊源之谜。相比国外的研究，在我国，对这一问题的研究还很薄弱，目前的研究仍然是零碎、局部和立法视角的。而国际司法方法论视角的研究才刚刚起步。本文即以这一视角为基本立论基础，运用逻辑与实证、理论和实践相结合的方法，通过对西方国际法学界和国际关系学界关于确定习惯国际法的理论进行系统梳理，并重点对国际法院确定习惯国际法的实践从法律方法论的视角进行考察和分析，得出了习惯国际法具有高度不确定性，其形成理论分歧众多，国际司法政策依国际政治时势而动，国际法院主要依靠法律创制的法律方法进行司法的结论。全文总体上分为四大部分，第一部分是导论；第二部分主要是确定习惯国际法的理论，包括第一、二、三章；第三部分主要是对国际法院确定习惯国际法的司法政策和司法方法的考察，包括第四、五、六、七章；第四部分是余论，简要分析我国对习惯国际法的创立可能的贡献。以下是各章的主要内容。

导论：关于本文的研究缘起、背景，本课题研究现状、研究范围、研究思路和研究方法等的概述。

第一章：习惯作为国际法的核心渊源。本章从两个方面加以论证。一方面，从国际习惯与其他法律渊源的关系来探讨习惯在国际法渊源中的地位。通过考察它们之间的关系，发现尽管条约法在现代国际法中从数量上、适用范围上看是国际法渊源的主角，但真正能够代表国际法作为法律属性的渊源是习惯国际法。另一方面，从国际法的效力根据视角考察，习惯形成的社会学、经济学解释已由其他学科的学者做出深刻阐释，这里仅从通常否定国际法为法的法律实证主义立场，对历史上的主要学者关于国际法效力的观点进行考察和追问，发现在实证主义者看来，国际法的最终效力渊源竟只能解释为来自习惯。

第二章：习惯国际法形成的构成要件理论。这是习惯国际法理论中研究最为活跃的命题。在这个领域，我们可以领略色彩斑斓的理论纷争。如什么是国家实践，其性质、表现是什么？什么是法律确信，其实质是什么？二者在习惯规则的形成过程中充当着怎样的角色？通过研究不同学者的见解，笔者最后还是认同传统观点的两点论。即虽然法律确信是形成习惯法的关键，但它必须通过考察国家实践才能发现，而表现现代习惯国际法的国家实践的范围必须扩大，即包括国家的口头行为和书面行为在内，而且这成为现代国家实践的主要形式。因为当今科技的发展和大量国际组织提供的广阔而宽松的舞台，给国家自由表达其意志提供了更大的空间。

第三章：超越休谟法则：国家实践转化为习惯国际法规则的一个理论前提。习惯国际法形成理论分歧的根源在于事实（国家实践）如何能够转化为规范（习惯法），这就是哲学史上难以化解的一个难题——休谟法则。按照休谟法则，由实然是无法直接得出应然的，但习惯法的形成则恰恰来源于这个哲学上无法解答的问题。哲家们为此付出了艰辛努力来解答这个问题，历史上出现过诸如自然主义、实用主义、情感主义、人本主义、直觉主义、马克思主义等解释，当代又出现了普特南事实与价值缠结、麦金太尔的目的论、塞尔等人的语言哲学分析等新的诠释。然而，对于法学家们来说，则无意于纠缠于这种抽象空洞的哲学思辨，而是虚构了一个心理因素——法律确信来解决这一问题。因此，笔者最终还是将超越休谟问题的答案建构在心理学的解释上，这就是认知心理学和完形心理学的解释，并以此原理解释了习惯国际法确定理论中的诸多困惑。

第四章：国际法院确定习惯国际法的实证考察。习惯国际法理论上的种种分歧似乎意味着确定习惯法无规律可循，但是，司法实践中无论有多大争论，法院都是要独断地做出裁决的。因此，考察国际法院的司法实践，探寻裁判的规律至为重要。经过对国际法院裁判案例的考察，笔者发现，国际法院（包括其常设国际法院）的司法政策大致经历了一个从克制主义到能动主义，然后追求实现二者妥协的路径。国际法院的司法政策与国际关系格局的演变、国际政治形势、法官的背景和偏见等非法律因素有着密切关系。由于大国的消极，未来的国际司法可能更多地恢复其司法职能，尽量远离政治问题，一定程度上迎合大国的意志，并可能有回归克制主义的姿态。

第五章：确定习惯国际法的司法论证的进路。前一章所提到的这些非法律因素的作用并不会直接体现在判决和咨询意见中。因为，国际法院作为联合国辖下唯一的司法机构，它只能忠实于法律，只能在法律的范围内做出裁判，这些因素的作用最终要通过一定的法律方法转化为法律范围内的理由。其中之一就是法律论证。法律论证的核心在于在不确定性的法律中出现复数解释，或者出现法律漏洞时，法官通过具有更强说服力的理由作出裁判。而习惯国际法的非成文法属性和不确定性恰恰符合了这一要求。通过马蒂·科斯肯涅米批判法视角对习惯法的解剖，我们发现习惯国际法（实际上包括整个国际法）几乎周身充满了复数解释，当事人在这些复数解释中都能找到自己的论辩理由，在许多案件中，最终法院的裁决将以具有更强说服力的一方的意见来决定。如在证明法律确信的国家实践方面，法院通常对各方所主张的习惯规则的存在与不存在，就是要通过估量哪一方所提供的证据更为充分来判断。

第六章：通过利益衡量确定习惯国际法的进路。一般认为，利益衡量也是法律方法中面临规范解释多解和法律漏洞时，法官据以确定法律适用的基本方法之一。这一方法同样可以转换适用于国际司法背景下。在国际诉讼中，由于国际法概念和规范的内涵比国内法更多歧义、更多法律空白，当诉讼一方将自己的行为指证为符合某种习惯国际法规范或者构成新习惯法时，都会涉及该规范是否成立的问题，而这一问题所面对的实质就是法律空白的填补或者说法官造法，这无疑为利益衡量方法的适用提供了空间。利益衡量的具体适用方法虽然有多种观点，但本文通过研究国际法中利益的特殊性，考察国际法院对一些案件的法律推理过程表明，在国际司法背景下对这一方法的适用，日本学者加藤一郎的"先结果后理由"的结果取向的方法最有说服力。因为国际法背景下的利益难以精确计算，利益冲突主要体现为原则冲突，各种利益之间重叠交叉、概念和规范含义多元等，规定着国际司法背景下的利益衡量。

第七章：通过整体性解释确定习惯国际法的进路。德沃金的法律解释理论以整体法律观为指导，追求符合维度（过去的实践）与实体维度（道德和法律原则）动态的融贯性，其解释其理论的一个例子就是以一个习惯的形成——"礼仪性规则"来进行的。因此，面对习惯国际法形成理论上的众多矛盾，如何能够建立一个可以融贯解释国际习惯的两个构成要素——国家实践和法律确信之间的对立统一关系，就是必须加以考虑的问题。德沃金的对法律整体性的、基于法律的描述性准确（符合维度）和规范诉求（实体维度）之间的融贯解释，恰好可以为这一问题的解决提供合理的答案。于是，该章便尝试运用德氏的融贯解释论（司法上即表现为确定）来对国际习惯的形成加以解释。研究结论是，确定习惯国际法应把符合和实体二者最佳程度地融贯起来，而不是以一维代替另一维。并在最后以该解释方法对美国为首的北约对伊拉克的军事行动所坚持的"先发制人"战略能否构成习惯国际法的先例进行了分析。

最后是余论：中国与习惯国际法的创立。虽然中国尚没有接受过国际法院的管辖，但由于习惯国际法的形成基础是国家实践，而当代国家实践的内涵已经大大拓展，因此，中国仍然可以通过自己参与国际关系的种种实践活动，如在联合国以及其他国际组织发表意见和建议、缔约实践、外交政策和国家声明等参与习惯国际法的创制。尤其是作为发展中的大国，能代表广大发展中国家为建立新的国际政治经济秩序而奔走呼号，为创制新的习惯国际法规则做出贡献。但同时应当对西方大国将国内政策、立法甚至司法判决作为创制习惯国际法的国家实践保持警惕，谨慎做出言语性国家实践。

[作者单位：山东大学（威海）]

利用数字技术
整合本土文化的"威海记忆"工程研究

本土文化是一方居民为适应自然环境、满足物质和精神生活的需要而长期形成的文化积淀，是不可再生、不可替代的宝贵财富，具有很高的历史、艺术和科学价值，是某一地方历史发展的文明载体，蕴涵着丰厚的文化知识；作为研究一个地区、一个民族生活习俗与文化传承的重要资源，涉及一个地方的历史、地理、文化、政治、宗教、信仰、经济、自然资源等各个方面。

近年来，伴随着人们收入水平的提高和工业化、城镇化进程的加快，以及过度注重经济效益的社会背景下，本土文化面临着新旧体制的衔接与更替，东西方文化的交融与碰撞，濒临被湮没的危险。随着"世界记忆工程"的建立，美国、加拿大等国家都相继开展了本土文化的记忆工程，在国内，北京、天津、大连、青岛等城市也开始了这方面的工作。

1 政府主导型记忆工程的概况

1.1 世界记忆工程

记忆工程最早源于 1972 年联合国教科文组织在巴黎通过的《保护世界文化和自然遗产公约》，至 1992 年，联合国教科文组织（UNESCO）和国际档案理事会（ICA）开始实施"世界记忆工程（Memory of the World）"。其目的是对世界范围内正在逐渐老化、损毁、消失的文献记录，通过国际合作与使用最佳技术手段进行抢救，从而使人类的记忆更加完整；其内容已经从原来的自然遗产和文化遗产（文物、建筑群、遗址）延伸到非物质文化遗产（口头传说和表述，表演艺术，社会风俗、礼仪、节庆，有关自然界和宇宙的知识和实践，传统的手工艺技能）。

目前世界记忆工程已经建立了三个数据库：失去的记忆（20 世纪 100 多个国家的档案馆和图书馆由于灾害而损失的无法替代的档案文献），濒危的记忆和目前的活动（列出了当前世界各地图书馆正在进行的重大的图书保护活动）。

1.2　国外记忆工程简介

"美国记忆"（American Memory）。即美国国会图书馆 1990 年正式启动的国家级数字图书馆项目，是目前世界上最优秀的记忆工程之一，主要使命是通过互联网提供免费的开放获取服务，目前已经储存了超过 900 万条有关美国历史和文化信息的数字化资源记录，包括书面及口述文字、录音、移动影像、图片、地图及乐谱等记录美国历史的各类资源。

"白俄罗斯记忆"。通过摸清国家文献史料的数量，利用现代技术保护史料文献，组织图书和档案文献和信息系统，并建立国家古籍图书标准数据库和电子图书馆，以便为用户开放更多的古籍文献，最大限度地使这些文献用于白俄罗斯的科学研究和教育。

"拉丁美洲及加勒比海地区 19 世纪至 20 世纪图片"。讲述了该时间段在该地区发生的变化，不仅是生活场景和重要历史事件的展现，更重要的是见证了这段时期内该地区艺术和技术的发展。

"哥伦比亚百年建筑掠影"。充分展现了拉丁美洲建筑流派特质，所收藏的文献类型包括幻灯片、明信片等 1100 万种，时间可追溯到 1849 年。

此外还有"加拿大记忆""波兰记忆""非洲明信片""布拉格手稿"等各国陆续开展的记忆项目。

1.3　国内记忆工程简介

中国的记忆项目启动比较晚，但在一些城市也陆续开展起来，最具代表性的是"北京记忆"。

"北京记忆"。首都图书馆 2003 年初启动了这一历史文化多媒体资源数据库建设工程，2007 年正式发布，是国内第一家专业化的大型地域文化资源数据库。现已完成的栏目包括以经典文献为主的《北京文汇》、以老照片为主的《旧京图典》、以金石拓片为主的《燕都金石》、以历史地图为主的《京城舆图》、以报刊资料为主《昨日报章》、以音视频文献为主的《京华舞台》和以老戏单子为主《旧京戏报》、以普及地域文化为目的的《乡土课堂》、以虚拟咨询为主的《网上答疑》等内容版块，数据规模已达到 5TB。

青岛城市记忆工程。2002 年青岛市政府拨出专款开始实施，通过摄像、照相等技术手段，全面记录 21 世纪初期青岛的城市面貌，并对即将开工建设项目的原貌进行了抢救性记录。到 2006 年底，青岛城市记忆工程一期计划项目基本实现，1752 个项目的 2 万多分钟录像档案和 2 万张照片档案，在国内率先形成了规模化的城市面貌档案库。

武汉城市记忆工程。2003 年由武汉市政府组织实施，现已收集、拍摄照片 2 万多张，为城市原貌、旧城改造、历史建筑和街区的保护与修复保留了重要的文献资料。

广州城市记忆工程。2004 年由广州市组织实施，以城市发展为脉络，通过征集、整理、保存、研究广州市在城市建设、规划的历史过程中形成的文字、图片、录像等资料，并以电视专题片、照片、画册展览等多媒体形式和数据库技术，记录反映广州城市历史面貌的变化。首期建设包含 4 个子项目：一是广州市历史照片征集、城建摄影大赛暨作品展览；二是广州市历史地图征集、抢救与出版；三是广州市"城中村"管理专题资料汇编及相关专题片制作；四是珠江广州段专项规划成果汇编。

大连城市记忆工程。从 2006 年开始，大连市用 4 年时间抢救性地收集有关城市发展的具有永久保存价值的各种形式的档案资料，从而完整地记录和追寻城市发展的历史轨迹，目前共征集文字类档案资料 1720 份、照片类档案资料 16383 份、音像类档案资料 98 份。

此外，还有上海、长沙、济南等城市的记忆工程；辽宁本溪、广西柳州、安徽宣城等部分中小城市也在实施本地区的记忆工程。

1.4 记忆工程是政府主导工程

城市记忆工程是以抢救城市的历史、保护城市的文脉为目的，需要具有较强感召力和凝聚力的政府主导，方能提高公众保护城市文脉和文化遗产的关注度，得到社会各方面的认同和支持；同时，也由于记忆工程涉及的原始资料杂，所属部门多，时间跨度长，耗费资金大，纵观国内外的记忆工程，无一例外均为政府支持，并以政府为主导的。

单从资金上论，"世界记忆"就是通过世界记忆基金，来资助保护和使用列入《世界记忆名录》的文献遗产。而"美国记忆"在其 1994 至 2000 年初创的五年间，国会两党共提供了 1500 万美元资金；国内的"北京记忆"也在建设过程中得到了北京市文化局的高度重视，政府已投入资金 300 余万元，大连市城市记忆工程也由市政府每年投资 60 万元持续建设，武汉、青岛、上海各市市政府也均投入专款用于本地城市记忆工程。

另外，武汉市启动城市记忆工程是由市长亲自提出动议的；上海市城市记忆工程列入了经市领导批准同意的全市档案事业"十一五"发展规划；大连市城市记忆工程被纳入市长项目，并长久保留；丹东市第十三届政府工作报告中，明确提出"加强档案资源开发，启动丹东城市记忆工程"；长沙市、本溪市由市委办公厅、市政府办公厅发文，印发城市记忆开发工程实施方案，本溪市并成立了由常务副市长为组长、市政府副秘书长和市档案局局长为副组长的本溪市城市记忆开发工程领导小组。可见，"威海记忆"工程能否顺利进行取决于政府的支持力度。

2　"威海记忆"工程的意义

威海历史悠久，早在新石器时代中期，境内就有人类聚居，夏、商、周三代，隶属于青州，有莱夷聚居，568 年境内设文登县，此后朝代更替，业已形成别具一格的、具有浓郁地方特色的威海本土文化。然而，威海在蓝色经济、人居福地等领域以其别具特色的姿态亮相于世界舞台的同时，却未开展对本土文化系统搜集、整理以及数字化的工作，不能不视为一大遗憾。所以本研究以此为切入点，希望通过"威海记忆"工程对威海地区特有的本土文化资源进行较为全面的梳理与归类，并提出资源采集、数字化建设与服务的实施方案，从而促进威海挖掘其文化内涵、展示其文化魅力和城市风采，同时，也为威海走向世界，世界了解威海、了解威海文化开启一扇极为重要的专业化窗口。

2.1　留存文脉，及时拯救几近"失忆"的威海

本土文化通过现实的各种载体反映着地区间的差异性。威海本土文化中拥有史志、方志、历史名人、传统手工艺、名胜古迹等，其中还包括国家级物质文化遗产（刘公岛甲午战争纪念地和圣经山摩崖）2 项，省级的 6 项，以及国家级非物质文化遗产文登市秃尾巴老李的传说和渔民节祭祀仪式 2 项，省级的 11 项，市级的 33 项。它们记忆威海人民和自然的过去、现在与未来。

然而，这些记忆却非常脆弱，每天，记忆中不可替代的内容都在慢慢地消逝。例如，一批老风俗、老手艺已经或正在失传，一批老宅子正在"城中

村"的改造中轰然消逝。对于文化来讲，威海几乎处于迷茫的"失忆"期，对于后世子孙，难道我们留下的仅仅是些没有历史、没有文化积淀的高楼大厦、宽街通衢吗？

"威海记忆"工程的建设，能够部分恢复威海的"记忆"，使本土的文化命脉得以延续，使本土文化得以继承发扬。越是民族的就越是世界的，"威海记忆"将同样会提高威海的知名度，进而有资格与世界进行文化层面上的交流。

2.2 以史为鉴，提升威海城市的整体竞争力

政府进行城市管理、制定规划时，首要条件是要充分了解本地区人文环境、自然状况，以史为鉴，从而避免决策的主观性和盲目性。明《山西通志·序》中提到："治天下者以史为鉴，治郡国者以志为鉴。"清代也有"治之有民志，犹医者之有方"之说，其中的志就是指地方文献。"威海记忆"工程作为地方信息集大成者，汇集威海政治、经济、历史、文化等诸多方面的资源，将会为政府决策提供有效的信息支持。例如，威海地处中韩边境，又连接山东半岛，具有对韩国开放的区位优势，如何更好地开展与韩国各方面的合作，是威海发展的重要课题，而各种史料则见证并记录着威韩两地的交流，通过深层次挖掘与开发，定能为政府制定对韩决策提供有效的历史依据和理论支持。此外，政府也可利用这些信息资源辅助科学规划城市建设、村镇改造、文化产业建设、资源开发利用等等。

2.3 整合资源，为威海旅游文化注入丰富的内涵

地方经济的腾飞从根本上需要依靠本地自然与人文环境，而系统的文献资料里既有历史的积淀，又有现实的反映，通过对这些信息进行科学的统计、分析和提炼，必能对经济建设起到开阔思路、扩展商机的作用。

作为朝阳产业的旅游业，它带来了人流、信息流、经济流，业已成为威海最具有发展活力的经济增长点之一。然而如何让游客"留得久，停得值"，仅仅靠得天独厚的自然资源是不够的，还需要充分挖掘具有地方特色的、代表性的文化资源，如，围绕着具有威海地域特色的海洋文化、红色文化、渔家民俗风情等主题，深入开发旅游资源，并使之融入旅游活动之中，才能使景观独具特色，凸显出文化内涵，借以提升旅游价值，而"威海记忆"中的文学、历史、地理、建筑、园林、书法、绘画、宗教、民俗、掌故等等正是威海旅游业开发取之不尽、用之不竭的源泉。

2.4 深入研究，提高威海的学术地位

由于地理环境、风俗习惯、价值取向、审美观念以及思维形式的不同，不同地域会产生不同的文化，包括制度文化、民俗文化、饮食文化、服饰文化……这些异彩纷呈的文化以多种多样的方式被记载和流传下来，从而构成了博大精深的本土文化资源。

"威海记忆"以威海本土文化资料为收集重点，其中不乏对地方文献、珍贵图片、文艺作品、手工艺作品等不易保存的资料的搜集。以文献为例，尤其是比较珍贵的文献，因其保存久远，出现变形、发黄、发脆等现象，以至于无法翻阅，而数字化复制、贮存、传输、检索，能够最大限度地保存文献内容，减缓文献磨损；其建设不仅是以一种特殊而恒久的方式展现悠久璀璨的威海民俗文化之光，也是对威海民俗文化传统的传承和发展，更是对人类珍贵文化遗产的保护和重现，将会为修志编史、寻宗问祖、修谱编传提供强有力的学术支持，为专家学者提供翔实的研究依据，为学术研究提供丰富的信息资源。

3 "威海记忆"工程的描述

以哈尔滨工业大学（威海）图书馆、山东大学（威海）图书馆、威海市图书馆、威海市博物馆等为主要依托，兼顾威海市及周边地区主题突出、特色鲜明、类型多样的特色资源，开展具有威海浓郁地域特色的文化资源的采集与数字化工作，为民俗学专业人士、民间研究者、研究机构及大专院校、政府机关、企事业单位提供基于资源共享的，集电子书刊、学位论文、图像、音频、视频及网络资源各类媒体于一体的，能够进行统一检索的高水平信息服务平台，借以全方位、多层面反映威海历史与现在的风貌。整体流程见图1。

3.1 资源采集

资源采集是本土文化资源数字化的首要环节。随着人类社会的发展，资源无论从实际内容、外在形式上，还是从载体上都发生了巨大变化，尤其是近些年各种新型载体资源的大量涌现，更为采集工作带来了极大的困难。只有做到有组织、有计划、及时持续地积累资料，才能确保"威海记忆"工程的顺利进行。

```
┌─────────────────────────────────────────────────────────────────┐
│ 资  ◇资源调研◇ ──→ ┌加工准备┐ ──→ ┌资源采集┐ │
│ 源  ┌──────────┐   ┌──────────┐   ┌──────────┐ │
│ 搜  │1.国内外研究现状│ │1.加工人员  │ │1.采集范围  │ │
│ 集  │2.资源检索    │ │2.软硬件设备 │ │2.采集渠道  │ │
│     │3.加工设备调研 │ │3.加工环境  │ │3.采集方法  │ │
│     └──────────┘   │4.技术路线  │ └──────────┘ │
│                    └──────────┘              │
└─────────────────────────────────────────────────────────────────┘
```

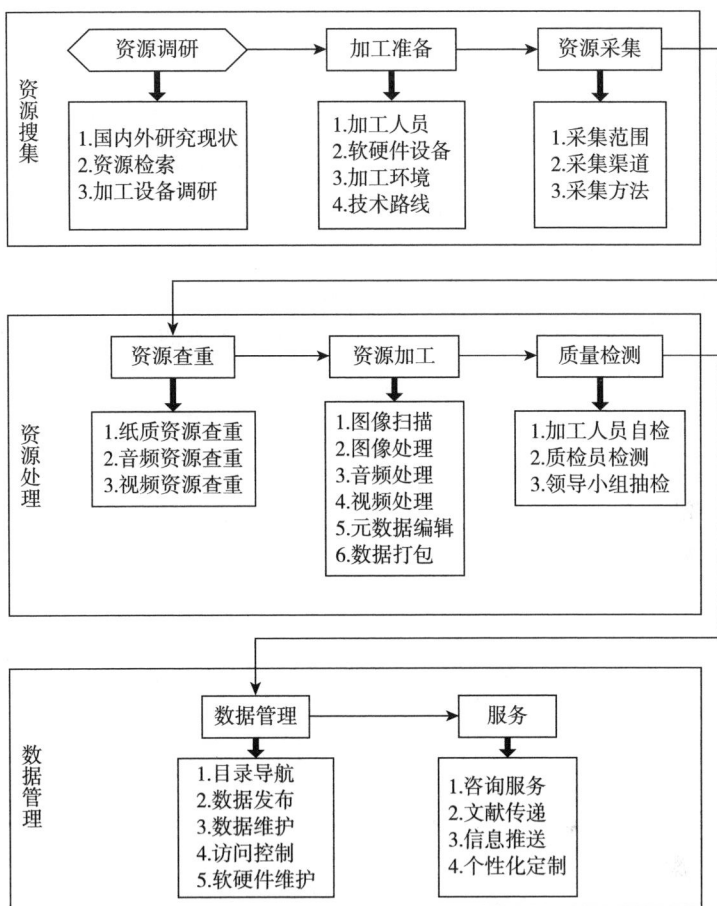

图 1 "威海记忆"项目流程

3.1.1 明确资源采集的范畴

因此一定要从采集目的和内容上加以明确。正如我国图书馆学家杜定友先生所说的那样，做到"宁滥勿缺"、"片言只字，巨细无遗"，只要有关威海地区的风土人情、自然地理、人物事迹、科学技术、社会发展等资料，均应纳入到收集范畴内。

除了有关威海的一般性图书、期刊、报纸、图片、音视频资料、名碑、拓片、名人字画外，还应注意如下不常见的资源形式。

（1）地方志

分门别类记载地方行政区域内的政治、经济、文化、社会、地理、自然等情况的史籍，也叫方志，是我国特有的传统的地方百科全书，蕴藏着极其丰富的文化资源，一般都具有区域图、建置沿革、疆域、户口、田赋、物产、职官、学校、名胜古迹、武备、选举、人物、方技、金石、艺文、风俗、方言、灾祥等项。

（2）档案史料

国家机构、社会组织及个人从事社会活动而形成的原始记录（包括文字、图表、声像等不同形式），经过立卷归档，即成为档案，是本土文化资料中不可缺少的原始资料。

（3）资料汇编

是把有关某一专题的资料按一定的方法编辑而成的书籍，具有内容丰富和及时性的特点，例如，《甲午战争全史》。

（4）族谱、年谱

族谱是记载一姓世系和重要人物事迹的谱籍，也有叫宗谱、家谱、世谱、房谱、支谱的；年谱是按年次记述一个人的生平事迹，是编年体传记，也叫年表、纪年表、编年、年略、历年、年状、行实等。它们首先涉及人物资料，包括生卒、婚姻、子女以及名人事迹等；同时，它也包含了地方史料，保存了大量的宗法制度、经济发展、人口繁衍、族人著作、艺文各种资料，同历史学、社会学、民俗学、人口学、文献学都有密切关系，具有很高的文献价值。

（5）书信、日记、回忆录

因其内容大至论政、论学、论文，小至记叙生活琐事、风俗习惯等，是一个综合性的文化资源宝库。

3.1.2　建立高效、多途径的资源采集体系

（1）重点采集威海地区各县市高校和公共图书馆资源

图书馆是保存本土文化资料最集中的地方，尤其是方志、古籍方面。例如，威海市图书馆馆藏地方文献 3091 册，古籍 1571 册；而文登市图书馆古籍藏书已达 4 万册，其中善本 150 余种，2200 多册，孤本 8 种。

（2）密切与相关部门联系

本土文化资源不仅集中于图书馆、博物馆，同样也分散在党史办、史志办、政协、文联、文保所、出版社等部门，所以应该定期与之联系，主动上门索取或购买。还有部分资源（如家谱、村镇史、地方年鉴等）流传于威海市所辖的三市一区，这就需要通过三市一区公共图书馆，利用其在当地的人缘和地缘优势，协助征集。这种方式往往起到事半功倍的效果。

（3）开展大规模宣传工作

通过广播、电视、报刊、网络等各种媒体形式，宣传"威海记忆"是造

福当代、泽及后世的工程，提高企事业机关、学校以及广大市民等各阶层人士的认知度，使公众了解其文化、历史及社会价值，向本工程捐助相关图书、图片、音频、视频等资料。

（4）招募义务采集员

由于本土文化资源分布的地域性和分散性，既有正式出版物，也包括非正式出版物，只凭借项目组成员的力量是远远不够的，还可以招募热心文化事业的民间采集员，扩大资源的采集范围，从而尽量避免漏征。

3.2 资源加工

资源加工是本土文化资源数字化建设的核心工作，其加工步骤包括扫描、图像处理、OCR 识别、将图像加工为符合规范要求的文件格式、元数据编辑等。

3.2.1 文字资源加工

对于文字资源进行数字化，主要方法有人工录入和图像扫描。

（1）人工录入

通过键盘直接将文字内容输入到数据库内或形成文本文件，优点是在数字化量不大的条件下，成本较低；缺点是工作量大，速度慢，质量也难以保证，制作时间长，尤其是要完成大量的文字信息数字化情况，这些问题将更加突出。

（2）图像扫描

这是一种通过图像扫描后，再用 OCR 转换成文本格式的数字化转换方式，是目前文字资源转换最常用的方法，主要包括如下两方面技术：

• 图像扫描技术

是利用光学扫描仪、数码相机等将现有的纸介质文献经模数转换成位图，以便计算机处理的过程。其具体做法是首先选择合适的软件，如 QUICK SCAN、ABBYY FINEREADER 或 TH-OCR 系统为扫描提供控制界面，能方便地调整幅面、分辨率、颜色、对比度、扫描模式（二值、灰度或彩色）、扫描方式（连续扫描或单版扫描）等，然后以图像格式压缩的形式保存数字化文献，一般需要有多套存储方案，例如，可以采用无损压缩算法的 TIF 格式保存一套方案，再加一套供上网发布用的 JPEG 或 GIF 格式。

• OCR 识别技术

OCR 技术（光学字符识别的缩写 Optical Character Recognition）是将扫描图像中的符号转换为等价字符的技术。它可以自动判断、拆分、识别和还原各种通用型印刷体图像，能够自动分析文稿的版面布局、自动分栏，并判断出标题、横栏、图像、表格等相应属性，判定识别顺序，能够将识别结果还原成与扫描文稿的版面布局一致的新文本。同时支持将图像识别直接还原成 PTF、PDF、HTML 等格式文档，也可以对图像嵌入横排文本和竖排文本、表格文本，进行自动排版。

3.2.2 图像资源加工

是由输入设备捕捉的实际场景或数字化形式存储的任意画面，是现实生活中各种形象和画面的抽象浓缩和真实再现。通常采用数码相机拍摄或扫描仪扫描获取后，再对之进行整理加工，制作成一定格式标准的图像数据，而图像数据资源选择标准时应遵循通用性、兼容性、适用性和成熟稳定性原则，可参见中国数字图书馆对图像数据格式标准的最低标准。

3.2.3 音频资源加工

音频信息的采集主要是对多媒体信息进行数字化的处理过程，其基本原理是通过数字化采样而进行模数转换，设定一定的采样频率，例如通过声卡、帧捕获器或影视影像数字卡可将模拟的音频材料转换成以数字方式存储的电子文档，采用标准压缩和格式存储其数字化资源。而一些现场资源则需要用数码摄像机、数码相机等工具进行现场采集整理，然后再进行格式转换、元数据编辑等处理。

3.2.4 视频资源加工

视频的主要信息来源是电影、电视、录像和动画等动态图像信息。通常分两种：一种是来自于摄像机的模拟视频信号；另一种是原生数字视频，是存储在 VCD 和 DVD 上或数字摄像机拍摄并存储在记忆卡里的数字信号。对于前一种形式，需要把连续的模拟信号转变成离散的数字信号，此过程称之为数字化处理，分为 3 个步骤，即：取样、量化和编码；而对于后一种形式，则可直接复制到硬盘上，无需转换。

目前，数字视频资源文件主要是以视频视盘（VCD 和 DVD 等）和网络为传播方式，以计算机及其相关外设为播放手段。主要可分成两大类：其一是影像文件，例如常见的 VCD 格式；其二是流式视频文件，主要服务方式和功能包括视频点播、新闻点播、远程教学和数字图书馆等。目前流行的文件格式有 AVI 格式、MOV 格式、MPEG/MPG/DAT 格式、VOB 格式、RM/ RMVB 格式、ASF 格式、WMV 格式、FLV 格式、ASX 格式等。

3.3 数据管理

3.3.1 内容体系

由于本土文化资源所涉及的范围非常广泛，通过对各类资源梳理，确定数据库框架如表1。

表1 "威海记忆"项目各数据库描述

数据库名称	内容	文件格式
威海市情	威海概况、威海年鉴	全文、图像、视频
	政策、法规	全文
史海钩沉	方志汇编	全文
	文史档案	全文
	文物考古	全文、图像、视频
	古籍善本提要	摘要
自然风物	名胜古迹	全文、图像、视频
	地图堪舆	图像
	丰富物产	全文、图像
	物质文化遗产	全文、图像、视频
人文风貌	工艺美术	全文、图像、视频
	影视、音乐作品	全文、图像、音频、视频
	地方戏曲	全文、图像、音频、视频
	风俗习惯	全文、图像、视频
威海人物	家谱	全文、图像
	人物春秋	全文、图像、视频
	非物质文化遗产	全文、图像、视频

3.3.2 检索系统

检索途径除了输入检索词从人名、篇名、关键词等常规途径检索外，还提供如下检索角度。

（1）按资源类型检索

"威海记忆"项目内容涵盖了多种资源类型，即图书、年鉴、报刊、方志、档案、会议、名人录、家谱、图录、学位论文、图像、音频、视频及网络资源等，故也提供了这些类型的检索入口。

（2）按学科分类检索

分类是人类认识、区别众多事物的基本逻辑思维方法，使人们能较为全面地了解和掌握某一学科的发展轨迹及前景、动态。目前，我国大都采用《中图法》编制文献分类检索系统。《中图法》是目前中国使用最广泛的分类工具，现已成为我国文献分类的标准大法，它将人类知识分为政治、经济、法律、军事、文化、文学、历史、地理、工业等多学科门类。故本系统利用《中图法》学科分类体系向用户提供浏览信息的途径，便于用户寻类索文、触类旁通。

（3）按地名检索

尽管按学科分类符合人们检索的习惯，但由于科学技术的发展，新学科的不断涌现，学科间的交叉渗透越来越强，而分类法又由于自身的特点，具有一定的滞后性，对用户查找信息的检全率和检准率有极大的干扰。故本系统也提供按行政区划（如三市一区及其下属乡镇）检索的功能，使用户不再囿于学科类目，非常方便、直观地鸟瞰某一地区的全貌。例如，某一地区在历史上经历的自然灾害、气候水文变化，各时代的政治、宗教、战争等影响，人口变动等。

3.4　基本原则

"威海记忆"工程建设是一个长期、艰苦的工作，不可能一蹴而就，应由工程中心负责，统一规划、管理。总体上要本着由简入繁的原则，先起步，然后再细化，先单个数据库组建，再整体联接的步骤，同时也要兼顾其他原则：

3.4.1　标准化原则

标准化是数字化建设的生命，是建设高质量特色数字化资源的根本保证，有助于资源在不同平台上互相调用，更好地实现资源共享。"威海记忆"工程的建设目的是为了使用，因此其数据库建设的软硬件平台，必须具有基本的数据库管理功能和服务功能。在建设过程中，应遵守遵循业界统一或默许的标准与规范。如：对于各种数据的加工规范和标引细则，统一参照中国数字图书馆建设的相关规范标准，包括元数据规范处理标准、数据交换标准、数字化加工标准、服务标准等；采用先进和成熟的技术进行开发与建设；能够与主流数字图书馆门户进行互操作；具有与其他系统进行互联的接口；提供完整的权限控制机制和版权保持技术等。总体上应遵循稳定性、标准化、开放性、安全性、易用性、可扩展性等原则。

3.4.2 法律性原则

目前我国有关数字化文献知识产权保护的专门法规尚未完善，而知识产权问题却是本土文化资源数字化建设的关键环节，主要解决模式有合理使用、法定许可、强制许可、授权许可等。例如：采集资源时，必须征得著作权人的作品原始及数字使用授权，以免后续的法律纠纷；资源数字化过程中，优先考虑对已超过著作权保护期限和范围的作品数字化，注重对不享有著作权保护和属于合理使用的作品数字化。

3.4.3 制度性原则

没有制度无以成方圆。各地政府对于地方文献的征集，均有相应的制度出台。例如，建立健全呈缴本制度，规定威海地区所属的出版社、史志办、党史办、政协文史委及社科联、科协、学术团体、大学及各级政府的办公厅个人等出版的正式或非正式出版物必须向"威海记忆"项目呈缴，以保证本土文化资源的后续完整性。

4 实施"威海记忆"工程的建议

4.1 充分认识"威海记忆"工程建设的迫切性

本土文化反映了各地人文地理的差异性和多样性，通过各种载体对过去的记忆，反射着人类和自然的过去、现在和未来。无论从世界范围还是从中国范围，其重要性与紧迫性得到广泛的认同。

联合国教育、科学及文化组织大会于2003年通过了《保护非物质文化遗产公约》。中国在2005年《国务院办公厅关于加强我国非物质文化遗产保护工作的意见》中指出，"加强我国非物质文化遗产的保护已经刻不容缓"。2006年第十届全国人民代表大会常务委员会通过《保护和促进文化表现形式多样性公约》，要求以法律的形式对全国非物质文化遗产进行保护，非物质文化遗产的保护工作已经提高到国家文化发展战略的重要环节，成为国家实施文化战略的重要途径和实施方式。

新威海的经济发展突飞猛进，城市建设日新月异，这不仅给威海带来了繁荣，也造成了某些本土文化的消逝。例如，"城中村"改造对老威海传统民居的毁灭性拆除，村民生活与行为方式也发生巨大的变化，逐渐趋于城市化，后世威海人再也无法了解到今天威海村庄生活面貌，更不要奢谈了解过去威海村庄的情况。

过去的记忆已经失去，今天的记忆正在失去。如果仍然肆意地漠视记忆、割断文脉，不即刻开展拯救记忆的工作，那么未来的威海将是一个没有历史的威海，没有个性的威海。

4.2 选择合适的承担方是工程建设的首要条件

"威海记忆"工程是主要集图书情报与计算机等专业于一体的，兼具劳动密集型工程，工程的承担方必须具有相关的资质。根据威海的实际，就目前软、硬件情况比较而言，哈尔滨工业大学（威海）图书馆具有明显优势。

4.2.1 资源建设

哈尔滨工业大学（威海）图书馆坚持物理馆藏和虚拟馆藏并重，同时向电子资源倾斜的馆藏建设方针，对文献资源采购进行一定程度的调整，削减外文纸本期刊订购数量，增加电子期刊和电子图书的订购。同时，积极共享本部资源，拓展文献获取渠道，使资源范围延伸到全国乃至于世界范围。

近5年来，每年总投资800万元，其中纸质图书120万元（生均4册/年）、中文期刊35万元、外文期刊20万元、电子资源600万元。有中文数据库26个、外文数据库30个，其中包括电子图书200万册、电子期刊4万种。

4.2.2 网络技术

图书馆局域网是学校校园网的主交换节点之一，由千兆光纤接入。网络存储系统采用EMC CX700高端FC-SAN存储设备，共有4.5TB空间存储电子资源，各服务器间实现了应用服务分流，负载均衡，向读者提供7×24小时全天候不间断的信息服务。

为保证图书馆高质量的运转，还引入和开发了各类计算机系统，如汇文图书馆自动化集成管理系统、机房管理系统、论文提交系统、随书光盘管理系统、校外访问系统，初步形成了数字资源加工系统群和数字化服务系统群。

4.2.3 对外联系

图书馆已经是CALIS、CASHL、NSTL成员馆，并实现了与山东大学（威海）图书馆的全面互通，与山东大学、清华大学、中科院开展文献传递业务。

另外，高校不仅有服务本校读者的义务，更有服务社会的职能。图书馆借助丰富的馆藏及先进的技术手段，逐步开展了相关业务，与威海政府机关（如科技局、经信委、知识产权局、人力资源和社会保障局、高技术产业开发区、林业局、宣传部、统战部）和威海市高新技术企业（山东省科技厅认定）等建立起良好的社会关系。

4.2.4 学术研究

论文和专著的撰写、课题的承担以及国内会议的交流，在一定程度上反映图书馆的学术研究能力和水平。图书馆目前有专著、学术论文、课题若干项，还分别获得了校级、市级、国家级奖项。

4.2.5 学校背景

哈尔滨工业大学（威海）图书馆还有学校作为技术和人力的后盾。"威海记忆"除了利用图书情报知识外，另一重要方面就是计算机专业。而学校计算机学院的教师队伍中教授 12 人、博导 5 人、副教授 17 人，博士和硕士占教师队伍的 90%，在校本科生 760 余人、博士硕士生 170 余人，并且，计算机应用技术学科成为省级"十一五"重点建设学科。2001 年以来，本学科专兼职教师共完成科研项目 50 余项，其中，国家自然科学基金、"863"计划、"十五"攻关项目 20 余项、国际合作项目 3 项、省部级项目 19 项。

4.3 全面厘清配合方是工程建设的必要条件

"威海记忆"是全市性的工程，除了高校图书馆外，还涉及市城建委、市规划局、市文化局、市统计局、市档案局、市史志办、市新闻出版局、市旅游局、市外办等政府机关，以及威海下属各市、镇、村，工程必须得到多方的密切配合方能顺利进行。

4.4 兼顾其他辅助条件

4.4.1 制定相关政策、法规

记忆工程的实施均有政策、法规的保证。世界范围的有《保护世界文化和自然遗产公约》《保护传统文化和民俗的建议》《世界文化多样性宣言》等，中国范围的有《国家级非物质文化遗产保护与管理暂行办法》《国务院关于加强文化遗产保护的通知》《传统工艺美术保护条例》等，地方性的有《上海市档案事业发展"十一五"规划》《关于"长沙城市记忆工程"的实施方案》等。因此，威海也应该出台相关的政策、法规，为"威海记忆"工程从政策层面上提供保障。

4.4.2 引入市场化运作机制

市场机制是通过市场价格的波动、市场主体对利益的追求、市场供求的变化来调节经济运行的机制。它能够有效汇聚各种所需资源，调节资源供求矛盾，促进价格的合理形成，实现资源的优化配置，提高其利用效率。例如，"威海记忆"工程所需的设备，包括服务器，阵列，光纤交换机，大型扫描仪，音、视频采集设备等，市场上云集众多的厂商，如何去选择？工程所需的软件，包括数据采集平台，转换平台，检索与发布平台，在国内均有成熟的专业数字图书馆产品，如何去判定？这些均需要引入市场化运作的机制进行协调，减少人为因素的干扰，使决策具有科学性、合理性。

4.4.3 确保财政资金投入到位

"威海记忆"工程非常庞大，可以分期进行。工程一期用两年的时间开展（见表2），所需经费大约100万元（见表3），由于主要设备在一期购置完成，后期工程每年追加20万左右即可，但必须保证经费的前期投入及后续的跟进，否则将功亏一篑。

表2　"威海记忆"工程一期实施进度

时间	工作内容	
4个月	通过前期调查	包括资源分布，国内数字图书馆建设情况，相关的标准规范
2个月	制定"威海记忆"建设方案	确定采集单位、资源与采集方式、数量，规定数据加工标准
2个月	设备购置	采购、安装、调试工作
1个月	技术人员培训	培训是保证本项目顺利实施的重要措施，决定着是否能高质量完成建设任务
15个月	二次文献加工	预计还需加工二次文献3000条，主要是元数据著录等工序
	音视频、图像采集	购买威海地方戏剧、电影等光盘资源，计划购买200种；外出拍摄威海民俗事项，计划拍摄20个视频；计划拍摄2000张照片
	纸质资源加工	预计总加工3000册，分纸本扫描和电子书转制
	音视频资源加工	购买资源以VCD格式为主，只需转换格式和元数据著录等工序，预计加工视频200个；采集视频属原始资料，需编辑、处理等工序，预计加工20个
	图像资源加工	主要是格式转换压缩、元数据著录等工序
	网络资源加工	项目计划加工500个网络资源（含采集），包括网站链接和下载的图像、文章等，主要是格式转换、元数据著录等工序
	购置非遗资料	用于购买威海非物质文化成果普查目录及相关音视资料

表3　"威海记忆"工程一期经费预算

项目		数量	经费（万元）
设备（71.86万元）	5T光纤阵列	1	14
	磁带库	1	8.9
	16口2G光纤交换机	1	2

续表

项目		数量	经费（万元）
设备 （71.86 万元）	存储与发布服务器	2	10
	备份服务服务器	1	5
	机柜	1	0.5
	投影仪	1	1
	微机	10	6
	笔记本电脑	3	2.4
	数码摄像机（含相关配件）	2	2
	平板扫描仪	2	20
	刻录机	2	0.06
软件 （13.7 万元）	存储管理软件	1	2.5
	操作系统	10	2.2
	数据库软件 Oracle 11g	1	2
	数字图书馆软件	1	7
人工 （10 万元）	音视频、图像采集		2
	纸质资源加工		1
	音视频资源加工		1
	图像资源加工		0.5
	网络资源加工		0.5
	二次文献加工		1
	购置非遗资料		2
	加工、技术培训		2
其他费用 （4.44 万元）	办公及不可预知费用		4.44
总计		100 万元	

4.4.4 协调相关部门关系

本土文化资源广泛分布在不同的部门或个人处，公共图书馆收藏地方文献的历史很长，所积累的资源比较丰富，而地方志办公室、档案馆、博物馆、研究机构以及个人收藏者等也有具有非常大的价值的，对于这些分属不同部门管理的资源，需要各方面的通力合作、密切配合，只有集中全社会的力量，打破各个信息孤岛间的障碍，才能使"威海记忆"工程的效益充分发挥出来。

结　语

威海文化传统源远流长，因其丰富性、复合性、特殊性而异彩纷呈，诸如诗歌、戏剧、音乐、工艺、民俗、方言等均具有浓烈的地方色彩，内容涉及政治、思想、科技、文学、教育、工艺、民俗、宗教、特产、华侨移民、中外交流等领域，其中的显性与隐性资源蕴藏着的文化内涵是一种极为宝贵的精神财富，成为齐鲁文化的重要组成部分。

然而，随着城市化进程的加速，旧城区以及乡村改造，常常伴着雕梁画栋、青砖碧瓦、小桥流水、园林小品的消失，千户一家、千城一面的现象日益严重，越来越多的历史成为遥不可及的过去，甚至于连我们儿时的印迹也无处可寻。我们城市的记忆正在失去，我们独有的城市特质正在湮没。如何延续城市文化命脉，已经成为当代民众再也无法逃避的问题了。"威海记忆"项目利用数字技术整合威海本土文化资源，在某种意义上正是对威海本土文化的一种见证与收藏。

[作者单位：哈尔滨工业大学（威海）　山东大学（威海）
课题组成员：刘俊杰　张　锐　赵龙刚　毛宏燕　邱建玲]

对推进威海市船舶产业集群化
发展的思考

张展开

船舶产业内含造船工业和船舶配套工业两大部分，是国家的战略性产业，也是威海市大力发展的重要产业，在全市经济社会发展中的作用越来越突出。2008 年全市造船完工量 52 万载重吨，同比增长 79%，占全省完工量的 50.6%；完成销售收入 85 亿元，同比增长 81.9%；实现利税 9.9 亿元，同比增长 61%。特别是今年以来，在受金融危机严重影响，世界船市严重下行，出现普遍的交船、融资、接单"三难"的情况下，全市 1~7 月份造船完工量 53 万载重吨，同比增长 79%；完成销售收入 54 亿元，同比增长 71%；实现利税 8.3 亿元，同比增长 32%。可以说，船舶产业的发展势头异常强劲。为了持续这种良好势头，进一步发挥威海市的船舶产业优势，力求把威海建成船舶工业强市乃至全国重要的造船基地，就必须进一步发挥威海船舶产业的现有优势，遵循其内在的发展规律，积极借鉴国内外先进经验，在加快造船工业龙头企业迅速膨胀的同时，加快船舶配套工业的发展步伐，进而推进船舶产业的集群化发展，从整体上提升船舶产业的综合竞争力，以充分发挥其对打造威海蓝色经济区甚至对全市工业化、现代化的带动作用。

一 集群化发展是船舶产业做大做强的关键

船舶产业是集资金密集型、技术密集型和劳动密集型于一体的产业，特别强调对资金、技术和人力资源的整合，以形成造船业的规模效益和对上下游产业强力的拉动力。而整合资金、技术和人力资源的最优途径就是倾力推进产业集群化，即在做大做强龙头企业的同时，把船舶配套工业也发展起来，得以形成庞大的产业链，有利于技术创新、市场开拓和规模扩张，并最终有利于形成持续的竞争优势。

船舶配套工业在船舶产业链中占据着重要的地位，是船舶产业的"肉"，是船舶产业得以大发展的前提和基础。据统计，在国民经济 116 个产业部门中，船舶配套的产品涉及 97 个产业部门、360 多个专业技术领域，关联面高达 84%；一艘船舶的价格组成一般为船体 30%，钢板 20%，船用配套设备高达 50%。如一艘 3 万载重吨的散货船，主要配套设备约有 5200 项，计 9300件。可以说，船舶产业的发展离不开船舶配套工业的发展，船舶配套工业的发展程度将直接影响船舶工业的整体发展状况；船舶配套产业技术水平的高低，直接关系到船舶产业综合实力和出口竞争力的强弱。

日本、韩国的经验也告诉我们：没有雄厚的船舶配套工业的支撑，是根本不可能成为一个造船强国的。日本在 20 世纪 50 年代工业恢复到战前水平、国民经济从恢复期转入发展期时，"新的长期经济计划"（1958～1962 年）和"国民收入倍增计划"（1961～1970 年），把造船工业确定为战略产业。通过两次大规模引进西方的专利技术，大力发展船舶配套工业，形成了为船厂提供质优价廉船用设备的能力，使配套工业和造船工业的发展相辅相成。到 70年代中期，当造船产量达到 1750 万载重吨时，其配套工业也已形成门类齐全、技术水平高、配套能力很强的规模，船用配套企业达到了 1080 家，不仅取得了在造船产量上世界第一大国的地位，更因实现了船舶产业的整体推进，还获得了巨额经济利益，实现了 20 世纪 70 年代的"日本经济奇迹"。日本现有造船生产与设备配套企业 650 家，船舶配套产品国产化率达到 95% 以上。

日本船舶产业的成功给了韩国以很大的启发和借鉴。韩国看到世界造船产业东移的大势后，在迅速加大了对造船工业投入的同时，还专门制定了长达 5 个五年计划的"韩国造船设备国产化促进方案"，积极实施造船与主机匹配发展的战略与规划，有计划、有目标地推进造船设备国产化，使韩国的船舶产业迅速地从小到大、从弱到强发展了起来，并得以从 1980 年开始进军国际市场，成为世界造船大国。目前，韩国的造船能力已跃居世界首位，其配套企业有 520 多家，专门生产船用机械、电子设备和大型柴油机等配套产品，船舶配套产品国产化率在 85% 左右。

日、韩两国迅速崛起并在造船能力和水平居于世界领先地位的经验告诉我们这样三点经验。

第一，在引进世界先进造船技术的同时，必须集中力量发展国内船舶配套工业，按照专业化分工协作方式组织生产，形成船舶产业集群效应，才能大幅度地提高本国造船的综合竞争能力。目前，日本和韩国的配套企业正在尽可能多地占有中国船用配套市场份额。如日本船用设备协会 200 家会员公司中，有一半会员向中国出口产品，约 60 家会员公司在中国设办事处，与中国企业联营生产。此外，最近日本和韩国企业纷纷在中国沿海地区建设船体分段制造厂。据专家估计，即使计入运费，三星重工（宁波）有限公司制造的分段成本比韩国制造的还要低 30% 左右。

第二，政府的政策支持是必不可少的。日本、韩国船舶产业的崛起，无不得益于政府长期大力的支持，而且一些扶持政策至今仍然存在。如在船舶配套工业方面的政策措施包括：制定提高船用设备自给率的规划和具体实施方案，对配套业发展实施严格的管理；通过立法形式对配套企业技术改造、产品开发、经营创新等提供资金援助、信贷税收优惠；扶植重点企业发展和促进重点产品国产化；对企业引进国外先进技术和自主创新提供巨额投入等。

第三，企业间的并购重组是增强其竞争力的重要途径。通过收购和兼并使有限的行业资源得以科学重组和优化配置，为打造几家具有核心竞争力的骨干企业，实现低成本、规模化扩张打下基础。而航运经济调整期到来时，造船企业重新"洗牌"在所难免，企业之间的竞争与重组必将出现，规模较大的造船企业具有相对优势，促使众多的中小企业应加强与骨干造船企业的协作，进入骨干造船企业生产体系，以求在激烈的市场竞争中拓展生存空间。这样就使上下游相关企业之间形成了一条产业链，每个企业都是整个产业链上的一环，在船市发生变化的时候，产业链上的企业共同抵抗市场风险。根据日本、韩国的经验，行业洗牌都是由众多中小企业向几大垄断集团集中，日本最终形成四大造船厂，而韩国从六七十家船厂变成四大船厂。

二 当前威海船舶产业发展现状分析

威海船舶产业发展有四项明显优势。

一是自然条件好。海岸类型属于港湾海岸，常年平均气温 11.5℃，是世界上最适合造船的地区之一，并有葡萄湾、麻子湾等 8 处（全省共 23 处）适宜建造 10 万 ~20 万吨级泊位的深水港址，发展造船工业特别是造大型船舶的自然条件优越。

二是产业基础好。全市 90 家船舶企业中，规模以上船舶企业 34 家，其中有 5 家被列为全省重点培植的十大造船企业，有 21 家企业与国内外造船企业有着较密切联系。

三是势头强劲。2008 年全市造船完工量、手持订单量、完成销售收入及实现利税等主要经济指标增幅都在 50% 以上，高的增幅接近 80%。特别是威海船厂已为德国、希腊等国建造出口船舶 50 余艘，在建和手持订单船舶 22 艘，价值约 50 亿元、87 万载重吨，交船期至 2011 年。而黄海造船的大型客滚船订单数占全国客滚船市场总份额的 62.5%，在建和手持订单船舶 78 艘，价值约 140 亿元、130 万载重吨，交船期至 2012 年，2008 年缴纳地方税款 11092 万元，成为全市地税贡献排行榜"冠军"。

四是潜力巨大。仅 2008 年全市船舶产业完成投资 40 亿元，同比增幅近 70%，其中山东新船重工（威海船厂）搬迁扩建工程项目当年完成投资 5 亿元，3 万吨级船台已竣工投产，10 万吨船坞基坑基本完成，搬迁扩建工程完成后可拥有 3 万吨级滑道 1 座、10 万吨级造船坞和 10 万吨级修船坞各 1 座，可建造 10 万载重吨以下的各类船舶，年造船能力达 100 万载重吨，从而为全市到 2012 年形成 400 万载重吨的造船能力打下坚实的基础。

威海船舶产业之所以能在近几年异军突起，到目前已形成 180 万吨的造船能力，正向全国重要的船舶产业基地迈进，是威海船舶企业顺应世界船舶产业转移的大趋势加快发展的结果，更是市委、市政府一直以来非常重视船舶产业的发展，出台许多相关政策和措施大力扶持的结果。但实事求是地讲，与国内外先进地区相比，威海船舶产业的发展还存在着诸多不足，主要表现为龙头企业"弱"和配套工业"少、低"上。

弱，就是龙头企业的带动作用弱。威海现有船舶修造企业中可建造 3 万吨级以上船舶的企业仅 3 家，而且区域布局相对分散，船舶产业对区域经济拉动作用偏弱。2008 年全市造船完工量 52 万载重吨，只相当于江苏靖江市一家民营船企——新世纪造船公司当年完工量（201 万载重吨）的 1/4。没有实力雄厚的龙头企业的强大拉动作用，龙头不能高昂，不能带动龙身，也不能激活龙尾，对产业就难以形成影响力、带动力，也就难以实现产业集群发展的规模效应。

船舶配套工业是船舶产业的重要组成部分，除具有涉及领域广、拉动经济能力强、技术含量高等特点外，还有一个重要特点就是利润率高。据介绍，船舶配套工业的利润率一般为 15%~20%，而造船工业的利润率仅为 5% 左右。一个地区船舶配套工业的强弱，不仅仅直接决定着该区域船舶产业发展的速度和规模，还直接影响当地财政收入水平与质量。从威海的实际情况看，船舶配套工业已远远落后于造船工业的发展，已成为制约造船产能大幅提升的瓶颈。

少，就是配套产品品种少。船舶配套产品只有在取得了质量和技术标准认证，证明其质量有保证后，才有被进口国买家认可并得到使用的可能。由于船舶配套件品种多，规格杂，涉及行业广，要取得各种产品认证认可，不仅前期投资较大，而且各种手续繁杂，前置条件较多，这使一些企业不敢贸然投入，造成船舶配件制造业明显滞后于船舶修造业。威海船舶配套企业只有 37 家，其中大部分企业生产的还是船用挂钉以及渔船用挡雨篷、缆绳等，能和商船挂上钩的产品屈指可数，只有华力电机、兴海公司等极少数企业在生产一些相对技术含量较高的船用设备，造船工业所需的配套件除大部分依赖进口外，国产部件几乎全部从江苏、上海等地采购，本地化配件装船率除用于造壳用的钢板等船材外，不过 10%。

低，就是总体技术水平低。现在的很多造船厂基本上是"组装厂"，自主创新不足。而发展船舶配套工业，延伸船舶产业链这项工作已引起政府的高度重视和社会的较多关注，但至今为止其进展成效并不尽如人意。根据我们的了解，其中一个重要制约因素是技术质量标准门槛较高。配套企业自主研发能力差是本地产船用设备为出口船和内销远洋船舶配套率低的主要原因。而且有些引进许可证专利技术的配套设备，因制造企业的工艺技术和手段落后，影响了竞争力。同时，有些本地产配套件的质量控制未能跟上，也影响了产品质量的稳定。

船舶配套工业薄弱造成的最直接的后果是大大提高了造船企业的成本。黄海造船有限公司现在所用的配件，基本都来自于国外和国内的江浙两省，企业每购回一件配件，其中 60% 的费用要花在运输上。目前，该企业外购的船舶配件一般要占到整船的 70%~80%，这其中，花在运输方面的费用有多大也就可想而知了。

如果不能降低成本，技术力量方面又比不过人家，我们还指着什么与实力强大的造船企业竞争？而且，随着船舶出口量的不断增加，地方财政退税的压力也不断增大。因此，如果没有本地产设备装船率的提高，船舶企业的竞争力将受到极大的限制，造船工业就有可能沦落为"船壳"工业。船舶配套工业的发展对顺利实现船舶产业中长期发展规划将产生重大影响，提高船舶设备本地化水平是提升威海船舶产业综合竞争力的一个突破口。

三 对加快威海船舶产业集群化发展的思考

威海市船舶产业带已经隆起，在全市经济和社会中分量也正变得越来重。但是，船舶配套工业能力不足不强等的问题，已开始困扰正在加速前行的威海造船企业。面对世界造船产业大转移、我国船舶产业大发展的历史性机遇，以及国内外船舶产业集群化发展的趋势，我们必须抢抓机遇，加快发展，以规划上的大手笔，建设上的大动作，大力推进船舶产业集群化发展，提高造船龙头企业集约化水平，发展壮大中小配套企业，提高本地化配套率，在全市形成一个产业聚集区域化、投资主体多元化、分工协作专业化、配套生产社会化的船舶产业集群化发展的新格局，提升威海船舶产业综合竞争力。现就如何加快推进威海船舶产业集群化发展提出以下的建议。

（一）转变观念，提升对推进船舶产业集群化发展重要性的认识

产业集群化的最主要特点是将大型造船企业的内部分工外部化，将船舶的制造过程分解为众多零部件生产环节，分别由专业化程度较高的中小企业进行生产和组装，形成完整的专业化分工协作网络。日、韩两国船舶产业发展的成功之处就在于：在做大做强造船龙头企业的同时，扶持船舶配套工业同步快速膨胀发展，真正做到两手抓、两手硬，获得了产业集群化发展的规模效益。可以说，没有集群化发展就不可能有日、韩两国船舶产业在当今世界的霸主地位。为加快威海船舶产业的发展，建议尽早召开推进全市船舶产业集群化发展的高层次研讨会，力邀国内外船舶工业的知名专家、学者及企业家来威海，对船舶产业集群化发展策略进行研讨。研讨重点有四个方面。一是造船龙头的标准和数量如何确定？如何扶持龙头企业快速做大做强？二是根据威海市造船企业使用本地配套产品及外地产品的现状，商讨应从哪些方面着手发展船舶配套工业？发展方向、重点、途径有哪些？三是威海市造船企业需要哪些配套产品？特别是近期急需哪些产品？四是威海市船舶产业的发展需要什么样的环境？目前最缺的又是哪些方面？以求进一步统一全市对集群化发展船舶产业的认识和行动。

（二）充分发挥政府的调控引导作用，统筹做好船舶产业集群的规划布局

威海市于 2003 年出台的《关于加快威海制造业基地建设的意见》，提出了要大力发展包括造船工业在内的运输设备制造业等五大产业群；目前正在重点实施"3111"工程，即建设皂埠湾、俚岛湾、石岛湾三大造修船业聚集区，发展新船重工、黄海造船等十大重点企业，形成皂埠湾、龙眼湾等一条沿海造船工业带。而有关方面已起草制定了《威海市人民政府关于加快全市

船舶配套业发展的意见（征求意见稿）》。建议在此基础上，市委、市政府责成相关单位尽快完成船舶产业集群发展的规划编制工作，尤其要高度重视船舶配套工业的发展，制订切实可行的船舶配套工业发展规划，搞好造船规划岸线资源的合理配置，优先为船舶修造企业、配套企业留出足够的岸线和发展用地；鼓励船舶配套企业技术创新和新产品开发，积极引进国内外先进船用设备制造技术，运用高新技术和先进适用技术来改造和提升威海船舶配套产业；对新建和搬迁企业在地价、海域使用费地方收取部分以及基础设施配套费等方面给予优惠，全方位支持船舶产业的集群化发展。

（三）切实增强造船龙头企业综合竞争能力，提高造船产业集约化水平

进一步增强造船龙头企业的竞争力和带动力，是加快形成产业集群效应的前提和关键。应立足现有的造船工业资源，有针对性地引进国内外造船优势企业和先进生产经营模式，形成有效的造船产业内在竞争机制和发展动力，为实施积极产业集群化战略打下坚实的基础。鼓励有实力的企业通过收购和兼并使有限的行业资源得以科学重组和优化配置，着力培育和打造新船重工、黄海造船等几家具有核心竞争力的骨干企业。同时，积极借鉴国外经验，以主要专业厂为基础，设立主机、辅机、仪表等专业公司，集中财力、设备和人才搞专业化生产，培植国际知名品牌，尽可能减少无序竞争和重复建设。也就是说，要引导重点造船企业改变"大而全、小而全"的传统生产方式，积极推行现代造船模式，大力推广以船段生产为中心、"壳、舾、涂"一体化的生产管理模式，引导中小船舶企业加快产品结构调整，向运输船舶、工程船舶方向调整，提高产品的技术含量和附加值；鼓励龙头企业向现代化总装造船企业方向发展，早日实现社会化协作、专业化生产、规模化扩张。

（四）以产权为纽带，又好又快发展船舶配套工业

船舶配套工业竞争形势日益严峻，国外配套企业通过在我国境内设立分公司等形式，压缩我们的船用配套企业的发展空间。而努力提高本土化率，已经成为提升船舶工业综合竞争力的战略任务之一。应按照"多元化产权、专业化生产、社会化协作、本地化配套"的发展思路，可以先易后难，从投入较少的船舶管系产品、舾装产品入手，再到船用机电产品，逐步提升发展，重点发展船舶舾装设备、甲板机械、船用管三大产品系，巩固提高原有产品，引进开发一批新型产品，突破一批空白产品，建成具有一定规模、品种相对

齐全、营销网络相对完善的船舶配套工业体系。有关主管部门和相关行业协会应牵好头，抓住国外品牌厂家将生产基地向中国转移的机会，通过采取对外招商或招标方式等多种合作形式，把品牌产品、品牌技术和品牌服务引进来，这对迅速提升威海市船舶配套的层次是一种捷径。同时积极引进南方民营中小船舶配套企业来威海投资兴办船舶配套企业，特别是应重点攻关一些船舶配套中的"重量级"产品落户威海，形成示范带动效应。鼓励和引导市场竞争能力较弱的造船企业向船舶分段、设备模块和钢结构件建造等专业化配套方向发展，与重点骨干企业联姻，形成骨干带动、分工明确、利益共享的关联产业链。鼓励和推动一些势力强的龙头企业通过兼并或控股等形式，吸收有一定基础条件的中小造船企业与其合作生产，形成联合体，积极参与三大造修船业聚集区的建设与发展，同时将中间产品分离出去，交由具备资质的社会化协作单位和中小船舶配套企业生产，逐步建立以中间产品配套协作为特征的社会化生产组织体系，促进威海船舶配套产业体系不断充实、完善、提升。

（五）注重创新，加快转变发展方式

把自主创新重点放在引进—消化吸收—再创新上面，并突出抓好三方面工作。一是利用合资合作的形式，引进国外先进的设计制造技术和经营管理理念。在引进外资企业时，应选择那些愿意在船舶建造技术上与我方进行合作的公司，引进他们的先进造船技术，经过学习、借鉴、消化吸收和再创新，形成具有自主产权的新技术，逐步提升威海造船业的自主创新能力。二是为不断提高企业技术创新、管理创新能力，建议市政府设立支持重点产业技术开发专项资金，重点支持新船重工、黄海造船两大龙头造船企业及骨干配套企业进行技术创新体系建设，同时采取政府推动、龙头企业牵头等办法，组建综合科技研发中心，承担全市船舶及配套产品研发、认证等相关工作；鼓励黄海造船等有实力的企业成立技术研发中心，研发推出具有自主知识产权的配套产品。三是政府应加大研发投入，建立创新平台和服务体系。支持船舶企业加强与国内外大专院校、科研院所和国家两大造船集团的产学研联合，组建行业技术中心和联合研发平台，开发船舶高端产品，加快产品优化升级。可借鉴南方一些城市的做法，采取多元化投资方式，创办威海船舶设计院，提高威海市船舶设计开发竞争能力。发挥哈工大（威海）、山大（威海）等高校师资和科研力量优势，采用校企联合办学或社会力量办学等方式，开发和提升船舶设计、工艺研发能力，搭建人才培养平台，培养和输送大批高层

次专业技术人才和高技能的专业技术工人。

（六）进一步优化发展环境，加大政策扶持力度

积极落实今年 2 月 11 日国务院常务会议审议并原则通过的《船舶工业调整振兴规划》，在扶持企业技术中心、调整产业结构等方面重点向船舶配套企业和产品倾斜，支持船舶配套园区建设和中间产品生产企业、船用原材料加工配送中心入园发展。继续加大财政资金支持力度，切实落实《山东省建造中船舶抵押融资试行办法》，争取更多船舶企业取得船舶抵押融资资格，并优先安排船舶配套企业申报国债项目；对引进国外先进设备的船舶配套企业优先享受国家机电设备进口贴息政策；落实有关促进产学研合作的税收政策，对船舶配套企业用于研究开发的仪器和设备，符合国家规定条件的企业技术中心，承担国家重大科技专项、国家科技计划重点项目、国家重大技术装备研发项目、重大引进技术消化吸收再创新项目的船舶配套企业，进口国内不能生产的关键设备、原材料及零部件，严格执行国家减免税政策。引导商业金融机构支持船舶配套企业自主创新，对省级以上立项的船舶配套新技术项目优先提供信贷支持，力促船舶产业早上规模、上水平。

（作者单位：威海市国资委）

威海市农民专业合作社发展研究

李永玲

《农民专业合作社法》颁布实施后，威海的农民专业合作社得到迅速发展，有成绩和经验，也有问题和教训。为推动威海的专业合作社由起步阶段顺利进入其成长发展阶段，我们组成课题组，通过会议座谈、问卷调查、实地考察、文献查阅等方式，对威海农民专业合作社的发展状况进行了全面调查，并在对调查结果进行深入分析研究的基础上，形成了此报告。

一 威海市农民专业合作社发展现状及主要特点

自 2007 年 7 月开始登记注册以来，威海市农民专业合作社从无到有，快速发展，截至 2010 年 4 月底，全市登记注册的农民专业合作社共 815 家，包括果蔬类（358 家）、粮油种植类（159 家）、畜牧养殖类（136 家）、水产养殖类（50 家）、农机服务类（48 家）。其中，由龙头企业领办的占 10.6%，由村"两委"领办的占 19%，由农村"能人"领办的占 50.9%，由涉农部门领办的占 4.1%，由基层供销社领办的占 10.2%。入社农户达 2.8 万户，辐射带动 8 万多农户。总注册资金 2.44 亿元。

威海农民专业合作社的发展呈现出以下特点。

1. 发展速度较快

自 2007 年 7 月开始注册，当年成立 58 家，2008 年注册 181 家，2009 年注册 487 家。纵向看，威海合作社数量呈现加速度增长态势（见图 1）。

2. 分布领域广泛

目前威海农民专业合作社广泛分布于种植业、畜牧业、水产养殖业、农牧渔服务业等领域，涵盖了苹果、生姜、蟠桃、草莓、无花果、樱桃、菌菇

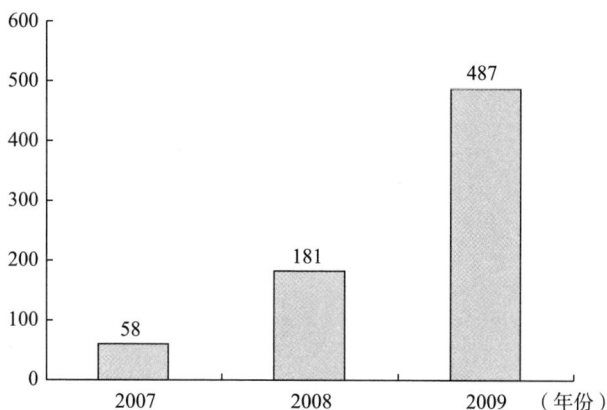

图1 合作社数量发展情况

等果蔬种植产业，花生、地瓜、西洋参、茶叶等粮经作物种植产业，猪、牛、鸡、貂、狐等畜禽养殖业，海参、虾蟹、鲆鲽等水产养殖业以及农机服务业。

3. 参与主体多元

参与威海合作社的主体除普通农民外，还有龙头企业、大型超市、科研院所、农技站所、基层供销社、村"两委"组织、购销大户、种养大户等。这些参与主体大多成为合作社的核心成员，在合作社发展中充当了重要角色，发挥了重要作用。如，家家悦超市入股成立了30多家合作社，文登市汇润果品有限公司牵头组建了5家合作社。

4. "能人"现象显著

农村中的村干部、购销大户、种养大户等"能人"大多头脑灵、见识广、懂经营、会管理，这些特质在威海农民专业合作社的兴办和现阶段的发展中得到了充分展示。从组建情况看，由农村"能人"领办的合作社数量占据威海农民专业合作社的"半壁江山"（50.9%）；从运作情况看，发展规模较大、发挥作用较好的合作社几乎都是借助种养大户、购销大户以及企业老板的个人能量。

二 威海市农民专业合作社发展中取得的成效及其有益做法

（一）发展成效

1. 解决了农产品"卖难"问题，增加了农民收入

农产品"卖难"、农民增收难是长期制约我国农业发展的瓶颈。从对威海

农村的调查看，农民专业合作社的发展为这一难题的解决找到了突破口。入社的农户，通过合作社的统一购销和技术指导，不但农产品顺利进入市场，而且收入有了明显增加。据估算，入社农户收入较未入社农户平均增加约10%。问卷调查结果显示，26.8%的社员表示入社后收入大幅增加，51.8%的社员表示收入有所增加。据荣成市的统计，2009年合作社成员人均大约增收1000多元。鲁优苹果专业合作社，2009年通过以合作社名义与客商谈判，使户均增收达1万元。

2. 提高了农产品质量区域化管理水平，增强了农产品市场竞争力

从目前的成效看，合作社已经成为威海农产品区域化管理的最有效载体。合作社通过统一生产标准、统一操作规程、统一产品质量标准、统一农资供应等形式，实现对农产品生产过程中的质量安全控制。一些合作社还建立了产品质量安全可追溯体系，积极打造自主品牌和开展系列认证。这些举措，不仅提高了威海的农产品质量安全水平，而且提高了农产品的市场竞争能力。

荣成市农民专业合作社已取得无公害食品认证7个、绿色食品认证4个、注册商标3个，有15家合作社的产品打入家乐福、家家悦等大型连锁超市。

荣成民兴生猪养殖专业合作社经过反复对比检验，分别与六家饲料公司、六家医药公司签订供货协议，并定期为生猪查体，建立体检档案，最终吸引了喜旺、龙大等国内肉制品加工企业高价上门订货。

3. 优化了农业产业结构，扩大了规模化经营范围

合作社的发展有效地促进了农业产业结构的调整。通过组织农户开展专业化生产，在一定的经济区域内形成了规模化经营，造就了乳山大姜、崂山草莓、藤家"三优富士"、埠柳石桥子花生、泊于无花果、宋村蔬菜、桥头"富桥"苹果等特色种植板块，带动了"一镇一业、一村一品"的快速发展。目前，荣成市通过合作社的带动示范作用，发展花生种植基地30万亩、水果基地12万亩。雨奕草莓合作社的发展带动了崂山草莓产业的迅猛扩张，两年间全街道草莓种植面积达4800多亩。人和果蔬合作社成立不到三年的时间，已发展规模化种植基地4000多亩。

4. 促进了新品种、新技术的推广，提升了农民生产技术水平

合作社改变了政府农技推广部门在分散农户多样化的技术需求面前无能为力的局面，为农业新技术、新品种的引进和推广注入了活力。很多农民合作社都根据自己的专业生产需要引进农业新技术，推广新品种，在新品种或

新技术的选择上也更符合农户的实际需求。在合作社有效实用的技术指导与培训中，农民的科技生产能力也得到了提高。

2009年荣成市通过合作社推广新品种、新技术50多个。由多个村联合创办的虎山农业种植专业合作社，争取到山东省花生良种区域试验的特权，将国内最优秀的30多个花生良种引入本地试验，依托专家总结出一套花生高产栽培技术在农户中推广，取得了增产增收的效果。

（二）有益做法

1. 依托优势产业和特色产品建立组织

调查发现，发展比较好、带动作用比较强的合作社主要集中在农业产业优势比较突出的草莓、苹果、无花果、扁桃、生姜、花生、养猪等种养领域。依托优势产业和特色产品组建农民专业合作社，是威海农民合作社发展的一大特色。

"乳山大姜"通过了国家地理标志证明商标认证，依托盛产大姜的优势，乳山形成了日晟大姜专业合作社、环宇生姜专业合作社等种植规模较大的合作社。"荣成花生"是威海注册最早的国家地理标志证明商标，由此在荣成境内及其周边地区形成了一大批以花生种植和加工为主的专业合作社。文登的气候特点和土质条件造就了高品质的西洋参，为改变多年受参贩子盘剥的局面，文登市引导参农成立了西洋参合作社。

2. 围绕农户基本需求开展服务活动

发展较好的合作社，都注重解决一家一户经营过程中办不了或办不好的事情，围绕着购买农业生产资料、贮运销售农副产品、指导培训生产技术等小农户的基本需求开展活动，从而激发了农民的参与兴趣。如，雨岙草莓合作社设立了农资商店，请农技部门测土配方，并将社员的草莓统一配送到家家悦的68家连锁店。即便是以收购农产品为主的龙头企业领办的合作社，如文登汇通果业合作社、乳山兴盛果蔬合作社等，也都为吸引农户而在主业范围外积极为社员统一购买农药，请农业技术人员为社员免费讲解种植技术。

3. 瞄准农业标准化进行经营管理

大多数农民专业合作社都是适应农业标准化生产的需要而成立的。多数合作社在运行过程中，都非常重视对生产过程的标准化管理，在农产品的原料供应、生产和销售各个环节严格把关，统一标准，并以利益机制促使内部成员共同遵守。

龙头企业、购销大户领办合作社，多是利用这一平台优势进行统一品种、统一技术、统一管理，以获得统一标准的生产原料，保证企业产品的知名度、美誉度。如，乳山兴盛果蔬农民专业合作社，果品80%以上远销泰国、俄罗斯、菲律宾等国，并正在积极拓展欧美市场。出于出口果品高品质的需要，该公司积极组建专业合作社，与社员签订产销合同，规定质量标准。

基层组织积极号召兴办合作社，也多出于实现标准化生产目标的需要。桥头镇目前已成立各类农民专业合作社110个，占全市总数的13.5%。据该镇分管领导介绍，号召办社的主要动因来自于争创生态文明镇的目标要求。

4. 各级政府积极助推

近年来，威海各级党委和政府把培育和发展农民专业合作社作为组织农民进入市场、提高农民收入和实现农业标准化生产的一项重要工作，在农民专业合作社的宣传发动、登记注册、财政补贴、税收减免等方面采取了一些得力措施。

为指导办社，有关部门印制了大量合作社登记文书、章程等示范样本。荣成市通过专家授课的形式对全市镇村干部及合作社理事长进行合作社知识培训。

2009年，威海市财政拨付100万元专项资金对优秀合作社进行奖励。荣成市设立300万元专项资金，重点对辐射力强、成长性好的合作社进行补贴。文登市对运作规范、服务功能强、带动作用大的农民专业合作社，给予5万~20万元的补助。

一些镇政府如桥头、育黎等，号召各村"两委"带头领办农民专业合作社。

三 威海市农民专业合作社发展中存在的主要问题

尽管威海农民专业合作社的发展取得了一定成效，但与全国大致相同，处于起步阶段的威海农民专业合作社发展中仍存在着一些亟待加强和改进的问题，归纳起来有以下几方面。

（一）思想认识方面

1. 一些干部对合作社的认识有待提高

（1）对合作社性质认识不清。调查问卷显示，有35.5%的干部把农民专业合作社看作是社区性集体经济组织。泛合作主义思想明显存在，不少干部把一些将农民集合起来、一次性买断其农产品的组织都视为合作社，把农民专业合作社与股份公司混为一谈。

（2）对合作社相关信息了解不多。虽然《农民专业合作社法》已颁布两年多，但调查数据显示，只有 53.5％ 的被调查干部明确知道我国已有关于农民专业合作社的立法。

（3）推动合作社发展的动机存在偏颇。一些基层政府和涉农部门参与或推动农民专业合作社，除了有造福一方的考虑外，更多的则是出于完成农业产业化、标准化、农产品质量安全区域化管理等工作目标考虑。村"两委"领办的合作社多是这种动因的产物。

（4）关注数量多于关注质量。谈及合作社的发展，不少干部对兴办数量方面的信息了解多，往往以合作社数量衡量工作成绩。一些干部主张先发动起来，使合作社"遍地开花"，再在市场经济中优胜劣汰。

2. 龙头企业、购销大户等领办者的动机值得关注

座谈考察中，龙头企业老板和购销大户身份的理事长，在言谈中都会流露出对合作社的高昂热情。但他们办社的目的多是希望通过合作社稳定其原料供应和扩大其"势力范围"，或者套取政府的税收优惠政策。座谈中，老板、大户理事长们最为强烈的要求就是为合作社减免税负。

3. 不少农民对合作社态度漠然

从合作社社员成分看，农民的确是专业合作社的主体，但大多数农民对合作社知之不多、兴趣不大、积极性不高，很大程度上给人以"被合作"之感。

（1）对合作社不了解。问卷调查表明，即使是入社的农民社员也有半数搞不清农民合作社到底是什么组织，非社员这一比例更是达 7 成多。

（2）对合作社参与热情不高。相当一部分农民的合作意识比较淡薄，参与合作社的目的主要是为了解决产品的销路和增加收入，往往视增收情况决定合作与否，"有利则合，无利则散"的观望态度较明显。民兴生猪养殖专业合作社，是运作规范、规模较大、实行二次返利的专业合作社，但理事长感到合作社目前面临的困难之一，就是社员的热情不高。

（二）政府作为方面

1. 管理体制不顺畅

目前在威海市农民专业合作社的发展中，农业、工商、财政、税务等部门都负有管理职能。表面看来分工明确，但由于缺乏牵头部门，各部门之间缺乏沟通协调，实际工作中存在各自为政的现象，没有形成工作合力。如，

农业部门作为合作社的指导监督者，却因不掌握合作社的数量、规模等登记注册的基本情况而导致工作被动；由于农业、财政等部门之间没有建立起良好的协调合作机制，掌握信息的部门参与权不足，影响了扶持对象的准确选择。

2. 指导管理工作有待加强

管理缺位与越位现象都有存在。有关部门在指导农民如何建立合作社方面做了大量工作，但对合作社建立后如何规范运作指导较少，对合作社的财务包括扶持资金的使用等情况监督管理少。个别基层政府要求合作社的账目要像村账一样拿到镇上统一管理，即所谓"社账镇管"。一些基层政府指令性地要求村"两委"领办合作社，导致一些村干部出于政治责任而领办。显然这些做法不符合专业合作社的民办原则。

3. 扶持工作有待改进

（1）扶持力度亟待加大和统一。浙江台州温岭，一个县级市，2005年就安排250万元资金，支持合作社核心示范生产基地建设；山东临沂市在2006年、2007年就分别拿出200万和280万元对先进农民专业合作社进行表彰奖励。相比之下，威海市自2009年起市级财政每年安排100万元专项资金的扶持力度显然偏低。

此外，各市区合作社税负不一致。多数市区对农民专业合作社实行了免税政策，部分市区按普通企业标准向合作社收税。一些市区对合作社变更公告尚未实行免费，仍按照普通法人收取500元公告费。

（2）扶持政策的透明度与执行力有待增强。很多农民专业合作社对政府扶持合作社的政策不了解。财政补贴操作程序不够公开透明。部分市区扶持资金不能按时足额发放到位，没有按要求进行资金配套；个别基层政府甚至将市级财政的扶持资金截留挪用。

（三）合作社自身建设方面

与全国农民专业合作社发展现状相似，威海农民专业合作社中有相当一部分（保守估计约60%）是为享受优惠政策而成立的"翻牌社"或因不懂经营而闲置的"空壳社"。另外30%~40%的合作社，或多或少有业务活动及合作关系，但在自身建设上也存在以下几方面问题。

1. 产权不清

农民专业合作社作为经济组织，产权清晰是必要条件。目前威海农民专业合作社中，产权不清的问题普遍存在。

（1）龙头企业、购销大户领办的合作社，几乎都是企业或购销大户通过合同与单个成员之间建立起一次性买卖关系。所谓社员，实际上只是其固定客户，合作社成为其控制农产品货源的牟利工具。企业法人与合作社法人合二为一，实际运作模式仍是"公司＋农户"式。合作社营业执照中也有资产、办公场所等，但其实际所有权都是龙头企业或购销大户的，合作社只是停留在合同上，有人形象地称之为"皮包合作社"。

（2）基层供销社领办的农民专业合作社，"新社"与"老社"没有划分资产。尽管供销社系统高姿态地表示，"老社"资产免费供"新社"使用，老社人员免费为"新社"工作；但财产关系不清，后患很多，不利于合作社的长远发展。

（3）村"两委"领办的农民专业合作社，基本上都是"一套班子、三块牌子"的组织模式，合作社与村委会的办公场所、财务账目也是合二为一的，目前看合作社占了村集体经济及其他非社员的便宜，长远看合作社自身难以形成自己的资产。

2. 缺乏民主管理

民主管理是农民专业合作社组织治理的核心所在。目前威海市农民专业合作社，从"上墙"的制度上看，理事会、监事会等机构都存在，章程中的社员大会表决等民主程序也应有尽有。但从实际运作看，民主管理、民主决策制度流于形式，"一人一票"形同虚设，"一股独大"现象严重。

3. 利益机制不健全

威海市农民专业合作社目前农民社员与合作社利益联系不紧密，基本都没有形成真正的利益共同体。尽管合作社章程中都有利益分配规定，但实际运作中多未得到真正执行。在龙头企业、购销大户领办的合作社中，交易方式是"买断""卖断"式，企业或大户基本不向农户返还加工、销售环节的利益，二者之间仅仅结成了产业共同体，却远没有成为利益共同体。

4. 资源匮乏

（1）缺少人才。主要管理者基本上是由合作社内部人员担任，其文化程度、知识水平、经营管理能力相对较低。

（2）缺少资金。不少合作社在扩建基地、开展培训、引进新技术和购置设备等方面面临资金短缺问题，而由于缺乏有效的抵押物，又无法贷款。民兴生猪养殖专业合作社的养猪试验基地因资金缺口300多万元而无法进一步发展。

四 推进威海市农民专业合作社健康快速 发展的对策建议

（一）理顺领导体制，加强对合作社的指导管理

成立专门领导小组，由市委主要领导担任组长，农业、畜牧、海洋水产、农机、供销社、财政、税务、工商等部门为成员，对发展农民专业合作社工作予以统筹、协调和指导。

在充分调查研究的基础上，尽快出台《威海市农民专业合作社健康快速发展指导意见》，明确农业部门为农民专业合作社的行政主管机关的地位及其他有关部门的职责，使之既彼此独立、又相互协调。

建立农民专业合作社备案制，规定申报合作社要先经农业部门审查把关并进行备案，然后由工商部门审核登记。

明确财政扶持资金发放工作的职责，确定由农业部门负责制定扶持方案、筛选扶持对象，财政部门负责扶持资金的审批和监管。

（二）建立指导推进制度，有计划有步骤地推动合作社发展

合作社的发展不可能一蹴而就，党委、政府应将发展农民专业合作社工作纳入国民经济与社会发展总体规划，适时制定扶持农民专业合作社的专项规划，实行目标推进。

确定总体思路：要以科学发展观为指导，以提高农民组织化程度和农产品质量安全区域化管理水平、促进农民增收和农村经济全面发展为目标，坚持"民办、民管、民受益"原则，遵循经济规律，依托优势产业，按照"因地制宜、多元创办、政府扶持、市场运作"的思路，积极培育、加快发展农民专业合作社。

制定发展目标：用三年的时间开展"农民专业合作社示范社"建设活动。力争全市果蔬、优质粮油、畜牧养殖、水产养殖等主导产业普遍建立功能完善、上下贯通的农民专业合作社体系，引导30%以上的农户加入农民专业合作社，培植一批特色优势明显、规模实力较强、利益联结紧密、运作机制规范的示范性合作社。并逐步引导合作社以产业为依托、以市场为导向、以品牌为纽带、以产权重组为核心，建立区域性联合组织，实现优势互补、资源共享，做大做强。

建议从 2010 年开始，将农民专业合作社发展情况列入全市农业农村工作考核内容，对促进农民专业合作社持续健康发展做出突出成绩的单位和个人进行表彰奖励。

（三）加大扶持力度，为合作社发展提供良好政策环境

扶持农民合作社也是国际通行的做法。借鉴先进地区经验，应在以下方面下功夫。

1. 加大财政扶持力度

近几年，市级财政安排的专项资金可在 100 万元的基础上逐年增加。扶持资金主要用于开展信息、培训、农产品质量标准与认证、农业生产基础设施建设、市场营销和技术推广等服务，扶持方式要在"以奖代补"的基础上，探索政府直接提供服务、购买服务、项目建设直接补贴等方式，各级政府的农技推广、农业标准化等建设项目，要向农民专业合作社倾斜。同时，有关部门要严格规定扶持资金的用途并对扶持资金的使用情况加以监管，防止被挤占挪用或侵吞。从长远看，政府应当减少专门针对支援农民专业合作社的资金，而是更多地将农民专业合作社作为一个主要载体平等分享财政支出中用于支援农村生产的各项支出。

2. 落实税收优惠政策

切实落实合作社减免税政策，明确免征税项及减扣额度，统一全市的合作社纳税标准。同时在国家政策范围内，探索制定更多税负优惠措施。还要严格审核合作社的纳税范围，严肃查处以合作社名义偷税漏税的企业或个人。

3. 加大信贷支持

建议把农民专业合作社纳入中小企业担保公司的担保范畴，或组建以合作社为主要服务对象的农业信用担保公司；借鉴重庆经验，通过财政扶持引导，企业投资、社会集资等多渠道建立农民专业合作社的担保机制；实施农民专业合作社的贷款贴息制度，担保和贴息手段两者结合，有效缓解农民专业合作社的融资困难问题。

4. 加强人才支持

要允许科研人员和农技推广人员通过技术入股、技术承包或到农民专业合作社兼职、挂职等形式参与兴办合作社。允许农民专业合作社成员按贡献大小取得相应的报酬；以技术入股加入合作组织的，允许按规定的比例分红。采取代管档案、代缴社会保险等措施鼓励大中专毕业生到农民专业合作社工作。

（四）加大普及宣传力度，营造全社会参与合作社的氛围

起步阶段的合作社事业要走向发展，需要得到全社会的关注和重视。政府应积极推动合作社启蒙教育，在全市上下形成参与、支持农民专业合作社发展的良好舆论氛围。

1. 强化教育培训

要充分利用报纸、广播、电视、网络等各种媒体宣传合作社的政策法规及合作社典型事例。要编制和印发简明实用、通俗易懂的合作社普及读物。要利用党校、职业教育学院、农广校等教育资源，对农口干部和基层干部、农民专业合作社的理事长和管理骨干、农民社员和非社员进行分期分批培训。

2. 打造交流平台

要引导现有的各级农民专业合作社联合会积极开展活动、发挥作用；同时也要积极推动成立同专业合作社的联合会；还要充分利用信息化手段，建立全市农民专业合作社网站，加强各合作社之间的交流，推介合作社的产品，发布相关政策和市场信息。

3. 发起志愿行动

合作社是志愿者的事业。合作社的发展，需要一大批志愿者参与其中。要动员和网罗一批热心合作社事业的政府官员、专家学者和媒体记者，组成一支甘为农民专业合作社奉献才智和精力的志愿者队伍，为农民专业合作社呼吁宣传、出力献策。对贡献突出的志愿者要进行表彰奖励。

（五）处理好六种关系，促进合作社规范运行

坚持以农民为主体，充分体现"民办、民管、民受益"的要求，是农民专业合作社健康发展的关键。鉴于此，在推进合作社发展中要注意处理好几个关系：

1. 政府与农民专业合作社的关系

从国际经验看，政府应该成为农民合作社发展的"第一推动力"。基于农民专业合作社所从事的农业产业的弱质性以及农民合作社在协助政府实现社会发展目标中的重要作用，政府理应把农民合作社当作特殊组织予以扶持。但政府的支持和帮助应当以不干扰合作社的制度规范和实际运行为基本前提。不管基于何种产业目标和良好愿望，任何对农民合作组织发展过程的直接行政介入都是不可取的。政府要号召而不强迫、扶持而不干预、指导而不包办，否则，会导致合作社对政府的过分依赖，进而丧失其"民办、民管"性质，

成为官办机构。

2. 村委会与农民专业合作社的关系

村委会是农民专业合作社发展可以依赖的重要资源，但农民专业合作社与村委会不应是完全重合的组织。村委会作为村民自治组织，合作社作为独立法人实体，在产权关系方面，应十分明晰。村集体组织财产归全体村民所有，而合作社作为自愿组织，其社员未必包括所有村民，因此合作社不应占用村集体的资产、人力、办公场所等。领导班子的配备也不应完全重合。合作组织的理事会、监事会等有关负责人，应按合作社章程，民主选举产生，不应由村书记或村委主任直接担任。

3. 龙头企业与农民专业合作社的关系

龙头企业领办的合作社，在帮助农户销售产品、带动农业结构调整及农民增收方面作用巨大。但企业与农户之间存在着利益矛盾。当前要对合作社的治理结构进行改造，既要防止资本操纵，又要有利于提高决策效率，达到兼顾农民利益和龙头企业积极性的目的。可以允许领办合作社的龙头企业根据出资额等获取附加表决权，但要对附加表决权进行限制，防止龙头企业凌驾于合作社之上，取代民主机制，操控一般农户成员。

从长远看，为了使农民利益得到有效保护，要引导农民或合作社成为农业产业链三个环节的投资主体，通过发挥合作社的筹资功能直接投资发展加工企业，或者采取购买股权的办法，使合作社的社员成为公司的股东，逐步控制现有的加工企业，从而形成"合作社办（控制）公司"或"合作社＋公司"的形式。

4. 专业大户与农民专业合作社的关系

专业大户领办合作社，可以使农民与市场产生联动，值得鼓励提倡。但应坚决杜绝一股独大、缺乏民主管理的现象，确保农民的利益。内部管理上，要体现出大户与一般社员的平等关系，关键问题是建立合理的股权结构。在产权关系上，要充分培育和调动社员参股的积极性。可借鉴台州市经验，明确规定：无论是法人社员还是自然人社员，单个社员的股金不得超过股金总数的20％。逐步引导合作社多数成员积极参股，通过稀释股权，使股权结构趋于合理，体现合作制原则的要求。同时政府在安排扶持资金项目时，也优先扶持股权结构达到规范要求的农民合作社。

5. 涉农部门与农民专业合作社的关系

涉农部门发挥其技术、政策、设施优势，带头发动农民组建专业合作社，既可使农民从中受益，也可解决自身的艰难处境，实属双赢之举。涉农部门要积极以技术作价参股组织专业合作社，但二者的产权关系应该界定清晰。涉农部门应是合作社的团体会员，应遵守合作社章程，按平等、互助的合作制原则行事，体现以农民为主体的性质。在利益分配上，可将按劳分红与按股分红有机结合，兼顾农民的利益与科技人员的积极性。

6. 基层供销社与农民专业合作社的关系

供销社与农民有着天然的联系，其投身于农民专业合作社事业，既是合作社发展的需要，也是自身改革的需要。供销社应抓住当前发展农民专业合作社的机会，实现"华丽转身"。基层供销社在领办农民专业合作社中，必须理顺财产关系。供销社与自己领办的专业社，在资产和人事上虽然有着千丝万缕的联系，但二者应是独立承担民事责任的不同的经济法人。新社不能与老社"混汤"，否则农民会不感兴趣。站在农民的角度看，新社不能替老社背债务；站在供销社的角度看，新社不能占老社的便宜。新社占用老社的资产，老社要折股或收租赁费。

（作者单位：中共威海市委党校　课题组成员：邢鲁勇
唐修娟　孙　洁）

威海市高层次人才数字资源服务体系建设研究

赵熙波

1 本课题的意义

威海市委、市政府《关于加快"三区"建设提高自主创新能力的实施意见》（威发〔2008〕11 号）第 18 条指出，要加强科研共享平台建设。市政府与驻威高校共建科技电子图书馆，为高层次人才查询资料、科研阅读、专利检索、成果查新等提供免费服务。充分发挥政府与高校、企事业单位共建的现有技术创新平台的作用，为产学研结合提供优质服务。

哈尔滨工业大学（威海）、山东大学（威海）、威海职业学院响应市政府的号召，相继向社会部分开放了图书馆。鉴于图书馆的具体情况，三所高校对开放群体进行了限定，主要服务对象限于少部分高新技术企业、政府部门和事业单位，取得了良好的效果。

目前，威海市共有享受国务院颁发的政府特殊津贴、山东省有突出贡献的中青年专家、威海市有突出贡献的中青年专家等各类高层次人才（以下简称高层次人才）127 人，博士后科研工作企业 13 个，分别分布在工厂、高科技企业、机关、科研院所、教育、文化、医药卫生、新闻媒体等部门。他们为威海市的经济建设做出了突出贡献。随着威海市经济的发展、高新技术企业的增多，高层次人才也越来越多，他们对信息的需求也越来越迫切。威海仅有的两个公共信息服务机构——市图书馆和市科技情报研究所，不能满足高层次人才的信息需求。

威海市高层次人才电子图书资源服务体系建设的宗旨是以哈尔滨工业大学（威海）图书馆的电子资源和设备为依托，为威海市高层次人才搭建电子资源使用平台，以解决地方公共信息服务体系，尤其是电子图书资源相对匮乏和薄弱的局面。这一项目的实施既体现了威海市委、市政府以及威海市相关部门对威海市高层次人才的关心、支持，对地方经济繁荣和社会发展的重视和关注，同时也是高校图书馆延伸其服务职能，勇于承担社会责任的体现。威海市高层次人才电子图书资源服务体系的建立，可以系统、完整、持续、有效地为威海的高层次人才提供信息支持，还可辐射周边地区，为半岛经济的繁荣和发展做出贡献。

2　实施内容

2.1　威海市高层次人才信息库的建立

威海市共有享受国务院颁发的政府特殊津贴、山东省有突出贡献的中青年专家、威海市有突出贡献的中青年专家等各类高层次人才 127 人，博士后科研工作企业 13 家，分别分布在工厂、高科技企业、机关、科研院所、教育、文化、医药卫生、新闻媒体等部门。本课题通过走访和调查研究，首先对威海市所有高层次人才的基本情况进行汇总，并建立了专家信息库。

2.2　威海市高层次人才专业学科群的建立

为了有的放矢地对威海市高层次人才提供服务，在深入了解各类专家基本信息的前提下，对其专业学科背景及所从事领域进行分门别类的研究也是十分必要的。可以使提供的平台资源更加具有针对性和有效性，这样既降低了专家的无效检索次数，从而节约查询资料的时间，同时也大大提高了资源的利用率。经过汇总，按照《中国图书馆分类法》（第四版）标准划分，威海市现有高层次人才的专业学科背景涵盖中图法 22 个一级类目中的 13 个以及 16 个二级类目中的 8 个，覆盖量超过了所有知识门类的一半。由此看出威海市的科研、产业、开发的领域正越来越广，为这些领域的高层次人才提供强有力的文献资源支持是十分迫切和必要的。

2.3　资源遴选

依据上述威海市高层次人才专业学科背景及其所从事的领域以及哈尔滨工业大学（威海）图书馆现有电子资源的情况，经过遴选，该平台一期开放资源如下：

American Physical Society、EI Compendex Web、Elsevier Science 学术期刊、IEEE/IEE Digital Library、Springer LINK 全文期刊、万方系列数据库、中国期刊网系列数据库（CNKI）、中文科技期刊数据库（维普）、读秀知识库共 9 个数据库。上述资源覆盖威海市现有高层次人才的所有专业背景，资源类型以时效性最强的中外权威科技与学术电子期刊为主，此外还包括会议论文、科技成果、学位论文、中国标准、统计年鉴、图书等。上述资源均是科研院所和高校师生教学和科研中不可或缺的常用和必备资源。按文献加工方式来分，以一次文献的全文为主，同时有文摘等二次文献。

2.4 平台测试、发布

经过对先期物理位置、网络环境有代表性的部分用户的试用反馈，该资源平台于 2010 年 5 月 15 日正式发布使用。

2.5 课题预期衍生成果

通过对该课题的研究和实施，我们发现高校图书馆服务地方的模式是可行的和必要的。这不仅为地方解决了资源不足的问题，在促进产学研结合、科技成果转化的过程中，图书馆必将而且能够起到举足轻重的桥梁和纽带作用。作为该课题的总结和反思，论文《高校图书馆服务地方的模式研究》正在酝酿当中。随着中共威海市委、市政府对高层次人才越来越重视，相信会有越来越多的科研成果诞生。科技专利和成果查新也是科研工作中的一个重要环节，依托哈尔滨工业大学总校图书馆的"教育部科技查新站"已递交教育部科技成果审批中心，目前正在进行材料和资质审批中。该查新站申请成功将极大方便威海市科研人员的科技专利和成果查新工作。

3 服务体系现存的问题及原因分析

3.1 系统访问速度慢

根据用户反馈意见，反映最普遍的问题是"系统响应时间长""访问速度慢"。而访问速度是由当前的用户数、使用的业务类型（教育网业务或公网业务）、访问的资源共同决定的。

其首要原因是网络问题。（1）网络间数据转换慢。本校校外访问系统所在的服务器地址属于教育网，而校外用户则以公网用户居多，由于业务类型不同，网络之间的数据通信必须通过教育网与公网的互联线路实现，严重影响了访问速度。（2）校内出口带宽窄。由于校外访问系统的服务器地址属于教育网，本校教育网出口带宽为 100MB/S，且带宽共享，特别是在高峰期间晚上 7：00 ~ 10：00，并发用户数增多，带宽分配较少，网络延迟高，吞吐量低，同样也造成了网络访问速度变慢。（3）用户端网络带宽更是瓶颈问题。现阶段住宅小区主要采取了两种宽带接入技术：FTTB + LAN（光纤到大楼 + 局域网）和 ADSL，FTTB 即网络服务商采用光纤接入到楼（FTTB）或小区（FTTZ），再通过双绞线（超五类双绞线或 4 对非屏蔽双绞线）到各个用户，整幢楼或小区共享带宽，真正实现了千兆到小区、百兆到家庭，但是由于共享带宽，住户实际可得带宽受并发用户数限制。例如，当并发用户数量较多时，带宽就会造成瓶颈，网络延迟增高，访问速度变慢。ADSL 即非对称数字线技术，是一种标准化调制解调技术，利用现有电话线路（铜双绞线）通过数字信号处理技术提供高速宽带数据传输服务的技术，理论上提供上行最高 1MB/S、下行最高 8MB/S 的带宽，但实际带宽仅为上行 512KB/S、下行 2MB/S。

其次是设备。运行系统的服务器同时也提供其他服务，当其他服务访问人数增加时，校外访问的服务也相应受限。

最后是软件。系统目前尚属免费软件，性能不是很稳定，而且是采用代理模式，当并发用户数量增多时，访问速度会受到严重影响，因此，该软件运行策略仍需改进，后期维护仍需加强。

3.2 可访问资源有限

哈尔滨工业大学（威海）图书馆目前拥有数字资源 56 种，其中中文 30 种，外文 26 种。此外，每年还试用中外文数字资源数十次。然而囿于访问速度、软件本身以及资源类型的限制，例如，现行校外访问系统有些资源不能配置（如超星电子图书），有些资源配置复杂（如维普），图书馆校外访问系统目前仅配置了 9 种数字资源，即 5 种外文，4 种中文，占本馆数字资源总数的 16.07%。

3.3 整体利用率偏低

根据校外访问系统的监测数据显示，21 位用户在 26 个 IP 地址、1069 个时间节点上使用各类数字资源，而系统内高层次人员共 127 人，使用资源的人数仅为 20%，所占人员总数的比例非常低。但数据也同时显示（如图 1），使用频次较高的人员相对集中，而且与频次低的人数悬殊。其中中文资源利用率比较高,最高的是万方系列数据库,访问高达 503 人次;其次是中国期刊网系列数据库,访问量为 309 人次。西文资源的利用则相对低些,但 Elsevier Science 学术期刊的访问量也达到了 101 人次,而作为电子电气类最具影响力的 IEEE 却至今无人访问。从人员单位上分析,相关专业的人员比重却不占少数,约占 5%,在 19 种总体专业排名居第 7 位。

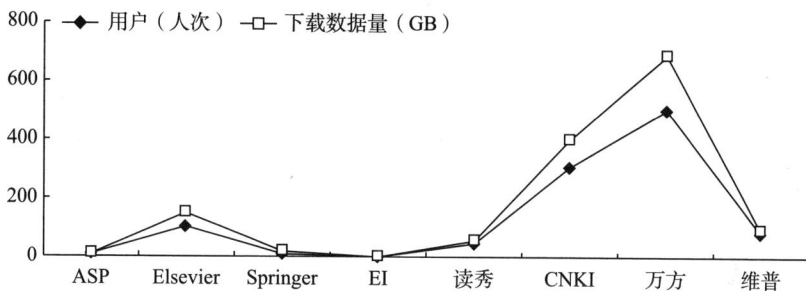

图 1 数字资源使用分布

究其原因,一方面由于网络、系统本身的欠缺,受其限制,我们的服务对象目前仅限于具有专家称号和博士后科研工作站使用,这些只占全市高层次人才和科技人员总量的一少部分,大部分高层次人才受资源和网络系统因素影响无法共享电子图书资源。还有一个不容忽视的方面就是培训力度不够,一些高层次人员习惯于用纸质文献,很少接触网络,尤其是西方数字资源;并且国外资源在页面布局、检索功能、使用方式上等都与国内数字资源有着极大的区别,对国内用户造成极大的困扰。

4 改善服务体系的措施

4.1 提高访问速度

4.1.1 重构校外访问系统的网络体系

图书馆将对校外访问服务建立双通道出口,即教育网出口和网通公网出口,可由用户根据所使用网络情况,自主选择网络通道,以最佳的速度进行使用,其工作原理如图 2。

4.1.2 租用网通专用通道

从用户层面的网络角度,无论是 FTTB + LAN 方式和还是 ADSL 方式,均是无法改造的。图书馆只能从自身网络状况加以调节,经与网通公司联系,可以租用 100M 光纤独享线路,让校外访问服务独享,提高网络出口速度。

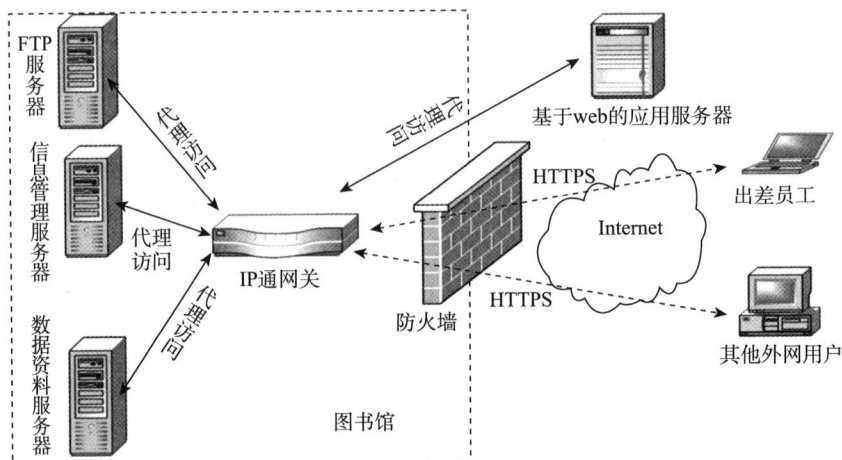

图 2　网络拓扑图

4.1.3　选择合适的软件

（1）校外访问方式

目前校外访问方式有两种：一是代理服务器方式，是在具有校园网 IP 的服务器上运行代理服务软件，校外用户与代理服务器之间建立连接，然后通过代理服务器获取所需校园网内电子资源数据，再由代理服务器将数据传给校外用户。二是 VPN 方式，是指在公用网络中建立专用的数据通信网络的技术，即利用公用线路来实现任意两个节点之间的安全专有连接技术，能够让移动用户、远程用户或分支机构安全地接入到内部网络。VPN 主流应用技术分为两种：IPSec VPN 和 SSL VPN。

（2）国内外产品

基于图书馆校外代理访问的特殊需求，国内众多厂家推出了多种校外访问系统。具有代表性的产品主要有北京英富森信息技术有限公司的 IRAS、铭寰科技的 IP 通和上海半坡技术公司的 RasDL 电子资源远程访问系统；国外也有较多校外远程访问系统，其中最具代表性的是 EZproxy 校外远程访问系统。根据考察，建议选用 IP 通产品。

4.2　追加数字资源数量

目前高层次人员所涉及的有 41 种专业、19 种学科类目，而校外访问系统开通的除 IEEE 是电子电气专业的数字资源外，其余 8 种数字资源均为综合性的，仅能满足用户的基本需求。图书馆在网络及软件允许的条件下，将配置更多的资源，同时，也推介相关学科的网络资源，起到导航的作用。

4.3 开展系统培训工作

通过对使用情况及用户咨询情况的统计分析，部分用户虽然有大量和迫切的各类信息资源的需求，但由于受年龄、专业背景、个人习惯以及对计算机和网络熟练程度等的影响，极大地制约了对资源的有效利用。因此，下一阶段，哈尔滨工业大学（威海）图书馆将根据用户需求有计划地深入用户单位进行用户培训及其他技术支持，以期用户最大限度地受益，资源最大限度地发挥其价值。

表 1 高层次人员学科分布

序号	专业	学科类目	百分比
1	中医、中医骨伤、医学	R	23%
2	新闻、教研	G	14%
3	化工、橡胶工艺、碳纤维研究	TQ	11%
4	机械制造、医疗器械、曲轴研发	TH	8%
5	轻工工业、造纸、食品加工、服装制造、纺织	TS	8%
6	农业、水产	S	6%
7	电气电子、仪表研发	TM	5%
8	经济管理、经济研究	F	4%
9	石材开发、建设工程、工程质量监管、水务管理、园林建设	TU	4%
10	工艺美术、作曲	J	3%
11	航空地面设备制造	V	3%
12	文学创作、作词	I	2%
13	船舶制造、汽车制造	U	2%
14	金属矿业	TD	2%
15	电子、无线电	TN	2%
16	历史研究	E	1%
17	水文监测	P	1%
18	生物	Q	1%
19	软件开发	TP	1%

4.4 提供合理配套经费

图书馆已经开通的 9 种数字资源共需经费 357 万元/年，为确保"威海市

高层次人才电子图书资源服务体系"顺利运行，应该增加投入（见表2）

表2 后期经费预算

项目	费用（万元）	用途
网络扩容	6/年	租用网通专用线路，5000元/月，价格可与网通公司协商
服务器	5	单独运行校外访问系统
软件	8	校外访问系统
培训	10	笔记本、投影仪、教材以及其他费用
合计		39

（作者单位：威海市人力资源和社会保障局　课题组成员：王君秋　高　芳）

蓝色经济区建设视角中威海旅游
产业转型升级研究

——以国际休闲帆船之都建设为例

左　峰

为积极推进威海蓝色经济区和高端产业聚集区建设，按照中共威海市委、市政府关于打造威海蓝色经济区和建设威海高端产业聚集区的实施意见，根据培育六大海洋优势产业基地的战略部署，我们就如何打造威海市滨海旅游休闲度假基地、推动旅游产业由观光型向休闲度假型的转型升级进行了专门研究。世界上85%的休闲城市是海湾城市，在西方滨海旅游发达国家，凡是有海湾的地方就可以看到游艇和帆船，桅杆成为一个国家和城市高端滨海休闲的重要标志，也是衡量一个海湾城市休闲产业发达与否的重要标志。我们认为，休闲帆船经济是海洋经济和滨海高档休闲产业的重要组成部分，是发展蓝色经济的现实需要，符合威海城市发展定位，能够凸显威海的资源优势和特色，对促进威海市滨海旅游休闲产业转型升级具有十分重要的意义。

一　帆船及帆船运动简介

（一）帆船运动简介

现代帆船大致分为竞技类和休闲类。竞技类要求的是速度，大多是单体帆船，操控技术要求高，需要建设码头泊位；休闲帆船讲究的是安全舒适度，主要以双体帆船为主，不需要建设码头，由沙滩直接入海，具有成本低、无污染、参与性较强等显著特点，是以休闲运动为主。它是集健身、娱乐、开发智力、培养意志为一体的运动，因而备受人们青睐。帆船界专家认为，帆船运动是继赛车、高尔夫球运动之后更为高层次的时尚休闲运动，被誉为"水上高尔夫"。这项运动不耗能源，没有公害，可使参与者受到身心锻炼，合乎社会文化高度发展、人类回归自然这一趋势。

帆船起源于欧洲荷兰，早在公元前 70 年，帆船就作为一种比赛项目，记载于古罗马诗人维吉尔叙事诗《埃涅阿斯纪》中。18 世纪，帆船俱乐部和帆船协会相继诞生，正式拉开了帆船竞赛的序幕。1896 年第一届现代奥运会上，帆船比赛就被列为正式比赛项目。1907 年，世界第一个国际帆船组织——国际帆船联合会正式成立，包含 122 个会员国（或地区），管辖 81 个帆船级别。帆船运动进入了一个快速、规范发展的时代。

帆船比赛是体育比赛中最美的一项运动。历史最悠久的"美洲杯"帆船赛与奥运会、世界杯足球赛、F1 赛车一道被誉为"世界范围内影响最大的四大传统体育赛事"，也是世界上赞助金额最高的比赛之一。

（二）休闲帆船

休闲帆船是人们在闲暇的时间开展的一项兴趣爱好运动，驾驶帆船是一种张弛型的休闲方式。在这个过程中，人们通过与海、阳光的亲密接触，融入大自然中，身心完全放松，达到休闲放松的目的。

滨海旅游是依靠海岸线发展起来的一种旅游业，内容丰富，开发潜力巨大，是未来世界旅游业持续发展的重要方面。现代滨海旅游一般是依靠当地城市的发展和优越的自然条件发展起来，而休闲帆船作为赛车、高尔夫球运动之后发展起来的休闲运动，正是滨海旅游的一项重要发展内容。

随着经济的发展和人们保健意识的增强，休闲体育成为备受人们青睐的体育形式。因此，滨海休闲体育旅游越来越受到人们的欢迎。而休闲帆船安全舒适，将健身、娱乐、开发智力、培养意志融为一体，深受人们喜爱。纵观当今世界，休闲帆船一般是以优美的海滩风景、优质的沙滩和海水资源为基础发展起来的。

二 把威海打造成"国际休闲帆船之都"意义重大

（一）发展休闲帆船能够成为威海蓝色经济区建设的新亮点

胡锦涛总书记 2009 年 4 月在视察山东时强调指出："要大力发展海洋经济，科学开发海洋资源，培育海洋优势产业，打造山东半岛蓝色经济区。"威海市作为山东半岛蓝色经济区的一个重要城市，对蓝色经济区的建设起着非常重要的作用。对于威海而言，发展海洋经济，深度推进蓝色经济更是在新一轮竞争中抢占发展先机、谋求新飞跃的一次重大机遇，是谋求在全省乃至全国发展大局中更加有利地位的重要战略平台。威海市若要在蓝色经济发展中拔得头筹，就必须先行一步，利用优越的海滨资源优势，深度发展海洋经济，加快培育海洋优势产业。中共威海市委、市政府在《关于打造威海蓝色经济区的实施意见》中确定威海在山东半岛蓝色经济区中的定位之一是：滨海旅游休闲度假等产业的领军城市。

休闲帆船运动在威海市的出现，不仅仅是填补了中国体育史上的空白，更是在21世纪是海洋世纪这一大趋势下的必然产物，是合理开发利用海洋资源的充分体现。为此，我们提出"以休闲帆船为主体，以海水热疗和海滨旅游度假为重要辅助载体和依托的一体二辅发展模式"。我们认为，"休闲帆船、海水热疗和海滨旅游度假"三位一体建设这种新兴综合旅游产品，不仅具有有力的海洋产业经济理论支撑，也是落实蓝色经济区建设指示精神的一项具体实践，起点高，见效快，收益好；不仅是在蓝色经济区建设中占领有利地位的砝码，也是对蓝色经济的深化，更是威海蓝色经济区建设结出的能够集中体现威海特色、在山东乃至全国能占有一席之地的一颗硕果，从而能够成为威海蓝色经济区建设的新亮点。

（二）发展休闲帆船符合城市定位，能够成为威海发展新引擎

威海以海为最大特色，面向海洋，开发海洋，靠海吃海，是威海经济发展的潜力所在、希望所在，也是机遇所在。依托自然与资源优势，发展海洋产业是全市经济发展的重头戏。休闲帆船作为海洋产业的组成部分，将其做大做强，完全符合城市发展定位。根据经济发展阶段有关理论，威海正处于第三产业快速发展的关键时期。从威海的自然资源禀赋、地理位置等各方面综合条件以及未来发展的大趋势来看，都应该加快发展第三产业。旅游业作为第三产业的重点，是现代服务业的重要组成部分，对文化交流、生态文明和人的全面发展都具有明显的促进作用，能够促进经济社会协调发展。更何况，旅游业综合性强、关联度大、产业链长，能够影响、带动和促进与之相关联的110个行业发展。据世界旅游组织测算，旅游收入每增加1元，可带动相关行业增收4.3元。目前，我国人均GDP已经达到3000美元，这是世界旅游界公认的旅游业爆发性增长阶段。而威海2009年人均GDP已经超过7000美元，旅游业发展潜力还没有被充分挖掘出来，发展空间巨大。在这种

背景下，如果威海能够率先发展起休闲帆船运动，无疑是威海旅游业的一个新亮点，而且由休闲帆船运动会形成休闲旅游度假一体化发展格局，从而形成一个新的产业链条，必将成为威海社会经济发展的新引擎。

威海市拥有海岸线长达近千公里，占全省 1/3，大大小小 30 多个海湾，具有良好的海滩资源，休闲帆船市场潜力巨大。据保守估计，威海市远景可发展约 5000 艘帆船，每年可直接增加旅游业收入 3 亿 ~ 5 亿元。

（三）发展休闲帆船能够提升城市经营水平，成为威海城市新名片

打造"国际休闲帆船之都"是威海城市经营不可忽视的内容。城市经营是以系统化的思维方式，运用市场经济的手段，充分挖掘城市可经营资源，对其进行资本化的运作，实现城市资产的保值或增值。城市经营的范围包括可经营性资源和非经营性资源，随着市场机制的完善和外部环境的变化，城市经营的内容和范围也会随之改变。作为城市经营的主体——政府，应该做出适时的调整。

威海市作为一个快步发展的沿海城市，拥有不可多得的海洋资源。政府在城市经营中，应引导和控制相关因素，实现威海市资产的增值，为经济发展提供更良好的基础。威海市拥有优美的海滩风景、优质的沙滩和海水资源，是城市宝贵的资源，政府需要对其进行合理、科学的开发，实现这些资源的增值。大力发展休闲帆船，打造"国际休闲帆船之都"，为威海市深度开发利用海洋资源，进一步提高城市经营能力提供机遇。具体可以通过对城市经营资源的市场化和资本化运作，提升城市经营水平。

经过 20 多年的努力，威海已经成为国内外享有一定盛誉的环保城市、旅游城市和宜居城市，城市的知名度和美誉度不断扩大和提升，城市的竞争力也在提高。威海给外界留下的基本印象是绿色威海、蓝色人居。一提到威海，首先联想到的便是优美的自然生态环境和秀丽的海滨风光。但美中不足的是，海边风景比较单调，除了波涛汹涌的大海和飞翔的海鸥，海上就没有什么特别吸引人们眼球的内容了。发展休闲帆船，就会给威海添加一道靓丽的海上风景，并完全可以打造成威海新的城市名片。说到帆船，人们会很自然地联想到青岛奥帆赛，但是，实际上，青岛帆船是正规比赛帆船，而威海所要发展的是休闲帆船。国际上发达国家发展的以大帆船和游艇居多，而大帆船和游艇是需要港湾码头的。就目前而言，威海不具备这个方面的承载能力。但是，在休闲帆船方面，威海和比利时所处纬度相似，具有一定的参照性和可比性，比利时有欧洲最大的休闲帆船俱乐部，我们经过努力，完全可以实现

跨越发展，占有一席之地，达到世界领先水平。根据我们的调查和了解，迄今为止，在山东乃至全国，还没有一座城市被冠之以休闲帆船之都的称号。在发展休闲帆船方面，威海可谓首开先河，赢得了先机。借此机会，休闲帆船之都这一新的城市名片已经呼之欲出。

（四）发展休闲帆船能够成为威海旅游休闲产业转型升级的新示范

对旅游休闲产业发展，中共山东省委、省政府和中共威海市委、市政府历来高度重视。2009 年 4 月 27 日，中共山东省委、省政府出台了《关于进一步促进旅游业又好又快发展的意见》。在 2008 年全市服务业发展工作会议上，中共威海市委、市政府提出了打造滨海旅游休闲度假基地的奋斗目标。积极适应旅游业由观光型向休闲度假型转变，推动旅游产业转型升级，必须要着力开发高端旅游产品。2009 年 10 月，威海蓝色经济区建设总体规划出台，滨海旅游业被列为四大产业发展重点。滨海休闲度假业是威海市滨海旅游的核心，因此，要不断提高滨海休闲度假业的开发能力，不断深度开发休闲度假产品，提升旅游产品的档次，提高滨海休闲度假业的盈利能力。打造"世界休闲帆船之都"是威海市滨海休闲度假业深度开发旅游产品的范例，借助"国际休闲帆船之都"的打造，能够提升威海市旅游产业管理能力与盈利能力，提高威海市滨海休闲度假业的竞争能力与应变能力。同时，休闲帆船以风为动力，直接由沙滩入海，无需搭建人工码头，具有零污染、零排放的环保特点。驾驶休闲帆船，可任凭帆船爱好者驰骋在浩瀚海洋中，陶醉在海的生命之中，感受海洋文化底蕴和休闲帆船运动带来的"健康、活力、环保"的魅力，与大海、阳光融为一体，达到全副身心休闲放松的目的。

我们还应该清醒地看到，目前威海的滨海旅游尚处于传统阶段，即传统的观光旅游，深层次的滨海旅游还没有得到完全开发，发展方式较为粗放、基础设施建设滞后、服务质量水平不高是目前威海滨海旅游存在的主要问题。因此，必须着力提升滨海旅游层次，促进威海滨海旅游业向高端发展，尽快实现从"看海"到"玩海"的转变。就此而言，威海市打造"国际休闲帆船之都"是落实威海市发展滨海休闲度假业的一项具体举措，也是威海市滨海旅游业的一次实质性的变革。加快国际休闲帆船基地、海水理疗健康中心为主要内容的滨海高档旅游产业建设，对威海市旅游休闲度假基地的发展具有较强的典型示范带动作用。

开展休闲帆船运动，是发展威海市滨海休闲旅游的开创性工作。在当今自然休闲的召唤下，人类越来越强调休闲与自然相融合，休闲帆船就是具备这种条件的滨海体育运动休闲项目。因此，打造"国际休闲帆船之都"既顺应世界休闲产业发展的趋势，又能使人们的休闲与自然充分贴近，符合人们的休闲需求。休闲帆船目前在我国尚属空白，这是发挥威海滨海资源、突破滨海旅游休闲产业瓶颈、推动旅游休闲产业转型升级的良好机遇。所以，要在滨海旅游休闲度假业上大做文章，加大休闲帆船在威海市滨海休闲度假业的比重。作为一种有效载体，休闲帆船是实现旅游产业转型升级的旗舰，完全能够成为威海旅游产业转型升级的新示范。

三 把威海打造成"国际休闲帆船之都"
具有充分的理论依据

21 世纪是海洋的世纪，随着经济的发展和人口的增长，陆域资源所能够承受的对经济增量的承载率越来越小，通过开发陆域资源以保持经济的发展的成本越来越大。科学开发利用海洋资源，是解决人口增长、资源短缺、环境恶化三大世界难题的必然选择，是实现人类社会可持续发展的重要途径。自 20 世纪 80 年代以来，世界各国自然而然地将更多的目光投向了海洋，对海洋发展战略给予了空前重视，如美国、日本、英国、加拿大和韩国等沿海国家纷纷把维护国家海洋权益、发展海洋经济、保护海洋环境作为本国的重大发展战略，在 20 世纪末出台了自己的新世纪海洋发展战略，把促进新兴海洋产业的形成和发展作为国家经济增长的又一个重要单元。到目前为止，海洋经济已经成为一个独立的经济体系，并以明显高于传统陆地经济的比例快速增长，相当一部分国家的海洋产业已成为国家支柱产业。

随着经济全球化进程的加快，我国人口、产业快速向沿海集聚，海洋在生产力布局中的战略空间地位正日益突出。20 世纪 90 年代，山东省提出了建设"海上山东"的发展战略，作为我国发展海洋经济的先行者，促进了国家对海洋经济的重视。2003 年国务院印发了新中国第一个《全国海洋经济发展规划纲要》，海洋经济首次以一个整体新领域进入了我国国民经济发展规划体系。党的十六大又提出了"实施海洋开发"的战略要求，党的十七大则进一步做出了"发展海洋产业"的重要部署。2009 年 4 月，胡锦涛主席在考察山东时提出打造"山东半岛蓝色经济区"的概念，是我国海洋经济发展的具体实践，是深入落实科学发展观的战略要求，是增强山东省在全局发展中地位作用的重大战略机遇，是转变发展方式的必然选择，是挖掘潜力、增创发展新优势的重大任务。

对于威海而言，发展海洋经济，深入落实蓝色经济战略，更是在新一轮竞争中抢占发展先机、谋求新飞跃的一次重大机遇，是谋求在全省乃至全国发展大局中更加有利地位的重要战略平台。威海以海为最大特色，面向海洋，开发海洋，靠海吃海，是威海经济发展的潜力所在、希望所在，也是机遇所在。

面向海洋，开发海洋，是一项重大的战略举措，包含多方面内容，需要考虑多方面因素。开发海洋是现代海洋经济体系中的核心，是发展区域经济的一项举措和内容，是城市经营的一条重要途径和一个组成因素。对威海来说，发展滨海休闲旅游业是具体实践蓝色经济的一个具体体现，是高端产业聚集区的试点，也是威海市在当今经济潮流中对城市经营的一项支撑措施，也是落实蓝色经济区建设指示精神的一项具体实践。威海市打造"国际休闲帆船之都"是在以上背景下提出来的具有科学性、合理性、可行性的方案。

（一）"国际休闲帆船之都"是蓝色经济主要内容之一

自 20 世纪 90 年代，山东提出建设"海上山东"的概念后，山东省主要沿海城市都将海洋经济的发展作为经济发展的重点，在十几年的发展中，已初步形成对海洋开发的模式。但是由于概念的含糊和实践的模糊性，在下一步如何实践此提案没有具体的指导原则，海洋经济的发展有所滞后。2009 年 4 月，胡锦涛主席考察山东时提出的"蓝色经济"，为山东省发展海洋经济提出具体的指导原则，并指明了清晰的发展方向。

区域经济发展通常包括两个方面，一是区域内一定时期内经济的增长，二是区域内一定时期内国民经济环境的改善。蓝色经济概念的落实，关键在于推动蓝色经济区建设，是具有极大特色的区域经济。建设蓝色经济区，要按照科学发展的要求，集中集约开发，立足环境保护，充分发挥沿海区位条件和海洋资源优势，培植壮大一批辐射带动力强的现代海洋产业，将海洋资源的优势转化为产业优势，打造富有竞争力的产业集群，抢占产业发展制高点，大力推进产业结构调整和优化升级，将海洋经济作为推动经济增长的强劲动力。

自 21 世纪以来，威海市经济一直强劲增长，出现经济增长不断提高的可喜局面。尤其是获得"最适合人居的城市"荣誉以来，城市经济增长的环境不断得到改善，尤其是在旅游环境上，更是国内其他沿海城市所无法比拟的，也是威海市在以后经济发展中所依靠的重要力量。

蓝色经济区的建设，是山东省发展的又一个区域经济的萌芽。而威海市作为蓝色经济区的一个重要城市，对蓝色经济区的建设起着非常重要的作用。在蓝色经济概念提出后，威海市积极学习有关精神，明确提出了建设蓝色经济的几项内容。威海初步确定培育六大产业：海产品精品加工业、船舶加工制造业、以东南亚地区为腹地的港口物流业、滨海旅游休闲度假业、以核能和风能为主的新能源产业、现代石化项目产业。确保威海成为海洋产品生产加工、船舶制造、新能源和滨海旅游休闲等产业的领军城市。

威海市打造"国际休闲帆船之都"是落实威海市发展滨海休闲度假业的一项具体举措，也是威海市落实蓝色经济精神的一项有力证明。休闲帆船是人们在闲暇的时间内开展的一项兴趣爱好，驾驶帆船是一种张弛型的休闲方式。在这个过程中，人们通过与海、阳光的亲密接触，融入大自然中，身心完全放松，达到休闲放松的目的。随着威海市经济的高速发展和人们保健意识的增强，休闲体育成为备受人们青睐的体育形式，而休闲帆船安全舒适，将健身、娱乐、开发智力、培养意志融为一体，符合人们对休闲体育的要求。威海市拥有优美的海滩风景、优质的沙滩和海水资源，具备了休闲帆船的自然基础，证明了威海市打造"世界休闲帆船之都"的可行性。

区域经济的发展，必然会出现不平衡的现象。实际上，不平衡现象的出现正是促进区域经济发展的主要原因。由于各个沿海城市的资源禀赋的差异，在蓝色经济区的建设上，必然会出现蓝色经济的不平衡现象。因此，威海市若要在蓝色经济发展中把握先机，就必须对威海市的经济结构进行转换，以促进威海市蓝色经济的发展。

经济结构转换包括经济空间结构转换和产业结构转换。就经济空间而言，生产力诸要素对空间的形成与发展有着至关重要的作用，而自然条件和自然资源的空间分布的不均匀是影响区域空间结构转换和不平衡经济发展的客观基础。就产业结构而言，随着社会和经济的发展，各个产业在经济发展中的比重和地位也会随之改变，从而对区域经济的发展产生影响。

近几年来，威海市的经济发展空间已经在横面上大大扩展，尤其是在海洋经济的建设上。但是，威海市的经济空间具有一定的局限性，开发的空间不大。因此，威海市在经济发展空间上需要往深度挖掘，才能实现经济空间结构的重大转换。蓝色经济的提出，为威海市经济空间的发展提供了机遇。在滨海旅游休闲度假业上大做文章，打造"国际休闲帆船之都"不仅是顺应世界休闲潮流趋势的途径，也是具体落实蓝色经济的重要举措。威海市打造"国际休闲帆船之都"拥有优质的自然资源，是威海市经济发展空间往深度挖掘的模范做法。在其带动下，必然会出现经济空间的深度发展，从而实现威海市经济空间的重大转换。

打造"国际休闲帆船之都"必然会对威海市的产业结构产生重要影响，对第三产业尤其是旅游业、滨海休闲度假产业的影响更加重要。在战略方针的具体指导下，打造"世界休闲帆船之都"拥有成熟的条件运行。

总之，打造"国际休闲帆船之都"不仅对威海市的经济空间有重要影响，对威海市的产业结构也具有不可估量的影响。在其影响下，威海市的海洋经济发展必然会出现一个新的局面和高度，对威海市的经济发展也具有非同凡响的作用。实现这一步，威海市在蓝色经济区的建设中，必然占据发展的先机，获得显著的效果。

（二）打造"国际休闲帆船之都"是城市经营不可忽视的内容

城市经营是以系统化的思维方式，运用市场经济的手段，充分挖掘城市可经营资源，对其进行资本化的运作，实现城市资产的保值或增值。城市经营的范围包括可经营性资源和非经营性资源，随着市场机制的完善和外部环境的变化，城市经营的范围也会随时改变。作为城市经营的主体——政府，应该做出适时的调整。

威海市作为一个快步发展的沿海城市，拥有不可多得的海洋资源。政府在城市经营中，应引导和控制相关因素，实现威海市资产的增值，为经济发展提供更良好的基础。威海市拥有优美的海滩风景、优质的沙滩和海水资源，是城市宝贵的资源，政府需要对其进行合理、科学的开发，实现这些资源的增值。蓝色经济的提出，为威海市统筹海洋资源，进一步提高城市经营能力提供了机遇。发展滨海休闲度假业是威海市借蓝色经济的机遇对城市经营资源的市场化和资本化运作，打造"国际休闲帆船之都"正是威海市对城市进行经营的具体落实。

城市是生产力发展到一定程度的产物，是经济密集的社会有机体，是区域发展的中心，城市的发展离不开经济的发展，区域经济的发展也必须依靠城市的支持。威海市是一个年轻的城市，但经济力量不容小觑，特别是海洋经济。在蓝色经济区的建设中，是一股重要的力量。可以说，威海市对推动蓝色经济区的建设有着不可估量的贡献，但是蓝色经济的提出，对威海市来说又是一个难得的机遇。借着蓝色经济的东风，威海市可以进一步发展海洋经济，进一步深度挖掘海洋经济的潜力。

城市具有集聚性的特征，城市的发展过程，同样是经济集聚的过程。在城市的发展过程中，形成了重要的对内功能和对外功能。对内功能主要表现在城市的聚集经济效益和区位经济效益，对外功能体现在是一个地区经济的中心。

威海市在二十几年的发展过程中，建设成具有自己经济特色的城市。威海市靠海，依靠海洋形成特色的海洋经济城市和旅游城市，在以往和以后的发展过程中，威海市必然要依靠海洋将经济变强、变大。

在对内功能上，首先表现为聚集经济效益。通过对海洋的开发和综合利用，威海市逐渐形成了以海为特色的产业族群。包括海产品、船舶、港口、滨海旅游等。在蓝色经济区的建设中，威海市可以利用已有的海洋产业基础，进一步发展海产品精品加工业、船舶加工制造业、以东南亚地区为腹地的港口物流业、滨海旅游休闲度假业、以核能和风能为主的新能源产业、现代石化项目产业。在这其中，威海市可以充分利用自然条件和资源，发展滨海旅游休闲度假业，进一步提升旅游产品的档次。打造"国际休闲帆船之都"，依靠自然条件和资源，发展帆船，是威海市践行蓝色经济的科学举措，不仅能够进一步增强威海市的聚集经济效益，还可以进一步增强城市的对内功能。

其次，在区位经济效益上，威海市可以通过城市经营，充分利用优越的自然条件，提升城市的区位优势。主要表现在：利用优美的海滩风景、优质的沙滩和海水资源，发展休闲帆船旅游，打造"国际休闲帆船之都"，占据蓝色经济发展的先机，并在蓝色经济区的建设中发挥应有的作用。

在城市的对外功能上，威海市可以建设成蓝色经济区发展的核心区之一，并通过打造"国际休闲帆船之都"，发展成以休闲帆船为核心的滨海休闲度假区，在蓝色经济区的建设中独树一帜。

城市是区域的中心，区域是城市发展的基础，城市的发展离不开区域经济的支持。两者的关系也是客观存在的，不是人为划分的。威海市作为蓝色经济区建设中的一大核心，离不开蓝色经济区发展的推动。但蓝色经济区的建设，也离不开威海市海洋经济的发展，尤其是通过打造"世界休闲帆船之都"，发展滨海休闲度假业的推动和支持。

城市的可持续发展是一种全新的城市发展观，城市经营必须符合可持续发展的要求，确保城市社会、经济、生态的协调快速发展。从资源角度讲，城市可持续发展是一个城市不断追求其内在的自然潜力并得以实现的过程，其目的是建立一个以生存容量为基础的绿色花园城市。从经济角度讲，城市可持续发展应在资源最小利用的前提下，使城市经济朝更富效率、稳定和创新的方向发展。

实现威海市城市的资产保值或增值，城市经营必须符合可持续发展的要求。威海市拥有丰富的海洋资源，通过可持续的开发，对海洋资源进行充分挖掘，挖掘其发展的潜力，如进一步发展滨海旅游休闲度假业，通过打造"国际休闲帆船之都"带动威海滨海旅游业的高端发展和深度挖掘，实现从"看海"到"玩海"的转变，实现威海市的可持续发展。虽然威海市的自然资源丰富，但是要想取得城市经营的最大增值，必须合理开发和利用自然资源，争取利用最少的海洋资源获得最多的经济效益，使得威海市的经济朝生态化和高效化发展。

（三）发展休闲帆船符合城市生命周期理论

纵观全球城市发展史，可以发现，任何城市都有其生命周期，即经历兴起、发展、繁荣、衰退或再度繁荣的过程。一个区域能否成为城市繁荣区，能否成为一个时代的文明高地、所在区域的重要发展极，在根本上依赖于这个地区或城市能否抓住历史机遇，成为这个时代文明形态、城市形态转换的关节点；决定于这个地区与城市能否凝聚起这个时代的先进产业形态、先进生产力、生产方式；决定于这个地区或城市是否能够构筑起代表甚至引领其时代发展方向的先进城市制度、城市管理方式、城市发展环境、城市软实力；决定于这个区域或城市能否成为那个时代各类优秀人才的聚集地，能否在其城市人群中形成对这个城市的深层文化认同；决定于这个地区或城市能否走出一条既符合自身条件又符合经济社会发展趋势、文明形态转换方向的发展之路。

在美国著名学者、《全球城市史》的作者乔尔·科特金看来，任何一个城市的产生、存在、发展、繁荣、可持续，都需要同时具备三个条件：认同、安全、活力。具体而言，也就是人们对一个城市与地区能否形成深层的精神归属感、文化认同感；人们在一个城市生产、生活是否有全方位的安全感；一个城市能否形成并保持有活力的工业、商业等经济活动。反思全球城市文明史，正是这三个因素综合决定着一个城市的成败兴衰、生命周期。如果一个城市能够同时具备认同、安全、活力这三个因素，那么这个城市就会发展起来并有可能走向繁荣；如果和其他城市相比，一个城市在这三个方面具有综合比较优势，这个城市就有可能成为其所在时代或地区的标志性城市、重要发展极；如果一个城市缺少其中的某个因素，或三个因素都具有但相对其他城市而言没有比较优势，那么这个城市就可能进入衰退期，甚至走向消亡；如果一个传统城市能够适应时代趋势，再次在认同、安全、活力上具有比较优势，那么这个城市就会再度繁荣。

在诸多城市学家眼中，城市的基本属性有两个：物理属性与文化属性。自然条件、建筑、道路等，构成一个城市的物理属性；人们之间以及人们对一个城市的情感、认同感、归属感等构成一个城市的文化属性。在科特金看来，一个城市的存在离不开物理属性，但一个城市的发展与繁荣尤其离不开文化属性。"最终，一个伟大城市所依靠的是城市居民对他们的城市所产生的那份特殊的深深眷恋，一份让这个地方有别于其他地方的独特感情。""无论是在传统的城市中心，还是在新的发展模式下正在扩展中的城市周边地区，认同感和社区意识等问题在很大程度上仍然决定着哪些地方将取得最后的成功。"① 一个没有文化认同感的城市不可能持续存在，更不可能持续繁荣。文化归属感、认同度是决定一个城市成败兴衰的核心标准；城市的兴衰程度、成败趋势，与一个城市所建构、凝聚的文化认同感、归属感成正比。一个文化认同度、归属感处于上升期的城市，必然是一个处于上升期的城市；反之，当人们对一个城市的文化认同度、归属感、依恋感走向衰落时，一个城市也就必然进入其生命周期的后期。也就是说，从根本上讲，决定一个城市能否可持续繁荣的，不是其物理属性，而是其文化属性。

威海市有着悠久的历史和深厚的文化底蕴，休闲帆船作为威海市与其他城市不同的比较优势，我们大可以以帆船为媒介、以海洋文化为载体、以滨海旅游休闲活动为主要内容，将威海市打造成"国际休闲帆船之都"，让威海走向世界，让世界了解威海，不断提高威海市的文化认同度、文化归属感，保障威海市良性发展，实现可持续繁荣。

（四）打造"国际休闲帆船之都"是深度发展海洋经济的先例

在 2003 年国务院发布的《全国海洋经济发展纲要》中，海洋经济被定义为"开发利用海洋的各类产业及相关经济活动的总和"，在范围的界定上，目前在学术界，没有统一的界限。其中，美国重要的海洋城市马萨诸塞州将海洋经济分为海产品产业，水运、旅游和休闲，海洋技术和教育，沿海建筑和房地产等 4 个部门。由此可以看出，虽然威海市海洋经济 4 个方面发展的程度不同，但海洋经济的建设已经涵盖了 4 个方面。其中，海产品产业，水运、旅游和休闲是威海市重点发展的产业，也是发展蓝色经济的拳头产业。

休闲帆船运动作为海洋产业的一项新兴产业，十分符合市场需求，这一点我们已经在前面的优势和条件中进行了充分的论证。除此之外，我们以威

---

① 乔尔·科特金：《全球城市史》，社会科学文献出版社 2006 年版，第 277 页。

海国际帆船基地为依托建设的"绿色、环保、生态"住房——海御19，即将引进的法国海水热疗系统等相关配套设施，是依靠科学技术进步，从深层次上实现经济增长方式转变的根本措施，是带动整个产业结构优化和提升的重要力量。所以说，威海市发展休闲帆船运动，将威海市打造成为"国际休闲帆船之都"具有有力的海洋产业经济理论支撑。

虽然世界各沿海城市的资源禀赋不同，但在海洋经济的发展上却有一些共同的趋势，表现在：政府管理综合化、产业结构合理化、整体发展可持续化。海洋经济的发展涉及很多政府部门，需要这些政府部门通力合作，并对海洋经济进行综合管理。海洋产业结构是动态变化的，需要把握发展变化的规律，促使产业结构的合理化，以便更合理地开发利用海洋资源。传统的海洋经济属于"高消耗、高收入、高污染"，造成很大的环境破坏，因此在开发海洋时要遵循"开发和保护同步发展"的指导原则。

威海市在发展蓝色经济中，要协调好海产品精品加工、船舶加工制造业、以东南亚地区为腹地的港口物流业、滨海旅游休闲度假业、以核能和风能为主的新能源产业、现代石化项目产业几个产业之间的关系，以可持续发展为指导原则，发展与保护并重，并重点发展没有消耗、没有污染的产业。所以政府在协调各个产业的发展时，应重点发展滨海旅游休闲度假业。海上休闲帆船运动在威海市的出现，不仅仅是填补了中国体育史上的空白，更是在21世纪是海洋的世纪这个大浪潮下的必然产物，是合理开发利用海洋资源的充分体现。同时，休闲帆船是以风为动力，直接由沙滩入海，无需搭建人工码头，具有零污染、零排放的环保特点，可任凭帆船爱好者驰骋在浩瀚的海洋中，陶醉在海的生命之中，感受海洋文化底蕴和休闲帆船运动带来的"健康、活力、环保"的魅力。可见，在威海发展休闲帆船运动，可以真正实现海洋生态、环境和资源可持续利用和海洋经济的可持续发展。因此，打造"世界休闲帆船之都"是威海市政府对海洋经济进行综合管理需要着重考虑的拳头产品。

从世界各国海洋经济的发展看，目前世界上已经形成了四大海洋支柱产业，即海洋油气、滨海旅游、海洋渔业和海洋交通运输业。特别是作为新兴海洋产业的海洋油气和滨海旅游业发展迅速，后来居上，成为现代海洋经济的主体。目前，由于威海市没有基础和条件发展海洋油气产业，因此，威海市在其海洋经济的建设中，要把滨海旅游业作为发展海洋经济的支柱产业。打造"国际休闲帆船之都"是威海市发展海洋经济的一项战略举措，也是威海市滨海旅游业的一次实质性的海洋旅游改革，真正实现从"看海"到"玩海"的转变。

滨海旅游业是海洋经济的重点领域之一，提高产业素质是滨海旅游业高端化发展的关键所在。首先是提高产业技术开发能力，其次是提高旅游产业管理能力与盈利能力，再次是提高旅游业的竞争能力与应变能力。在提高产业素质的基础上，才能更加突出威海市滨海旅游的特色，促使滨海旅游业与其他海洋产业的结合，达到优化旅游环境、完善旅游服务体系的目的。

滨海休闲度假业是威海市滨海旅游的核心，也是威海市在蓝色经济区建设中占领有利地位的砝码。因此，要不断提高滨海休闲度假业的开发能力，不断深度开发休闲度假产品，提升旅游产品的档次，提高滨海休闲度假业的盈利能力。打造"世界休闲帆船之都"是威海市滨海休闲度假业深度开发旅游产品的范例，借助"国际休闲帆船之都"的打造，提升威海市旅游产业管理能力与盈利能力，提高威海市滨海休闲度假业的竞争能力与应变能力。突出威海市的自然环境优势，使游客在旅游的同时，驾驶休闲帆船，与大海、阳光融为一体，达到全副身心休闲放松的目的。通过完善旅游服务体系，调整海洋旅游的产业结构，加大休闲帆船在威海市滨海休闲度假业的比重，以打造"国际休闲帆船之都"为契机，开发以休闲帆船为核心的休闲度假复合旅游产品，形成完善滨海休闲度假旅游服务体系。

（五）打造"国际休闲帆船之都"是威海市旅游产业转型升级的重要支点

休闲和旅游是在近代出现的两个单独的词汇，两者所包含的内容不同，但都是发生在人们的闲暇时间内，在其中人们都能获得心理轻松、愉快、自由自在的感觉，并且有利于身心健康，实现自我完善，因此两者必然有一些交叉，成为休闲旅游。休闲旅游就是以休闲为目的的旅游。通过休闲旅游，使人们获得一种愉悦的心理体验和精神满足，产生美好感，以实现人们学习知识、增进友谊、促进沟通、保健娱乐、追求猎奇、丰富个性等多方面的需求。休闲型旅游不同于一般的观光型旅游：休闲型旅游的主要目的是放松，而且这一目的性远远强于传统旅游形式中的观光和游览；休闲型旅游目的地一般不是传统的名胜观光区，其特点是环境优美，适于人居，多数具有疗养康体条件；休闲型旅游一般日程安排较松散，在一个旅游地停留时间长，其主要目的是身心放松、娱乐和消遣，游览退居其次。

伴随休闲旅游出现的是休闲经济。休闲经济是社会和经济发展到一定阶段的产物，在经济不断发展，居民收入不断提高的过程中，人们的休闲消费观念逐渐在现代社会中确定，得到人们的承认。我国经过 20 多年的改革开放，国民经济初具规模，人民生活发生了巨大变化，休闲趋向于大众化，大众休闲已经初见端倪，为休闲经济的形成奠定了社会基础。而休闲时间的增加，为休闲消费的出现提供了前提条件。

随着休闲产业的发展，出现了多种休闲旅游形式，滨海休闲旅游就是其中重要的一个方面。滨海休闲旅游强调的是在滨海地区利用已有的自然条件和人文条件或者是进一步发展欠缺的条件，发展滨海休闲产业。滨海休闲旅游的关键点聚集在滨海上，相对人文条件而言，自然优势是发展滨海休闲旅游的核心，利用自然优势开发一系列的休闲项目。

滨海体育休闲是滨海休闲重要的一部分，在"健康第一"的召唤下，体育休闲越来越成为时尚。人们渴望回到自然，人类的休闲活动越来越多地倾向于到大自然中进行。滨海体育休闲的内涵非常丰富，包括游泳、戏水、潜水、泅渡、弄潮；帆船、游艇、帆板、赛艇、龙舟、水上摩托艇、冲浪、划水；沙滩排球、沙滩赛车、沙滩足球等。

威海市海岸线总长 985.9 公里，约占山东省的 33%，全国的 6%，是中国海岸线最长的地级市。在长长的海岸线上，有众多优质海滩分布，并拥有原生态的千里幸福海岸线。海滨滩平、沙细、礁奇，海水洁净清澈，万亩松林点缀其间，景色优美。岸线长度和自然风光不仅远远好于日照，并且也优于青岛，具备了开展海上项目的先天优势。

威海国际海水浴场，号称城市中的休闲核心海湾，中国北方的黄金海岸。拥有奢侈的"3S"（阳光、沙滩、海水）资源，其品质世所罕有，是休闲帆船活动不可多得的优越的天然海湾。

开展休闲帆船运动，是发展威海市滨海休闲旅游的开创性举措。在当今自然休闲的潮流召唤下，人们越来越强调休闲与自然相融合，帆船就是具备这种条件的滨海体育运动休闲项目。因此，打造"世界休闲帆船之都"既顺应世界休闲趋势的潮流，也符合海洋经济的可持续发展理论，又能使人们的休闲与自然充分贴近，符合人们的休闲需求。

四 威海市发展休闲帆船的比较分析

（一） 与国外相比

1. 奥克兰

奥克兰是新西兰最大的城市，面临南太平洋，人口 100 多万，港湾优美，海水清澈，风帆、游艇处处可见，被称为世界上最好的帆船水域。全城居民酷爱扬帆出海，平均每 2.7 人拥有一艘船，人均拥有的船只是全球之冠。在 1999 年 10 月至 2000 年 3 月的"美洲杯"帆船比赛期间，吸引了全球近百艘超级帆船和游艇。该赛事吸引了来自全球 435 万的参观者，给奥克兰带来 2.75 亿美元的收入，创造了 10 余万个就业机会，吸引投资近 10 亿美元，而帆船村的基本建设投入仅为 5400 万美元，宣传费 800 万美元。这为世界其他城市发展帆船产业提供了成功的范例。

2. 基尔

基尔市位于德国最北面，紧临波罗的海，有 25 万人口，是享誉欧陆、名扬世界的"帆船之都"。全球最大的帆船节日——"基尔周"，于每年 6 月最后一周举行，已经有 150 年的历史，是一个国际帆船运动盛会。这项赛事给基尔市带来了滚滚财源。

3. 巴塞罗那

巴塞罗那市位于西班牙东北部地中海沿岸。巴塞罗那市仅帆船运动协会就多达 17 个，当地 10% 的居民是帆船运动爱好者，每年约有 3.5 万人在此接受帆船运动专业培训，慕名到此度假、参赛甚至驾驶帆船来旅游者高达六七百万人。由于帆船泊位供不应求，停泊码头一扩再扩，如今 2500 多艘停泊船只桅杆林立，成为最吸引游客的旅游胜地。

4. 南安普敦

英国的南安普敦市是国际帆联的所在地，又是世界帆船运动的重要基地。在南安普敦市，每年一度的帆船展不仅吸引了众多英国本土的参展商和参观者，更有南美洲、非洲等地的船只和游人远道而来。作为世界五大帆船展之一，2005 年，南安普敦帆船展共吸引了世界 650 多家生产商的 800 多艘游艇和帆船聚会亮相，其中，现场停放 300 多艘，展会交易额突破 1 亿英镑。

与国际帆船知名城市相比，威海市发展休闲帆船起步较晚，差距较大。但是，国际帆船知名城市主要以竞技类帆船为主，通过开展、承办相关赛事活动，获得了世界的认可。威海发展帆船运动与国际帆船城市存在两点不同：第一是船体不同，竞技类船只采用单体大帆船，而威海采用双体休闲帆船；第二是帆船发展方向不同，国际帆船城市以竞赛为主，而威海着力打造休闲帆船运动。总之，以休闲帆船为基础发展起来的城市还没有在世界范围内形成规模，所以，威海市发展休闲帆船既顺应国际休闲潮流，又与国际帆船城市不存在竞争关系。从这个方面来说，威海市发展国际休闲帆船的空间甚大。

（二）与国内相比

1. 与大连相比

大连具有北方"浪漫之都"的美誉。城市基础设施完善，人均 GDP 达 8000 美元，旅游接待能力位居全国旅游城市前列。可以说，具备了发展帆船的人文社会条件。

但是大连滨海的自然条件决定了大连发展帆船的局限性。大连的海岸线属基岩海岸，岸线曲折，岬湾间布，山丘临海，基岩裸露，形成了千姿百态的海蚀地貌景观。相对来说，大连市的滨海沙滩资源稀少，并且目前已基本开发完毕，发展帆船受到极大限制。

与大连相比，威海市的人文社会条件相对较弱，自然条件却大大优于大连。从人文社会条件来说，威海市的旅游接待能力正在逐渐提高，人均 GDP 早已经超过 3000 美元，具备了发展帆船的能力。从近些年来看，威海市的休闲旅游正在逐步发展，发展休闲帆船的条件已经具备。

自然条件，威海市旅游气候条件优于大连，旅游年接待日多于大连；滨海旅游资源沙滩多于大连，并且沙质资源也优于大连的沙滩。

在大连市滨海旅游的结构体系中，观光旅游、历史人文旅游是大连市发展滨海旅游的重点方向。可以预见，威海市发展休闲帆船在威海市经济发展的基础上将逐步得到实现。

2. 与烟台相比

烟台有金沙滩、养马岛、蓬莱三个省级旅游度假区。但是都没有或者不适合发展休闲帆船。

金沙滩旅游度假区

地处烟台经济技术开发区海滨，为山东省第一个省级旅游度假区。主体部分主要有天街广场、国际海水浴场、柒彩城嬉水乐园、秦始皇东巡宫等。其滨海旅游项目集中在观光游览。

养马岛旅游度假区

为省级旅游度假区，拥有碧水金沙天然浴场。岛上海光山色，岸礁嶙峋，惊涛拍岸，风景如画，建有海底洞天、海上乐园、锦绣城、西游记宫、赛马场、休养所、酒店、度假村等各种设施，可于此休闲观光，垂钓游泳。受自然条件的限制，该景点的滨海旅游开发项目层次较低，除了观光游览，仅限于低层次的垂钓、游泳。

蓬莱旅游区

蓬莱俗称"人间仙境"，为国家级风景名胜区。蓬莱阁为中国古代四大名楼之一，由弥陀寺、龙王宫、子孙殿、三清殿、吕祖殿等组成，登阁远眺，可见海市蜃楼，八仙过海的故事就出于此。其他景点包括水城、戚继光纪念馆、牌坊、田横山、索道、八仙渡、战船博物馆等。该景点适合观光游览。

烟台市滨海旅游的自然条件和威海市基本相同，人文条件优于威海市。但是，目前烟台市的滨海旅游定位于旅游度假和一些专项旅游上，实现从单纯的海滨观光到真正"玩海"的转变上，烟台市还有很长的路要走。在烟台市开发蓝色经济中，将重点放在海洋生物、船舶及海洋工程装备制造业、海洋新能源与矿产业上，对滨海旅游特别是发展帆船上，没有清晰的规划，为威海市发展休闲帆船提供了宝贵的时机。

3. 与秦皇岛相比

秦皇岛作为历史悠久的休养度假胜地，在国内外具有一定的知名度。通过对秦皇岛前几年滨海旅游的总结，可以看出，秦皇岛着力打造体育旅游，并且体育旅游项目集中于陆地体育项目的开发，借助奥运品牌，实现了体育旅游的大步跨越。

秦皇岛滨海旅游的下一步开发，将着力于打造滨海文化旅游、北戴河别墅观光游和别墅度假游，建设高品位旅游度假区，在滨海体育休闲旅游尤其是帆船上没有涉及。

因此，威海市发展休闲帆船，打造"世界休闲帆船之都"，不仅可以抢占先机，并且可以避开秦皇岛市这个强有力的竞争对手，实现错位竞争。

4. 与青岛相比

在北方沿海城市，威海市发展休闲帆船最有力的竞争对手就是青岛。作为一座历史与现代相结合的名城，青岛市发展帆船具备优越的自然条件和人文社会条件，尤其是借助奥运会带来的契机，建设了奥帆赛基地，给青岛市打出了"帆船之都"的品牌。

通过仔细分析，不难发现，青岛市与威海市发展休闲帆船不存在很大冲突。第一，青岛市利用奥运会契机所建立的帆船基地，给青岛市发展帆船已基本定位：竞技帆船；第二，青岛市近年来确立了以滨海风光、崂山名胜、历史名城、休闲度假为旅游主题，以滨海风光为滨海旅游的主打牌。虽然在帆船上占据一定的先机，但是竞技帆船面对的市场较为狭小，且在竞技帆船的基础上，又增加了豪华游艇滨海旅游度假产品。

在蓝色经济的建设上，青岛市构筑了"一带、五区、多支撑点"的蓝色经济总体空间布局，滨海旅游是"多支撑点"的一项。青岛市的重点在于"五区"的建设上，而不是滨海旅游。这给威海市发展休闲帆船提供了很大的空间：避开竞技帆船，着力于休闲帆船，既可以相互补充，又能实现错位竞争。

5. 与日照相比

日照百公里海岸线和 64 公里的优质沙滩，成为游客最向往的地方。阳光浴、海水浴、森林浴所构成的"3S"旅游成为新的旅游时尚。海上飞伞、海上快艇、海上游艇、海上自行车、海上垂钓、沙滩排球、沙滩高尔夫、赶海拾贝等娱乐活动丰富多彩。海滨旅游已成为日照旅游靓丽的风景线。水上运动旅游发展迅速。世帆赛基地和奥林匹克水上公园的建设使得日照可以承办全部水上运动项目，一系列重大国际国内水上赛事的成功举办，使日照成为名副其实的水上运动之都，水上运动旅游已成为日照一大特色品牌。

中共日照市委、市政府在 10 年左右的时间内把日照建设成我国东部沿海重要的临海产业基地、区域性国际航运物流中心、滨海文化和旅游名城、海洋科技教育创新区，在滨海文化和旅游名城建设上，中共日照市委、市政府决定把重点放在滨海旅游文化的建设和滨海观光旅游上，对滨海休闲体育旅游项目没有整体规划。

日照市建设"水上运动之都"，打造体育经济，发展方向是竞技类水上运动项目的赛前训练基地，给威海市发展休闲帆船腾出了很大空间。

6. 与深圳相比

作为中国经济特区和改革开放最前沿的深圳市，其帆船运动的发展也走在全国前列。深圳拥有得天独厚的滨海资源，帆船帆板运动发展迅速。2009年 8 月深圳帆船帆板运动协会成立，还将在 2011 年第 26 届世界大学生夏季运动会上将帆船帆板作为比赛项目。从为纪念香港回归举办的深港帆船公开赛到 2009 年 10 月举行的第三届"中国杯"帆船赛，比赛档次和影响力日益提升。作为滨海城市，深圳有望成为南中国的帆船帆板运动基地。

"中国杯"国际帆船赛是首个由中国人创办的大帆船国际赛事，是目前唯一在国内举行的最具规模、最专业的大帆船赛事，也是唯一一个以"中国杯"命名的自主体育品牌赛事，由国家体育总局批准设立，比赛每年举行一届。2009 年"中国杯"帆船赛有来自 20 多个国家和地区的 100 多支船队前来参赛。

具有启发意义的是，"中国杯"帆船赛决不仅仅是帆船赛事，更是一个集体育竞技、经济、文化、艺术、娱乐为一体的嘉年华盛会。第三届设置了包括亚洲帆船论坛、风帆音乐节、高尔夫名人邀请赛、蓝色盛典晚宴等助兴活动，不仅实现了文化艺术与高端体育运动的有机结合，更是促进了体育、文化和经济交流。

应该说，就帆船而言，深圳是威海强有力的竞争对手。但是，我们也应该看到其实完全可以和深圳形成错位发展格局。深圳发展的是大帆船，那么威海则可以把休闲帆船作为主攻方向，树立休闲帆船品牌，打造"国际休闲帆船之都"。

五　威海具备了发展成为"国际休闲帆船之都"的条件和优势

（一）自然条件

1. 区位优势

威海，可以说是中国北方最适合发展休闲帆船的海湾城市。

威海是北京、上海及周边辐射到的城市在北方休闲度假的后花园；韩国及东北亚国家在中国休闲疗养的首选目的地；俄罗斯在中国最具魅力的休闲圣地；青岛、烟台等周边城市的旅游休闲选择地。

2. 海湾优势

威海北、东、南三面为黄海环绕，一面傍山，海岸线总长 985.9 公里，约占山东省的 33%，全国的 6%，是中国海岸线最长的地级市。

威海的海岸类型属于港湾海岸，海岸线曲折，沿海有大小港湾 30 多处，岬角 20 多个，散落着近百个大小岛屿。有众多优质海滩分布，并拥有原生态的千里幸福海岸线。海滨滩平、沙细、礁奇，海水洁净清澈，万亩松林点缀其间，景色优美。岸线长度和自然风光不仅远远好于日照，并且也优于青岛，具备了开展海上项目的先天优势。

威海国际海水浴场，号称城市中的休闲核心海湾，中国北方的黄金海岸。拥有奢侈的"3S"（阳光、沙滩、海水）资源，其品质世所罕有，是休闲帆船活动不可多得的优越的天然海湾。

（1）沙滩

国际海水浴场沙滩平缓，细腻柔和的金色沙质使这里成为最具亲和力的海滩。威海的沙滩是世界所罕见的，是威海的特色，更是发展休闲帆船的必要条件。2800 余米纵深面积为休闲帆船提供了充足的停靠及活动空间。

（2）天然浅滩

沙滩平缓地向海域延伸，向海前行 100 米，水深仅 1.5 米，使国际海水浴场拥有更为安全、更为开阔的亲海空间。

（3）水质

国际海水浴场的海水为不断循环的活水，水质清澈透明。中国国家环保总局发布的水质监测结果显示，这里的海水水质最适宜游泳。休闲帆船重要的一个优势就是其"亲海"的特性，国际海水浴场优越的水质无疑将能使休闲帆船这一优势得到淋漓尽致的发挥。

3. 气候优势

作为理想的避暑胜地，威海拥有宜人的气候。威海地处北半球中纬度，属温带大陆性季风气候。特殊的地理位置和海洋、山林的调节作用，使这里具有海洋气候特点。年平均气温 12 度，7、8 两月平均为 25 度，海水温度最高为 28 度，与同纬度内陆地区相比，威海冬暖、夏凉、春冷、秋温，四季分明，气候宜人。市区位于海洋南岸，相对于青岛、日照等北岸海滨城市来说，空气湿润程度更为宜人，对休闲度假游人群的吸引力更大。

（二）经济条件

1. 地处环渤海经济带的中心位置

威海市是环渤海经济带的桥头堡，具有帆船经济发展的巨大市场。随着环渤海经济带的崛起，威海市与日韩等国家经济往来日益频繁，山东半岛城市群以其得天独厚的地理位置，成为民企与外商投资企业聚集、中产及富裕阶层迅速成长的地区，具备巨大的潜在海上休闲消费群体。青岛、烟台、日照等沿海城市游艇、帆船产业的竞相发展，也为海上运动、旅游项目的发展提供了互动的载体。

2. 威海经济取得长足发展

威海市建市 23 年来，威海经济社会迅猛发展，经济运行质量明显提高，整体实力显著增强，社会事业全面发展，成为中国改革开放以来发展最快、活力最强的地区之一。2009 年，全市实现国民生产总值 1969.36 亿元，按常住人口计算，全市人均生产总值达到 70047 元，增长 12.4%。全市国民生产总值现居全省第九位，人均生产总值居全省第二位，人民生活水平明显提高。

2009 全市消费持续快速增长。全年实现社会消费品零售总额 575.99 亿元，比上年增长 19.1%。城镇居民收入稳步提升。2009 年，城市居民人均可支配收入 20117 元，增长 8.5%；农民人均纯收入 9226 元，增长 8.6%。城乡

居民人民币储蓄存款 826.38 亿元，比年初增加 127.09 亿元，为上年增量的
1.1 倍。

以上数字表明，威海市消费市场日渐活跃，消费水平不断提升，全市消费品市场规模稳步扩大，社会消费品零售额增速平稳快速。随着威海市经济的稳定增长，综合实力的不断提升，人民生活水平的日益提高，消费结构会进一步升级，消费能力也会逐步增强，可以说，发展休闲帆船已经具有一定的物质基础。

（三）社会条件

1. 旅游活动的逐步普及

近几年来，旅游产业迅猛发展。根据相关调查结果显示，高达 91.4% 的中国境内消费者近两年有过旅游经历，休闲旅游已经成为人们日益增长的需要。随着大众旅游时代的到来，普通民众拥有旅游休闲的权利成为人类文明的标志。中国的老百姓都希望在有生之年享受旅游。在这样一个旅游意愿不断增强的大背景下，风光秀美、四季分明、依山傍海、堪称旅游避暑胜地的威海，1996 年被联合国评为全球改善人居环境 100 个范例城市之一。1998年，又被评为中国优秀旅游城市。威海机场达到 4D 级标准，开通了至北京、哈尔滨、长春、上海、广州等十几条国内航线。铁路开通了至青岛、淄博的旅游列车。海上开通了至大连、韩国的客运航线。全市已形成了行、游、住、吃、购、娱的配套服务体系，具备了多层次、多功能的综合接待能力。接待海内外游客人数及旅游收入都以 20% 以上的速度递增。同时，悠久的历史和独特的自然环境，造就了威海独具特色的地方文化，威海已经成为人们休闲旅游的重要选择之一。

2. 休闲需求形成一个新的市场

从世界范围看，休闲已成为人类生活的重要内容，用于满足人们休闲的精神文化需求为主要内容的休闲产业，在未来 20 年的时间里，将在全球的经济生活中占据重要地位。全球著名休闲城市 85% 是海湾城市，如法国尼斯、澳大利亚黄金海岸、美国夏威夷、泰国普吉岛、澳大利亚 NOOSA 湾等。在发达国家，有海湾的地方都可以看到游艇和帆船。桅杆已成为海湾城市休闲产业发达的标志。

从国内来看，在北京奥运会上实现帆船项目夺牌乃至夺金的突破后，水上项目尤其是帆船帆板运动逐渐进入国人的视野。据悉，从 2006 年开始，青岛市就启动了帆船运动进校园活动。3 年来，全市建立了 43 所帆船特色学校、

82 个中小学生帆船俱乐部，发动社会各界捐赠帆船 1000 条，培养 2600 名青少年帆船运动骨干。此外，在日照，体育部门也开始着手制定相关计划，让普通市民能有机会借助公共资源体验帆船帆板运动的乐趣，将推广帆船帆板运动与推进全民健身结合起来。在全国其他海滨城市，很多与帆船帆板运动相关的推广活动也在陆续开展。如此一来，帆船运动已经逐渐深入人心。

然而，据中国帆船帆板运动协会副秘书长周长城介绍，从以往的比赛成绩和现在的发展状态来看，中国小帆船运动的基础比较好，但是大帆船发展得比较晚，水平相对较低。竞技类大帆船操作技术难度大，资金需要量大，群众基础薄弱，成为制约中国大帆船发展的关键性因素。休闲帆船运动作为中国体育史上的空白，具有操作性强、资金投入量少、零距离亲海、参与性强、环保等诸多优点，可以说，发展休闲帆船运动符合产业发展趋势，更是顺应社会发展的必然选择。

（四）宏观政策条件

1. 政策支持

2009 年 11 月 25 日，国务院总理温家宝主持召开国务院常务会议，讨论并原则通过了《关于加快发展旅游业的意见》。《意见》将旅游作为扩大内需、拉动消费的战略产业和优先突破口，首次提出将旅游行业培育成国民经济的战略性支柱产业和人民群众更加满意的现代服务业，这为不断增进在旅游休闲方面的国民福利，为我国旅游业新一轮腾飞确定了方向。会议强调要推动旅游产品多样化发展，积极发展休闲度假旅游，大力推进旅游与文化、体育、海洋等相关产业和行业的融合发展，培育新的旅游消费热点，丰富旅游文化内涵。这为威海发展休闲帆船提供了十分有利的政策依据。目前，我国旅游经济正处于加快发展的战略机遇期，我国旅游经济在 2010 年有望实现更好更快的增长。而根据此前世界旅游组织做出的预测，到 2020 年中国将成为世界最大的旅游目的地国家。业界普遍认为，这十年也将成为中国旅游业发展的"黄金十年"。另外，威海市城市发展规划、威海市蓝色经济区总体规划也都明确提出要发展帆船，为发展休闲帆船提供了有利的依据和指导。

2. "蓝色经济区"的思考

2009 年 4 月，胡锦涛总书记在山东考察时曾提出要积极发展"蓝色经济"。其中"蓝色经济"中的海洋休闲度假产业，仍处于萌芽阶段，发展空间及潜力不可估量，是山东经济发展的重头戏。

2009 年 7 月，《关于打造威海蓝色经济区的实施意见》中指出，威海市要以千公里海岸线为载体，以海文化为灵魂，着力推进旅游业由传统低端向现代高端转变，由观光型向度假型转变，由单纯重景观建设向重旅游文化精品建设转变，由点式开发向串珠成链、资源整合转变，由重资源开发向重市场营销和资源开发并重转变，加快打造东方幸福海岸，建设旅游度假基地，不断提升旅游文化品位，打造富有特色的旅游文化品牌。其中特别提出，要全力打造海上运动休闲品牌，加快海水浴场、海上游艇、休闲广场等建设，积极开展帆船等运动项目，建设4处国际游艇俱乐部和1处国际帆船基地。

《关于建设威海高端产业聚集区的实施意见》中也提出，围绕建设旅游度假基地、打造幸福海岸的目标，进一步整合资源，加快转型升级，全面提升旅游产业核心竞争力、国际吸引力和开放兼容力。到2012年，旅游总收入占GDP的比重达到10%，成为国内知名滨海度假旅游目的地。在提升重点景区档次、加快旅游度假区建设的同时，突出海洋等资源特色，着力打造高端旅游精品。重点建设钓鱼基地、国际游艇俱乐部、国际帆船基地、国际邮轮码头、沙滩休闲运动和海上夜游项目，形成国内北方最佳海上休闲旅游基地。统筹发展休闲体育旅游，打造以高尔夫运动为核心、各种休闲体育娱乐和美食购物活动配套的高端旅游品牌。

综上所述，在威海发展休闲帆船运动，将威海国际帆船基地打造成品牌，打造"国际休闲帆船之都"，充分符合上述国家和城市打造"蓝色经济区"和"高端产业聚集区"的实施意见。同时，引进休闲帆船，将成为发展"蓝色经济"的创新实践。

3. 休闲帆船，助力威海成为北方温带旅游休闲度假基地

温家宝总理在2009年海南博鳌会议上，提出国家考虑在中国北方打造温带旅游休闲度假基地，并将旅游定义为最终消费、综合性消费、可持续消费、多层次消费的第三产业的龙头。休闲帆船的发展将成为威海打造北方温带旅游休闲度假基地的优势。

4. 威海因海而得名，发展海洋休闲产业恰逢其时

在2008年全市服务业发展工作会议上，市政府提出了要将威海市打造成滨海旅游休闲度假基地的目标。打造旅游度假基地成为中共威海市委、市政府新时期一项重要经济战略抉择，也是调整、优化旅游产业结构，推动旅游产业由观光型向度假型升级的重要途径。

2009年威海市政府工作报告提出了"加快建设创新开放宜居幸福的现代化新威海"的目标，创新、开放、宜居、幸福成为体现威海城市核心竞争力

的四大关键词。

《威海市城市总体规划》指出：以千公里海岸线为依托，建设具有海湾特色的休闲度假基地，构建"魅力威海"；创造充分的就业和创业机会，建设空气清新、环境优美、生态良好、社会和谐的"人居威海"。充分利用威海得天独厚的滨海自然环境资源，努力开发健康、自然、环保的高端旅游项目——休闲帆船，是增强城市核心竞争力的一个重要方面。

（五）领导和社会各界支持

国际休闲帆船基地建立以来，始终受到了国内外帆船权威人士的关注和指导。国际帆联常务主席 Mark Pryke 先生、比利时皇家帆船俱乐部主席安尼克先生、HOBIE 国际帆联联合会主席 David Brookes 先生、HOBIE CAT 亚洲区总经理唐成先生曾先后考察国际海水浴场，普遍认为威海非常适合发展休闲帆船运动，有望发展成为亚洲最大的休闲帆船运动基地。与此同时，我们的休闲帆船基地建设与发展也得到了国家体育总局、中国帆船帆板协会的充分肯定。中共威海市委、市政府及有关部门也给予了高度评价，市委王培廷书记在威海国际休闲帆船基地签字仪式前夕会见外宾时指出：威海国际休闲帆船基地一定要按照高起点、高标准、高服务的要求，努力建设成一流休闲帆船国际赛事基地、一流文化交流商务服务基地、一流旅游休闲度假示范基地。市长孙述涛在 2009 年威海国际人居节筹备工作会议上指出：休闲帆船项目是滨海休闲度假产业的创新实践，威海国际人居节的可持续性发展，需要"威海杯"这样的高端品牌赛事作支撑。鸿建地产将休闲帆船运动带到威海，符合威海发展及城市定位，将实现帆船运动在威海的普及推广，搭建威海走向国际、让世界了解威海的新平台，对深度挖掘城市的人居内涵与魅力、打造独特人居城市品牌，具有积极的意义。2010 年 6 月 2 日，威海市政府组织有关部门对全市旅游重点项目进行考察。市长孙述涛、副市长刘茂德带领市区有关部门领导莅临威海国际帆船基地。孙市长在视察过程中指出，国际帆船基地作为威海市重点旅游项目，是威海市打造"蓝色休闲之都，世界宜居城市"城市品牌的重要体现，对加快休闲旅游产业的转型升级具有引领示范作用。高区管委、市体育局、旅游局、建委、规划局等领导同志曾先后来基地调研，认为以建立休闲帆船基地为切入点，积极发展滨海高端休闲产业，符合威海市旅游与城市发展规划，对基地未来发展充满信心和期待。专家学者也对发展休闲帆船给予了科学评价，清华大学国情研究中心主任胡鞍钢教授在考察时提出，像威海这样的三线城市需要学会做好"无中生有"的文章，要搞好集成创新，休闲帆船就是一个很好的体现。

（六）HOBIE 国际帆船邀请赛和锦标赛的铺垫作用

2009 年 6 月 5 日，作为中国首次举办的高层次国际性 HOBIE 帆船赛事——2009 首届"威海杯"HOBIE 国际帆船邀请赛签约仪式成功举行。市委领导及相关部门给予了极大的关注与支持。2009 年 9 月 5 日至 7 日，在威海国际休闲帆船基地举办了 2009 首届"威海杯"HOBIE 国际帆船邀请赛。

本次比赛邀请了 12 支专业比赛队伍，20 多名世界级帆船选手参赛，包括比利时、澳大利亚、泰国、新加坡、马来西亚、日本、韩国和中国香港等地的俱乐部优秀选手，其中包括双体帆船世界锦标赛冠军、亚洲冠军、泰王杯冠军等知名选手、中国博那多级帆船奥运选手。比赛所用的帆船是由世界最大帆船品牌澳大利亚 HOBIE CAT 生产的全球最著名的专业性双体运动帆船，具有极强的高端化、国际化和专业化特征。

中国首次级别最高、规模最大的双体帆船国际邀请赛的成功举行，得到了市委、市政府的高度评价。同时，受到了社会各界及国内外人士的广泛关注与一致好评。这不仅为威海市申办 2010 年"威海杯"HOBIE 世界锦标赛打下了坚实的基础，而且为将威海打造成为"国际休闲帆船之都"做了良好的铺垫。HOBIE 世帆赛是国际帆船联合会批准的单项世界最高级别帆船赛事，也是目前世界上最受欢迎、最具观赏性的双体帆船顶级赛事。海御 19 "威海杯"HOBIE 世界帆船锦标赛将于 2010 年 8 月 15 日至 30 日在威海国际海水浴场举行，这是亚洲第一次举办 HOBIE 世界帆船锦标赛。此项赛事的引进，不仅对中国，乃至对亚洲帆船运动的开展具有十分重要的意义，将为中国帆船运动谱写新的辉煌一页。该赛事使威海市距"国际休闲帆船之都"的目标又近了一步。

（七）威海国际休闲帆船基地已具雏形

1. 与国际帆联组织合作一步到位

鸿建公司现已是比利时皇家游艇俱乐部姊妹俱乐部、国际航海商务组织重点合作支持俱乐部、中国·欧洲航海商务组织合作成员、香港双体帆船俱乐部的联盟俱乐部、香港皇家游艇会的联盟俱乐部。

2. 基地设施建设

自从国际休闲帆船基地建立以来，始终受到了国内外帆船权威人士的关注和指导。国际帆联常务主席 Mark Pryke 先生、比利时皇家帆船俱乐部主席安尼克先生、HOBIE 国际帆联联合会主席 David Brookes 先生、HOBIE CAT 亚洲区总经理唐成先生曾先后考察国际海水浴场，普遍认为威海非常适合发展休闲帆船运动，有望发展成为亚洲最大的休闲帆船运动基地。

与此同时，我们的休闲帆船基地建设与发展也得到了国家体育总局、中国帆船帆板协会的充分肯定。今年 7 月 31 日，国家体育总局对举办"威海杯" HOBIE 国际休闲帆船邀请赛做出了同意性批复。中共威海市委、市政府及有关部门也给予了高度评价，市委王培廷书记、市体育局、旅游局、建委、规划局等领导曾先后来基地调研，认为以建立休闲帆船基地、举办"威海杯" HOBIE 国际帆船邀请赛为切入点，积极发展滨海高端休闲产业，符合威海市旅游与城市发展规划，对基地未来发展充满信心和期待。

2008 年 6 月 8 日，威海市与中国·欧洲航海商务组织、比利时皇家帆船俱乐部联合成立威海国际俱乐部基地，市委书记王培廷及有关领导参加了合作成立仪式。经过一年多精心运作，各种设施日臻完善，服务功能不断增强，目前，拥有各类帆船 50 余艘，威海国际休闲帆船基地已具雏形。基地由三大部分组成，总投资约 10 亿元，总规划建筑面积约 14 万平方米。

（1）海上部分

主要有海上帆船俱乐部，包括海上帆船培训中心、海上运动休闲中心、沙滩帆船会所等，各类帆船规模将达到 100 艘。计划总投资 2000 万元，目前拥有各类帆船 50 艘。

1）精彩体验——亲海活动。如帆船运动、海上划浪运动、皮划艇运动、帆板运动。

2）普及推广——沙滩培训。

A. 外教专业指导。帆船出海培训课程，针对帆板、帆船的课程教育及少儿 OPT 艇专业培训体验区。

B. 欧洲各国优秀外籍教练联动执教。

C. 奥运 OPT 艇国际认证资格。

D. 国际比赛。俱乐部定期组织世界选手参加的威海帆船比赛。

3）沙滩活动——专属沙滩。

设有比利时皇家帆船俱乐部式的沙滩木屋，分为室内和室外两部分，主要功能包括淋浴、更衣、室内培训、休闲区等。

4）主导项目——HOBIE CAT 帆船。

世界最大帆船品牌澳大利亚 HOBIE CAT，是国际帆联指定的亚运会、奥动会、世锦赛船型。

（2）陆地配套服务部分

现正在全力打造休闲帆船基地的陆地依托——国际帆船度假城及配套设施。这是以休闲帆船为主题，以海水热疗为特色，以五星级酒店、四星级公寓酒店、高级度假公寓为主体的综合建筑群。该项目位于国际海水浴场中心区，占地面积50亩，初步规划总建筑面积165000平方米，总投资约8亿元。项目主要包括：20000平方米的国际海水热疗健康中心；35000平方米的五星级国际帆船大酒店；65000平方米的四星级海水热疗度假公寓酒店；35000平方米的海水主题度假公寓；5000平方米的海鲜特色餐饮城；5000平方米的设备用房。为了突破北方滨海休闲度假受季节性限制的瓶颈，实现"四季海湾"目标，率先将国际海水热疗引入中国。目前已和世界著名品牌法国圣马洛海水理疗中心达成全面合作意向，引进代表国际先进水平的法国热疗技术和设备，将来由法方委派有关人员负责经营管理和培训工作，努力打造中国海水热疗第一品牌。在五星级酒店经营合作上，已与国际著名酒店管理集团——万豪集团达成了合作意向，使其成为威海第一个引进国际知名品牌的五星级酒店。

六　积极行动起来，抢占中国休闲帆船市场制高点

现在，在发展休闲帆船方面，威海可以说已经抢先了一步。2008年6月，威海鸿建房地产有限公司与中国·欧洲航海商务组织和比利时皇家帆船俱乐部合作，投资建设威海国际帆船基地，率先将帆船运动引入威海，开启了向高端休闲旅游产业迈进的新篇章。为了尽快把威海打造成"国际休闲帆船之都"，我们提出如下建议。

第一，借助2010年HOBIE世界帆船锦标赛赛事筹备活动，加大休闲帆船宣传力度，普及相关知识，培育帆船文化，逐渐浓厚威海社会帆船文化氛围，提高广大市民的参与度，为打造"国际休闲帆船之都"提供强有力的舆论支持和社会导向。

第二，市政府应该从政策上给予更大的支持，扶持、引导、促进休闲帆船产业的健康发展。在贷款、税收等方面给予相关企业适度的政策倾斜和优惠。

第三，创新项目运作模式和管理方式。应推行"政府主办、企业承办"的发展模式，采用市场化运作方式，由政府提供政策、基础设施方面的条件，企业投资建设，真正实现政府搭台，企业唱戏。这样既不会增加政府财政支

出，也便于集中优势力量，重点突破。在休闲帆船及相关产业的管理上，可借鉴青岛等城市的经验，由市政府统一制定组织办法、基础设施建设标准等引导性政策来规划市场，保障休闲帆船产业有序发展。

第四，典型引路，先试先行。应坚持高起点、高标准、高服务的要求，集中建设一至两个沙滩休闲帆船基地。近两年来，鸿建公司围绕休闲帆船基地建设进行了大量前期准备，各项工作都在按照预定目标有条不紊、扎实有序地推进。公司所属的威海国际休闲帆船基地在配套设施规模、服务功能和拥有帆船数量方面都将居于亚洲领先水平，打造亚洲规模最大、具有国际影响力的国际休闲帆船基地可以此为依托。

第五，做好海岸、沙滩等资源的储备与保护工作。威海岸线资源丰富，海滩、海湾众多，应在充分保护好现有沙滩资源的基础上，对沙滩帆船、游艇等水上运动区域做好用地预留。

第六，抢抓机遇，立即行动。现在，深圳、厦门、漳州、青岛、日照等城市在发展帆船方面都跃跃欲试，所以，要积极行动起来，抢占休闲帆船市场制高点，率先把威海打造成"国际休闲帆船之都"。

总之，我们认为，发展休闲帆船恰逢其时，把威海打造成"国际休闲帆船之都"各个方面的条件都已经具备，建设"国际休闲帆船之都"势在必行，时不我待。休闲帆船，大有可为，前景广阔！

[作者单位：山东大学（威海）　课题组成员：刘东霞
陈　玉　张晓华]

转方式 调结构 大力推进蓝色
经济先行区建设步伐

尹选芹

"打造山东半岛蓝色经济区"，是党中央对山东提出的战略任务，也是山东乘势而上的重要历史契机。为此，中共山东省委、省政府和中共威海市委、市政府都先后出台了指导意见和实施意见。荣成市则明确提出打造蓝色经济区的先行区，这是具有战略眼光的重大决策。我们认为，这一重大决策的顺利实施，最关键的是，要抓住机遇，真正实现经济发展方式的转变和经济结构的根本调整。

一 建设蓝色经济，转方式、调结构是当务之急

作为海洋经济大市，多年来，荣成的海洋经济发展取得了显著成效。但与建设蓝色经济区的要求相比，还仅仅是一种原始的、低层次的状态。随着产能的扩张和经济规模的扩大，结构性矛盾日益凸显，低层次项目多，传统产业比重大，规范龙头项目少，高新技术项目少，增长方式粗放，创新驱动力不足，第三产业贡献率离国家提出的到 2020 年达到 48.5% 的要求还有很大差距。因此，必须从思想上充分认识转方式、调结构的迫切性。

1. 转方式、调结构就是经济发展的规律

从国际经验看，不论是发达国家还是新型工业化国家，无一不是在转方式、调结构中实现快速发展的。比如新加坡，在 20 世纪 60 年代依靠港口贸易大力发展加工制造业，实现了农业经济向工业经济的转型；随着电子信息技术的发展，制造业又转向了以高新技术产业为主导的高端制造业；随着知识经济的发展，80 年代中期以第三产业为主的服务经济成为新加坡的龙头产

业。正是依靠连续的转型升级，新加坡保持了 40 多年的高速发展。我们处在工业化中期阶段，既要完成要素量的集聚，实现数量增长和规模扩张，又要运用新的思维研究优质要素的集聚，搞好产业结构和发展方式的升级转型，使经济发展站在前沿，掌握好主动权。

2. 转方式、调结构就是新的产业革命

在过去的 200 多年里，伴随科技进步，英国、美国、日本先后在三次产业革命浪潮中迅速转型、崛起，成为傲视全球的经济强国。第一次产业革命以蒸汽机为标志，奠定了英国在工业化时代的主导地位；第二次产业革命以电力的广泛应用为标志，使美国率先进入电气化时代，从农业国迅速转型为新兴工业国，并最终成为世界超级大国；第三次产业革命以晶体管、半导体、电子信息产业为标志，使日本率先进入信息化时代，成为世界经济强国。如今，以新能源、新材料、新医药、生物环保产业等核心技术的突破为标志，将引发第四次产业革命，必将推动人类进入绿色发展时代。目前国际层面一场新能源革命、争夺未来发展制高点的竞争已悄然启动。美国正在推行以能源为主的产业革命，低碳技术与新能源经济已经成为其摆脱危机振兴经济的重要内容，不惜投入 1500 亿美元发展新能源，计划 3 年内将可再生能源产量翻一番。奥巴马的"绿色新政"，将使美国的能源结构发生根本性变革，这种变革是一场跨行业、跨越式的技术革命，会导致建筑业、汽车业、新材料行业、通信行业等多个产业的重大变革，引发整个经济转型升级。英国 2007 年6 月公布了《气候变化法案》草案，出台了《英国气候变化战略框架》，提出了低碳经济远景设想。欧盟宣布砸下千亿欧元发展绿色经济。日本在谋求从"耗能大国"到"新能源大国"转变。韩国将"低碳素绿色成长"确定为国家远景目标，试图通过绿色技术和洁净能源推动向新经济转型。总之，放眼海外，世界各国都在摒弃 20 世纪的传统增长模式，探寻一条走向生态文明的新路，通过低碳经济模式加快技术创新、产业突破和发展模式转型，抢占新的发展制高点。我们只有抓住新一轮产业革命的后发优势，加快转方式、调结构步伐，在新兴产业发展方面抢占先机，才能缩短差距、跨越发展，才能在未来的全球产业分工中占据更加有利的地位。

3. 转方式、调结构就是应对国际金融危机

从国际国内经济环境看，金融危机带来了国际产业大调整、大重组，全球跨国公司基本上都在重新布局，大的产业、大的企业集团都在进行重组，产业往成本低的地方转移的趋势更加明显。我们要依靠临港优势、区域优势，想办法引进一批好的国际转移的产业。同时，软件、服务外包转移的步伐不

断加快，进口资源、设备、技术的成本明显降低，为我们转方式、调结构创造了有利条件。另一方面，从荣成市的企业看，同样受国际金融危机的影响，结果却千差万别。出口加工业竞争力明显减弱，特别是那些贴牌加工、出口为主的企业经营非常困难甚至破产倒闭；而那些倚重自主创新、注重创立自主品牌的企业，虽然受到影响但影响不大，有的企业却逆势扩张。这说明，这次国际金融危机的冲击，表面上看是对经济增长速度的冲击，实质上是对经济发展方式的冲击，危机冲击的是低附加值的传统产业，而高新技术产业、生物医药产业、新能源产业却影响不大。因此，我们要主动利用当前经济形势对经济结构调整形成的倒逼机制压力，在转方式、调结构上下功夫，深入研究如何引进朝阳产业、新兴产业和优质要素，如何改造原有传统产业，推动经济发展的整体层次提升。

二 转方式、调结构，要更加注重发挥比较优势

荣成市拥有发展蓝色经济的独特优势，这些优势为我们转方式、调结构提供了基础和前提，关键在于我们要充分利用这些优势，加快转方式、调结构，使我们的经济向高层次发展。分析这种独特的比较优势，至少表现在以下7个方面：

1. 海洋资源优势

蓝色经济区依托的是海，开发的是海，岸线是发展临海经济最基本的条件，而海恰恰是荣成市最大的优势。就岸线资源而言，荣成市海岸线近500公里，约占全省的1/6，全国的1/36，拥有滩涂15万亩，20米等深线以内浅海水面200万亩，与耕地面积相当。近海生物资源丰富，石岛渔场是中国四大渔场之一，经济生物300多种，海参、鲍鱼、海胆等海珍品驰名中外。就港口而言，荣成市不仅拥有石岛港、龙眼港两个国家一类开放口岸、两个一类作业区和5个临时开放港口和码头，各类渔港码头107处，而且多为港湾式海岸，水深坡陡，建港条件非常优越，有专家认为荣成建港的优势条件在全国都不多见。就旅游资源而言，荣成市千里岸线蜿蜒曲折、岬湾相连，沿海分布着10大海湾、50多个大小岛屿、10个天然海水浴场，国际公认的"阳光、沙滩、海水、空气、绿色"五个旅游资源基本要素都具备，山、海、岛、礁、滩及历史人文遗迹遍布境内，拥有2个4A级风景区、9个省级以上自然保护区，滨海旅游业具有巨大的发展潜力。

2. 地理区位优势

地理因素是区域经济中的基本要素。地理上的邻近往往是地缘经济合作的基础，有利的地理位置将会给一个国家或地区带来更多的经济利益。荣成市位于山东半岛最东端，北与辽东半岛、东与朝鲜半岛和日本列岛隔海相望，是我国距离韩国最近的城市，跨海直线距离仅94海里；处于中国环渤海经济区和东北亚地区的交汇点，是贯通东北三省、长三角经济区和中日韩自由贸易区的节点城市和最前沿。我们要利用这一地缘优势，积极参与区域经济合作，发展同周边国家或地区的经济技术交往，从地缘优势中获得更多的发展机会和更广阔的市场空间。

3. 生态环境优势

蓝色经济区是生态经济区，而荣成市生态环境优势明显，属于暖温带大陆性季风型湿润气候，气候温和，四季分明，冬少严寒，夏无酷暑，年平均气温12℃、日照2600小时、降水800毫米左右。拥有伟德山、槎山两个国家级森林公园，大天鹅自然保护区是世界四个大天鹅越冬栖息地之一。全市森林覆盖率达38.2%，每升空气中负氧离子平均80万个以上，是全国空气质量最优的城市之一。先后被评为国家生态市、国家环保模范城市、中国优秀旅游城市、国家园林城市、首届中国魅力城市、中国人居环境范例城市。

4. 口岸开放优势

蓝色经济是开放型经济，而对外开放是荣成市的明显优势，我们拥有石岛、龙眼两个国家一类开放港口、两个一类口岸开放作业区和5个临时开放港口（码头），现已开通了14条国际国内航线，其中石岛港是中国大陆对台直航的重点港口之一。改革开放以来，共引进12家世界跨国集团、20多家国内大型企业集团来投资，"十一五"以来全市年均实际利用内外资80多亿元。2009年，外贸进出口总额224858万美元，同比增长7.9%；实际利用内资79亿元，同比增长15%。

5. 特色产业优势

产业是经济活动的载体，是经济系统中的基础单元。荣成市特色产业优势明显，渔业经济总收入连续28年稳居全国县级首位，并实现了由传统渔业向现代渔业及食品生物技术产业的转型升级，围绕大众化海洋食品，开发了即食海参、盐渍海带、海藻饮品、冷冻调理食品、罐头食品、休闲食品、功能营养食品等系列产品；围绕功能性海洋保健品，开发了具有益智健美、滋补保健、排毒养颜、免疫养生等特殊功效的高科技海洋保健品；围绕疗效型海洋药品，开发了高效低副作用的新型海洋天然药品。目前全市涉渔企业400

多家，从业人员 13.6 万人，固定资产总值 400 多亿元。2009 年全市水产品产量 108 万吨，渔业经济总收入 449.4 亿元，分别占全省的 1/7 和 1/5，渔业经济连续 28 年位居全国县级首位。造船工业实现了由修造渔船向建造大型商船的转型升级，按照多元化投资、专业化生产、社会化协作、本地化配套的发展思路，建立以设计为先导、总装造船为核心的现代造船模式，规划建设了龙眼湾、马山湾、俚岛湾、石岛湾、靖海湾五大修造船板块，形成布局合理、链条完整的新型船舶工业体系。目前已拥有整船制造企业 10 家、零部件配套企业 60 家，造船能力达到 80 万载重吨，成为可造修大型集装箱船、重吊散货船及现代渔船为主的现代化船舶制造基地，是全省重点发展的六个船舶工业聚集区之一。到 2012 年全市造船产能可突破 500 万载重吨，努力打造国家级修造船基地。食品工业是荣成市的传统产业和重点发展的支柱产业之一，是全国最大的冷冻水产品、冷冻调理食品、海带食品、海产罐头食品、深海鱼油软胶囊生产基地，品牌优势突出，拥有 2 个中国名牌产品，2 个中国驰名商标，19 个山东名牌产品，10 个山东省著名商标，以及"荣成大花生"、"荣成海带" 2 个全国地理标志商标。现有食品生产企业 596 家，以"海洋三品"（海洋食品、药品和保健品）为主导，规模以上食品加工企业 256 家，"三资"食品企业 185 家，年加工能力 200 多万吨，占全省的 37.2%，食品工业销售收入占全省的 8.5% 以上，是中国产业集群品牌 50 强、全国食品工业发展十大特色市之一，被评为"中国海洋食品名城"和"中国绿色食品城"。汽车产业形成了以华泰汽车、成山集团等企业为龙头，200 多家零部件企业的产业集群，拥有 3 个整车生产目录，开发了经济环保型小排量轿车。特色滨海旅游产业实现了由观光游览型向休闲度假养生型的转型升级，在抓好成山头、神雕山野生动物园、天鹅湖、赤山法华院、槎山等景区景点建设的同时，以千里海岸为轴线，深度挖掘海洋文化和渔家文化，形成了以养生休闲为主题的闻涛度假、生态渔村、养生渔吧、休闲农庄等千里海岸生态休闲养生度假旅游长廊。其他像能源石化、核电风电、临港物流等新兴产业也都正在迅速崛起。

6. 科技创新优势

经济社会转型升级，科技创新是先导。荣成市凝聚了堪称"国家队"的海洋科技力量，从海洋资源的开发到传统渔业的变革，再到海洋新兴产业的培育，海洋科技的触角渗透到了海洋经济的每个角落，基本形成了学科齐全、人才荟萃、设施配套的海洋科技发展体系。全市高新技术企业 21 家，高新技术产业产值比重达到 35%，被授予全国科技实力百强县、全国科技进步先进县、全国科普示范市等称号。海水养殖技术处于世界领先水平，是国家级海洋综合开发示范区、国家 "863" 计划成果产业化基地、全国科技兴海示范基地、国家海水养殖科教兴农与可持续发展综合示范县和省级海洋科技成果推广示范基地，共实施和转化 "863" 项目 30 多项，实施省级以上科技计划项目 100 多项，拥有 12 个威海市级以上水产品良种场、34 个威海市级以上企业技术中心和工程技术研究中心。全市有 40 多家企业与中国海洋大学、中科院海洋研究所、北京航空航天大学等科研机构建立了产学研合作关系，组建了 19 名专家院士科技顾问团。

7. 基础设施优势

实现经济社会转型升级，基础设施的支撑是前提。荣成市公路密度达到 144 公里/百平方公里，省级以上公路通车里程达到 287.6 公里，纳入国家建设项目的环海生态路即将完工，青荣城际铁路、荣乌高速公路即将开工建设，威石港口铁路正在规划，"三纵五横一环" 交通路网已具雏形。青荣城际铁路是一条名副其实的经济路，建成后将实现山东半岛 "一小时交通"，将海岸沿线的港口、旅游景点、重点企业和卫星乡镇串联在一起，形成一个新的经济带。全长 2020 米的长会口跨海大桥，不仅将荣成、文登两市连接在了一起，而且使威海 417 公里的滨海旅游景观公路连成了一体，加速了区域经济的融合。荣成市输变电能力位居全省前列，华能、国华等风电项目已经并网发电，石岛湾核电站项目正在建设。各类园区配套齐全、功能完备，其中 2 个省级经济园区、2 个省级旅游度假区具有发展高端项目的较强承载力。更为重要的是，我们有着 "创新、争先、奉献、和谐" 为主要元素的荣成精神，有 66.8 万勤劳朴实、勇争一流的荣成人民，有坚强的领导班子和较高素质的党员干部队伍，有着庞大的开拓进取、实干创新的企业家队伍，这是我们打造半岛蓝色经济先行区，实现经济社会转型升级的宝贵财富。

三 紧密围绕建设蓝色经济先行区，转方式、调结构

建设蓝色经济先行区，加快转方式、调结构，机遇的确千载难逢。但这个机遇怎么抓，能否将机遇转化为发展，我们认为需要在以下几个方面做出努力：

1. 牢固树立转方式、调结构的理念

理念是行动的先导，转方式、调结构首先要做到理念转型。要坚持 "工

业兴市"发展战略不动摇，明确"企业兴、产业兴，才能带来荣成兴"，"兴"就要加快转方式、调结构的步伐，不断推动经济转型升级。要在对海洋的全新认识和统筹协调中创新发展思路，形成"陆海一体、港城一体、港带一体"的蓝色发展理念，建立"陆上荣成、海上荣成、海外荣成"三种发展机制，形成促进蓝色经济健康发展的有力保障。

2. 明确转方式、调结构的方向，就是要明确向什么方向转、向什么结构调

从当代经济发展趋势及荣成市实际看，要向五个方面努力。一是高端化，即大力发展高端产业，提升产业发展能级，提高竞争力。二是服务化，即高度重视金融服务、现代物流、商务会展、信息咨询、文化创意等现代服务业，推动经济向低耗能、低污染、高就业的服务经济转型。三是创新化，即加强自主创新，大力发展创新型经济。四是品牌化，即大力推进品牌建设，形成有影响力的名牌产品、名牌企业和名牌产业。五是集约化，即从粗放式发展转向集约式发展，通过提高资源能源利用率、投入产出率、劳动生产率，实现资源集约利用和可持续发展。

3. 探索转方式、调结构的方法，就是要深入研究怎么转、怎么调

通过调研，我们归纳为 8 种方法：

（1）自主创新促转型，即从"贴牌模仿"向"自主创新"转型。低廉的劳动成本已经不再是企业最大的竞争优势，最大的竞争优势是核心技术。而自主创新是掌握核心技术、提升核心竞争力的重要手段，是实现转型升级的重要举措。提高自主创新能力，一要把吸纳优秀科技研发人才作为重要支撑。要在抓好内部人才培养的同时，注重从高等院校、科研院所引进高端人才。坚持事业留人、待遇留人，形成有利于人才成长的政策支撑和人才体系，鼓励优秀人才脱颖而出。二要把自主研发与联合开发有机结合作为主要途径。鼓励企业与高等院校、科研院所建立利益共享、风险共担的产学研联合机制，共同进行新产品研发。三要把建立和完善创新机制作为重要举措。建立健全各种激励机制，成立研发机构，加大研发投入，打造自主创新平台。四要把保护知识产权作为重要保障。知识产权保护是对企业科技创新的激励，是防止自主创新成果被侵害的必要举措。保护知识产权要求企业一方面要加强内部管理，确保自己的商业秘密不被泄露；另一方面在获得核心技术和新产品后要及时申报发明专利，以取得法律保护。

（2）做精主业促转型，即由低端产业向高端产业转型，占领全球价值链的高端。从荣成市实际出发，占领高端价值链，除了要加强研发环节以外，更要鼓励企业从"单纯的加工制造环节"向"制造＋服务模式"转型。所谓

"制造＋服务模式"，通俗地说就是由"卖产品"转向"卖服务"，把服务渗透到产品的设计、制造、销售等各个领域，提升客户满意度，延伸产业链，形成新的盈利增长点。实现这一转型，企业面临两个问题：如何改善现有的服务品质？如何通过创新服务开拓新的市场？为此，一要抓好载体建设，集中精力建设好工业园区，做优园区规划、做精园区配套、做活园区经营，把园区作为一个现代企业来经营，作为一个招商品牌来打造，作为一个有机整体来营销，提高规模化、集约化水平。二要提高生产性服务业的配套能力。整合产业链的相关资源，既可以通过向上下游产业链的纵向扩张，也可以通过产业链的横向拓展，大力发展工业设计、信息中介、现代物流、服务外包等生产性服务业和零部件配套企业，使配套产业本地化，开拓新的市场机会。三是强化"市外就是外"的招商理念，加大招商引资力度。采取强强联合、大小合并、上下游整合等多种形式的联合模式，引进一批水平高、效益好、带动力强的外资大项目、高端项目，实现外资企业本土化，以弥补本地产业集群在核心技术方面的不足；引进一批央企、国企和重量级民企项目，推动各类资源向主导产业集中，促进生产要素高效组合，提升竞争力。同时，有条件的企业还可以通过参股、上市融资、开展资本经营、引进风险投资等方式，形成利益共同体，降低企业运行费用，增强抵御风险能力。四是在优化服务上再努力。要确立"客户呼声是第一信号，客户需要是第一选择，客户利益是第一考虑，客户满意是第一标准"的服务准则，以机关效能提速年活动为契机，切实转变作风，提升服务效能，尽最大努力推进好、支持好、服务好全市各类重点项目。

（3）"强二扩三"促转型，即强"二产"扩"三产"，促进产业体系转型升级。重点发展大物流，因为大工业必然带来大物流，大物流必然拉动和支撑大工业。据发达国家经验，物流业每增长 2.6 个百分点，可以使经济总量增加 1%。美国物流业规模已超过 1 万亿美元，占 GDP 的 10% 以上，几乎是高新技术产业的 2 倍。当前我国制造企业的成本构成中，材料费用居第一，物流成本居第二，占销售额的 5%～35%，产品 90% 以上的时间处于仓储、运输、搬运、包装、配送等物流过程中。如果我们的物流业能达到国际先进水平，企业的物流成本将下降 70%。因此，发展大物流是我们实现快速转型的有效途径。要抓住蓝色经济区建设这一有利时机，按照统筹规划、合理布局、适度超前、安全可靠的原则，一方面在拓伸铁路、公路的基础上，整合港口资源，加大港口港区整体连片规模化开发，开通"海铁公联运"绿色通道，建设内外通达的海陆空交通体系，提高承载能力。另一方面，积极转变营销方式，加快物流园区建设，做好货源、航线开发工作，扩大经济腹地和区域协作半径，在打造"大物流"、拉长"物流链条"方面下功夫，把港口物流业打造成蓝色经济区先行区的重要支柱。

（4）节能减排促转型，即从"高能耗、高污染"向"低能耗、低污染"转型。环境是生产力，环境是竞争力。蓝色经济区最大的优势是生态，最大的财富是生态，最大的潜力还是生态。资料表明，海上污染的一半以上来自陆地。因此，打造蓝色经济区先行区，沿海和内陆要共同做好"生态"这篇大文章，综合运用法律、经济、技术和必要的行政手段强化节能减排措施，倒逼转型升级。一是充分发挥政府的主导作用。要在原有环境污染整治和生态市建设工作的基础上，将环保工作纳入经济社会发展综合评价体系，纳入各有关部门的目标责任制，坚持和强化节能减排问责制和"一票否决"制。要强力推进"节能降耗工程"，提高产业准入标准，建立产业退出机制，严格实施污染物总量控制，淘汰落后产能。要大力促进产业生态化和生态产业化，通过发展生态产业、推行清洁生产、资源节约利用以及工业向园区集中、人口向城镇集中、住宅向社区集中等，推动产业向资源节约和生态环保方向发展。二是引入市场机制。积极探索以市场机制保护生态环境的路子。通过建立政府财政补助等激励机制，绿色信贷、绿色保险、绿色贸易等约束机制，环境税、生态补偿、排污权交易等环境经济政策，让注重环保者得到奖励，污染环境者付出代价，而且足以"奖得心动、罚得心痛"，从而有效解决环保领域长期存在的"守法成本高，违法成本低"的问题。三是建立社会参与机制。健全海洋灾害预警和应急管理机制，加大执法力度，强化全社会的生态环保意识，引导社会各界支持、参与节约资源、保护环境、造林绿化、减少污染等活动，从我做起，从身边小事做起，从现在做起，把节约资源体现在日常生活的每个细节中，成为生活习惯。在行政力量与市场机制的有机结合中，实现保护与开发相结合的最佳效应。

（5）海陆统筹促转型，即从"海陆分离"向"海陆统筹、城乡一体化发展"转型。一是海陆产业统筹发展，把临港经济、涉海经济、海岛经济、沿海经济以及海外经济作为一个整体，将适宜临海发展的产业向沿海布局，同时把海洋产业链条向内陆腹地延伸，带动城乡一体化发展。二是海陆基础设施统筹建设，按照城乡一体化发展要求，统一规划建设港口、铁路、公路、航空设施，形成内外通达的海陆空立体综合交通体系；加快新农村建设步伐，提高城镇化水平。三是海陆环境统筹治理。从控制陆源污染、提升入海河流与沿海城市污水处理能力、加强海洋污染治理等方面入手，加强海陆环境的综合治理。四是海陆生产要素统筹配置，将物流、人流、资金流等资源要素，按照效益最大化的原则，进行海陆双向合理配置，形成推动蓝色经济发展的强大合力，使整个经济在海陆一体中发挥"1＋1＞2"的效应，这是蓝色经济区的重要产业形式和经济发展的重要推动力。

（6）品牌建设促转型，即从"无牌贴牌"向"自主品牌"转型。品牌建设是企业掌握市场主动权、赢得竞争优势的重要法宝。在品牌建设上，一是可以通过"一品多牌"，进行差异化定位，最大限度覆盖市场，但要注意公众对企业与品牌的认知度问题。二是可以通过"一牌多品"，使各种品类充分共享品牌价值和影响力，收到集约化使用资源的效果，但要注意这种战略有一损俱损的风险。三是可以通过"多品牌战略"，使每个品牌在企业的业务结构中各司其职，互相补充。由于每个品牌的目标市场和消费群体不一样，投入和管理的难度相对较大。

（7）提升人力绩效促转型，即优化人力资源结构，提升人力绩效。人力资源是第一资源，是企业最有价值的资产。发展蓝色经济，适应未来更高层次、更高水平、更加激烈的竞争，创新型人才是关键因素。一要强化人才是第一资源的意识，高度重视人力资源建设，着力提高员工素质。二要进一步树立"人力资本优先积累"理念，有针对性地引进关键技术人才、技术创新管理人才和具备综合素质的高端人才。三要加强绩效管理，通过优化人力资源结构、明确岗位职责、加强绩效考核、强化内部控制、培育企业文化等强化绩效导向，构建适应转型升级的高绩效团队。

（8）强化管理促转型，即从粗放式管理向精细化管理转型。精细化管理是转型升级的必然路径。经验表明，好的企业往往能够在低潮期苦练内功、在复苏期形成火候、在高潮期抓住不放。当前，企业尤其要在精细化管理上下功夫，通过完善、优化、细化关键业务流程，充分利用现代信息技术建立科学、动态的管理机制和考核评价系统，强化执行等手段，增强企业发展的内动力。

（作者单位：中共荣成市委党校　课题组成员：毕建军 高和进　孙承廷）

技术性贸易壁垒的制度化趋势与
我国预警系统的建设

杨慧力

1 引言

全球金融危机的蔓延导致了各国新的贸易保护主义抬头，各种贸易摩擦和贸易壁垒愈演愈烈。由于技术性贸易壁垒具有合理性、复杂性、隐蔽性和灵活性的特点，受到世界各国，特别是发达国家的青睐。近几年来，技术性贸易壁垒在一些发达国家呈现制度化发展趋势，使得技术性贸易壁垒涉及范围更广，体系化、系统性和扩散性更强，跨越难度加大。在当前国际形势下，各国为了避免贸易摩擦升级，将贸易保护主义不断渗透到技术性贸易壁垒当中，这会进一步加剧技术性贸易壁垒的制度化发展趋势，将对我国对外贸易产生严重而深远的影响。研究技术性贸易壁垒的制度化趋势以及我国的应对措施具有重要意义。

关于技术性贸易壁垒的研究，国外主要关注发达国家的技术性贸易壁垒对发展中国家的影响，侧重于从短期成本、贸易流量以及经济的长期运行方面进行实证研究。国内的相关研究成果自 20 世纪 90 年代以来大量涌现，对于技术性贸易壁垒发展趋势的研究始于 2003 年。夏友富（2003），朱星华、刘彦、高志前（2003），卜海（2004），郑展鹏（2007）等学者研究了技术性贸易壁垒的发展趋势（其中包括制度化趋势）、对我国的影响及政策选择。陶蕴芳、尚涛等学者（2008）从制度变迁视角考察了技术性贸易壁垒的演化升级。但是，现有文献没有对近年来技术性贸易壁垒的制度化发展趋势给予足够的重视和跟踪研究。面对技术性贸易壁垒频发对我国外贸出口造成的损害，建设完善的技术性贸易壁垒预警系统成为当务之急。国内的相关研究主要集中在技术性贸易壁垒预警系统的构建，以及政府、行业协会与企业在预警系统中的作用方面。卜海（2003），刘玉贵（2004），魏建良、谢阳群（2006）等学者提出建立一套由政府、行业协会和企业共同参与的技术性贸易壁垒预警监测体系，形成多层次互动的国家级技术性贸易壁垒预警机制。孙敬水（2006）指出以技术性贸易壁垒咨询系统、信息沟通系统和技术支持系统三大系统为支撑，以预警预报体系、快速反应体系和多方互动体系三大体系为保障，建设我国技术性贸易壁垒预警系统。

现有文献对该问题的研究提供了有价值的信息和分析框架，但是目前学术界针对技术性贸易壁垒的制度化趋势下如何加强我国技术性贸易壁垒预警系统的建设尚未进行系统分析。本文在分析技术性贸易壁垒制度化发展趋势的基础上，指出我国预警系统建设中的不足，并提出有针对性的政策建议。

2 技术性贸易壁垒的制度化发展趋势

2.1 制度化的表现及对我国的影响

近年来，发达国家利用人们对生命安全及环境问题的关注，依靠高灵敏度的检测检疫技术和先进的检测设备，对进口产品的要求日益严格和系统化，其技术性贸易措施已从个别的限量指标发展成为名目繁多的限制或禁止指标体系，实现了技术性贸易壁垒从微观技术层面向宏观制度层面的转变，制度化特征日趋明显。所谓制度化，是指政府通过制定一系列涵盖产品生产、贸易和使用安全的综合性法规，以长期制度和法律法规对贸易活动实施管理，这些措施在规定内容上彼此关联、彼此配合，呈现综合性、系统性和法律化的特点。这种趋势在日本、欧盟和美国表现最为明显。

日本政府从 2003 年开始就利用对 WTO 程序的娴熟，将各种技术性贸易壁垒合法化、制度化。最具代表性的是日本于 2006 年 5 月实施的"食品中含有农药、兽药和饲料添加剂残留限定标准的肯定列表制度"（简称肯定列表制度）。肯定列表制度涉及 302 种食品，799 种农业化学品，54782 个限量标准，对目前所有农业化学品在食品中的残留都做了具体规定，而没有设定限量标准的农业化学品则执行 0.01 毫克/千克的"一律标准"，此制度堪称目前世界上最为严格的一套残留限量标准体系。仅针对我国大连韩伟集团出口日本的"咯咯嗒"禽蛋产品的检查指标就高达 570 多项。该制度的实施大幅提高了我国农产品出口日本的门槛，影响到我国近 80 亿美元的出口额，涉及 5000 多家对日农产品出口企业和 1600 万农民的利益。

欧盟近年来对产品进口制定了日益繁琐的认证注册程序，产品安全标准不断更新。2003 年，欧盟出台了化学品政策战略白皮书，对食品中化学物质的残留量设立了严格的限量标准，随后将这些标准形成法案，制定《关于化学品注册、评估、许可和限制的咨询文件》（即 REACH 制度，已于 2007 年 6 月 1 日正式生效）。该法案涉及 3 万种化学品，对广泛应用化学品的我国主要出口产品，例如纺织、服装、鞋、玩具、家具、家电和通信等产生了严重制约。近两年，欧盟以保护生态环境名义实施的技术性措施更是名目繁多，标准"苛刻"。如欧盟于 2007 年 8 月实施的能源产品生态设计指令（EUP 环保指令），涵盖了所有的用电产品，涉及从设计、制造到使用、维护、回收和后期处理一整条产业链，要求设计人员在设计新产品时就考虑整个产品生命周期对能源、环境、自然资源的影响程度。它是继《报废电子电气设备指令》（即 WEEE 指令，2005 年 8 月 13 日生效）和《关于在电子电气设备中禁止使用某些有害物质指令》（即 ROHS 指令，2006 年 7 月 1 日实施）之后的又一大环境壁垒，带有典型的制度化和体系化限制的特征，对我国 2/3 的机电产品出口造成了影响。

美国于 2003 年 12 月实施的《公共健康安全与生物恐怖预备应对法》也不是一个单独的法令或法规，而是一系列涵盖产品生产、贸易和使用安全的综合性法规，呈现出制度化限制的倾向，而这种趋势在全球金融危机的蔓延中得到了加强。2008 年以来的全球金融危机催生了各国新的贸易保护主义抬头，尤以美国为甚。美国于 2009 年初通过了备受争议的"购买美国货"条款，为了避免引起激烈的贸易纠纷，后来在条款后补充了"不得违反国际贸易协议"的规定，使欧盟、日本等少数与美国签署 WTO《政府采购协议》的国家得以进入美国市场，但是未与美国签署该协议的中国等多数 WTO 成员被挡在门外。这种贸易保护势头已经体现在技术性贸易壁垒当中，以避免尖锐的贸易摩擦。《器具标签法规》（ALR）是美国从 1980 年 5 月开始实行的强制性耗能器具的能源标示制度。2008 年初，美国联邦贸易委员会对该法规在能效标签的设计和内容上进行了大幅修订，并扩大了适用范围。新法规规定在冰箱、冷冻机、洗碗机、洗衣机、热水器、中央空调等几乎所有电器上执行黄色标签制度，要求制造商必须使用抬头为"Energy Guide"的黄色标签，并且必须按照规定格式和类型提供产品能耗信息。此举为我国输美家电设置了新的能耗壁垒，势必影响我国整个行业及上下游产业的发展，是明显的制度化限制的措施。

2.2 制度化的具体特征

（1）从自愿性措施向强制性技术法规转化。技术性贸易壁垒措施可分为自愿性措施与强制性措施。自愿性措施，如 ISO9000、ISO14000、各种环境标志认证、有机食品认证等，都以生产者自愿为原则决定是否申请认证。近年来，一些自愿性措施正在与强制性措施相结合，并向强制性法律法规方向转化。目前国际上已签订了 150 多个多边环保协定，发达国家积极制定技术标准和技术法规，为技术性贸易壁垒提供法律支持，并且有些条例是专门针对进口国家或商品而制定的。如对美国出口食品的生产企业必须建立并运行 HACCP 管理体系；进入加拿大的大部分商品须获 CSA 认证；进入日本的商品须获 G 标志、SG 标志或 ST 标志；进入欧盟的电器需要通过合格评定程序取得 CE 标志后方能进入。从目前情况看，一些非强制性的技术贸易措施在市场机制的作用下，也会产生强制性的壁垒作用。例如，虽然进入美国的电器产品取得 UL 标志并不是强制性要求，但是，事实上在美国市场上没有 UL 标志的电器几乎无人问津。

（2）从个别产品的限量指标向整个行业体系的限制规定发展。目前技术性贸易壁垒的种类已达 2500 多种，其涵盖的范围日趋广泛，不仅涉及初级产品，而且牵涉所有的中间产品和制成品，涵盖了研究、开发、生产、加工、包装、运输、销售、消费和处置等整个产品生命周期。例如发达国家强制推行的 HACCP 管理体系，要求企业要控制从"农场到餐桌"整个食品生产、加工、储运和销售过程中可能出现的各种食品安全危害。该体系最初用于保证美国航天食品的安全卫生，现已成为世界上最权威的食品安全质量控制体系之一。从人类安全和环境保护角度看，HACCP 体系有其合理性，确保了提供给消费者的食品更加安全；但从贸易角度看，由于发展中国家经济、技术发展水平低，达到从生产到消费各个环节的技术规范要求非常困难。

（3）涉及领域不断扩张，技术壁垒与知识产权保护高度集成。技术性贸易壁垒是从生产领域开始的，逐渐扩张至贸易领域，当前已从有形商品生产和贸易领域扩张到金融、信息等服务领域以及投资、知识产权和环境保护等各个领域。在 WTO 新一轮谈判中，除了 WTO 有关协议有明确规定外，许多环境保护协议、贸易与环境协议、贸易便利化协议、知识产权保护协议、自由贸易和投资协议等都涉及技术性贸易壁垒。我国几乎所有的出口商品都面临技术壁垒，不仅是纺织品、服装、农产品、机电产品等传统产业，而且一些高新技术产业，如计算机软件、电信产品等都受其困扰。近年来欧美的技术壁垒与专利壁垒集成使用大大增加了我国企业的出口成本和难度。这些国家一方面设立技术壁垒，要求进口国的产品达到其设定的技术标准，另一方面又把该标准下的技术申请了专利，如果我国企业想出口同类产品，就需要给对方交纳极高的专利使用费。我国在 DVD、彩电、电池、手机、数码相机等高新技术产品出口中遇到的问题均反映了这种趋势，每类产品、每项标准、每种技术壁垒措施背后，知识产权都成为重要支撑。

（4）随着贸易保护主义倾向加剧，技术含量不断升级，标准日趋苛刻。在当前全球金融危机下，各国新的贸易保护主义抬头。由于技术性贸易壁垒具有隐蔽性、合法性的特点，这种贸易保护主义已不断渗透到技术性贸易壁垒当中，寻求保护本国市场和避免直接贸易摩擦的目的。发达国家利用先进的检测设备和手段制定了名目繁多的限制指标体系，使技术壁垒的技术含量不断升级，标准要求日益苛刻。美国凭借技术优势从 2008 年初开始制定"全面营养质量指标"鉴定标准，科研人员采用世界最先进的技术检测食品中的实际营养成分，包括纤维素、维生素、矿物质、胆固醇、脂肪和蛋白质等 30 种营养物质，并且将根据实际营养成分对 4 万种食品进行打分，并把分数标在食品标签的营养含量表上。这是继美国的食品安全质量控制体系（HACCP）之后更为严格和隐蔽的技术标准措施，具有很强的贸易保护主义色彩，将削弱外国产品的竞争力。

由此可见，与此前一些相互之间不关联且临时性的贸易保护措施相比，如今技术性贸易壁垒已经具有规定内容彼此关联、彼此配合，具有综合性、制度化的特点，并且涉及范围更广、手续繁杂、措施严厉、扩散性更强，更易产生连锁反应，势必严重影响我国整个出口行业及上下游产业的发展。我国必须密切关注贸易伙伴技术性贸易措施的变化趋势，做到未雨绸缪，快速反应和有效应对，努力将影响和损失降到最小。

3　我国技术性贸易壁垒预警系统建设的现状与问题

随着全球贸易保护主义抬头，各国技术性贸易壁垒的制度化趋势将日益加强。建设完善的技术性贸易壁垒预警系统，对于我国成功跨越技术性贸易壁垒具有重要的战略意义。国外技术壁垒对我国影响较大，一定程度上是我国缺乏预警和快速反应的结果。在对国外技术壁垒采取应对措施的企业中，50% 以上的企业产生了明显效果。我国技术性贸易壁垒预警系统建设于 2001 年开始启动，截至 2008 年底，除西藏以外各个省、市、自治区都建立了 WTO/TBT-SPS 信息通报咨询体系，开展了不同程度的预警服务。但是预警系统在服务层次、资源共享、预警的时效性等方面还存在诸多不足，表面化和形式化色彩浓重，缺乏长远的战略准备，远未做好应对技术性贸易壁垒制度化趋势的准备。

3.1 现状

国家质量监督检验检疫总局于 2003 年 6 月设立了中国 WTO/TBT 国家通报咨询中心，建设了技术性贸易措施网。国内首个技术性贸易壁垒预警系统于 2004 年 5 月在深圳推出并投入运行。目前，主要省市都已建立了 WTO/TBT-SPS 通报咨询中心，建设了相关网站，部分省市建立了技术性贸易壁垒预警平台（如表 1）。各级预警系统利用通报咨询制度，通过网上对话窗口，向社会通报国内外技术法规、技术标准等信息，为企业提供信息查询、对策咨询等服务，在规避和应对国外技术性贸易壁垒方面取得了一定成效。

表 1　部分省市的技术性贸易壁垒预警系统

预警系统	网站	运行时间	主办单位	主要任务
深圳市技术性贸易壁垒预警系统	www. wtosz. org/expor-talert/Index. aspx	2004 年 5 月	深圳标准技术研究院 WTO 信息服务中心	数据库系统涵盖自 2003 年 1 月 1 日以来的所有 WTO/TBT-SPS 通报，能自动将注册企业所关注产品、技术壁垒预警信息发送至指定邮箱
广州市技术性贸易壁垒预警机制	www. gzq. gov. cn	2004 年 6 月	广州市外经贸局、市质监局	由政府机构引导、中介机构支持，建立在企业需求和反馈信息基础上，为企业及时提供技术壁垒信息和出口产品安全预警预测分析
广东省 WTO/TBT 预警信息平台	www. gdtbt. gov. cn	2004 年 6 月	广东省 WTO/TBT 通报咨询研究中心	向省内企业传递技术法规、标准等信息，建立了分地区和分行业的 TBT 预警系统、通报评议系统和国外市场准入数据库查询系统等
河北省技术性贸易壁垒预警信息系统	www. hebwto. info	2004 年 9 月	河北省质量技术监督局，河北标准化研究院	提供 TBT 信息通报和追踪查询，帮助出口企业建立技术性贸易措施预警体系，为保护出口企业利益，解决国际贸易争端提供技术援助

续表

预警系统	网站	运行时间	主办单位	主要任务
上海市技术性贸易壁垒预警信息系统	www. cnsis. info/tbt/index. jsp	2004 年 12 月	上海市标准化研究院	收集 TBT 信息，建立通报信息检索系统、预警信息自动判断系统，对企业自动发送通报信息，自动判断 TBT 对相关产业的影响程度
山东省应对技术性贸易壁垒预警体系	www. sdwto. gov. cn	2005 年 1 月	山东省质量技术监督局	内设 TBT-SPS 通报、进出口食品安全、风险预警、日本肯定列表、欧盟 REACH 等栏目。开展信息通报、风险预警、通报评议和研究工作
福建省 WTO/SPS-TBT 咨询服务网	www. wtofj. cn/secure/index. aspx	2005 年 1 月	福建出入境检验检疫局	密切跟踪国外技术法规、标准和合格评定程序的制定及修订动态，及时向企业通报有关贸易规则、国际技术标准、产品质量认证等信息
北京市 WTO/TBT 通报预警服务平台	wto. 12365. net. cn/	2005 年 5 月	北京市质量技术监督信息研究所	提供技术法规、标准、合格评定程序方面的技术咨询服务，开展进口国市场研究，帮助企业尽早了解贸易国准入政策及技术要求
天津市技术性贸易壁垒预警系统	www. tjjj. gov. cn/wtot-btindex. asp	2006 年 1 月	天津市质量技术监督局	提供各国技术性贸易壁垒信息，跟踪 WTO 所有成员自 2000 年以来发布的所有 3700 个技术性贸易壁垒基本信息，覆盖 40 多个行业
海南省技术性贸易壁垒预警系统	www. orac. hainan. gov. cn/system. aspx	2006 年 1 月	海南省质量技术监督标准与信息所	提供 WTO/TBT-SPS 通报，开设了焦点关注、成功案例、在线咨询、培训研讨、对策报告、参考资料等栏目。自动预警机制平台自动为企业提供电子邮件等方式的预警通知服务

预警系统	网站	运行时间	主办单位	主要任务
江苏省技术性贸易壁垒平台	www. tsinfo. js. cn/wto/wto_jb/more. asp	2006 年 8 月	江苏省标准化研究院，江苏省 WTO/TBT 通报咨询中心	为重点出口企业提供 WTO/TBT-SPS 贸易壁垒预警信息，通报技术贸易壁垒、技术法规、合格评定程序等信息，使企业有效规避技术贸易壁垒
浙江省技术性贸易壁垒预警机制	www. zjtbt. gov. cn	2006 年 9 月	浙江省质量技术监督局，标准化研究院	及时发布技术壁垒的动态，使政府部门、信息咨询服务机构、研究机构及企业实现资源共享，使中小企业有一个权威的信息来源
辽宁省进出口技术性贸易措施预警信息平台	www. lnsi. org/TBT/index. asp	2007 年 4 月	辽宁省标准化研究院	提供 WTO 成员的技术法规、标准、合格评定程序等信息。以数据库和风险预警机制为依托，建立技术壁垒影响评估、技术标准国内外评测、协调和解决渠道，为省政府提供解决方案

资料来源：根据各省市 WTO/TBT 咨询服务网整理。

3.2 问题

（1）组织结构不合理，管理分工不明确。首先，现行的预警系统以行政区划为单位，造成有能力进行预警信息分析处理的部门、人员按地域或行业进行分割，再加上没有建立从中央到地方的系统统一的管理体制，使技术性贸易壁垒措施的制定、发布和管理主体呈现多元化，造成各地各部门各自为政的重复建设。其次，存在政府缺位、越位的现象。一方面，政府在提供政策指导、提高预警时效性以及人才支持等方面的作用有待加强；另一方面，政府却承担了许多本应由行业协会和企业承担的职责。

（2）服务内容同质化，预警效果有限。很多省市的预警系统追求表面化和形式化，互相转引信息和成果，重复研究多，深层次研究少，缺乏长远战略准备。各地服务内容局限于信息通报、法律法规查询和案例查询，而分析、研究和咨询功能薄弱，企业需要的深层次的咨询和辅助决策需求得不到满足。各地预警系统同质化的重复建设，不但造成资金巨大浪费，更造成资源分散，导致预警的时效性不强。主要表现在，一是信息的收集不够及时。很多网站通报的预警信息经常是 1~2 年前的信息，结果往往是进口国的相关措施已经开始实施，并且对我国出口造成了损害，我们才开始信息的收集，没有起到预警作用。二是信息的传递不够及时。由于有关部门和行业协会工作效率低等原因，信息不能及时传递到相关企业手中，失去了有效应对的宝贵时机。

（3）信息格式不一，资源共享困难。由于地方预警系统各自为政，缺乏协调沟通和统一管理，造成各系统间发布的预警信息格式不一，名称各异，为信息资源共享带来障碍。许多语义相同的名词却在不同系统中采用不同的表达方式，影响了平台间的相互交流，而且容易引起歧义。例如，按照预警信息危害紧急程度不同，有的系统将其分为红色预警、橙色预警、黄色预警和蓝色预警四个等级，有的分为红色预警、橙色预警、黄色预警和绿色预警四个等级，有的则分为红色预警、橙色预警和绿色预警三个等级。名称的不一致阻碍了信息在平台间的交流，不利于资源共享。

（4）行业协会发展落后，作用有限。在国外，主要承担技术性贸易壁垒预警的组织是行业协会或商会。我国入世后企业遇到了日益频繁的技术性贸易壁垒，造成较大损失，相关行业协会的作用没有充分发挥出来是重要的原因之一。我国的行业协会发展历史较短，法律定位不明确，组织功能有缺陷，缺乏独立的行为能力，人员的专业性不强，不能与国外行业协会平等对话。目前，我国行业协会参与技术性贸易壁垒相关服务的情况不是很多，在应对贸易壁垒的过程中存在传达信息不及时，协调、监督、约束企业行为能力不足等问题。

（5）企业认识不足，反应滞后。很多企业没有利用好预警信息对自己行为进行指导，主要表现在，一是企业对技术性贸易壁垒的危害和长期性缺乏明确认识，不懂得利用调查和评议等手段主动维护自身的合法权益。二是企业存在着"等、靠"等消极思想，寄希望于政府、行业协会或大企业，出面应对不积极，试图"搭便车"。三是企业在应对贸易壁垒时单打独斗，联合应对的局面尚未形成。

4　我国的应对措施

面对技术性贸易壁垒的制度化发展趋势，我国应着眼长远，加强预警系统建设，采取措施提高应对国外技术性贸易壁垒的能力。

4.1 建立多层次预警体系

根据国际经验,建设技术性贸易壁垒预警系统要将政府部门的推动、研究机构的支持、行业协会的协调和企业的参与有机结合,建立多层次互动体系,从宏观上引导企业跨越技术性贸易壁垒,实现由被动应对到主动应对,直至战略应对的目标。这个体系应包括四个层面:第一层面是政府,包括中央政府和地方政府的相关部门,负责预警机制的架构设计、方案规划、组织协调;第二层面是行业协会,负责协助政府,提供专业支持和更广泛的信息来源,提出更具专业性的预警信息和意见措施,促使企业及时调整;第三层面是技术机构,即相关专业研究所及标准与编码信息研究所等部门,作为技术支撑单位负责信息的处理、数据库的管理、信息的预报预警等工作;第四层面为企业,负责向政府部门或技术机构提出并反馈预警信息需求。各方要分工明确,通力合作,形成良性互动、相辅相成的关系体,共同推进预警机制的运转和发展。

4.2 拓宽信息收集渠道,加快预警平台建设

信息渠道不畅依然是目前我国企业应对技术性贸易壁垒的最大困难。为此,各级预警系统首先要拓宽信息收集渠道,加强对信息的搜集与整理。可以发挥驻外使领馆经商处、驻外经商机构、经贸研究机构和信息交流机构的优势,定期收集、整理国外技术贸易壁垒的最新动态信息。其次,建立健全以行业和地区为专题的技术性贸易壁垒信息库,实现与中国 WTO/TBT 及其他城市的数据库资源共享。再次,建立沟通相关部门和出口企业的信息快速传递网络,及时把重要出口产品可能遇到的技术性贸易壁垒动态预警预告发布给企业,使企业做到未雨绸缪。最后,建立应对技术性贸易壁垒对策库。通过对典型案例的研究和积累,建立处于不同状态的应对技术性贸易壁垒的紧急措施,如反指控策略、谈判、应诉以及紧急救助等,通过咨询平台组织专家解答企业有关问题,为企业提供突破壁垒的可行性方案。

4.3 加强对国外技术性贸易壁垒的评议

依据 WTO 有关规则对国外技术性贸易壁垒进行评议是 WTO 成员的权利。成员国提出 TBT 和 SPS 通报或修订通报时有至少 60 天的评议期,此时这些法案只是草案,还处于立法阶段。在这期间地方质监部门应该组织有关部门、行业协会、相关企业根据产品出口情况开展评议工作,建立技术性贸易壁垒

影响评估、技术标准国内外评估、协调和解决渠道以及政府协调工作机制，对国外不合理的要求提出我们的抗辩理由，由政府借助多边贸易机制予以打破，维护企业的正当权益。

4.4 充分发挥行业协会的作用

首先，行业协会作为企业的代表，应当作为预警系统的信息传导枢纽。各行业协会要将掌握的可能影响本行业企业的技术性贸易壁垒信息及时汇报给有关企业和政府部门，并提供国内外市场的动态数据和分析报告，为企业的生产经营提供决策依据。其次，行业协会从技术和法律层面对国外贸易措施进行科学性和合法性评估，促使国外对其措施进行修改或调整，并协助政府解决贸易争端。再次，行业协会可以走出国门，向外国政府和标准制定机构陈述我国企业和产业的意见，还可以与利益一致者如进口商、消费者建立同盟，共同应对不合理的贸易壁垒。

4.5 坚持技术创新，提高企业的应对能力

技术性贸易壁垒的根源是国家间的技术差异，因此，应对技术壁垒的关键是消除技术差异，不断进行技术创新。政府应加大科技投入，把发展高新技术、采用先进适用技术改造传统产业，研究和开发具有自主知识产权的核心技术和主导产品，发展环保经济和节能经济作为技术创新的重要内容，实现产业结构升级，跨越技术性贸易壁垒。企业应高度认识国际竞争环境和技术性贸易壁垒的制度化趋势，增强危机感与紧迫感，开发具有自主知识产权的产品，提高产品技术含量，增强产品的国际竞争力；努力采用国际标准，使出口产品满足进口国的要求；当遭遇国外贸易壁垒时，要增强维护自身利益的意识，克服"怕输、怕难、怕花钱"的心理，积极参加应诉，力争将损失降到最小。

4.6 建立与国际接轨的技术法规和标准体系，加快构建我国的技术性贸易措施体系

从长远来看，推广和使用国际标准是跨越技术性贸易壁垒的必然选择。首先，我国应大力推行国际标准化发展战略，建立与国际接轨的标准体系和认证体系，抓紧制定我国有优势、有自主知识产权的高新技术标准，尤其要加快涉及安全、卫生、健康、环保等标准的制定。其次，要积极参加国际标准化机构或体系，主动参与国际标准的制定和修订工作，将我们的合理要求，

包括我国先进的、具有优势的技术标准纳入到国际标准的制定、修订和协调工作中去。再次，加快构筑我国的技术性贸易措施体系，维护国家安全和人民健康，保护国内市场。目前，我国在这方面的相关措施还未形成体系，缺乏系统性和连续性，我国应参照国际通用做法，加快建立科学、合理、规范的技术性贸易措施体系，有效地保护国内市场和民族工业。

面对技术性贸易壁垒的制度化发展趋势，加强预警系统建设，提高我国的应对能力是一项紧迫性任务，又是长期性任务。既需要各级政府的投入和推动，又需要行业协会的有效协调和企业的主动参与，更需要社会各界认识上的提高和行动上的支持。只有积极整合政府、行业协会、企业和科研机构各方面的知识和能力资源，构造一个高效运转的预警系统，才能做到临危不乱，从容应对。

[作者单位：哈尔滨工业大学（威海）　课题组成员：

　何中兵　杨国柱]

中华人民共和国成立初期选择
计划经济的原因

林战平　　毕明波

为了实现"赶超战略",就必须人为地降低发展重工业的成本,同时提高资源动员能力,包括为重工业发展提供廉价的劳动力、资金、原材料,以及进口的设备和技术。这种与重工业优先增长战略目标相适应的宏观政策取向,其核心是全面排斥市场机制的作用,人为扭曲生产要素和产品的相对价格,从而必然导致计划经济。

一　控制利率和资金分配

由于重工业资本密集度高、建设周期长,如果让资本价格在市场上自发形成,就会导致重工业的建设因利率很高而无法实现的结果。因此,要保证重工业以较低的建设成本迅速成长,首要的条件是降低资本价格,维持一个稳定的低利率水平。在新中国成立之初,为了反通货膨胀,政府采取了低利率政策。中国人民银行的工业信用贷款年利率曾经高达144%。当通货膨胀被有效地抑制下去之后,随着重工业建设高潮的到来,银行利率逐步下降。在1950年5月,工业信用贷款利率月息为3.0%,在1950年7月31日利率被调低为2.0%,1951年4月调到1.5%~1.6%,1953年1月调到0.6%~0.9%,1954年调到0.456%,并在这个水平上保持了很长时间。到了1970年8月,工业贷款利率被压低为0.42%。在发展中国家里资本短缺是一个相当普遍的现象,而资本短缺理应导致较高的利率。可是在中国却出现了完全相反的情况,利率被压低到了令人出奇的地步。利率被降低以后,向银行贷款的成本很低,对资本的需求就会很快地上升,出现资本供不应求的现象。在市场经济中，到银行申请贷款的多了，那么，银行就会提高利率，这样既增加了贷款利息收入，同时也压抑了对资本的需求。可是，如果利率被固定在一个很低的水平上，对资本的需求就会长时间保持旺盛。需求高于供给能力，僧多粥少，只好停止银行正常的贷款业务，由政府来实行对资本的分配。

二 控制汇率及外汇管制

重工业的物质基础是资本密集型的技术设备，在经济发展的初期阶段，这些比较先进的技术设备的相当一部分需要从国外引进，即需要为此支付外汇。汇率是使用本国货币表示的外汇价格，在资本缺乏和可供出口的产品并不丰富的条件下，外汇和资本同样稀缺，由市场调节形成的汇率水平将会高得使资本密集的重工业部门难以承受。因此，为了保证重点项目能够以较低的价格进口必要的关键设备，政府出面干预外汇价格的形成。在1950年美元和人民币的比值是1：4.2；在此之后，汇率被一再压低，1961年美元和人民币的汇率被压到1：2.46；在1978年这个汇率被进一步压到1：1.72。压低汇率，一个单位的人民币可以在国际市场上购买更多的商品，提高了人民币在国际市场上的购买力，理所当然，持有人民币的人愿意将手中的人民币兑换成美元。在20世纪50年代和60年代，中国和其他发展中国家一样，出口能力不强，获取外汇的能力有限。如果允许货币自由兑换，国家银行手中的外币储存必将迅速流失殆尽，因此必然要对外汇进行管制，使本国货币和世界市场脱钩。

三 控制原材料和农产品价格

对于一个农业国家，在工业化初期，如果没有外资可以利用，又不能通过初级产品的出口来换取资本品的进口，那么农业剩余就成为初始资本的主要来源。在农业剩余的动员方法上，存在两种重要的类型，我们姑且称之为"计划导向的压制动员型"和"市场导向的积极动员型"。中国在20世纪50年代至70年代的工业化时期就采取了前一种类型的动员方式。这种资本动员方式也被称为"社会主义原始积累方式"，其特点是利用国家政权的强制力量，通过与农民的不等价交换（工农业产品价格的"剪刀差"），将农业剩余强制性地转移出来，为工业化提供原始积累资金。工业化需要巨额资金的积累，在落后的农业国，积累的主要来源当然只能是农民的"贡赋"。"贡赋"

可以是公开的，如日本明治以后的重租重税；也可以是隐蔽的，如价格剪刀差。中国选择的是后一种形式：采用农产品的国家定价形式，从农民手中低价统购，又对城市居民和工业企业低价统销，用以维持大工业的低工资和低原材料成本，提供不断产生超额利润的条件，最后又通过大工业利税上缴，集中起国家工业化的建设基金。这就是统购统销制的经济内容。但低价统购会引起农民的不满，由此采用的一系列配套措施有其内在的必然逻辑。（1）在生产领域，归并农民独立的土地权利，严禁土地流失以抑制地租对农产品价格上升的推动作用；限制农业劳动力流动，压低劳动的机会成本以维持农产品的低工资成本。（2）在分配领域，对农民一手低价统购，一手低价供应农用生产资料和无偿投资作为补偿；对城市居民，则一手配给低价食物和其他福利，一手保持低工资。（3）在流通领域，实行购销的国家垄断经营，关闭市场，限制区际交易，严禁长途贩运。（4）统购统销服务于国家工业化的积累目标，形成一套相当完善的制度。它在农村的组织基础，就是政社合一的人民公社。可见，改革前农民的权利和自由虽然很大程度上具有前现代化的特征，却是服务于国家工业化、现代化进程的基本目标的。据统计，1949～1979年30年来在农产品价格剪刀差形式内隐蔽的农民总"贡赋"为6000亿元以上，这是中国农民对国家工业化做出的历史性贡献。由此看来，20世纪50年代中后期的中国农业社会主义改造，使几乎一切财产都归集体公有，农民身份自由受到严格限制，不能完全用意识形态方面对马克思社会主义学说的"误解"来加以解释。经济方面的根源是我国国家工业化面临的特殊困难及对解决问题方式的选择。

为了能够快速积累实现国家工业化所必需的资金，必须通过降低重工业的成本来提高国有企业的利润。降低成本的一个重要方面就是压低重工业所需原材料和能源的价格。为此，政府必须对原材料、能源的价格进行控制。压低农产品的价格，扩大工农业产品之间的剪刀差是提高重工业积累率的必要措施。在前三个五年计划期间，农产品价格一直被控制在相当低的水平上。中国的农民为工业化的进展做出了巨大的牺牲和贡献。

四　控制劳动工资

劳动工资是工业部门的一项主要的成本。为了增加重工业的积累率，当然不能让工资升得太快。能不能控制得住劳动工资也反映了一个国家对经济的控制能力。中国政府在20世纪50年代初期建立了八级工资制，严格地控制了工资的增长率。从 1952 年到 1978 年，在长达 26 年的时间内基本上冻结了工人的工资水平，职工的年平均工资都在 600 元以下。固定了劳动工资，使得工人的所得与其生产表现没有直接的联系，这显然违背了社会主义的"按劳取酬"的分配原则。如何建立激励机制，提高劳动生产率？在改革之前主要采取的是"思想教育，精神鼓励"的办法，提倡"为人民服务"，"一不怕苦，二不怕死"。政治激励是有效果的，但是却不能持久，也不能无条件地普遍推广。在和平、稳定的社会环境中，政治教育的作用呈现了边际效益递减的规律。

五　控制消费和福利

为了提高储蓄率，迅速筹集更多的资金，有必要在相当长的时期内实行低工资制度，限制居民的消费。低工资必然导致低消费。在低工资制度下，政府不得不承担义务为居民提供廉价的基本生活消费物资。由于基本生活必需品价格很低，普遍出现供不应求，于是，在计划经济刚刚开始的时候就对粮食实行计划供应，随后，又实行了对食油、纺织品、燃料煤、副食品，以指导工业品的计划供应。在中国大陆出现了规格繁多的票证，从粮票、油票、布票、煤票开始一直到火柴票、糖票、饼干票、自行车票、鱼票、蛋票等，几乎恢复了供给制。

由于低工资，企业不得不负担起为职工提供包括医疗保险、子女教育、老年退休保险在内的一系列福利。在低工资制度下，职工无力自行建造住房，政府就不得不通过国有企业承担起为工人提供住房的责任。长期以来，在"先生产、后生活"的口号下，政府尽可能压低工人的住房条件，把资金投入重工业的基本建设中去。

六　控制劳动人事和人口流动

低工资水平必然刺激对劳动力的需求。由于企业的主要目标是完成或超额完成国家布置的产量指标，增加劳动力不仅有利于提高产量，也有利于增加企业的实力和企业领导人的权势。在国有企业普遍存在着预算软约束的情况下，国有企业都倾向于雇用更多的员工。于是，政府不得不对劳动人员进行控制。和制定生产计划一样，中央计划部门每年都要确定计划招工的总数，再逐级分解下去，作为行政指令下达给企业。企业把员工当作自己的一项资产，在一般情况下是不允许员工之间流动的。

虽然工业部门的工人工资水平相当低，但是他们的收入和福利仍然要比农民好得多。农民不仅收入低，还没有住房、医疗、养老等社会福利和保险，这使得他们对工人的"铁饭碗"羡慕不已。许多农民希望进入城市，进入工厂。为了控制劳动力的流动就不得不实行高度集中的劳动人事管理，并实行包括户籍制度在内的一系列控制措施。结果，中国人被分成了两大类：城市居民和非城市人口。农民严禁流入城市。后来，城市又被分成了大、中、小不同的等级，在中、小城市里的居民被严格限制迁入大城市。人口流动受到了严格的控制。在中国出现了非常鲜明的城乡分割的局面。

七　控制企业经营管理

政府对经济的干预从控制宏观经济变量开始必然逐步深入到微观层次。1949 年中华人民共和国成立前后，根据当时新民主主义政策的主张，在相当长的时期内，民族资本主义工商业将与社会主义工商业长期共存。但是随着"一五"计划的实施，重工业优先发展战略与工业经济中多种成分并存的局面也越来越不相适应。因此，党和国家开始改变最初的设想和承诺。从 1954 年起，国家把许多规模较大的私营工厂逐步纳入公私合营的范围，对其投资并进行扩建、改建。对中小私营企业则通过个别企业的公私合营到全行业的公私合营，对整个行业进行改组，形成新企业。1956 年初，从北京开始，随后遍及其他城市实行了全行业的公私合营。全行业公私合营后，随着每个企业单独进行盈利分配变为统一分配盈利的定息制度，原来的企业所有者便失去了管理企业的权力，企业事实上成为国营企业。1956 年社会主义国营企业工业产值占工业总产值的比重为 67.5%，公私合营工业产值占 32.5%，私人工业几乎全部消失。

国家通过对国营企业下达一系列指令性指标，实行直接计划管理。在工业企业归国家所有的条件下，企业经理人员和职工的利益与国家的利益产生了矛盾。在这种条件下，如果企业拥有生产和经营的自主权，国有企业剩余被侵蚀的现象就无法避免。为了防止这种情形，国有企业的自主权就被全面剥夺了。因此，生产资料由国家计划供应，产品由国家包销和调拨，财务上则统收统支。企业的利润和折旧基金全部上缴，纳入国家预算。企业所需基本建设投资、固定资产更新和技术改造基金、新产品试制费和零星固定资产购置费等，全部由国家财政拨款解决，企业生产的流动资金也由财政部门按定额拨付，季节性、临时性的定额外流动资金由银行贷款解决。企业用工和工资分配完全由国家计划安排。

为了加强国家对大规模经济建设的领导，1952 年 11 月 15 日，中央人民委员会第 19 次会议决定增设国家计划委员会。1953 年 2 月，国家计委发出《关于建立计划机构的通知》，指出，中央一级各国民经济部门、各文教部门，必须迅速加强计划工作，建立起基层企业和基层工作部门的计划机构，各大行政区委员会和各省、市人民政府的财经委员会应担负计划任务，有关计划任务，受国家计划委员会指导。1954 年 2 月 1 日，中共中央又发出《关于建立和充实各级计划机构的指示》，要求县以上各级人民政府均建立计划委员会。

综上所述，为了维持对优先发展重工业的"赶超战略"的追求，就不得不一步一步地加深对经济体制的控制。由资本市场的贷款利率和外汇的汇率开始，逐步推进到农业产品价格、原材料价格、生产计划、社会福利、企业经营。从宏观控制推进到微观控制，控制的过程形成了一条控制链。因此，"赶超战略"的实施，必然导致计划经济的形成。"这种战略不能不依赖国家的强制，使物质资源和人力资源根据设定的目标和选定的达到目标的道路进行配置。"

（作者单位：中共威海市委党校）

优化纳税服务工作的思考

黄玉远

纳税服务是构建和谐征纳关系，打造服务型税务机关的重要举措。如何紧跟经济形势发展和税收征管模式改革的要求，不断优化纳税服务，是税务部门的一项重要课题。

一 纳税服务的内涵

纳税服务作为税收征管工作的一部分，在 20 世纪 70 年代注重税收成本和保护纳税人权益的双重时代背景下，在美国兴起并逐渐成为世界各国税务行政的重要内容之一。

我国作为一个由计划经济向市场经济转轨的国家，1983 年开始引进纳税服务的概念，但主要是从提高税务职业道德精神文明建设水平的角度来界定纳税服务。1996 年征管改革后，纳税服务逐步引入行政行为范畴，但受传统管理观念影响，服务工作仍较多地体现在职业道德范畴。2001 年新《税收征管法》及其《实施细则》的颁布，明确了纳税服务的法律地位，从条款内容上看直接涉及保护纳税人权益和为纳税人服务的条款就有近 30 条，还有多条通过规范税务人员的行政行为保护纳税人的合法权益。2005 年，国家税务总局制定的《纳税服务工作规范（试行）》进一步明确了纳税服务的主要内容。由此可见，随着民主法制的不断推进，赋予了纳税服务新的时代内涵，笔者理解其主要包括以下四个方面。

一是服务的规范化。规范化服务是新时期纳税服务的首要特征。《税收征管法》及其《实施细则》明确规定了纳税人具有知情权、申辩权等权利，税法和税收政策也规定纳税人享有出口退税、税收优惠等诸多权益。这就要求纳税服务不仅要在内容上满足这些权利和权益的需要，而且在服务的程序、形式、时限等各方面都要合法、合规、及时到位，否则就会导致行政违法违规。因而健全纳税服务体系、深化纳税服务建设，必须以履行法定职责为基础，使各项服务行为符合法定要求，达到法定标准。

二是服务的个性化。纳税服务作为一种行政行为，是税收征管新格局的重要组成部分，贯穿于整个税收征管活动的始终。同时它又是针对具体纳税人而展开的。因此，税务机关在为纳税人提供税法宣传、税务登记、纳税申报、法律救济等共性服务的基础上，要根据不同纳税人的不同需求，结合税源分类管理，体现以纳税人为主体的原则，根据企业级别、信用等级等明确分类服务的对象、范围，细化服务内容、项目、措施和要求，开展分类服务，使服务更具针对性。对于部分行动上不便或遇到紧急事项的特殊纳税人，可实行服务预约。

三是服务的便捷化。效率不仅是行政行为的追求目标，更是纳税人的殷切期盼。因为，纳税人对税务机关的基本要求就是办事的效率，再甜美的微笑和热情的接待也不如方便快捷的服务。这就要求税务机关改革传统的管理方式和服务方式，进一步优化办税流程，简化办税程序，缩短办税时限，推行"一窗式"、"一站式"服务。并积极采用税收信息化等先进手段，拓宽服务渠道，切实提高办税效率，提升服务层次。

四是服务的经济化。纳税服务必须充分考虑到纳税人的经济负担，以运行成本最小化为目标，选择最优的服务方式和最佳的服务方案，既能为纳税人提供快捷、高效的服务，又要尽量降低纳税人的办税成本。如要进一步优化办税流程、精简不必要的办税环节和各类表证单书，节约办税成本。

二 纳税服务工作中存在的主要问题

同全国各地一样，威海市国税局的纳税服务工作也历经了一个由浅及深的认识过程。1998年开展规范化建设，对服务态度、文明用语、办税厅建设等方面进行规范，这一阶段主要侧重于精神文明创建。2003年以来，先后开展了深化纳税服务建设、规范税收服务质量管理、加强服务能力建设、两个减负、纳税服务评议等多项活动，使纳税服务水平不断提高，目前形成了以"锻造一个品牌、完善两个载体、坚持三个面向、健全四个机制、实现五零目标"为架构的纳税服务体系，进一步密切了征纳关系，促进了税收与经济和谐发展。

总体看，纳税服务工作取得了一定进步，但仍然存在一些问题与不足。主要表现在：一是管理与服务的关系处理得还不够适当。有的单位和干部没有很好认识管理与服务相互促进、相互融合的辩证关系，在管理中服务、在服务中管理做得不够好，工作中有时会出现畸轻畸重、相互脱节的现象。二是纳税服务的主动性不够。有的单位和干部全心全意服务纳税人的理念树立不够，牢抓服务的力度还不够强，往往强调硬件差、人员少等客观因素，忽视了主观努力。三是工作体制不够顺畅。目前还没有成立专门的机构负责纳税服务，工作人员配备也相对不足，抓纳税服务的精力和力度都需要进一步加强。四是制度建设还不够完善。如税收管理员纳税服务、分类服务等制度还不够完善，有些业务的审批程序还不够简捷，与纳税服务便捷高效的要求不尽相符。五是服务手段不尽适应形势发展需要。如有的单位受经费办公场所等条件所限，硬件设施还不能很好地满足纳税人的需求；有的单位受人员年龄老化、素质不高等影响，一窗通办的效能没有得到充分发挥等。

三　纳税服务实践的经验总结

纳税服务是打造服务型国税机关，构建和谐征纳关系的内在要求，是一项长期的、系统的工程，在工作中需要不断地创新完善。

第一，统一纳税服务机构设置。纳税服务是当前国税工作的重点，急需加强组织领导，自上而下建立专门的服务机构，并配足、配齐服务人员，把高素质的干部充实到服务队伍，直接统筹规划和组织纳税服务工作，明确工作责任，为提高纳税服务质量提供组织保障。同时，对于开展纳税服务工作所必需的经费，要单独预算，加大投入，提供资金保障。

第二，统一制定中长期工作规划。目前，各地在创新纳税服务措施上都做了许多探索，但由于缺乏长远规划，往往造成重复建设。笔者建议，以省为单位，统一制定全省纳税服务工作中长期规划，明确工作总体目标、发展方向和阶段性任务。各地在统一规划下，结合自身特点，突出地方特色，抓好工作落实。

第三，加快推进办税服务厅标准化建设进程。虽然我们初步实行了办税服务厅标准化建设，但工作深度还不够，下一步要将标准化建设继续推向深入，全面建设实体化办税服务厅，明确办税服务厅的职能，并进行流程再造，改进工作模式，由原来办税厅围绕科室开展工作的模式，转变为以办税厅为枢纽开展工作的模式，由原来纳税人围绕税收管理员，转变为税收管理员围着纳税人，积极提供预约办税政策宣传和税收提醒服务，满足纳税人的多种需求，主动做好服务工作。

第四，完善纳税服务考评机制。修订纳税服务质量考核办法，优化考评指标体系，并将服务考评工作与争先创优工作紧密结合起来，对纳税服务不好的单位和个人实行一票否决。完善纳税服务考评系统，力争实现对每笔办税业务实时考评。开展纳税服务第三方调查，通过第三方的视野，解读纳税服务工作现状，分析纳税人服务需求，查找不足，不断改进。

第五，进一步拓展网上办税功能。开发应用一户式纳税服务平台，对能够由信息化系统处理的办税事项，全部交由系统自动处理，对能够进行网络办税的业务，全部通过网络实现，减少纳税人往来大厅办税次数，减少国税干部的工作量。积极推行登记认证审批许可等所有涉税事项的网上预审批，减少纳税人到税务机关的往返次数。提供纳税人所有税种申报表、涉税指南、政策法规、网上下载服务，尽量减少或取消纳税人网上办税的费用。同时尽快实现和推行同城通办。借助信息化手段，以市区为单位开展同城通办，使纳税人在市区范围内不受属地限制，可以到国税局任意一个办税服务厅办理涉税事宜。

（作者单位：山东省威海市国家税务局）

商业化担保的经营困境及扭曲突围：
威海案例

姜明杰

一 集体弃保

威海市地处胶东半岛最东端，三面环海，气候宜人。近年来，随着人居环境的不断改善，吸引了大量国内外居民前来购房置业，从而带动该市房地产业持续升温，促进了房地产信贷业务的快速发展。2000 年，国家建设部和人民银行联合发布了《住房置业担保管理试行办法》，威海市第一家商业担保机构开始涉足个人住房贷款担保业务。截至 2009 年 10 月末，在该市工商部门注册的信用担保机构计 35 家，注册资本总额 11.75 亿元，担保从业人员 287 人，累计发放担保贷款 143.37 亿元，为近 10 万经济人提供了信用增级，成为解决经济人融资难、降低银行贷款风险的有效手段。本案例所涉及的山东省 HF 担保有限公司威海分公司、威海 BY 担保有限公司和山东 KW 担保有限公司，正是基于这种背景快速成长起来的三家商业担保公司，主要从事个人零售贷款和中小企业贷款两类信用担保业务。

表 1 三家担保公司基本信息情况

单位：万元

项目 \ 担保公司	HF 担保	BY 担保	KW 担保
成立时间	2003 年 2 月	2004 年 5 月	2005 年 6 月
注册资本	10000	11500	10000
担保贷款额	265848	141944	111263

2008 年，受美国次贷危机影响，威海市个人住房贷款违约进入高峰期。贷款违约不还，担保公司首当其冲要承担代偿义务。这种局面如持续下去，担保公司必将陷入绝境。为生存计，作为商业担保公司龙头的 HF 担保，单方终止了与其合作 6 年之久的建行威海市分行的合作协议，使该行 6.95 亿元贷款脱离担保。从建行撤离后，HF 担保以隐蔽手法开始了与农行、工行的合作，后因保证金补充不及时，再次故伎重演，又单方终止与银行的担保合作，使工行、农行 5.1 亿元个人贷款脱离担保。撤离时，该担保公司在农行的保证金账户余额为零，使该行逾期 3 年以上共计 26 笔、金额 203.46 万元的个人贷款本息不能代偿（农行目前已将其起诉）。目前，该担保公司正在与中国银行威海市分行合作担保业务，为其担保贷款 5.65 亿元。截至调查日，HF 担保共为辖区 4 家金融机构担保贷款总余额达 17.7 亿元，贷款放大 307 倍，其中，撤离担保的 3 家银行脱保贷款余额为 12.05 亿元。

类似问题同样发生在 BY 担保、KW 担保身上。这两家分别成立于 2004 年 5 月和 2005 年 6 月、注册资本分别为 1.15 亿元和 1 亿元的商业担保公司，2007 年为荣成市明祥食品公司担保了 500 万元和 350 万元的威海建设银行贷款，因企业受危机冲击无力归还贷款而各垫付 170 万元和 30 万元后，不再履行剩余 470 万元的代偿义务，使威海建行 8.92 亿元贷款失去担保，撤保时担保贷款倍数放大到 892 倍，在建行保证金账户余额均为零。经协调无果后，建行已将贷款企业和两家担保公司依法起诉，目前此案正在审理中。

二 难以负担的代偿风险

从表象上看，担保公司单方面弃保，抽走保证金，并游弋于各商业银行之间，类似于前些年的企业多头开户、逃避金融债务，属于典型的道德风险。但通过实地走访了解到，威海市各担保公司的集体弃保行为实属无奈。他们普遍反映，导致出此下策的直接原因是，代偿风险越来越大，而且深不见底。以 HF 担保为例，2004 年和 2005 年，实际代偿分别为 40 万元和 184 万元，但到 2006 年就激增到 635 万元。2008 年由 HF 担保代偿的违约不还的个人住房贷款达到了 940 万元，一年增加 63.2%，几乎吃掉了其两年多的全部担保收益。

表 2　HF 担保公司近年来担保收益与代偿情况

单位：万元

年份 项目	2004 年	2005 年	2006 年	2007 年	2008 年	2009 年 9 月
担保收益	190	272	354	580	476	178
代偿额	40	184	635	576	940	339

注：表中数字是 HF 担保公司与各金融机构合作的总体情况。

其实，HF 担保第一笔代偿风险出现在 2004 年 11 月。当时，由 HF 担保公司担保的一笔外地个人住房贷款发生逾期，银行经多次催缴无果，最终于 2004 年 12 月按照担保协议约定，扣划了 HF 担保在该行保证金账户上的第一笔代偿贷款 40 万元。之后，HF 担保通过多方联系、交涉，几经周折，最终将 40 万元代偿贷款清收到账。此笔代偿贷款虽未形成现实风险，但仅一笔代偿业务就可能会吃掉其全年近 1/3 的保费收入。这让担保公司真正体验到了信用担保的巨大潜在风险。

在此情况下，担保公司如继续履行代偿风险义务，按常规与银行合作，那么，有限的担保收益将被越来越大的代偿风险所吞噬，担保公司必将全军覆没。担保公司如退出市场，对商业银行开展业务没有好处，他们要么独自面对市场风险，要么收缩信贷市场。所以，商业银行并不希望担保公司退出市场。于是，一种新的博弈格局在妥协和消极合作中逐渐形成。银行方面，由于有担保公司的信用担保介入，可以降低银行的管理费用，释放审贷压力，减轻放贷失误责任，因此，即便担保公司保证金不足，也比银行独自面对市场风险要强出许多。为此，银行做出了在个人住房贷款办理财产抵押的基础上，继续与担保公司开展合作的选择。担保公司方面，总以资金紧张为由，以少交保证金（放大贷款担保倍数）的方式与银行敷衍周旋；同时，又频繁与其他银行联络新的合作事宜。这样，新的博弈格局得到参与各方的一致默认。

三　无限放大担保倍数的代偿陷阱

2000 年建设部和人民银行联合发布的《住房置业担保管理试行办法》中明确规定，担保公司担保贷款余额的总额不得超过其实有资本的 30 倍；财政部《中小企业融资担保机构风险管理暂行办法》也规定，担保机构担保责任余额一般不超过担保机构自身实收资本的 5 倍、最高不得超过 10 倍。本案例中，几家银行与担保公司签订的担保协议中对此也都有明确规定：零售贷款担保的最高放大倍数不得超过 30 倍，中小企业贷款担保最高不得超过 10 倍，超过后要按照一定比例增存保证金。

但在新的博弈格局下，威海市商业担保公司有着自己的发展逻辑。一是向银行少交保证金同样可以担保贷款，意味着可用同等数量的保证金担保更多的贷款业务。二是相对偏低的担保收益无法使担保公司获得足够多的盈利，只有多多承接贷款担保，薄利多销，靠规模扩张才是经营上策。三是鉴于银行对个人住房贷款都实施了财产抵押，即便因失信行为被起诉，法院也会因贷款设置了充分抵押为由，不易追究到担保公司的法律责任。受此逻辑左右，威海市各担保公司均走上了"薄利多销"的发展路径，无形之中，使得担保公司保证金与贷款担保之间失去必要的约束和控制，"如果担保公司不能按时足额补交时银行可以终止协议"的合作契约成为一纸空文。2009 年 3 月，HF担保公司担保总额已放大到 307 倍，KW、HY 担保更是放大到 892 倍，数字已经高到惊人的程度。

但任何类型的贷款，其风险状态都有一个客观的定数，这意味着，担保的贷款越多，承担的风险责任就越大。中国人民银行《关于开展个人消费信贷的指导意见》规定，自 1999 年起允许所有中资银行开办个人消费贷款业务。之后威海市金融机构个人消费贷款业务逐渐展开，但受消费观念、价值取向等因素影响，该市开办的个人消费贷款主要以个人住房贷款为主。2000年威海市居民福利分房结束后，居民购房开始进入货币化时期，银行适时开办的个人住房消费贷款业务，解决了居民收入增长缓慢导致购房需求不足的问题。担保公司的介入，进一步弥补了因银行与借款人信息不对称造成借款人信用级别不足的缺陷。在三方利益体互动下，该市的银行个人住房贷款业务获得迅速发展。2005 年威海市获得"中国人居环境奖"后房地产业快速升温，行业泡沫风险逐渐显现。大量的外地人来威购房，导致该市金融机构自2005 年起个人住房贷款违约率开始攀升（见表 3）。事情的发展并没有按照担保公司的发展逻辑进行。2008 年下半年美国次贷危机爆发后，该市个人住房贷款违约数量更是急剧上升，2009 年上半年达到了峰值。以该市建行为例，2007 年末个人住房贷款违约金额为 533 万元，但至 2009 年 10 月末达到 2500万元，是金融危机爆发前的 4.69 倍。在此过程中，各担保公司因个人住房贷款的大量违约而要承担更多的代偿风险，进而陷入无节制放大贷款担保倍数的代偿陷阱。

表3　威海市建行近年来个人住房贷款及违约情况

单位：万元

时间	2003 年	2004 年	2005 年	2006 年	2007 年	2008 年	2009 年 10 月末
贷款金额	68426	104977	173824	237524	359608	452037	507815
违约额	103	283	436	516	533	548	2500

四　风险收益失衡下的集体困境

威海市担保公司因无限制放大贷款担保倍数而集体落难、弃保游弋，但事实真相远非如此简单。经过深入调查走访了解到，多数担保公司之所以出此下策，主要是因为受到银行的"无情挤压"。具体表现在以下几个方面：

（一）权利与义务不对等

仍以 HF 担保为例。通过 HF 担保与建设银行签署的担保协议书（见表4）可以看出，建设银行有认可担保人、从保证金账户扣收保证金和向 HF 担保追索所欠贷款本息的权利；但只履行与风险无关的业务指导和协助追索的义务。HF 担保的权利只有两条：索取借款人资料和拒绝担保。所要履行的义务多与资金直接相关，除足额交纳保证金之外，还要代偿借款人的欠贷欠息。从担保协议书中可以看出，建设银行的权利明显大于义务；反之，HF 担保的义务则明显大于权利。通过双方权利与义务不对等的合作，建设银行将所有贷款风险责任全部推给了 HF 担保；一纸担保协议，将 HF 担保彻底推向了弱势和被动位置，这为日后担保公司发生道德风险埋下了伏笔。

表4　威海市银行与担保公司担保协议主要内容

	主要权利	主要义务
甲方（银行）	1. 甲方取得担保权利人权利，有权要求乙方按本协议及具体保证合同承担相应的保证责任； 2. 如借款人未按合同约定归还贷款本息时，甲方有权直接从乙方保证金账户或其他账户扣款，归还所欠贷款本息； 3. 如借款人未按合同约定归还贷款，乙方应代替借款人提前归还全部剩余贷款本息，且甲方有权直接从乙方保证金账户或其他账户扣划款项，提前收回全部剩余贷款本息，乙方代替贷款人还款后甲方同意协助乙方向借款人追索	1. 负责指导担保机构熟悉并掌握个人类信贷业务程序及相关业务； 2. 如果乙方代替借款人还款后，甲方同意协助乙方向借款人追索

续表

	主要权利	主要义务
乙方 （担保机构）	1. 乙方有权调查、核实借款人提供的个人资料，如甲乙双方意见分歧应通过协商达成共识，达不成共识的乙方有权拒绝提供担保	1. 乙方应在甲方开立担保保证金账户和风险金账户，并存入不低于 200 万元的保证金方可营业，如担保贷款超过 6000 万元要按一定比例增存保证金。乙方保证金账户保证金额低于 200 万元时应在每月 5 日前补充； 2. 如借款人未按合同约定归还贷款，乙方应代替借款人提前归还全部剩余贷款本息。乙方应与甲方密切合作，及时催收逾期贷款本息，按时向甲方支付借款人到期应还贷本息； 3. 乙方营业期满或未到经营期限而出现被注销、解散、提前撤销等终止情形，不得抽回在甲方的保证金账户存款，直至乙方在甲方所担保的所有债务全部清偿为止

（二）收益与风险不对称

担保公司与合作银行之间权利与义务的不对等，最终转化为合作收益与风险的不对称。由于借款人所能承受的贷款总成本存在一个无形的上限，超过其上限，借款人将放弃信贷融资。而在有担保公司担保的情况下，借款人的总成本被分割成两部分：一是银行贷款利息；二是担保公司收取的担保费。从成本分割的角度看，银行贷款利息 + 担保费用不得高于借款人所容忍的总成本（反过来看，就是经营贷款的总收益）。从风险的角度看，每一笔贷款都存在客观上的不确定性，风险定价即为银行确定贷款利率的基本依据。有了担保公司的介入，银行所承担的贷款风险水平会下降，理应随之降低贷款利率，而将部分收益让渡给承担部分风险的担保公司。这样，由于担保公司的介入，客观上需要重新评估和确定贷款收益的分割和贷款风险的分摊。换言之，银行需要适当降低利率，让利于担保公司；同时又需要同担保公司共同分摊风险。

但事实上，HF 担保自 2003～2008 年与建行、工行和农行合作期间，各合作银行的贷款利率仍保持原有的水平，没作丝毫降低。HF 担保的介入，相当于给合作银行的贷款上了"双保险"。目前三家合作银行的零售贷款不良率分别仅为 0.44%、0.38% 和 0.97%（其中，HF 担保代偿贷款 647 万元）。反观 HF 担保，其对个人住房贷款、汽车消费贷款分别按贷款额的 1% 和 2% 收费，近年获得的担保收益大致为 1325.5 万元，在按现行规定以保费收入的 50% 计提未到期责任准备金计 662.5 万元，按担保额 1% 计提损失准备金计 1205 万元后，在不考虑员工工资、其他管理费和代偿风险的情况下，该担保公司经营应大致亏损 1188.5 万元，理论上早已陷入破产境地。

表 5　部分发达国家中小企业担保机构承担责任比例（%）

国家	美国	加拿大	法国	日本	德国
承担责任比例	80	85	52	50~80	50~80

在调查走访中，HF 担保提出，这种风险与收益不对称的状况是非常不公平的。他们给出了美国等西方发达国家担保公司与银行合作所承担的风险分摊比例：在美国、加拿大、法国、日本和德国，担保公司分别承担 80%、85%、52% 和 50%~80% 的贷款风险，剩余的 20%、15%、48% 和 20%~50% 由银行承担。而威海的情况是，合作银行并不承担经担保公司担保的贷款风险责任，所有贷款风险要由担保公司来承担。

（三）强势银行与弱势担保

对于担保公司为何接受银行如此苛刻的合作条件，威海市各担保公司给出同样的答复：银行出贷款资金，市场由他们说了算，担保公司无发言权；否则，没有合作银行的认可，担保公司寸步难行。按照已有的研究成果，商业性担保的制度基础是市场交易和有偿担保，它的市场边界是银行边缘信贷市场的外围地带（彭江波，2008）。在担保公司出现之前，贷款风险全部由银行来承担，由于信息不对称问题的普遍存在，尤其是中小企业等边缘信贷市场的信息不对称，严重约束了银行信贷的供给水平。担保公司出现后，其专业化的风险甄别能力有助于边缘信贷市场的开发，降低了银行的风险成本，进而提高银行信贷的供给意愿。但现实情况是，现有的商业担保公司在边缘化信贷市场的开发上并没有比银行更有比较优势，双方的市场是交叉重叠的，是一种竞争性替代关系。当宏观形势趋紧时，银行收缩信贷战线，担保公司市场呈现扩大趋势；反之，宏观形势宽松，银行扩展信贷市场，担保公司的生存空间被压缩，多数担保公司普遍陷入不愿提高费率、不敢拓展市场和财务不可持续的"三不"困难境地（彭江波，2008），只能依附于银行开展业务。这也就决定了担保公司在与银行的合作谈判中处于绝对下风，不得不接受强势银行提出的承担所有风险的苛刻要求。

五　担保业务畸形发展与扭曲性突围

一般说来，信用担保是基于化解交易双方信息不对称而产生的一种专业化的信用中介活动；信用担保机构以其自身的资本作为基础信用，通过放大机制实现信用增级，并通过专业化地搜集与处理信息，有效地识别、控制风险，减少企业与金融机构之间的信息障碍（彭江波，2008）。本案例之所以出现担保机构的失信行为，根源于银行与担保公司收益与风险的失衡，以及与此相关联的市场重叠和谈判地位不对等。作为国际上公认的专业性极强的高风险行业，信用担保总体上具有"公共产品"属性和比较明显的正外部性，它在为银行拓宽安全信贷市场和为企业提供融资激励的同时，还要以固定的担保收益来承担不固定的风险损失（彭江波，2008）。在市场经济条件下，任何市场主体间的合作或责任划分，一定是建立在两者利益均衡的基础之上，要求任何一方主体承担全部风险都是有违市场和法律原则的（张利胜，2001）。

因受到来自强势银行的种种挤压，威海市各担保公司为生存计，不约而同地选择薄利多销和规模扩张的发展之路，试图靠担保更多的贷款获取更多的盈利。据调查，2006年至2008年三年间，担保公司的担保基金分别为7956万元、8547万元和8416万元，而担保的贷款规模却达到63.3亿元、69.53亿元和79.35亿元，贷款担保倍数分别放大到79.57倍、81.36倍和94.28倍。

与此同时，威海市担保公司任意放大担保倍数的情况并没有得到有效监管。我国担保业发展至今虽经十余载，但监管主体几易其位，最早由人民银行变为财政部，后由财政部、发改委、银监会、建设部等多部门共同行使监管职能，监管政出多门难以形成合力。2009年2月3日国务院颁布的《关于进一步明确融资性担保业务监管职责的通知》，虽然明确了融资性担保的监管机构和监管原则，但实际执行中仍存在行业监管失位问题。目前我国对担保业的监管尚无立法，现行可见的规范担保业发展的法律是1995年出台的《中华人民共和国担保法》，但对担保机构的业务监管没有明确的法律规定。大监管时期，各监管部门对担保业的发展虽然出台了部分法规和规定，但缺少针对担保公司和评级公司全面性、系统性的管理办法和规定，这使得我国担保业发展多年面临着无法可依的尴尬局面。另外，由于征信机制欠缺，导致目前人民银行的征信系统没有将担保公司和评级公司的相关信息纳入其中，造成担保机构信息严重不透明，误导金融机构的准确判断，进而助长了部分担保公司的侥幸心理。

然而，客观存在的信贷风险，已经脱离了威海市各担保公司的发展逻辑。随着担保贷款的不断增加，在危机的冲击下，威海市个人住房贷款违约率逐年攀升，代偿风险已远远超越了各担保公司的承受能力。在这种困境下，各担保公司又一致选择弃保游弋的扭曲性突围，用极端手段摆脱目前的经营困境。

六 简要结论

综上所述，在风险收益严重失衡的情况下，专业担保组织无法自我消化因担保失败产生的风险，进而使单纯依靠收取担保费的传统商业模式难以支撑担保市场良性、均衡的发展（彭江波，2008）。目前，威海市担保公司的被动处境根源于与银行间风险收益的失衡，担保公司无节制放大贷款担保倍数，只是这种利益失衡下的非理性经营策略；失信担保公司废保弃保并游弋于各金融机构之间的道德风险，也同样是这种利益失衡的扭曲性还原。事实结果表明，由于不能很好地与担保公司分割收益、分摊风险，一向善于追求零风险的各金融机构，也不得不承接由担保公司所"抛弃"的大量信贷风险，进而造成更大的社会效率损失。

可以预见，如果威海市银行与担保公司之间的风险收益失衡问题不改变，担保公司弃保游弋的游戏还将继续蔓延，但终有尽头。直到银行与担保公司间轮番经历不愉快的合作之后，双方的失衡合作关系最终将无法持续。基于此，得到如下两点简要结论：一，商业担保公司的正常运作取决于，要同银行确立合理的利益分割和风险分摊机制，这是商业担保公司与银行持续开展合作的前提。二，强化对商业担保公司的内、外部监管，对于促进、规范担保业发展至关重要。

（作者单位：中国人民银行威海市中心支行）

健康的不确定性与预防性劳动力供给

——来自中国农村地区的证据

王一兵

一 前言

劳动力供给行为是西方经济学研究的重要内容。新古典经济学中的劳动—休闲跨期替代理论认为，劳动和休闲存在相互替代的关系，个人会在工资较高的时候增加劳动力供给减少休闲，而在工资较低的时候减少劳动力供给增加休闲。然而，许多劳动力供给行为的经验研究却并不支持这一结论。许多研究发现劳动力供给在工资水平低的时候会增加，在工资水平高的时候反而会减少。Gordon 等（1996）对美国 20 世纪 70～90 年代中期的实证研究发现，伴随着工资的下降，个人的劳动供给是增加的。Deaton（1991）及 Hartwick（2000）发现在未来工资存在不确定性的情况下，个人会增加劳动力供给以获得更多的收入。

针对这种现象，Low（2005）首先提出预防性劳动力供给理论。该理论的核心思想是，如果未来收入存在不确定性，则个人会通过增加劳动时间的方式来减少不确定性的影响，从而导致劳动—休闲跨期替代理论失效，个人不再按照工资的高低来跨期分配其劳动时间。Low 做了相关检验，结果发现了支持预防性劳动力供给理论的证据。其他许多学者的研究结论也都支持预防性劳动力供给理论。Parker（2005）利用美国 1968～1993 年的 PSID 面板数据实证分析了美国自雇人口的劳动力供给，回归结果证实了预防性劳动力供给的存在。Floden（2005）的理论分析结果也支持预防性劳动力供给理论。Josep（2006）利用英国 2002 年的 CPS 数据分析了在工资收入存在不确定的情况下的劳动力供给，分析结果同样证实了预防性劳动力供给的存在。

虽然国外许多研究已经证实收入的不确定性会导致预防性劳动力供给，但是本文所关注的问题是：在中国农村地区，健康的不确定性是否会导致预防性劳动力供给？农村医疗保险又会对预防性劳动力供给产生何种影响？

初步的理论分析可知，由于农村非农劳动力收入较低，拥有的资产普遍不多，也很难通过金融市场获得贷款，所以其消费支出几乎完全依赖于其所获得的劳动收入。在没有医疗保险的情况下，因为缺乏必要的金融工具来跨期分配其资源，所以农村非农劳动力无法实现劳动力的跨期替代。面对融资约束，在不工作就无法生存的情况下，尽管面临健康恶化的危险，劳动者别无选择，只有采用预防性劳动力供给的形式来应对健康风险冲击，原因是此时消费的边际效用趋向于无穷大，他必须以一切手段来获取维持生存所必需的基本消费。但是，在有医疗保险的情况下，农村非农劳动力则可以跨期分配休闲时间，在健康状况好的时候增加劳动时间，反之，则减少工作时间或不工作。所以理论上医疗保险能够减少预防性劳动力供给，使得劳动者能够跨期分配其资源，从而使得劳动者在不同时期的消费边际效用相等。

虽然蔡昉、王美艳（2001）分析了女性劳动力供给特点，封进、胡岩（2008）采用 CHNS 数据，分析了中国城镇劳动力的提前退休行为，但是他们都没有分析健康不确定条件下的农村非农劳动力供给行为。鉴于目前国内尚无对此问题深入的理论与实证研究，本文拟从三个方面对中国农村的非农劳动供给行为进行系统的理论与实证研究：一是建立严格的理论模型来分析健康冲击是否会导致中国农村非农劳动的预防性劳动力供给；二是通过采用CHNS（中国健康和营养调查）数据来实证检验预防性劳动力供给；三是从福利经济学的角度来分析农村合作医疗对预防性劳动力供给的影响。

本文的结构如下：第二部分给出理论模型分析框架，第三部分是数据说明及经验模型设定，第四部分给出模型回归结果，第五部分是结论及政策建议。

二 理论模型分析

由于中国农村非农劳动力收入较低，拥有的资产普遍不多，也很难通过金融市场获得贷款，因此，为建立符合中国国情的农村劳动力供给理论模型，本文提出如下合理假设：（1）农村非农劳动力是理性人，追求效用极大化。（2）劳动工资是其唯一收入。（3）不存在资本市场，以排除农村劳动力依靠借贷或利息来谋生的情况。

（一）确定性条件下

考虑一个开放经济，该经济由代表性消费者构成，该消费者的效用来自于消费和休闲。消费者的决策行为可以归结为在一定收入预算约束下，自主选择休闲和消费的比例，从而实现自己的效用最大化。如果健康是确定性的，消费者的目标是最大化效用：

$$\underset{c,L}{\text{Max}} \quad U = U(c, L) \tag{1}$$

$$\text{s. t.}: \quad c = wL \tag{2}$$

式（1）是代表性消费者的效用函数，其中 c 为消费，消费者的时间禀赋正规化为 1，L 表示消费者提供的劳动，于是 $1-L$ 为他的休闲。消费者的效用分别是消费 c、休闲 L 的函数，并且满足 $U_c > 0$，$U_{cc} < 0$；$U_L < 0$，$U_{LL} < 0$。式（2）是约束条件。为了便于推导，假设消费者既不能储蓄也不能借贷，故消费者的消费等于其劳动收入。w 表示劳动力的工资。

笔者利用最优控制原理求解这个最优化问题。代表性消费者的目的是在式（2）的约束下最大化式（1）。于是可得最优化问题的一阶条件：

$$U_c(c, L) = \lambda \tag{3}$$

$$U_L(c, L) = -\lambda w \tag{4}$$

整理一阶条件可得消费、劳动力供给间的关系方程：

$$wU_c(c, L) = -U_L(c, L) \tag{5}$$

为了便于说明问题，假设消费者的效用函数是可加可分的，并且有下列具体函数形式：

$$U(c, L) = \ln c - \theta L \tag{6}$$

根据式（5）和一阶条件式（3）、式（4）可得确定性条件下最优劳动力供给：

$$L^* = 1/\theta \tag{7}$$

（二）不确定性条件下

1. 没有医疗保险的情况

假设消费者健康受到冲击的概率为 p，并且一旦受到冲击，则会遭受损失 D。其他假设条件与确定性情形一致。所以，在健康存在不确定性的情况下，代表性消费者的目标是最大化效用：

$$\underset{c,L}{\text{Max}} \quad E[U] = E[U(c,L)] \tag{8}$$

$$\text{s. t.} : \quad c_0 = wL \tag{9}$$

$$c_1 = wL - D \tag{10}$$

式（8）中 E 是期望符号，式（10）中假设 $wL - D > 0$。利用式（8）、式（9）、式（10）求解该最优化函数，于是可得与式（5）相对应的不确定性条件下的最优化函数的一阶条件：

$$w[pu'(c_1) + (1-p)u'(c_0)] = -v'(L) \tag{11}$$

利用效用函数式（6），可将式（11）转化为：

$$w\left[p\frac{1}{wL-D} + (1-p)\frac{1}{wL}\right] = \theta \tag{12}$$

将式（12）整理后可得不确定性条件下最优劳动力供给：

$$L^{**} = \frac{1}{\theta}\left[1 + \frac{pD}{wL-D}\right] = \frac{1}{\theta}[1 + \Psi] \tag{13}$$

因为 $pD > 0$ 和 $wL - D > 0$，所以式（13）中 $\Psi > 0$。通过比较确定性条件和不确定性条件下最优劳动力供给等式（7）和式（13），可以发现：

$$L^{**} - L^* = \Psi > 0 \tag{14}$$

式（14）告诉我们：消费者在不确定性条件下的劳动力供给，要大于确定性条件下的劳动力供给。在本文中，我们定义 Ψ 为预防性劳动力供给，即在健康存在不确定性的情况下，为了应对健康不确定性因素对消费的冲击，消费者劳动力供给所增加的部分。

2. 有医疗保险的情况

假设消费者健康受到冲击的概率为 p，并且一旦受到冲击，则会遭受损失 D。假设存在一个不完全的医疗保险市场，消费者向保险公司支付 $p(1-\beta)D$ 获得医疗保险，在消费者健康受到冲击，遭受损失 D 时，可从保险公司获得 βD 的赔偿。其他假设条件与没有医疗保险的情形一致。所以，在有医疗保险的情况下，代表性消费者的目标效用函数是：

$$\underset{c,L}{\text{Max}} \quad E(U) = E[U(c,L)] \tag{15}$$

$$\text{s. t.} : \quad c_0 = wL - p\beta D \tag{16}$$

$$c_1 = wL - p\beta D - D + \beta D \tag{17}$$

求解该最优化函数，于是可得一阶条件：

$$w[pu'(c_1) + (1-p)u'(c_0)] = -v'(L) \tag{18}$$

我们首先分析一下，在存在不确定性的情况下，如果保险额增大，劳动力供给会发生什么变化。利用隐函数定理，对式（18）求微分可得：

$$\frac{\partial L^{***}}{\partial \beta} = \frac{w[u''(c^1) - u''(c^0)]p(1-p)D}{w[pwu''(c^1) + (1-p)wu''(c^0)] + v''(L)} < 0 \tag{19}$$

在式（19）中，如果消费者是风险回避递减或不变的，由于 $u''(c_1) > u''(c_0)$，所以分子部分是大于零的；另外由于 $u''(c_0) < 0$，$u''(c_1) < 0$ 且 $v''(L) < 0$，所以分母部分也是小于零的，因此有 $(\partial L^{***}/\partial \beta) < 0$，即随着保险额的增大，劳动力的供给是递减的。

由式（18）及式（6）可得：

$$w\left[p\frac{1}{wL - p\beta D - (1-\beta)D} + (1-p)\frac{1}{wL - p\beta D}\right] = \theta \tag{20}$$

为了便于推导，假设 $p\beta D \approx 0$，则有：

$$w\left[p\frac{1}{wL - (1-\beta)D} + (1-p)\frac{1}{wL}\right] = \theta \tag{21}$$

将式（20）整理后可得拥有医疗保险情况下最优劳动力供给：

$$L^{***} = \frac{1}{\theta}\left[1 + \frac{p(1-\beta)D}{wL - (1-\beta)D}\right] = \frac{1}{\theta}\left[1 + \Psi'\right] \tag{22}$$

式（22）中的 Ψ' 是预防性劳动力供给，因为 $\partial \Psi'/\partial \beta = -p < 0$，所以在健康存在不确定性的条件下，保险额的增加会减少预防性劳动力供给。我们可以进一步观察到如果 $\beta = 1$（保险是全额理赔的），则 $\Psi' = 0$，$L^{***} = L^*$，即预防性劳动力供给完全消失，在不确定性条件下的劳动供给与确定性条件下的劳动供给完全一样。因而我们可以得到结论：在健康存在不确定性的条件下，拥有医疗保险者的劳动力供给，要小于没有医疗保险者的劳动力供给。

三　数据、健康不确定性的度量及计量模型

本文第二部分已经从理论上证实了中国农村非农劳动力存在预防性劳动力供给。然而，中国农村非农劳动供给的影响因素非常复杂，其劳动供给究竟是否与理论预期相符，还有待于实证研究的进一步检验。

本文采用的是美国北卡莱罗纳大学提供的 CHNS（中国健康和营养调查）数据。该数据是包括 1989 年、1991 年、1993 年、1997 年、2000 年、2004 年

和 2006 年 7 个年度的面板数据，覆盖了中国沿海、中部、西部等地区的 9 个省份。CHNS 数据采用多段随机抽样方法，在抽样时兼顾不同规模和收入水平的城市或县城，包含城市居民和农村居民。由于 1997 年以前的数据缺少本文研究所需的数据，本文采用含有 1997 年、2000 年、2004 年及 2006 年数据的 CHNS 面板数据。根据中国劳动合同法对劳动年龄的限制，本文把样本限制为 16～60 岁的农村居民。这样去掉在本文所需变量有缺省值的数据，最终有效样本总数为 1712 个，其中男性样本 1074 个。

CHNS 选用自我评估的健康状况作为健康的度量指标。由于受年龄、性别或地区差别等一些因素的影响，不同的被调查对象可能会采用不同的主观评价标准，这样就可能会出现这种现象：即使不同被调查对象的真实健康状况相同，但自我评估的健康状况却不相同；或者即使不同被调查对象自我评估的健康状况相同，其所反映的真实健康状况却可能并不相同，所以自我评估的健康状况可能存在由于评价标准不同而引起的偏倚。因此，本文采用 Cutler 和 Richardson（1997）、Groot（2000）及 Jurges（2006）提出的方法，采用有序 Probit 模型用自评健康状况对客观健康指标作回归，得到被调查对象的健康指数，并计算出健康受限权数。

本文采用高血压、糖尿病、体重不足三个指标作为有序 Probit 模型的回归变量。根据中国卫生部统计，2007 年中国农村人十大死亡原因中和高血压直接有关或密切相关的，就有脑血管病和心脏病，因此是否患有高血压可以作为检验一个人是否身体健康的客观指标。本文根据 WHO/ISH（世界卫生组织/高血压国际协会）2003 年出版的高血压治疗指南将高血压定义为：未服抗高血压药情况下，收缩压≥140mmHg 和/或舒张压≥90mmHg。另外，糖尿病也是 2007 年中国农村人十大死亡原因之一。选用指标体重不足是因为农村地区非农劳动对体能要求较高，体重不足会对健康产生严重影响。本文根据 WHO 于 1990 年公布的标准将 BMI（体质指数）小于 18.5 视为体重不足。

由于 CHNS 数据中自评健康变量是多分类有序变量，具体表现为：1 = 非常好、2 = 好、3 = 一般、4 = 差，由计量经济学知识可知，针对此类变量可以采用有序 Probit 模型，相应的有序 Probit 模型形式如下：

$$y_{it}^* = \beta x_{it} + u_i + \varepsilon_{it}$$
$$y_{it} = j \quad 如果 \quad \tau_{j-1} < y_{it}^* \leq \tau_j, \quad j = 1, 2, \cdots, J \quad (23)$$

式（23）中的 i 和 t 分别代表不同的被调查个体及不同的时期。y_{it}^* 为潜变量，在本文中代表真实健康水平，是一个不可观测的值。y_{it} 代表健康的观测值，即本文中的自评健康。u_i 是非时变个体效应，并且服从 $N(0,\sigma_u^2)$ 的独立同分布。ε_{it} 是服从 $N(0,\sigma_\varepsilon^2)$ 分布的随机项。x_{it} 是包括健康客观度量指标的向量。由于模型假设随机项服从正态分布，则观测到 y_{it} 某一特定值的概率为：

$$P(y_{it}=j|x_{it},u_i)=\Phi(\tau_j-\beta x_{it}-u_i)-\Phi(\tau_{j-1}-\beta x_{it}-u_i) \tag{24}$$

式（24）中 $\tau_0=-\infty$，$\tau_{j-1}\leqslant\tau_j$，$\tau_j=+\infty$，$\Phi(\tau_0)=0$，$\Phi(\tau_j)=1$。$\Phi$ 为标准正态分布累积函数。

本文所要面对的另外一个问题是如何度量个体健康的不确定性。由于每个人的健康水平是不一样的，所以健康的不确定性是随着个体及时间的变化而变化的，即健康的不确定性具有异质性。本文采用个体健康指数的移动离差形式来度量个体健康的不确定性。该度量方法的优点是利用了面板数据的优点，能够充分体现健康水平随个体及时间而发生的变化，所以能更好地反映健康的异质性变化。本文具体采用的移动离差计算公式如下：

$$r_{i,t}(H_{i,t})=H_{i,t}-\overline{H}_{i,t} \tag{25}$$

式（25）中，$H_{i,t}$ 是个体 i 在时期 t 的健康指数得分，$\overline{H}_{i,t}$ 是 $H_{i,t}$ 在 t 之前 N 期的均值，具体的计算公式为 $\overline{H}_{i,t}=\sum_{n=1}^{N}H_{i,t-n}/N$，本文设定 $N=3$。

为了分析健康的不确定性对劳动供给的影响，本文设计模型如下：

$$\ln L_{it}=\alpha\ln w_{it}+\beta r_{it}+X'_{it}\theta+v_i+\varepsilon_{it} \tag{26}$$

式（26）中的 i 和 t 分别代表不同的个体及不同的时期。L_{it} 是周平均工作小时，w_{it} 是月平均工资，r_{it} 代表健康的不确定性，X_{it} 是包括工作地位、年龄等时变量在内的向量。v_i 是个体非时变特征，并且服从 $N(0,\sigma_v^2)$ 的独立同分布。ε_{it} 是满足经典假设的随机项，并且服从 $N(0,\sigma_\varepsilon^2)$ 的独立同分布。

四 模型运行结果

表 1 给出了对健康指数方程（23）用面板数据有序 Probit 模型回归的结果。因变量为自评健康水平，回归变量包括是否患有高血压、糖尿病及体重不足三个健康变量。我们可以看到健康受限权数最高的是体重不足，其他依次是高血压及糖尿病，这比较符合中国农村地区的实际情况，即营养不良所造成的体重不足在农村地区仍是一个比较严重的问题。

表 2 给出了自评健康及相应的健康指数的统计分布情况。我们可以看到

主观指标自评健康为好以下的比例仅为21.4%，这明显不合理。另外，我们可以通过更为客观的健康指数 HI 指标观察到：自评健康为"非常好"及"好"之间的 HI 均值之差要远远小于自评健康为"一般"及"差"之间的 HI 均值之差。同时，以客观指标 HI 来衡量，自评健康的标准误差也随着自评健康由"非常好"到"差"而急剧上升。这些都说明自评健康指标不能很好地反映真实健康状况，所以使用健康指数 HI 是一个更好的选择。

表 1 面板数据有序 Probit 模型回归结果

变量	系数	标准误差	健康受限权数
高血压	0.1940	0.0382	0.130479
糖尿病	0.4140	0.0412	0.278457
体重不足	0.8789	0.1065	0.591064
τ_1	3.3614	0.0670	—
τ_2	1.0425	0.0149	—
τ_3	−0.7549	0.0138	—
τ_4	−2.1063	0.0239	—
常数	0.2527	0.0105	
Log-L	−20633.405		—

表 2 健康指数（HI）描述性统计

自评健康	观测值	样本比例（%）	均值	标准误差
非常好	1214	21.0	0.0186	0.0685
好	3321	57.6	0.0214	0.0774
一般	1113	19.3	0.0425	0.1189
差	122	2.1	0.0908	0.1925
合计	5770	100	0.0264	0.0900

劳动力供给方程（26）的模型回归结果在表3给出。豪斯曼检验拒绝了固定效应模型和随机效用模型估计系数没有系统性差异的假设，表明采用固定效用模型合理。下边我们分别对总样本及性别分样本的回归结果进行分析。

（一）对总样样本进行分析

表3首先给出了总样本固定效用模型 FE（1）的估计值。在模型（1）中，最为引人注目的是，健康的不确定性对劳动时间有显著的正向影响。结

果显示：在保持其他条件不变的情况下，健康的不确定性每增加一个单位，就会使得每周劳动供给平均增加 7.645 个小时。这说明，当农村个人健康遭受外来冲击时，个人不仅不会减少劳动时间，反而会增加劳动时间，这就从实证分析上验证了预防性劳动力供给的存在，也与本文第二部分所提出的预防性劳动力供给的理论分析结果相吻合。健康状况越是不稳定，反而越是增加劳动时间，中国农村非农劳动力的这种预防性劳动力供给行为看似有悖常理，却是其在巨大的现实压力下的无奈选择。因为对于农村非农劳动力来说，在可供选择的生存方式不多甚至只有一种（即不工作就难以维持生存）的情况下，鉴于自身工作的可替代性、机会成本的低廉性和未来支出的刚性，只要市场提供就业机会，他们就会拼命工作而漠视个人健康的不稳定及恶化。其次，年龄对劳动供给有显著正向影响，总样本 FE（1）模型的估计结果显示，年龄每增加一年，会使得劳动时间平均增加约 1.216 个小时。另外，年龄的平方系数估计值为负且显著，这符合预期，即年龄对劳动供给有正面的影响，但这种影响随着年龄的增加而递减。一个可能的解释是因为年龄越大，家庭基本生活开支也越高，所以必须依靠增加劳动时间来获得更多的收入，但是随着年龄的增长，健康状况可能进一步恶化，进一步增加劳动时间只能是越来越困难。工资虽然对工作时间有正向作用，但统计上并不显著。这意味着，农村非农劳动对工资变化不敏感，劳动供给缺乏弹性或无弹性。产生这种现象的原因应该与预防性劳动力供给存在的原因相一致，在此就不再赘述。受教育程度对劳动时间有负面作用，但并不显著。这可能与广大农村地区民营、私营企业产品技术含量普遍不高，廉价的低技能劳动力就能满足其生产需要，对受教育程度较高的劳动力需求不高有关。职业地位对劳动时间没有显著影响。Hausman 检验拒绝了固定效应模型和随机效用模型估计系数没有系统性差异的假设，表明采用固定效用模型合理。

总样本固定效用模型 FE（2）与模型 FE（1）的区别在于 FE（2）额外多包含了一个是否拥有医疗保险的变量。对比这两个模型的估计结果可以发现，所有变量的估计值及显著性没有明显的变化。医疗保险对劳动时间有负面影响，这符合本文在第二部分的理论预期，但估计结果显示该影响并不显著。一个可能的解释是虽然在健康存在不确定性的情况下，拥有医疗保险能够使得劳动者减少劳动力供给，但由于医疗保险覆盖面偏低，未能发挥显著的作用。

总样本固定效用模型 FE（3）用是否拥有新农村合作医疗的变量替代了FE（2）中是否拥有医疗保险的变量。比较总体模型 FE（3）与 FE（1），可

表 3 劳动力供给模型回归结果

变量	总样本			男性			女性		
	FE（1）	FE（2）	FE（3）	FE（1）	FE（2）	RE（3）	FE（1）	FE（2）	FE（3）
工资（对数）	1.057 (0.670)	1.051 (0.677)	1.236 (0.981)	1.026 (0.870)	1.076 (0.874)	1.890 (1.359)	1.098 (1.046)	0.913 (1.063)	0.578 (1.349)
不确定性	7.645** (3.387)	8.143** (3.409)	6.635* (3.681)	4.838 (3.884)	5.129 (3.890)	4.793 (4.092)	18.982** (7.346)	21.063*** (7.502)	31.283*** (11.211)
年龄	1.216*** (0.437)	1.249*** (0.440)	1.169 (0.600)	1.230* (0.557)	1.297** (0.558)	1.187 (0.811)	1.380* (0.766)	1.331* (0.773)	1.494 (0.970)
年龄平方	-0.016*** (0.0053)	-0.016*** (0.0053)	-0.014* (0.0072)	-0.015* (0.0065)	-0.016** (0.0065)	-0.010 (0.0094)	-0.018* (0.0098)	-0.018* (0.0098)	-0.016 (0.0126)
教育	-0.367 (0.697)	-0.383 (0.701)	0.083 (0.877)	-0.865 (0.936)	-0.985 (0.939)	-0.576 (1.204)	0.222 (1.042)	0.328 (1.049)	1.713 (1.242)
职业地位	0.471 (0.508)	0.478 (0.513)	-0.682 (0.880)	-0.014 (0.618)	-0.002 (0.621)	-0.931 (1.137)	1.644* (0.909)	1.686* (0.925)	0.301 (1.423)
保险	—	-0.889 (0.704)	—	—	-1.625* (0.909)	—	—	0.341 (1.109)	—
合作医疗	—	—	6.427*** (2.000)	—	—	7.412*** (2.604)	—	—	4.702 (3.067)
常数	14.519 (8.927)	13.923 (9.006)	14.981 (12.861)	17.710 (11.427)	16.252 (11.491)	26.017 (17.232)	3.551 (15.232)	4.894 (15.436)	4.781 (20.817)
Hausman 检验	51.68	51.95	16.28	27.35	27.00	17.44	27.77	28.99	23.60
P 值	0.0000	0.0000	0.0227	0.0001	0.0003	0.0284	0.0001	0.0001	0.0013

注：小括号内的数字为标准误差。* 表示在 10% 水平上显著，** 表示在 5% 水平上显著，*** 表示在 1% 水平上显著。

以观察到在有合作医疗的情况下，健康不确定性的估计值及显著性均变小，但是合作医疗却对劳动力供给有着显著的正向影响。这说明，新农村合作医疗虽然能够部分降低预防性劳动力供给，但由于合作医疗普遍存在报销比例小、保障程度低、大病补偿比例过低等情况，农村合作医疗并没有从根本上增强参保者抵御健康风险冲击的能力。

（二）对性别子样本进行分析

对比男、女性子样本可以观察到一个比较有趣的现象：在男性子样本中，三个模型回归结果均显示，男性健康的不确定性对劳动时间没有显著的影响；而在女性子样本中，三个模型回归结果均显示，女性健康的不确定性对劳动时间有显著的正面影响。换言之，农村男性非农劳动并不存在明显的预防性劳动力供给现象，但是农村女性非农劳动却存在明显的预防性劳动力供给现象。笔者认为，农村地区男性与女性在家庭中主要分工的不同是一个可能的解释。在通常情况下，农村男性是家庭的主要劳动力，保证自己及家人的生存是其责无旁贷的首要任务。由于这种家庭责任，他们不得不将绝大部分时间放在工作上，只要不出现大病冲击，即使在健康状况发生变化时也很难在工作时间上做出调整。而对于农村女性来说，作为家庭的次要劳动力，她们的时间主要用于非市场劳动。只有当家庭收入下降到无法满足其家庭生计基本需要时，她们才会被迫进入劳动力市场，对于农村许多家庭而言，女性劳动参与所获取的收入虽很重要，但却是作为家庭收入的一个补充。因为在工作的同时还要承担照看孩子等家庭责任，从而对她们的健康提出了更高的要求，因此她们的劳动供给表现出对健康不确定性的高度敏感。

男、女性子样本另外一个显著的不同是：虽然医疗保险、农村合作医疗对男性劳动时间有显著的负、正面影响，但对女性的劳动时间却没有显著的影响。这表明在农村医疗资源可能更多地分配给以男性为主的劳动力，男性劳动力拥有医疗保险或参加农村合作医疗的比例要远远高于女性劳动力相应的比例。虽然职业地位对男性的工作时间有负面影响，但并不显著；而职业地位对女性的工作时间有一定的正面影响。

五　结论及政策建议

本文首先运用经济学原理构建了中国农村非农劳动供给的理论模型，理论模型分析结果显示，在健康存在不确定性的情况下，中国农村非农劳动存在预防性劳动力供给现象，而拥有医疗保险则能够显著减少预防性劳动力供给。

在此基础上，本文利用 CHNS 数据对非农劳动供给行为进行了实证分析。实证分析结果表明，在总样本及女性样本中，健康的不确定性对劳动供给有显著的正向影响，即存在预防性劳动力供给现象；在男性子样本中，健康的不确定性对劳动供给没有显著的影响。在总样本及女性子样本中，医疗保险、农村合作医疗对劳动供给没有显著的影响；在男性子样本中，医疗保险对劳动供给有显著的负面影响，符合理论模型的预期；但农村合作医疗却有显著的正面影响，不符合理论模型的预期。

健康不确定下的预防性劳动力供给意味着，在遭受健康风险冲击时，劳动者不仅不能减少劳动供给，反而要以预防性劳动力供给的形式增加劳动力供给，实现自我保险以应对健康风险冲击。从短期来看，这种预防性劳动力供给会增加劳动者的收入，保证劳动者的基本消费不因健康冲击受到影响，但由于农村非农劳动对体能要求较高，这种通过透支健康而增加劳动供给的模式是不可持续的，长期来看不仅会导致劳动者未来健康严重恶化、预期寿命减少，农村非农劳动力福利严重受损，而且会对农村乃至整个社会的经济发展带来巨大的损害。

如果农村合作医疗能够显著减少健康不确定性下的预防性劳动力供给，则农村非农劳动力的福利会显著增加。但实证分析的结果表明，农村合作医疗没有发挥应有的作用。对此，笔者建议，未来建设新型农村合作医疗制度时，政府应加大财政补贴力度，提高筹资水平，提高大病补偿比例，扩大农民受益面，确实增强农村合作医疗制度的保障能力，减轻农村劳动力的预防性劳动力供给，提高他们的健康水平。

［作者单位：山东大学（威海）］

入世后外资银行在华发展及其进入
路径的国际比较研究

夏　辉　苏立峰

根据入世承诺，中国政府已于 2006 年底开始给予外资银行完全的国民待遇。目前理论界对外资银行进入我国所带来影响的研究，主要集中在从宏观角度考查其对经济的作用，而较少具体分析外资银行的战略目标、进入方式以及如何应对才能符合我国的整体利益。因此，本文试图对入世后近六年来外资银行在我国银行体系中的地位和作用、对我国银行业竞争水平的影响、其战略目标和进入方式逐一分析，并将之与外资银行进入其他新兴市场国家的状况进行国际比较，以期能为政策制定者和中资银行提供借鉴。

一　外资银行概念界定

当外国机构或个人出资在一国成立银行或本国银行中外国资本占控股权时，该银行就被东道国称为外资银行。本文所称外资银行包括总行在东道国境内的外国资本的银行、外国银行在东道国境内的分行、外国金融机构同东道国金融机构在东道国境内合资经营且外国资本占控股权的银行等。根据《中华人民共和国外资金融机构管理条例实施细则》第 7 章第 50 条规定，本文将香港特别行政区、澳门特别行政区和台湾地区的金融机构在中国内地设立和营业的银行机构也归入外资银行范畴。

二　入世后外资银行在华发展概况

入世前我国已经形成了以四大国有商业银行为支柱、以股份制商业银行为增长引擎、以地方商业银行为补充、基本健全的银行业竞争体系。入世后我国银行业在快速发展的情形下，以市场份额为代表的各类银行间的竞争格局基本保持不变。从2001年底到2006年底，我国银行业的总资产从约20.9万亿增长到44万亿，增长了1倍多（见表1），其中以四大行为代表的国有商业银行的资产规模增长约1倍，股份制商业银行和城市商业银行增长了2倍多，外资银行的资产总额增速略慢于股份制商业银行和城市商业银行。可见，尽管国有商业银行的份额有所下降，但其在银行业体系中的主导地位并没有发生实质性改变，股份制商业银行和城市商业银行的份额上升较快，而外资银行的份额仅仅略有增加（见表2）。

表1　入世五年后中国银行业资产规模扩张状况

单位：亿元

年份	银行业	国有商业银行	股份制商业银行	城市商业银行	外资银行
2001	208796	113249	21958	8800	2797[①]
2006	439500	229694	72648	27704	8194

注：限于数据可比性和可得性，①为2002年一季度末的数据。

资料来源：银行业总资产数据来源于《中国金融年鉴》，其他数据来源于《中国人民银行统计季报》相关各期。

表2　入世五年外资银行在华发展概况

单位：%

项目＼年份	2001	2002	2003	2004	2005	2006
资产占比	1.34	1.19	1.20	1.63	1.70	1.86
存款占比	0.45	0.41	0.45	0.52	0.64	0.75
贷款占比	1.21	0.96	0.86	1.33	1.55	1.80

注：①存款数据采用各年末银行资产负债表中"对非金融机构及住户负债"项目下的数据；②贷款数据采用各年末银行资产负债表中"对非金融性公司债权"和"对其他居民部门债权"两个项目的数据之和代表。

资料来源：《中国人民银行统计季报》相关各期，其中2001年外资银行的各项数据均采用2002年一季度末的数据。

入世前外资银行在我国受到诸如业务范围、机构形式、经营区域等方面的限制，发展速度非常缓慢，各项业务在整个中国银行业中占比微不足道。入世后，尽管对外资银行的各种限制逐渐放开，但从目前来看其在中国市场上的地位基本未变。表2反映了入世五年以来外资银行的资产规模、存款总额、贷款总额占我国银行业整体的份额情况。

表 2 显示，入世五年后尽管外资银行的资产份额、存款市场份额、贷款市场份额有所增加，但增幅很小。究其原因，一方面是因为入世五年中，我国以国有商业银行和股份制商业银行为代表的市场主体在内在竞争压力下有了快速发展；另一方面是因为对境内居民的"人民币业务"这块银行业市场上最大的"蛋糕"直到 2006 年底仍然对外资银行完全限制。表 3 显示，入世五年后外资银行的资产负债结构仅略有改变，资产结构中贷款所占份额基本未变，国外资产比重有较大下降，负债结构中国外负债占总负债的比重有所下降，国内存款所占比重的上升幅度也不大。

表 3　入世五年后全国外资银行资产负债结构变化情况

单位：%

时间	国外资产	对非金融性公司债权	总资产	国外负债	对非金融机构及住户负债	总负债
2002 年 3 月	33.8	49.6	100	47.1	21.2	100
2006 年 12 月	20.7	52.2	100	40.1	29.8	100

资料来源：根据《中国人民银行统计季报》2007 年第一期公布的数据计算所得。

表 4 是从盈利能力角度对各类银行所作的对比，其中一个明显的状况是，2003～2006 年，外资银行与其他各类银行相比，从 ROA 和 ROE 两个指标来看，其水平基本上都是最低的。因此，外资银行通过开设分支机构扩展业务所导致的盈利状况并不乐观，而国内银行业盈利水平的上升主要是对其进行了不良资产剥离、公司治理结构改革和内部经营机制改革的结果，与外资银行带来的外部压力相关性不大。

表 4　2003～2006 年各类银行盈利状况比较

单位：%

	ROA				ROE			
	2003	2004	2005	2006	2003	2004	2005	2006
国有商业银行①	-0.020	0.255	0.743	0.815	-0.49	6.01	16.26	14.59
股份制商业银行	0.495	0.482	0.647	0.797	15.00	15.38	21.65	22.80
城市商业银行	0.371	0.512	0.593	0.697	10.86	14.98	14.60	14.89
外资银行	0.418	0.404	0.512	0.622	4.24	4.84	5.86	7.72

注：①其范围包括工行、农行、中行、建行四大行和交通银行。

资料来源：根据中国银监会 2006 年公布的数据计算所得。

由此可见，从资产规模、存贷款市场份额、盈利状况等方面来看，入世后外资银行的进入对我国银行业的冲击很小，很多学者在入世后前期所担心的中资银行市场份额下降、竞争压力增大、盈利水平下降等现象并没有出现。

下面我们再分析一下外资银行在中国最大的金融中心上海的发展状况。数据显示，截至 2006 年底，外资银行在华设立的 200 家分行和 242 家代表处之中，分别有 55 家和 92 家位于上海，两者均居全国第一位；截至 2007 年 2 月底，上海市外资银行营业性机构达到 100 家，驻上海外资银行代表处为 109 家。另外，根据《中国人民银行统计季报》和上海银监局公布的数据，2006 年底上海外资银行的总资产占全国外资银行总资产的 62.2%。可见，不管是从机构数量，还是从经营规模来看，上海都占据了全国外资银行业的半壁江山。

在外资银行的业务范围上，上海在 1997 年就开放了其对外商投资企业和境外居民的人民币业务，2003 年 12 月之后，包括上海在内的 13 个城市开始允许外资银行经营对中资企业的人民币业务，2006 年 12 月之后外资银行可以经营对中国居民的人民币业务。表 5 反映了上海市场上分币种、分业务统计的外资银行的市场份额状况。

表 5   入世五年上海银行业存贷款市场上外资银行市场份额

单位：%

项目 \ 年份	2001	2002	2003	2004	2005	2006	2007
人民币存款	1.0	1.3	1.9	2.4	2.9	3.7	4.0
外汇存款	11.5	13.0	16.6	21.5	25.2	31.4	33.6
人民币贷款	3.9	3.1	2.9	3.7	4.7	7.2	9.3
外汇贷款	49.2	44.3	39.2	48.7	54.9	56.4	56.1
存款合计	2.4	2.7	3.4	4.1	4.7	5.8	6.1
贷款合计	9.4	7.7	7.5	10.0	11.9	14.2	16.0

注：2007 年数据为截至 2007 年 8 月底的数据。

资料来源：根据各年《上海金融年鉴》、央行上海总部调查统计研究部公布的数据计算所得。

从表 5 可见，入世五年，在上海银行业存贷款市场上，外资银行的人民币存贷款业务规模十分有限，到 2007 年 8 月底也分别只占整个市场规模的 4.0% 和 9.3%。其原因主要是外资银行的人民币资金来源受限较多，直到 2006 年底才被允许接受境内居民的人民币存款，但只有转为境内注册的法人银行后，才可以毫无限制地接受人民币存款，如果保持外国银行分行的形式，则只能接受单笔 100 万以上的人民币存款。从 2006 年底到 2007 年 11 月底的近一年来，上海新改制为法人银行的外资银行只有 12 家，大部分银行仍然保持了分行的形式。可以预计，尽管之后仍然会有外资银行申请转制为法人银行，但其数量不会太多。因此，这使得外资银行的人民币业务短期内不可能有较大的市场份额。虽然外汇业务仍是外资银行的优势业务，但由于外汇存贷款市场的总规模相对于人民币存贷款市场而言非常小，因此，在本外币合计的统计口径上，外资银行的市场份额仍然较少。这主要是由于外资银行的分支网络和客户基础在短期内不可能广泛建立起来，从而极大地限制了其业务规模扩张的速度。

综上可见，无论是全国还是单看对外资开放程度最高的上海，外资银行通过在境内开设分支机构扩张业务规模的发展模式仍不足以对中资银行构成竞争威胁，而且在可以预期的未来，这种局面也不会有太大改变。

三　外资银行在华发展的动因及进入路径

理论界研究外资银行进入东道国的动因的文献非常多，但主要是针对美、日、欧、澳大利亚等发达国家和地区。近十多年来，对外资银行进入经济转型国家、拉美国家和东南亚国家的动因进行研究的文献不断增多。经过文献检索，将之大致归为五类。一是跟随客户说（"follow the customer" hypothesis）（Fieleke，1977；Aliber，1984；Goldberg and Johnson，1990；Yamori，1998；Buch，2000）。二是竞争优势说（Grubel，1977；Gray and Gray，1981；Marichal，1997；Nikiel and Opiel，2002；Weill，2003；Olena，2006）。三是获取利润机会说（Davidson，1980；Aliber，1984；Brealey and Kaplanis，1996；Yamori，1998；Buch，2000；Clarke et al.，2001；Claessens et al.，2001）。四是规模与效率说（Grosse and Goldberg，1991；Urscki and Vertinsky Mahajan，1996；Williams，1996，1998；Berger et al.，1999）。五是风险管理说（Davidson，1980；Bernal，1982；Goldberg and Johnson，1990；Crosse and Goldberg，1991；Marashdeh，1994）。

我们认为，虽然上述几种动因说都可以用以解释外资银行进入中国的动因，但获取利润机会说能够更深刻地揭示现阶段外资银行在华发展的动因。Goldberg 和 Saunders（1981）研究发现东道国与母国之间的相对经济增长率与东道国银行业吸引的外国直接投资高度相关。Brealey 和 Kaplanis（1996）研究发现东道国的 GDP 与该国吸引的银行业外国直接投资呈正相关关系。Focarelli 和 Pozzolo（2000）采用 28 个国家 143 家银行的数据研究外资银行在东道国市场寻求利润机会的行为，结果显示外资银行进入的国家一般都是预期经济增长率较高的国家。

改革开放使中国经济创造了 8% 以上的平均增速，成为全球罕有的持续高速成长市场，而金融市场的增速更是快于宏观经济的增速，因此政治稳定、经济发展、金融业开放的广度和深度不断加深的新兴市场中国，为外资银行提供了一个广阔的发展空间。分享中国经济高速成长的成果显然就成为众多外资银行进入中国市场的战略目标和主要动因。从这一角度讲，外资银行有强烈的意愿进入中国，以期获得新的利润增长点，分享中国经济成长的收益。

1981 年我国批准设立了第一家外资银行——南洋商业银行深圳分行，此后外资银行开始以不同的策略方式进入中国市场，入世以后其进入速度进一步加快。截至 2001 年底，在华开业的外资银行营业性机构只有 190 家，入世后的五年间就增加了 122 家。然而，正如前文所述，从全国范围来看，外资银行这种通过增设分支机构扩张业务规模的方式，不管是从资产规模和存贷款市场份额，还是从盈利水平等来看，所取得的效果都不尽如人意。因此，实际上从入世之初开始，外资银行进入中国的路径选择当中，并没有把设立分支机构当成主要方式，而是通过入股中资银行或与中资银行结成战略联盟的方式来打入中国市场。

从 1996 年亚洲开发银行入股中国光大银行以来，截至 2006 年底，共有29 家境外金融机构投资入股 21 家中资银行，入股金额 190 亿美元。从入股时间上看，除光大银行之外，另外只有国际金融公司（IFC）入股上海银行是发生在入世之前，而其他均发生在入世之后，可见入世后外资银行明显加快了参股中资银行的步伐。在外资金融机构入股的国内银行中，既有像工行、中行、建行、交行这样的大型国有商业银行，也有光大银行、兴业银行、浦发银行、民生银行、华夏银行、深圳发展银行、渤海银行等国内银行业第二梯队的股份制商业银行，还有上海银行、北京银行、南京银行、西安市商业银行、济南市商业银行、哈尔滨市商业银行、南充市商业银行等国内第三梯队的城市商业银行。在持股比例上，多家外资金融机构持股比例接近了银监会规定的上限 20%，如汇丰银行持有交通银行 19.9 的股份，渣打银行持有渤海银行 19.99% 的股份，荷兰国际集团持有北京银行 19.9% 的股份，澳洲联邦银行持有杭州市商业银行 19.9% 的股份等。从国内银行来看，多家银行的外资合计持股比例接近银监会的上限 25%，如兴业银行被三家外资金融机构合计持股达到 24.98%，西安市商业银行被两家外资机构合计持股达到 24.9%，北京银行被两家外资机构合计持股达到 24.9%，南京银行被两家外资机构合计持股达到 24.2% 等。另外，在深圳发展银行一例中，由于其股权相对分散，持股 17.89% 的外资机构——新桥投资集团还成为深发展的相对控股股东。

从 2007 年年初到 10 月底，又有 6 家外资金融机构入股 2 家中资银行，入股金额约 20 亿美元。2007 年外资银行入股中资银行的案例中，最吸引人目光的莫过于以花旗银行为首的团队经过近两年曲折的股权竞购，终于以 241 亿元的成本成功购得广东发展银行 85% 的股份，有报道称花旗及其全资子公司在其中持股接近 25%，成为控股股东和实际的经营管理者。

除了直接参股中资银行之外，一些外资银行还和中资银行建立战略联盟，在全面业务或某些产品等方面进行合作。这方面最著名的例子是 2003 年 1 月花旗银行和上海浦东发展银行建立的以信用卡业务为主要内容的战略合作伙伴关系，此外，花旗银行还将在个人金融、风险管理、财务管理、信息系统改造、稽核及合规性管理等领域对浦发提供技术型支持及协助。2002 年，台湾中信和招商银行、中信嘉华银行和国内的中信银行也合作建立了信用卡中心。

通过参股中资银行，外资银行可以迅速解决分支网络布点太少、客户基础不足的缺陷，花旗银行竞购财务状况不佳的广东发展银行，看重的主要就是广发的全国性金融业务牌照和其 500 多家分支机构。从一组数据对比中也能看出外资金融机构投资入股中资银行的迫切性。截止到 2006 年底，境内外资银行的所有者权益为 747.1 亿元，约为 100 亿美元，远小于该年底外资金融机构累计参股中资银行的数额 190 亿美元。在今后几年内，作者预计投资入股仍将是外资银行主要采取的进入我国的方式。

四 外资银行进入其他新兴市场国家的路径比较

一般说来，外资银行进入东道国的路径主要有五种选择：设立代理行（agency）、代表处（representative office）、子银行（subsidiary）、分行（branch）和合资银行（joint ventures）（毛泽盛，2005）。基于国别环境差异和时机差异，外资银行在进入不同国家时会选择不同路径。下文作者将选取与中国同为新兴市场国家的中东欧、拉美以及其他亚洲新兴市场国家进行对比研究。20 世纪 90 年代以来，外资银行参与新兴市场渐成热潮，这也成为第三次银行国际化浪潮的一个重要特征。下面作者将对外资银行在同为新兴市场的中东欧、拉美和亚洲的进入路径作一比较。

（一）中东欧转型经济国家

中东欧银行业的市场开放是伴随着政治转型和经济转型出现的。在经历20世纪90年代初的银行危机后，中东欧转型经济国家加快了国内银行业改革步伐。但是由于各国家市场经济经验少，很难迅速建立高效稳健的银行体系；此外，向银行系统注资成本也过高。因此中东欧各国政府普遍认为，面向外资银行开放国内市场、将国有银行出售给外国战略投资者，是构建高效率银行体系的唯一切实可行的改革方案

由于中东欧转型经济国家试图通过国有银行私有化和外资化来增强银行业竞争力和金融体系的有效性，因此银行业对外开放力度大，市场进入门槛低。比如，积极欢迎外国战略投资者参与，允许外资控股国有银行，以此推进国有银行的股权改造。这种转型时期的政策转向，为外资银行提供了绝无仅有的进入契机，因此外资银行纷纷通过并购方式进入中东欧国家，拓展中东欧市场，很多外资银行还获得了绝对控制权。至90年代末，银行业改革结束时，外资银行已成为绝大多数中东欧转型经济国家的主要商业银行。至2003年，中东欧国家近90%或超过90%的银行资产被外资控制（Heather，2003）。

比如在波兰，1996年荷兰国际集团获得 Bank Slaski（BSK）55%的股份；1997年爱尔兰联合银行共持有最早进行改革的银行 Wielkopolski Bank Kredytowy（WBK）60.2%的股份，成为其最大股东；1999年11月，德国的 Bayerische Hypo-Vereinsbank 持有 Bank Przemyslow-Handlowy（BPH）77.1%的股份实现控股。在匈牙利，1996年12月，荷兰银行（ABN Amro）收购了信用银行（MHB）90%的股份；1997年德国的 Deutsche Genossenschaft 收购 Takarek Bank 61%的股权；2001年12月德国的 Bayerische Landers（BLB）增持外贸银行（MKB）的股份至96.8%，从而将之转变为控股子银行。在捷克，1999年比利时的 KBC 银行购买 Ceskoslovenska Obchodni 银行81.5%的股份；1998年 GE Capital 买入 Agrobanka 100%的股权，并更名为 GE Capital Bank。

（二）拉美国家

虽然外资进入拉美银行业市场较早，但直到20世纪90年代初，外资银行在拉美地区的市场份额仍不足15%。20世纪80年代，很多拉美国家陷入了长达10多年的通货膨胀和债务危机交织的经济泥沼中。因此受《华盛顿共

识》影响，自 80 年代末开始，拉美国家开始大规模的银行私有化改革，并加大金融部门的开放力度。1994 年墨西哥金融危机的爆发更是为外资银行大规模进入拉美市场提供了契机。为了缓解危机和提高银行经营效率，多数拉美国家在银行私有化改革中积极鼓励外资银行进入。而在拉美国家迅速蔓延的"特奎拉"（Tequila）效应更是成为外资银行进入的催化剂。90 年代后期，随着西班牙银行在拉美率先掀起并购热潮，拉美就一直成为外资银行并购的重点地区。

在墨西哥，1998 年 12 月，墨西哥通过立法允许外资银行在得到许可的条件下购买任意一家墨西哥银行 100% 的股份。2001 年花旗银行（CITIBANK）并购墨第二大金融机构墨西哥国民银行；2002 年汇丰银行（HSBC）收购墨西哥第五大银行 BITAL 银行全部股权；2004 年西班牙毕尔巴鄂比斯开银行（BBVA）收购墨西哥商业银行（BANCOMER）100% 的股份。至此前五大商业银行几乎全部被外资把持。1997 年底，外资银行资产占墨西哥银行业总资产的比重仅为 11.1%，而至 2003 年底，该比重已升至 88%。同年，智利该比重达到 53%，阿根廷达到 50%（Soussa，2004）。到 2004 年，外资银行资产占拉美银行业总资产的比重就已升至 40%。

（三）亚洲新兴市场国家

下文研究的亚洲新兴国家特指韩国和东南亚国家。1997 年亚洲金融危机后，除了马来西亚外，韩国、泰国、菲律宾、印度尼西亚等国都放宽了外资银行准入标准。但是较之中东欧和拉美地区，外资银行在亚洲新兴国家的参与程度相对较低。这一方面是由于大多数亚洲新兴市场国家银行业对外开放时间较晚，另一方面是由于东道国政府因素。不同于中东欧和拉美国家将吸引外资银行参与作为银行业改革的关键，并依赖外资银行来实现银行改革目标，绝大多数亚洲新兴市场国家在对外资银行开放的政策决策中，考虑更多的是国家金融安全以及民族金融产业的健康发展。

1. 韩国

韩国银行业开放相对较早，1960 年即允许外资银行在韩国设立分行，但韩国政府对外资银行控制仍较为严格。20 世纪 70 年代末，韩国积极推进包括国有银行私有化、经营自由化等为主要内容的金融自由化改革，进一步开放国内金融业，放宽对银行业开放的限制，给予外资银行国民待遇。1990 年，韩国为了加入 OECD，加快推进国内金融自由化，先后实现了银行业利率自由化和资本账户开放，但仍规定外资持有国内银行业股份不得超过 4%，因此外资主要以设立分行的形式进入韩国。

1997 年亚洲金融危机爆发，韩国经济损失惨重，韩国政府的应对措施是一方面积极推进国内金融体系改革，对银行业进行重组改造，另一方面进一步加大金融业（特别是银行业）对外开放力度，全面放宽外资进入在股权方面的限制，希望通过外资的进入彻底改造银行业。同时，由于韩币大幅贬值，资产价格下跌，使外资银行的并购成本大大降低。1999 年 12 月，美国新桥投资约 5 亿美元收购韩国第一银行 51% 的股权，成为亚洲金融危机以来首例外资控股亚洲大型商业银行。此后，进入韩国银行业的外资剧增，至 2005 年末，在剩余的 7 家全国性银行中，有 6 家的外国股权比例超过 50%。整体看，外国投资者拥有韩国商业银行的股权比例高达 66%，比 1998 年提高了 46%。

2. 东南亚国家

早在殖民统治时期，外资银行就曾是东南亚各国银行业的主体。二战后至 20 世纪 80 年代末，东南亚各国大多限制外资银行的进入和拓展。直到 1988 年印度尼西亚实行"全面金融自由化"改革，才重又拉开东南亚地区银行业对外开放之门。特别是 1997 年亚洲金融危机后，大部分东南亚国家的银行业政策发生重大改变，积极吸引外资。目前东南亚国家资本市场的开放程度很大。比如，至 2006 年底，外资银行数占印度尼西亚商业银行总数的 31.5%，占马来西亚商业银行总数的 56.5%，占菲律宾商业银行总数的 42.9%。

五　启示

通过第四部分外资银行在其他新兴市场国家进入路径的比较分析，我们不难看出，很多外资银行都抓住了新兴市场国家开放银行业的契机，通过并购等方式大举进入，意在抓住新的利润机会，因为新兴市场国家相对于发达国家的一个重要特征就是高成长性。虽然不同新兴市场国家借力外资银行的意图有所不同，比如中东欧转型国家想要借助外资银行参与银行业私有化改造，以实现经济和政治转型；拉美、韩国和东南亚国家则是想要借助外资银行参与，克服金融危机，推动经济复苏。但是对于外资银行而言，它们面临着类似的市场机会，就是东道国银行业对外资管制大大放松，而且处于困境中的这些国家的金融资产价格大大下降，并购成本相对较低，因此外资主要采取并购方式参股或控股东道国主要的商业银行就不难理解了。相对跨国新建代表处、子行和分行，以并购的方式参股或控股东道国的主要商业银行，资金成本和时间成本更低，更重要的是能够获取并购对象的客户资源和渠道资源等战略资产。

对于进入中国市场的外资银行而言，如前所述，入世后五年多来，外资银行参股中资银行的积极性很高，其参股金额远超过通过开设分支机构所带来的资本输入。但是对于东道国中国而言，这是否有利，就值得商榷。因为除个别中资银行之外，很多参股的外资金融机构并没有向中资银行派驻董事和管理人员，与中资银行在业务方面展开的合作也很少。即使在那些外资金融机构持有股份比例较高、有外资董事和管理人员的中资银行里面，中资银行的收入结构在近几年来也基本没有变化，其利润来源仍然是主要依靠利差收入。由此可看出，外资入股后中资银行服务水平改善程度十分有限，因此各国内银行引进的所谓"战略投资者"更像是"战略投机者"。

在经济和金融全球化背景下，发展中国家开放金融市场是必然趋势。但出于安全性、平稳性以及发展中国家金融体系脆弱性的考虑，这种开放应该是一种有一定的路径或次序要求的开放。因此对于东道国中国政府而言，怎样对银行业开放路径进行更有利于中国银行业健康发展和保障金融安全的制度设计，是需要深思的重要课题。

[作者单位：山东大学（威海）　上海立信会计学院]

跨国公司对华投资战略新趋势
及我国的对策研究

刘　毅

根据联合国贸易和发展会议公布的 2007 年世界投资报告，2006 年中国吸收外商直接投资继续位居发展中国家首位，位居全球第五位，继续被评为全球最具吸引力的东道国和研发首选地。现存注册运营的外资企业共提供了中国税收总额的 21% 和工业增加值的 28%，直接吸纳就业人员达 4000 多万人，外商投资在华企业正在成为中国经济和社会发展的重要组成部分。全球 500 强已有近 490 家在内地设立了企业和机构，跨国公司在华设立研发中心超过 1160 项。

中国吸引 FDI 的同时，也关注到了跨国公司在投资区域选择、投资形式、并购等方面表现出的新趋势。

1　FDI 在中国的区域选择上的战略新趋势

1.1　FDI 在中国东部沿海地区的下降，中西部地区的上升

随着国家西部大开发，促进中部崛起和振兴东北老工业基地等相关政策的相继出台和实施，中国的开放正向纵深发展，从而为外资进入中西部和东北地区乃至全国创造了良好的条件，也为外资企业开拓中国整体大市场提供了可能。

2007 年前 11 个月，西部地区实际使用外资增幅达到 61.7%，比全国平均水平高出 48 个百分点，中部地区和东北老工业基地实际使用外资金额增幅分别达到 31.1% 和 91.3%。①

---

① 摘自全国人大财经委员会副主任石广生 2007 年在"第九届中国经济学家论坛"的讲话。

1.2 FDI在中国南部地区的下降，北部地区的上升

从2000年开始，继珠三角后，长三角地区的发展也陷入竞争饱和、资源不足和劳动力成本上升的困境，跨国公司开始把目光投向更北部的环渤海湾地区，当地有丰富的石油、煤炭等资源，劳动力成本相对较低，具有吸引外资的优势。外商投资以辽东半岛、山东半岛和京津冀城市圈为主。环渤海的5省市（山东、河北、辽宁、北京、天津）FDI由13%上升到22.9%。

2 投资形式上的新动向

2.1 投资独资化渐成主要形式

随着我国对跨国公司建立独资公司政策的逐步放宽，许多行业的准入不受限制，新设立的外商独资企业数量不断增加。2000年以后，外商独资企业在外资使用数量上明显超过了合资企业（见表1），2006年1~4月，外商投资新设立的项目中独资企业进一步上升到73%。新合资企业大多也以外方绝对控股为前提。从发展趋势看，外商独资或合资控股企业快速增加趋势还将持续下去。

表1　1997~2005年外商独资企业与合资企业比较

年度	项目数（个）			实际利用外资数量（亿美元）		
	合资	独资	外商直接投资项目总数	合资	独资	外商直接投资总额
1997	9001	9062	21001	194.95	161.87	452.57
1998	8107	9673	19799	183.48	164.70	454.63
1999	7050	8201	16918	158.27	155.45	403.19
2000	8378	12196	22347	143.43	192.64	407.15
2001	8894	15643	26140	157.39	238.73	468.78
2002	10380	22173	34171	149.92	317.25	527.43
2003	12521	26943	41081	153.92	333.84	535.05
2004	11570	30708	43664	163.86	402.22	606.30
2005	10480	32308	44001	146.14	429.61	603.25

资料来源：各年度世界投资报告、中国统计年鉴。

2.2　更多的 FDI 将新产品研发和实验机构设至中国

越来越多的跨国公司开始把在华设立研发机构作为快速赢得中国市场和与国际同行竞争的重要举措。以世界 500 强为代表的知名跨国公司纷纷宣布在中国建立研究与开发机构，掀起了在华 R&D 投资热潮。IBM、SUN、宝洁、杜邦、联合利华、诺基亚、爱立信、摩托罗拉、日立、松下等世界知名跨国公司相继在中国设立研究机构或实验室。特别是从 1998 年开始，美国微软公司和英特尔公司先后宣布将在中国投入巨资建立研究中心。目前，中国的国外研发中心已超过 700 家。

2.3　FDI 在中国并购的新动向

随着我国鼓励外资参与国有企业和资本市场对外开放等相关政策的相继出台，外资在华并购出现了明显的加速趋势。从近年来发生的并购案例看，外资在华并购出现了以下新动向。

2.3.1　并购大型骨干企业、龙头企业和上市公司的趋势日益明显

近年来，跨国公司对我国大型骨干企业和龙头企业展开大规模攻势，试图通过拿下行业排头兵，控制战略制高点，实现对整个行业和市场的控制。在装备制造业，国内最大的柴油燃油喷射系统厂商无锡威孚、国内唯一的大型联合收割机制造商佳木斯收割机厂、我国最大的电机生产商大连电机厂等大型骨干企业，都纷纷被外资控股并购，几乎每个行业的龙头企业和骨干企业都被外资盯上了。

2.3.2　并购的行业具有潜在规模大，增长潜力高的特征

近年来跨国公司在华并购主要集中在以下三大领域：一是电力等能源生产和供应领域；二是钢铁、化工原料等基础材料工业领域；三是啤酒、软饮料、护肤品等消费品生产领域。多年的在华投资经历，使跨国公司熟悉和掌握了这些行业的运作方式和国内外市场动态，增加了并购成功的可能性。

这些行业都是已经或正在取消限制且外资盼望已久的行业。"十五"期间，随着中国吸引外资产业政策的调整，外资加强了对第二产业、第三产业的投入。

近年来随着中国经济的不断增长，人们生活水平的逐步提高，消费品等行业的潜在规模和增长潜力开始显现，从而带动能源和基础材料产业需求的迅速攀升，使得这些行业的生产能力难以满足市场需求。为了迅速占领市场，跨国公司纷纷采用并购的方式进入中国或者扩大投资。

3 跨国公司战略新动向对我国的影响分析

3.1 对我国有利的影响

3.1.1 FDI 有利于我国提升产业结构，实现各地区均衡发展

FDI 对中国区域经济发展影响明显。由于跨国公司在我国全面渗透，增加了资本的供应，改善了我国的产业结构，这种新动向会同时带动我国中西部地区及东北地区的产业结构调整，对建立中国和谐社会具有现实意义。

FDI 为我国的产业结构升级提供了可能。在引入外国直接投资前，相对于资本，劳动力比较丰裕，选择资源相对密集的产业，有利于充分利用比较丰富的资源，获得比较优势，并能够提高竞争力；而在引入外国直接投资之后，资本变得比较丰裕，选择资本相对密集的产业，从而可以有效地利用比较丰裕的资本。这样，中国的产业结构就会越来越趋向于资本密集型。跨国公司不断渗透至中国各个地区，随着资本不断增加，将会促进中国各地区实现产业升级。

3.1.2 推动企业技术进步

与跨国公司联盟或并购，可以补充企业资金不足，获得先进管理和技术，提高竞争力，促进国有企业产权多元化，推动国有企业快速进步。由于中国经济不断发展，中国企业的规模和质量在不断壮大提升，涌现出像华为、联想等一批有实力的大型企业。它们在与跨国公司合作的时候，不再唯跨国公司是从，而是更具主动性，对知识创新的追求也更明显，并在设计、制造等方面获得新技术，但在其他方面，可以与跨国公司保持竞争对手的关系。

3.2 对我国的不利影响

3.2.1 容易产生对我国某些行业的垄断行为

从总体上看，大型跨国公司在我国一些行业的投资项目规模很大，远远超过我国同类企业，在行业处于排头兵地位。自 20 世纪 90 年代后期以来，微电子、移动通信设备、轿车、制药、工程机械行业中排名前列的大企业，跨国公司投资企业都占据着 2/3 以上的席位，在手机市场占据九成的份额。

从理论上讲，跨国公司在中国市场上的排头兵地位及其占有的高市场份额，有可能导致垄断行为，尽管目前这种担忧并未成为事实。不同的跨国公

司之间以及跨国公司与国内同类企业之间都存在着明显竞争，从利用外资政策及产业政策角度来看，如果忽视跨国公司所在行业的市场结构或放松对跨国公司行为的监管，跨国公司对一些行业的垄断是可能的。

3.2.2 抑制民族企业的发展

FDI 收购国内企业后，有些外商不进行大规模投资，而是设法将民族品牌控制在手中，打压其他民族企业的发展。如美国 AB 集团收购具有百年品牌的哈尔滨啤酒公司，然后利用其资金等优势打压其他民族品牌啤酒企业；有的还终止企业运营；有的把并购企业转变成跨国公司的一个加工厂，成为其全球生产链上的一环。同时，利用自身巨大的品牌优势、雄厚的资本实力、先进的管理和技术优势，对我国其他企业展开攻势，挤占民族企业发展空间。

3.2.3 资源消耗与环境污染严重

伴随着外商直接投资的引入及其产业的转移，一些劳动密集、自然资源密集、污染密集型的产业也进入中国。外资进入环境标准的低门槛，使得外资企业在中国的生产存在巨大的负面效应。严重的环境污染和生态破坏已使我国蒙受了巨大的经济损失。据我国专家 20 世纪 90 年代中期和 2001 年研究表明，环境污染造成的经济损失约占当年 GDP 的 3%～4%。而据国家环保总局 2001 年调查，西部 9 省区生态破坏造成的直接损失就高达 1494 亿元，占 9 省区 GDP 的 13%。可以想见，如果这些污染密集产业的生产超越我国资源、环境的承受能力，后果将不堪设想。

4 我国应采取的对策

4.1 有选择地吸引外资，提高外资质量及利用效率

逐步向外商开放竞争性行业，吸引更多的跨国公司投资，特别是鼓励跨国公司转让高新技术。由于中国全面放开了这些市场，很有可能形成一家跨国公司对某一行业实行垄断经营，从而阻碍了技术的发展。要形成多家跨国公司间竞争，迫使每家跨国公司必须投入最新的技术，否则，就将失去在中国市场的竞争优势。

目前，跨国公司在华投资已变成其全球化战略的组成部分，占领市场和增强全球竞争力已成为进入中国的主要动因。它们更看重市场与竞争地位，而优惠政策及廉价劳动力和原材料则变得不那么重要。在此情况下，有限的投资优惠政策对 FDI 的吸引力将日益递减。而那些环境优越、政策透明、服

务优良、配套体系健全和社会环境稳定的地区，将会成为外商投资的首选地和聚集区。如广东的东莞和江苏的苏州之所以成为全球计算机的制造基地，除了其优越的区域位置和良好的基础设施和政府服务外，还与这两个地区形成了计算机生产的庞大产业群有密切关系。在一个地区内，整机制造商就可以采购到除芯片之外的所有零部件，大大提高了企业的国际竞争力。因此，应通过必要措施，积极鼓励中小企业发展与跨国公司产品相配套的产品和服务，提高跨国公司的产品和技术与国内产业的关联度。

4.2　建立中国企业对外投资扶持机制

一方面做好吸引 FDI 的工作，另一方面应大力倡导中国企业投资海外，建立有效的扶持机制，改变中国国际投资严重不对称的现状。应培育一批能够发挥中国比较优势，具有国际竞争力的大型企业，并通过这些企业参与国际竞争，推动中国对外贸易和对外直接投资的发展，促进国际收支平衡。

4.3　大力倡导企业自主创新，建立以技术合作为导向的引资机制

应将重点放在我们已具备优势的要素上，通过政府有效的政策引导和监管，适当引入外资，推动国内科研部门和跨国公司开展联合研发。最重要的是提高我国企业自主研发能力，有效地利用已有优势，研发自有知识产权的核心技术。

4.4　建立对外资的监测机制

鉴于 FDI 恶意并购等方面产生的负面效应，有必要对其运行状况作动态监测，包括外资企业对贸易收支的影响、进出口状况、市场导向及收益汇出情况等。

5　结论

综上所述，FDI 从我国的东部转向中西部地区，从我国的南部沿海地区转移至北方，将有利于加快中国各区域之间的协调发展，带动后发地区产业结构的不断升级，促进国际先进技术在中国的扩散和外溢，不断提高各地区的核心竞争力。科学合理地引进和利用 FDI，可以促进中国经济的发展，但要加强监测力度，防止其对我国的经济安全乃至国家安全产生负面影响。

（作者单位：哈尔滨理工大学荣成学院）

威海流动人口服务管理的现状及对策

张惠民

广义的流动人口是指离开常住地在异地居住三日以上的暂住人员,狭义的流动人口仅指离开常住地在异地就业和长期居住的人员。在对内对外开放的形势下,流动人口不断增多已成为经济社会发展的必然现象。市场经济越发达、开放度越高、劳动力需求量越大,流动人口流入数量就会越多。威海市是东部沿海发达城市,近年来流动人口逐年大幅度增加。做好流动暂住人口的服务管理工作,已成为摆在各级党政部门面前的一个重大课题。

一 威海市流动人口及服务管理工作现状

威海市流动人口及服务管理工作的现状是怎样的呢?调查得来了五组令人震撼的数字:第一组,到 2008 年底,全市二、三产业经济普查的从业人数为 122.06 万,其中统计报表登记职工为 37.9 万,占 31.05%;未登记务工人员(含三市之间流动)为 84.16 万,占 68.95%。第二组,到 2008 年底,纳入劳动保障部门管理的外来务工人员为 24.46 万,只占全部外来务工人员的 29.1%,未登记管理的高达 70.9%。第三组,到 2008 年底,全市公安机关登记办证的流动暂住人口为 27.2 万,仅为全市外来人员的 32.3%,加上无业的外来人员,登记率则更低。第四组,在全市公安机关查处的各类作案人员中,外来人员 2007 年占 45.3%,2008 年占 55.8%。其中,经技区的这一比例高达 75%。在全部涉及外来人员的案件中,绝大多数受害人也是外来人口。第五组,2007~2008 年,全市公安机关查处的外来作案人员中,务工者约占 20%,无固定职业者约占 75%。这五组数字,带给我们的是极大的震撼,也有很多启示。

启示一:流动人口已成为威海市经济社会发展的重要力量,也是影响社会稳定的主要犯罪群体。全市 80 多万外来务工人员，分布在各行各业。从职工人数的构成比例看，外来务工人员已成为全市产业大军的主体，在部分行业已成为左右局势的主导力量。按人均创造的劳动生产率计算，2008 年，全市二、三产业有近千亿的产值是外来暂住人口创造的。可以说，如果没有外来暂住人口的支撑，绝大多数建筑业、服务业和工业企业将无法正常生产经营，甚至陷入瘫痪状态。从这点上说，流动暂住人口特别是外来务工经商和从事第三产业的人员，是威海市经济社会发展的功臣。同时也要看到，由于多方面的原因，流动人员违法犯罪的数量和比例也相当高，特别是流窜犯罪问题突出，成为影响社会稳定的一个重要群体。

启示二：流动人口信息控制的差距相当之大。近年来，尽管各级各有关部门特别是政法综治机关，在推进平安威海建设中，大力强化以房管人、信息采集、登记办证、排查整治等工作，对预防和减少流动人口违法犯罪起到了重要作用。但从目前的情况看，流动暂住人口信息控制不到位的问题还相当突出，登记的流动暂住人口仅占总数的 1/3 左右。很多管理部门不能准确及时地掌握外来务工人员的增减变化情况，更不能掌握无固定职业流动人口的具体情况。

启示三：对流动暂住人口的服务管理工作很不到位。由于信息控制等方面的原因，很多服务和管理工作处于一种被动的、无序的状态。比如，根据上述第二组统计数字，目前绝大部分外来务工人员尚未纳入劳动登记管理，也就是未依法签订劳动合同，未能纳入劳动、医疗、计生等社会保障和服务，说明目前对流动暂住人口的服务和保障远远不够。再如，根据第五组统计数字，无固定职业的作案人员远远多于务工人员，说明前者基本处于无管理状态，加强和改进社会管理的任务相当艰巨。

启示四：相当一些地方和单位对外来人员存在歧视倾向，不能与常住人口一视同仁。有些部门和用工单位对流动人口的重要作用和服务管理工作认识还很不到位，有的从狭隘的地域观念出发，甚至把外来人员与本地常住人员人为分开，实行两种政策和待遇。还有的戴着有色眼镜看待流动人口，对他们只讲管理和打击，忽视了对他们的服务和保护。

二　树立符合科学发展观要求的流动人口服务管理新理念

针对当前流动人口服务管理中存在的一些问题，我们认为，当务之急是必须改变不符合科学发展观要求的陈旧思想观念，树立与新形势、新任务要求相适应的新理念。

理念一：流动人口服务管理是全党全社会的一项重大政治任务。加强流动人口服务管理，是胡锦涛总书记在十七大报告中对社会管理工作强调的一项具体问题。2008 年，中办、国办转发了中央综治委《关于加强流动人口管理工作的意见》，省两办、省综治委也下发了相关文件，对新形势下的流动人口服务管理进行了部署。在今年初召开的全市政法综治工作暨平安威海建设大会上，市委、市政府对这项工作也提出了明确要求。可以说，这项工作是当前加快推进以改善民生为重点的社会建设，加强社会治安综合治理、建设平安威海的重中之重，是加快科学发展、促进社会和谐的必然要求，是贯彻十七大精神、践行科学发展观的一项重大而紧迫的政治任务。

理念二：不重视流动人口服务管理就是不懂经济发展。古今中外的社会发展史充分证明，人口流动与经济发展是相辅相成的，哪个地方的流动人口多、待得住、贡献大，哪个地方的经济就繁荣，社会就进步。可以说，不重视流动人口的服务管理，就是不懂历史，不懂国情，不懂经济，不懂政治。就威海市来说，建市 20 多年来，流动人口为全市经济持续快速健康发展做出了重要贡献，他们是我们的宝贵资源而不是负担。因此，必须改变对流动人口的偏见，大力弘扬"海纳百川"的威海精神，运用历史的、辩证的观点，全面认识流动人口在全市经济社会发展中的作用，充分尊重他们的主体地位，高度重视和做好各项服务管理工作，以最大限度地发挥其积极作用，最大限度地减少负面影响。

理念三：流动人口服务管理状况直接关系社会稳定和党的执政地位。相对常住人口来说，由于多种原因，当前流动人口生存状况较差。他们付出的是高强度的劳动，而不少人的工资甚至仅仅是政府规定的工资保障线，没有各种保险，居无定所，属于新的"无产阶级"。一些地方和企业不但劳动条件很差、随意拖扣工资，有的甚至存在体罚工人、非法限制人身自由和通讯自由、强迫劳动等问题，严重侵害了暂住人员的合法权益，造成劳资双方关系紧张恶化，不同程度的罢工甚至重大刑事案件、群体性事件时有发生。这些必须引起我们的高度重视。世界工人运动的历史反复证明，哪里有压迫哪里就有反抗。我们不能忘记当年省港工人大罢工使香港变成"臭港"，京汉铁路工人大罢工使全国铁路陷入瘫痪的前车之鉴。现在，出租和运输业的 80%、建筑业的 90%、工业企业的近 50% 全部为流动暂住人口，如果我们置他们的困难于不顾，对非法侵害他们合法权益的现象熟视无睹，就很可能使人民内部矛盾激化，甚至演变为"阶级斗争"。

理念四：关注民生必须关注流动人口。以人为本、关注和改善民生，是科学发展观的核心，是党和国家各项工作的根本出发点和落脚点。以人为本，不是以本地人为本，而是以所有在本地居住、工作、生活的人为本。而且从某种程度上看，流动人口的民生状况，更能反映一个地方的发展水平和文明状况。从现实的情况看，威海市流动人口已占很大比例，而且他们在民生方面的需求比本地常住人口更多、更迫切。他们当中除了极少数投资者、经营者（资产者）之外，绝大多数是来威打工者，工资收入较低，生活负担较重，是一个很大的弱势群体。要实现学有所教、劳有所得、病有所医、老有所养、住有所居，还有很多的工作要做。因此，必须更加关注和重视人数多、困难多、需求多的流动人口，使他们更多地共享改革发展成果，以逐步"消除两极分化，最终达到共同富裕"。

理念五：服务就是预防，必须把服务放在首位，坚持服务与管理相结合。过去我们在流动人口管理工作中，不同程度地存在一些重管理、轻服务的倾向，部署和开展的多是一些管理措施，有时片面强调排查整治、打击处理，而很多服务工作相对滞后。事实说明，管理不是治本之举，服务才是根本之策。只有对流动人口的各项服务措施到位了，他们的生活水平提高了，合法权益得到有效保护了，才能使他们真正安定下来，真正做到住在威海、热爱威海，从根本上预防和减少不稳定因素。因此，必须牢固树立"服务第一"的观念，以搞好服务为基础，在服务中实施管理，在管理中体现服务，实现有机统一。

理念六：流动人口服务管理是全社会的共同责任。党的十七大报告强调，要健全党委领导、政府负责、社会协同、公众参与的社会管理格局，健全基层社会管理体制。流动人口服务管理作为社会管理的重要方面，其工作涉及方方面面，不但包括主要由公安机关承担的户籍登记、治安管理、打击犯罪等内容，还涉及劳资管理、市场管理、工商登记、税务登记、环境保护、城市管理、人口与计划生育、妇女维权、青少年教育等很多其他方面的内容，是一项复杂的社会系统工程。虽然很多工作需要公安机关参与、配合，但仅依靠公安机关"唱独角戏"是远远不够的，必须由党委、政府牵头，各有关部门和社会组织共同发挥职能作用，形成齐抓共管的工作格局。

三 加强流动人口服务管理的措施和建议

（一）将流动人口服务管理纳入经济社会发展总体规划

将流动人口服务管理作为社会建设的重要内容，纳入全市经济社会发展总体规划和目标绩效考核，把流动人口服务管理经费纳入各级财政预算，把长期在城市就业、生活和居住的流动人口纳入城市公共服务体系，实行属地管理和市民化管理，做到与常住人口同服务、同管理，切实使他们融入城市、融入社区，实现与本地居民的和谐相处。

（二）建立流动人口服务管理专门机构

一是设立流动人口服务管理议事协调机构。根据中央综治委的意见，建议设立市县两级流动人口服务管理工作协调小组，作为同级党委、政府领导流动人口服务管理工作的参谋助手，负责贯彻党和政府关于流动人口服务管理的方针、政策，对流动人口服务管理工作进行部署，组织、协调、指导各级各部门落实各项政策措施。二是健全县、镇、村三级流动人口管理机构和网络。鉴于流动人口服务管理已成为各级党政的长期任务，应改变过去长期以来对这项工作实行"临时机构、兼职管理"的做法，在机构上做到常设专门机构负责，统管各行各业的流动人口服务管理工作，明确劳动部门用工管理、社区物业管理、公安机关户口登记和治安管理、工商部门市场经营登记管理以及劳动、卫生、交通、教育、旅游、计生、民政等部门的工作职责，在工作上实行部门联动，综合治理。三是加强流动人口协管员队伍建设。坚持政府出资和市场运作相结合，在村（居）和企业设立流动人口协管员，负责协助有关部门做好法律政策宣传、登记办证、社会保障、计划生育、就业培训、租房管理、治安管理等工作，消灭服务管理的盲区。

（三）健全流动人口信息机制

在继续以旅馆、企业、出租房屋等为依托，加强流动人口信息采集的同时，做好三个方面的工作：一是建立以物业公司为依托的信息控制机制。建议有关部门制订城市社区物业管理规划，鼓励发展多种形式的物业公司，使物业公司管理的范围覆盖到城市每个区域、每栋楼房。同时，可由房管部门和公安机关联合做出统一规定，推行物业公司在当地派出所备案登记制度和物业公司定期向当地派出所提供社区流动人口变动信息制度。二是使各有关部门的信息与公安机关的信息对接。在统一组织协调下，使外来务工信息、外来人员网点摊点经营登记信息、购房租房信息、子女入学信息、贷款保险信息、购车信息、旅店住宿信息、生育信息等与公安机关的暂住人口登记信息互相联通，既可为公安机关查对高危人群使用，也可为有关部门开展计生、税收、信用调查、司法执行、安置帮教、社区矫正等使用。三是利用全国公安网络对每一个流动人口进行确认，及时发现可疑线索，为开展高危人群管理和打击犯罪提供准确依据。

（四）改进和强化对流动人口的服务

坚持在政治上、经济上、法律上一视同仁，坚持"本地化管理、人性化服务"，不断改善流动暂住人口的工作和生活条件。一是研究和完善便民利民措施，组织工作人员深入企业和社区，实现登记办证等服务项目的"一条龙"集中办理，提高服务质量和效果。二是建议给予办理暂住证（居住证）的人员以更多社会服务，包括免费享受公共就业服务，参加政府部门提供的免费培训，子女入学和享受计划基础疫苗免费接种，免费享受国家规定的计划生育基本项目技术服务，办理乘车优待证，享受医疗、保险服务，享受单位住房公积金等。三是把户籍管理改革政策同改进社会保障制度联系起来，对那些贡献大、有专长、居住年限长的人员，放宽在暂住地落户条件，有效解决暂住人口的基本社会保障问题。四是健全流动人口教育培训体系和网络，搞好经常性的法律政策、劳动就业、计划生育、公民道德以及基本技能等方面的教育培训，帮助其提高职业技能和综合素质。五是及时解决流动人口的合法诉求。充分发挥各级调解组织的作用，综合运用多种手段，及时化解涉及流动人口的各类矛盾纠纷，防止激化扩大。六是重视做好鼓励引导工作，每2～3年召开一次"住在威海、热爱威海、奉献威海—全市流动暂住人口建功立业表彰大会"，大张旗鼓地表彰宣传为威海发展做出突出贡献的流动暂住人员，形成全社会尊重、关爱流动暂住人口的浓厚氛围和流动暂住人口热爱威海、奉献威海的社会新风。

（五）加大对流动人口合法权益的保护力度

结合实际，制定完善保护外来务工经商人员合法权益的规定，并严格监督执行。要大力加强《劳动法》、《劳动合同法》的宣传和实施，规范企业用工行为，督导企业依法签订劳动合同，落实劳动保护等法律规定。加强劳动力市场整顿，加强对劳务中介组织的监管，定期开展流动人口劳动权益保护检查和外来务工人员工资支付执法检查，严厉打击拖扣工资、虐待、限制人身自由、强迫劳动、不按规定交纳劳动保险等违法行为。加强对流动人口的法制宣传教育，提高流动人员遵纪守法的自觉性和维护自身合法权益的能力。

（六）依法严厉打击流动人口违法犯罪

认真研究流动人员犯罪的特点和规律，坚持专门工作与依靠群众相结合的方针，有针对性地搞好打击整治专项行动，依法从重从快严厉打击杀人、抢劫、重大盗窃等严重危害社会治安的犯罪活动。对治安问题多发的外来人员集中居住区和企业要认真调查研究，及时予以整治；对混杂其中的流窜犯罪分子，要提高发现能力，加大打击力度；严格防止出现并坚决铲除带黑社会性质的犯罪团伙和恶势力；建立健全违法犯罪线索协查和通报制度，携手打击跨区域的犯罪活动，因地制宜地开展缉捕逃犯的专项斗争，努力降低流动人口犯罪率。

（作者单位：中共威海市委政法委）

《新社会运动与国外马克思主义思潮：后马克思主义研究》内容提要

付文忠

拉克劳与墨菲的后马克思主义核心观点有三个：（1）马克思主义是一种本质主义，本质主义是马克思主义陷入危机的根本原因；（2）马克思主义的阶级政治学已经过时，无法解释当代以新社会运动为代表的民主政治；（3）民主与社会主义的关系发生了根本性的换位，民主不是社会主义的一个组成部分，相反，社会主义只是民主的一个组成部分。为此，后马克思主义提出了三大基本理论：一、话语理论，其目的是否定唯物史观；二、霸权理论，其目的是论证阶级政治不成立；三、激进民主理论，放弃了传统社会主义的目标，把拓展与深化资本主义自由民主设定为社会主义的新目标。

对后马克思主义三大核心观点的评判，对论证这三大观点的话语理论、霸权理论与激进民主理论的质疑，构成了本课题研究的难点与重点，对后马克思主义思潮的性质、地位、影响、教训与发展趋势，做出我们中国学者的判断是本课题研究的主要内容，也就是回答：后马克思主义是对马克思主义的新发展，还是对马克思主义基本原理的放弃和背叛？

我们认为，后马克思主义既不是后现代主义的一个分支，也不是国外马克思主义的新发展，它是西方左派与资本主义主流意识形态共谋的产物。从客观方面讲，是资本主义意识形态霸权同化左派激进政治理论的表现；从主观方面讲，是西方左派一部分学者认同右翼学者鼓吹的"历史的终结"、"马克思主义的终结"所付出的理论代价。后马克思主义产生错误的重要理论根源有两个：一是错误地认为在后资本主义时代，传统马克思主义已经过时；二是错误地判断了后现代主义的性质，把后现代主义在历史观上的怀疑主义、真理观上的相对主义、价值观上的虚无主义看成是代表时代的主流理论精神，把后现代主义的方法看成是发展马克思主义的主要方法。

后马克思主义代表人物拉克劳和墨菲认为当代发达资本主义社会结构的断裂和社会运动的深刻变化对马克思主义阶级政治学形成严重挑战，特别是新社会运动的兴起以及工人阶级进行社会主义革命热情的低迷，都充分显示了传统马克思主义社会运动理论的政治局限性，用阶级政治观很难解释和把握当代资本主义政治关系的新变化。因此，他们断定马克思主义的社会运动理论陷入了危机，在新社会运动面前束手无策，无能为力。他们认为马克思主义社会运动理论忽视了政治意识形态的多样性，把社会政治斗争还原为阶级利益与阶级斗争，因此马克思主义在新社会运动中遇到了不可克服的理论困难。本课题对后马克思主义新社会运动理论进行了解读，系统剖析了拉克劳和墨菲后马克思主义新社会运动理论的诠释方法、斗争策略和政治纲领，最后指出他们"超越"马克思主义的路径及其矛盾，使我们对拉克劳和墨菲的后马克思主义有了更清晰的认识。

一　新社会运动的诠释方法：话语理论

《后马克思主义研究》首先剖析了后马克思主义话语理论。它指出，拉克劳和墨菲在《霸权和社会主义策略》中把社会运动的分析方法转移到了话语领域，用话语理论方法取代马克思主义历史唯物主义对社会运动的阐释方法。什么是话语分析方法呢？所谓"话语"是既包括语言的又包括非语言的总体性意义系统。也就是说，话语是一种社会构造，每一种社会构造都是为了确立社会行动的意义。在拉克劳和墨菲看来，话语是一种实践方式，是多样性的社会行动，话语分析就是识别支配社会行动的语法规则，规则不同社会行动的各自意义就不同。只有当一个事件与其他事件之间建立起一种关系时，这个事件才能成为话语。这些关系不是由客体的物质性决定的，而是一种社会性的游戏规则建构。分析这种关系系统就是后马克思主义话语理论的分析方法。

话语理论成为后马克思主义诠释新社会运动的主要方法。拉克劳和墨菲认为这种方法能够克服马克思主义历史唯物主义方法的"本质主义错误"，更好地把握新社会运动的实质。

根据德里达的观点，话语是结构概念被解构后的产物。由于在结构中先验中心的不在场，导致了在差异体系中意义的不确定，即话语意义可以无限扩展。拉克劳和墨菲把"话语"定义为：在一种去中心的结构中，其中的意义被不断地商谈和建构。这一立场与解构主义相同。否定客观性变成了维护拉克劳和墨菲话语实在的关键因素，根据他们的话语联结理论，所有的社会客观性是建构性的，这表明了社会客体的历史和偶然性特征，但是这并不是说这些客体不在话语之外存在，而是说它们在话语之外的存在无意义。

因为拉克劳和墨菲主张，话语之外无有意义之物，没有话语的联结，就没有社会意义的产生。他们认为社会是话语建构的而不是自然建构的产物。这导致了与唯物主义相对立的结论：话语描述的变化引起了客体自身的变化，关于客体观念的变化被看作是实际客体存在的变化。拉克劳和墨菲反对在话语建构的客体与话语之外的客体之间做出区分，他们把存在还原为话语的描述和再描述，把实存看作是无意义的。后马克思主义核心观点是对任何最终缝合或封闭的客观性的反对。

《后马克思主义研究》指出，拉克劳和墨菲话语理论的哲学立场是强调"社会运动并不先于政治而存在，先于人们的话语实践活动的社会运动是不可能产生的，社会运动是通过话语建构的，话语之外无社会运动"。同时，社会运动的话语无确定意义，需要通过话语与话语之间的联结来固定社会运动话语的意义，话语的联结就是社会运动的内容，就是某一种话语在众多话语中争夺霸权地位。

二　新社会运动的斗争策略：霸权理论

《后马克思主义研究》一书指出，霸权理论是后马克思主义新社会运动的斗争策略。什么是后马克思主义主张的"霸权"概念呢？该书对这个问题进行了深入分析。作者认为，霸权理论是葛兰西对当代政治理论的重要贡献，是研究如何在多元化的社会集团和群体之间建构政治认同。社会分裂成碎片式的话语，能够把这些碎片聚合统一起来的政治活动就是霸权。霸权就是指某一社会集团把自己的特殊利益与主张说成是社会的普遍利益与主张，这些特殊的主张与利益被普遍化的过程就是霸权形成过程。缝合那些分裂性的社会碎片，就是拉克劳和墨菲的后马克思主义主张的霸权联结实践。霸权的联结实践构成了新社会运动的政治认同，政治认同是霸权研究的对象。

拉克劳和墨菲认为霸权是当代政治的别名，话语的联结是建立霸权理论的出发点，霸权的联结功能就是一种政治建构功能。由于阶级主体的分解与碎片化，分裂出了各种不同的政治立场，这样就出现了把各种不同的主体立场联结起来的需要和可能，政治认同就是联结对象，这种联结的结果就是霸权实践。

拉克劳和墨菲认为，随着阶级的解体，阶级政治也随之消失，从而使认同政治与身份政治成为后现代政治的主要形式。认同政治学与身份政治学的主要观点是，政治是由话语建构的，由于话语意义的多样性，造成了主体立场的多样性。霸权的联结实践就是在开放、多元、差异的政治斗争中，对出现的各种不同的主体立场进行联结的实践，这种联结实践的结构总体化就是话语建构的政治空间。

简言之，霸权实践就是社会运动话语联结。在话语理论的基础上，拉克劳和墨菲把葛兰西的霸权概念"激进化"。所谓"激进化"，就是用话语建构论取代经济决定论。把本质主义关于差异性可以还原为同一性的原则永远抛弃，坚持差异的不可还原的构造特征。

新社会运动的政治认同不是霸权理论研究的出发点，政治认同并不是预先存在的东西，而在社会运动的政治斗争中，并且只有通过社会运动的政治斗争才能被建构。《后马克思主义研究》指出：这样的政治认同并不是不同主体之间由共同利益联结起来的结果，而是对主体不同立场的联结。也就是说，新社会运动的认同政治是关于主体立场多元化和主体身份多重化的认同建构问题。霸权斗争把新社会运动的目标政治化，霸权的功能是对新社会运动的政治建构，没有霸权就没有政治，霸权就是新社会运动的政治边界。霸权的偶然性逻辑和话语意义的漂浮，是为了证明经济因素和新社会运动有必然的联系。霸权被赋予核心作用，因为它具有开拓政治空间的能力，能够创造和调整新社会运动的政治认同。

三 新社会运动的政治纲领：激进民主

拉克劳和墨菲的激进民主理论是新社会运动的政治纲领，是社会主义运动的新形式，是社会主义革命的新途径。因为，拉克劳和墨菲认为新社会运动使民主革命沿着新方向扩展的领域被创造出来。后马克思主义所重视的"新社会运动"，是一系列极端不同形式斗争的汇集，包括都市的、生态主义的、反权力主义的、反制度化的、女权主义的、反种族歧视的、少数民族权利的、地区的或性少数的斗争，这些多样性的斗争共同点就是与传统阶级斗争不同。

这些新社会运动的对抗形式为民主革命激进化提供了新领域。在开放社会的构造中，多元决定的主体立场产生了新的民主要求，正是这一点，对质疑各种从属关系、要求新的民主权利，提出了新的理论要求。

拉克劳和墨菲在《霸权和社会主义策略》一书中反复强调激进"民主"

概念的多元主义内涵。"民主"的概念不能再建立在确定的和普遍性的原则之上，只有接受这一立场，"多元主义"才能被视为一个激进的概念。也就是说，"多元主义激进化"的含义是，新社会运动的政治认同多样性的每一个方面都在自身范畴内确立自己的有效性。激进的多元主义之所以是民主的，是因为多元主义每个权利的自身建构都是扩展平等学说的一种结果。只有在这个意义上，这种激进的多元主义民主成为新社会运动的纲领。

《后马克思主义研究》进一步剖析了后马克思主义的社会主义新策略。为什么激进民主是社会主义新策略呢？

首先，社会多元性特征明显表现出来，这种多元性使政治斗争的非同一性和非封闭性也更加明显，社会的多元性和政治领域的开放性正是使民主革命的深化成为新社会运动的真正领域。新社会运动斗争的多样性、非阶级性民主斗争取代了传统马克思主义普遍的统一的政治主体概念。

其次，新社会运动的多样性的条件导致普遍主体范畴的分裂，多样性话语在建构主体立场中的作用，是构成激进民主理论的重要基础。一旦抛弃作为统一的、普遍的政治主体范畴，就会突出认识社会的差异性与话语性特征，为特殊性开辟道路，并可能深化多元的和激进的"民主革命"概念。深化民主就是走向社会主义。

最后，拉克劳和墨菲的激进民主革命除了在"革命"的模式上与传统社会主义革命的模式具有重要区别之外，激进民主的社会主义策略与传统社会主义策略仍然有联系，而不是完全否定了传统社会主义策略。

拉克劳和墨菲反对别人批评他们的后马克思主义社会主义策略与传统社会主义没有联系，他们坚持认为社会主义是激进民主的一个组成部分，而反过来却并非如此。

因此，激进民主不是社会主义的一个组成部分，相反，社会主义是民主的一个部分。这就是后马克思主义社会主义的新策略。

四 拉克劳和墨菲"超越"马克思主义的路径及其矛盾

《后马克思主义研究》的一个重要理论创新是剖析了拉克劳和墨菲"超越"马克思主义的三条路径极其内在的理论矛盾。

后马克思主义"超越"马克思主义的第一条路径是社会的去中心化与话语化。后马克思主义新社会运动理论"超越"马克思主义的途径是解构社会客观性，他们祛除了经济是社会的中心与基础，认为社会是分散的、不能被整体化的差异系统，由偶然性逻辑支配。社会是由话语建构的，简言之，通过强调社会的话语特征排斥社会的客观性与总体性，强调社会就是话语。

第二条路径是政治去经济化。拉克劳和墨菲认定，马克思主义内在于西方形而上学传统，包含了全部的本质主义，这种本质主义以基础主义的方式看待阶级和经济。拉克劳和墨菲反对社会运动的客观性，反对马克思总体化的"社会运动"概念，坚持政治的本体论，抛弃了政治由经济决定的观点，取消新社会运动与经济的必然联系。

第三条路径是民主的去阶级化。新社会运动的政治空间是多元的开放的空间，在后马克思主义时代，阶级作为一个整体已经不存在了，因而，民主斗争和阶级利益没有必然联系，民主就是民主，不存在资产阶级民主与无产阶级民主的区别。

《后马克思主义研究》剖析了拉克劳和墨菲的后马克思主义新社会运动理论存在的矛盾。

首先，拉克劳和墨菲反对理论是对现实的反映哲学观念。一方面，后马克思主义强调是意识形态理论、政治观念等建构了社会现实，而不是社会现实决定一个理论、一种话语、一个观念的产生；另一方面，拉克劳和墨菲又说他们的理论是对新社会运动现实的反映，是对新社会运动的理论化。这样就重复了他们所反对的马克思主义的方法。

其次，他们主张差异与多元原则，反对普遍性与统一性，强调相对性与偶然性的重要地位，认为任何理论主张都不能证明自己比其他理论优越；同时，他们又主张后马克思主义是"超越"马克思主义的正确选择，后马克思主义的话语"优越"于马克思主义的话语。

再次，他们否定经济是社会的本质，反对经济决定论，反对政治是由经济决定的。但是，他们又主张话语是社会的本质特征，政治是由话语决定的，他们坚持的是一种话语本质主义与话语决定论。

最后，本课题的研究结论是：拉克劳和墨菲的后马克思主义新社会运动理论存在着严重问题与矛盾，他们的新社会运动理论不是对马克思主义的"超越"和发展，而是放弃和背离，因为后马克思主义的新社会运动理论不但让我们放弃对资本主义的批判，而且也让我们放弃对资本主义批判的理论思考，放弃对剥削制度的批判与扬弃。

［作者单位：山东大学（威海）］

影响法官解释刑法的资料

王瑞君

　　麦考密克（D. Neil MacCormick）和萨默斯（Robert S. Summers）主编的《制定法解释比较研究》一书中，关于各国法律解释部分将对裁判者或解释者的法律解释活动有影响的资料区分为四类，即裁判者或解释者"必须考虑的资料"（must-material）、"应当考虑的资料"（should-material）、"可以考虑的资料"（may-material）和"不得考虑的资料"（may not-material）。萨默斯在比较与总结中将对裁判者或解释者的法律解释活动有影响的资料区分为两大类，即"权威性资料"（authoritative material）与"非权威性资料"（non-authoritative material）。与对"法律解释活动有影响的资料"相关的表达是"法律渊源"（resource of law）一语。美国著名法理学家约翰·奇普曼·格雷对法律和法律渊源作了严格的区分。他认为法律是由法院以权威性的方式在其判决中确认的规则组成，而法律渊源应当从法官在制定那些构成法律的规则时通常所诉诸的某些法律资料与非法律资料中去寻找。这些资料包括：（1）立法机关颁布的法令；（2）司法先例；（3）专家意见；（4）习惯；（5）道德原则（包括公共政策原则）。也有学者在使用法律渊源一词时，根据其作用不同，将法律渊源分为正式渊源与非正式渊源。如博登海默在其《法理学——法哲学与法律方法》一书中将法律渊源划分为两大类别，即正式渊源和非正式渊源。"所谓正式渊源，我们意指那些可以体现为权威性法律文件的明确文本形式中得到的渊源。……所谓非正式渊源，我们是指那些具有法律意义的资料和值得考虑的材料，而这些资料和值得考虑的材料尚未在正式法律文件中得到权威性的或至少是明文的阐述与体现。"并认为"约翰·奥斯丁所主张的那种观点，即一个法官可以从其主观信念中去寻求解决正式法律未作规定的案件的答案显然是不正确的，尽管这种主观信念可能是以社会功利之考虑或'任何其他'考虑为基础的。这是因为除了正式法律以外，法官还可以获得一些其他方面的指导"。卡多佐大法官将法官判决比作法官参与"酿造化合物"的过程，在这一过程中，受各种因素的影响，而这些影响因素并不是随意的、任意的，而是受一些表层的、显性的即有意识和深层的、隐性的即下意识的支配，并且，这种支配力量也是一个法官在长期的生活中经由各种因素而得来的。

具体到刑法领域，自近代以来，罪刑法定逐渐成为各国刑法的铁则，罪刑法定之"法"成为定罪量刑的直接依据。大陆法系刑事判决以制定法作为判决依据，英美法系以制定法和判例法作为判决依据。在我国，以现行刑法典、单行刑法、附属刑法及司法解释作为裁判依据在刑事法律文书中引用。然而，判决结论的得出需要给出理由，不论以充分论证的方式抑或文书层面的简单结论给出的方式，刑法适用主体实体上的理由分析在对刑事个案结论的得出过程中现实存在。面对罪刑法定之"法"，刑法适用主体需解决由抽象的刑法规范向刑事案件裁判大前提的转化问题，如何解决这个转化，涉及对现有抽象刑法规范进行解释，并伴有论证。然而，解释也罢，论证也罢，都不是漫无边际、随心所欲的，它一定有自己相对确定的目标和规则，以此来实现刑事判决合法框架内的可接受性。因此，对学理、习惯等影响形式裁判的现状进行方法论角度的归纳和思考，对揭示刑事判决的内在规律，提升刑事判决的质量具有重要的意义。考虑到"因素"一语外延过于广泛，而在刑事法领域下涉及的习惯、学说等均不构成独立的法律渊源，而若与法官法律解释相联系，从对法律解释的影响角度来看，本文试采用法律解释"资料"以表达影响法官解释法律的因素，并主要立足于我国的特点，选择相关主要话题讨论如下。

一 习惯

习惯作为一个人们逐渐养成的、习以为常的行为方式、倾向或社会风尚，不同于习惯法。习惯法指经国家认可、具有法律效力的社会习惯，其表现形式为非成文的方式。确立了罪刑法定原则的近现代刑法排斥习惯法的适用。但长期形成的习惯根植于社会生活的深处，它通过不同方式，在不同程度上影响人们的行为模式。习惯对刑事司法的作用是不容忽视的。刑法学中的"社会相当性"阻却违法或称构成要件该当论理论认为，社会人既然生活在历史形成的既定社会伦理秩序之中，一般而言，人的行为就不可能超出社会生活常规和社会俗常观念容许的范畴。因此，符合这种秩序的行为，不应规制为违法或犯罪行为，应阻却违法。

在今天各大法系刑法中，习惯的作用更多地表现在刑法解释过程中，尽管不再是独立的直接的法源，但其在刑事裁判中并非无价值，刑法中的许多概念需求助于习惯来理解。包括在英美法系，同样承认习惯的作用。"法官弗兰克福特（Frankfurter）先生指出，'将法律的概念局限于那些能在成文法典中找到的东西并且无视生活所给它做的注释，显然是一种狭隘的法理学观念。各州业已确立的惯例并不能取代宪法上的保障措施，但它却能确立那种可被称之为州法的东西'"。

中国有久远的、相对独立的发展史，并演化了自己的法律制度。但中国人固守习惯的传统在世界各民族中显得较为突出。中国的法律工作者生长在这个环境中，习惯往往深深地印刻在其脑海深处，使得这些法律工作者在其从事的法律活动中自觉不自觉地受习惯的影响和支配。以婚内"强奸"是否构成强奸罪为例。我国刑法第236条规定，以暴力、胁迫或其他手段强奸妇女的，即构成强奸罪。但根据我国习惯，丈夫不可能对妻子构成强奸罪，因此，在我国司法判决中始终坚持婚内"强奸"不构成强奸罪的原则。再有，对"先强奸后和奸"，即第一次性行为违背妇女意志，但女方并未告发并继续多次自愿与该男子发生性行为，习惯一般认为这类案件追究刑事责任意义不大，通常不定强奸罪。这都是习惯作为影响刑法解释的例证。习惯对刑法解释的影响还体现在司法实务中对法律规范的理解中。如对过失犯罪中应不应当预见的判断，既应考虑行为人本人的预见能力，又应当结合一般人在当时特定条件下能否注意，而一般人的预见能力，只能根据理智正常人的习惯性谨慎标准是什么，习惯在这里起着补充、说明刑法规范的作用。正如日本的西原春夫指出的，对于导致犯罪事实发生的过失态度在法律上完全类型化又是不可能的。因此，是否具有注意义务以及注意义务的范围，最终还得根据一般的道德习惯等社会规范来加以认定。再如，我国云南傣族盛行抢婚制，而在抢婚过程当中经常伴随着不同程度的暴力或是行凶行为。但如果考虑到民族习惯的因素，便不应将其理解为该当现行刑法第20条第3款、第257条的行为。

习惯，有时通过立法活动，可取得刑法正式渊源的效力。我国刑法第90条规定，民族自治地方不能全部适用本法规定的，可以由自治区或者省的人民代表大会根据当地民族的政治、经济、文化的特点和本法规定的基本原则，制定变通或者补充的规定，报请全国人民代表大会常务委员会批准。该条所说的"当地民族的政治、经济、文化的特点"，包含我国各少数民族在其长期生活中形成的独特习惯。将这些习惯上升为立法，使其成为制定法的内容，便成为刑法的正式渊源，因此应区分作为影响刑法解释的习惯与已成为制定法内容的习惯的区别。

二　学理

学理指有关宣传机构、社会组织、教学科研单位或学者、专家、法律工作者通过刑法教科书、专著、论文、案例分析以及对刑法典的注释等方式表达的对刑法规范含义的理解和看法。成文法立法简洁的同时不排除含糊的表达方式，在司法过程中往往使执法者大伤脑筋，于是便给理论家们开辟出广阔的施展才能之地，各种解释法律条文的观点、学说和理论体系应运而生，对法律的应用型研究成为每一时代注释法学所要完成的历史性任务。尽管学理不具有法律效力，但却往往是司法人员理解刑法规范含义的途径，从而影响着司法人员办案。

首先就大陆法系而言，大陆法系是通过优秀的法学家的成果而呈现独有的特征；大陆法留给后世人们的不是法官的名字，而是学者的名字。法官就疑难案件征询教授们的意见这种长期不断的实践，在法律形成的重要时期，集权政府和统一法律制度的缺乏，促成了大学学者获得并保持其在法律界的统治地位。在大陆法系法律的日益法典化进程中，法学家不仅担当着立法至上的积极倡导者和法典起草人的角色，而且在法典颁布后，因其高度概括性、规范性特征必须加以解释，法学学者又成为法典的权威性的说明人和解释者。德国的法官和学者之间被称为"亲密的工作伙伴"。"即使在今天，在大陆法系国家参与诉讼的当事人仍然可以要求或提交一项该方面的法律专家的意见书。至少在德国，学术论著仍受到律师以及法官的尊重和援引。这样也使得法学教师们与司法实践发生密切关系，因而更少教条气；同时又提高了他们对法律发展加以指导的能力。""意大利立法机关规定，法院在作判决时，不得引用法学家的论著。可是，深受法学影响的意大利法官们，虽不直接引用法学家的著述，却在实际判案中运用法学家的思想，并普遍参考法学家著述中的'学说'（the doctrine）。意大利立法机关禁止和削弱法学家影响的企图只能是徒劳无功的。"英美法律传统和实践不同于大陆法系，但法学家在法律改革中也起着积极的作用，美国法律也呈现出某些"教授法"的倾向。马克斯·莱因斯坦则把法律教师和学者的兴起看作"一个新的法律的共同领导群体"。"在许多法律领域，法律教授对制定法的解释得到广泛引证，甚至视为具有权威性，尤其在先前没有相关司法解释时，就更是如此。据统计，美国联邦和州法院在 1983 年 6 月至 1990 年 6 月的七年间，引用法律教授的意见约 1000 次。"作者在南德州法律大学访学期间，曾特别就这一问题请教该学校的教授，他们回答，尽管学说没有被遵守的义务，但法官和律师时常引用学说以支持自己的观点，而法学教授往往以自己的论文或专著中的学术观点被引用而自豪。并且在所阅读的判例中也常常能见到对学说的引用，如在 Garnett v. State 一案中，首席法官 Murphy 即引用了学者的关于严格责任的观点，并在判决书中作了注释。又如，在 Lambert v. California 一案中，法官引用 Holmes 的观点于说理当中；在 Commonwealth v. Koczwara 一案中，Sayre 教授关于严格责任的观点为法官所采纳。并且《美国模范刑法典》的作用也从一个侧面反映了学说在法官裁判中的重要作用。《美国模范刑法典》由美国法学会制作，并非立法机关颁布的法律，但却具有极高的示范作用和学术价值，尽管该法典本身不具有法律约束力，但这并不影响美国法官在裁判中引用该法典的内容。该法典甚至不仅起解释资料的作用，而是作为法官判案的依据在起作用。判例 United States v. Jewell，State v. Coates，Peoplev. Marrero 等则可作为证明模范刑法典作用的适例。

在我国，《法官法》《检察官法》对司法人员的素质包括其业务素质做出了明确要求。提高司法工作人员素质自然离不开对他们进行法学理论包括刑法学理论的教学工作。理论学说帮助其对法律规定进行理解。实践中，当法律条文包括刑法条文无明文规定或规定不够具体、详尽时，司法工作人员总是乐于参考一些权威学者的看法、观点，并以此作为办案的理论依据，这方面的实例举不胜举。以犯罪构成理论为例：

国内各种版本的刑法教科书对犯罪构成所下的定义大同小异：即犯罪构成是指刑法所规定的、决定某一行为构成犯罪所必需的一系列主客观要件的总和。在这里，犯罪构成被说成是"刑法的规定"。事实上，从刑法本身规定的内容来看，在总则和分则中都并无"犯罪构成"的提法；标准的刑法条款只是对具体犯罪的罪名、罪状和法定刑作出规定（我国刑法典通常只规定罪状和法定刑，罪名由最高法院通过发布司法解释的方式作出规定）。由于立法上存在着对罪状的规定尽可能简洁的技术性要求，即各类犯罪带共性的特征都集中在总则中以少量条文统一加以表述，具体犯罪的不同特征则在分则的罪状中逐条简练表述，故反映在分则条文的罪状字面上大多都只是一些简单、笼统、原则的罪行描述，缺乏实际的可操作性。刑法的理论家们凭着自己的专业知识和生活经验以及根据约定俗成定型化的犯罪既往处理模式，从理论上对刑法条文的字面进行深入浅出、字斟句酌的分析，并将这种对刑法关于犯罪规定的理论解释体系冠名为"犯罪构成"，将聚合犯罪构成的诸要素称之为"要件"（必要条件）。这就是犯罪构成及其要件的由来。如我国刑法第263条规定了"抢劫罪"，从罪状看它对罪状作了描述，即采用叙明罪状。而刑法理论对抢劫罪的界定在原罪状的基础上加了一些内容，如将它界定为"是指以非法占有为目的，以暴力、胁迫或其他令被害人不能抗拒的方法，当场强行劫取公私财物的行为"。也有的将它界定为"是指以非法占有为目的，当场使用暴力、胁迫或者其他方法，强行劫取财物的行为"。并从定义中又进一步分解出抢劫罪犯罪构成的四个要件：（1）侵犯的客体是公私财物的所有权；（2）客观方面表现为使用暴力、胁迫或其他方法当场攫取公私人财物的行为；（3）犯罪主体为一般主体，即具有刑事责任能力的年满14周岁的自然人；（4）主观方面为故意，并具有非法占有他人财物的目的。这就形成了关于抢劫罪清晰完整的所谓犯罪构成及其要件体系。司法实际中恰恰是这些几乎纯粹的理论，"观念的法律"而得以通行。

再如学理上关于生命开始与终止的学说，直接影响到故意杀人案件的认定结论；学理有关正当防卫的限度条件、紧急避险的限度条件的讨论直接影响着实际案件的处理结论；学理关于因果关系的论证，关于不作为犯罪的理论，关于共同犯罪中共同行为、共同故意的论证，关于刑罚目的的学说等，在刑事审判中对司法工作人员均施加着影响。再如，关于法人共同犯罪，现行刑法总则中没有专门规定，刑法理论将我国刑法第22条中的"人"解释为包括单位在内，由此形成的共同犯罪有自然人与自然人、自然人与单位、单位与单位的不同组合的理解同样影响司法办案。

三　判例

判例指经法院审判已经生效并可作为后来的定罪活动之参考的刑事判决和裁定。英美法系刑法中判例是刑法的正式渊源，现在随着刑法成文法越来越多，判例又同时成为解释成文刑法的权威性资料。在大陆法系，尽管很多国家都有官方判例汇编，但仍然没有赋予司法判例以正式的法律约束力。按照大陆法系禁止法官立法的原则，司法判例不是法律渊源，在先的判例对以后的判案不具有拘束力。依其传统观念，任何法院都不受其他法院判决的约束，至少在理论上也要求，即使最高法院已对同类案件所涉及的问题表示了意见，它的下级法院仍然可以做出与此不同的判决。可这不影响判例在实践中发挥实际作用。基于法院司法活动的连续性，体现"同样情况同样对待"的公平原则，以及法院的等级系统，判例同样在司法判决中有影响力。"那种认为法典可能做到完整、连贯的教条并没有对判例（大陆法系称之为司法判决）产生实际的排斥作用。相反，由各种判例汇编成的书籍被法院用来填补法律规范的疏漏和调节法律之间的明显冲突。""不管革命思想对判例的作用如何评价，在事实上大陆法系法院在审判实践中对于判例的态度同美国的法院没有多大区别。法官之所以要参照判例办案，主要有以下几个原因：第一，法官深受先前法院判例的权威的影响；第二，法官不愿独立思考问题；第三，不愿冒自己所作判决被上诉审撤销的风险。"

首先以德国为例。按其通说，法院原则上不受其他法院尤其是上级法院判决的约束，这仅仅在抽象而原则的意义上才正确。在具体处理上，各种程序法则采取措施保证下级法院的判决尽可能不背离联邦法院或者其他终审法院的判决。例如，联邦宪法法院如果以裁决方式宣布某项法律自始无效，该裁决对所有法院均具有约束力；如果作为某案件终审法院的州高等法院要偏离其他州高等法院的判决，该法院就有义务将案件事实提交联邦法院备案；上诉最高法院的强制许可，即如果二审法院或财税法院要偏离各自的最高法院的联合审判委员会的判决，必须允许当事人上诉，从而使最高法院的裁判发挥示范作用，事实上一、二审法院通常在极为例外的情况下才会违背最高法院的判例。德国最高法院甚至认为，如果一位律师无视法院官方报告中所发表的判决，那么他本人便应当就所产生的后果对当事人负责。有学者由此得出结论：普通法中遵循先例的原则和欧洲大陆法院的实际做法之间的差异是微小的。

在法国，"尽管没有遵循先例的规则，法国法院仍像其他国家的法院一样，具有一种遵循先例的强烈倾向，尤其是对于高级法院的判决……下级法院对待法国最高法院判决的态度，实际上颇类似于普通法管辖权中下级法院对待上级法院判决的态度。"法国刑法遵循刑法的严格解释原则，不承认判例的法源作用，然而刑事领域的某些裁判事由，如在排除刑事责任的事由中，紧急避险和受害人同意就是判例从有关法律规定中推导出来的。"除法律明文规定允许完成造成损害之行为的正当防卫外，法院判例还承认紧急避险是一种'证明行为合法性'的原因。"在1810年的《刑法典》中，没有任何有关紧急避险的一般规定。法国旧刑法时代的紧急避险是判例根据法律关于正当防卫的规定推导出来的正常事由。

在日本，虽然认为"判例不过是作为法源的成文法的一种解释……将判例和成文法都解释为法源的做法是不合适的"，但"从实质上看，判例如同法源一般地约束着法院的判决。判例的约束性对于同样的时间必须承认同种法律效果这一保证判决公正的立场来说是必要的"。判例在事实上的拘束力主要体现在两个方面：一是关于变更判例，日本裁判所法（法院组织法）第10条第3项规定，"关于宪法及其他法令适用的解释、意见与以前的最高法院判决不同时"，必须在大法庭（由15名审判员组成）进行审判。二是刑事诉讼法第405条规定，"作出与最高裁判所的判例相反的判断时"或"没有最高裁判所的判例时，大审院或上告裁判所之高等裁判所的判例，其法律施行后的控诉裁判所之高等裁判所相反的判断时"，作为上告理由的规定。另据日本的一位法官说，当他担任最高裁判所调查官的时候，经常有下级法院的法官询问正在最高裁判所审理之中并可能成为先例的案件什么时候做出判决。这往往意味着直到最高裁判所判决下来，这些法官对自己正在审理的同类案件如何下判决缺乏足够的自信。可见判例在司法实践中具有非常大的拘束力。

在阿根廷和瑞典，与案件相关的判例必须援引，否则就构成法律上的错误；在意大利、波兰和芬兰，判例的使用虽然不是必须，但相当常见。"由于所有这些国家的现有倾向是总要依据法律条文，判例的创造性作用总是或几乎总是隐藏在法律解释的外表后面。""司法判例不是大陆法系的法律渊源。如果判例对其后法院判决案件有拘束力，就必然违反禁止法官立法的原则。因此，大陆法系的传统观点是，任何法院都不受其他法院判决的约束，至少从理论上讲是如此要求的：即使最高法院已对同类案件所涉及的问题表示了意见，它的下级法院仍然可以做出与之不同的判决。当然，这仅是理论上的要求，实际中并非如此。虽然没有'遵循先例'的正式原则，法官的活动却受到判例的影响。作为案件辩护人或代理人而准备出庭的律师，总是把活动的重点放在对大量判例的研究上，并在辩论中加以引证。法官判决案件也常常参照判例。"

我国近年来最高人民法院发布的较为权威的案例汇编文本有案例选、审判案例要览（与中国人民大学合编）和公报案例三种。这些案例都是通过法院系统内部作为调研工作的一项正式内容经过一层一级严格筛选而汇编入册的，许多地方高级人民法院也经常以不同的形式编印案例下发，要求参照。法院内部对这项工作有布置、有考核、有奖惩。因此可以说，这些案例虽不能直接作为今后判案的依据，但它却通过影响审判人员的思维从而影响其所做的判决。并且，好多审判人员越来越有意识地关注这些案例汇编，审理案件时，会自觉不自觉地参考或查阅一下这些判决，如遇与已有判决的相同或相类似案件时，已有判决已经做出的结论对正在审判的案件有很大影响。

一般说来，现实审判制度中关于具体问题或具体条文，总存在着支配性的解释。每个法官在行使裁量权时事实上总受到这种解释的拘束。也就是说，在多种多样的法律解释同时并存的情况下，总有一种被称为"通说"或"判例"，受到比其他解释更广泛的支持或作为一般的支配性观点的解释存在。这种解释的存在使现实中法官的裁量余地比所能想象的更为狭小。当存在这种潜在的合意时，要想对其采取无视或反对的态度就得冒遭到批评的风险。所以法官一般都有回避这种风险而服从"通说"或"判例"之解释的倾向。

四　道德准则

道德对人们有规范作用。代表或反映着人类共同正义观及社会上的主流道德观对法律有较大的影响力。法律的规定总是与社会上主流的道德要求相一致，否则法律在社会上就极难得到实施。同时道德准则对法官解释法律有着重要的影响。"需要强调的是，法官在司法裁判中有时必须考虑广泛的法外因素。这种情形通常发生在当法律包含许多法外评价标准的场合。在这种情形下，法官需要参考社会、道德、经济以及心理学标准以用来确定法律的含义。"刑法与道德的关系密不可分，尽管基于道德的犯罪定义是行不通的，但的确有许多犯罪，特别是那些严重犯罪，本质上是违反人类道德的，如谋杀、强奸、抢劫等，这正如加罗法洛所说的自然犯，其本身是邪恶的，是受人类谴责的。不唯如此，道德在司法实践中也有其地位。如爱尔兰最高法院为区分轻罪与非轻罪提供的标准中即包含道德评价，其标准包括：（1）制定法有规定时，首先看法律是怎样规定的；（2）刑罚的轻重；（3）被指控犯罪的道德评价；（4）法律规定的犯罪与原普通法上的犯罪之关系。

在我国司法实践中，一方面，道德对刑法规范起着说明、阐释的作用，如刑法中出现的"猥亵""淫秽"两个术语，对它们含义的确定就不能不借助于道德、伦理上的标准。司法实践中对于影响量刑的酌定情节之一的犯罪动机的认定通常也是根据道德标准。再如，对刑法中经常出现的"情节较轻""情节严重""情节恶劣"等的具体判断也离不开考虑道德的要求。另一方面，道德对刑法规范起着一定的限制作用，当严格适用刑法规范会出现明显不公正后果时，就不能不从正义、公平、善恶等道德的要求上考虑，以实现个别正义，如将安乐死认定为"情节显著轻微危害不大"的行为，即其适例。

前述的根据我国习惯，丈夫不可能对妻子构成强奸罪，既是我国久远的习惯传统，也是我国"人伦礼俗"的重要内容。因为，中国历来以"礼"要求夫妻，在"礼"这一中国久远的习惯传统中，夫妻之外的性关系被严禁，至于夫妻之间的性行为则非但不被禁止，反而被视为夫妻的"义务"。在男尊女卑的制度下，妻必须遵从丈夫的任何意愿，如妻不愿与丈夫性交，那是妻"不贤"的表现，丈夫完全可以实施性强暴，责任在妻而不在夫。为此，夫妻之间的性义务已经在"人伦礼俗"中明确限定。诚如张军所言，"夫妻之间既已结婚，即相互承诺共同生活，有同居义务。这虽未见诸法律的明确规定或者法律的强制性规定，但已深深地根植于人们的伦理观念之中，不需要法律明文规定。"

五 我国非正式刑法司法解释

在我国，非正式刑法司法解释是指由同最高人民法院直接相关的隶属机构或个人或者间接的、实质上以最高人民法院的名义所做的有关具体适用刑事法律问题的解释，如《人民司法》中的"司法信箱""审判长会议纪要""案件审理工作座谈会纪要"等。之所以将其称为非正式刑法司法解释，主要原因在于这些解释并不隶属于最高人民法院所做的正式刑事司法解释，也不具有上述司法解释所具有的形式。从1988年起，最高人民法院规定，凡属司法解释必须经审判委员会集体讨论通过；以研究室和各审判庭名义做出的复函和电话答复，不属司法解释。同时按照1997年6月23日最高人民法院《关于司法解释工作的若干规定》第9条规定，司法解释的形式分为"解释"、"规定"、"批复"。上述"信箱""纪要"文本上都不具备这些形式。非正式刑法司法解释的作用隐含于司法运作之中，非正式地、委婉地影响判决的形成。以会议纪要为例。"审判长会议纪要"始于2001年，主要是针对刑事审判工作中遇到的适用法律问题，发挥审判长的集体智慧优势，总结审判经验，研究、讨论、解决问题，为广大司法工作人员和读者提供参考。"纪要"通常针对一个刑法规范、司法解释没有明确或者在适用中存在疑难的具体问题，提出结论性意见。例如《关于已满14周岁不满16周岁的人绑架并杀害被绑架人的行为如何适用法律问题的研究意见》《全国法院审理金融犯罪案件工作座谈会纪要》《全国法院审理毒品犯罪案件工作座谈会纪要》。这些"意见""纪要"属于最高人民法院内部文件。先前的通常情况是外人不能够阅读，在现在的刑事司法中，逐渐为大众认知并且要求法院予以遵守。但是这些会议纪要并非司法解释，因此不具有强制遵守的效力。最高人民法院〔2000〕42号《关于印发全国法院审理毒品犯罪案件工作座谈会纪要的通知》中指出，"望认真贯彻执行"该纪要。而最高人民法院〔2001〕8号《关于印发全国法院审理金融犯罪案件工作座谈会纪要的通知》指出，该纪要"供参照执行"。这与司法解释的公告发布及施行的口吻完全不同。但这些会议纪要的内容可想而知会对各法院审理案件产生近乎司法解释一样的作用。

结　语

　　自近代，罪刑法定逐渐成为各国刑法的铁则，于是罪刑法定之"法"成为定罪量刑的直接依据。罪刑法定意味着刑法只处罚法有规定的情形，对法律没有规定的行为不处罚，那么刑法应当处罚的行为必须以明确规定了其罪（包括罪名和罪状）和其刑（包括刑种、刑度）刑法规范的存在为前提，然而法包括罪刑法定之"法"同样需要解释，这就需要借助习惯、学理、判例等解决由抽象的刑法规范向刑事案件裁判大前提的转化问题。将罪刑法定原则僵化，忽视影响以法官为代表的刑法适用主体在解释刑法中所依据的资料的存在，刑法的适用就是一句空话。当然，影响法官等刑法适用主体解释的资料，相对于刑法规范而言处于辅助地位，绝不能脱离现行刑法规范，更不能取代现行刑法规范而单独成为定罪量刑的依据。进一步而言，如果我们将罪刑法定之"法"比作一个"质"的范畴，体现的是形式理性，那么习惯、学理、道德等则可以构成对刑法规范的"量"的分析。尽管后者具有重要的解释、论证参照系的价值，但必须限于现行法律范围之内，否则罪刑法定原则将面临受到破坏的危险。此外，作为影响法官等主体解释刑法的资料，其作用是中性的，借助于这些资料、依据进行解释有可能得出出罪的结论，也有可能得出入罪的结论，但这同单独将习惯、学说等作为入罪的依据断然是不同的问题。

[作者单位：山东大学（威海）]

对形式逻辑作为法律分析评价工具的辩护

张传新

一 对法律思维形式逻辑基础的批判

法律与逻辑具有密切的关系。虽然各种法学理论对逻辑的态度各有不同，但都非常关注对其逻辑基础的探讨。近代法学一般把形式逻辑（演绎推理）作为其理性主义的基石，人们通常认为，演绎推理的结论是必然的，它能满足人们对确定性、稳定性、一致性的心理需求，建构概念清晰、位序适当、逻辑一致的法律逻辑体系，对于所有的法学家都有难以抵御的魅力。但是，自 19 世纪中后期开始，自由主义法学、现实主义法学、后现代法学、批判法学等法学理论的研究表明，这种认定制定法律完整无缺、法律和事实严格对应、法官如同"自动售货机"的法治观念，不过是一种幻想，一种"法律神话"。也正是在这样的背景下，开始了对三段论推理模式、基于形式逻辑的法律逻辑进行严厉清算的过程。法学家们对形式法律逻辑的责难主要包括以下几个方面。（1）逻辑推理只能解决简单案件，而不能解决疑难案件。（2）法律文本的步骤言行、相互矛盾及缺漏，使得推理无法进行下去，因而需要实质推理加以补充。（3）真正的法律推理实际上从来没发生过，所谓的三段论式推理的依法判案，不过是一种包装。（4）逻辑推理模式使法律出现了机械性和僵化模式。这些批判的分析及回应不是本文讨论的重点，本文重点讨论的是对形式逻辑作为法律思维分析和评价工具的来自另一个方面的批评，即来自于非形式逻辑方面的批判。自 20 世纪中期以来，一些以法律逻辑为研究对象的学者提出了各种各样的理论，这些理论可以冠之于不同的名称，如论辩推理、实质推理、非形式推理、辩证推理等。这些理论对形式逻辑的批判主要包括以下几个方面。（1）形式逻辑是建立在命题真值的语义基础之上的，它不适于无关真假的命题的推理评价。例如，澳大利亚逻辑学家汉布林（Hamblin）认为，对于前提来讲"真"是个不恰当的标准，因为它既不是充分的也不是必要的。说"真"不是充分的，是因为一个本体论意义上为真的前提并不一定为论证者所知道为真，即认识论意义上未必为真；说"真"不是必要的，因为在许多领域"真"的观点是有疑问的，真的思想可能假定了不可能的上帝眼中的立场来看待事物。佩雷尔曼认为形式逻辑对论证的评价是从真前提开始，但如何判定前提的真假，这已经超出形式逻辑所讨论的范围。真实论证未必都是从真前提出发的，往往只是从一致起点开始的。他们猜想主导非形式论证的理性可能来自修辞理论的原则，特别是听众的考虑与价值（一种非形式逻辑）。（2）形式逻辑研究的核心是演绎推理的有效性，而法律论证的可接受性并不依赖于逻辑的有效性。图尔敏认为演绎有效性对于真实论证的评价来说，既不是充分条件也不是必要条件。除了逻辑标准之外，法律论证尚需另一种可供选择的非形式的、实质的有效性标准，进而提出了他基于法律论证的评价模型———图尔敏模型。（3）形式逻辑是单调的、封闭、协调、单主体的、静态的系统，而法律思维具有非单调性、弗协调性、开放性、多主体性、动态性等特点，对于法律思维的这些特点形式逻辑是无法表达的。（4）形式逻辑缺乏语境敏感性。形式逻辑只从语法、语义两个方面研究思维的形式有效性，而实际的思维还是和语境相关的，即没有涉及逻辑的语用研究。问题的第三个方面与第四个方面有密切的关系，都涉及批判者所持的逻辑观念是什么。一些非形式逻辑学家认为："20世纪上半叶，论证结构被理想化了。数学证明被人们当作成功论证的范式，论证完全被从自然语言的语境中抽象出来。论证研究者们，特别是逻辑学家们主要关注的是作为结果的论证，而不是作为过程的论证。在传统论证理论中，论证被看作是静态性的、缺乏背景敏感性的、无目的性和不考虑主体性的。然而，现实生活中的真实论证却具有动态性、背景敏感性、目的性、多主体性等诸多特征。我们显然无法用基于传统逻辑或经典逻辑的论证评价模型来处理真实论证的上述特征。"

这些理论对形式逻辑的批判虽然看起来有一定的道理，但是，它们在解构了法律的逻辑基础后，又为法律的理性基础提供了什么？这些理论有没有局限性？它们的批判是否真的意味着形式逻辑无法成为法律思维分析的工具？还是它们对逻辑的批判本身建立在对什么是逻辑的错误理解的基础之上？形式逻辑能够为此做些什么呢？对此，本文准备通过对法律思维形式逻辑表达的三个理论，揭示现代逻辑作为法律思维分析工具的特点，它们同样可以表达论证和推理，并且能够为法律思维发挥非形式逻辑所不能替代的作用。

二　三个论证的形式逻辑表达理论

在《从公理到对话》（From Axiom to Dialogue）中，Barth 和 Krabbe 区分了逻辑系统的三个维度。第一，语法维度。它涉及决定一个逻辑理论重要特征的逻辑常量的数量和性质、词汇，以及由基本的词汇构成句子的方法等问题。第二，强度维度。即使给出一个确定的语法，一个逻辑也可以有不同的推理能力，Barth 和 Krabbe 按照能力的依次增强区分了最小的、建设性的（直觉主义的）和经典的（命题）逻辑。第三，形式维度。同样的逻辑可以表现为不同的形式，Barth 和 Krabbe 区分了公理化的、模型论的和论辩性的逻辑。由于现代逻辑把逻辑理论视为基于不同词汇、语法构成的形式语言，并通过定义逻辑算子（联结词）的意义和推理规则对合适公式给予特定语义的解释，现代逻辑就不再仅仅是表达逻辑思维形式结构的一元的理论，而是因为对词汇、语法、推理规则的不同定义形成多元的理论。

1. Lorenzen and Lorenz 的论辩命题逻辑

Lorenzen and Lorenz 在其著作《对话逻辑》（Dialogische Logik）中，揭示了如何可以用批判性对话，而不是用公理或真值表方法刻画逻辑有效性问题。假设在一个论辩过程中存在对话的双方，可以称之为 P（支持方）和 O（反对方），双方都有一个承诺的句子集合（可空）。承诺的意思是论辩方不允许攻击的句子。P 提出一个主张，且允许 O 攻击该主张，并进而迫使 P 对之进行辩护。存在着一些规范攻击和辩护行为的规则，这些规则与逻辑算子有密切的关系。基本的思想是，假设 O 承诺前提中的句子，如果 P 以此为基础有一个获胜策略为一个句子 S 辩护，那么，S 是由这个前提句子集合逻辑推出的。假设 O 承诺句子 C，而 P 主张句子 A→（B∨C）。定义逻辑算子的规则明确了应该怎样攻击这个主张。对于当前这个例子，它意味着 O 必须通过主张 A 而攻击该主张，并且 P 有义务主张 B∨C（或者攻击 A）。句子 B∨C 能被 O 接受，在这种情况下，P 成功地为他原来的主张进行了辩护。在这个例子中，P 应当理智地主张 C，因为 O 承诺了该句子，因此不允许攻击它。如果 P 主张 C，他就在对话中获胜，他原本的主张就成立了。如果 P 通过主张 B 而为 B∨C 辩护，那么，O 可以攻击 B，P 就在对话中失败，因为他没有为这一主张进行辩护的方法。下表是这一对话的第一种情形。

P	O
主张：A→（B∨C）	主张：A
主张：B∨C	？B∨C
主张：C	承诺C，在对话中失败

该例的第二种情形：

P	O
主张：A→（B∨C）	主张：A
主张：B∨C	？B∨C
主张：B	？B
没有更多的辩护，在对话中失败	

正像这个关于同样的主张而结果不同的两个对话所说明的，在给出对方承诺集的情况下，一个主张的有效性并不能保证提议者赢得对话。却能保证提议者有一个获胜的策略（对照情形1）。根据 Lorenzen 和 Lorenz 的思想，可以说，如果提议者有一个获胜的对策，那么，一个主张的句子逻辑地从反对者的承诺中得出，无论他在对话中是否实际上用到了这个策略都是无关紧要的。

Lorenzen 和 Lorenz 不只是给出了一个有效结论的论辩性特征；他们还按照他们所运用的论辩性术语定义了逻辑算子的意思。本文将用命题逻辑算子的论辩性特征的方法说明这一点。

合取

如果 P 主张 A&B，O 可以通过？l 和？r 攻击该主张，？l 可以被读作"左合取是真的吗？"，而？r 可以读作"右合取是真的吗？这一攻击要求 P 有责任通过分别主张 A 和 B 为这一合取辩护。

P	O	P
A&B	？l	A
	？r	B

析取

如果 P 主张 A∨B，O 可以用？攻击该主张。该攻击要求 P 有责任通过主张 A 或 B 为析取辩护。

P	O	P
A∨B	?	A
		B

蕴涵

如果 P 主张 A→B，O 可以通过主张 A 而攻击该主张，该攻击要求 P 有责任通过主张 B，或者攻击 A 而为原主张辩护。

P	O	P
A→B	A	B

否定

如果 P 主张 A，O 可以通过主张 ¬A 而攻击该主张，如果 O 这样做了，那么 P 在对话中失败。基于此，如果 O 不承诺 A，那么，就只允许 O 做这样的攻击。

P	O
A	¬A

Lorenzen and Lorenz 的理论具有以下四个特征。①对话的步骤大致相当于一个单独论证的步骤。如果比较对话活动和依据特定语法构建的逻辑中证明过程，一个对话步骤连同对它的回答就对应于一个证明步骤。例如，在命题逻辑的证明理论中，在一个证明步骤内，可以从 A 推出 A∨B，与之相应的一个对话步骤就是对主张 A∨B 提出质疑，而后通过主张 A 为之辩护。②这一对应关系可以由以下事实得以解释：传统的证明步骤建立在逻辑算子的（语义）意义基础之上，根据 Lorenzen and Lorenz 的理论，同样的意义通过对话规则得到定义。即：对话规则对应于逻辑算子的意义（反之亦然）。③为确定一个句子是由其他句子推出的，就必须考虑所有的对话，逻辑有效性是一个评估性概念，而不仅仅是一个描述性概念。在论证一个结论时很可能是错误的，因为按照对话各方的实际的推理行为给出一个前提的集合，不可能确定一个结论的有效性。这就是为什么逻辑有效性的定义连同获胜策略的概念可适用于所有可能的对话活动。④对话活动假设了一个确定的承诺集（前提）。这是非常重要的一点，对话的目标在于刻画逻辑推理的概念。这无关于一个对话或获胜策略的成功和失败。关键的问题

是结论是不是从前提集中推出的。这就是为什么获胜策略这个概念必须以这个策略存在于其中的一个前提集为条件的原因，这一点就像一个有效的结论是相对于一个前提集的道理是一样的。

2. Andrzej Malec 关于法律规则推理的谓词逻辑理论及其特点

Andrzej Malec 认为在法律论辩过程中，用到了两类推理规则，第一类规则是众所周知的经典逻辑规则，第二类规则是通常所称的"法律推理规则"。法律推理规则可以进一步分为四类：解释规则、推理规则、冲突规则和程序规则。其中法律推理的规则系统被称为"法律逻辑"。虽然他同意形式逻辑不能提供对于法律论辩的所有情况都有效的规则。然而，在有些情形下，形式逻辑是有效的。法律逻辑帮助人们找到法律问题的解决方案，而形式逻辑（包括演绎和归纳两类规则）证立这一解决方案。他不同意法律逻辑必然是非形式的。尽管法律逻辑的许多规则是建立在主观评价的基础之上的，这一事实使得在很多情况下很难，甚至不可能把这些规则形式化，但是在另一方面，许多法律推理的规则可以非常容易地被形式化。甚至有时候不但可以把一个单独的规则形式化，还可以建立一个法律推理规则的形式系统。为了证明这一点，他建立了一个冲突规则的谓词逻辑推理系统。

在法律体系中包含以下"冲突规则"：

lex posterior derogat legi priori（后法优先于先法），

lex superior derogat legi inferiori（上位法优先于下位法），

lex specialis derogat legi generali（特殊法优先于一般法），

lex superior prior derogat legi inferiori posteriori（在先的上位法优先于在后的下位法），

lex superior generalis derogat legi inferiori speciali（上位的一般法优先于下位的特殊法），

lex prior specialis derogat legi posteriori generali（在先的特殊法优先于在后的一般法）。

其中的前三个规则被称为"冲突规则的第一序列"，后三个规则被称为"冲突规则的第二序列"。当应用第一序列的规则导致矛盾时，我们应当用第二序列的规则，相应的，在第二序列的规则出现矛盾时，我们应当定义和应用第三序列的冲突规则。

为建立基于以上关系的形式系统。需要在一个谓词逻辑系统的词汇表中增加一些二元谓词：ESup($\cdots$,$\cdots$)，ESpec($\cdots$,$\cdots$)，EPost($\cdots$,$\cdots$)，Sup($\cdots$,$\cdots$)，Spec($\cdots$,$\cdots$)，Post($\cdots$,$\cdots$)，Der($\cdots$,$\cdots$)。项、原子公式、公式和句子的定义

都与标准谓词逻辑相同，该系统的公理是：按照谓词逻辑的有效公式的模式构造的该系统语言的所有句子，以及描述 $ESup(\cdots,\cdots)$，$ESpec(\cdots,\cdots)$，$EPost(\cdots,\cdots)$，$Sup(\cdots,\cdots)$，$Spec(\cdots,\cdots)$，$Post(\cdots,\cdots)$ 属性的一些公理：

AXIOM 1 $(x)ESup(x,x)$，

AXIOM 2 $(x)(y)\{ESup(x,y)\Rightarrow ESup(y,x)\}$，

AXIOM 3 $(x)(y)(z)\{ESup(x,y)\ \&\ ESup(y,z)\Rightarrow ESup(x,z)\}$，

AXIOM 4 $(x)Sup(x,x)$，

AXIOM 5 $(x)(y)\{Sup(x,y)\ \&\ -ESup(x,y)\Rightarrow -Sup(y,x)\}$，

AXIOM 6 $(x)(y)(z)\{Sup(x,y)\ \&\ Sup(y,z)\Rightarrow Sup(x,z)\}$，

AXIOM 7 $(x)(y)\{-Sup(x,y)\Rightarrow Sup(y,x)\}$，

AXIOM 8 $(x)ESpec(x,x)$，

AXIOM 9 $(x)(y)\{ESpec(x,y)\Rightarrow ESpec(y,x)\}$，

AXIOM 10 $(x)(y)(z)\{ESpec(x,y)\ \&\ ESpec(y,z)\Rightarrow ESpec(x,z)\}$，

AXIOM 11 $(x)Spec(x,x)$，

AXIOM 12 $(x)(y)\{Spec(x,y)\ \&\ -ESpec(x,y)\Rightarrow -Spec(y,x)\}$，

AXIOM 13 $(x)(y)(z)\{Spec(x,y)\ \&\ Spec(y,z)\Rightarrow Spec(x,z)\}$，

AXIOM 14 $(x)(y)\{-Spec(x,y)\Rightarrow Spec(y,x)\}$，

AXIOM 15 $(x)EPost(x,x)$，

AXIOM 16 $(x)(y)\{EPost(x,y)\Rightarrow EPost(y,x)\}$，

AXIOM 17 $(x)(y)(z)\{EPost(x,y)\ \&\ EPost(y,z)\Rightarrow EPost(x,z)\}$，

AXIOM 18 $(x)Post(x,x)$，

AXIOM 19 $(x)(y)\{Post(x,y)\ \&\ -EPost(x,y)\Rightarrow -Post(y,x)\}$，

AXIOM 20 $(x)(y)(z)\{Post(x,y)\ \&\ Post(y,z)\Rightarrow Post(x,z)\}$，

AXIOM 21 $(x)(y)\{-Post(x,y)\Rightarrow Post(y,x)\}$.

该系统的规则是谓词逻辑的规则和表述 $Der(\cdots,\cdots)$ 属性的规则：

RULE 1

$Sup(x,y)$

$-ESup(x,y)$

$Der(x,y)$

RULE 2

$ESup(x,y)$

$Spec(x,y)$

$-ESpec(x,y)$

$Der(x,y)$

RULE 3

ESup(x,y)

ESpec(x,y)

Post(x,y)

  – EPost(x,y)

Der(x,y)

根据公理 1 至公理 21，谓词 ESup(…,…)，ESpec(…,…)，EPost(…,…) 表示一些等价关系，Sup(…,…)，Spec(…,…)，Post(…,…) 表示一些线性次序关系，根据直观感觉，法律规范的集合具有这些关系。因此，我们把 ESup(…,…) 读作"规范 …… 既不上位于，也不下位于规范 ……"；把 ESpec(…,…) 读作"规范 …… 既不特殊于，也不一般于规范 ……"；把 EPost(…,…) 读作"规范 …… 既不先于，也不后于规范 ……"；把 Sup(…,…) 读作"规范……不下位于规范……"；把 Spec(…,…) 读作"规范……不一般于规范 ……"；把 Post(…,…) 读作"规范 …… 不后于规范……"。关于 Der（……）的规则，规则 1 可被称为"后法废除规则"，规则 2 可被称为"一般法废除规则"，规则三可被称为"先法废除规则"。这些规则描述了"冲突规则"间的废除次序关系及规则的结构：规则 1 至规则 3 确定了它们之间的层次：规则 1 是最强的规则，规则 3 是最弱的规则，因此，该系统就不再需要第二序列的冲突规则。该系统是一个法律逻辑的形式系统。所以，法律逻辑未必一定是非形式的。

3. Prakken 对带举证责任的论证的形式化理论

一般认为，举证责任分配是法律论辩中最难以形式化的部分，也是坚持形式逻辑无法表达法律论证观点的主要论据，事实上，这种指责是完全没有道理的。根据构造主义的理论观点，把一个理论构造出来是对该理论的最好的证明，而荷兰逻辑学家 Prakken 就构造了这样一个系统。

该系统是在 Prakken 和 Sartor（1996 年）和 Prakken（1999 年）系统的基础上，通过增加举证责任概念而扩充形成的。这些增加的概念的定义包括：

定义 1〔对话〕

对话是一个非空行动序列 M1，…，Mn，…。每一 Mi 都具有形式（玩家 i，论证 i）且：

（1）玩家 i = P，当且仅当，i 是奇数，且玩家 i = O，当且仅当，i 是偶数。

（2）如果玩家 i = P(i > 1)，那么论证 i 严格击败论证 i – 1。

（3）如果玩家 $i = O$，那么论证 i 严格击败论证 $i-1$。

一个对话是以论辩理论（AT）为基础的，当且仅当，这个论辩理论（AT）包括了对话中所使用的所有论证及其击败关系。第一个条件说的是，先由正方开始，然后玩家轮流进行；而第二个和第三个条件说的是 P 和 O 行动的必要条件。

定义 2 ［赢，证成］

一玩家"赢得"对话，当且仅当，另一玩家无法行动了。论证 A 在论辩理论（AT）中得到证成，当且仅当，正方在以从 A 出发的论辩理论（AT）为基础的任何对话中均有一个赢策略。一公式被证成，当且仅当，它是一个证成论证的结论。

定义 3 ［对话角色］

令 $M1, \cdots, Mn, \cdots$ 是形式 $Mi = $（玩家 i，论证 i）任一非空行动序列，且考虑了各种举证责任分配。那么，对于任意 i 而言，玩家 i 在 Mi 中的角色，用"角色(玩家 i)"表示，可以定义如下：

（1）如果 $i = 1$，那么，角色(玩家 i) $= P$

（2）如果 $i > 1$，那么，

（a）如果"论证 i"的某个子论证具"玩家 i"要证明的结论，那么，角色(玩家 i) $= P$。

（b）否则，"角色(玩家 i)"就是在 $Mi - 1$ 中的"角色(玩家 $i - 1$)"的对立面。

现在所有要做的事情是，要定义对话中采用的论证之击败力取决于其行动者论辩角色。我将通过定义带举证责任的对话概念来做到这一点。它看起来更像对话定义，但它分别用原告与被告取代表了正方与反方，使得论证的必要力量取决于玩家的角色。

定义 4 ［带举证责任的对话］

"带举证责任对话"是一个非空行动序列 $M1, \cdots, Mn, \cdots$。其中，每一 Mi 都具有形式"（玩家 i，论证 i）"且：

（1）玩家 $i = ?$，当且仅当，i 是奇数，且玩家 $i = ??$，当且仅当，i 是偶数。

（2）如果"角色(玩家 i)" $= P(i > 1)$，那么，"论证 i"严格击败"论证 $i - 1$"。

（3）如果"角色(玩家 i)" $= O$，那么，"论证 i? 击败了? 论证 $i - 1$"。

赢的条件仍然相同：如果另一方无法行动了，那么玩家就赢得了对话。

　　需要注意的是作者最后得出的结论之一是："带举证责任推理不可能在可废止论辩逻辑中完全建模，且在其他任何非单调逻辑中也不可能做到这一点。我们也需要一些程序概念即显性举证分配和论辩角色。这些概念引出了一个新论证游戏，但与基于论证的证明论和语义学并没有明显相符之处。"这并不是要否定形式化方法在法律领域的作用，而是指出逻辑只能刻画出论辩的基本框架，至于说对举证责任的分配必须基于实质的考量。

　　以上三个关于法律对话、法律推理和法律论辩的逻辑理论分别属于命题逻辑、谓词逻辑和非经典逻辑体系，其中 Lorenzen and Lorenz 的论辩命题逻辑采用了命题逻辑的基本词汇和语法，甚至推理规则也是一样的，却赋予了论辩对话的语义解释，从而把逻辑证明的过程视为对话的成功辩护，关于"真"的逻辑有效性概念也被代之以关于一个主张是否能被接受的评估性概念。该理论表明，对于形式逻辑只能表达关于逻辑真值推理有效性的指责是站不住脚的，逻辑的语法系统与其语义解释并不具有唯一的对应，在建构逻辑理论时，完全可以根据需要赋予其不同的意义，在这方面形式逻辑具有足够的灵活性。Andrzej Malec 关于法律规则推理的谓词逻辑理论是在经典谓词逻辑的基础上通过增加新的公理和推理规则形成的一个扩充的谓词逻辑理论，它表明了谓词逻辑具有强大的扩充能力，可以根据需要把法律领域中一些基本的规则作为公理和推理规则添加到经典逻辑中去，构建出不同的形式系统。Prakken 对带举证责任的论证的形式化理论是一个非经典的逻辑推理系统，同样采用了通过对对象领域的基本概念和原则形式定义的方法。不同之处是该理论对论证主体做了区分，并引入了可废止关系，从而形成了与经典逻辑大相径庭的形式结构，具有非单调的、多主体的特点。需要说明的是，Prakken 的带举证责任的论证的形式化理论是其法律论证体系理论中可废止法律论辩逻辑的一个构件的一部分。该法律论证体系本身包含四个层面：第一，逻辑层面，它界定论证是什么，也就是说，一系列信息如何被组织起来以对于某一个主张提供基本的支持。第二，论辩层面，集中讨论冲突的论证，它界定这样一些概念，如"抗辩"、"攻击"、"辩驳"和"击败"等，它也确定给定的一个论证的集合和评估标准，以决定哪一个论证成立。第三，程序层面，它规范论证如何进行，也就是说，论证主体如何提出或者挑战一条新的信息以及陈述一个论证。程序层面区别于前两个层面的关键点在于，其他的层面假定存在一个固定的前提集，而在程序层面前提集是在论辩的过程中被动态地建构的，这一点也适用于发现的层面。即第四，策略层面或者直观推断的层面，它为一个争论能够在一个第三层面的程序的进行提供理性的方法。在这四个层面中，虽然只有逻辑层面的演绎推理方式是被经典逻辑看作是有效的推理模式，而论辩层面和程序层面则包括一些论题学取向的约定的实质规则，策略层面或直观推断层面运用了大量的在演绎逻辑中被视为无效的推理模式，如溯因推理、似真推理等。但是，那些所谓的非形式逻辑层面也采用了形式化的方法。这些理论在向人们展示形式逻辑灵活的建构性特点的同时，并没有失去其严格规范性的性质，在建构逻辑系统时，无论选择什么样的逻辑常量、变量、推理规则，无论怎样解释逻辑算子的意义，它们都是按照形式定义的方式给出的，从而对什么样的推理是符合标准的做出唯一的判定。我们认为，逻辑对于理性认识的作用之一就在于其能够为正确的推理提供明确的、严格的判定标准。

三 作为法律分析工具的形式逻辑与非形式逻辑的关系

下面我们对非形式逻辑学家的指责做出简单的回应。

对于来自第一个方面的指责，上面已做过分析，即逻辑真值并不是形式逻辑唯一的语义，所谓逻辑的真假并不是，或者说不仅仅是认识论意义的真假，而是一个抽象的状态，可以把它解释为一般认识论意义上的真假，也可以解释为电路的开和关，数学上的 1 和 0，……在这方面，它和逻辑词汇、语法、公理、推理规则的选择同样是灵活、自由的。

对于来自第二个方面的指责，显然混淆了逻辑在法律舞台上应该扮演的角色。"逻辑有效性是合理性的一个必要条件，尽管它本身不是充分条件。逻辑只涉及前提和结论之间的形式关系，而对从实质意义上前提是否能够令人接受，以及在各种法律规则之间做出的选择是否得以证立的问题不置可否。在逻辑方法中，合理性并不等同于形式有效性。要全面评价法律论证，除了形式标准以外，还要求实质标准。"作为法律思维的分析、评价工具，"所有的论证都是向形式分析开放的，同样也是向非形式逻辑开放的。前者是关于论证的有效性的，后者是关于前提的可接受性的。"并且，按照 AREND SOETEMAN 的观点，或者这样一个论证可以通过增加一个可以接受的前提使其形式有效，或者不能。如果能使其有效，最好的事情就是增加这样一个可以接受的前提并使其保持形式逻辑的有效。如果一个论证不能通过增加一个前提而使其形式有效，那么，它就应该作为无效的论证而被抛弃。因此，非形式论证完全可以发展成为形式论证，并且由于法律结论对于当事人的严肃性，法律论证也应该建立在这样一个形式论证的基础之上。

对于来自第三个方面的这种指责显然没有看到现代逻辑最新的发展，因为现代逻辑具有灵活的建构性特点，大量的能够表达这些特点的非单调逻辑、弗协调逻辑、开放逻辑、多主体逻辑、动态逻辑已经建构了出来。我们必须以发展的眼光探寻所有有助于法律思维的工具。演绎逻辑虽然有很大的局限性，但是，作为一种方法和工具，逻辑学研究的对象不断地扩展，从单纯的为数学研究奠定基础而扩大到认知、伦理、法律、经济、人工智能等领域。自 20 世纪初以来，先后出现了一些不同于传统演绎逻辑的新的逻辑理论，它们分别从不同角度解决传统演绎逻辑的异常现象。这些逻辑理论的发展为法律逻辑的发展开辟了新的道路。一方面，它采用了现代逻辑强大的工具，使对逻辑思维的表达、判定更加精确和深刻；另一方面，它又摆脱了经典逻辑的一些限制，使现代逻辑不只是局限于作为数学分析的工具，使其研究范围更加广泛。特别是它和人工智能理论的融合，既可以通过功能模拟的方法建立智能法律专家系统，同时，这种模拟也使得人们第一次打开了神秘的法律思维的"黑匣子"，从整体和局部两个方面对法律思维进行分析和评价。这些理论一方面通过对法律思维功能模拟，有助于真正揭示法律思维的结构和模式，它通过分支融合的方法引入其他影响法律判断的时态、意愿、行为、主体等因素，使人们对这些因素在法律思维中的作用和意义有了更加清晰、深刻的认识。另一方面，可废止、弗协调等推理模式被广泛地应用，从而对法律推理、法律论证的逻辑特征更富启迪性的认识。这种方法对于直接的实践而言也许因为其过于复杂而显得价值不大，但作为理论探索工具随着研究的深入而被不断地展现出来。

另外，一些传统认为涉及实质内容推理的理论，如法律论题学理论，也可以根据形式逻辑得以表达。其基本思路是：首先，就可能的论题提出最大的交集，作为讨论的平台和基本的前提（这一点可以比较罗可辛所说的问题性思考的第一阶段，即"任意地选出或多或少带有偶然性的各种观点，尝试性地把它们拿出来"）。其次，每一个不同的一致知识集可以作为补充前提，形成不一致的扩张（这应该理解为是第二个阶段，就一定的问题，预先形成各种观点的目录，即 topoi 目录，按照这个目录探求问题的解决）。再次，对不同的扩张进行审查，形成结论。假如一个可废止理论只有一个扩张，那么，就只会有一个结论，如果有不同的扩张，就会有不同的结论。对此可以有两种不同的策略：任意扩张都可作为最终的结论，这是一种轻信的策略；各种不一致策略的最大交集作为最终的结论，这是一种谨慎的策略。因为每一种结论都是基于基本前提和补充前提演绎推出的，所以，结论的不一致的本质在于补充前提的不一致。因此这种解决方案依赖于两点。第一，补充前提及可废止规则的优先关系的确定。这不是逻辑所能解决的，而应该由主体以外显的方式予以明确，例如法律价值、原则的优先关系。第二，论证程序的基本规则。一个正确的论证必须遵守三个体系的规则：一是法律规则，二是逻辑规则，三是程序规则。当根据法律规则、逻辑规则无法确定最终结论时，论证必须按照程序规则进行，例如主张者履行论证责任规则、论证终止规则等。

对于来自第四个方面的指责，认为形式逻辑只从语法、语义两个方面研究思维的形式有效性，而实际的思维还是和语境相关的，即没有涉及逻辑的语用研究，并提出了相干性—充分性和可接受性标准。很显然，满足这些标准确实是保证思维正确性的必要条件，但是，如何界定这些标准并不是逻辑学所要做的，而是所有法律方法共同的任务。因为缺乏明确的可判定标准，所以，基于非形式逻辑得出的结论是或然的，它所提供的是增加说服力或者前提对结论支持度的方法。这种方法无法像演绎推理那样提供一套严格的可判定标准，而对前提的发现和选择虽然体现着经验与智慧之光，但对于一般的人来说显得神秘而不可捉摸。并且由于其不确定性的特点，似乎也无法为法学的刚性提供可靠的基础。

理论的批判固然重要，但是这种批判的价值还取决于批判后的建设。那么，在批判了形式逻辑的不适宜性之后，非形式逻辑理论又为我们提供了什么呢？图尔敏提供的不过是一个扩展了的三段论模型，增加了对于推理前提可接受性的论证，但是，什么样的前提是可以接受的并不是一个单凭逻辑就能解决的问题。我们认为，形式逻辑的一个优点在于通过对问题的严格界定，确定自己的能与不能。它所能做的就是保证如何从承诺的前提中推出必然的结论；它所不能做的，如法律概念、规则的阐释、选择等，自有法律解释、利益衡量等法律方法来完成。很显然，一些所谓的非形式法律逻辑体系只不过把一些本不应由逻辑负责的任务纳入到了自己的研究范围，就逻辑的核心任务，即保证结论的有效性而言，非形式逻辑能做到的，形式逻辑也能做到，形式逻辑做不到的，非形式逻辑也做不到。至于佩雷尔曼所提到的诉诸新修辞学的解决方案，我们认为存在更多值得商榷的地方。例如，其核心思想之一是把听众的认可作为论证的可接受性的评价标准，但是，什么样的论证可以被听众接受呢？什么样的听众有资格评价论证的可接受性呢？佩雷尔曼的答案是理性的听众。那么，论证主体完全可以说他（们）所有的论证都是可接受的，如果有听众认为它们是不可接受的，是因为这些听众是不理性的；而任何一个听众都可以对所有的论证做出自己的评价，因为他（们）自认为是理性的。所以，在没有对理性做出明确的界定之前，以其作为评价论证的标准必然导致各自为是的结果。

事实上，我们并不完全否定非形式逻辑的作用。在法律思维的过程中，它能够提供一些合情论证的方法，使前提对结论有一定的支持和评估，这是形式逻辑不能做到的。但它与形式逻辑不是替代或竞争的关系，而是相互补充的合作关系，例如，上面提到的 Prakken 的法律论辩模型。

［作者单位：山东大学（威海）］

习惯法制度化的历史经验与现实选择

厉尽国

前　言

如果把习惯法自身从无到有的形成过程视为一种制度化，那么从习惯到法律的过程属于习惯法的另外一种制度化。法律与习惯皆可表现为规则，但是法律具有"可受理性"，即规则须以法院（或类似机构）可以操作的方式予以陈述，也就是所谓"双重制度化"。正如伯汉南所指出的那样，"一句话，习惯以互惠（reciprocity）为基础，法律却建立在此双重制度化的基础之上。"然而，究竟有无必要以及是否可能现实地促进这种制度化过程？在不同国家以及同一国家的不同历史时期，习惯法制度化的过程和要求往往有所不同。可以说，对此问题的回答只有在现实的语境中才可能是有意义的和有价值的。

法治是中国近30年来期待与追求的理想生活样式。在中国法治实践进程中，基层法官一方面要使案件的解决在实体和程序上尽量纳入国家法律的轨道，另一方面还要使问题的解决让方方面面感到满意，包括当事人满意、当事人所在社区满意以及更大范围的如政府、社会舆论等满意，为此他们往往会比较关心、研究、揣摩民间生活中的习惯。然而，他们关注的是利用习惯解决问题，而不是观察和分析习惯的内在机理以提供可普遍化的制度或者规范。以此观之，并不存在一种较为正式的制度化通道，能够使中国当代的习惯进入国家法律而成为所谓习惯法。不仅如此，由于现代中国的国家法律在理论上几乎没有给法官留下"自由裁量"的空间，再加上中国现代国家法律与中国传统的文化存在冲突，中国基层的法官不得不冒违背国家法律的巨大风险。现代中国的法律与习惯的冲突更为激烈，更为广泛。可以发现，在当前的法治实践中存在既忽视习惯法却又依赖习惯法的混乱状况。

为此，本文将围绕习惯法的制度化问题展开相关讨论。据常规而言，习惯法之所以得以进入司法过程而作为法源加以适用，其原因有两种：一是国家立法机关通过立法活动认可习惯法为国家正式法律，因而在司法活动中加以适用；二是由司法机关在司法活动中运用各种法律方法加以应用。通过立法实现习惯法的制度化，这主要取决于立法过程中的政治决策过程而非法律过程，因而在此不予过多论述。在这里主要讨论从习惯法经由司法获得重述而实现制度化的过程，因此所指的是上述第二种情况。在司法过程中所运用的各种法律方法中，法律发现所要解决的是从那里寻找法律的问题。这种方法为法官裁判案件限定了发现法律的大致场所，即各种形式的法律渊源。法律发现的结果有三种情况：即存在明确法律、存在模糊法律或不存在明文法律。通过法律发现，社会生活中实存的具有权利义务内容的习惯有可能进入正式司法领域，在判例法的意义上成为习惯法。因此，习惯法是重要的法律渊源。下面将讨论确认习惯法为法律渊源的法理依据，并结合普通法系和英美法系在习惯法司法确认方面的实践经验，分析如何在司法活动中确认习惯法。

一　习惯作为法源的法理依据

在西方法学中，法律的渊源（Source of Law）是一个含义十分混乱的概念。一般来说，法律渊源可以指以下几个方面的含义：第一，法律的历史渊源，例如罗马法、教会法等，有时也可以指推动制定某一法律的一定历史事件；第二，法律的理论或思想渊源，如理性主义、功利主义等；第三，法律的本质渊源，如人的理性、公共意志等；第四，法律的效力渊源，又称正式渊源，是指法律由不同机关创制或认可而具有不同效力，从而也就可以划分为各种类别，如制定法（宪法、法律、行政法规等）和判例等，有时也包括经认可的习惯、法理等；第五，法律的文献渊源，如法律汇编、判例汇编等；第六，法律的学术渊源，如权威性的法学论文、工具书等，从中可以了解对法律的非官方的学理性阐释。但通常所说的法律渊源，是指以上第四种意义上的法律的效力渊源而言。

汉语中的"法律渊源"，从其文义可解释为"法律的来源"。但在常规用法中，法律渊源却经常被解释为法律表现形式。法律渊源存在两种情况，其一是形式渊源，即法律的表现形式。研究法律的形式渊源实际是为了确定法律的权力来源及其效力等级，换言之，即法律从何种等级的权力那里获得实施的效力。这种法律渊源概念将法律与立法权以及立法体制联系起来考虑，主要体现研究者的立法中心主义立场。其二是实质渊源，即法律的来源。它属于对法律本身之渊源的考察，而非讨论法律有效力来源及其等级。这种法律渊源概念关注从哪里寻找法律根据，并据以作出判断，主要体现研究者的司法中心主义立场。这两种法律渊源，有时也分别被称为广义与狭义的法律渊源。从广义上讲，法律渊源"它指的是对客观法产生决定性影响的所有因素"；广义上的法律渊源"可以帮助法官正确认知现行的法（法律认知的辅助手段）"。而狭义的法律渊源是"那些对于法律适用者具有约束力的法律规范"。

习惯规范可以通过司法过程中的法律发现而成为法律，因此习惯得以成为法律渊源。但是并非所有的习惯都可以成为习惯法。就有必要讨论一个问题：习惯何以成为法律渊源？其法理依据是什么？笔者认为，就理想状态而言，对于应用礼俗调适生活的人们，习惯确实是其默认的、不得违反的、非明文的律法。这种习惯法的成立，并非由于统治者的命令，也并不是因为立法机关的立法，而是由民间历代生活经验与知识所生成的自发秩序及规则。在自然状态下，习惯法的效力仅及于其所存在的小型社会群体或领域。如果人们认为一种风尚礼俗适合他们的社会群体生活，有益于其社会秩序的维系以及利益的获得，并且无害他人，那么他们就相沿袭用，辗转流传，最终成为无明文的习惯法。这种人类社会自发生成的秩序及其规则，已经被无数的政治或法律思想家以不同的风格所描述或讨论。当然，自然状态的习惯法已经成为历史，现代社会中的习惯法必须在政治国家的背景下与国家法律联系起来思考。

从国家法律的眼光来看，习惯法是一种民间沿传袭用的风尚礼俗。而之所以将这种风尚礼俗视为习惯法律渊源（法律来源），在于两个因素：其一，得以成为习惯法的习惯是具有权利义务内容的现实行为规则；其二，人们默认习惯中体现的权利义务的合法性。正如昂格尔指出的，习惯法包括两个方面，"一个因素是对行为的实际规则。另一个层次是正统性：权利与义务感，或者是那种把已经确立的行为模式与社会生活的正确秩序观念以及大而言之的宇宙秩序观念相等同的趋势。"这一点与亚里士多德意义上的古典法治定义（"良法＋守法"）是相符合的。虽然这种默认具有一定的模糊性，甚至看起来有些牵强，但毫无疑问，在特定社群或领域中确实存在这种默认。因此，确立习惯法律渊源的精神，与现代民主法治社会的理念并不一定是相悖的。一般来说，在法律上认定习惯法，往往要求其具有年代久远的特点，以确定其经历社会群体生活的长期考察并默认。因此，具有权利义务内容的习惯与正式法律一样，在实质内容上可以确定为公众所认可。发现习惯法律渊源的司法活动，主要是进行"形式要件"的审查，这与公众代表通过立法活动订立法律的原理是一致的。二者之间的判别主要是形式上的差别。

然而，还有一个疑问：既然已经进入现代社会，为何不通过立法活动将作为善良风俗的习惯法成文化为国家正式法律？从世界各国历史上的法律统一运动来看，这样似乎更符合历史规律，并且更有利于维护法治。这种观点，只能说是部分正确。因为并非所有的习惯法都可以通过编纂成文以及立法的方式加以处理。一般来说，根据习惯法效力范围的不同，可划分为这样两种情况。第一种情况，习惯法仅在一定地域或群体内有效，这种情况以少数民族习惯法最为典型。第二种情况，习惯法可施行于国家的全部领域，例如大多数的商事习惯法。因此，相应地，国家对习惯法效力的认可也分为两种：一种是特指的认可，即认可具体的习惯法规范；另一种则是泛指的认可，即国家法一般性地说明习惯规范所适用的条件、方法。通过立法活动接纳具体习惯法规范是一种特指的认可，经过这种立法意义上的认可，习惯法失去其独立性而成为国家制定法的成员。而在司法实践中确认习惯法则主要体现一种泛指的认可，它并不意味着习惯法的制定法化，也并不能够使之得以在全国范围内普遍适用。实际上，在地域广大、人口众多、文化丰富多样的中国，适用于全国范围的习惯法比较少见，而各具特色的地域性、民族性、团体性的习惯法则比较多见。如果仅仅看到西方国家的法律统一运动的结果，而不看其长期的习惯法编纂与法律统一历史，违反法律发展规律而强求法律统一，其结果必然是遭遇挫折。

一般来说，"法学著作中所讲的习惯是指一种社会规范，是人们共同生活中的惯例。习惯法来源于习惯，但并不是所有习惯都是习惯法，只有经相应国家机关承认其法律效力的习惯才是习惯法。习惯是法律渊源之一是指习惯法来源于习惯。习惯法一般是不成文法，但有的习惯可转化为成文法，甚至编成习惯法典。这种习惯法已成为成文法，之所以仍称之为习惯法，主要是为了表明其历史渊源。"因此，习惯法的确认问题是习惯法进入正式司法的关键性问题。在习惯法的确认问题上，因为法系以及国别的不同而存在多种方式。

二　民法法系习惯入法的制度经验

日本法属于民法法系，其在习惯法的确认方面与民法法系大致相同。在日本学界，对习惯法的一般定义是，相对于国家正统权力直接支持的国家法和实定法，在社会中作为习惯得到运用的法，即在社会上的各种组织和个人的各种生活领域中与国家权力没有直接关系，而作为法得以遵守的社会规范。在实定法的意义上，涉及习惯的条文则主要有两条：其一，在《法例》第2条规定："不违反公共秩序或善良之风俗、习惯，无论在法令中规定中得到承认的，还是法令中无规定的，均有与法律相同之效力。"其二，在日本民法典第92条规定："法律行为所依据的习惯，在不同于法令中与公共秩序无关之规定时，如果能够认定当事人有依据其习惯时，从其习惯。"根据日本民法学界的通说解释，上述两种关于习惯法规定之间的关系大致如下：（1）前者一般称之为"习惯法"，后者为"已构成既成事实的习惯"；（2）前者是为人们确信为法的习惯，后者是在一定范围内事实上作为法得到运用的习惯。（3）前者劣后于民法典上的任意规定，后者作为法律行为的解释标准优先于民法的任意规定；（4）前者是对一般制定法的补充，后者是以强调意思自治为前提的、制定法的特别法。因为历史原因，日本法上的规定对我国台湾地区的相关立法产生了重要影响。

我国台湾地区法律体系源自民国时期的法律体系，其性质大体属于民法法系。1913年上字第三号判例明确规定了习惯法确认的要件："凡习惯法成立之要件有四：（一）有内部要素，即人人确信以为法之心；（二）有外部要素，即于一定期间内就同一事项反复为同一之行为；（三）系法令所未规定之事项；（四）无背于公共之秩序及利益。"台湾地区继承与发展了民国时期的法律体系，其对习惯法的确认仍然具有以上类似的特点。台湾地区所谓"民法"第1条规定："民事，法律所未规定者，依习惯。"依此规定，民事法律已设规定时，即无适用习惯的余地；习惯即仅有补充法律的效力，故习惯的成立时间，无论在法律制定之前或其后，凡与成文法相抵触时，均不能认为有法的效力。法院判例再三强调此项制定法优先适用原则。此处所指习惯，即习惯规则或习惯法。以上仅从规则实体本身的情况来限制其进入正式司法的条件。另外还有程序条件方面的规定。习惯法存在与否，除主张之当事人依法提出证据外，法院应依职权调查（1919年上字第916号判例）。关于当事人的举证责任，1924年上字第1432号判决更进一步表示："习惯法则之成立，以习惯事实为基础，故主张习惯法则，以为攻击防御方法者，自应依主张事实之通例，就此项多年惯行，为地方之人均认其有拘束其行为之效力之事实，负举证责任。如不能举出确切可信之凭证，以为证明，自不能认为有些习惯之存在。"另外，台湾地区所谓"民法"第2条规定，"民事所适用之习惯，以不背于公共秩序或善良风俗者为限"，即习惯法不得违背公序良俗。

台湾地区所谓"民法"第1条中的"习惯"实为习惯规则。习惯规则可能与现行法律相通，也可能与现行法律相悖，还可能为现行法律所未规定。第一种情况自不必讨论，后两种情况的处理如上文所述。但是，法律中出现的习惯法，在更广义上也包含具有法律意义的习惯概念，即作为法律事实的习惯。作为法律事实的习惯，来自事实上的习惯，仅属于一种惯行，欠缺法的确信，它不是法源，也不具有补充法律的效力。但是，作为法律事实的习惯可以因法律的特别规定而具有优先效力，譬如在民事合同法或者商事法中经常出现的"习惯"字样即属此类。因此，正如王泽鉴先生所指出的，在民法法系中必须区分两种习惯："（1）民事，法律所未规定者，应适用习惯法，此际习惯法有补充法律之效力。（2）法律明定习惯（事实上惯行）应优先适用者，此乃依法律规定而适用习惯，此项习惯本身并不具法源的性质。"民法法系对于习惯法确认方面的态度与方法，可以从王泽鉴教授对以下案例的分析来说明。

> 案例：甲与乙兄弟2人，继承其父丙所遗位于某镇的A、B古屋二幢，各有其一，相对而言，颇具气势。甲欲移民澳国，决定出售A幢古屋，乙则主张卖产亲属得优先承买的习惯法。甲抗辩称此仅为该地的习惯，于本案无适用的余地，并质疑该习惯法的"合理性"。试问法院应如何处理？

在此案例中，当事人之间存在民事法律关系，首先应检查法律上的明文规定。然而，在台湾地区所谓"民法"中虽然有优先承买权的规定，但却是只有其他情况下才能适用，而且也不存在根据相关法律原则类推适用的适当理由。因此，对此案例并无法律明文规定。根据台湾地区所谓"民法"第1条的规定："民事，法律所未规定者，依习惯。"习惯具有补充法律的效力。在本例中，乙方就该地卖产亲属得优先购买习惯法的存在，固然负有举证责任，而法院也应当依职权调查。而根据台湾地区所谓"民法"第2条的规定："民事所适用之习惯，以不背于公共秩序或善良风俗为限。"如果法院认定该习惯会对所有权构成限制，从而对经济流通与地方发展不利，有悖于公共秩序，而且该习惯并没有法律的明确支持，那么，纵然乙方证明有优先承买习惯法的存在，法院也应当依职权，依第2条的规定否定其效力。

从上述情况来看，民法法系国家或地区确认习惯法的基本做法是：主张援引习惯法的当事人一方以合法方式举证说明习惯的存在之后，法官将其先定为事实性习惯，经过审理后，如果确需适用则将其采纳为习惯法并以之作为判决依据，如因法定理由不予采纳则拒绝认定其为习惯法。因此，民法法系确认习惯法的方法上具有"个别审查"的特征。在此尤其需要注意的是，在民法法系的法律条文中，经常会存在两种具有法律效力的习惯概念：法律事实意义上的习惯；法律规范意义上的习惯。

三 普通法法系习惯入法的制度经验

在普通法法系中，判例法与制定法是两个主要的法律渊源，另外条约、习惯法、法理也是法律渊源。判例法（case law）也称为"法官创造的法律"（judge-made law），或简称为"法官法"。按普通法法系的传统，判例法占主导地位，制定法是次要的，只是对判例法的补充或修改。从19世纪以来，制定法数量渐渐增加，地位不断提高，但是判例法的重要地位仍未有改变。判例法依然是重要的法律渊源，而且制定法要受到判例法解释的制约。就美国而言，由于司法审查制度的存在，判例法的地位更加重要。

判例法有时被认为是习惯法。有一种观点认为，凡法律不属于成文法就属于习惯法，因而判例法被认为是习惯法。另一种观点则认为，判例法在传统上体现了普通法，而普通法来自于习惯法，因而判例法就是习惯法。事实上，判例法本身也就是成文法。英国中世纪的普通法在其形成过程中无疑是借鉴了地方习惯法，但普通法本身或体现这种普通法的判例法都不是普通法。就本文对于法律的理解而言，判例法与习惯法之间存在着密切的关系，同时也不能将二者混淆。就联系的方面来说，判例法早期主要是援引习惯法规则，使其成为有正式法律效力的判例，它与制定法形式的法律规则形成对比。同时，习惯规则也主要通过判例进入正式司法而成为具有国家法律效力的习惯法。因此，判例法实际上并不具有规则形成方面的意义，只具有人为附加的规则这一外在特征方面的意义。就区别的方面来说，判例法虽然曾经以援引习惯法规则为主，但是判例法并不一定总是援引习惯法，它还可以援引从条约、法理等得来的规则。在这一点上，判例法与制定法的规则来源是一致的，即使创造制定法的立法活动，其规则来源也是多样化的。另外，判例法的基础是"遵循先例"（stare decisis）原则，其含义是：法官在审理案件时应考虑上级法院以及本法院以前类似案件判决中所遵循的法律原则或规则，即前例具有约束力。但是，为判决所确认的习惯法并不必然具有判例法的效力，如前所述，在民法法系国家中，有些习惯法在全国范围内有效，而有些习惯法仅能适用于特定领域或地区，因此，并不一定存在判例法中"前例"的约束力。总之，判例法与习惯法既有联系又有区别，分属不同的概念。

通过判例法制度，普通法传统更加强调对各种习惯的遵从。英国的"普通法大部是以接受和一般化全国的或广泛流行的习惯为基础的；英国的普通的、一般的习惯变成了普通法。"美国法官波斯纳也指出："一般说来，我们国家的编纂为美国统一商法典的商事法律是随着商业习惯变化的，而不是习惯随着法律变化。"既然普通法传统强调对习惯的遵从，那么在普通法法系中，习惯在立法认可或司法承认之前是否具有先定的法律强制性呢？这一问题的答案是不确定的。通常法院有权以某种习惯的不合理性为理由拒绝赋予该习惯以法律实效。譬如，纽约州上诉法院在一则判例中指出："合理性乃是某一惯例的有效条件之一，所以法院不能确立一种不合理的或荒谬的习惯去影响当事人的权利。"虽然总的来说，英美法院都保留了类似的做法，但是与民法法系不同的是，它们将证明某种习惯不合理的举证责任交给对该习惯提出质疑的当事人去承担，并据此预设了习惯的合理性。也就是说，在普通法法系中，确认习惯法的一般做法是：主张援引习惯法的当事人一方以合法方式举证说明习惯的存在之后，法官将其预设为合理的习惯法，但其效力待定。如果对该习惯法的实效提出抗辩的当事人不能举证该习惯法具有不合理之处，则将适用该习惯法做出判决；反之，如果能够举证该习惯法的不合理性，则该习惯法不产生法律实效。需要注意的是，这种不合理性并不仅仅是"不合理"，而是指不存在习惯法生效的法定条件。

普通法法系对习惯法的确认具有一种"排除"的特征，即一般性确认习惯法，但当习惯法不具有某些条件时则排除其法律效力。试以英国法为例说明这些所谓"合理性"条件。按照英国法理，习惯通常被区分为法定习惯和约定习惯，法定习惯具有一般法律效力，约定习惯则依赖个人的接受与否。法定习惯又可分为一般习惯和地方习惯，前者具有普遍效力，后者仅限于特定地方或行业。习惯（custom）与惯例、惯习、惯行（habit、usage、practice）有所区别，它必须具有某些合法要件。因此，在英国法上，习惯要被法院接受为具有法律效力，必须具备以下六项条件：习惯必须是合理的；不得与制定法相抵触；习惯的强制性必须得到了公众的默认；必须是从"不能回忆起的年代"就已长期存在的；必须得到公众持续不断的实施；习惯必须是确定的。习惯在英国古代曾经成为最为重要的法的渊源，而近代以来，由于社会条件发生了根本变化，习惯法在其本土范围内的重要性无疑已经大大下降，但是在其所辖属的殖民地地区仍然具有极大的重要性。在英国殖民地法律实践中，习惯规则成为具有法律效力的习惯法得以适用，必须获得类似以上六项条件但有所变通的一些要件。以时间条件为例，英国法上所谓"不能回忆起的年代"定为 1189 年查理一世统治初期，但实际上这只是一种假设，并没有普遍运用，因为它的起源已多不可考。例如在香港，因为实际情况与本土环境有着根本区别，为解决实际问题的需要，法官们的态度倾向于将其变通为：只需要证明该习惯已经维持了相当长的时间，如实际人类记忆所能及的时间即可。实际上，法官不愿意为习惯成立的期间设定一个明确的分界点。在习惯规则的确定性方面，解决问题的措施主要是采取专家证人。习惯必须合理的原则，在香港被解释为不得与英国法的基本原则相冲突，但在早期对中国习惯法并不太起作用。至于不得与制定法相抵触原则，即使在英国法上，也并非总是绝对的。有时，较晚的习惯优先于较早的制定法。

美国法在习惯法问题上也类似于英国。在美国法上，习惯也是一种补充法源。例如，美国统一商法典承认行业惯例的地位，即"行业惯例指进行交易的任何做法或方法，只要该做法或方法在一个地区、一种行业或一类贸易中已得到经常遵守，以致使人有理由相信它在现行交易中也会得到遵守。此种惯例是否存在及其适用范围，应作为事实问题加以证明。如果可以证明此种惯例已载入成文贸易规范或类似的书面文件中，该规范或书面文件应由法院解释"。该法典还明确规定，明示条款的效力优于交易过程和行业惯例，交易过程的效力优于行业习惯。而且在美国法学界也有学者认为，可以以较晚的习惯法改变已经过时的制定法规则。譬如美国法学家博登海默就曾以"禁止在星期天进行体育活动"的古老法律为例，说明"古老过时的法规让位于某种在社会习惯中表现出来的新的活法"。

四　关于我国习惯法制度化的现状分析

从我国现行法律制度来看，并没有明确规定习惯法的正式法律地位，习惯法的法源地位并没有受到重视。但是，可以发现，在一些法律中仍然存在关于习惯法的相关规定，这些规定是确认习惯法的重要法律依据。不仅如此，在司法实践中，民间习惯法法源也能够以间接方式得到法官们的重视与应用。

目前我国法律文件中涉及习惯法的较为重要的法律规定包括：《中华人民共和国宪法》第 4 条规定，各民族"都有保持或者改革自己的风俗习惯的自由"。《中华人民共和国婚姻法》第 50 条规定："民族自治地方人民代表大会和它的常务委员会可以依据本法的原则，结合当地民族家庭的具体情况，制定某些变通或补充的规定。"《中华人民共和国民法通则》第 151 条规定："民族自治地方的人民代表大会可以根据本法规定的原则，结合当地民族的特点，制定变通的或者补充的单行条例或者规定。"《中华人民共和国民法通则》第 142 条规定："中华人民共和国法律和中华人民共和国缔结或者参加的国际条约没有规定的，可以适用国际惯例。"《中华人民共和国继承法》第 35 条规定："民族自治地方的人民代表大会可以根据本法的原则，结合当地民族财产继承的具体情况，制定变通或者补充的规定。"在少数民族聚居的地区，习惯在民法渊源中也具有一定的意义。如 1951 年最高人民法院西南分院关于赘婿要求继承岳父母财产问题的批复指出："如当地有习惯，而不违反政策精神者，则可酌情处理。"在我国 1950 年颁布的《婚姻法》中，第 5 条第 1 款规定："为直系血亲，或为同胞的兄弟姐妹和同父异母或同母异父的兄弟姐妹者，禁止结婚；其他五代内的旁系血亲禁止结婚的问题，从习惯。"

除了直接规定之外，通过"公序良俗"这一法律原则也可以为援引习惯法法源提供路径。我国《民法通则》虽然没有采用"公序良俗"概念，但在其第 7 条规定："民事活动应当尊重社会公德，不得损害社会公共利益。"而《合同法》第 7 条亦规定："当事人订立、履行合同，应当遵守法律、行政法规，尊重社会公德，不得扰乱社会经济秩序，损害社会公共利益。"对于以上规定，按照国内多数民法学者的理解，所谓社会公共利益和社会公共道德，相当于国外民法中的"公序良俗"概念。如果采信前述德国法学家拉伦茨对德国民法典中"公序良俗"的理解与解释，则可视为一种援引习惯法法源的法律规定。这里的社会公德，显然是包括国家认可的习惯的。也即善良的习惯本身，可以成为社会公德的组成部分。"许多社会公德，已经得到法律确认，成为法律的一部分，但对尚未制定为法律的社会公德，当事人在民事活动中仍然应当尊重"。这种认识不仅仅停留在理论层面，实际上在司法实践中也已经得到相当程度的认可。对此，我们可以从媒体所报道的一起典型案件来说明。

案例：家住河南禹州的魏玉平去年和自己的哥哥打了一场官司，尽管官司胜诉了，但是魏玉平的心里却一直很不好受，这事儿还得从去年的中秋节说起。在去年中秋节前夕，魏玉平准备和孩子一起去大哥家看望年迈的母亲，谁知她却听到了一个令她震惊的消息，她的母亲去世了。母亲去世 20 多天了，作为女儿却不知道，她赶紧给家住许昌的姐姐魏玉枝打电话，谁知姐姐也不知道此事。对于母亲去世一无所知的姐妹俩急忙去找大哥二哥，可是哥哥们就是不见她们。两兄弟为什么会是这种态度？又为什么在母亲去世时不通知她们姐妹俩来尽孝呢？原来，他们的母亲去世前在大哥二哥家轮流生活，哥俩说两姐妹出嫁以后也不照顾母亲。可姐妹俩有不同的说法，她们说母亲穿的衣服都是姐妹俩买的。母亲是在大哥家去世的，而就在母亲去世前因为钱的问题，二哥和妹妹魏玉平发生了争执。那天是母亲的生日，当时二哥打了妹妹魏玉平，之后兄妹之间就不再来往了。因为那次吵过架，兄弟俩就没有通知姐妹俩母亲去世的消息，自己为母亲办了丧事。母亲去世，两兄弟没有告诉俩姐妹，使她们俩非常伤心。姐妹俩认为，兄妹之间无论有什么恩怨，哥哥们也不应该在母亲去世时不告知她们，于是将兄长告上了法庭。法庭上双方的争论还是比较激烈的。虽然姐妹俩要求对母亲尽孝的权利在法律上没有明文规定，但法院认为，这是每个子女的基本权利，为此禹州市法院作出了一审判决。法院支持了原告魏玉枝、魏玉平的诉讼请求，判决两兄弟向两姐妹赔礼道歉。

在记者对这起案件的采访中，记者与法官的谈话比较能够反映出对习惯规范效力的承认。在谈话中，河南禹州市法院法官告诉记者，虽然法律没有直接规定两姐妹所声称的"祭奠权"，但是根据民法基本原则，善良风俗应当得到尊重。因此，依据当地民间习惯，当父母去世以后子女有权利"祭奠"来寄托哀思。虽然该案是依据民法原则审理，但它却能够间接地反映出司法实践对于民间习惯的重视，以及习惯法与制定法在司法实践中的统一。当然，有人可能会怀疑依据单一个案能否有效做出较具普遍性的判断。但是，如果我们从民间治理的角度观察，在主要纠纷处理场所的基层法院中，法官们实际上经常会或明或暗地在援引与适用习惯法法源。其中，既有解决纠纷、化解矛盾以及实现社会和谐的政治社会目标方面的考虑，也有实现法官自身法律理解、法律信仰以及法律正义的考虑。但是，由于这种做法经常没有直接的法律规定为依据，法官理所当然地要通过某种方式为其行为寻找合法依据，类似于"公序良俗"这样的法律原则就成为一种有力工具。

以上关于习惯法的具体规定及其应用，主要出现在民法、婚姻法等归属于私法的领域中。而在我国刑法中，由于规定了罪刑法定原则，因而在刑事审判中一般性地排除习惯法的适用。然而，在少数民族地区的司法实践中，我们却可以发现习惯法在刑事领域发挥影响力的情况。这些习惯法，虽然并不会被司法机关公开地作为定罪量刑的法律依据，但却经常作为自由裁量的情节予以运用，以便实现维护国家法制统一与照顾少数民族特点的平衡。例如，根据青海省黄南藏族自治州的浪加部落习惯法，内部杀人后，死者要烧毁凶手家的房屋并拿走所有家具，对此，凶手家人不能还手。因此，后者一般会提前把值钱的家产转移到邻近的亲朋好友处隐藏，并全部外出避难，等头人调解议定命价，并偿清命价后，才能回村定居。在涉及此类案件时，法官往往会考虑这种民族习惯法的情况做出从轻判决。根据有关材料，照顾民族特点的案件包括两种：一种是刑法定为犯罪但不以犯罪论处；另一种是刑法规定为犯罪但予以从轻或减轻。在这两种情况中，都采用"民族地区的特殊性"和"社会危害性"标准。其中，"民族地区的特殊性"主要是指民族习惯法。在刑事领域中，尤其是当涉及包括死刑在内的各种重刑犯罪时，尊重或承认习惯法的合理影响，有利于实现刑法的"谦抑性"。这种类型的司法实践也是相当多的，一些原则性法律规定同样地成为以非公开方式适用习惯法的有效工具。

五　习惯入法的制度建构与方法选择

在我国的法律理论与实践中，作为法律事实的习惯已经得到广泛的认同。然而，对于作为法源的习惯法来说，虽然已经存在一些应用，但在法理上仍然受到较为强烈的排斥或限制。对于习惯法存在偏见的原因可能有很多，例如，严格法治主义以及国家主义法律观的影响，继受大陆法系重视制定法的传统，等等。但也可能是出于对以下几种现实原因的考量。其一，我国是单一制国家，法制统一是一种基本的传统。例如在民法上甚至不承认普遍性较强的部分与地方性的部分这种区分。因此，很难使立法者将习惯法提升到法源的地位。其二，全国性的习惯远远少于地方性习惯。从事民法研究的学者几乎不能举出一条可以视为全国通行的习惯法规则。因此在以立法为中心的法学研究中，这种不能成为统一法律规范的习惯法势必被忽略。其三，当前中国的法律体系已经基本涵盖各个领域，因此，习惯法已经不是整合的规范要素，而是补充要素。应当说，以上观点具有一定的合理性，但却并不构成否弃习惯法的充分理由。例如，法制统一与习惯法的适用并不必然存在矛盾，关键是在何种意义上理解法制统一，以及如何协调不同类型的法律规范之间的关系。再如，缺少全国通行的习惯法并非拒绝适用习惯法的正当理由。事实上，习惯法往往是具有强烈"地方性知识"色彩，习惯法的实践因而主要是运用各种法律方法对地方性习惯法加以适用；而且，习惯法并非仅仅是补充制定法的要素，还是能够影响或促进制定法发展完善的规范要素。当然，以上观点也给我们以重要启示：由于地方习惯法的数量与重要性远大于普遍习惯法，因而相对于立法领域中的习惯法认可而言，司法领域中的习惯法确认具有更为重要的实践价值。

在实践中，法理层面对习惯法的偏见造成了两个方面的结果：一方面，制定法轻视习惯法，并且对习惯法法源、实体条件、援引程序以及效力问题等均没有做出正面规定；另一方面，法官迫于解决纠纷或化解矛盾的实践需要而援引习惯法时，不得不以某种不公开的和非正式的方式进行操作。这样，司法实践对习惯法的合理需求受到压抑，并转而寻找另外的宣泄渠道与途径，而这些渠道与途径又往往与灰色的"潜规则"合流，并成为破坏法治的力量。因此，有必要对习惯法的司法确认加以讨论，分析习惯法确认的实体条件、援引程序以及效力冲突等问题。结合前述西方各法系国家在习惯法确认条件方面的做法，可以总结出以下几种可供选择的学说或方案。

（一）法之确信说。即以民众是否对既有的习惯具有法律效力存在内心确信为准，将其采纳为习惯法。但是，由于纯粹的"内心确信"是一种社会心理状态，因而其具体判断相对比较困难。例如，必须符合什么条件才确证为存在此种确信？这种确信产生的时期从何时起算？确信可以在何时并因何种条件发生改变？以上问题都难以解决。

（二）主权者认定说。即认为习惯成为习惯法出于主权者的默示。按分析法学家奥斯丁的观点，习惯法的存在系出于主权者的默示。但是，默示亦是一个模糊的词汇，从何时起可视为获得默示的效果，获得默示的习惯与未获得默示的习惯之界限亦难以断定。实际上，这仍然属于一种"国家承认说"。

（三）永续惯行说。即认为习惯从它被视为能够永远持续实行下去的时刻起成为习惯法。但是，任何习惯法获得"永续惯行"的可能性都极小，而且习惯从何时起才成为习惯法并无明显界限。因而，这种标准具有理想性。仍然需要通过附加一定的条件才能做出具体判断。

（四）法院认定说。即认为只有发生纠纷并提起诉讼后，在当事人主张援引该习惯规范的情况下，法院经过审查认定该习惯为法律，或者法院直接依据职权审查认定习惯法为法律。只有通过法院的认定，习惯法才获得确认。可以发现，这是民法法系国家在处理习惯法问题上的一般做法。但是，如果采取这种观点，那么相当于赋予法官立法权，从而对权力分立的法治原则构成侵害。

（五）条件具备说。即认为只要习惯符合法律预先规定的条件就可以确认为习惯法。当然，各国对于习惯法的确认条件各有不同。可以发现，条件具备说是普通法国家的通常做法。比较而言，对于习惯法的确认来说，条件具备说最为合适。

从条件具备说出发，本文试举出如下几种习惯法确认的条件因素：具有确定的规范内容；人们对其具有法律确信；为人们所持续践行；不直接违反制定法规定；不违反公序良俗。首先，习惯法应当具有确定的规范内容。由于司法活动是依据法律规范解决社会纠纷的活动，因而必须具有确定内容的习惯法才有可能成为司法活动的依据。习惯法规范内容的确定，可以采取各种方式，例如，有关社会调查资料、各种载体的文献资料、当地社区中的证人证言等。其次，习惯法必须具有法律确信。即必须是人们认为该习惯具有正当性，对其具有必须遵守的内心确信。再次，必须为人们所持续践行。一般来说，该项习惯仍然为人们通过行动予以支持，违反此项习惯法往往会挑起纠纷。复次，不直接违反制定法规定。在现代法治社会中，法制统一是基本的要求，习惯法不能违反具体的国家制定法规定，以避免对法治基础的破坏。最后，不违反公序良俗。在一定意义上，确认习惯法就是有条件地适用善良风俗，并认可习惯法所维系的社会秩序。然而，习惯法所代表的秩序往往具有较大地方性色彩，因而还有必要与其他一些可能的公共秩序加以权衡，确定是否予以确认。

基于我国主要继受大陆法系的传统，因此在习惯法的确认程序方面，可以通过程序法上的设置来使习惯法在司法过程中得到较为合理的应用。具体来说，可以由主张援引习惯法源的当事人承担举证责任，通过各种合法途径证明习惯法的存在，或者由负责审案的法官依职权查证习惯法的存在。与此同时，对方当事人可以通过相反证据抗辩，即举证说明该习惯不具备习惯法确认的某项条件；也可以通过举证，主张习惯法因与其他法律规范、法律原则或法律价值之间存在冲突而不产生效力。

结　语

从历史经验来看，习惯法的价值主要体现在为早期法典化或制定法化提供社会基础和规范内容。然而，习惯法的价值并不仅限于作为静态的立法资源，而更多地体现为动态的司法资源。这种价值通过习惯法的制度化过程逐步得以实现。习惯法之制度化至少可以对于法治做出如下几方面的贡献。

其一，弥补制定法的不足。在司法活动中，法官所做的工作主要是将法律规范与案件事实结合，以将规范转换为判决。作为一个显而易见的事实，这种转换并不能自动进行，法官需要运用一定的法律方法来实现这种转换。在此过程中，即使法官具有严谨的执业态度和职业道德，那么他仍然可能遇到许多困难，其中之一就是法律存在空缺结构，也就是说不存在与之相关联的制定法。在此情况下，习惯法就成为法官进行法律发现的一个重要领域。实际上，习惯法以及其他各种社会规范与国家制定法的协调与配合，主要是在司法活动中通过司法方法与技术的实践得到实现。在司法过程中，习惯法可以成为涉及各种法律方法的具体实践领域。而习惯法规范的确认以及习惯法的法律效力等问题则是涉及各种重要的司法技术。从司法角度来看，这都属于利用习惯法等社会资源弥补制定法缺陷或不足。

其二，为实现法制统一准备条件。世界各主要国家的法律体系，尤其是大陆法系国家的法律体系，大都经历了习惯法编纂与法律统一运动的洗礼。在司法过程中，法官运用习惯法的法律实践活动，能够为制定适合国情民意的统一法律体系奠定经验基础。随着习惯法的实践及其一定程度上的成文化过程，人们必然会对统一法律体系产生较为成熟的心理预期。在时机与条件尚未成熟之时就急于制定大量统一法典或制定法，往往会造成法律制度及其体系的不稳定因素，反而会在一定程度上削弱法律的权威，破坏法治的基础。例如，德国历史法学的代表萨维尼曾经强烈反对制定民法典，实际上他并不是反对法典本身，而是强调法典化的时机尚未成熟。习惯法的实践，无论是对民间治理中的习惯法进行调查整理，还是对国家司法过程中的习惯法及其判例进行编纂，都有助于法律制度的统一。

其三，塑造并强化人们的法律信仰。由于习惯法在形成机制上的独特性，它与人们的日常生活密切相关，因而其规范内容已经为人们所熟知。因此，引入习惯法法源并做出合乎"情理"的判决，能够促进人们对于法律与司法活动的信赖，并进一步形成其对法律的信仰。事实上，形成法律信仰的基础是法律自身具有为公众所确认的合法性，通常这种合法性是通过立法赋予的。但在公众法律知识与意识淡薄的情况下，主要由部分社会精英主导的立法所确认的法律，往往会与公众的认同之间存在较大差距。适当地确认习惯法，可以促进人们对于法律的信仰以及法治环境的改善。

其四，重建主体性法学与法治理论。法治具有理想性和意识形态性，因此，法治实践的过程也是塑造法治之理想因素并将其固化的过程。毫无疑问，在近现代以来中国的法治进程中，习惯法大体是被边缘化的社会规范类型。然而，习惯法所具有的现实意义并不因此而发生改变。这主要是因为习惯法是内生于社会并伴随社会而存在的规范现象。对于习惯法来说，它同时承载着传统文化与社会生活的双重影响，也是最接近于正式法律的规范类型。

［作者单位：山东大学（威海）］

金融危机对劳动纠纷的影响
及司法应对

王殿彬

构建和谐社会，实现经济与社会的和谐发展是我国政府的执政目标和基本理念。

金融危机的爆发，对我国劳动关系的影响是全面而深刻的。反映到司法活动中，便出现了劳动纠纷案件增多、劳动纠纷处理的复杂性或难度系数加大等特点。如何妥善地解决金融危机形势下的劳动纠纷案件，成为摆在法院面前的一项重大的司法课题和政治使命。在深入分析研究当前经济形势下劳动纠纷特点的基础上，掌握劳动关系中的突出矛盾，掌握劳动纠纷的发生、发展、演变形成的特点，掌握劳动纠纷处理的方式，从而探索出劳动纠纷案件产生和发展、演变的一般性规律，顺应时代发展的需求，增强审理劳动纠纷案件的针对性、灵活性和有效性，实现国内劳动力市场的健康发展并与国际劳动力市场形成良性互动，维护劳动关系中双方当事人的合法权益，更好地发挥法院在"保发展、保民生、保稳定"服务大局中的职能作用，以期能够缓解金融危机或其他应急突发事件带来的不利影响。

一 聚焦劳动纠纷：劳动纠纷案件呈现的"三多""三难" "三多元化""三脱节"特点

金融危机的发生大大增加了劳动关系的不稳定性，增大了劳动关系风险或劳动争议发生的概率。通过对近年来威海地区劳动纠纷案件跟踪调查，劳动纠纷案件呈现出如下特点。

第一，"三多"。一是案件数量多。以威海荣成市人民法院 2006~2009 年受理劳动争议案件的统计分析为例：2006 年共受理劳动争议案件 26 件，2007 年共受理劳动争议案件 50 件，2008 年共受理劳动争议案件 269 件，2009 年截至 6 月份已经受理了劳动争议案件 141 件，劳动纠纷案件数量逐年增加，尤其是 2008 年增加的幅度最大。因 2009 年尚未到劳动争议纠纷"井喷期"，数据尚不明朗，但就目前趋势来看，2009 年案件较之 2008 年还有一定程度的提高，主要原因还是因为金融危机的滞后效应。二是涉案当事人多，涉及面广，群体性案件大幅度增多。劳动争议案件当事人一方是用人单位，另一方是人数众多的劳动者，体现在案件中就是群体性、集团性案件多，一般是数十上百件。2008 年受理的劳动纠纷案件之所以数量巨大，群体性案件占了一定的比例，有 160 余件，最多的案件共涉及当事人 100 余人，少的也有几十人。三是案件涉及诉求多。随着全球金融危机的影响日渐加深，许多企业不可避免地出现企业用工减员，由此引发劳动纠纷案件大幅攀升，同时出现了案件类型的多样化，劳动纠纷案件几乎涵盖了劳动法律关系的各个方面，包括因工伤、工资、保险福利、培训引发的纠纷和因履行、变更、终止劳动合同以及企业改制引发的纠纷等。如索要加班工资的案件，同时要求用人单位给付迟付工资经济补偿金、补缴社会保险；要求撤销用人单位违法开除的决定同时要求给付解除劳动合同经济补偿金等。

第二，"三难"。一是调查取证难。由于多数劳动者教育水平相对偏低、流动性强，只能从事技术含量低的劳动密集型产业。此类用人单位往往法律意识淡薄，造成与当事人之间的劳动关系多是无书面劳动合同的事实劳动关系，用人单位与劳动者的权利义务无据可查。二是法律适用难。《劳动法》及《劳动合同法》的有关规定比较原则，政策性比较强，操作性较差，国务院及有关部委出台的法律、法规较为繁杂，缺乏系统性，有时相互矛盾。三是案件执行难。由于这类案件往往涉案人数多，劳动纠纷影响到劳动者的基本生活，且许多经营者为逃避债务，往往抽逃资金后隐匿藏身，难以寻找，2009年荣成市受理本地劳动者起诉抽逃资金的外资企业的 60 件申请支付令的案件，外资企业主已经消失无踪，执行根本无法进行。

第三，"三多元化"。一是纠纷类型日趋多元化。虽然劳动报酬争议仍占劳动争议案件的绝大多数，但报酬纠纷的形式已经由简单的克扣、拖欠工资争议，扩大到工资总额争议、最低工资争议、加班工资争议等形式，新类型的纠纷不断出现，从过去简单的确定或解除劳动关系，扩大到包括除名、岗位调整、休假等在内的各种纠纷形式。比如关于扣押档案关系以及相关损失的赔偿纠纷等，企业为了控制职工，在双方解除劳动合同时，以扣押档案的方式惩罚职工的现象时有发生，而未按照相关规定向劳动部门移交档案，势必导致企业职工无法办理缴纳社会保险费，由此引发纠纷也在意料之中。二是价值取向多元化。劳动纠纷案件调解难，源于双方对法律的理解存在差距，劳动者的愿望与用人单位的允诺相差甚远，导致劳动纠纷案件审理判决率居高不下，甚至存在判决一个上诉一个的现象；同时，诉讼费大幅度降低，也使一些无良企业通过上诉的手段，延长支取工资等的期限，这也是上诉率居高不下的原因之一。实践中，一审上诉，二审发改，重审判决后再次上诉的情况时有发生。三是案件主体多元化。劳动纠纷的原告既有自然人，也有法人，既有权利人，也有义务人，但仍然以劳动者合法权益受到损害提起诉讼的居多，而用人单位中民营企业、私营企业逐渐增多，甚至出现了个体工商户。这两年，外来务工人员、农民工参与到劳动争议诉讼中的明显增多，还陆续出现企业中层管理者作为原告起诉企业的案件。

第四，"三脱节"。一是劳资双方利益脱节。在劳动关系中，金融危机不但影响劳动者的就业，也影响着企业的生存。现实生活中，企业普遍存在"良性违法"的情形。由于劳动者与企业的关系并不融洽，加之劳动合同法等法律公布后又加大了对普通劳动者的保护力度，劳动者一旦胜诉，普遍均能获得较高额度的赔偿。这极易引发"群体效应"，大批劳动者一哄而上的集体诉讼，给企业带来的是毁灭性的打击。特别是一些临时性、季节性比较强的工种，劳动者提出不切实际的高额诉求，这无疑给岌岌可危的企业以重创。二是企业改制与现行法律脱节。企业因破产改制引发劳动争议的案件政策性强，涉及人员广，内容错综复杂，涉及企业职工安置、裁员、经济补偿、职工工伤待遇、缴纳社会保险费，审理难度大，解决起来很难达到社会效果与法律效果的有机统一。三是法院与其他部门的衔接脱节。根据国家相关规定，按时足额缴纳各种社会保险费用，是用人单位的法定义务，已参加社会保险统筹的用人单位，如果未能按时足额为劳动者缴纳社会保险费，应当由政府机关进行征收，除最高法院规定的劳动者退休后，与尚未参加社会保险统筹的原用人单位因追索养老金、医疗费、工伤保险待遇和其他社会保险费而发生的纠纷外，其他因社会保险费产生的争议应属行政复议或行政诉讼的范围，法院也无能力解决。威海市对社会保险费的缴纳规定了统一的基数，而企业为了少缴纳保险费用，往往选择较低标准，与企业职工实际收入存在差距，导致职工享受保险待遇受到了侵害。

二 问题切入：劳动纠纷案件激增的原因分析与趋势预测

(一) 案件激增的原因分析

首先，全球性金融危机是劳动争议案件增多的直接原因。

2008 年国际金融危机席卷全球，中国也不能独善其身。而威海市作为沿海开放型城市，自然也受到巨大的经济冲击，外贸出口下降，致使众多企业的效益受到致命影响。威海市很多企业为降低运营成本，纷纷采取减薪、裁员的措施，引发了更多的劳动纠纷。部分企业为了降低成本渡过难关，普遍存在拖欠工资、拒付加班费、非法解除劳动关系、不缴或少缴社会保险费等违法用工行为。部分企业主甚至采取出逃或转移、隐匿资产等方式来逃避债务、拖欠劳动者工资，使职工的切身利益受到损害，劳资矛盾随之尖锐，大量的纠纷由此产生。还有个别政府部门为了帮助企业渡过难关，对企业加大扶持力度，给劳动者维权设置障碍。

在这些大量存在的劳动纠纷中，有些纠纷是因金融危机的爆发而产生的，有些纠纷是受金融危机的影响而激化的，是旧累的释放。比如，企业拖欠加班费的问题普遍存在，职工虽有异议但很少主动索要，金融危机爆发后，职工收入减少，自身的家庭生活陷入困境，一些职工要求企业支付拖欠的加班费。因此，金融危机是劳动争议案件迅速增多的一个直接诱因。

其次，劳动者法律意识和维权意识的增强是劳动争议案件增多的根本原因。

劳动者法律意识和维权意识的增强，使其在合法权益受到侵害时勇于用法律的武器去维护自身的合法权益，这是劳动争议案件增多的内在的、最根本的原因。劳动者注重用法律的途径而非法律以外的手段去维护其合法权益，在目的层面上具有更为积极的意义。在这种情况下，劳动纠纷案件的数量虽有增长，但由于其仍在法律和政策的调控范畴以内，对社会稳定和经济发展并不会带来严重冲击和影响。从这个角度看，劳动纠纷案件增多不是洪水猛兽。劳动者依法维权是社会进步的表现，必将促进中国的法治发展，人民法院应当加强引导和疏导，依法保护其合理诉求。

再次，新法颁布实施的影响是劳动纠纷案件增多的重要原因。

分别于 2008 年 1 月 1 日和 5 月 1 日正式实施的《劳动合同法》和《劳动

争议调解仲裁法》，均从人本主义出发，加大了对劳动者权益的保护力度。但同时，一些用人单位对其习惯做法却未跟随新法做出修正，导致违法成本增加，加剧了劳动者与用人单位的紧张关系。如《劳动合同法》中关于"无固定期限劳动合同"的规定，由于在一定程度上约束了用人单位的选择空间，因此，用人单位普遍存在抵制"无固定期限劳动合同"的倾向。又如劳动仲裁不收费和法院受理劳动争议案件每件仅交 10 元（简易程序交 5 元）的规定，以及仲裁审限不超过 60 天，逾期劳动者即可直接向法院起诉等规定，都极大降低了劳动者的维权成本，由此也促使劳动争议案件在短期内出现"井喷"。应当指出《劳动合同法》的颁布实施，对于保护劳资双方的合法权益、构建和发展和谐劳动关系具有重要而积极的作用。

最后，企业长期用工不规范是劳动纠纷案件增多的重要历史原因。

俗语道，"苍蝇不叮无缝的蛋"。如果企业用工规范、合法，一切依法行事，即使金融危机的影响更深远，劳动者的法律意识和维权意识再高，也难以被劳动者找到违法的口实，纠纷也就难以产生。而现实情况却是我国的企业普遍存在着用工不规范、侵犯劳动者合法权益的现象。比如，没有签订劳动合同、欠缴保险费、拖欠加班费等。从近三年来威海市法院审理的劳动纠纷案件来看，绝大部分纠纷是因企业违反劳动法的相关规定所致。

（二）金融危机对未来劳动关系影响的预测

金融危机对我国经济社会发展影响还将持续。基于对我国基本经济形势的判断，就未来劳动关系的走势做出如下预测。

首先，劳动纠纷案件将进入高发期。由于劳动纠纷诉讼的发生相对于劳动纠纷的形成存在一定的滞后性，因此，目前司法统计数据还不能完全反映金融危机对劳动关系的直接影响。但是，随着受金融危机影响较大的出口行业、物流运输行业、劳动密集型行业生产经营状况的不断恶化，劳动争议纠纷将随之上升。追索劳动报酬、要求支付未签劳动合同的双倍工资争议、就签订无固定期限劳动合同产生的争议、由带薪休假制度引发的要求支付 3 倍年休假工资争议、企业裁员减薪引发的争议和群体性事件等还会不断增多。

其次，诱发劳动争议因素和群体性事件呈上升趋势值得关注。目前在劳动争议仲裁中已经出现一些专业公民代理。这些人在帮助劳动者维权，通过仲裁胜诉，为劳动者获取经济赔付的同时获得一部分利益。这类专业公民代理现象的存在，从个案上看，有利于维护劳动者合法权益，但其中也不乏一些人为了达到获取个人利益的目的，可能会通过鼓动劳动者上访等方式使类似的劳动争议增多，甚者使个体性事件演变成群体性事件的情形。劳动争议仲裁中的专业公民代理现象，应引起有关方面的高度重视。

群体性劳动争议呈上升趋势，甚至出现劳资关系失控之虞。2008 年《劳动合同法》实施后，部分企业不依法用工、不执行相关劳动标准的情形仍然不少，劳动者纷纷集体通过法律途径维护自己的合法权益。2009 年企业经营风险变大，不依法用工及不执行劳动标准的情况会更多，劳动者的劳动报酬、社会保险等实体权利将会受到更大的侵害；加之地方政府为了确保经济增长而在程序上为劳动者维权设置的种种障碍，很容易导致群体性劳动争议事件的大量发生，进而形成范围更广、影响更大的社会矛盾。因此，各级政府在努力确保经济增长的同时，要更加重视劳动者合法权益的保障问题。

再次，对《劳动合同法》的执行呈地方化空洞化趋势，劳动维权可能撞上三大"拦路虎"。《劳动合同法》实施后，地方政府出台了一些配套性地方规定以加强该法的可操作性。但为了确保本地经济增长，有关部门对《劳动合同法》做出了一些不利于劳动者的解释，使该法部分内容的执行变得空洞化。同时，很多陷入经营困境的企业，可能会通过欠薪逃逸、降薪、裁员等手段，将经营风险转嫁到劳动者身上。面对资本与部分地方政府的夹击，劳动者的地位可能会进一步弱化，劳动者维权将会遭遇更多阻力。

具体而言，劳动者维权可能会遭遇三大"拦路虎"。一是来自无良企业主不负责任的欠薪逃逸行为。2008 年以来，威海市地方法院受理因企业倒闭、企业主逃逸引发的借贷纠纷、劳资纠纷等案件 78 件，特别是韩资"半夜出逃"现象尤为严重，已引起社会的高度关注。二是一些地方劳动争议仲裁机构、司法机关人为设置的障碍。劳动争议案件数量继续高位运行，势必加大劳动争议仲裁委员会以及人民法院的工作压力。上述机构可能会在立案阶段通过缩小受理范围、使立案程序复杂化、强制调解等方式，减少劳动纠纷案件的受案数量。三是来自一些地方政府的阻力。2009 年威海市经济发展形势严峻，为确保本地区经济发展，地方政府加大了对各类企业的扶持力度，有可能采用行政手段干预劳动者维权，或者通过地方性规定做出一些不利于劳动者的规定或解释。

最后，就业形势将更加严峻。在全球经济增长放缓已成定局的大背景下，企业生产、投资日趋谨慎，岗位需求量锐减。预计 2009 年威海市下半年就业矛盾更加突出，大学生就业将非常困难，农民工能否充分就业等也都将成为影响社会稳定的重要因素。

三 对策展开：法院应对金融危机下劳动纠纷案件的司法对策与司法建议

劳动关系协调问题已经引起社会的普遍重视，特别是在金融危机引发的劳动关系纠纷案件激增的情况下。在我国，现阶段劳动关系协调机制大体上有三个层次，其中，司法机关的协调解决，是劳动关系协调机制的最后一道屏障，也是社会公平、公正的最后一道安全阀。因此，法院不能无动于衷。尽管金融危机未必一定就需要危机司法，但是司法机关尤其是法院在面对金融危机背景下的劳动纠纷案件时，保持一定的能动性，积极调整审判思路，采取一系列有效的应对措施是必要的。

对策之一：建立健全纠纷排查预警机制和信息共享机制。

具体而言，要注意增强工作主动性，开展前瞻性和预警性工作。通过各种渠道及时了解当前劳动争议纠纷案件的新特点及其发展趋势，研究司法应对策略，为政府的宏观调控提供参考；建议政府建立起信访部门、公安部门、劳动监察部门、妇联、工会以及人民法院等的信息网络系统，收集各类情报信息，排查企业类型及不稳定因素，强化对劳动关系及相关影响因素的分析，对辖区内的劳动关系进行动态的掌握，及时发现企业经营危机、拖欠工资、资金异动、规模裁员、撤资逃逸等问题，综合运用人民调解、行政调解、司法调解等手段迅速介入，尽可能把问题解决在萌芽状态；通过预警机制，在发现企业出现非正常信访、仲裁、诉讼情况时，通过积极的方式与企业沟通，督促企业或投资人依法处理；通过黑名单公布制度，将违法经营、抽逃资产的投资者黑名单公布于众，促使其依法处理投资企业的债权债务，避免企业突然"死亡"所带来的社会不稳定事件的出现。

对策之二：调整审判思路，建立健全劳动纠纷双方平衡机制。

如果说立法是对社会中不同利益的第一次分配，那么司法就是在维护这种利益配置关系前提下的重新调整，最终的目的是要保障各种社会关系的均衡与稳定。就劳动关系而言，企业与劳动者其实是一种相互依赖的共生关系，尤其是在面对金融危机的冲击时，企业与劳动者之间更应该增强互信，相互谅解和支持。因此，如何有效地保障劳动者得以行使司法救济权，并获得公正的司法救济，直接关系到劳动者的人权实现问题。对此，需要法官在司法审判中把握好裁判尺度，注意利益平衡，注意执法方式，尽可能维持有市场、有发展前景的困难企业、劳动密集型中小企业的生存，尽可能减少有挽救希望的企业关门倒闭，既要鼓励、规范企业自觉履行义务、承担社会责任，又要倡导职工理解企业确因经济困难所采取的合理应对行为。要充分考虑到办案的社会效果，把维护社会发展稳定作为处理案件的一个基本准则，防止可能发生的群体性、突发性和恶性事件。同时，通过诉讼调解以及司法审判的社会导向作用，教育引导劳动者权益的保障，有赖于企业的振兴和发展，有赖于企业效益的提高，有赖于劳动者的积极作为和生产创造。强调劳动者与企业这一利益共同体的合力共赢。当然，这需要法官在审理具体的案件中予以把握和平衡。

对策之三：将稳定作为司法解决劳动纠纷的首要目标。

稳定是社会正常有序发展的基本前提和重要保障，尤其是在金融危机对社会发展产生不良影响的特殊时期，更需要稳定。法院要通过司法职权的行使、纠纷案件的审理来努力维护稳定，包括维护劳动关系的稳定和社会稳定两个层面。

就劳动关系的稳定而言，主要是要协调好劳动者与企业的关系，在维护劳动者基本权益的前提下，尽量为企业提供相应的法律服务和法律建议。指导企业根据自身的生产经营特点，着眼长远发展进行用工调整，建议企业通过缩短工时、轮岗培训、适时安排年休假、轮岗放假、协商薪酬等办法妥善处理劳动关系矛盾，尽最大努力不裁员或少裁员。一旦因企业暂时经营困难出现了劳动纠纷，诉诸法院时，法院也应尽量以调解为主，劝解劳动者和企业双方相互谅解，共渡难关。同时也应完善应急工作预案，做好因企业劳动力调整而引发的突发性事件的协调处置工作，在保障职工合法权益的同时，帮助企业度过困难时期。

就社会稳定而言，当前形势下，进一步做好突发性、群体性纠纷的应对处理工作是维护社会稳定的重要内容之一。金融危机来临，用人单位中的老弱病残首当其冲成为裁减的目标，但这些员工社会竞争能力比较差，一旦推向社会，很难再获得就业机会。一个普通个案如果处理不当，都有可能引发连锁反应，酿成群体性事件。所以需要在用人单位进行经济性裁员时对经济性裁员的对象进行干预，对特定员工予以特别保护。如何及时妥当处理此类纠纷是法院需要认真研究的课题。这就需要法院加强对企业裁员的事前指导、事中监督和事后服务工作，指导企业依法制定裁员方案，规范裁员行为，及时向当地人力资源和社会保障部门报告，妥善处理被裁减员工的劳动关系，依法支付经济补偿金、清偿拖欠职工工资等债务，防止因大规模裁员而产生群体性劳动争议纠纷，从而影响社会的稳定。

对策之四：司法解决劳动纠纷案件要始终坚持以人为本的理念，尤其要关注劳动者的基本权益保护。

以人为本是科学发展观的核心，劳动关系纠纷的司法审理也需要恪守这一核心理念，经济的发展固然重要，但经济发展的最终目标仍然要服务于人，即全面提高人民的生活水平和生活质量。这里的人民不是一个抽象的概念，而是实实在在的个体的集合，劳动者显然是这一集合中的重要组成部分。企业的利润或发展固然重要，但是我们毕竟是社会主义国家，逐利不应成为企业唯一的目标，劳动者的权益同样不能忽视，更不能以牺牲劳动者权益来换取经济效益。这一原理无论在经济正常的发展时期，还是在金融危机袭来之时都需要严格遵守，金融危机亦不应该成为企业任意侵害劳动者合法权益的借口。各级政府的各个工作部门，以及法院等司法机构虽然要顾及企业的自身发展或效益追求，但同样不能偏袒企业而压制劳动者正常的权利诉求。

基于此，法院在审理劳动关系纠纷案件时，要做到为劳动者提供到位的且行之有效的司法救济，如德国劳动法院的诉讼原则为缩短审限、简化程序以及强调直接审理，一般来讲结案期限最多为三个月，极少超过半年。在处理劳动争议时应特别强调审前调解，以避免劳动者与用人单位矛盾激化，从而协调与缓和劳资关系。利益协调或者调解劝和固然可取，但司法对公民的权利救济功能更加重要，因为这关系到司法的公信力问题。司法公信力从受众心理角度指的是"民众对司法行为的一种主观评价或价值判断，它是司法行为所产生的信誉和形象在社会组织和民众中所形成的一种心理反映"。这就要求，法官在裁判金融危机背景下劳动关系纠纷案件时，应严格依法公正审理，不能无原则地做"和事佬"，更不能偏袒企业，枉法裁判。

对策之五：要发挥团队作战的优势，构建应对金融危机以及金融危机影响下劳动关系纠纷处理的联合机制。

这种联合机制至少包括两个方面：一是纠纷解决机制的联合；二是事件处理中的合作。即应尽可能地利用多元化的纠纷解决机制，同时加强各机制之间的联络和沟通，避免案件都聚集到法院解决。近年来，法院受理的劳动关系纠纷案件大量增加，使得法院不堪讼累。这一方面虽然反映了劳动者法律意识或者通过法院解决纠纷的意识的提高，但另一方面也反映了除司法机制外其他相关纠纷解决机制的功能并未有效发挥。造成这种情况的一个重要原因是各劳动关系纠纷解决机制之间缺乏有效的联络与合作，各自为战，未能发挥团队合作的优势，导致无论是劳动者还是法院之外的其他机构过多地依赖司法审判。对此，法院可采取的应对措施包括以下方面。

一是要进一步健全多元化纠纷解决机制。广泛吸纳社会力量解决各类矛盾，发挥职能部门、行业协会、人民调解组织在解决专业性较强纠纷案件中的作用，将可能激化的矛盾减少到最低程度；建立劳动争议诉前调解机制，引导当事人采取非诉方式解决纠纷；尝试推行劳动争议案件委托工会的调解制度，合理分流案件；通过集体谈判制等方式和平解决群体性劳动纠纷。

二要完善裁审协调机制。通过召开研讨会、互访等方式，加强法院与劳动争议仲裁部门、监察部门之间的信息沟通、业务协调、机制衔接等工作，促使更多的劳动争议能够在仲裁阶段解决。同时及时了解受案动向与趋势，统一执法尺度，拓宽办案思路。

三是加强诉讼调解。对于进入诉讼的案件，及时调整审判思路，充分发挥诉讼调解的优势，认真贯彻"调解优先，调判结合"的指导原则，通过调解切实解决稳定经济与劳动者权益保护之间的矛盾，尽可能促进劳动关系的和谐与稳定，防止劳动纠纷演化为激烈的对抗。在这一点上，我们应该注意采纳国际劳工组织实行的"三方原则"的处理机制。

四是建立劳动纠纷对接机制。人民法院应与司法局、工会建立劳动纠纷案件诉调对接机制，会同司法局和工会，选聘特邀调解员，建立特邀调解员库。选聘范围包括地方总工会、产业工会的工作人员；工会公职律师和工会组织聘用的专业法律人员；热心劳动争议案件调解、熟悉劳动法律法规的人民陪审员等。如人民法院审理劳动争议案件需特邀调解员参与，可由当事人从特邀调解员库中选择确定；当事人不能达成一致意见，由法院根据最有利于调解的原则确定。人民法院审理劳动纠纷案件时，可根据情况，邀请特邀调解员参与调解或委托同级工会组织调解。调解期间不计入审限。但是，委托工会组织或特邀调解员调解，应事先征得双方当事人同意。如调解失败，工会组织或特邀调解员应向法院出具调解终结书，并将形成的相关材料移交法院。经工会组织或特邀调解员调解达成协议后，法院将依法确认其效力并制作调解书。调解协议由当事人、特邀调解员或其他调解人员、审判人员、书记员签名或盖章。但如果调解协议侵害国家、社会公共利益，侵害案外人利益，违背当事人真实意愿，或违反法律、行政法规禁止性规定的，法院将不予确认。

对于事件处理中的合作，指的是一旦因劳动关系纠纷发生社会群体性事件，法院应及时介入，配合其他相关机关做好相应的工作；或者经法院处理过的劳动关系纠纷案件，当事人仍然不接受，而采用非正常的方式引发群体性事件时，法院也不应置身事外，同样要积极配合相关部门的处理。为了更好地实现事件处理中的合作机制，需要建立处理突发事件的联动机制。健全从企业工会、劳动行政管理部门、劳动监察部门到法院等部门的信息联络渠道，及时跟踪掌握争议情况和相关信息，对于企业破产案件和因企业倒闭、非正常撤离等而引发的农民工或职工群体性讨薪等有可能影响社会稳定的热点、难点案件，克服就案办案的局限性，及时向当地党委、人大汇报，及时与政府及其相关职能部门沟通、协调，及时控制，妥善解决。

四　防患未然：妥善解决劳动纠纷，维护社会和谐稳定的司法建议

我们结合金融危机发生以来劳动纠纷审理实践，以及法院所积累的工作经验，立足长远，提出解决我国劳动纠纷以保障社会和谐的几项具体的司法建议，以供政府有关决策部门参考。

（一）修改和完善劳动立法，统一劳动纠纷适用的法律、法规

首先对于《劳动合同法》，参与该法起草的劳动法专家董保华教授认为，该部法律过于刚性，显现出凝固化、形式化和行政化的特点。只有两个结局：一是"观赏法"，大部分条文无法执行，从"无法可依"走向"有法不依"；二是"贵族法"，一部分高管得到保护，另一大部分普通劳动者得不到保护。因此，《劳动合同法》实施后遇到金融危机的爆发，许多规定难以在实践中有效贯彻，这在很大程度上损害了该法的权威性。究竟该加大执法力度，以维护法律的尊严，还是适时地对其进行修改，使其与现实发展更为接近以增强该法的贯彻力度，这需要有关部门和专家进行认真论证。再者，劳动关系的稳定和谐，最终要通过每个案例表现出来。劳动争议处理，经历调解、仲裁，最后走向判决，直至判决结果的执行，其间法官的思维与审判理念是非常关键的。《劳动合同法》和《劳动争议调解仲裁法》出台以后，司法审判的思路发生了一些变化。《劳动合同法》颁布实施后产生的一些争议，是因为相关配套政策跟不上导致的。相关的配套政策跟不上，法院在用《劳动合同法》判决案件的时候，有时就没有依据，无法判决，而有时即使判了，也无法执行。比如说无固定期限劳动合同和书面劳动合同的订立，这类案件受理之后如何来判决是一个问题，因此需要集中统一清理劳动法规，完善相关配套政策。

其次是劳动用工案件与国家政策关联度强，法律规范不系统，法律适用比

较困难；再就是当事人对立情绪大，调解工作难做，审理周期加长；最后是执行难。执行问题在一些国家不属于法院的职权范围，因为"作出司法判决是司法行为，然而执行判决却是一种行政行为"，但是我国的司法制度设计却将这项职权划归法院。这就造成了法院一方面要负责司法审判，另一方面还要兼顾执行，由于各种因素，许多案件判决后很难执行，这虽与法院判决公正与否没有关系，但这种情况却大大影响了司法的公信力。劳动争议案件申请人一方多为劳动者，劳动纠纷影响到其基本生活，而用人单位或无力履行判决义务，或在出现纠纷后抽逃资金躲避债务，难以执行。并且仲裁机构的仲裁员之间、仲裁机构与人民法院之间在理解和适用劳动法律上存在差距，既不能适应劳动关系的多样化趋势，又给正确执法带来了很大困难。因此，要从源头上解决问题，还得回到立法上来，要对相关的法规、规章及复函等进行系统清理和统一，以便于法官更好地把握劳动争议案件审理中的法律适用。

（二）从立法上明确劳动争议调解委员会调解的效力

目前，劳动争议案件经劳动调解委员会调解双方达成了协议，但由于调解协议没有法律约束力，要么对方不执行，要么当事人还抱有其他目的，又到仲裁机构申诉。仲裁后，败诉方仍抱着"反正到这一步了，再打到法院试一试"的思想。这样，一个案子经过"马拉松式"程序，既浪费人财物力，又浪费时间。劳动争议纠纷的当事人一方是用工单位，一方是劳动者，如果双方的纠纷得不到及时处理，既影响了企业的生产，又影响了职工的生活。从立法上明确劳动调解委员会调解的效力，对稳定劳动关系，正确及时处理纠纷、化解矛盾、提高办案效率、促进生产发展、维护职工的合法权益均具有重要意义。

我国《劳动法》第80条第2款规定："劳动争议经调解达成协议的，当事人应当履行。"该款虽然规定了调解协议的效力，但当事人不履行怎么办？《劳动法》对此则没有明确规定，使得调解协议的效力大打折扣。在今后立法中，除规定劳动争议调解委员会调解的效力以外，还应当同时规定，经劳动争议调解委员会调解双方自愿达成协议的当事人在法定期限内不申请仲裁，该协议即生效，双方当事人应当自动履行。一方违反协议不履行，另一方当事人可以向人民法院申请强制执行。

（三）制定专门的劳动争议处理程序法，设立专门的劳动争议审判庭

受劳动法调整的劳动法律关系不同于民事法律关系，有其自身的特点和

规律，套用民法的基本原理和民事诉讼法的程序和原则来审理劳动争议案件，必然在实践中带来许多难以解决的问题和矛盾。因此，必须制定一部处理劳动争议的专门程序法，以先裁后审为原则，具体规定劳动争议案件的调解、仲裁、起诉各个环节具体操作程序问题，调解、仲裁的人员组成及调解协议、仲裁裁决的效力问题，仲裁程序与诉讼程序的衔接问题以及人民法院对仲裁裁决的审查问题等，以建立起我国劳动争议纠纷处理良性运行机制，进一步规范劳动争议的处理。

设立专门的劳动争议审判庭已十分必要，理由在于以下三点。（1）如前所述，劳动法律关系不是民事法律关系，劳动争议案件也不是民事案件，劳动争议案件的处理程序和原则不能简单地套用民事诉讼法的规定，设立专门的劳动争议审判庭，首先是由劳动法律关系和劳动争议案件的性质决定的。（2）劳动争议案件的复杂性、特殊性、疑难性以及劳动争议案件所适用的法律法规、规章、其他规范性文件的复杂性，加之劳动争议纠纷涉及劳动者与企业之间的特殊关系，客观上决定了人民法院应设立专门的劳动争议审判庭，以便集中专业人员、专业力量对劳动争议案件进行研究和审理，及时裁决纠纷，稳定生产，维护劳动者的合法权益。（3）司法改革的需要。司法公正是司法改革的最终目的，建立专业化、学者型的法官队伍，亦即造就在审判领域各个方面的审判专家是实现司法公正的保障。因此，设立专门的劳动争议审判机构与当前人民法院改革的方向是一致的，完全符合最高人民法院的改革精神。

（作者单位：荣成市人民法院　课题组成员：原永忠李雪莲　于洪香　陈　光　姜宝超　杨　惠）

推进基层党内民主的"乳山模式"

耿仁书　徐华伟　周　末

乳山市位于山东半岛东南端，处于环黄渤海经济圈之中，面积 1668 平方公里，人中 57.4 万人，辖 2 个省级开发区、15 个镇（街道），601 个行政村，65 个基层党委、1329 个党支部，42335 名党员。

近年来，乳山市以十七大精神为指导，积极推进基层党内民主，先后试行了党代会常任制、党代表任期制、定位公推领导干部、直选镇党委书记、增设不驻会委员、两推直选村党支部书记、竞职演讲视频入户，并将直选范围扩大到机关企事业单位和两新组织。

乳山市坚持以扩大党内民主带动人民民主，以增进党内和谐促进社会和谐，走出了一条"三级联动、以上带下、以下促上、全面推进"为特色的推进基层党内民主之路，受到了社会各界的广泛关注。

早在十七大召开前夕，新华社就以十七大特稿刊发《"中国式民主"意识在基层生根发芽》的文章，报道了乳山市两推直选基层党组织和村委会的做法。之后，《21 世纪经济报道》《第一财经》也先后推出《山东乳山实验：求解基层党内民主方程式》《党内民主实质在于还权于民》《山东乳山推进党内民主试验调查》《山东乳山两推直选大"扩容"》等深度报道，并首次提出推进基层党内民主的"乳山模式"。

2008 年 1 月 19 日，在第四届中国地方政府创新奖评选暨颁奖大会上，乳山市以"全面推进党内民主"项目荣获本届唯一政治改革类奖项。《中国人事报》进行了跟进报道，连续推出 4 期系列报道《山东乳山五年：一场党内民主的大胆试验》。

中宣部《党建》、中央党校《学习时报》，先后刊发著名学者韩强的文章《发展党内基层民主的新思路——山东省乳山市全面推进基层党内民主的调查与思考》，对"乳山模式"进行了系统分析和理性思考，认为这一模式具有创新性和实践性，对促进基层党内民主建设具有借鉴意义。国内重要媒体的连续集中报道，引起了政界、学界的广泛关注，新华网、中国新闻网等数百家网站也纷纷转载乳山经验。

2008年9月7日～9日，著名学者、中国地方政府创新课题总负责人、中央编译局副局长俞可平带领5位博士来乳山进行了实地调研，对"乳山模式"给予高度评价，认为与其他地区进行的单项和局部党内民主改革不同，是一次全方位、深层次、综合性改革，对全省、全国具有一定的典型示范意义。

2008年10月16日，乳山市应邀在联合国开发计划署、商务部和中央编译局联合举办的"国际经验与中国治理框架研讨会"上作典型交流发言，成为中国向世界推介"中国式民主"的范例之一。

积极推进党内民主，促进党内团结统一，是党的十七大对党内民主建设提出的新要求。此次李源潮部长亲自批示、中组部调研推广乳山经验，说明乳山党内民主建设在思路和实践形式上有所创新和突破，具有独到之处，并且进入了中央高层领导视野，引起了中央高层领导的关注和重视，同时也向基层传达了一种信号："乳山模式"成为扩大基层党内民主的可选择路径。

"乳山模式"的基本考虑——三个角度立体入手

党内民主是党的生命，也是社会治理的重要组成部分，其实现状况在一定程度上反映了一个地方民主治理的现状。

乳山市对推进党内民主建设历来十分重视，将其作为巩固党的执政基础、提高党的执政能力的难得机遇，加强党建工作的重中之重，始终不渝，常抓不懈。

乳山市先后被中央或省委组织部确定为现代远程教育、党代会常任制、代表任期制、农村"两委"换届、党员意愿表达、干部选拔任用工作试点市。

乳山开展党内民主的基本考虑，主要有以下三点：推进党内民主的动因；推进党内民主的基础；推进党内民主的特点。

以推进党内民主的特点为例，乳山市坚持上下联动、全面推进，坚持循序渐进、适度超前，坚持方法创新、制度创新，取得了良好效果。

乳山积极探索推进党内民主的多种实现形式，不断完善决策监督机制，改革党内选举制度，将扩大民主过程中的好经验、好做法及时制度化、规范化，形成长效机制，既便于推广实施，又降低运行成本，扩大群众参与程度。

乳山市还坚持把握关键、触及核心。推进党内民主的核心问题是干部的最初提名权和最终决定权。

乳山市在推进党内民主的过程中，触及权力运行和党内民主的核心问题，特别是在干部选拔任用上，坚持把首次提名权交给群众，把公平竞争权交给干部，把最终决策权交给全委会，把优劣评判权交给社会。

"乳山模式"的探索实践——三个方面集中体现

推进党内民主是一个系统、开放、全面的过程，牵一发而动全局。乳山市在推进党内民主建设中，从保障党员民主权利这个党内民主建设的逻辑起点起步，沿多个方位循序渐进地展开，不仅纵向上实行市、镇、村三级联动，而且在横向上将探索创新的触角伸向了决策机制创新、议事规则改革、干部选拔方式等方面，处处体现了最大限度地保证党员民主权利，发挥党员在党内民主中的主体地位这一基本精神，也与十七大倡导的以党内民主带动人民民主的方向丝丝相扣。

乳山市探索实践，主要集中在以下三个方面，即在创新组织制度中扩大民主；在拓宽直选范围中扩大民主；在干部选拔任用中扩大民主。

以在干部选拔任用中扩大民主为例，近年来，乳山市坚持把扩大民主贯彻于干部选拔的各个环节，在推荐提名上扩大民主，实行"定位公推"，将每个职位全市大会推荐得票数列前3位、所在单位内部推荐赞成票率达80%以上的作为考虑人选，把首次提名权交给群众。

在选拔方式上扩大民主，引入公开考选、竞争上岗等竞争机制，把公平参与权交给干部。

在酝酿讨论上扩大民主，实行重要职位领导干部常委会票推、全委会票决，把最终决定权交给全委会。

在延伸监督上扩大民主，实行问责监督、审计监督、巡视监督、社会监督等全方位、多层次监督，把优劣评判权交给社会。

在此基础上，我们又采取公开空缺职位和任职要求、公开选拔程序和选任方法和差额推荐、差额考察、差额酝酿、差额表决的"两公开四差额"方式选拔科级干部，进一步扩大提名主体范围，加大了竞争性选拔力度，并探索开展科学规范和有效监督县委书记用人行为，实行了干部选拔任用工作全程纪实，加强干部选拔任用工作全过程监督，切实提高了选人用人公信度和党员群众的满意度。

"乳山模式"的主要成效——三个方面呈现生机

乳山全面推进基层党内民主之所以呈现出旺盛生机和强大生命力，不仅是因为其在改革路径、民主形式的选择上实现了系统性、连续性和整体性，更得益于当地领导班子和领导干部主动转变"官"念、不断还权于民、还权于党员干部的宽广胸怀和境界。这为民主改革注入了不竭的动力源泉，营造了浓厚的民主氛围，顺应了时代潮流，赢得了民心，推动了经济社会发展进步。

一是党内民主带动了人民民主。

通过市镇村三级联动、扩大党内民主的一系列探索和实践，不仅进一步巩固了党的执政基础，健全了党内监督机制，加强了党的自身建设，而且也为扩大人民民主奠定了坚实的思想基础，给人民民主起到了很好的示范和带动作用，让群众在参与党内民主的过程中受到教育、经受锻炼，提高了群众的民主意识。

比如，在直选党代表、两推直选党支部的示范引导下，村委会换届选举、政务厂务公开越来越规范，群众民主法制意识越来越强。选举者在参与选举中，先后经历了不会用权、滥用权利到现在珍惜权利、谨慎用权的转变，参选者也由过去的乱许愿、乱承诺变为现在的有序参与、平等竞争。

二是党内和谐促进了社会和谐。

通过推进党内民主，每名市委委员联系一名一线党代表和一个基层党组织，其他党员领导干部代表每人联系本系统的一名党员、一名普通群众，普通党代表每人联系一名党员和一名群众。党员结对联系群众、承诺服务等方式，不仅畅通了党内沟通渠道，促进了党内团结统一，而且较好地发挥了党员联系群众的桥梁和纽带作用，增强了党组织成员的责任感。

通过公推直选，基层党组织想问题、办事情更多地以群众利益为出发点，更多地考虑群众的要求，进一步密切了党同人民群众的血肉联系，实现了对上负责与对下负责的有机统一，促进了社会和谐。

三是党内民主推动了经济社会发展。

通过定位公推领导干部、直选基层党代表、党代表直选党委书记、公推直选基层党组织成员等方式，建立了"逢进必考""逢提必争"的机制，干部选拔任用工作更加公开、民主、透明，在全市上下形成了凭政绩、看公认、以德才选干部的用人导向，有效激发了全市上下的活力，增强了干事创业的动力，全市上下聚精会神搞建设、一心一意谋发展，开创了乳山经济社会又好又快发展的新局面。

2008 年，乳山市先后荣获全国综合发展百强县（市）、全国县域经济竞争力百强县（市）、全国中小城市综合实力百强县（市）、中国特色魅力城市、全国科技实力百强县（市）、首届创新型国家百强市等荣誉称号。

"乳山模式"的启示思考——三个要求推进民主

发展党内民主，推进民主治理，顺应民主潮流，符合十七大要求，必须坚定不移地加以推进，但要注重从实际出发，因地制宜、循序渐进、逐步规范，把握好推进的时机、力度、广度和深度，不断探索新形式、创造新经验。

第一，要规范党代会常任制这一机制。

试行党代会常任制，是发展党内民主的重要举措。自 1988 年以来的 20 年间，全国各地进行了多方面的探索，但始终处于"摸着石头过河"的状态。现在应当对全国各地进行的试点经验做法进行系统总结，形成一个相对完善、规范的指导性意见，为十七大提出的进一步扩大试点工作指明方向，保证党代会常任制试点工作规范、有序、稳步推进。一要规范党代会运行机制。从制度上对党代会召开的时间、研究的内容、主要任务等进行界定，避免党代会同人代会、政协会议题内容的重复。二要强化权力全过程监督。从重要干部的选拔任用入手，规范提名权、决定权，真正使权力在阳光下运行、接受全过程监督，防止"一言堂"和暗箱操纵。三要创新党代表选举制度。适时引入竞争机制，实行基层党代表直选，其中党政领导干部比例一般不应超过50％。四要提高党代表素质。实行党代表任期制之后，要加强党代表培训力度，变"听话"代表为"说话"代表，切实提高代表素质和议政能力。

第二，要抓住保障党员民主权利这一核心。

在探索党内民主的多种实现形式的同时，要进行制度上的创新，从根本上保障党员权利。一是探索实行"授权直选"制度。充分考虑东西部人口密度、党员数量等差异以及其他非正常因素可能对选举工作的影响，如果在《基层选举工作条例》中，增加"在人数较多的党委，实行党员直选产生党代表，再由党代表直选书记和副书记"的条款，明确这种"授权直选"方式，既能够扩大民主、保证选人质量，又便于操作、易于推广，是扩大党内民主的一条可行路径。二是维护多数党员的民主权利。考虑群众流动性增加和就业多样化，目前基层党组织按照"党员大会党员到会 4/5 有效"的规定组织选举，会有难度。如果对《基层选举工作条例》进行修改，变为"超过半数"有效，就可避免因少数人缺席会议、抵制选举而影响大多数党员行使权利的问题，更符合民主集中制"少数服从多数"的原则，有利于调动和激发党员的参与热情。三是充分尊重党员群众意愿。鼓励和提倡自愿报名和联名推荐，限制组织推荐数额，把推荐情况作为党内推荐和最终选举的基本依据，充分尊重党员群众意愿。同时，也要适度确定人选的推荐范围，避免因相互间不熟悉、不了解，影响选举质量。

第三，要完善公推直选领导班子成员这一方式。

一要合理确定适用范围。从乳山实践看，公推直选一般适用基层党支部、党总支以及人数较少的党委；人数较多的党委，可先直选党代表，再由党代表直选党委班子成员比较适宜。同时，要创新群众参与推荐的形式，在人员较少且相对固定的单位，适宜组织全体群众参与，人员较多的则可推选群众代表参与推荐。这样既符合有关规定，又节约选举成本、提高组织效率。二要科学设计选举程序。从实践看，要坚持党管干部、群众公认、公开公平和于法周严、于事简便等原则，选举程序应包括广泛宣传发动、公布任职条件、组织报名参与、党员群众推荐、上级资格审查、候选人与选举人见面、公开竞职演讲、党内民主选举、上级批复公布等。三要健全完善配套制度。在拓宽选人渠道、促进优秀人才脱颖而出的同时，注重坚持党的领导，对公推直选职位具体的标准、条件进行认真把关，保证人选的基本素质能力。注重在《党章》框架内运行，与《干部任用条例》《公务员法》相衔接，研究解决好农民党员当选后的身份、待遇以及在到届情况下的去留问题。还要配套建立党组织任期目标管理、述职述廉和民主评议、责任追究等制度，使相形见绌者"下"，提高选举的实际效果。

（作者单位：中共乳山市委组织部）

利用现代远程教育资源，发展
高职院校函授教育

郭志强

高职函授教育经过多年的探索、实践，已经成为我国高等教育的重要组成部分。但从高职函授教育的发展现状看，其潜在能量尚未充分发挥，与人们对它的期望还有差距。教育部 2007 年 9 号文件指出："现代远程教育试点高校要充分利用现代信息技术，逐步将函授教育过渡到现代远程教育。"

一 充分利用网络教育技术是函授教育
发展的大趋势

我们调查发现，高职函授教育面临以下突出问题。（1）学员出勤率低，出勤率通常在 20%～55%，并且迟到早退现象屡见不鲜，部分课堂甚至出现"一个老师讲、一个学员听"的窘况。（2）教学普遍带有普通高校的色彩，面授教师在教学方法、手段、内容上忽视成人的特点，照搬普通高校的现成模式，往往不能满足成人学员的学习需求；课程设置也基本沿袭普教的模式，教学大纲、自学指导书等与教材的配套建设也不尽如人意。（3）主办学校一般只有少数专职管理人员，对函授教育的人力、物力、财力和精力投入不足，缺乏对函授教育的质量监控，造成了函授教育管理粗放，教学质量难以保证。

现代教育技术是当前教育的制高点，谁掌握了它，谁就在新世纪中处于优势地位。我们认为，成人函授教育绝不能再搞大批教师校外奔波的劳务密集型作业，必须与现代远程手段相融合，实现资源、传播手段的优化配置和整合，以缓解学员的工学矛盾，提高成人教育效率和质量。我们的教育理念是"网络推动教育变革，网络服务学习型社会"。

我们充分利用网络技术和资源，以学习者为中心，以培养学员个人学习能力、开发学员创新精神为指导思想，建立起"导学培训＋网络资源支持下的自主化学习＋课业指导（必要的面授辅导）＋作业题＋考前模拟题＋灵活多样的考试"的全新教学模式，如图所示。在教学过程中，以学员自我学习为中心开展教学活动，突出学员个人学习的主动性，教师以辅导答疑为主，由传授者变为辅导者，重点解决学员在学习中遇到的难点和疑点。

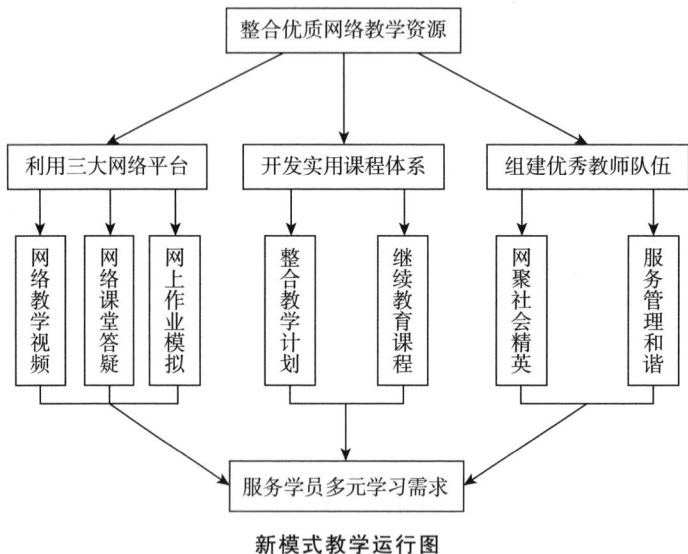

新模式教学运行图

二 运用三大网络学习平台，建设现代化的教学环境

函授教育中的"函"，是指知识传播借以展开的媒介和技术。当媒介和技术有了新的发展，特别是网络技术的发展和在教育领域的广泛运用，给改进旧的传统教学模式带来了前所未有的机遇。利用网络远程教学模式，可以丰富扩展高职函授教育的教学形式，整合运用现代远程教育优质教学资源和技术，可以有效解决函授教育教学过程中存在的问题。

1. 运用网络教学视频资源

威海职业学院成教部利用部门优势，整合利用中央广播电视大学、东北财经大学、南京大学、北京外国语大学等名牌高校的网络远程教学视频资源，为函授教育学员提供教学支持服务，学员可直接登录相关高校的远程教学平台，打开相关专业的课程视频资源进行自主化学习。利用互联网为学员提供优质的网络视频学习资源，并通过导学培训引导学员学会网络资源支持下的自主化学习，是函授教育教学改革的着眼点和亮点。我们利用多媒体技术和计算机网络技术，充分利用了有限的教育资源，实行远程教学和开办网上课堂，改变了"一张嘴巴、一支粉笔、一块黑板"打天下的传统教学模式，从而最大限度地满足了不同层次学员的教育需求，克服了过去大规模集中面授到课率低的窘况。

2. 运用"威职在线"网络课堂答疑

函授学员在利用网上视频（或学习软盘）进行自主化学习过程中，对于疑难问题，可通过网络课堂答疑直接与任课教师进行交流，教师可为学员的自学提供个性化服务。学员根据学期初教学安排的具体答疑时间，登录"威职在线"，网上与教师实时讨论答疑；或者登录班级 QQ 群畅聊答疑；还可以通过学院网站与合作高校的网络教学平台保持连接，共享网上答疑资源，也可发帖留言，讨论疑难问题。学员自主安排学习时间，加上个性化疑难解答和学习交流，大大提高了函授教育的教学效果。

3. 运用"威职在线"网上作业模拟

作业作为进一步规范期末测评的一个环节，对保证函授教育质量至关重要。威职函授教育开通网站作业下载、网上考前辅导和考前模拟题练习，将教材、学习大纲、辅导资料、作业和模拟题交给学员，由学员自主安排时间学习、自主完成作业。

三大网络学习平台的充分运用，实现了名牌高校带动战略，教师和教学资源得到共享，有效地解决了高职院校教师数量不足和授课质量不高的问题，为学员的学习提供了优质教育资源。同时实现了以网络教育技术为核心的教学模式改革，新的交互式教学环境，改变了以往教师讲、学员听的传统教学模式，学习方式灵活、学习支持服务多样，学习空间思维开阔，调动了学员的学习积极性，提高了教学效率和质量，推动了教学目标的顺利实现。

三 以培养应用型人才为核心，开发实用课程体系

21 世纪现代教育技术的成熟与广泛应用，为成人函授教育教学改革提供了必要的支持。函授学员有一定的社会经验和阅历，迫切希望了解和掌握实用技能，对学习内容的要求是"务实、急需、有用"。另外，函授学员主要靠业余时间学习，学习条件艰苦，生活工作压力大，工学矛盾突出，而自学加

面授的传统函授教学法，教育内容的针对性、实用性不强，教学管理方法不够灵活，已不能满足不同类别学员的学习需要。

1. 整合教学计划，优化函授课程设置

优化课程设置和加强教材建设是教学改革的重要内容。课程设置是人才培养的总体规划，与办学性质和学员自身特点密切相关；教材是教学内容的主要载体，是教师实施教学计划、从事教学活动的重要依据。加快课程和教材建设，是培养造就高素质专业人才的关键环节。

深化高职函授教学改革，优化函授课程设置，就是要构建一套符合函授教育特点、贴近函授学员实际、注重实践性和实用性、有利于学员个性发展的课程体系。深化函授教学改革，还要根据不同专业的特点，制订教学大纲和计划，将函授教育的面授、自学、辅导、作业、考核和论文答辩等教学环节，用教学大纲和教学计划的形式固定下来，以方便学习和教学。我们在整合教学计划时，以适应市场经济对人才的培养要求为出发点，以知识的更新、时效为前提，以能力为本位。充分借鉴合作高校优势专业的教学计划，同时有效整合函授教育教学计划和网络教学资源丰富的电大教学计划，并注意减少学科课程之间的交叉与重复，着力从专业课中选精品，选被学员认可同时也能在学员的实际工作中起到作用的课程，突出课程设置的科学性、实用性、特色性、先进性和灵活性。

2. 以继续教育理念为导向新增实用型课程

工学脱节的矛盾是高职函授教育教学过程中存在的普遍问题，解决的好坏程度直接影响到学校的办学质量。随着全民学习和终身教育内涵的进一步深化，个人综合素质的培养和终身教育已成为成人教育发展的主要方向和内容。因此，我们在教学计划整合过程中新增了继续教育课程和职业资格岗位培训课程。

我们以满足专业课学习和接受继续教育为原则，以针对性、应用性为标准，下决心舍弃了教学计划中与专业特点疏离较大的部分公共基础课，增设了《有效沟通》《赢在执行》等实践性强的课程，从而有助于成人学员实践应用能力的培养。选课时，我们充分征求学员意见，由学员在网上进行投票选定教学课目。我们把国家职业资格证书考试课程纳入到教学计划中，学员可根据自己的专业特点选修一门职业资格证书课程进行学习，然后由学校组织参加国家鉴定考试。对已考取职业资格证书的学员，则免修免考该课程。

四 组建适应教学模式改革的优秀教师
队伍和管理团队

高职函授教育倡导学习的实践性和应用性，而教师在教学过程中起着决定性的作用。高职函授教育目前很重要的一项工作，就是提高教师队伍素质，加强对现有教师的培训和面向社会招聘优秀教师，切实提高他们的业务素质。

1. 网上招聘兼职教师，发掘社会精英

我们以威海职业学院优秀教师资源为依托，同时在"威海信息港"和"爱威海百姓网"等点击率高的网站上发布招聘信息，广纳社会各行业资深专家、经理人来校授课和举办讲座，使师资队伍结构更加合理和优化。教师们在教学过程中引用具体案例，使学员在深入浅出、生动活泼的课堂氛围中了解了各行业最新信息和本专业发展动态。在积累优秀教师资源、重视师资队伍建设的同时，为了更好地对学员负责，我们在学校网站首页开展了"优秀教师评选活动"。通过这一活动，既可随时掌控教学动态，同时还能激励和监督教师不断改进教学方法，提高教学质量。

2. 服务与管理和谐统一

教学管理是提高教育质量的保证，要提高高职函授教育质量，就必须加强函授教育的过程管理。函授教育管理工作要适应函授教育的变化，不断改进和创新管理机制，对函授教学过程实施流程管理，对学员既要严格要求，又要热情服务。为此，我们建立健全了函授教育教学管理制度，进一步加强了对面授、辅导、自学、考试等教学环节的管理与监控。

为了规范和加强对学员的管理，我们从社会上选聘对学员管理工作经验足、能力强、敢负责、善沟通、认真踏实、有工作热情的人来校担任班主任，并且加强了对班主任和教学值班人员工作职责落实情况的监督检查。通过班主任持久有效沟通和个性化的学习支持服务，帮助学员树立起正确的世界观、人生观和价值观，提高了学员的学习积极性和主动性。通过评选优秀班干部、优秀学员等激励机制，调动了学员学习和参与管理的积极性。

教学督导对于教学过程和教学质量起着监控作用。要规范函授教育的教学活动，保证函授教育的教学质量，就应充分发挥教学督导的作用。为了加强教学督导评估工作，我们聘请有关专家做教学督导专员，负责深入教学一线听课，与师生进行座谈，抽查网上教学、作业、考试、毕业论文等教学资料，对教学活动进行检查。通过强化教学管理与监控，促进了函授教育工作的顺利有序进行，提高了函授教育教学质量。

总之，现代远程教育是国家教育发展的大趋势，是振兴 21 世纪教育行动计划的重点工程，是推进教育改革发展，解决教育供求矛盾的有效途径。高职函授教育与现代远程教育联姻，既是高职函授教育发展的需要，也是学员所喜欢而有效的一种学习方式。

（作者单位：威海职业学院）

晚清文学与语言变革运动的
相似性及其互动

泓 峻

一

在 19 世纪与 20 世纪之交，中国的思想文化界同时有两种思潮在涌动：一种是文学变革的冲动，一种是语言变革的冲动。这两种思潮都有着深刻的历史背景。鸦片战争后，中国进步知识分子就开始寻找使古老落后的中国走向现代国家的出路。然而，技术上的师法外夷，政治上的变法立宪，甚至太平天国的天翻地覆，都没能为"现代中国"的出生打开一个通道，杀出一条血路，反而一次次证明了包裹、桎梏这一新生命诞生的传统的巨大韧性。那种具有巨大韧性的传统最终被证明不是器物、不是制度，甚至不是清政府，而是无处不在、无孔不入的封建文化。于是，文化变革，渐渐成了有识之士共同关注的话题。而文化变革，在中国，最终则落实在了变革文学与变革语言上面。

中国社会通过文学变革与语言变革完成文化的变革，最终实现社会的现代转型，其形式是相当独特的，其间表现出的内在逻辑关系尤为耐人寻味。

实际上，无论是语言变革还是文学变革，都曾经作为中国社会向现代形态艰难过渡的整体努力的一个部分而在 19 世纪一直存在着。只是开始的时候，它们还被大多数人认为仅是整个现代化进程中不甚重要，甚至可有可无的因素。等到现代化的各个层面试图展开自己而不得时，人们才发现，各种各样的问题最终都汇聚在了语言与文学这样两个关节点上。就语言而言，传统的文言系统一方面导致知识阶层与大众隔绝，使得现代性启蒙难以展开；另一方面，文言绝对不仅是一种工具，它同时蕴藏着属于自己的文化价值观念，这种文化价值观念与中国社会现代化转型过程中急需建立的新的价值观念有着尖锐的冲突。因此，要启蒙大众，需要转换知识分子的语言；要完成文化的重建，也需要从语言的重建入手。就文学而言，一方面，西方近代资产阶级启蒙运动中文学所发生的巨大作用以及通俗文学在中国民间广泛的影响力，深深地吸引了变法失败后陷入无助困境、开始意识到唤醒民众的重要性的维新派思想家；另一方面，文学在中国古代文化中处于核心位置，如果不攻克这一堡垒，使得包括语言变革在内的任何一种文化变革，不仅难以言胜，而且最终可能前功尽弃。

中国近代的语言变革与文学变革，看起来属于两个不同的领域，实际上关系十分密切。它们都产生于晚清知识分子深深的现代性焦虑之中，是中国社会向现代化转型的重要组成部分，其深层次的内涵高度一致。在实践的层面上，文学变革与语言变革则相互依存，互为前提。

二

晚清文学变革的呼声最初其实来自两个方面。一是文学内部：传统的文学形式越来越显得没有生机，需要新的文学形式的冲击。一是来自文学外部：社会变革要求文学承担起新的使命，这种使命是传统的文学形式无法承担的。两个方面尽管互相纠结，但着力点并不相同。前一种努力意在拯救文学，后一种努力意在通过文学推动中国社会的现代化进程。后来真正左右了近代文学变革的力量，实际上是后者。这决定了文学变革在近代社会变革中的中介性地位。

有清一代的大多数时间里，文学生长的环境其实并不理想。当清代学者在义理、考据、辞章之间加以区分与选择时，实际上也包含了一种价值判断。考据学派的兴起，不仅使空谈心性的宋代学术受到否定，同时也使以模山范水、吟咏性情为目的，陈言空疏的诗文的地位大为降低。鸦片战争后，睁开眼睛看世界的知识分子多主张实学救国。在这批倡导实学的人的心目中，与实学（新学）相对的"旧学"就包含了作为传统文人事业重要组成部分的文学。对于当时重实学轻"旧学"的情况，王韬在《上当道论时务书》中描述说："当今天下纷然，竞尚洋务矣……至于学问一端，亦以西人为尚，化学光学重学医学植物之学，皆有专门名家，辨析毫芒，几若非此不足以言学，而凡一切文字词章，无不悉废。"一直到维新变法时期，严复还认为，包括文学在内的传统学术只能在"富强而后，物阜民康"的情况下"以为怡情遣日"，对于试图"救弱救贫"的维新运动，则为无用之物。当时人们的这种理解，影响到了中国近代教育制度的设置。1898 年夏，孙家鼐在奏复筹办京师大学堂情形时讲："诸子、文学皆不必专立一门。"《学务纲要》中亦云："惟近代文人，往往专习文藻，不讲实学，以致辞章之外，于时势经济，茫无所知，宋儒所谓一为文人，便无足观，诚痛乎其言之也。"《奏定大学堂章程》中则称："集部日多，必归湮灭，研究文学者务当于有关今日实用之文学加以考求。"

最初人们对文学的忽视，还可以从近代翻译的情况得到进一步印证。在清代，不但最初一些传教士在翻译介绍西方的思想与文化时，极少涉及西方近代的文学作品，就是 19 世纪中期以后洋务派与维新派为强国而译介西方的著作时，也主要选择西方近代的科学技术与政治哲学思想，同样极少涉及西方近代的文学作品与文学观念。以在西方社会影响巨大的小说的翻译而言，据陈平原统计，1840 ~ 1896 年有证可查的域外小说翻译只有 7 篇。

显然，在近代先驱设计社会变革路径时，最初并不看重文学。只是到了后来，当洋务运动与维新变法运动相继失败，人们反思失败的教训时，通过变革文学而变革社会，以及为变革社会而必须变革文学，才真正成为人们的共识。其中两个事件具有标志性的意义，一是梁启超从新的角度对文学价值的强调，一是在梁启超文学价值论指导下的小说创作与翻译。

梁启超"欲新一国之民，不可不先新一国之小说"的观点是人们所熟悉的。在探究梁氏文学功能观的理论根源时，人们往往要追溯到清代文学内部的变革，以及在这种变革过程中出现的对文学经世致用的强调。其实梁启超所倡导的小说界革命，与此前清代的文学变革之间有着本质上的不同：梁氏之前的文学变革多为文学内部的调整，主要目的是为了拯救文学。在这一过程中，尽管像龚、魏等极个别的人也有文学之外的考虑，但他们的"经世致用"文学观仍然属于传统儒家的思想范围，在这一思想范围内，文学与政教的关系只能是辅助性的。实际上，清代学风向经世致用方向转移，只能导致文学的日渐边缘化，而不可能导致文学的真正复兴。因为用经世致用的观念去看，最有用的不可能是文学。在诸多经世致用的学术事业中，文学只是其中之一，且是不甚重要的一个部分。而在戊戌变法后倡导文学革命的梁氏那里，既然"欲新道德，必新小说；欲新宗教，必新小说；欲新政治，必新小说；欲新风俗，必新小说；欲新学艺，必新小说；乃至欲新人心，欲新人格，必新小说"，那么新小说也就成为与以新道德、新宗教、新政治、新风俗、新学艺、新人心、新人格为内容的"新民"事业合二为一的事情。而且，变法失败后的梁氏借文学革命以"新民"的主张，实际上是希望民众在阅读文学的过程中，接受资产阶级的民主、民权思想，认识到现有统治秩序的不合理，进而产生改变现状的愿望，其文学观念背后隐藏着的，是具有鲜明时代特色的近代资产阶级政治启蒙观，它与属于封建思想范畴的"经世致用"观是不可同日而语的。

梁启超之所以会把文学特别是小说提高到如此重要的位置，与他在戊戌变法失败后的痛苦反思分不开。最初，梁启超像其他维新派一样，是轻视文学的，认为"方今世变日亟"，如果溺于词章之类，无异于玩物丧志。所以梁启超虽然强调"译书为强国第一要义"，但1897年他在《论译书》一文中，论及需要"择书而译"的科目时，涉及法律、教育、历史、矿学、农学、数学甚至古希腊的哲学，却唯独没有提及西方的文学。在通过政治变革社会的努力失败之后，文学成了他进行社会变革的新的突破口，甚至成了他终生事业的最后一根救命稻草。在维新变法过程中，康有为就发现，从读者范围的角度看，"书、经不如八股，八股不如小说"，小说是知识分子联系下层民众的最佳的方式，因而提出了"'六经'不能教，当以小说教之；正史不能入，当以小说入之；语录不能喻，当以小说喻之；律例不能治，当以小说治之"的主张，赋予了文学以极重要的使命。在维新变法失败后，对小说重要性的认识几乎成为有识之士的一种共识。中国20世纪文学史上第一个小说创作的高潮，正是在这种背景下出现的。

当梁启超等人赋予文学以前所未有的重要使命时，他们发现，现有的文学是不能承担起这一使命的。正统的文人诗赋文章，不仅陈陈相因，了无生气，而且从形式到内容都远离时代，远离民众，当然不能担当此任。对于现有的通俗文学，他们承认其巨大的影响力，但认为其影响主要是负面的。梁启超在《小说与群治之关系》一文中，曾痛陈旧小说之危害："吾中国人状元宰相之思想何自来乎？小说也；吾中国人佳人才子之思想何自来乎？小说也；吾中国人江湖盗贼之思想何自来乎？小说也；吾中国人妖巫狐鬼之思想何自来乎？小说也。"他认为，旧小说"综其大较，不出海淫海盗两端"。对近代启蒙思想家而言，小说这一文体是一种不能不利用的资源，而旧小说在内容上又是一无可取之处的。这样，小说革命作为一个与社会变革直接相关的命题的提出，也就是势所必然的了。

三

在中国近代社会变革的焦点逐渐聚集到了文学变革上的同时，语言变革的声音也变得越来越强烈起来。

在一个理想的社会形态中，社会的发展与变化必然导致语言的发展与变化，语言的发展与变化又会成为社会进一步发展与变化的前提。而在中国两千多年的封建社会中，作为汉语核心的文言则是一套高度封闭的语言。这套语言总是抱持一种以不变应万变的态度，试图将所有新生事物都同化到自己的观念体系之中。中国封建文化的超稳定结构，在很大程度上就是由这套语言支撑起来的。然而，19世纪中期以来，作为中国文化主体的知识阶层中的一些人物，在强烈的民族生存危机的逼迫下，试图引入西方的科技文明与文化观念时，却遭遇了极大的语言上的困境。他们发现，自己曾经得心应手的汉语书面语系统在转述来自西方的由近代科技创造的许多器物名称的时候，传达来自西方的进步思想观念的时候，时常显得言不及义。严复在翻译赫胥黎的《天演论》时，就遇到很大困难，原因是原著"新理踵出，名目纷繁，索之中文，渺不可得，即有牵合，终嫌参差"。这种语言的困境不是靠翻译家个人的努力能够解决的。尽管严复有很好的古文基础与英文基础，他的翻译工作也是以一套完整的翻译理论为支撑的，但最终还是难以避免把英文著作"On Liberty"译成"群己权界论"这么一种尴尬。梁启超在20世纪初回顾中国曾经走过的现代化之路时，深有感触地说："社会之变迁日繁，其新现象新名词必日出……言文分，则言日增而文不增，或受其新者而不能解，或解矣而不能达，故虽有方新之机，亦不得不窒。"在梁启超看来，正是言文分离的现象，严重束缚了新生事物的产生与传播，阻碍了中国现代化的步伐。

实际上，对言文分离现象不满的声音在19世纪后期已经变得越来越多。洋务运动首先需要翻译介绍大量的西方科学技术知识与新事物，这已经使汉语文言系统显得捉襟见肘。所以，有人认为"文言兴而后实学废，白话行而后实学行"，把白话与西方科学技术的传播直接联系了起来。同时，洋务运动要想真正取得成功，还必须与传统的保守观念进行斗争，引入与西方现代科技相伴而生的新的世界观和人生观，并使之深入人心。"新民""开发民智"因此成为洋务运动取得成功的另一个前提。对于变法维新派而言，"新民"的任务则更加艰巨："政欲利民，必自民各能自利始；民各能自利，又必自皆得自由始；欲听其皆得自由，尤必自其各能自治始……顾彼民之能自治而自由者，皆其力、其智、其德诚优者也。"因而，"鼓民力，开民智，新民德"被谭嗣同称为"今日要政"。而这一切，在知识分子的文章用语普通民众根本不知所云的情况下，是难以实现的。因此，在戊戌变法过程中，裘廷梁撰文指出："愚天下之具，莫文言若；智天下之具，莫白话若。"明确宣称"白话为维新之本"。

在近代报刊发展过程中，语言问题也成为十分突出的问题。与主要在官员之间流传，以传达皇帝谕旨为目的的中国古代的"邸报"不同，近代报刊主要是一些有识之士受西方影响而创立的。他们主要是希望报纸能够像在西方那样，一方面实现传播新思想，启蒙大众的目的；另一方面成为表达民情、民意的工具。传达新思想的启蒙目的，面向大众的读者定位，使得近代报刊不可能采用在文化形态上充满惰性，只有在士大夫文人之间才能够顺利流通的规范的文言，而必须寻找一种相对通俗的语言形式。

语言变革的呼声最初有很大一部分就来自中国近代的报人。许多开明之士在对西方社会有所了解之后认识到，"中国人要想发愤立志，不吃人亏，必须讲究外洋情形，天下大势；要想讲究外洋情形天下大势，必须看报。要想看报，必须从白话起头，方才明明白白"。为传播自己的进步主张而办报，因办报而主张语言变革，是中国近代史上相当普遍的现象。王韬、郑观应、黄遵宪、裘廷梁、梁启超等人莫不如是。正因为如此，从最初的"新文体"，到白话文的语言变革实践，也主要在近代的报刊上展开。到 20 世纪初的时候，社会上已经形成了一个白话报刊的创办热潮。根据陈万雄《五四新文化的源流》一书统计，这一时期出现的白话报刊不少于 140 种，不仅上海、北京等大城市有白话报刊出现，河南、山西以至黑龙江、蒙古、新疆、西藏等地区也有白话报刊出现。其中像《杭州白话报》（项藻馨 1901 年创办于杭州）、《京话日报》（彭翼仲 1904 年创办于北京）、《安徽俗话报》（陈独秀 1904 年创办于芜湖）、《中国白话报》（林獬 1903 年创办于上海）等白话报刊在全国都颇具影响力。没有这一时期白话报刊的大量印行，后来胡适等人倡导的白话文运动就不可能迅速获得成功。

语言问题在近代引起广泛关注，还与一些开明之士试图效法日本与欧洲的社会变革历程以推动中国社会现代化进程的努力有关。实际上，近代中国的语言变革，直至后来胡适的白话文主张都直接受到了欧洲文艺复兴时期语言变革的启发。黄遵宪在写于 1887 年的《日本国志·学术志二》中，以"罗马古时，仅用腊丁语，各国以言语殊异，病其难用。自法国易以法音，英国易以英音，而英法文字始盛"为例，论证了"适用于今，通行于俗"的语言文字变革的合理性。梁启超、胡适等人更是将西方国家民族语言的建立，看成西方社会现代转型的前提，以此证明语言变革对中国社会变革的巨大意义。

但在谈论这一问题时，我们还应当注意到中国近代的语言变革所走的道路与欧洲文艺复兴时期民族语言的产生之间的差异。中国近代以来的语言变革要求天然地包含了两个方面：一是言文合一的白话文运动；一是规范与统一汉语语音，建立并推行"国语"的努力。在统一语音的过程中，方音是作为一种不利于语言在不同群体中流通的因素而要加以克服的。而西方的民族语言建立的过程，恰恰是语言分化的过程，它的结果是：一方面固然抛弃了拉丁文，在不同的民族内部实现了言文的合一；另一方面也造成了原先的语言（文字）共同体内不同人群之间的分离。之所以如此，是因为西方文艺复兴时期的语言变革除语言的通俗化诉求外，还有借对民族语言的强调而获得民族身份认同的目的。而汉语在近现代的变革要求则是在不分割原先的语言共同体的前提下展开的，其目的主要是为了使语言在这一语言共同体中更方便地流通。汉语近代变革与欧洲语言在文艺复兴时期的变革之间路径上的差异，恰恰表明了汉语的语言变革要求源于中国社会自身面对的具体问题，而不是简单地对欧洲文艺复兴时期语言变革过程的模仿。

总起来讲，中国近代的文学变革与语言变革要求的产生，源于同一语境，那就是进步知识分子思想中存在的深深的现代性焦虑。在西方列强的枪炮声中睁开眼睛放眼世界的有识之士，意识到中国要想自立于世界，必须借鉴西方的文明成果。而如果不对中国自身的文化结构加以改造，无论是在器物层面上、制度层面上，还是在思想层面上，西方现代文明都无法在中国立足。于是，要变革社会必须先变革文化、变革语言、变革文学，逐渐成为人们的共识。晚清到民初的语言变革运动，从废文言倡白话的主张、统一"国语"读音的主张、推行注音字母的主张，直至废除汉语汉字而改用世界语或拼音文字的主张，都是把现代性作为自己合法性的最直接依据的。而断言白话是"惟新之本"也好，主张"要救国，就要提倡注音字母"也好，实际上与梁启超"欲新一国之民，不可不先新一国之小说"的文学革命主张使用的是完全同一的逻辑。这种主张的积极意义在于：在强调白话的言文合一特性、强调语言的当下交际效果、强调普通民众语言文字学习的方便等问题时，传统语言观中文言相对于白话的中心位置、书面语相对于口语的中心位置受到了触动，普通民众使用语言的权利受到了关注。这种变化，与在传统文学格局中处于边缘位置的小说代替诗文成为文学的核心、文学把一般民众而不是士大夫阶层设定为自己的读者，具有同样进步的意义。同时，因为语言变革与文学变革被认为事关民族生存与现代化事业的展开，它们都被赋予了太重的历史使命，得到了太多的关注。而在热闹的语言变革与文学变革之中，语言与文学又都是处在工具的位置上，语言的文化承继功能、文学的审美性，都被严重地忽视了。

四

对于中国 19 世纪与 20 世纪之交的文化变革而言，语言变革与文学变革常常是分则为二，合则为一的。从分的角度讲，语言变革与文学变革是两个不同的领域，涉及的具体问题存在很大差异。在具体的社会实践层面，也的确存在相对独立的语言变革运动与相对独立的文学变革运动。从合的角度讲，无论是当时的语言变革还是文学变革都是手段，它们背后的目的其实只有一个：通过传播新知，改造国民而完成中国社会的现代转型。而且，在具体的实践过程中，两个领域的变革也更多地表现为相互影响、相互渗透、相互促进。文学变革的成功最终离不开语言变革，语言变革的成功最终同样离不开文学变革。

由于梁启超等人于世纪之交发起的文学革命，是以启蒙大众与政治变革为目的的，因此，他们一方面要求文学承载新的思想内容，另一方面要求文学在形式上通俗易懂。梁启超之所以说"小说为文学最上乘"，看中的正是这种文体在民众中产生的广泛影响力。在探究小说这一文体何以对民众具有不可抵抗的吸引力时，梁启超认为有两点值得重视，一是小说所叙内容贴近普通之人性而感人至深；一是小说语言使用的是"浅而易"的俗语而流传广泛。梁启超对中国古典小说的具体内容评价是相当低的，甚至认为旧小说乃"吾中国群治腐败之总根源"。而他所倡导的小说界革命，实际上就是要吸收旧体小说贴近人性及语言形式通俗易懂的特点，而将其中帝王将相、忠孝节义、才子佳人的内容转换成有利于政治变革的新思想、新观念。早在 1897 年，梁启超就发现，今人"下笔必效古言，故妇孺农氓靡不以读书为难事"，"而《水浒》《三国》《红楼》之类，读者反多于六经"，就因为其语言上的便利。因此，他说："今益专用俚语，广著群书，上之可以借阐圣教，下之可以杂述史事，近之可以激发国耻，远之可以旁及彝情，乃至宦途丑态，试场恶趣，鸦片顽癖，缠足虐刑，皆可穷极异形，振厉末俗，其为补益，岂有量哉！"在《小说与群治之关系》一文中，他更明确地讲："在文字中，则文言不如其俗语。"所以，当梁启超断言"小说为文学最上乘"时，他心目中最理想的小说绝对不是以古雅的文言文为载体的文人笔记小说，而是像《水浒传》那样的白话通俗小说。这样一来，梁启超对小说价值的强调，就不仅仅是颠覆了传统文学中诗文相对于小说的优越地位，而且也颠覆了文言之于白话的优越地位。清末"小说革命"的最直接的成果，就是白话小说的前所未有的繁荣。而晚清的诗界革命之所以没有成功，与其虽略涉语言变革，但仍不肯放弃文言有关。在诗歌领域，早在 1868 年，黄遵宪就喊出了"我手写我口"的口号。梁启超倡导的诗界革命，也曾把使用"新语句"作为重要内容。但是由于诗歌本身在中国传统文人的事业中属于"传世之文"，一直到五四新文化运动前，诗界革命在创作实践上都没有从形式上与旧的文人诗歌真正拉开距离，因而也就没有从根本上完成新旧的转型。与 20 世纪初年小说界的红火热闹相比，原来一直处于文学核心地位的诗歌却相对寂寥，其成就与影响力都远不及小说。这种状况与清末诗界革命的不彻底直接相关。真正具有颠覆意义的诗歌革命，是从胡适倡导白话诗歌之时才启动的。

与之情况类似的还有近代翻译文学。林纾试图以标准的文言文翻译西方小说，以求小说语言的"古雅"。其结果是不得不把西方小说的情感、思想甚至故事情节都纳入到中国传统文化的范畴之中，造成极大的"误读"。比如，林纾用中国文化中的"孝"这一道德伦理范畴去解读西方小说，把狄更斯的小说 The Old Curiosity Shop（现译《老古玩店》）翻译成《孝儿耐丽传》，使其翻译显得不伦不类。另外，林译小说中常常将原著中大段文字简化为一两句极简略的概述，究其原因，也与文言小说的表达习惯直接相关。更根本的原因则在于中国古代文言到后来已经成为一种与严肃的公文及文人一本正经的科举时文、言志文章十分相宜，而与日常生活相距甚远的语言，根本无法准确地转译西方充满世俗生活气息的近代小说。有人断言，林纾的小说翻译与后来的现代白话小说翻译有本质的区别，应当把它算在古典文学的范畴之中。这种情况再一次证明了近代以来的文学转型离开语言的变革是根本不可能实现的。

近代文学变革与语言变革的关系，一方面表现在文学变革需要通过文学语言的变革才能够真正实现；另一方面表现在语言的变革也只有借助文学才能够真正成功。

以"语言统一"和"言文一致"为行动纲领的"国语"运动也是从清末就开始的。这一运动除要用白话代替文言外，还包括通过制定汉语拼音方案以统一语音的努力。然而，不仅白话文最终取代文言文是五四文学革命之后才真正成为现实的，就是统一"国语"读音的努力，在新文学建立之前也收效甚微。早在 1892 年，卢戆章就撰写了《一目了然初阶》，提出了第一个汉语拼音方案；之后，王照制定了只拼写北人俗话的《官话合声字母》，劳乃宣编《增订合声简字谱》。以什么方言为基础来统一全国的语音和怎样来统一全国的语音，学者之间也进行了热烈的讨论，形成了一些方案。然而，这些探讨大都局限在学者的范围内，并没有对汉语的使用产生太多实质性的影响。

甚至到民国初年，中华民国教育部临时教育会议通过《采用注音字母案》，以行政手段推行国语教育，同样进展缓慢。只有到新文化运动展开，"国语的文学"渐成气候的情况下，"国语运动"才得以迅速推进。

在传统文人的写作中，文学（诗与美文）的写作居于核心地位，在相当长的时间内，它构成中国文人正经的事业（经术、政事、文章）的一个极重要的组成部分。如果没有文学语言的变革，近代的语言变革不仅是不完全的，而且是相当表面的。而只有表面变革的语言变革不可能是成功的语言变革。

在晚清梁启超等人的语汇里，有"传世之文"与"觉世之文"之说。按梁启超的划分，"传世之文，或务渊懿古茂，或务沉博绝丽，或务瑰奇奥诡，无之不可。觉世之文，则辞达而已矣，当以条理细备、词笔锐达为上，不必求工也"。显然，梁启超所谓的"传世之文"，更加接近传统文人的诗文创作，具有更高的文学性；觉世之文，主要是指近代文人的一些报刊文章，以议论时政、启蒙民众为目的。在晚清的文学语言变革中，我们经常可以看到这样的现象：大部分人在报章上写时文小说时使用的是"平易畅达，时杂以俚语、韵语及外国语法，纵笔所至不检束"的报章文体；文集文章则使用的是与传统文人的诗文创作没有实质区别的文言。就诗歌而言，正如有学者曾经指出的，晚清以用俗语入诗、学习民歌语言等为主要内容的诗歌语言改革，其实是以前中国古典诗歌反复实践过的路径，并不具有太大的革新意义。因此，从整体上讲，晚清的语言变革只涉及文人文章中很小的一部分，就文学而言，只是传统文学中的边缘部分。这正是晚清的语言变革不彻底的地方，也是其最终没有完成语言的现代转型的原因所在。只有到五四新文化运动时，当语言革命涉及传统文学当中的"传世之文"，特别是涉及文人的诗歌创作时，才算是触及了中国语言传统与文化传统中最核心的内容。而当汉语文学特别是诗歌彻底摆脱文言文系统，使用新的白话语言时，古代汉语连同它所承载的古代文化传统才轰然倒塌。

就晚清而言，文学变革与语言变革两个事件是在白话小说上交汇的：一方面，白话倡导者的语言通俗化、大众化诉求，借助小说这一本身就有大众化、通俗化倾向的文体得到了最大程度的彰显；另一方面，梁启超等人赋予小说的"新民"使命，借助于白话这种更贴近大众的形式得以较大程度地实现。白话小说是近代语言革命的主战场，也是文学革命的主战场。白话小说创作的繁荣，标明的既是近代文学变革的实绩，也是近代语言变革的实绩。

[作者单位：山东大学（威海）]

《校本课程系列丛书》内容提要

梁德华

随着中共中央、国务院、教育部关于"调整和改革课程体系、结构、内容建立新的基础教育课程体系，实行国家、地方和学校三级课程管理"政策的出台，以学校为基地的课程创新，特别是校本课程的开发研究引起了广大教育工作者的广泛关注，成为学校层面实施素质教育的一个新的焦点。

我们以"以人为本"和"为每一个学生的终身发展奠基"为指导思想，坚持课程建设要为学生终身发展服务的理念，遵循"主动参与，校本开发，积极实践"的工作思路，用行动研究的方法，整合学校办学思想、教育文化资源和学生个性发展需求，开发编印了一套符合实际情况，适合教学使用的校本课程系列丛书。下面就其中的四本作以简要说明。

校本课程之一　《学会学习　学会做人》

学会学习——修业治学，学得真本领。不论出于我们生存的需要，还是将来服务社会的需要，我们都需要学到足够多的知识。生命化课堂倡导自主学习、合作学习和探究学习的学习方式，这就要求大家不仅要"学会"，更要"会学"。"学贵有疑，小疑则小进，大疑则大进"。无论学习哪门学科，唯有开动脑筋，发现问题，才能学得深刻，如果只是简单地模仿，就犹如"墙上芦苇，头重脚轻根底浅"。要及时总结经验教训，调整改进学习方法，简而言之："善学者，得鱼而忘筌；不善学者，犹如刻舟求剑。"这样吐故纳新，才能提高学习成绩。我们作为威海市"生命化课堂"实验学校，一向注重课堂教学中教与学方式的改进，努力提高大家的学习能力和水平。

学会做人——修身养性，以德行天下。学会做人，这是我们每个人都要面对的问题。最简单的道理往往最容易被人忽略甚至忘记。生活需要我们不断地学会做人，简单的道理需要我们认真地阅读和体味。我们必须重视做人，一生学做人。不管一个人有多少知识，有多少财富，如果不懂得做人的道理，这个人最终都不可能获得真正的成功和幸福。生活是简单的，但是做人却很复杂。良好的道德修养，是人生的巨大财富，是取信于社会、赢得尊重的最重要条件。只有学识和做人全面发展的人才，才能永远立于不败之地。本教材分为学会学习篇和学会做人篇两大板块，前者围绕制定计划、指导自学、培养习惯等，后者围绕习惯、感恩、诚信等方面，充分体现学习和做人并重的原则，既指导大家把学习搞好，又引导大家学会做人的道理。

中学生时代，是整个人生链条中最闪光的一环，闪烁着希望之光；中学生时代是长身体、长知识、长志气的时代，更是学会学习、学会做人的时代。尽管每个人的航行道路不同，但是，每位中学生都可以通过自己的努力成为未来合格的社会主义各个行业的建设者。

校本课程之二 《学会读书 学会求知》

书籍是传递和积累人类文化的重要工具，是人类知识的结晶。读一本好书，可以"开茅塞、除鄙见、得新知、增学问、广识见、养性灵"。充满竞争与挑战的 21 世纪，是一个读书的时代，人们首要的本领就是学会求知，学会读书、手不释卷是一种能力与品位的象征，读书成为素质教育中能力培养、个性发展的要求。

著名作家冰心在为梁实秋祝寿时写道："一个人应当像一朵花，花有色香味，人有才情趣，三者缺一便不能做人家要好的朋友。"人的才情趣从哪里来？那就是多读书，读有趣的书，做有趣的人；特别是要真正学会读书，做求知、求证、求索的读书人，这样你的内心世界才会富裕，你的见解才会独到，你的心情才会快乐，你的生活才会幸福，你的人生才会更有意义。

做求知的读书人。纵观历史，放眼现代，无数仁人志士，无数功成名就者的背后都有一段艰苦跋涉的求知路。没有一种求知的欲望就不要去读书，这是求知的先决条件。为娱乐消遣而读书不是求知，打发时间更不是求知。读书就要有所知，有所获。为求知而读书，是人生获得前进的动力，也是一种高尚的读书境界。

我们根据素质教育中能力培养、个性发展的要求，围绕学校建设"书香校园"的活动需要而编纂成书，集实用性、趣味性、导引性于一体。案例精彩，可信度高；方法精当，可实施性强。

全书共分四节：

1. 会读书是成功的基础——通过生动的论述让大家体会到书籍是个人走向成功的奠基石。读书为个人的发展积蓄能量，提供动力来源；读书为个人的生存提供机会，开拓道路；读书还为个人的生活提供新鲜氧气，保鲜人生。

2. 学会制定读书规划——让大家在具体案例中反省自己，从而学会规划读书的兴趣、习惯、计划、主题、读书笔记。特别是教给中学生一些读书笔记的常见形式，如：提纲式、摘录式、仿写式、评论式、心得式、存疑式等，实用性极强。

3. 学会掌握正确的读书方法——"工欲善其事，必先利其器"，"授之以鱼，不如授之以渔"。通过具体方法的讲解、比较，让大家掌握读书的可行方法，达到能正确、高效阅读常见文体的能力。相信你会从中获益匪浅！

4. 学会在读书中求知——知识改变命运。通过灵活的形式，引导大家读书与实际相结合，在读书中确立良好的心态，学会探索，学会求知。

读书就是追求，读书就是苦学。读书是最好的学习。

教材设阅读导言、案例点击、方法指南、名家导航等模块，内容丰富多彩，形式灵活贴切，在内容的编排上由浅入深，符合认知的规律，解决读书与求知生活中的切实问题，必将成为教会大家学会读书的入门之作。

校本课程之三 《走进心灵》

科学研究表明，在未来人才的综合素质结构中，心理素质越来越重要，人的乐观开朗、积极进取、坚韧不拔等个性心理品质对人的健康成长和事业的成功起着重要作用。随着我国中小学阶段独生子女群体的日益扩大，心理健康教育问题成为一个需要普遍重视的问题。因此，加强中小学心理健康教育是适应 21 世纪竞争日趋激烈，培养同现代化要求相适应的数以亿计的高素质的劳动者和数以千万计的专门人才的必然要求，也是针对当前我国中小学生存在的心理素质方面的弱点，进一步提高其心理素质水平，实施素质教育的现实需要。

初中阶段是中学生长身体、长知识、长智慧的时期，也是其道德品质与世界观逐步形成的时期。他们面临着生理与心理上的急剧变化，加之紧张的学习，很容易产生心理上的不适应。相对于快速的生理发育，初中学生的心理发展速度相对缓慢，心理水平尚处于从幼稚向成熟发展的过渡期。严格地说，初中学生的个性心理还远未发展成熟，他们身上显露出的性格苗头只是一个特殊阶段的特殊反映。此时，他们的身心处于一种非平衡状态，个性发展呈现出暂时的不平衡和偏激的特点，青春期自我意识的空前高涨，情绪体验出现两面性，从而大量出现的消极心境使他们的烦恼成倍增长。这一系列的心理问题如果得不到正确的解决和引导，将会对学生的一生发展产生不利的影响，严重的还会波及他人和社会。因而，在初中阶段开展心理健康教育有着深远而重大的意义。

《走进心灵》正是根据《中学生心理健康指导纲要》的文件精神，结合初中学生的心理状况和特点而编写的，是关注学生心理健康的一部好书。它通过许多富有哲理的故事让学生明白，如何才能拥有健康的身心，获得心灵的升华。本书的最大特点在于内容丰富多彩，形式灵活多样。其具体内容涵盖了心理知识解析、学习心理辅导、考前心理调节、考场心理调节、交往心理导航、克服心理成瘾、呵护青春期心理等重要内容。本教材突出针对性、实用性和可读性，分为心理词典、故事导航、心理咨询室、温馨小贴士四大模块，详细介绍初中学生在青春期所遇到的各种心理及其心理特点、心理类型，剖析其形成原因，并最终提出解决之道，为引导学生走出青春期心理沼泽地提供切实可行之策。使学生不断正确认识自我、增强调控自我、承受挫折、适应环境的能力，培养学生健全的人格和良好的个性心理品质；对少数有心理行为问题和心理障碍的学生，给予科学的心理辅导，使他们尽快摆脱障碍，调节自我，形成健康的心理品质，提高心理健康水平。

《走进心灵》能有效地满足初中学生自我心理解压的需要，给学生带来健康知识的阳光。愿所有的孩子都拥有健康的心理，愿它成为大家的知心朋友。

校本课程之四 《中华传统文化》

中华传统文化如同一个浩如烟海、博大精深的知识、思想及智慧的宝库，是中华民族的历史瑰宝。其基本的价值理念、优秀的文化传统、高水平的艺术造诣，具有广泛持久的影响力，长期以来熏陶感染着炎黄子孙的精神世界，是促进社会和谐、推动历史发展的内在动力。

党的十六大报告强调指出，要建立"与中华民族传统美德相承接的社会主义思想道德体系"，"必须把弘扬和培育民族精神作为文化建设极为重要的任务，纳入国民教育全过程，纳入精神文明建设全过程，使全体人民始终保持昂扬向上的精神状态"。中华传统文化强调如何修德与做人，是对青少年一代进行思想道德教育非常宝贵的精神财富。在中小学教育中纳入民族传统文化的内容，一方面可以从根本上提高青少年的传统文化修养，增强他们对传统文化的热爱；另一方面也是德育工作的一个有效途径，有利于提高德育教育的实效性。在大力实施素质教育，推行新课程改革的今天，全面、系统地挖掘、整理和介绍中华传统文化，是每一个教育工作者义不容辞的光荣任务。

为弘扬民族传统文化，培养民族情感，陶冶学生高尚情操，我们编印了《中华传统文化》这本教材。本教材根据传统文化类别共分为六章，分别从经典国学文化、古典艺术文化、民间艺术文化、传统节日文化、传统戏曲文化、传统服饰文化等六大方面阐明中华传统文化丰富的人文思想内涵。每章根据文化特点分若干节，每节根据文化知识点设置若干模块，使学生在阅读过程中了解中华传统文化，吸收传统文化的人文精神；通过文化知识点的解释，使学生能够掌握、认识、阅读、借鉴、欣赏传统文化的基本要求和方法。课程开发时注意到传统经典文化的认识、审美、娱乐和教育等功能，照顾到中学生的心理特点，其内容丰富多彩，富有吸引力，使学生产生浓厚的兴趣。语言通俗易懂，简洁明快，集趣味性、知识性、通俗性于一体，适合中学生阅读。

《中华传统文化》引导学生在中华民族传统文化中徜徉，获得中华民族文化的熏陶和修养，拥有熔铸在经典中的中华文化的智慧、风骨、胸怀和情操，从而达到净化学生的心灵，陶冶学生的情操，培养学生的道德修养，提高学生的审美情趣的目的，使其成为富有中华文化底蕴的新一代建设者。

（作者单位：荣成市教育局）

创和谐交通，优化威海公交服务

毛宏燕

随着社会经济的持续快速发展，城市规模不断扩大，城市道路的发展无法满足交通需求的发展。私人小汽车的过度发展，更是造成了交通拥挤、秩序混乱、事故频发和污染加剧等严重问题。公共交通是城市交通的重要组成部分，搞好公共交通对于完善城市交通环境、改进市民的出行状况，具有重要意义。因此，优先发展公共交通被世界各国公认为是解决城市交通问题的最佳策略，是城市可持续发展的必由之路。

交通运输部部长李盛霖在 2008 年就提出应调整交通结构，把投资重点转向增强交通公共服务能力方面，建设服务型交通政府部门，增强交通的公共服务能力。国内很多城市随即开展了提高公交服务的相关措施。如重庆市提出树立服务意识，打造"畅通重庆"；秦皇岛市提出打造和谐交通，为"宜居、宜业、宜游"服务；南京市外资企业参与公交车竞争等；郑州高中生写出解决拥堵博文，市长做出批示，缓解郑州交通拥堵 必须公交真正优先。

威海市的城市发展总体目标定位在"建设世界级精品城市"，公共交通在实现这个宏伟的城市建设目标中占据非常重要的地位。作为"最适合人类居住的城市"，威海公交是外地游客了解城市的第一窗口。因此，如何改善公交服务，提高公交服务质量，是关系到公众出行便捷、提升城市形象的大事。

为加快公交发展，威海市发改委积极申请世行贷款威海绿色公交走廊示范项目。在这个大环境下，作为中小城市的威海努力提高公交服务水平势在必行。

优化公交系统，提升公交服务质量，重点在"精"和"细"两方面下功夫，把工作落到实处。"精细"是一种意识，一种认真的态度，一种理念，一种精益求精的文化。以"精""细"的态度把每一个公交站牌处理好，同时灵活运用各种方式方法，优化公交服务，真正为老百姓做点儿实事，这是创造和谐交通、和谐威海、和谐社会的必要条件，对威海的可持续发展具有重要意义。

1 威海市公交服务现状

威海地处山东半岛最东端，是"中日韩黄海经济圈"和"青、烟、威环黄渤海经济圈"的重要支点。自 1987 年建立地级市以来，全市 GDP 年均增长 18%。城市综合竞争力在中国大中城市中位居第 27 位。2006 年被世界银行列为中国投资环境 20 优城市。2003 年荣获全球改善人居环境最高奖——联合国"人居奖"，被国内外朋友誉为"最适合人类居住和创业的城市"。

然而，与威海市城市快速发展不相协调的是公交服务水平的低下。实地考察和调查表数据显示：威海的公交服务现状不容乐观，在公交站牌设置、车次安排、公交车辆、服务意识等多方面存在较大问题。

项目组通过各种渠道对威海市公交运营状况展开了详细调查。因受人力、物力所限，重点调查了利用率较高的 12 路、7 路和 17 路等几条线路。调查表一共发放 200 份，回收 190 份，另外通过网络调查 80 人左右。

1.1 公交站牌问题多

1.1.1 不完全按照国家规范进行设计

很多地方站牌位置过高，最高的甚至高达 2.75 米（例如乐天旁边的站点），而我们普通人也就在 1.5～1.8 米之间。这样的高度导致乘客看公交站牌都要"仰视"。

另外，一个比较严重的问题，是站牌字体太小。站牌上字体类似"蝇头小楷"，且站名与站名之间紧密相连，间距太小，非常不利于不熟悉道路的乘客查找站点。

1.1.2 位置设置不合理

有些小站站牌位置设置不合理，乘客找不到站牌（例如张村附近的普阳门诊）。

1.1.3 信息量过载或不足

有些站点名称太长，有些站点甚至还同时具有两个名称或三个名称，例如"小商品批发市场·兰花办公用品"、"农业银行·红升服装学校·广东三星装饰威海总部"。

站点名称很多以公司名称命名，商业化比较严重。

有些站点名称不典型，信息量不够。

1.1.4 站牌广告多

很多站牌附加过多广告，且字体明显大于站点字体，主次不明，致使站牌更似广告牌，严重影响市容。

1.1.5 保养、维修工作不够完善

有些地方的站牌长时间未予清理、维护。脏乱、不清晰的版面影响了站牌的辨认性和威海市的整个城市形象。

1.2 车次安排不合理

1.2.1 线路布局不合理

威海公交线路布局不合理，主要集中在几条核心路段，线路重复率高，如文化路、市昌大道等；而次干道、支路公交线非常少，如"福山路"等。

另外线路比较单一，去某个目的地往往只有一两种可以选择的线路，导致部分公交线路（如 12 路、7 路）超载严重，长时拥挤；而有些路段比如 17 路在某些时段几乎是空车运营。

1.2.2 站点设置太密集

整体说来，威海市公交站点太过密集。这从方便市民上下车来说是好事，但有些地方人流量很小、上下车乘客也很少（例如 12 路茂铭·逸品商城与翠景园小区两站之间的距离也就一分钟时间），没有必要设置如此密集的站点。

人流量集中地段如市中心同一站点布设多条线路，易造成交通堵塞，且带有安全隐患。

1.2.3 营运时间不合理

晚上收车时间早，很多公交车夜间六七点就停止运营，不能方便市民夜间出行。

1.2.4 发车频率低

威海市公交车发车时间间隔从 6 分钟到 60 分钟不等，大部分车辆发车频率都在 10 分钟以上，部分车辆的发车间隔 30 分钟左右，导致乘客等车时间过长，造成心里焦虑。

1.3 车内、车体问题

1.3.1 车内广告多

有些车内缺少站点路线图；部分车内即使设有路线图，但普遍设置位置靠前，不方便乘客观看，且站点名称字体较小，如果不是距离很近，乘客根

本就看不清楚站点路线图上的各个站点名称。其他地方到处都是广告，且占据中心位置，字体大，很抢眼。

车辆内部的电子显示牌没有任何公交信息，全是不相关的广告。

有些自动播音系统在播放站点名称的时候，接连播出一大串广告语，而且声音超大，这种语音广告不但污染乘客的耳朵，影响乘客心情，还带有强迫性，强迫乘客收听一些与己毫不相干甚至反感的信息，在一定程度上侵犯了乘客的权利。

1.3.2 电子广播音量控制不当

有些车上广播声音超大，吵得乘客心情烦躁；有些声音太低而听不清楚，没有将音量控制在适合的范围内。

1.3.3 车体路牌信息量不足

有些车体只有前路牌，后路牌和侧路牌的位置充斥着广告。有些车体的前路牌在周围广告的硕大字体映衬下显得很"渺小"。

1.4 服务意识欠缺

部分驾驶员遇到老人或抱小孩的乘客没有特殊的对待。不少乘客都能碰到上下车时开、关车门比较快的情况。晚上大车停运之后小巴也存在乱收费的问题，有时一元，有时一元五毛。

2 提高威海市公交服务水平的建议

2.1 广泛征求意见和建议

2.1.1 争取高校和科研机构参与策划与设计

威海市有哈工大、交通学院等交通科研高校和单位，在交通设计方面有较强的科研优势。应充分整合所有力量，以精细化管理思想为指导，设计出符合威海道路特点、符合实际需求的公交站点和站牌，提高公交服务能力。

2.1.2 广泛调查

在正式修改各站牌、站点之前，广泛发放调查问卷，广泛求证。发放对象包括本地人、外来常住人员、游客等，涵盖各年龄段、各个层次的人员。由于公交的服务对象主要是乘客，这就意味着乘客是对标志的设置和功能发挥最有发言权的人。所以交通主管部门，应在设置和更新站牌之初，采纳广大乘客提出的符合实际的建议和需求，提高站牌、站点的实用性。在相关工作开始前，可通过电视、报刊等媒体进行一定时间的宣传，同时鼓励驾驶员多提建议。

2.1.3 取其他城市之长

它山之石，可以攻玉。无论在公交站牌的硬件设计还是服务理念上，都可以通过考察其他城市，借鉴其先进经验为我所用。

2.2 以"精细化"服务理念为指导

以精细化管理思想为指导思想，在"精"、"细"上做文章，认真把每一个公交站牌处理好，优化公交服务，切实为老百姓做点儿实事。

2.2.1 合理设置站牌高度

根据《城市公共交通标志》（2008）第三部分，独立站牌底边距地面不应小于1700mm，集合站牌最上面单元站牌顶边距地面的距离不应大于2200mm，最下面单元站牌的底边距地面的距离不应小于400mm。威海市多采用集合站牌，且绝大多数站牌没有完全被利用，还有广告的位置。所以结合威海市实际情况，集合站牌最上面单元站牌顶边距地面的距离最好小于2000mm，或者可统一设置成最高2200mm。但在设置单元站牌的时候应根据该站点单元站牌的数量来合理安排位置，主要将单元站牌安置在乘客正常站立很容易看到的中间地带。若有空余，集合站牌最上方或最下方可设置一些带有人文气息的介绍。

2.2.2 确定合适的站牌位置

在市中心等客流量大的地方，如果A、B、C、D四路车的站点在同一个位置，容易造成交通堵塞。但如果把A、B路车的站点设在道路东端，C、D路车站点设在道路西端，能起到分流的作用。

无论站点大小，都应保证每个站点的站牌能正确指示地理位置，尤其是路线变向处设立站牌时需注意。有些地方虽小，但也应该按常规设立站牌，方便市民出行。

站点位置怎样设置更合理、更能满足市民的需求，经常坐公车的市民最有发言权，所以一定要广泛征集各条线路的乘客意见，而不是遵循各种条条框框或想当然。

2.2.3 控制信息量

站点名称应避免信息过量、重复或混乱。应以路名、街道名或者大型购物中心、学校等大型机构来命名，即站点名称应具有典型性，以最简单的语言包含最大量的信息。

2.2.4　控制字体大小

集合站牌的单元站牌的长宽比宜为 1∶0.4。字体大小合适，端正、清晰、排列整齐、间距合理，将模糊不清的字体重新更换。站牌的最小文字尺寸应保证正常或矫正 1.0 视力白天辨认距离应大于 2 米。

2.2.5　适当变更路线

有些可选择方案较少的线路，车上乘客多，比较拥挤。解决该问题可采取三种方案：

（1）开辟新路线。根据威海市 2004~2010 城市总体规划，将开辟环山路至市内交通的高架桥通道，如果利用环山路开辟新的公交线路，将大大缓解威海市的交通压力，减轻交通拥堵。另外，调整现有路线，绕开主干道容易拥堵的地区而改道次干道，充分发挥次干道的交通微循环作用。例如绕开市中心，开辟从高区沿环山路直通火车站、汽车站的公交路线，将大大节省时间，提高运营能力，同时也缓解了市中心的交通压力。

（2）高峰期间增加发车频次。这必须与开辟新路线结合起来，否则更容易造成拥堵。

（3）改进原有线路。例如 7 路车，停靠站点太频繁，每辆车在每个站点都停，往返需要的时间比较久。可以考虑设置 7 路车 A 线、B 线，A 线车在 1、3、5 站点停，B 线车在 2、4、6 站点停，将站点错开。这样车辆往返可节省很多时间，相当于发车频次增加，可部分缓解乘客等车时间久、车上拥挤的现象。

2.2.6　调整运营时间

要发挥公交的作用，尤其是要真正做到市民出行公交优先，必须保证公交运营时间。而威海市公交运行时间普遍比较短，晚上收车时间太早，市民晚上出行没有公交车可坐。可以根据具体情况，延长某些线路的运营时间。但毕竟晚上出行市民比较少，可以考虑晚上时段发车频次适当延长，比如白天 6 分钟一班车，晚上可以 10 分钟一班车。这样在方便市民的同时，也不浪费人力物力。例如哈工大、山大这两所学校师生众多，而去市中心购物或玩耍可乘的 7 路车 9 点 10 分就收车了。若将该路车延长一个小时左右，将给学生出门带来很大便利。

2.2.7　合理设置车内公交路线图

公交路线图上应有各站点名称、站点的大致距离，可在站点之间增设沿途的典型建筑物名称。但切忌过多，且必须选用大家耳熟能详的名称，例如"华联商厦"，切不可为某些公司或部门做广告而设置。

路线图的位置应设置在车厢最显眼的中部上方，以明显的比较大的字体显示，方便车内任何位置的乘客查看。

车辆前方的电子显示牌应显示车辆动态位置或到站时间等公交信息。

2.2.8 控制车内广播音量

同时打开车前部和后部的广播，及时修理不能正常发音的广播，尽量把音量大小调节到能清楚收听的同时给人柔和的感觉。

2.2.9 提高管理和养护水平

公交站牌的管理与养护，是确保站牌功能正常发挥的关键。建立严格的管理养护制度，重点在"细"上下功夫，落实清洁、无破损要求，站牌、路牌至少每季度检查维护一次，"责任到人，时间到天，事情到点"。

2.3 把握可持续发展的全局观

2.3.1 公交规划与整个城市规划相结合

公共交通是引导城市空间拓展、实现城市总体规划意图的有力工具。将公交规划与城市规划、城市交通规划相结合，有利于高服务水平的公交线路布设，有利于提高公共交通的运营效益，反过来也更利于促进城市的更新发展。

2.3.2 可持续发展公共交通

提高公交服务水平是长期行为，应有长远眼光。公交发展应全面考虑人口分布、城乡建设、道路资源、环境保护、出行方式、公交供给与需求等多方面要素的综合平衡。可持续发展公交策略应在加强监管机制、完善公交体系、规范公交设施等方面努力，实现绿色公交、文明公交。

2.4 采取灵活性原则

2.4.1 尽量减少广告

在公交车上做广告也无可厚非，但一定要在不影响公交信息、不侵犯乘客权利的情况下进行，所以广告的数量和位置以及广告的字体大小都应有所控制。尤其要取消自动播音系统在站点名称之后的语音广告，消除这种带有"强迫"性质的"噪声污染"，还乘客一个简单、舒适的乘车环境。毕竟，公交车是为广大市民和游客出行方便服务的，而不是专门的"移动广告箱"。

站牌作为主要的公交线路标识，不应出现商业广告。否则整个市容会显得杂乱无章。

至于广告的摆设，可借鉴其他城市的做法，在人群密集之处设置专用的玻璃或其他形式的广告栏。

2.4.2 增加人文气息

威海市拥有成山头、赤山法华院、昆嵛山、槎山等"山"的文化，以甲午战争纪念地为载体的爱国文化，以郭永怀、鞠思敏、林一山、徐士林等为代表的威海名人名家……结合威海市"生态"城市、"旅游"城市的特点，在遵守国家规范、不影响正常公交服务的前提下，可为城市历史风貌、人文地理、名人大家等做"广告"，宣传威海市的特点及优势，增加城市的人文"温暖"气息，打破公交"冷冰冰"的形象，从而提升威海市的整体形象。

在保证公交信息优先的前提下，具体做法需灵活运用，切不可鸠占鹊巢，主次不分。例如在集合站牌的最上方或最下方或背面等空闲位置设立类似单元站牌的宣传专栏，定期更换威海市人文、风情介绍；或者在发生全国性重大事件时及时更换主题，例如钱学森逝世、人造地球卫星发射等，可做专栏介绍。

2.4.3 充分考虑弱势群体

公交服务应充分考虑残疾人、老人、学生等弱势群体的出行需求。例如，各个学校门口，包括大学、中学、小学门口都应从保障学生安全和方便的角度出发设计公交路线和站点，可考虑建立专门的学生通道、立交桥或者地下通道。充分体现城市的"人文关怀"，提高市民的满意度和幸福感。

2.5 提高思想意识

2.5.1 提高公交从业人员服务意识

观念决定行为，"人"永远是一切的灵魂。意识提升到一定高度，行动才能上一个台阶。公交驾驶员队伍的服务意识和安全意识尤为重要，只有这两点提高了，才可能为市民提供安全、快捷、周到的服务。从文明行车、尊老爱幼、车容整洁等方面着手，创造各种条件给公交服务系统人员提升自我的机会，例如定期不定期进行培训，选派一线驾驶员到其他城市参观学习，积极开展"星级公交线""文明公交车""星级驾驶员""安全标兵""技术能手""维修服务标兵"等评选活动，以期全面提升公交行业形象。

2.5.2 提高市民的公交意识

公交管理是一项庞大的系统工程，需要人人参与。通过媒体宣传，鼓励市民采用公交出行，让大家意识到公交出行也是一种"人人为我，我为人人"的行动，提高市民的参与意识。公交车及公交站点案件频发，应提高市民的安全防范意识。公交乘客投残币、假币事件时有发生，在加强监管的同时，应提高市民利用公交的公德意识。

3　结语

公交的发展状况是一个城市的文明程度和经济水平的真实反映，它的发展与城市发展现状相适应。威海市公交基本满足居民出行需求，但低下的服务水平已经严重阻碍了城市的进一步发展。

应在精细化管理思想指导下，在"细"处着眼，通过改善公交系统、完善公交服务，使市民出行不但方便、快捷，而且能享受人性化服务，倍感舒服、舒心，减少烦躁、失望等不良感受，同时也让游客有宾至如归的感觉，出行如在家一般的随意、心情舒畅、温暖，乐于在此旅游，乐于在此安家置业。

［作者单位：哈尔滨工业大学（威海）　课题组成员：赵韩涛　郝冬冬　翟　京］

市属企业预算管理中存在的
问题及对策建议

邹建辉　王　涛

企业预算管理是发达国家成功企业多年积累的管理经验，是支撑企业实现战略发展目标的科学管理工具，是转变增长方式，实现少投入、多产出的有效手段，对企业建立现代企业制度、提高管理水平、增强市场竞争力、提高抵御风险能力有着十分重要的意义。2007 年威海市在省内率先出台了《威海市市属企业预算管理办法（试行）》，并在威海港集团、威海船厂等 4 户企业进行试点，取得了一定经验和较好的效果。2008 年，在威海港集团等 10 户市属重点企业实行了预算管理，有力推动了企业管理不断升级。但也存在着一些亟待解决的问题。

一　预算执行过程中存在的主要问题

（一）部分企业对预算工作的认识还不到位

从预算执行过程看，不少企业没有真正实行预算管理，对预算的认识仅仅停留在将预算等同于一套涵盖所有会计科目的表格，只是为预算而预算；或将企业预算混同于企业经营目标，依靠经营目标、任期目标来笼统地进行企业规划，实行的是一种粗放式的经营管理。预算与企业的内部管理脱钩，没有把预算管理看作是提高企业经营管理水平的最有效手段。尽管各企业都建立了相应的组织机构，但并没有完全发挥作用，预算工作没有真正得到企业重视，企业更关心的是执行董事会或经理人既定的目标和任务。

（二）预算编制的科学合理性较差

部分企业把预算仅当作是财务部门的事情，只有财务部门忙于编制预算，而其他相关业务部门没有很好地参与进来，预算编制失之偏颇；同时在预算的制定过程中对市场的前瞻性调查研究和预测不够，使预算难以适应瞬息万变的市场，缺乏科学合理性。

（三）预算执行缺乏严肃性

在经营过程中，各个部门在预算的控制下协调配合不够，依旧各行其道，没有把预算指导经营活动的作用真正发挥出来。企业业绩考核和预算执行结果脱节，预算执行得好坏没有相应的奖惩措施。从执行结果看，很少有企业准确完成预算目标，失去了预算管理应有的严肃性和权威性。

二　加强企业预算管理的建议

（一）加强监督指导，建立健全预算管理机制

要进一步健全企业预算管理组织机构和管理制度，加强预算执行过程中的管理，提高企业预算管理的系统性。积极引导企业调动各方面的力量参与预算管理，指导企业划小预算单位，将预算指标分解到科室、班组、个人，建立执行预算目标责任制，建立健全预算执行考核机制，把预算执行得好坏作为奖惩依据，保障预算目标全面实现。

（二）强化成本控制，建立市场倒逼机制

2009 年国际金融危机继续蔓延，市场不确定因素也相应增多。企业预算管理工作应当以突出成本费用控制为重点。各企业应建立市场倒逼机制，组织实施全员、全要素、全过程的成本费用预算管理体系，以市场为导向，挖掘内部潜力，认真落实集中采购、定额管理、供应链管理和重要资源集中管理等管理方法，推进精细化管理，细化各项成本费用开支定额标准与预算控制目标，压缩成本费用预算规模，落实成本费用预算控制责任，搞好跟踪监督与考核奖惩，保障各项成本费用预算控制目标的有效执行。

（三）加强资金预算管理，强化风险防范意识

从 2008 年企业预算执行情况看，不少企业资产负债率过高，个别企业资

产负债率高达97%，这一现象说明企业存在着严重的高风险经营现象。各企业应当引起高度重视，尤其是要注重预算过程中的资金预算管理，进一步细化资金预算安排，科学预测年度资金收支与余缺，统筹规划生产经营与投融资活动的资金供求，稳健理财，优化融资结构，适当压缩金融债务预算规模。同时要加强存货和应收款项的预算管控，注重客户信用评估，加强赊销额度的预算控制，落实清理催收责任，及时催收货款，加快资金周转，减轻企业资金压力。

（四）完善考核体系，确保预算目标实现

预算分析考评是企业开展预算管理的重要环节，是"牛鼻子"。2009年要紧紧抓住这个"牛鼻子"，将预算管理纳入企业经营业绩考核体系，并根据企业预算管理的要求，进一步修订和完善企业经营业绩考评体系，严格企业预算编制、上报、执行、考核等工作的全过程监督，既保证预算目标的实现，又为业绩考核提供可衡量的客观基准。

（作者单位：威海市国资委）

关于推进威海农村土地流转的
调查及对策建议

威海市政府调研室

如何科学把握和稳步推进农村土地流转，事关现代农业发展和农民持续增收，事关社会主义新农村和城乡一体化建设的大局，是威海市改革发展必须认真研究的问题。为了解威海市农村土地流转的现状，有针对性地提出加快威海市农村土地流转的对策建议，最近，市政府调研室就农村土地流转问题，到各市、区和部分镇村进行了专题调研，实地考察了一些农村土地流转典型，并赴安徽省滁州和芜湖、江苏省无锡、浙江省嘉兴和金华等市进行学习考察。总的看，目前各地在推进农村土地流转当中积极探索，形成了一些好的做法，积累了一些成功的经验，但也存在一些问题，必须高度重视，正确引导，确保农村土地流转沿着正确的轨道又好又快发展。

一 威海市农村土地流转的特点与制约因素

近年来，随着农村劳动力转移就业和城乡一体化的推进，农村土地流转的需求日益增长，全市各级顺应这一趋势，紧紧围绕农业增效和农民增收这个主题，切实把推动土地流转作为促进"三农"工作的重点来抓，促使农村土地流转呈现出速度加快、规模扩大、形式多样的良好发展态势。到目前为止，全市农用地流转 91070 亩，占耕地面积的 4%。从总体情况看，主要有几个特点：

（一）流转规模趋向大型化

威海市的农村土地流转起步于 20 世纪 90 年代，最初主要是外出务工农民无偿请人代耕和承包户之间为了方便生产进行互换。90 年代后期，农村土地流转逐步从自发向有组织、有规模转变，主要是村集体的园地、山峦、滩涂等以出租方式流转给经营大户。进入 21 世纪后，土地流转的目的性、组织化、规模化明显增强。随着国家各项强农惠农政策出台，土地的预期收益提高，土地流转规模化趋势明显，涌现出了土地流转规模 2000 亩的乳山蓝莓盛威果蔬基地、1000 亩的文登市宋村镇都乐蔬菜基地和 1000 亩的环翠区绿苑苗木花卉基地等一批规模化流转典型。据统计，目前全市流转规模 100 亩以上的经营主体 65 个，500 亩以上的 13 个，1000 亩以上的 9 个。500 亩以上的规模流转大多是这两年新发生的。

（二）流转主体趋于多元化

随着农村经济的发展，农村土地流转已不局限于承包农户之间进行，一些种养大户、个体私营业主、镇村集体、产业化龙头企业、农民专业合作社等也参与农村土地流转，出现了一批跨区域流转的专业大户，这些新型的农业投资主体迅速成为流转土地、投资经营现代农业的一股强劲的新生力量。在全市流转的土地中，农户之间流转的有 4.6 万亩，占 50.9%，比例最高；流转给企业的有 2.5 万亩，占 27.3%；流转给种养大户的有 1.54 万亩，占 16.9%；流转给村和合作社的有 4000 亩，占 4.5%。

（三）流转形式趋于多样化

随着土地流转主体多元化的出现，流转形式也出现了多样化。由过去的以转让和互换为主的流转，逐步转为以出租、转包为主。流转形式的多样化，为因地制宜地推动农村土地流转，促进土地资源合理高效利用，实现农业规模化经营和产业化发展创造了有利的条件。据调查，目前全市转包面积 2.26万亩、转让面积 5685 亩、互换面积 1.91 万亩、出租面积 4.25 万亩、入股面积 400 亩，分别占总流转面积的 24.8%、7.1%、21%、46.7% 和 0.4%。

（四）流转用途趋于高效化

随着城市化的大规模推进和农业产业结构的大规模调整，发展以高效农业、生态农业与观赏农业为主要特征的优质高效农业，成了全市农用土地流转的主要用途。在全市现有流转的土地中，用于种粮的 1.36 万亩，占 14.93%；用于精品蔬菜瓜果、花卉苗木、特种养殖等高效农业的面积达 5.25万亩，占 57.63%，发展了文登市宋村镇都乐蔬菜，乳山市中银投资葡萄、盛威蓝莓，环翠区绿苑和花宝苗木花卉以及工业新区威浩葡萄等一批集中连片开发的高效规模农业。随着龙头企业的引进和高效农业的发展，农用土地流转价格也得到了有效提升，由原来的 100 多元，攀升到了 400 元至 800 元。青岛都乐蔬菜公司在文登市宋村镇姚山头村租赁土地 1000 多亩，用于发展精品蔬菜生产，租金每年 800 元/亩，并可为 200 多村民提供就业岗位，每人每年增加务工收入 5000 多元。

（五）流转行为趋于组织化

在全市农用土地的流转中，镇村组织的流转达到了 5.23 万亩，占农用土地流转总面积的 57.41%；农户自发流转面积 3.88 万亩，占农用土地流转面积的 42.59%。其中相当部分土地是出租给外来企业和农户，从事特色种养业。应该说，镇村凭借组织优势，协调农用土地流转双方的关系，规范双方的流转行为，在农村土地流转中发挥了积极作用。针对部分干部群众对土地流转不了解、不积极，尤其是对有关政策规定不清楚的实际，乳山市在加强宣传培训的同时，出台了《关于切实做好农村土地经营权流转的实施意见》等有关文件，筹建了农村土地流转服务中心和调解仲裁机构，并在夏村镇成立了威海市第一家镇级土地流转服务中心，在村级设立了土地流转服务站，初步形成了市、镇、村三级服务网络，实现了供需双方的及时对接。信息网络平台建立以来，市级服务中心共办理土地挂牌业务 2000 多宗，储备流转土地 8000 多亩；夏村镇自土地流转服务中心成立以来，已成功流转土地 5000 多亩。荣成市的农村土地流转平台也正在积极建设中。

虽然威海市各级在农村土地流转工作中进行了一些大胆的实践和有益的探索，促进了土地流转的健康有序推进，但也存在着流转面积较少、规模较小等问题，比较严重地制约了农业综合效益和农民收入的提高，也在一定程度上阻碍了城乡一体化的进程。从调查的情况看，影响农村土地流转的主要因素有以下五个方面：

1. 部分基层干部求稳怕乱，不敢流转

农村土地承包经营权流转涉及千家万户和方方面面的利益，政策性强，情况复杂，工作难度大。不少基层干部有畏难情绪，存在着求稳怕乱，少找麻烦的思想，对土地流转尚未引起足够的重视，引导不力、服务滞后，不敢大力宣传，不敢因势利导，不敢大胆创新，影响了土地流转的进程和流转行为的规范化。

2. 农民有后顾之忧，不愿流转

一是农民恋土情绪较浓。多数农民仍把土地作为命根子来看待，担心离开土地，会影响今后的生存、生计问题，也有少数农民觉得税费改革后放弃承包土地不划算。因此，有相当一部分农民在从事非农产业后，仍然把承包地看成是"活命田"和就业"保险田"，宁可粗放经营，也不愿将土地转让出去。二是农村社会保障机制还不健全，决定了农民不敢轻易离开土地。三是农民收益预期风险存在。主要有"两怕"。一怕经营业主因投资失败、市场变化、二次流转等原因，不能及时兑现农户的租金；二怕业主在土地上的临时设施建设影响到期后的如数复耕，担心得不偿失。2008 年，石岛宾馆打算租用王连街道南桥头村 200 亩承包地建设生态园，就是因为农户担忧较多，不愿意出租而搁浅。

3. 流转行为不规范，不利于流转

目前，土地流转大多处于自发和无序状态，相互之间的转包、转让、互换往往以口头协议的形式进行，没有书面合同，双方利益无法得到有效保护，由此也造成了许多接包方缺乏长期经营的打算，舍不得增加投入。有的即使签订合同，也存在着手续不规范、条款不完备、隐患较多等问题，致使土地流转纠纷大量出现。另外，随着近年来取消农业税、实行种粮直补、粮价上浮等支农惠农政策的不断出台，部分农户对土地流转租金期望增加，许多农户不愿意将承包地流转，已将承包地流转的，有的也要求收回承包地或提高租金，使农村土地纠纷增多。

4. 需求不足，不能流转

一是农业种养大户、龙头企业实力不强，难以扩大经营规模，对土地流转的需求不旺。二是农村合作经济组织、村委会的服务功能不强，也在一定程度上影响了农村土地的流转和土地资源的优化配置。三是经营业主开发融资困难。大面积承包土地从事高效农业开发，需要大量的资金投入用于道路、水利等基础设施建设和租赁金支付，而现行金融政策限制用流转的农用地以及临时建筑作为抵押物向银行融资，因而发展受到限制。

5. 市场化程度低，不易流转

土地流转还处于自发无序向有序转变的阶段，尚未形成统一规范的土地流转市场。一是土地流转的市场中介组织匮乏，流转信息传播渠道不畅，出现了农户有意转出土地时找不到合适的租赁方，而需要土地的业主又难以寻找到中意的出租方，制约了土地流转。调查中，明显地感受到，现在农村土地的流转，主要还是靠农户间的私下协商和镇村组织的牵线搭桥，通过中介组织和市场平台进行流转刚刚起步。目前，只是在乳山市夏村镇通过官方性质的流转服务中心流转了 5000 亩。二是土地流转机制、土地流转价格评估和土地投资补偿制度尚不健全，土地流转的自发性、随意性、盲目性还比较大。

二　苏、浙、皖五市农村土地流转的经验和做法

（一）高度重视土地流转工作

五市普遍把推进农村土地流转作为贯彻落实科学发展观、统筹城乡发展、促进现代农业发展和社会主义新农村建设的一项重要工作来抓，列入农业农村工作的重要议事日程，召开专门工作会议，下发专门文件进行部署，明确了推进农村土地流转工作的目标任务。如江苏省无锡市提出，到 2010 年农业适度规模经营面积比例达到 80% 以上，农民参加土地股份合作社和土地流转并取得收益分配的比例达到 70% 以上。

（二）出台土地流转扶持政策

五市各级党委、政府都出台了一系列扶持土地承包经营权流转的政策措施，并不断加以完善。浙江省嘉兴市结合自身实际，制定出台了《关于加快推进农村土地承包经营权流转的意见》，从政策上加大扶持力度，市财政从 2008 年起，对本级新增连片流转土地 100 亩以上、流转期限在 5 年以上的，一次性给予流出农户、村级组织每亩 200 元的资金补助。金华市政府 2009 ~ 2013 年市财政每年安排 500 万元，用于市本级土地流转服务中心建设、奖励流出农户和从事粮食生产的流入主体等。芜湖市政府自 2009 年起，对受让土地 50 亩以上，并签订流转 3 年以上规范流转合同，从事粮、棉、油、菜等大宗农作物生产的经营主体，给予每亩 80 元的一次性奖励；受让土地 100 亩以上，并签订流转期限 3 年以上规范流转合同的经营主体，在不破坏耕作层的前提下，修建直接用于种植（养殖）业的生产、管理、服务简易设施，其 2% 以下占地可视为农用地。

（三）建立土地流转服务平台

五市绝大多数县（市、区）、镇政府建立了土地流转服务中心，有条件的村建立了土地流转服务站。流转服务平台，主要承担土地流转规模经营服务工作，收集、发布土地流转信息，审核土地流转受让方的资信和能力，指导

土地流转合同签订，协调土地流转价格等服务工作。如安徽省凤阳县投资 50 万元，建设了 120 平方米的服务大厅，为全县农村土地跨区域流转提供优质高效的服务。

（四）注重土地流转的制度建设

五市在针对当前农村土地流转工作的具体问题，制定了切实可行的操作方案，对土地流转的原则、条件、形式、程序、监督及法律责任等进行规范。一是建立流转合同管理制度。各市都统一制订了比较规范的土地流转合同，引导农户在协商一致的基础上签订统一文本格式的书面流转合同。金华市 2008 年已签订流转合同的面积达 24 万亩，占流转总面积的 56.2%。二是建立流转登记备案制度。各市在乡镇土地流转服务中心专门设立了流转登记备案窗口，为流转双方建立农村承包土地流转档案和台账，并对业主的资信情况、履行能力、生产经营能力和项目的效益风险给予审查，掌握业主的经营状况，保障双方的合法权益。三是建立土地流转仲裁制度。部分市成立了农村土地流转仲裁机构，负责仲裁和调解农村土地流转过程中发生的争议或纠纷，逐步形成了民间协商、乡村调解、县级仲裁、司法保障的农村土地承包纠纷调解机制。芜湖市各县区都成立了仲裁委员会，工作经费列入同级财政预算。

（五）充分尊重农民意愿

五市各级各部门在土地流转过程中，充分尊重农民的意愿。一是坚持"依法、自愿、有偿、规范"的原则，不下指标、不强制推行，充分尊重农民的意愿。二是坚持土地流转的主体是农民，流转收益归农户所有，禁止任何组织和个人从中截留、扣缴。三是转变工作方法。改变习惯的行政推动的做法，通过政策引导、示范带动、市场调节，搞好协调服务等，为土地流转创造宽松的政策环境，使农户在规范的流转中获得公平、合理的收益。

（六）流转方式方法灵活

各市立足自身实际，勇于创新，因地制宜地推行了转包、转让、互换、出租、股份合作等形式的农村土地承包经营权流转，并在农村集体建设用地流转上进行了大胆的探索和有益的尝试。安徽省滁州市凤阳县小岗村，胡总书记视察后，他们进一步解放思想，探索多种形式的土地流转的方式，在新型股份合作上实现了新突破。目前，仅通过股份合作形式就带动全市流转土地 5000 多亩。浙江省嘉兴市作为浙江省开展统筹城乡综合配套改革试点市，积极开展"两分两换"（"宅基地和承包地分开、搬迁与土地流转分开，以宅基地置换城镇房产、以土地承包经营权置换社会保障"）试点工作，优化了农村整体布局，加速了农业转型升级。江苏省无锡市积极推行"工业向园区集中、农业向规模集中、农民向城镇集中"的"三集中"发展新模式，将中心城镇建设、自然村撤并与改革传统农民宅基地使用制度相结合，统一建设多层、高层农民公寓，实行社区化集中管理，平均每个农民占用的宅基地从100平方米降为30平方米。江苏省无锡市惠山区、江阴市积极推进农村住宅置换城镇住房、承包经营权置换城镇保障和农民身份转化（置换）成城镇居民身份的"两置换一转化"（或"三置换"）试点工作，加快了城乡统筹发展。安徽省芜湖市是国土资源部农民集体所有建设用地使用权流转试点市，通过拆一还一、招标拍卖等方式，促进了工业向园区集中，农民向城镇集中。据了解，目前，天津、北京、重庆也都推行了"宅基地换房"和"土地经营权换社会保障"模式，推行集体土地流转试点工作。

三 推进威海市农村土地流转工作的思路

——指导思想。借鉴外地的先进经验，结合威海市实际，推进农村土地流转工作，应以党的十七届三中全会精神为指针，深入贯彻落实科学发展观，按照城乡一体化的发展理念和建设资源节约型社会的要求，以有效解决"三农"问题为切入点，以土地承包经营权流转和宅基地置换为主要内容，强化规划引领和体制创新、政府推动和市场运作、自主探索和政策支持，加快推进农村土地经营权流转，积极探索农村集体建设用地流转，有序引导农业向规模集中、工业向园区集中、农民向城镇集中，全面提升威海市社会主义新农村建设水平，进一步加快城乡一体化进程。

——基本原则。农村土地承包经营权流转工作涉及千家万户，在实际工作中，应坚持以下原则：一是坚持有利发展、着眼稳定的原则。在坚持农村基本经营制度不变的前提下，积极探索土地承包经营权依法流转和宅基地置换的有效途径，既要严格落实耕地保护目标责任制，推进适度规模经营和新农村建设，又要稳定农民的土地承包经营权、维护农民的合法权益，任何组织和个人不得侵占、截留、扣缴流转收益。二是坚持尊重民意、积极引导的原则。土地承包经营权流转和宅基地置换必须充分尊重农民群众的意愿，坚持自愿原则，正确引导，合理疏导，积极鼓励，确保农民受惠得益。三是坚持规范程序、公开操作的原则。土地承包经营权流转和宅基地置换工作必须严格遵循现行法律、法规，规范工作程序，做到公开、公平和公正。四是坚持因地制宜、分类推进的原则。根据经济社会发展水平、城乡规划、农村劳动力转移和社会保障状况，分类指导，市场运作，多种形式，逐步推进。通盘考虑改革力度、财政承受程度和群众的可接受程度，并统筹兼顾各方需求，使政策更切合实际、更具可操作性。

——总体目标。通过土地经营权流转，实现规模集约经营，促进产业融合发展，加快推进农业产业化；通过宅基地置换，盘活农村非农建设用地存量，挖掘潜力，加快推进农村工业化；通过转移减少农民、提升农民，加快推进农村城镇化；通过加大以城带乡、以工哺农力度，改造农村、提升农业、转移农民，加快推进城乡一体化。力争到 2012 年，全市有 20% 以上的农民实现向城镇和中心村集聚，30% 左右的农田实现规模集约经营；建成一批规模大、层次高、效益好、一二三产业融合发展的现代产业园区，一批居住相对集聚、公共服务配套完善的现代宜居新社区和一批对农村具有较强带动作用、具备小城市功能的现代新城镇。

四 推进农村土地流转工作的对策建议

（一）提高思想认识，推动土地流转

从威海市经济社会发展的需要看，推进土地流转是实现农业转型升级的必然要求，也是加快城乡统筹发展的重要举措，通过土地流转，可以推动农业的规模化和产业化，加快城镇化、工业化进程，促进城乡统筹发展；从广大农民和经营主体的要求看，对规模化经营以及改善居住条件、完善社会保障、享受高品质生活的要求日益迫切；从外地的情况看，推进土地流转是大势所趋，许多地区已先行一步，取得了成功的经验。天津、四川、江苏、浙江、安徽等地，以农村土地流转为重点的农村产权制度改革和城乡一体化改革的步伐逐步加快，这方面威海市已明显落后，务必引起各级各有关方面的高度重视，充分认识加快土地流转的必要性和紧迫性，把推进农村土地流转工作，提高到落实科学发展观、统筹城乡发展、完善农村基本经营制度、建设现代农业、促进农民增收的高度，摆上农村工作的重要议事日程。建议近期召开一次农村土地流转现场观摩会议，总结经验，推广典型，部署工作，推动全市土地流转健康有序发展；成立由市政府分管副市长任组长，市农业、国土、财政、劳动保障、规划、工商、金融等相关部门负责人为成员的市土

地流转工作领导小组，定期研究、协调、部署农村土地流转中的重要问题，并将加快土地流转纳入新农村建设、统筹城乡发展的重要考核内容。各市区、开发区、工业新区及各镇（街道办事处）也要建立相应的组织，研究制定具体政策和考核办法。各相关部门要根据各自职责，研究制定促进土地流转的具体办法，互相配合，形成合力。从今年起，市政府每年评选推进土地流转工作先进单位，并进行表彰。

（二）科学规划布局，引领土地流转

坚持规划前置，按照土地流转与土地利用总体规划相衔接、流转土地的产业发展符合全市产业规划的要求，统筹城乡布局，科学进行规划，分步组织实施。一要在确保全市建设用地总量不增加、耕地总量不减少、耕地质量不降低的前提下，组织开展新一轮土地利用总体规划、城镇体系规划修编工作，分区域确定产业结构、人口布局、农业用地、建设用地标准、投入产出强度、环境保护要求，细化城乡用地布局，并做好与城乡总体规划的衔接。二要突破传统的就农村规划农村的思维定式，充分发挥城镇的依托和支撑作用，按照三次产业相互渗透的原则，科学合理地编制农村区域布局规划、农业发展规划，提高土地的综合利用效益。三要根据全市产业发展规划、本地农业发展规划，结合当地实际，围绕培育主导产业和优势项目，精心制定农用土地流转规划，有目的地筛选适宜本地的生产经营项目，引导承包户流转土地，调整布局结构，实施规模连片经营。四要按照《山东省人民政府关于推进农村住房建设与危房改造的意见》的有关规定，结合威海实际，科学编制农村住房建设规划，整合优化农村住宅布局。充分挖掘农村集体建设用地的整理（复垦）潜力，合理编制农村集体建设用地挖潜利用规划。将农村集体建设用地减少与城镇建设用地增加有机结合，合理规划调整农村集体建设用地布局，优化用地结构，促进农村集体建设用地节约集约、高效和可持续利用。

（三）创新流转模式，促进土地流转

推进农村土地流转，既要不断总结和完善目前普遍采用的转包、转让、互换、出租、入股等流转方式，又要注意吸收和借鉴全国各地土地流转的好方式、好做法和好经验。在具体工作中，应针对各地存在的客观差异和实际情况，采取切实可行的流转形式，不能搞一个模式。在条件较好、经济发展较快的镇村，逐步推行有偿转让、返租倒包和入股等多种形式，进行跨区域

流转，发展龙头企业、专业大户、家庭农场、农民专业合作社等规模经营主体；在条件较差、经济比较落后的镇村，可以采取转包、互换、托管、入股分红等方式，先在区域内流转，让农户从心理上有安全感。结合农村"居住工程"建设，借鉴浙江省嘉兴、江苏省无锡、安徽省芜湖等市的先进经验，争取上级批准，在经济发展较快、区域化水平较高的市、镇，稳步探索开展"两置换一合并"试点，推进农业规模集约经营和农民居住向城镇、社区集聚，促进集约集聚发展。"两置换"，即土地承包经营权置换社会保障，农村土地承包经营权流转期限在 10 年以上的，除土地本身按规定应得的流转收益外，按照城镇居民的缴费标准和待遇置换社会保障，符合征地条件的按照被征地农民养老保险政策置换社会保障；宅基地置换城镇房产，农民自愿以其宅基地按照规定的置换标准，通过作价领取货币补贴到城镇购置商品房、到搬迁安置区置换搬迁安置房和到产业功能区置换标准产业用房等形式，置换迁入城镇居住。原村庄建设用地进行复垦，节约出来的土地经整合后，除引进项目建设外，相当部分用于耕地保护和拆迁户农业产业化项目建设。"一合并"，即通过城并村、镇并村、强村并弱村和企并村，稳步推进旧村改造，积极探索"合村并点"，适当调整镇村布局。为稳妥起见，先选择 1~2 个市（区）的部分较发达镇（街）进行试点，大胆探索，逐步推开。

（四）制定扶持政策，支持土地流转

在深入调查研究的基础上，由市农业、国土部门牵头，分别制定出台推进农村土地承包经营权和集体建设用地流转的意见，对土地经营权流转的原则、条件、形式、程序、监督及法律责任，以及对土地承包经营权置换社会保障、农村宅基地置换城镇住房和"合村并点"的范围、形式、程序、补偿安置等进行规范，提出切实可行的操作方案。

1. 鼓励从事二、三产业的农民自愿放弃农村土地承包经营权

对符合《农村土地承包法》有关规定的，依法收回农村土地承包经营权。对于在城镇从事二、三产业，具有稳定收入和住所的农民，通过补贴或补偿方式鼓励农民自愿放弃农村土地承包经营权。鼓励农民以农村土地承包经营权来换取城镇的各种社会保障。自愿放弃农村土地承包经营权的农民到城镇自主创业和兴办实体，在享受已有相关优惠政策的同时，给予一定期限和一定额度的税收减免等政策，并在就业、子女入学、社会保障等方面与城镇居民享受同等的待遇。

2. 适当放宽农村土地的农业用途范围

允许农村土地流转经营主体依托其流入土地和经营主业，开展农产品加工、物流配送、农业技术咨询服务和农业观光旅游等经营活动，并给予相应的政策支持和服务。鼓励农村土地流转经营主体在其获得经营权的土地上投资兴建农田水利等基础设施，所占土地不占其临时建设用地指标，并免收各种手续费。

3. 切实解决生产管理用房占地问题

对于以租赁或入股方式获得一定期限农村土地经营权的经营主体，农村土地规模经营所必需生产管理用房的建设用地指标，既可以通过承租农村宅基地来解决，也可以申请临时建设用地来解决。

4. 允许农村宅基地有限制流转

鼓励全家进城落户的农民自愿放弃其农村宅基地及其所建房屋的使用权，由其所在集体经济组织收回，并给予原所有权人一定数量的货币补贴或奖励。鼓励农民以农村宅基地及其所建房屋所有权来置换城镇社区住房。鼓励农村土地流转经营主体通过集体经济组织以租赁形式获得一定期限的农村宅基地及其房屋的使用权。

5. 健全社会保障机制

加强对农村最低生活保障、养老保险、新型农村合作医疗等农村社会保障体系建设，弱化土地的福利性和社会保障功能，解除农民的后顾之忧。对农户将全部承包土地剩余期限内的经营权委托镇、村土地流转服务组织流转的，其家庭成员在按规定参加各类社会养老保险（障）时，政府给予一定补助。对流出全部土地承包经营权且流转年限在10年以上农户的劳动力，参加就业培训和接受岗位推介享受被征地人员同等待遇，对接受此劳动力并建立稳定劳动关系的各类企业，可享受当地使用被征地人员同等的促进就业政策。认真落实进城落户农民的市民待遇，对农民迁入城镇定居、有稳定职业和固定住所的，纳入城镇社会保障体系。

6. 加大财政扶持力度

进一步调整财政支农结构，在支农资金中安排土地流转专项资金，鼓励通过农用地流转促进农业规模经营和产业发展，对于流转时间较长、经营规模较大的农用地流转经营主体给予适当的经营补贴。

7. 强化金融信贷和保险支持

政府通过贴息的办法，激励银行和各种融资机构简化贷款手续，在保证信贷安全的基础上，加强对农业适度规模经营和农村安置房建设的金融支持，确保土地规模经营和农村安置房建设的资金需求。对经济实力强、资信好的农用地流转经营主体给予一定的信贷授信额度，允许各经营主体以联保等形式办理贷款手续。完善农业政策性保险政策，并对商业性农业保险业务给予政策优惠，逐步增加农险险种，加大政府补贴力度，扩大土地流转经营主体的投保率。

（五）加强服务管理，加快土地流转

1. 建立平台，服务流转

市农业局建立农村土地流转指导中心，负责指导全市土地流转工作。各市（区）、镇（街道办事处）都要建立土地流转服务中心，承担土地流转服务工作。市（区）主要负责流转信息库的建立，搜集和发布土地流转的供需、市场价格等信息资料，使农户和有意投资农业的经营主体能及时、准确获得可靠信息，提高农村土地管理与流转的效率；镇（街道办事处）主要为供求双方提供合同鉴证、土地收益评估、法律政策咨询等服务；有条件的村可建立土地流转服务站，主要负责收集农户土地供需信息，报镇（街道办事处）级土地流转服务中心。各级土地流转服务组织实行免费服务。同时，各市、区和镇应依托有关部门，建立农村土地流转仲裁机构，及时调处土地流转过程中出现的各种矛盾和纠纷，保护流转双方的合法权益。农业、林业、农机、科技等部门要与规模经营主体建立定点联系制度，强化农业新技术、新品种、新装备、新模式和新机制的推广和应用，帮助流转经营主体解决技术难题，提高农村流转土地的经营效益，促进资源持续高效利用。

2. 强化管理，规范流转

一是落实土地承包经营权。按照"现有土地承包关系要保持稳定并长久不变"的要求，切实解决二轮土地延包的遗留问题，为土地流转奠定基础。二是规范流转合同文本，由农业行政主管部门牵头，抓紧会同工商部门制订统一的土地承包经营权流转合同文本。建立健全规范化的流转管理制度和规程。凡流转期限超过一年的，均签订书面流转合同；承包方委托发包方统一流转的，签订书面委托流转合同。三是规范流转行为。严格执行依法自愿有偿原则，防止强迫命令，严防截留、扣缴流转收益。四是规范土地流转登记备案制度。各镇（街道办事处）农村土地流转管理机构要对流转合同及有关资料进行归档，建立流转情况登记册，及时记载和反映流转情况。对以转包、出租或其他方式流转的，及时办理相关备案登记；对以转让、互换方式流转的，及时办理有关承包合同和土地承包经营权证变更手续。五是坚决纠正和

查处流转中的违法违规行为。重点纠正和查处违背农民意愿强迫流转等严重侵害农民土地承包权益和非法改变流转土地用途等问题，确保流转土地不改变土地集体所有性质、不改变土地用途和不损害农民土地承包权益。

3. 完善土地流转退出和再流转机制，确保有序流转

对一方因特殊情况需要提前终止流转合同的，必须依法与另一方协商解决，并给予后者一定数量的补偿。农用地流转经营主体也可以征得原承包农户的同意，将其流转所得的土地承包经营权流转给第三方，流转第三方在接受再流转的同时要接受与此相关的所有债权债务，并及时在相关部门办理变更和登记等手续。原经营主体在同等条件下，优先获得再流转权利，也可以通过协商延长流转期限，并重新到相关部门登记备案。

4. 建立风险防范机制，降低或分散土地流转风险

探索建立农村土地流转保证金制度和土地复垦保证金制度，逐步推动并普及强制性农村土地流转登记制度。同时，建立土地承包经营权流转经营主体准入机制。指导村集体经济组织对农户委托流转的土地根据相关条件设置经营主体的准入条件，并对规模经营主体的资信情况、经营能力、项目的可行性等进行审查，努力使引入的经营主体和项目有较高的经营水平和档次。特别是对流转面积大、涉及农户多的农村土地流转项目，市、区（市）和镇（街道办事处）农村土地流转管理机构要提前介入，审查流转经营主体的财务和资信状况，促使其制定切实可行的经营方案和风险防范机制。

农村金融供给问题研究

王文祖

从 2009 年的"保民生"到 2010 年的"改善民生",意味着在后金融危机时代党和国家执政理念与施政方针的战略提升。党和政府已清醒地认识到,改善民生不仅是经济发展的最终目的,也是推动经济发展的关键因素。

2010 年中央一号文件要求"提高农村金融服务质量和水平",并明确指出:"加快培育村镇银行、贷款公司、农村资金互助社,有序发展小额贷款组织,引导社会资金投资设立适应'三农'需要的各类新型金融组织。"这一思路的提出,将使得我国金融体制以及金融服务体系在现有的法律框架下实施突破,将从根本上解决农村金融服务供给不足的问题,同时,亦为我们研究和解决农村金融服务供给的相关问题提供了理论和政策依据。

一 威海市农村金融服务供给状况

1. 金融系统发放"三农"贷款情况

近年来,受到中央和地方"三农"政策的指引,威海市的各金融机构逐步加大了对"三农"的资金支持力度,为社会主义新农村建设、农业的发展、农民收入的增加做出了积极的贡献。课题组经调查发现,威海市金融系统向"三农"领域发放贷款的数量呈逐年递增的趋势,其中,2008 年底贷款余额约为 120 亿元,2009 年底贷款余额约为 150 亿元,增幅为 27%;从发放贷款的对象看,借款人种类比较集中,主要是各类涉农企业、种植和养殖户、农民专业合作社等;从贷款用途看,用于生产环节的贷款数量较大,多是流动资金贷款,其次是用于购置生产工具,包括农机具、交通运输工具等;从贷款期限看,以短期贷款为主;从担保方式上看,抵押登记率不高,主要以农户联合保证的方式提供担保。

2. 农村金融服务供给主体现状

目前，威海市的银行业金融机构有中行、农行、工行、建行、交通银行、招商银行、威海市商业银行、农村信用合作社等传统意义上的金融机构，也有邮政储蓄、小额贷款公司（环翠区、文登市的已经开业）等新型金融机构，政策性银行有一家即农业发展银行。农村资金互助社等新型农村金融机构尚未筹建。

为了更好地向农村提供金融服务，环翠区和荣成市的农村信用合作社拟改制为农村商业银行，以凸显其"三农"属性和地位；第三家主要为农村提供金融服务的小额贷款公司——荣成市小额贷款公司已获批准，将于今年的7月开业；乳山市村镇银行正在报批之中，荣成市村镇银行处于前期准备阶段。

除新设立的新型农村金融机构以外，承担向农村提供金融服务的主体主要是农村信用合作社、威海商业银行等。农业发展银行发放的涉农贷款主要针对收购企业用于粮油的收购，部分地提供了农村基础设施建设所需的贷款。

3. 农村金融服务需求的现状

伴随着农业发展方式的转变、农村经济结构的进一步优化，威海市的农林牧渔等产业进入了快速发展期。其中，花生、苹果、蔬菜等传统优势特色产业的不断做大做强，远洋渔船作业范围的不断扩大，健康养殖业的快速发展，畜禽养殖形成了适度规模饲养，休闲农业、民俗旅游业和农村服务业迅速兴起并快速发展，农业标准化生产的推行，农民专业合作社的不断壮大，等等，尤其是从田间到餐桌、从原料到成品、从生产到消费，产加销一体化经营、一二三产业融合发展的现代农村产业体系的建设，都对信贷资金的供给产生了更大的需求。

4. 农村金融服务的风险控制体系建设状况

首先是担保体系的建设。目前，威海市已设立的担保公司有39家。为了鼓励担保公司提供融资担保，2009年政府补贴金额为300万元。但是从担保公司担保的对象看，受其逐利性的制约，主要以中小企业为主，涉农融资担保基本处于空白。其次是保险体系建设，威海市有两家为"三农"提供金融服务的政策性保险金融机构。受其经营思路的影响，加之政府扶持和补贴力度的不足，现有的保险金融机构承保的范围比较狭窄，保险种类比较单一，不能满足银行业金融机构化解涉农贷款风险的需要。

二 威海市农村金融服务供给中存在的问题分析

1. 农村金融服务的供给主体缺失

在现有的各类金融机构中，农村信用合作社扮演着农村金融服务供给者的主要角色。

1993 年起的金融体制改革，明确了四大国有银行以盈利最大化为经营目标，国有银行开始从农村撤离。入世后，为迎接外资银行挑战，各商业银行加快了建设现代商业银行的步伐，对一些规模小、盈利能力差的分支网点进行撤并，其中农村地区的经营网点占大半，目前仍在农村开展业务的国有银行分支机构寥寥无几。在此基础上，上收了县级机构贷款权限，仅保存其存款功能。

威海市亦是如此。农村的金融机构单一化、农村金融市场日益垄断化的趋势较为明显。农村金融市场的供给主体主要变成为农业发展银行、农村信用社、威海商业银行、邮政储蓄机构等正规金融服务机构。然而，农业发展银行是政策性银行，其在农村的业务范围仅为粮棉油收购等，不存在对农户的直接服务，因此至今没能有效发挥其对农业投入的资金聚集效应。另外，我国虽然已建立政策性的农业保险制度，鼓励商业性保险公司开展农业保险业务，但由于农业保险起步较晚，政府重视程度不够，农民保险意识和保险承受能力差，保险公司经营能力不足等因素的影响，导致了农业保险越来越萎缩。而各金融供给主体之间效率的不平衡性也在一定程度上扭曲了农村金融市场的供求平衡。同时，现有的财政制度不能很好地满足金融机构的需要，也影响了其投身于新农村建设的积极性。

目前，农村信用社是农村金融市场的主力军。但农村信用社长期以来功能定位不明、产权不清、机构规模偏小、抗风险能力差以及粗放式管理等决定了其在支农信贷方面也难有较大作为。

由于以上因素的影响，使得金融机构支持农村发展的功能逐步弱化，农村金融服务的供给主体缺失。

2. 农村金融服务的供给品种单一

主要以传统的存贷业务为主。

农村的信用社和邮政储蓄机构结算等服务功能不健全，金融电子化程度很低，网点稀少，目前仍维持"存贷汇"老三样业务。服务功能不全，未能拓展代理保险、代收代付、理财咨询等中间业务，更不用说提供的理财、信息咨询等金融服务了。当大中城市金融机构一个个推出金融服务品种时，农村市场却依然故我。除金融结算和少数乡镇开通的针对单位的代收水电费之类的中间业务外，代销国债、基金、银行卡等科技含量稍高的业务几乎没有。正如群众所说，现在水路、电路、公路及广播电视通了，然而发展经济离不开的结算汇路却不畅通。

贷款方式单一，不能给贷户提供管理和信息上的服务；农村信用社一般仅提供小额农贷，当农村资金需求出现多样化，农业产业化需要大量资金投入之时，则显得无能为力。在贷款方式上，除对少数已评级农户以信用方式发放小额贷款外，其余贷款一般都得提供相应的抵押或质押，且抵押的品种仅有机具、房屋等有限品种。农村金融信贷服务品种创新的缺乏，造成了农民贷款难的现象，阻滞了农村经济发展速度。

3. 农村金融服务的供给资金短缺

商业银行虽"撤离农村"，但并不影响其在资金上从农村"抽血"，农村资金的外流，导致了农村信贷资金来源不足。

总体上讲，各金融机构配置在农村地区的信贷资源相当有限，从金融机构对农业发展的金融支持来看，尽管这些金融机构在农村地区发放短期贷款总额在逐年增长，但农村短期贷款在金融机构短期贷款总额中的比重依然处于较低的水平，2009 年占比仅为 16.56%。可见，威海市各金融机构在信贷资源的配置方面，尤其是在农业贷款发放方面，并没有把满足农村地区经济发展对资金的需求作为重点，没有向农村地区配置足够的信贷资源。

造成上述现象的主要原因：首先是农村资金分流严重。四大国有商业银行在精简机构的同时，经营战略亦进行了调整，把农村视为吸收存款的主要战场之一，相对于从农村和农业中吸收的存款而言，对农村、农业和农民的贷款日益减少。涉农贷款逐渐远离农村中小客户，贷款投向又呈明显的非农化倾向。加上目前商业银行对贷款实行层层授权的授信制度，基层行贷款审批权限大大缩小，几乎是"只收不放"或贷款额度大大低于存款规模。因此，金融机构吸收的资金不仅没有反哺农村，向农村经济提供足够的金融服务，反而事实上成为将农村资金输向城市的"抽水机"。其次，目前金融支农的任务几乎由农村信用社独家承担，而部分地区农村信用社由于历史包袱重，资金周转困难，支农资金严重不足。再次，由于农村信贷业务的特殊性，使得一些在非农信贷业务中常用的信用风险控制手段在农贷领域难以发挥作用，加大了金融机构的经营风险，这也是商业性金融机构减少农村金融服务供给的重要原因之一。

4. 农村金融服务的供给动力不足

对风险的控制、考核以及对利润的追求，抑制了农村金融服务供给的动力。

首先，从信贷需求角度看，由于农村经济基础差，发展先天不足。要贷款就要有抵押，而大多数企业和自然人没有足够的抵押，没办法贷款。其次，从信贷供给角度看，农村金融信贷发放受到抑制。金融机构为了控制风险，对企业信用等级的评估严格。对于信用贷款，金融部门各专业银行的信用等级评估要求尤其严格，信贷准入门槛高，级次较低、规模较小、经营状况一般的农村中小企业很难入围。而各银行出于自身利益和资金需求矛盾考虑，对信用等级的评估工作没有积极主动的动力，自然地影响了信用贷款的发放。再次，政府对农村金融机构缺少具体支持措施。即使有支持措施，也在落实中大打折扣，对金融机构取多予少，税费项目多、环节多，银行交易成本很高，影响了农村金融机构服务地方经济建设的积极性。

5. 农村金融服务的供给环境较差

主要表现为信用缺失、信用担保工具缺失及银政间存在"条块"矛盾。

首先，农村贷款对象的信用缺失。在非农信贷业务中常用的信用风险控制手段运用于农贷业务时失灵。在贷款发放方面，由于申贷主体（主要是农户）往往缺乏规范的财务报表和收入、支出、资产等原始单据，使金融机构难以估计贷款的潜在风险；在贷款发放后，金融机构也往往难以获取有关申贷主体经营活动的私人信息，或无法承受过高的信息采集成本。在金融机构与申贷主体之间信息不对称十分严重的情况下，前者很难依照一般的信贷风险管理流程进行操作。

其次，信用担保工具缺失。在现行的金融管理体制下，为了确保贷款的安全性，几乎所有的商业性金融机构的贷款都设置相应的财产抵押。一般来说，农户所拥有的比较值钱的"财产"主要是没有完整产权证明的住宅和只有使用权的耕地，而按照现行的《担保法》，耕地的使用权不具备抵押效力，农民的住房不能办理房产证，也不能作为抵押品。除此之外，农户所拥有的农产品、农业生产资料等财产由于价值评估麻烦且难以变现，大都不能够被金融机构认可为合格的贷款抵押品。由于农户很难满足商业性金融机构对合格抵押品的要求，故一些即便在未来有还款资金来源的农户，也过不了商业性金融机构的审贷关。在不能提供合格的抵押品时，商业性金融机构通常也可以接受担保方式的贷款申请。然而由于目前农村的信用担保体系几乎是空白，需要贷款的农户也很难找到担保人。据调查，农村因为找不到担保人没有合法的抵押物而得不到信贷支持的占 70% 以上。"抵押难、担保难、贷款难"的现象不能有效解决。

再次，银政间存在"条块"矛盾。从支持地方经济发展的角度出发，政府部门往往要求银行放宽贷款条件，加大信贷资金投入力度；但金融部门从风险控制角度考虑，又不能贸然放贷。同时，地方政府认为防范金融风险是银行内部问题，而金融部门又认为发展经济责任不在金融部门，不应为此而过分承担放贷风险。这一矛盾增大了农村金融服务的协调难度，严重影响了农村金融生态环境的平衡和优化，也影响到了农村金融供给。

三　增加农村金融服务供给的对策与建议

1. 进一步完善农村金融服务政策机制

在金融支持与财政扶持并重的同时，逐步建立并完善信贷支农的政策机制。在进一步巩固、完善和加强支农惠农政策，加大财政支农力度的同时，逐步建立信贷支农的财政贴息、税收优惠、风险补偿、中介服务等政策机制，设立政府牵头、农户集资、用于农户的担保基金，为农村金融服务创造良好的政策环境。

（1）继续深化农村金融体制改革。引导并强化金融机构服务"三农"的功能，进一步完善农村信用社管理体制和治理结构，增强农村金融机构经营实力和服务能力。另一方面，按照建立多元化、广覆盖、可持续的农村金融服务体系目标，在条件成熟的地方积极筹备设立村镇银行、贷款公司、农村资金互助社，改变农村金融服务组织体系单一的格局，促进农村地区形成投资多元、种类多样、治理灵活、覆盖全面的金融服务体系。

（2）尽快出台配套的农业信贷政策。农业金融拥有广阔的市场空间，要引导金融机构认真研究农村金融市场现状，找准切入点。农村金融市场由高到低划分为三个层次，大型农业产业化龙头企业、农业基础设施建设、农村城镇化项目等构成高端市场，县域地区中小企业、乡镇企业等构成中端市场，农户小额贷款构成低端市场。因此，各金融机构应当根据自身特点，在多层次的农村金融市场中找准定位，扬长避短地发挥作用。要以农业为主开拓业务，重点研究农村基础设施、优秀乡镇企业、优质农户等的信贷投入，比照城市大型基础设施、中小民营企业和个人客户的贷款情况，采取政府补贴、市场化运作和农民互助互保等模式，继续做好农户小额信用贷款和农户联保贷款。

总之，农村金融的重要地位和特殊作用，决定了我们按照"多予、少取、放活"的原则，采取多种措施来改善农村金融的政策、法律环境。通过打造政府、金融监管部门、金融机构密切协作的平台，促进中国金融业承担相应的社会责任，积极参与构建和谐社会并发挥积极作用，全面促进农村金融和农村经济实现又好又快发展。

2. 加快发展多种形式的新型农村金融组织和以服务农村为主的地区性中小银行

着力改变当前农村金融机构匮乏的状况，就要加速扩充农村金融供给主体，培育竞争性的农村金融市场。发展多种形式、分工合理的农村金融服务组织体系，建立起"政策性＋商业性＋合作性＋自发性"农村金融体系，真正让农民通过政策扶持维持简单再生产，通过合作性金融实现初步致富和初级层次的扩大再生产，并在商业性金融和自发性金融的竞争环境下，实现高级层次的扩大再生产，从而带动产业结构的城镇化和非农化，实现"生产发展、生活宽裕"这一发展目标。

（1）引入竞争机制。为适应农村金融市场的准入门槛，逐步消除农村金融市场的进入壁垒，政府应从完善各类制度和政策入手，引导和鼓励民营的小额信贷银行、合作银行、私人银行等多种形式的农村民间金融机构，使其合法化、公开化和规范化，并纳入农村金融体系中加以监管，以增加农村金融的服务供给，满足"三农"多层次的融资需求。在此过程中，需要我们注意的是，民间金融改革的关键就在于建立市场的准入机制，不能比照城市设立商业银行的标准设立，应根据实际情况，因地制宜地制定准入标准，并加以严格执行。

（2）大力发展合作金融。从严格意义上说，合作金融是指按照规范的合作制原则建立起来的资金互助组织，它可以利用从银行或政府机构获得的资金或社员股金、存款向合作成员提供贷款。合作金融一般是在较小的具有利益相关性的团体中开展，由成员自愿入股组成。在农村和农业领域以合作金融的方式开展金融服务，可以充分利用合作成员所在地域比较接近、彼此信息比较透明、成员之间能够信用互保以及在组织中自我雇佣等优势，以较低的成本向农户发放低利率、无抵押的小额信用贷款，解决农户临时性、季节性、分散性的资金需求。目前，无论是发达国家还是发展中国家，都普遍存在着合作金融组织（如德国、美国、日本、马来西亚、印度尼西亚、巴基斯坦、印度、尼泊尔等国家的信用合作社、贷款协会、小额信贷组织等），它们对于促进农村经济的发展发挥了巨大的作用。

（3）组建和发展农村民营金融。我国农村经济应当以民营经济为主。农村金融机构要为农业服务，也就是为民营经济服务。当前的农信社体制对于民营经济而言是外生的，并不是所有的农信社都能通过改造之后和民营经济实现对接。支持民营经济的融资机制只能从民营经济的资金活动中生成，它不可能从当前的农信社体制中找到生长点。也就是说，应当让民营经济通过内部资金融通来缓解资金供求矛盾。民营金融的产生应当市场化、多元化。以民营银行为例，可以从头开始，让具备条件的民营企业发起成立民营银行，也可以在原有的农信社基础上改组为民营银行，还可以在四大国有商业银行县以下机构的基础上吸收民间资本组建民营银行。民营金融促进竞争，增进福利。应打破国有或准国有金融机构在农村金融市场的垄断或准垄断地位，从而提高效率。

3. 引导县域内银行业金融机构将新吸收的存款主要用于当地发放贷款

要大力培育和发展县域担保等中介机构，切实解决县域担保难问题，切实强化县域金融生态（信用）环境建设。良好的农村金融生态环境，是金融服务"三农"的重要基础。优化农村金融生态环境建设，必须着重抓好以下几方面的工作：

（1）加强农村信用担保体系建设。建立主体多元化的信用担保体系，成立由政府引导、市场化运作的行业担保机构；鼓励建立民间出资的商业化担保公司和会员出资的会员制担保公司；发展壮大农村互助担保组织；推进农村抵押担保制度创新，探索建立便捷的农村土地使用权抵押、农村动产抵押登记制度，扩大农村有效担保物范围。探索发展大型农用生产设备、林权、水域滩涂使用权等抵押贷款，规范发展应收账款、股权、仓单、存单等权利质押贷款；建立企业联保机制，推行小企业联保、生产经营户联保、农户多户联保以及"公司＋农户""公司＋中介组织＋农户""公司＋专业市场＋农户"等联保形式，为县域中小企业贷款和农户贷款提供担保。

（2）积极推进农村信用体系建设。加强诚信建设，建立符合农村实际的征信体系，尽快建立农户信用档案和信用数据库。开展农村信用工程建设，积极开展信用村、信用农户、信用企业、信用个体户评选，通过实施贷款利率优惠、扩大贷款额度等激励措施，促进农民和中小企业提高信用意识。加强企业及个人信用行为的规范与约束，建立和完善守信激励机制和失信惩罚机制。严厉打击恶意逃废债务行为，加大对失信行为的惩处，运用法律手段和行政措施对破坏金融生态的行为予以制裁。积极引导广大农民树立诚信意识，创建良好的金融生态环境。

4. 优化农村金融环境

优化农村金融生态环境是发展农村经济的需要，也是服务"三农"的支持期待。

（1）建立起政府主导、横向联动和金融服务"三位一体"的农村金融生态环境建设机制。构建农村金融生态环境状况综合评价体系，加强农村金融生态环境的评价和监测，对农村金融生态环境进行量化考核。并不断健全金融生态环境法律基础，优化农村金融生态的外部生存环境。

（2）建立农村金融风险补偿机制。要加快农业保险制度建设，发挥对农业经济的补偿作用。要把农业保险纳入农业经济发展的总体规划，考虑组建政策性农业保险机构，或者委托政策性银行开办农业保险业务，运用财政、税收、金融、再保险等经济手段支持和促进农业保险发展。

（3）打破并转变金融机构"嫌贫爱富"的服务思路。要引导各类金融机构把工作对象放到广大的农民身上，要为大多数人服务，这种服务不仅是存款的服务，而且更要是贷款的服务。"穷人也能用好贷款"是孟加拉"乡村银行"十几年的实践证明出的一个重要结论，这一结论不仅适用于十分贫困的国家，同样适用于中等收入的国家甚至于发达国家。中国在过去的十多年里先后开展了好几百个小额贷款的试点，这些试点都证明，即使是贫困地区的贫困农民也能用好贷款，还好贷款。

（4）健全金融法制建设，为农村金融体系的运行创造一个良好的制度环境。加强对农村债务人的约束；执法部门应完善执法环节，强化公平执法，提高执法力度，保护农村金融债权，维护农村金融秩序。

（作者单位：中共威海市委党校　课题组成员：李进成刘变叶　马文杰）

关于威海农村文化软实力状况调查

——从农民的视角看乡风文明

王炳壮

"软实力"（Soft Power）概念是由美国哈佛大学教授小约瑟夫·奈提出来的。小约瑟夫·奈指出："在信息时代，软实力正变得比以往更为突出。"

党的十七大报告指出："提高国家文化软实力，使人民基本文化权益得到更好保障，使社会文化生活更加丰富多彩，使人民精神风貌更加昂扬向上。"

报告这一新提法，表明我们党和国家已经把提升国家文化软实力作为实现中华民族伟大复兴的新的战略着眼点（文化软实力作为现代社会发展的精神动力、智力支持和思想保证，越来越成为民族凝聚力和创造力的重要源泉，越来越成为综合国力竞争的重要因素）。一个民族的复兴，必须有文化的复兴作支撑，必然以提升文化软实力为根本途径。本报告拟以乡风文明为切入点，从威海农民的视角感知乡风文明状况，透视威海农村文化软实力状况于一斑。

一 威海农民对乡风文明建设状况评价

乡风文明指的是农村文化软实力的一种状态，乡风文明了，文化软实力自然也就强起来、凸显出来了。

基于此，本课题的主要设计是从思想道德状况、乡村伦理状况、观念意识状况、文化知识状况、文化活动状况、制度规范状况、风俗习惯状况、行为方式状况和环境建设状况等九个维度展开。

（一）从农民的视角看思想道德状况

尊老爱幼是当前农村群众最需要具备的家庭美德。调查显示，对"您觉得当前农村群众最需要具备的家庭美德是什么"，45.7%的农民选择了"尊老爱幼"，排在所列选项的第一位。其他的选择依次是"夫妻和睦"（29.4%）、"男女平等"（13.9%）、"勤俭持家"（10.7%）。

表1　您觉得当前农村群众最需要具备的家庭美德是什么

尊老爱幼	夫妻和睦	男女平等	勤俭持家	其他
45.7%	29.4%	13.9%	10.7%	0.3%

诚实守信是当前农村最需要具备的社会公德。调查中，对"您觉得当前农村群众最需要具备的社会公德是什么"，48.7%的农民选择了"诚实守信"，排在所列选项的第一位。其他的选择依次是"讲文明懂礼貌"、"乐于助人"和"关爱环境"，分别占32.0%、11.0%和8.0%。

表2　您觉得当前农村群众最需要具备的社会公德是什么

诚实守信	讲文明懂礼貌	乐于助人	关爱环境	其他
48.7%	32.0%	11.0%	8.0%	0.3%

和谐共处是当前农村最需要具备的良好人际关系。调查发现，对"您觉得当前在本村最需要具备的良好人际关系是什么"，被调查农民的选择依次是"和谐共处"（36.2%）、"平等尊重"（24.0%）、"诚实守信"（21.1%）、"互助扶持"（18.1%）。

表3　您觉得当前在本村最需要具备的良好人际关系是什么

和谐共处	平等尊重	诚实守信	互助扶持	其他
36.2%	24.0%	21.1%	18.1%	0.6%

（二）从农民的视角看乡村伦理状况

伦理道德是思想道德的重要方面。调查问卷把伦理分为婚姻伦理、财富伦理、政治伦理三部分。

1. 婚姻伦理

从表4、5、6看，绝大多数被调查的农民能够坚持正确婚姻伦理观，但是仍有一定数量的农民在婚姻伦理观方面存在一定的问题。比如对"有些妇女做'三陪'小姐的态度"有16.6%的农民表示"无所谓"；对"农村存在的非婚同居现象的态度"有1.2%的农民表示"赞成"，27.6%的表示"无所谓"；对"农村大量离婚现象的态度"有1.5%的农民表示"赞成"，18.1%的表示"无所谓"。

表4　对有些妇女做"三陪"小姐的态度

瞧不起	不知道	无所谓
63.8%	19.6%	16.6%

表5　对农村存在的非婚同居现象的态度

反对	无所谓	赞成
71.2%	27.6%	1.2%

表6　对农村大量离婚现象的态度

反对	无所谓	赞成
80.4%	18.1%	1.5%

2. 财富伦理

尽管部分农民中存有拜金主义倾向，但威海绝大多数农民能够树立正确财富伦理观。对"有钱就有一切"说法的态度，被调查的农民有24.6%选择"赞成"，20.2%的选择"无所谓"，但还有55.2%的农民选择了"反对"。

表7　您对"有钱就有一切"说法的态度

反对	赞成	无所谓
55.2%	24.6%	20.2%

对"您认为当前村民们最崇拜的人物"，34.4%的农民表示最崇拜"抗震英雄"，列第一位。其他崇拜的人物依次是共产党员占18.7%，劳动模范占15.1%，"有钱人"占11%，革命先烈占10.4%，明星占0.9%，也有4.5%的表示"不知道"。

表8　您认为当前村民们最崇拜的人物

抗震英雄	共产党员	劳动模范	有钱人	革命先烈	不知道	明星
34.4%	18.7%	15.1%	11%	10.4%	4.5%	0.9%

3. 孝道伦理

在"您认为村里最不好的风气是什么"的调查中，有 30.9% 的人选择"不孝敬老人"，排在第一位，说明孝道伦理问题在威海农村地区已成为不容忽视的问题。

表 9　您认为村里最不好的风气是什么

不孝敬老人	赌博现象比较普遍	红白喜事大操大办	传播小道消息	打架斗殴	封建迷信现象比较普遍	其他
30.9%	18.7%	16.0%	13.1%	10.7%	6.2%	4.5%

4. 政治伦理

从表10、表11看，被调查的农民有96.7%的表示对国家大事"非常关心"或"关心"，表示"不关心"和"无所谓"的只占3.3%；有86.9%的农民表示个人和国家"非常有"或"有一点"直接联系，只有5.3%的表示"没有"。因此我们可以看出绝大多数农民能够树立正确的政治伦理观，比较关注国家大事。

表 10　您对国家正在发生的大事的态度

关心	非常关心	不关心	非常不关心	无所谓
55.8%	40.9%	1.5%	1.2%	0.6%

表 11　您认为个人实惠和国家大事之间是否有直接联系

非常有	有一点	不知道	没有
43.9%	43.0%	7.7%	5.3%

此外，绝大多数农民对基层民主建设持乐观态度。对"您认为农村选举能够带来真正的民主或自治吗"，有73.9%的农民表示"完全能够"或"比较能够"带来真正的民主或自治，只有24.5%的表示"不能够"，1.6%的表示"不知道"。

（三）从农民的视角看思想观念状况

文明观念是当前农村最需树立的良好观念。对"您觉得当前农村最需要树立的良好观念是什么"，被调查农民的选择主要是"文明观念"（36.8%）、"法制观念"（15.7%）、"平等观念"（12.5%）、"创新观念"

（12.5%）、"民主观念"（11.9%）。文明观念是一个通观全局和根本的综合性观念，威海被调查农民对这一观念的第一位选择恰恰说明了他们观念上的成熟。

表 12　您觉得当前农村最需要树立的良好观念是什么

文明观念	法制观念	平等观念	创新观念	民主观念	市场观念	开放观念	竞争观念
36.8%	15.7%	12.5%	12.5%	11.9%	4.7%	3.9%	2.1%

自卑心理和封闭心理同为当前农民最需要改变的不健康心理。调查显示，对"您觉得当前最需要改变农民存在的什么心理"，被调查农民分别有28.8%的人选择了"自卑心理"、"封闭心理"，有24.9%的农民选择了"模仿心理"，有17.5%的农民选择了"依附心理"。这说明当前农民的确存在着许多不健康的心理问题，迫切需要疏导改变，以此培养农民健康的社会心理和健全的人格。

表 13　您觉得当前最需要改变农民存在的什么心理

自卑心理	封闭心理	模仿心理	依附心理
28.8%	28.8%	24.9%	17.5%

（四）从农民的视角看文化知识状况

科学技术知识是当前农民最需要的知识。调查显示，对"当前农民最需要的知识"，有49.0%的认为需要"科学技术知识"，而对其他知识的选择依次是卫生健康知识占24.9%，文化基础知识占11.9%，经营管理知识占7.1%，民主法制知识占7.1%。

表 14　您觉得当前农民最需要的知识是什么

科学技术知识	卫生健康知识	文化基础知识	经营管理知识	民主法制知识
49.0%	24.9%	11.9%	7.1%	7.1%

（五）从农民的视角看文化活动状况

看电视是农民打发闲暇时间的主要方式。调查显示，对"您没事的时候主要干什么"，有73%的农民选择了"看电视"，排在第一位；排在第二、三、四位的分别是做家务占49%，锻炼身体占23.7%，看书报杂志占18.4%；其他方式还包括聊天、逛街或串门、打牌打麻将、补习知识，分别只占18.7%、9.2%、4.5%和2.1%。这说明看电视已经成为农民打发闲暇时间的最主要方式，也是农民获取外界信息的最有效、最常见的方式，更是对农民乡风文明习惯养成起着最大潜移默化作用的途径，不可不察。

新闻节目是最受农民欢迎的电视节目。调查发现，农民收看比例较高的电视节目依次为新闻节目占51.9%，农业技术知识节目占32.9%，法律案件节目占31.8%，电视剧占27.6%，教育子女节目占22.3%，娱乐节目占15.1%，生活常识占14.5%。从这些数据可以看出，农民对国家大事、农业生产方面的信息、自身权益的保护等几个方面比较关注，而这也应该成为今后威海面向农村的电视节目制作的方向性选择。

农业技术培训活动是农民最喜欢参加的文化活动。调查显示，对"您最喜欢参加什么文化活动"，农民的选择比例较高的依次是农业技术培训占27.3%，唱歌、跳舞等文娱活动占25.8%，文化和科学知识学习占18.7%，分列第一、二、三位。其他的依次是副业技术培训、学习法律知识、体育比赛、打牌打麻将等，但所占比例较小，均在10%以下。说明威海农民具有求知、求富、求乐的良好文化追求，为政者应该给予积极的引导和扶持。

（六）从农民的视角看制度规范状况

村干部带头是树立良好农村社会风尚的重要途径。调查显示，对"您认为良好农村社会风尚的树立最主要靠什么"，农民的选择依次是"村干部带头"（45.7%）、"法律规定"（28.2%）、"村规民约引导"（18.1%）、"舆论制约"（8.0%），反映了威海农民倾向于对农村良人治理境界的追求。

表15　您认为良好农村社会风尚的树立最主要靠什么

干部带头	法律规定	村规民约引导	舆论制约
45.7%	28.2%	18.1%	8.0%

（七）从农民的视角看风俗习惯状况

不尊敬老人是当前农村最不良的风气。调查中发现，对"您觉得村里最不好的风气是什么"，30.9%的农民选择"不尊敬老人"，18.7%的选择"赌博的现象比较普遍"，16.0%的选择"红白喜事大操大办"，13.1%的选择"传播小道消息"，10.7%的选择"打架斗殴"，6.2%的选择"封建迷信现象比较普遍"。

表16　您觉得村里最不好的风气是什么

不尊敬老人	赌博现象比较普遍	红白喜事大操大办	传播小道消息	打架斗殴	封建迷信现象比较普遍	其他
30.9%	18.7%	16.0%	13.1%	10.7%	6.2%	4.5%

这些消极腐朽的东西沉渣泛起，污染了社会风气，毒害了农民心灵，影响了农村稳定。特别是选择排在第一位的"不尊敬老人"，说明在文化全球化特别是西方消费主义生活方式的影响冲击下，中国传统优秀的孝道伦理在威海农村正经受着严峻的考验。

人情风是当前农村最不好的风俗。调查显示，对"您觉得当前农村最不好的风俗是什么"，32.9%的农民选择了"人情风"，排在第一位。农民认为当前农村不好的其他风俗依次是迷信占26.7%，聚众赌博占24.6%，而买卖婚姻、土葬、超生早育、宗族纠纷等占比均为个位数。

"人情礼"名目繁多，愚昧消费愈演愈烈，文明乡风建设应该在这三方面下大气力。

表17　您觉得当前农村最不好的风俗是什么

人情风	迷信	聚众赌博	买卖婚姻	土葬	超生早育	宗族纠纷
32.9%	26.7%	24.6%	7.7%	4.5%	1.8%	1.8%

（八）从农民的视角看行为方式状况

部分农民的不良行为方式亟待改善。调查中，我们从农民生活中常见的两种行为"饭前饭后洗手"和"见面打招呼"方面进行了考察。调查显示，对"您在饭前饭后总会洗手"，有80.7%的农民表示"是"，说明绝大多数农民养成了良好的卫生习惯，但仍有16.6%的农民表示"有时是"。对"当您与村民见面时总会说什么"，只有18.4%的农民选择了文明用语"您好"，80.1%的农民选择了乡土传统语言"吃饭了吗"，更有少数的农民日常口语不够文明，在问候时甚至带有脏字，粗话连篇。

改善农民行为习惯和行为方式（行为文化建设）的关键在于提高农民的自身素质，而农民素质的提高是一个需要长期涵养的过程。

（九）从农民的视角看农村环境建设状况

道路平整是当前农民对农村环境建设最满意的方面。调查中，我们围绕农民对村庄的房屋、道路和村庄布局的满意度进行了调查，结果显示，农民的满意率达到了74.8%，说明近年来新农村建设在硬件设施建设方面取得了明显成效。同时，调查还显示，对"您村在农村环境建设中做得最令您满意的方面"，40.7%的农民选择了"道路平整好"，其余的选择依次是生态环境好占24.9%，照明设施好占24.9%，住房布局好占7.1%，墙壁粉刷好占2.4%。

实现素质市民化是当前彻底改变农村旧面貌的关键。调查显示，对"您认为要彻底改变农村旧面貌最主要的是实现什么"，30.2%的农民选择了"素质市民化"。其他的选择依次是生产机械化占28.8%，生活电气化占16.9%，居住楼房化占12.8%，交往信息化占11.2%。数据说明有近1/3的被调查农民认识到了进一步提高农民综合素质，实现向新型农民的转变对新农村建设的战略意义。

二 影响乡风文明建设的主要因素

调查中，我们对影响乡风文明建设的因素进行了总体测量。农民认为影响乡风文明建设的主要因素依次是农民思想观念比较陈旧落后，占40.7%；农村社会风气缺乏强有力的正确引导，占25.2%；农村文化阵地建设滞后，农民群众文化生活匮乏，占18.4%；农村卫生状况较差，占7.7%；传统文化的制约，占4.2%；外来文化的影响，占3.9%。

表18 您认为影响乡风文明建设的主要因素是什么

思想观念比较陈旧落后	社会风气缺乏强有力的正确引导	文化阵地建设滞后，文化生活匮乏	农村卫生状况较差	传统文化的制约	外来文化的影响
40.7%	25.2%	18.4%	7.7%	4.2%	3.9%

根据农民的反映，结合威海农村实际，本课题组认为，影响乡风文明的因素主要是以下六个方面。

（一）基层干部认识上有偏差

调查中，我们发现，一些基层干部对乡风文明建设的长期性、重要性以及丰富的内涵认识不足。有的基层干部认为社会主义新农村建设就是"盖房子、修道路"、搞"村容整洁"，甚至认为乡风文明建设是虚的，可有可无，对社会主义新农村的认识不全面。有的重经济建设轻文化建设，几乎把全部精力放到跑项目跑资金上，认为抓经济工作才是当务之急。有的甚至错误地认为，经济发展了，乡风自然文明了。因此，在实际工作中，缺乏抓文明建设的措施和力度，存在一手硬一手软的现象，使乡风文明建设基本处于放任自流状态。

（二）农民素质偏低

表现在文化素质方面，在调查的农民群体中，文化程度为小学及以下的占 25.5%，初中占 48.4%，高中或中专占 23.7%，大专及以上的占 2.4%。文化程度偏低，导致了农民的思想观念、道德意识、价值取向、文化认同等方面出现偏差。

在思想意识方面，农民思想还比较保守，思想观念陈旧落后，传统的小农意识根深蒂固，生产、生活和行为方式都与现代社会生活的要求差距甚远。

在科技素质方面，由于农民科技知识贫乏，对新事物、新技术的认识水平低下，从而使他们接受新事物、学习使用新科技的能力严重不足。

在道德素质方面，传统美德有滑坡趋势，关心集体、热心公益等集体主义观念正在逐步淡化。由于农民自身素质不高，其本身固有的不良习惯很难纠正。

（三）农村留守农民年龄老化

从被调查群体的年龄结构看，30 岁及以下的占 6.6%，31～40 岁的占 30.2%，41～50 岁的占 36.5%，51 岁及以上的占 26.8%。从被调查群体的性别结构看，男女比例为 47.5∶52.5

调查中发现，农村现有留守的常住人口多为妇女、儿童和老人等妇少老弱人员，农村劳动力特别是村里的青壮年劳动力大量向城市转移，外出务工。这虽然在一定程度上增加了农民的收入，拉动了所在村的经济发展，同时，也在一定程度上使乡风文明建设失去了主力军。

（四）农民文化生活贫乏

随着农民收入增加，物质生活基本步入"小康"，求知、求美、求乐成为农民一种现实的愿望，但是受主客观条件的制约，农民的精神文化生活显得单调而贫乏。从上面的分析可以看到，73%的农民表示看电视是农民打发闲暇时间的主要方式，农村文化娱乐活动单调且匮乏，有组织的群众性文化活动太少。调查中，对所在村组织集体性文化活动情况，35.3%的农民反映经常组织，47.1%的反映偶尔组织，17.6%的反映从没组织过。由于文化生活贫乏，封建迷信、赌博甚至邪教乘虚而入，污染了社会风气，毒害了农民心灵，影响了农村稳定。

（五）文化阵地建设滞后

调查发现，农村公共基础设施比较落后，缺乏农民活动场所，既不能满足农民的精神文化需求，与建设社会主义新农村关于乡风文明的基本要求也相距甚远。农村资金投入用于经济发展的多，用于精神文明建设的少，公共设施投入严重不足。从村级经济角度看，近年来，多数村的集体收入越来越少，不少村庄甚至成了集体经济的"空壳村"，出现了"无钱办事"的局面，文化设施投入更是空白。因为缺乏阵地设施和有效载体，农民无法达到自我教育、自我管理、自我提高的目的，变得"有闲"了的农民在健康优秀文化难以接触的情况下，就可能被低级趣味的文化"拉下水"。

（六）社会风气缺乏正确引导

调查中，我们看到，农民对文明的需求日益强烈，但由于农民科学文化素质较低，对"文明"的辨别能力弱。一方面，农民受外来文化影响较大。农民外出打工，在带回收入的同时，带回了一些新观念、新思想，但他们也带回诸如黄赌毒邪、拜金主义、享乐主义等一些糟粕。农民很难辨别其善恶美丑，导致思想日益复杂。另一方面，封建传统思想还有一定市场，传统美德与封建迷信相互混淆，在一些民俗活动中还夹杂着封建迷信等落后思想。导致了部分农民的思想意识、价值取向、道德观念产生错位，崇尚科技文化知识的氛围不浓，封建迷信等陈规陋习时有出现，在有的村因为文化环境的恶劣而滋生危及社会稳定的因素。

三 威海乡风文明治理对策思考

影响威海乡风文明建设的上述六大主要因素，说到底是影响的外在表现，更深层的东西则是文化不自觉和制度缺失。我们认为，就形成文化自觉和完成制度建构而言，威海乡风文明治理关键在三点。

（一）坚持教育在先，涵养公序良俗

道德教育，文化养成是永恒的话题。在优秀的传统文化养成上，靠家庭教育传承，更要靠社会力量乃至政府力量的推动。通过社会文化榜样人物的倡树，让孝道文明以及"八荣八耻"理念深入人心。

要弘扬中华民族传统美德，推行新风尚，提倡科学、文明、法治的生活观，用社会主义的思想道德观念和健康、进步的文化生活占领农村意识形态阵地。一是广泛开展"五提倡五反对"活动。提倡婚事新办，反对奢侈浪费；提倡丧事简办，反对铺张挥霍；提倡学科学、信科学、用科学，反对封建迷信；提倡健康娱乐，反对聚众赌博；实行计划生育，提倡优生优育，反对非法生育。二是深入开展文化、科技、卫生"三下乡"活动。要坚持面向基层、深入基层、服务基层，坚持三贴近原则，探索"三下乡"与农村和农民对接的有效方式，创新内容、创新形式、创新手段，变"三下乡"为"常下乡"。

（二）打造文明平台，寓教于乐入心

要充分利用电视、广播、网络，建设文化平台。组织文化专家到农村采风，写农村新人新事，让进步、健康的文化信息占领农村文化阵地。同时，要充分发挥农村传统的文化娱乐形式的作用，如秧歌、舞蹈等，让农村文化能人自话自说，褒扬先进，针砭落后、野蛮以及一切非文明现象。要积极组织开展乡村运动会，以唤醒人们的团队意识和集体主义精神。

（三）维护公序良俗，良人治理和规约治理并举

社会学注重关系和观念的重构，而不是伦理学意义上的道德立法。从这个意义上讲，维护公序良俗关键靠良人治理，即村"两委"班子的人格魅力和道德示范力，因此，选好人加能人的良人，形成良人治理结构，就成为农村文化建设的长期任务。

但是，选良人必须靠先进科学的规约治理。所以从治理层面和社会层面来讲，可以将村干部考选方式与民选方式结合起来，即民选分值（评判道德力、威信力）与专家组评判分值结合（政策认知力、综合分析力、应急处置力），以选择良人，推行良人治理。

规约治理还体现在党委、政府应强化农村集体关系及观念的重构。即村"两委"干部必须有兼善理念——齐家治村，爱民亲民。具体讲，党委、政府

一方面应积极、全面、科学地规范农村基层领导人道德文化行为准则，使之标准化、规范化，以形成村干部带头，农民跟进的局面。另一方面，还必须将村规民约维护与利益激励机制挂钩（高区中盛园社区的违背道德规范者必罚的倒十字星村社管理模式），形成规约治理与良人治理协调共进的局面。

总之，乡风文明建设的思路、对策十条百条，归根结底，就是要把社会主义核心价值观融入国民教育和精神文明建设全过程，着眼于满足人民群众日益增长的多方面、多层次、多样性的精神文化需求，着眼于提高人民群众的思想道德素质和科学文化素质，着眼于促进人的全面发展，努力提高农村居民的精神状态、意志品格和内在凝聚力，构筑社会主义核心价值观坚实的文化根基。

（作者单位：中共威海市委党校　课题组成员：孙保广　徐丽卿　隋书卿）

提升人文内涵　推进精品城市建设

于　霞　柏颜春

美好的城市不是目的，美好的生活才是。从 1987 年设立地级市以来，经过 20 多年的发展，威海这座当年的边陲小城，如今已成为颇具活力与特色的城市，国家卫生城市、国家园林城市、国家环保模范城市、中国优秀旅游城市、最适合人类居住的城市、国家森林城市……一顶顶桂冠，纷至沓来。这一切的最终指向，都是建设一座精品之城，建设一个宜居幸福的家园。

一　精品威海初具模样

建设精品城市是威海市多年来的追求。特别是 2008 年以来，围绕"建设创新、开放、宜居、幸福的现代化新威海"的目标，威海市坚持高起点规划、高标准设计、高水平建设、精细化管理，努力实现规模膨胀与求精求美同步，城市发展与生态改善同步，精品城市的内涵和品位不断提升。目前威海人均居住面积达 20.98 平方米，人均城市道路面积达 30.36 平方米，人均公园绿地面积达 24.12 平方米，建成区绿化覆盖率 46.5%，污水处理厂集中处理率 89.27%，集中供热率 68.9%，燃气普及率 99.71%，用水普及率、生活垃圾无害化处理率均达到 100%。

近年来连续实施的 7 轮城建重点项目建设，完成了国际展览中心、国际会议中心、幸福公园、悦海公园等 40 多项重点工程。2010 年重点实施的 6 大系列、23 个城建重点项目、156 个分项工程，让威海更加美丽。

从各方面来讲，都可以说威海市精品城市建设取得了相当成就。但是，有句话说得好：没有最好，只有更好。城市发展是个动态过程，看到成绩的同时，我们也要对下一步的发展有清晰的认识。

二　进一步发展可资参考的理念

城市是我们广义的家园，城市庇护、容受、包含、养育着它的居民。从这个角度讲，精品城市建设就是要建设高品质的城市卧室、厨房、起居室、会客厅、书房、游艺室、卫生间、工作间、走廊、管线，就是既要让城市各类设施耐用、实用，也要它们精致优美，能同时满足人们的衣食住行等物质需求和学习娱乐交往审美等精神需求。以人为喻，精品城市建设就是致力于打造一个内外兼修的佳人。

（一）更加注重人文关怀，充分提供户外交往空间

人是群体性动物，任何人都有和他人交往的需要。与乡村的所谓"熟人社会"不同，城市与之相比是"陌生人"组成的社会。但这并不表示城市人就没有与人接触的需要，除了工作接触之外，人们也还需要私人交往的机会与空间。按照交往时人们接触强度的不同，可以分为如下几类：

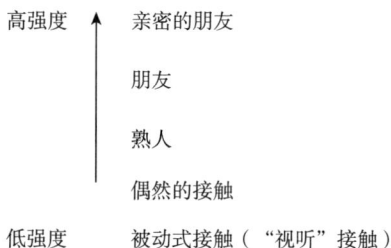

高强度　↑　亲密的朋友

朋友

熟人

偶然的接触

低强度　　被动式接触（"视听"接触）

城市公共空间或住宅区中见面的机会和日常活动，为居民间的相互交流创造了条件，使人能置身于众生之中，耳闻目睹人间万象，体验到他人在各种场合下的表现。这类轻度的"视听接触"与其他形式的接触相互关联，它们是从最简单的、无拘束的接触到复杂的、积极参与的交往这一整个社会性活动系列的基础和组成部分。

户外生活主要是位于强度序列表下部的低强度接触。与别的接触形式比较，这些接触似乎微不足道，但其重要性不可低估，它们既是单独的一类接触形式，也是其他更为复杂的交往的前提。仅仅通过观察体验他人的言谈举止，就可能为下列活动提供机遇：轻度的接触；进一步建立其他程度的接触；保持业已建立起来的接触；了解外界的各种信息；获得启发，受到激励。等等。总之，它既是人们的实际精神需求，也具有缓解所谓"城市冷漠症"，增

加城市活力与安全的重要价值。

这就要求在搞好城市标志景观建设的同时，更加注重市民的日常生活，从市民的身边做起，更加注重为居民提供方便优美的户外活动空间，注重为人们的户外交流创造更好的条件，为人们提供可以在户外舒适逗留的场所，让人们可以漫步、驻足停留、可以小坐、观看、聆听与交谈。此类设施如小区公共活动场所、社区文化艺术中心、步行街等应在城市里遍地开花，应作为建设精品城市的重点予以充分关注。威海市在这方面已有一些很好的实践，如菊花顶后山的环山路，威海财会学院门前的小广场（甚至有市民晚上骑摩托车到此活动），都受到市民的热烈欢迎，利用率极高，很有必要推而广之。

（二）突出城市特色，打造城市形象

世界音乐之都维也纳、花园城市新加坡、以大规模世界书展闻名的博览会之城莱比锡、以国际电影节蜚声世界的法国南部美丽小镇戛纳、以举办世界经济论坛年会知名的瑞士小城达沃斯……城市的特色提升了城市的品质，充分挖掘培育城市特色是精品城市建设的重要内容。

多年来，威海立足环境优势，突出滨海特色，讲求生态环保，形成了"环山绕海、碧海蓝天、红瓦绿树、中西合璧、错落有致"的城市建筑风格，构建了"山在城中，城在海中，楼在林中，人在绿中"的生态格局，环境不可谓不优美。但与其他沿海城市相比，特色还是不十分突出，城市形象还不够鲜明。

那么城市的特色是如何构成的呢？是哪些因素使我们感到此城与彼城的明显不同呢？城市特色可分解为三个方面的因素。

1. 自然因素

指城市所在的自然地理环境、山川名胜等，这是形成城市特色的基本因素。不同城市的不同特色，在于顺应自然，利用自然，充分表现自然环境的特点，如果人工的建设体现了自然环境的差异，那么特色也就在其中了。

2. 人工因素

指一切人为建造活动的成果，它是形成城市特色最能动、最活跃的因素，也是建筑师、规划师最好的用武之地。城市的规划布局、建筑形象、绿化、雕塑都对城市形象产生影响，是城市特色的重要因素。

3. 社会因素

它是人工因素的深层依据。人们是按着自己长期以来的生活习俗、行为方式、道德情趣来塑造城市的，他们会自觉、不自觉地把自己的文化观点加

到物质实体的建设中去，不了解这些社会因素就不好理解许多人工因素的所以然。

自然因素是城市特色的基础，我们要在这个基础上绘出美好的图画；人工因素是规划、建筑及所有城市建设工作者的工作任务；社会因素是人工创造的依据，是我们应认真发掘和认识的。

威海以"山、海、林、泉、岛"著称，长期以来，我们的眼光多集中于"海"字上，对其他几个特色的重视程度不够。威海市区范围内分布着大小46个山体绿核，面积达356.3平方公里，铁嵲山、昆嵛山、里口山等养在深闺人未识，山海相对，相看两不厌，理应成为威海一大特色。

威海有林，但人工纯林面积大，树种结构单一，低效林比重大，森林生态功能等级比较低，抗风险能力弱。很有必要下大气力调整，让我们"国家森林城市"的称号更加名副其实。

威海有泉，有"中国温泉之乡"的美誉。温泉矿化度为全国之冠，富含对人体有益的阴阳离子，能改善心、肺、脑、肾等器官功能，促进新陈代谢，加速血液循环，调整免疫系统和激素平衡。对头昏、失眠、风湿病、颈肩腰腿痛等数十种顽固疾患有奇效，长期洗浴可延年益寿。但相比南方和国际各国的温泉开发，我们还处于起步阶段，温泉开发项目还比较单一，温泉服务还仅限于低端的洗浴和个别较高端的项目，中间层次缺档。温泉开发还处于零散状态，没有形成规模优势。急需政府在这方面有所动作，规划引导，以使温泉成为威海城市又一亮点。

威海985.9公里的海岸线上海岛星罗棋布，刘公岛、海驴岛、褚岛、鸡鸣岛、镆铘岛、苏山岛、三山子岛、牛心岛、宫家岛、南黄岛、杜家岛、小青岛等大小岛屿、岛礁187个，其中较大的岛有86个。这些形态万千、充满诗意的海岛，是浪漫怡人的海滩、风情万种的海湾之外，威海黄金海岸的又一大特色。在人类对亲海的追求中，海岛无疑是又一个更佳的亲海之所。

目前，海岛旅游已成为新的时尚，海岛因其四面临水的特点，更给大多数旅游者以神秘感和异文化的震撼，也更适合休闲的本意。无数人都渴望登上海岛，远离拥挤的城市，远离忙不完的工作，在那儿自由呼吸，享受生命。海岛之梦成为许多现代人的梦想，海岛成为了浪漫、神秘的代名词。

目前威海沿岸的海岛几乎也都在进行着相关的海岛旅游开发：乳山口外的小青岛成为渔家风情旅游的目的地；荣成的苏山岛被开发成融生态旅游、宗教寻踪、民俗风情和现代游乐项目于一体的综合旅游胜地。"海鸥王国"海驴岛，岛上孤峰突兀，拔海而起，岛前有溶洞，岛后有悬崖陡壁，怪石林立。

岛上栖息着无以计数的海鸥，使这里成了岛上的钓鱼台、观鸟台、扁担石等自然景观及观海亭和穿山通道、简易活动客房，使这里成为海岛探险者的好去处。鸡鸣岛有悠远的民俗、遍布全岛的芙蓉花和具有胶东特色的海草房。岛上无淡水水源，岛民世代靠每家自备的接雨系统生活，形成独特的生活方式。这些都是威海独具的优良资源，但还不为大众所了解。

从社会因素来看，威海既有尚武文化，又有文登学的传统，更有胶东剪纸的文化遗产，但这些文化因素在城市特色上还没有得到充分表现，十分需要把它们与精品城市建设有机结合起来。

（三）强化城市综合治理，创造和谐生态

1. 尽快建设地下共同管道

中国城市街道开膛破肚的恶性循环屡屡被人诟病。这一现象在上海世博园区被"根治"，一条宽、高均近两米的所谓"共同管沟"，将原本均为单独埋设的水、电、气等各类市政管线集中放置，这背后是对城市地下空间政出多门、利益错综的彻底整合。多少是借着世博会的特事特办，上海市建交委得以顺利解决地下管线管理的顽疾。但一个雄心勃勃的计划正在酝酿，上海全市推广共同沟的立法课题研究，已在计划之中，这或将开启中国城市建设的新革命。

威海城市风景秀美，不协调之一就是道路似乎也总在维修，一遍遍开膛破肚，市民对此颇有烦言。解决之道，就在于借鉴先行者经验，实行地下设施的统一规划建设。

早在1833年法国巴黎在有系统地规划排水网络时，就开始兴建共同沟了。英国伦敦、德国汉堡也在19世纪规划建设了共同沟。借鉴这些成功经验，威海应尽快做出地下管道综合管廊规划。遵循城市道路建设先地下后地上的原则，不断加大共同沟的投入。做到由点到面，只要道路"开膛"就同时建设地下管廊，持之以恒，最终建成适应城市发展的地下管道综合管廊。

2. 主城区加大"公交优先"战略的实施力度

近年来，随着威海市交通设施不断完善，公路、铁路、水路、航空等多种运输方式衔接配套的全方位、立体化、开放型的现代化交通运输体系已基本形成。下一步青烟威城际铁路的建设，必将使威海的对外交通更加便捷。与此同时，随着私家车保有量的快速增长，威海主城区的交通问题日益凸显。上下班、节假日高峰时段，堵车问题越来越严重，市内停车位紧张，商业场所停车越来越困难。针对这一问题，威海市从2007年开始实施公交优先战

略，2009 年出台了《威海市人民政府关于优先发展城市公共交通的意见》，其中提出的主要目标是：到 2012 年，市区万人拥有公交车达到 12 标台，中心城区公交站点覆盖率大于 85%，乘客候车时间缩短到 3 ~ 5 分钟，公交出行分担率达到 30% 以上，基本确立公交在城市交通中的主体地位，形成以常规公交为基础、快速公交为骨干、其他交通方式为补充的城市交通框架。

优先发展城市公交，构建快速、绿色、智能、安全、便利的公交体系，是缓解城市交通拥堵、提高城市运转效率的有效手段，是改善宜居城市公共环境、建设资源节约型社会的重要举措。威海市这一战略方向无疑是正确的。但到 2012 年万人 12 标台公交车的目标，相较国家规定的畅通城市 11 ~ 15 标台的标准仍处于较低水平，考虑到未来几年城市人口和机动车数量的可以预见的快速增长和主城区旧有道路的限制，很有必要加大公交优先的力度。

3. 复兴慢行交通，回归生活品质

现代城市道路发展中，建设适合汽车行驶的城市道路是第一阶段，第二阶段重点则转向了轨道交通。给汽车跑的城市干道、给轨道交通跑的轨道线路这两项目前构成了城市公共交通的重要骨架。城市化发展到今天，人们逐渐认识到，曾被视为落后的慢行交通，在提高生活品质方面具有新的意义。

如果我们将一天 24 小时粗分的话，基本上可分为 1/3 的睡眠时间、1/3 的工作时间、1/3 的休闲娱乐时间。大部分人在一天中的 8 小时内为工作奔忙，需要利用社会资源，需要较高的交通速度，机动交通可以为此提供保证。但与此同时，市民也越来越注重休闲娱乐生活，在这部分时间段里，可以不需要很高速的交通，自行车、步行这些慢速交通方式正切合此时的需要。

所以，城市的交通系统应具有综合性——以快速机动化交通来体现城市的效率，以慢行交通系统来体现城市的品质、展现魅力。

城市慢行交通服务的核心目标应是通过慢行交通系统的精心设计，去打造三类城市魅力区。也就是：

慢行核。它包括城市吸引核——风景名胜中心、中心商业商务区；城市活力核——高等院校及非住宿类高级中学、职业中学；城市和谐核——大型居住社区、社区活动中心。在这些慢行核内，慢行交通处于绝对优先地位，与城市风貌、景观创意、休闲、观光、旅游以及商业紧密结合。

城市慢行安全区——慢行岛。针对那些短距离的出行，例如去周边散散步，或者去附近打打羽毛球这类适合骑自行车出行的，小范围地营造环境，提供相对独立的安全岛。比如说打通低等级道路的断头路、小路，通过快速路、主次干道的人行设施，以及少量与主要道路平行的非机动车专用道，为短距离出行提供相对独立与安全的慢行出行道路空间。

慢行走廊。快速交通对城市发展最严重的副作用之一，是对城市空间的无形割裂，特别是城市旧城区，快速交通建设对传统社区、文脉也产生了分隔。但人的活动是有延续性的，对这些被隔开的地方要给出连接通道。

威海作为后发城市，在交通规划上更应具有超前眼光。现阶段就可把慢行交通作为城市交通规划的一部分，而不要在适应机动车发展中忽略这一点，以致将来不好弥补。再者，威海上千公里的海岸线是最适合慢游的资源，借鉴北京、杭州开展的针对游客的自行车租赁业务经验，应该也是威海市一个好的选择。

（四）适时学习引进最新技术，加速精品城市建设

2010 年上海世博会的主题就是"城市，让生活更美好"，组织方首次设立了一个专属于城市的"分享区"——城市最佳实践区。全球 80 个城市案例在这里集中展示，与公众分享它们在宜居家园、可持续的城市化、历史遗产的保护和利用，以及科技创新等领域的实践。

某些案例可以给我们有益启示：

作为全球最大港口城市之一的鹿特丹，是一个城市最低点在海平面 7 米以下的沿海城市。也就是说它常年都面临水的威胁，特别是随着气候变暖降雨量也是越来越大。在鹿特丹馆里有鹿特丹市水广场一个 10∶1 的微缩模型，由很多大小不同、形状各异、高低不等的水池组成，而水池与水池之间有一些沟渠相连，平时这是一个下沉式的休闲娱乐广场，一旦遇到暴雨天气，水广场就变成了一个防涝系统，不到几分钟的时间，屋顶水幕系统喷洒出的滂沱雨水，就被水广场所"笑纳"了。未来几年，鹿特丹计划建造超过 25 个水广场。它既避免了城市灾害，又方便了市民生活，可以说是简单方法解决大问题。

对于困扰许多城市的"垃圾围城"问题，台北案例馆就有自己的解答。台北案例馆的参展案例之一"垃圾零掩埋"表明，纠结于处理垃圾的技术如何先进，并不能打消群众的疑虑，通过持续不断的公共政策来教育市民分类投放垃圾，将从根本上解决垃圾处理难题。台北通过这十几年的推广，垃圾每年的处理量下降到只有原来的 2%，而且将在今年年底实现"垃圾零排放"。

在美国芝加哥的"可持续城市，未来城市"案例中，通过水、垃圾、食物、能源、健康、移动、商业 7 个主题，来体现芝加哥的现在和未来的模式。

芝加哥订立了一个变成最"绿色"城市的目标。芝加哥鼓励在城市环境中使用绿色科技和保存自然资源，通过政府引导保存和保护自然环境的方法，提高公共健康，节省消费，创造就业，提高生活质量。同时，芝加哥信奉可持续城市化，并且认为"真正的可持续城市化是生活、工作和娱乐之间的合作无间"，因此芝加哥允许居民在融合他们的专业和个人世界中，不断地体验着城市的力量和潜力。可以说，通过城市可持续发展、环保科技、资源保护和"公共—私人"合作的创新，芝加哥市成为全世界可持续发展的一个典范。

原来城市也可以零碳，也可以鸟语花香，也可以闲庭信步……

（作者单位：中共威海市委党校）

深入落实科学发展观 积极构建统筹
解决人口问题框架体系

刘永忠

科学发展观的核心是以人为本，根本方法是统筹兼顾。统筹解决人口问题，是落实科学发展观的题中之义。在新时期，坚持以人为本，实现科学发展，必须统筹解决人口的数量、质量和结构问题，推动人口与经济社会资源环境全面协调可持续发展，促进人与自然和谐发展。

一 威海市统筹解决人口问题的实践和探索

威海市是全国较早开展计划生育工作的地区之一，所辖文登市于 20 世纪 50 年代中期就开展了节育试点。经过 50 多年特别是改革开放 30 年来的努力，威海市人口计生工作具备了较好的工作基础、群众基础和社会基础，取得了显著成绩。人口数量得到有效控制。20 世纪 80 年代初期，威海市就进入了低生育水平时期，人口自然增长率低于 10‰，育龄妇女总和生育率稳定在 1 左右；2008 年全市人口出生率为 6.85‰，自然增长率为 -0.79‰，连续 10 年负增长。出生人口素质显著提高。出生缺陷发生率控制在 5‰以内，婴儿死亡率降低到 4.28‰，"五普"人口平均预期寿命达到 75.4 岁。出生人口性别比一直处于正常范围。多年来，全市出生人口性别比稳定在 105 左右，处于合理水平。新型婚育观念基本形成。多年来，全市符合政策生育率均达到 99% 以上，独生子女总领证率达到 57.5%，双女户占二孩户比重为 42.8%，有 4.8 万个达 66% 的农村独女户自愿报名不生二孩。威海市人口计生工作为改革开放和现代化建设做出了突出贡献，有力地促进了经济社会又好又快发展，初步走出了一条生产发展、生活富裕、生态良好的文明发展道路。

在 50 多年的人口计生工作实践中，威海市始终坚持稳定生育政策，持之以恒地抓计生工作；始终坚持从本地实际出发，创造性地开展工作；始终坚持以人为本的理念，注重维护群众计划生育权益。20 世纪 80 年代初，威海市总结提出了计划生育"三为主"工作经验，被确定为全国计划生育工作方针；90 年代初全面推行避孕节育措施知情选择，90 年代中后期积极开展了计划生育优质服务，1998 年被确定为全省第一个优质服务示范市，2008 年所辖市区全部成为全国优质服务先进单位。进入新世纪，威海市深入开展人口和计划生育综合改革，2003 年被确定为全国综合改革试点市，全国深入贯彻"三为主"工作方针座谈会在威海市召开，推广了发展"三为主"、建立新机制工作经验。近年来，按照科学发展观的要求，威海市在统筹解决人口问题方面进行了积极的探索，初步走出了一条具有威海特色的统筹解决人口问题新路子。主要是坚持做到"三个统筹"。

（一）以稳定低生育水平为中心，统筹人口自身生产和谐发展

人口自身和谐是社会和谐的基础。威海市大力实施人口现代化建设纲要，深入开展"人口现代化建设先进单位"创建活动，在稳定低生育水平的基础上，统筹解决人口数量、素质、结构等问题，努力实现人口再生产的良性循环。一是坚定不移地稳定低生育水平。加大计划调控力度，市政府每年都制定下达人口指导计划，实行相关部门人口信息共享制度和人口预警信息定期发布制度。加大依法管理力度，实行实名有奖举报制度，加强对违法生育对象社会抚养费征收工作。加大长效避孕节育措施落实力度，通过宣传发动、优质服务、考核导向、奖励激励、典型示范等方式，着力提高长效避孕节育措施落实率。加大宣传引导力度，构建社会化大宣传格局，营造有利于人口计生工作的良好舆论环境。二是大力提高出生人口素质。积极建立"政府主导、部门联动、社会参与、群众受益"的优生优育工作机制，大力实施出生缺陷干预工程，推行免费婚检制度、优生四项监测优惠制度、城乡低保人群孕产期保健和 0 ~ 3 岁儿童保健基本项目服务免费制度，降低出生缺陷发生率；积极开展儿童早期教育，促进少年儿童健康成长；全面推行生殖健康促进计划，保障广大妇女的身心健康。三是着力保持出生人口性别平衡。广泛开展"关爱女孩行动"，加大宣传教育力度，营造"生男生女"都一样的良好舆论氛围；各相关部门积极建立健全对女孩家庭的利益导向机制和社会保障体系，减弱群众的性别偏好；加强了对非法鉴定胎儿性别和选择性别终止妊娠行为的监督检查，防止"两非"现象的发生。

（二）以完善服务管理长效机制为重点，统筹城乡人口计生工作同步发展

人口计生工作的重点在农村，难点在城市社区和流动人口。威海市坚持农村和城市人口计生工作发展并重，全面开展了创建"新机制建设示范市区"、"三自模式示范镇村"活动，积极探索服务管理新方法，着力夯实基层基础工作。一是完善城乡服务管理体系。加强基层计生队伍网络建设，以县域为单位建立了农村计生专职人员工资待遇财政补贴制度。加强基层服务阵地网络建设，进一步优化技术服务机构布局，推进中心服务站和县分站的建设，加快服务站标准化建设步伐，提高技术装备和服务水平；不断改善技术服务人员结构，目前全市具有初级以上职称的专业技术人员比例达90%以上。二是完善城乡服务管理模式。全面启动"新农村新家庭"行动计划，进一步完善了"两委负总责、协会当骨干、家庭为中心、群众做主人"的服务管理模式；推广实施了城市人口计生工作"5543"工作方法，坚持做到"社区居委五服务、住宅小区五融入、企业单位四到位、流动人口三联系"，并积极开展了军地计划生育"双管双助"工作；进一步完善了全国全省流动人口信息管理平台，加快建立起"以现居住地为主、属地化管理、市民化服务、信息化支撑、依法维权"的流动人口服务管理"一盘棋"格局。三是完善城乡依法维权机制。大力推行计划生育依法行政"五四三十"工作法，做到五个明确（明确执法的依据、主体、责任、程序、原则）；健全四项制度（公示公开、监督检查、过错责任追究、全员培训制度）；转变三个观念（从人治到法治、从只强调公民义务到公民权利与义务相统一、从管理到服务的转变）；维护公民十项权利（生育权、知情选择权、获得服务权、安全权、参与权、监督权、奖励权、尊严权、保障权、隐私权），严格做到有权必有责、用权受监督、侵权要赔偿。广泛推广计划生育便民维权"三个三"做法，加强"三个建设"（基层网络、执法队伍、行业作风建设）；深化"三项作业"（阳光作业、规范作业、保障作业）；实施"三个关爱"（人性关爱、人文关爱、人情关爱），维护了群众合法权益。总结实施了新时期计划生育信访"三早、三变、三为主"工作方法，做到矛盾早排查，苗头早控制，问题早解决；变上访为下访，变事后为事前，变解释为解决；以畅通信访渠道为主，以强化基层工作为主，以建立长效机制为主，及时解决群众在计划生育中遇到的困难和问题，提高群众满意程度。市人口计生委连续6年被市委、市政府授予

"行风建设先进单位"称号。

（三）以促进人的全面发展为目标，统筹经济社会资源保障发展

针对市场经济新形势，转变工作思路和方法，坚持靠宏观调控、政策推动来营造有利于人口计生工作发展的社会环境，靠舆论宣传和利益导向来营造促进群众婚育观念转变的社会氛围，采取经济、法律、教育、科技、行政等措施综合治理人口问题。一是健全人口与发展综合决策和调控机制。坚持人口与经济社会发展统筹规划、综合决策，将人口计生工作纳入"十一五"经济社会发展的总体规划，纳入全面建设小康社会、构建和谐社会、建设社会主义新农村的总体布局。坚持严格实行人口目标管理责任制，市委、市政府分别与各市区签订了《人口目标管理责任书》，与各相关部门签订了《履行统筹解决人口问题职责责任书》，并将人口计生工作纳入经济社会发展目标绩效管理考核之中；出台了《关于进一步落实人口和计划生育"一票否决"制度的实施意见》，充实了"一票否决"的内容，为人口计生工作提供了坚强的领导保障。二是健全人口计生工作相关部门协作机制。充分发挥人口计生工作领导小组成员单位的作用，进一步完善了部门联席会议、联络员制度和定期督查制度；市人口计生委还建立了党组成员联系市区、科室联系部门制度；各相关部门都明确分管领导、业务主管科室和联系人，认真履行统筹解决人口问题职责，并纳入年度工作计划和工作部署；建立完善了垂直负责体系，加强对下级部门履行人口计生职责的指导和考核监督，把计划生育作为评先评优的重要内容，基本形成了优势互补、资源共享、各负其责、齐抓共管的工作格局。三是健全人口计生事业公共财政投入机制。各级牢固树立优先投资于人的全面发展的理念，进一步建立完善以财政投入为主、逐年稳定增长的人口计生事业经费投入机制。四是健全多层次的计划生育利益导向政策体系。主要是加大"三个力度"。加大计生家庭奖励资金落实力度。自2004年起率先实行了农村及城镇失业（无业）人员独生子女父母奖励费统一发放制度，奖励费由各级财政分级负担，以"直通车"的形式直接发放到个人。加大计生家庭养老、医疗保障力度。全面推行农村部分计划生育家庭奖励扶助制度，目前受益人群达2.56万人，占全市60岁以上人口的5.83%；积极落实机关、事业单位独生子女父母加发的退休金和企业独生子女父母退休时的一次性养老补助金，特困企业职工退休时的一次性养老补助金由各级财政负担，劳动保障部门在办理职工退休手续时负责发放；不断完善城乡社会保险制度，进一步扩大保障覆盖面，城镇职工5项社会保险覆盖率平均达到

75.4%；调整完善城镇职工医疗保险政策，建立城镇居民基本医疗保险制度，将所有城镇居民纳入医疗保险覆盖范围，目前参保率达80%；全面推行新型农村合作医疗制度，提高筹资标准，并对独生子女家庭提高5%~10%的报销比例，目前覆盖面达到98.8%；扩大基本养老保险保障范围，放宽参保年龄限制，从根本上解决了全市大龄城镇居民等10多万人的老有所养问题，并开始试点推行新型农村社会养老保险办法。加大计生家庭社会救助力度。2007年以来，先后建立了计划生育家庭特别扶助制度，通过公共财政对独生子女伤残死亡家庭进行特别救助；建立了计划生育节育并发症人员生活补助制度，对计划生育节育并发症人员，根据并发症等级，由市、县两级财政按月发给50元~500元的生活补助；建立了计划生育特困家庭社会救助制度，对享受城乡最低生活保障政策的独生子女家庭、独生子女死亡家庭和双女家庭，由市、县两级财政按高出最低生活保障标准10%~33%的比例发给低保金；开展了生育关怀行动，筹建了计划生育困难家庭援助基金，建立了"情暖空巢家庭""夕阳路上伴你行""六个一"工程等项目，加强对生育关怀目标人群的物质帮助和精神慰藉，逐步建立"两委支持、协会搭台、志愿服务、群众受益"的生育关怀长效机制。

二 威海市统筹解决人口问题遇到的课题和挑战

当前，在经济转轨、社会转型、人口转变的新形势下，威海市人口计生工作遇到许多新的课题，统筹解决人口问题面临诸多新的挑战。人口问题正发生三个转变，即由增长性人口问题转变为结构性人口问题，从数量性人口问题转变为素质性人口问题，从自然性人口问题转变为政策性人口问题。主要表现在以下三方面。

一是人口数量、素质、结构等问题相互交织，统筹解决人口问题的任务依然艰巨。（1）群众生育意愿与现行生育政策的差距依然存在，保持低生育水平压力依然较大。富人违法生育现象呈增加趋势，出现"三难一低"现象，即对违法怀孕对象发现难，对违法生育对象调查认定难，对已确认的违法生育对象处罚难，社会抚养费征收到位率低。这种状况不仅削弱了计划生育政策的权威性，也很容易引起群众的攀比心理。（2）人口素质总体水平不高，出生缺陷发生率难以进一步降低，影响家庭和谐和社会稳定。（3）人口结构性矛盾日益显现，人口老龄化不断加深。目前全市65岁及以上的人口比重超过13%，远高于国际公认的7%的人口老龄化标准，呈现出

"未富先老"的现象，对社会保障体系造成巨大压力。家庭结构日益核心化，对独生子女家庭规避风险能力提出新的要求。流动人口持续增加，计划生育管理服务落实困难。目前全市外来流动人口已达40多万人，这一群体隐蔽性较强，难以全面掌握其相关信息。一部分用人单位责任意识、配合意识不强，不履行流动人口计生管理责任和义务。部门综合管理协调联动机制不完善，缺乏统一的调度，各自为政，不仅造成了人力、物力的浪费，也增加了管理难度。

二是相关部门间协调配合机制不完善，综合治理人口问题的合力尚未完全形成。相关部门间缺乏有效的政策协调机制，有的部门制定出台普惠性经济社会政策和管理政策时没有充分考虑与基本国策的兼容问题，甚至相互矛盾抵触，间接影响计划生育家庭利益，削弱了对人口和计划生育工作的支持力度。例如在土地征用、库区移民安置补偿方面，大都按人头发放，而补偿金又很高，孩子少的家庭明显吃亏；在义务教育和最低生活保障方面，由于实行"两免一补"等政策，家庭对孩子的教育花费明显减少，抚养孩子的成本大大降低，违法生育成本也相应降低。而且有些违法生育家庭因缴纳社会抚养费经济相对困难，成了教育救助对象和最低生活保障对象，这在客观上造成了"孩子多，受益多""一边罚，一边补"的现象，极少数违法生育的家庭多得了实惠，占绝大多数的计划生育家庭吃了亏。这不仅与计划生育基本国策不兼容，与"普惠"政策的初衷也是背离的。与此同时，计划生育利益导向政策体系建设的力度还不够大。特别是在农村独女户和双女户奖励、晚婚晚育奖励、落实长效避孕措施奖励等方面还缺乏实质性、影响较大的利益导向政策。企业退休独生子女父母加发30%一次性奖励等规定政策在一些单位和地方没有得到全面落实。另外，还存在着部门间人口信息共享程度不高、企业法人计生责任制难以落实、流动人口计划生育综合治理机制不健全等问题。

三是人口计生工作还存在薄弱环节，与先进地区相比尚有差距。人口计生服务管理体系尚不健全，计划生育技术服务机构存在力量不足、设施设备老化、技术条件落后、人员素质不高等问题；城市社区、各类企业计生工作网络还不够健全，有的镇计生办人员编制较少，有的村计生专职人员年龄偏大、文化水平偏低。人口和计划生育经费投入水平较低，全市人均计划生育综合投入仅为19.7元，远低于全省29.9元的平均水平。已婚育龄妇女落实长效避孕措施的比例偏低，目前全市46.8万应落实避孕措施的已婚育龄妇女中，落实长效避孕措施的比例仅为56%，远低于全省88.9%的平均水平。计划生育薄弱村（居）、企业转化工作压力较大，城市计划生育属地化管理服务水平较低。

三　威海市建立统筹解决人口问题框架体系的方向和重点

统筹解决人口问题必须树立科学的人口发展观，这包括人口在数量上要适度，在素质上要优化，在结构上要健全，在生活质量上要优质，这四个方面是统筹解决人口问题的目标和方向。威海市于2003年、2005年先后制定了人口现代化建设规划方案和实施纲要，提出了人口再生产类型、人口素质、人口结构和人口生活质量现代化的任务，确定了到2010年基本实现人口现代化的目标。我们建立统筹解决人口问题的框架体系，必须以科学人口发展观为指导，以优先投资于人的全面发展为理念，以人口现代化建设为载体，稳定低生育水平，提高人口素质，优化人口结构，改善人口生活质量，促进人口与经济社会资源环境协调和可持续发展。重点做好以下工作。

（一）人口再生产类型现代化

稳定适度的低生育水平，人口再生产类型实现由"高出生、低死亡、高增长"的传统型向"低出生、低死亡、低增长"的现代型稳固转变，形成与经济、社会、资源、环境等相适应的适度人口规模。要构建"政府宏观调控、部门依法行政、社会综合服务、群众自觉参与"的人口计生公共管理体制，完善以"宣传教育为先导，依法管理、村（居）民自治、优质服务、政策推动、综合治理"的人口计生长效工作机制，为稳定低生育水平提供体制机制保障。要加强人口中长期发展规划研究，确定适度的人口规模和出生率水平。坚持宣传教育为先导，积极转变群众婚育观念；坚持依法管理，稳定现行生育政策；坚持依法行政，维护群众计划生育合法权益；坚持以人为本，开展优质服务；坚持利益导向，建立健全少生奖励、优先优惠、免费服务、特困救助、贫困扶持、养老保障"六位一体"的计划生育利益导向机制，搞好普惠性政策与计划生育家庭优惠政策的衔接，加快群众实行计划生育自治、自主、自觉的进程。

（二）人口素质现代化

大力实施"科教兴威"战略，发展计生卫生等事业，形成现代化的人口身体素质、科学文化素质、思想道德素质和现代化的人格素质，为经济发展和社会进步提供智力支持。要着力提高人口身体素质。进一步加强公共卫生体系建设，实施预防性优生工程，普及优生知识，做好婚前医学检查、产前诊断、遗传咨询、新生儿疾病筛查，努力降低出生缺陷发生率；切实加强妇女儿童的预防保健工作，进一步降低孕产妇和婴儿死亡率。要着力提高人口科学文化素质。大力发展教育事业，调整教育布局，推进教育资源整合，强化素质教育，发展学前教育，进一步提高教育质量和办学效益，形成全民学习、终身学习的学习型社会。要着力提高人口的思想道德素质。以提高公民思想道德素质为核心，以构建社会主义和谐社会为目标，扎实推进文明城市、文明村镇、文明行业创建活动，大力弘扬"自强不息、创新创业、海纳百川、追求卓越"的威海精神，形成与现代社会相适应的价值观，能够自觉遵循现代社会理性行为准则的自制力，求实、创新和不断进步的现代精神。

（三）人口结构现代化

通过完善政策、因势利导，逐步改善人口性别结构、年龄结构、城乡结构和产业结构，使人口结构保持适当比例和健康发展。一是改善出生人口性别结构。深入开展"关爱女孩行动"，倡导尊重妇女、男女平等的社会风尚；严格执行保障妇女、儿童合法权益的法律法规，认真落实《山东省禁止非医学需要鉴定胎儿性别和选择性终止妊娠的规定》，切实维护妇女、儿童的合法权益。二是改善人口年龄结构。高度重视人口老龄化问题，积极构建以居家养老为基础、社区服务为依托、机构照料为补充的养老服务体系，加快发展养老服务业，探索建立老年服务志愿者、照料储蓄、长期护理保险等社会化服务制度。三是改善人口城乡结构。积极探索具有威海特色的城市化道路，启动实施"威海新市民计划"，加强和改进对流动人口的管理与服务，建立相关部门间经常性协作机制和信息共享制度，为流动人口提供均等化的公共服务和社会保障。四是改善人口产业结构。坚持以"新、特、优"为方向，积极打造高端产业聚集区和蓝色经济区，加快发展现代海洋经济、现代制造业和现代服务业三大支柱产业，不断优化经济结构，使三次产业结构趋于合理。

（四）人口生活质量现代化

全面推进现代化建设，深化改革开放，保护生态环境，改善社会民生，促进经济社会又好又快发展，努力提高人民群众的生活水平和生活质量。坚定不移地把发展作为第一要务，把富民作为第一导向，把创新作为第一动力，把项目建设作为第一抓手，大力培植支柱产业，全面推进新农村建设，不断提高城乡居民收入。紧紧围绕创建国家生态市和国家森林城市，扎实推进节能减排和生态保护，切实改善人居环境。实施积极的就业政策，大力支持自主创业；进一步完善社会保障体系，提高保障水平和扩大覆盖面；加强社会救助，进一步提高城乡居民最低生活保障标准，搞好经济适用住房建设，加强医疗、教育、住房专项救助，着力改善社会民生。

（作者单位：威海市人口与计划生育委员会）

整合宗教文化资源，促进威海旅游业发展

姜洪伟

宗教文化不仅是人类文化的组成部分，而且是有特色的、有吸引力的人文旅游资源，极具旅游价值。宗教文化资源的利用和开发，有利于形成有特色的旅游产品，开拓新的旅游市场，吸引游客，对旅游业的发展具有重要的意义。而旅游业的发展，也有利于宗教文化的继承、传播、交流和研究。宗教文化与旅游业的关系是相辅相成、共同发展的。

一 宗教文化资源是威海旅游业发展的一大优势

旅游资源是旅游业发展的重要基础和载体。威海旅游资源最精华的地带是自然旅游资源千公里海岸线和历史文化旅游资源两大部分。总体看，威海旅游资源虽然不具备名山大川，但资源种类丰富，优势独特。自然资源中，海滨旅游资源最具特色和吸引力，品位很高。威海三面环海，海岸线长近千公里，沿线海滩、港湾、岬角、海岛、岩岸、险滩、松林、温泉相间分布，具有世界海滨最典型的自然风貌，是天然海滨观光度假旅游带。人文资源中，威海拥有刘公岛、成山头等国家级风景名胜区，全市宗教文化的品位也比较高，应有良好的旅游开发前景。市区的古代建筑及英租时期的历史遗迹也是具有极大开发价值的稀有资源。社会资源中，威海渔家文化源远流长，民俗旅游资源具有鲜明的地方特色。海滨风光、甲午海战、英租历史、佛道文化、温泉疗养、渔家民俗构成威海旅游资源的主体，形成鲜明的特色和独特的优势，是具有高品位的旅游资源。威海旅游业的进一步发展，在很大程度上取决于对这些资源更为科学合理的开发利用。

在威海众多的旅游资源中，宗教文化资源占有重要位置，在促进旅游业

发展中发挥了不可替代的作用。威海的宗教文化资源具有种类多、分布广、品位高的特点。威海境内现有佛教、道教、天主教、基督教和伊斯兰教。悠久的历史留下了灿烂的宗教文化遗存，尤其以佛教和道教为多。荣成石岛的赤山法华院是威海规模较大的佛教寺院，始建于唐代，为新罗人（今韩国）张保皋所建，鼎盛时期，曾有30多位僧人在此居住，庙宇香火甚旺，来此听经之人常有200余人。唐朝时期的日本高僧圆仁法师也曾客居此院两年多，所著的《入唐求法巡礼行记》书中，对赤山法华院作了详细的描写，使赤山法华院名扬海内外。1988年重新修建赤山法华院，占地5000平方米，1989年开光并对外开放。2003年赤山集团投资对景区进行了扩建，2005年重新对外开放。另外还有环翠区里口山、昆嵛山主峰泰礴顶南的无染禅寺、六度寺、文登县城北的香岩寺以及乳山寨镇岠嵎院等佛教遗迹。这些佛教遗迹已列入旅游开发规划，正在有计划地实施。

道教资源主要分布于文登市区、圣经山、昆嵛山和荣成的九顶铁槎山、圣水观以及乳山的圣水宫等。圣经山作为道教全真派发祥地而闻名于世，是金元时期道家修炼和布道的洞天福地，山上有许多道教文化遗迹。其中最具代表性的是《太上老子道德经》摩崖，另有东华宫、混元殿、朝阳洞众仙坟等遗迹。紫金峰前的道观东华宫、玉皇阁、契遇庵始建于金代。槎山的道教历史更为突出，是道家福地72名山与36洞之一，历史上被称为"大东胜景"。有中外驰名的云光洞、千真洞，其中千真洞是中国海岸第一道教石窟。金大定时期，道家"全真七子"之一重阳派弟子王玉阳到槎山云光洞修炼，创立道家全真教嵛山派，并著有道教宝典之一的《云光集》等书。道家谭处端在槎山修炼三年后，创全真教南无派。道观圣水宫位于乳山市冯家镇东北的昆嵛山余脉尼姑顶东坡坳谷中，原名"圣水庵"，始于汉晋，鼎盛于金元，明清屡经修葺，规模不断扩大，后观宇毁于战乱，现遗迹有玉虚观、玉阳洞、圣水岩等。另外，威海还有许多建筑精美的基督教和天主教堂，以及富于地方特色的民间传说始皇庙、召文台、仙姑顶、回龙山等民间旅游资源。

二 整合宗教文化资源，开发宗教旅游产品

旅游既是一种经济现象，又是一种社会文化现象。现代旅游是一种大规模的各种文化的交流。旅游业的发展，旅游资源的开发利用，新的旅游市场的开拓，吸引了更多的客人前来游览、朝圣和学术考察交流，这些都有利于宗教文化的传播、交流和发展，对宗教文物古迹也起着保护、修缮的作用。

发展旅游业，就要大力开发旅游资源，其中对宗教文化遗产的保护和开发不仅是过去而且是今后的重要任务。改革开放以来，随着党的宗教政策的落实及有关文物保护法规的颁布执行，许多宗教文物古迹都得到了恢复和维修。

多年来，威海市在开发建设宗教文化资源方面，做了大量工作，各级规划、建设、旅游、宗教、文化等部门在对原有宗教文化设施加强保护的基础上，多种渠道加大投入，修复、扩建和新建了一批重点宗教文化旅游景点，进一步提升了威海旅游的吸引力。

1. 科学规划，准确定位

规划是项目建设的前提。在宗教旅游产品的规划上，充分发挥资源优势，科学规划，合理分区，突出建筑风格，将宗教与旅游有机结合，突显特色品牌。圣经山旅游综合开发工程由威海老子全真文化投资股份有限公司投资规划建设，规划面积 16 平方公里。项目充分利用圣经山景区良好的生态自然环境和深厚的道教文化底蕴，按照"道法自然，天人合一"、传统与现代相结合的整体思路，以道家文化为主线，山水文化为主体，高起点、高品位、大手笔地打造道家文化观光与生态养生休闲旅游相结合的风景名胜区。荣成槎山旅游景区聘请浙江远见旅游规划设计公司，依托景区独特的山、海、林自然资源和道教文化资源，规划打造融自然生态、道教养生、休闲度假、渔家民俗等于一体的滨海休闲度假区。里口山风景区通过与刘公岛资源整合，突出山、海、岛、林的独特城市资源风貌，编制了《刘公岛—里口山风景名胜区总体规划》，规划总面积为 54.47 平方公里，其中里口山景区达到 51.32 平方公里。规划分为历史文化区、森林生态保护区、风景恢复区等六大功能区域，包括 91 处风景资源。区内的广福寺正在由济宁古建筑设计院规划设计。岠嵎山景区，利用景区森林自然资源和佛教文化资源，计划投资 2 亿元，规划建设岠嵎禅院景区、岠嵎峰景区、太平湖景区、玉皇山民俗文化区、生态保护区五大区域。

2. 突出特色，建设精品

在建的宗教旅游项目建设都力求在文化品位上下功夫，上档次，努力打造文化旅游精品。赤山法华院立足中、日、韩三国传统文化佛教圣地的特点，投资 3 亿元对景区进行了改造，景区面积达到 16.8 平方公里，建设了法华院、张保皋传记馆、荣成民俗馆、大明圣境、极乐菩萨界等 10 大景观区、48 处景点。自开园以来，年接待游客 60 多万人次，其中，境外韩国游客占 30% 以上，形成了融佛教文化、历史文化、生态文化、民俗文化为特色的综合性旅游区，被国家旅游局评为 4A 级旅游区。目前，还有在建的宗教文化旅游项目 5 个，计划总投资 14 亿元，截至目前已累计投入资金 4.5 亿元。圣经山景区一期计划投资 3 亿元，建设 1.4 万平方米的七星广场、6500 平方米的东华宫道观群、紫金湖、讲经堂等旅游景观和配套设施。目前，已投入资金 1.3 亿元，建设了紫金峰东华宫周围的道观群、老子广场、进山大门、紫金湖水系改造以及区内游览道路和配套景观建设等。大乳山海滨休闲度假区以"母爱·温情·福地养生"为文化主线，景区自然、文化环境建设相得益彰。投资 1 亿多元建设了中国独一无二的佛光双塔东方琉璃世界和以佛教为主题的药师佛大殿，工程已完工，于 2008 年 10 月开光接待游客。岠嵎山景区突出自然休闲、宗教文化主题，打造以森林景观、地貌景观、生态体验、文化民俗为一体的综合旅游区。2008 年已投资 1.8 亿元，建设了岠嵎禅院、玉皇阁、百景园、山上通廊、景区接待中心等。以滨海生态、道家文化为特色的槎山景区，已投资 3500 万元，改造了区内三大湖区综合环境整治及配套设施建设。华夏生态园已投入资金 8520 万元，其中东方文化区的出水观音平台已完成，华夏展览馆正在建设。总投资为 4 亿元的仙姑顶希望如意园已全面开工，规划将仙姑顶景区打造为生态观光、休闲度假、民俗体验、和平祈福的精品景区，目前已投资 3 亿元，仙姑大殿已封顶，预计明年五一对外开放。文登市宋村镇党委、政府决定将回龙山建成民俗风景区，突出龙文化主题，并着手筹集资金，分期实施开发，以恢复李龙王民间传说的历史原貌。

3. 加强营销，扩大影响

一是开展文化观光旅游。宗教文化是威海重要的文化遗产，许多宗教文化景观与其他人文景观、自然景观相互交融，构成了威海独具特色的旅游资源，成为威海重要的旅游景点，每年都吸引着大批海内外游客前来观光旅游。赤山景区自 2005 年开放以来，累计接待游客 200 万人次，2008 年接待游客 60 多万人次，圣经山、圣水观、槎山、无染寺等景区，每年接待游客均以 20% 的增速增长。二是开展宗教文化专项旅游。主要是宗教圣地寻拜之旅、宗教文化体验之旅、宗教圣地度假之旅等。以宗教文化为载体，通过宗教文化中的各种人文传说、经典传奇以及良好的文化、自然环境，开发特色旅游项目，以满足旅游者和宗教信众的不同需求。赤山集团抓住韩国民众崇拜民族英雄的社会心理，多次赴韩国定向促销，韩国民众纷纷组团踏访，韩国中小学联盟把赤山景区确定为韩国青少年修学旅游的教育基地。2008 年景区接待韩国游客 4 万人次，旅游总收入达到 4162 万元。三是宗教文化与民俗相结合，举办各种具有宗教文化特色的节庆活动。如赤山景区的水陆大斋法会、昆嵛山道教研讨会、大乳山祈福文化节、仙姑顶庙会、圣经山道教文化节、回龙山庙会等，把宗教文化、传统民俗、民间节日融为一体，深受广大游客的欢迎。

三 利用宗教文化资源推进旅游经济
健康发展的建议

宗教文化遗产的开发，不仅抢救和继承了人类的传统文化，而且开辟了人文旅游景观。应该注意的是，宗教文物古迹的保护维修如不与旅游活动的开发相结合，最终只能是"保"了宗教文物，"丢"了旅游，宗教文化、"国之瑰宝"也无法为国家创造出新的财富、发挥应有的作用，宗教文化本身也无法得到广泛的传播和交流。中外成功的实践经验证明：宗教文化的继承、保护和传播离不开旅游业的发展，旅游业的发展也有赖于宗教文化遗产这一宝贵的资源。

宗教文化是历史文化的基本元素，也是促进旅游业发展不可缺少的资源。开发利用好宗教文化资源，有利于提升城市文化品位、丰富城市外在形象、促进旅游事业健康发展。因此，要解放思想，转变观念，统筹规划，整合资源，打造品牌，营造亮点，把目前拥有的宗教文化资源优势尽快转化为推动旅游业加快发展的现实优势。

（一）提高认识，加强对宗教文化资源开发利用的组织、协调和指导

进一步提高宗教文化对发展旅游经济作用的认识，加强部门间合作。由于宗教文化资源分布广泛，管理又属于不同的部门，在宗教文化资源的开发利用中，存在职能交叉、管理重叠、部门利益冲突等问题。因此，必须建立有效的综合协调机制，统筹协调、规划和指导宗教文化资源的管理和利用。政府相关部门要牵头协调宗教场所与旅游、园林、文化、林业、房产等部门的利益关系，以做好旅游品牌为大局，加强协调合作，增强合力，将宗教文化与山水文化共同策划、包装、推介，共同推进宗教文化资源的科学、统一、有效和有序的开发利用。

（二）进一步整合资源，突出宗教文化旅游的品牌特色

宗教旅游产品是文化内容丰富的精神产品，要根据旅游资源的特点和市场开拓的需要进行产品开发。威海宗教文化旅游资源丰富，部分资源已得到一定的开发，应在此基础上进一步加强资源整合力度。一是继续修缮、扮靓、恢复一些重要的宗教场所，并恢复其宗教功能。二是科学设计旅游线路，开

辟宗教旅游精品线路。三是进一步挖掘宗教文化有利于社会进步、有利于社会道德建设的内容，在旅游项目中适度增加有益的宗教理念，开发娱乐观光型、健身保健型、探索修学型、寻根朝圣型等产品，引导游客正确认识宗教文化传统。四是加强区域合作。宗教文化旅游是多点的整合，在空间上可能跨越不同的区域，要协调合作，统一规划，树立全局意识，形成旅游资源开发利用的整体联动，同时还应加强与周边城市的区域合作，开辟滨海＋宗教，温泉＋宗教等综合性旅游线路。

（三）进一步展示文化内涵，提升宗教文化旅游品位

宗教朝圣场面、法事活动、教义哲理、文物设施、艺术节目等是极富魅力的旅游人文景观。因此，开发宗教旅游产品，重点是提升宗教文化旅游品位。一是在宗教场所进行宗教历史典故和文化内涵的解读。一方面对现有景点进行必要的文字说明和图解，比如规范、充实介绍性标牌的内容，在某些寺观免费或低价提供解读宗教文化的材料，以方便旅游者的自助游览。另一方面对非物质性宗教文化进行深掘，借助科技手段，烘托宗教庄严、神圣的气氛，通过动态形式表现出来，运用舞蹈戏剧、专题片、电影和电视剧等手段展现宗教文化的历史、人物、故事等，发扬宗教中于人有益、于事有补的一面，这样既增加了游人的兴趣，又提高了产品的文化感染力。二是积极开发宗教文化的外延式产品，在旅游纪念品上做好宗教文化的文章，形成宗教文化产品的系列化。威海的绣品、锡镶等产品全国闻名，可以将这些传统技艺用于宗教文化旅游纪念品，如挂件、佛像等工艺品的制作。三是增加参与性、体验性项目，增强宗教文化旅游的吸引力。充分利用宗教的各大节日，推出转经、撞钟、喝腊八粥、吃喇嘛肉等活动，吸引旅游者的参与。还可将宗教文化与民俗活动结合起来，发挥其群众性、娱乐性特点，增加宗教文化对旅游的影响。四是培养一定数量了解宗教文化的导游队伍。宗教文化名胜旅游的客人多为文化层次较高的学者专家、宗教界人士和有一定历史文化素养的中老年游客，为此，必须提高导游员素质，对他们进行专门的宗教文化培训。

（四）加大宗教文化资源保护，走可持续发展道路

宗教文化是重要的历史文化遗产，在开发利用中，要切实加强对宗教文化资源的保护，以对历史负责、对社会负责的精神，征求专家和宗教界人士的意见，做到慎重决策、精心设计、精心施工。在建筑规模、风格上，既要

突出宗教文化品位，保持宗教文化特色，又要保证与自然环境的和谐统一。

（五）加强国际合作，吸引更多海外游客

旅游与宗教都是东西方文化的传播者，也是和平的使者。在中日文化史上，鉴真东渡完成了一代文化使者的光辉使命；在中韩文化史上，新罗高僧张保皋等曾在中国留下了真迹；佛教和中国的道教在东南亚也享有一定的声誉。因此，我们要借助这些历史渊源，加强与周边国家和地区的合作，举办一系列的宗教法事活动和学术交流，吸引更多的海外游客来威海朝拜、寻根和观光旅游。

总之，宗教文化的保护、继承和传播离不开旅游业的发展，旅游业的发展也有赖于宗教文化遗产这一宝贵的资源。宗教文化与旅游业的关系是十分密切的，是互相结合、互相促进、共同发展的。

（作者单位：威海市旅游局）

关于建设学习型党组织的研究

董丽霞

党的十七届四中全会明确指出："必须按照科学理论武装、具有世界眼光、善于把握规律、富有创新精神的要求，把建设马克思主义学习型政党作为重大而紧迫的战略任务抓紧抓好。"各级党组织作为贯彻党的理论和路线方针政策的组织者、推动者和实践者，必须把建设学习型党组织作为建设学习型政党的基础工程抓紧抓好。

一 什么是学习型党组织

学习型政党就是不断学习、善于学习，努力掌握和运用一切科学的新思想、新知识、新经验的政党。建设学习型政党最关键的是要发挥组织的力量，把党的各级组织建设成为学习型党组织。学习型党组织就是将学习作为固有特征的党组织。它要求党组织具有自觉学习的意识，主动学习、善于学习、恒久学习，形成学以致用、用以促学、学用相长，工作即学习、学习即工作的良性机制和浓厚的学习氛围，整个组织充满生机和活力，具有很强的凝聚力和战斗力。建设学习型党组织就是建设一个具有持续学习、持续创新、持续发展能力的党组织。

二 建设学习型党组织的重要意义

（一）建设学习型党组织是时代发展的必然要求

世界在变化，形势在发展，中国特色社会主义实践在深入。不断学习、善于学习，努力掌握和运用一切科学的新思想、新知识、新经验，是党始终走在时代前列引领中国发展进步的决定性因素。当今世界，科学技术日新月异，知识经济方兴未艾，知识总量爆炸式增长，知识更新速度大大加快。近50年来，人类社会所创造的知识比过去三千年的总和还要多。联合国教科文组织的埃德加·富尔先生曾预言："未来的文盲，不再是不识字的人，而是没有学会怎样学习的人。"我们党作为中国工人阶级的先锋队，作为建设有中国特色社会主义事业的领导核心，要巩固提升党的领导地位和执政能力，不断增强创造力、凝聚力和战斗力，就必须坚持与时俱进，善于学习，加强学习，让每一个党员都成为学习型党员，每一个党组织都成为学习型党组织，在学习中提升竞争力、增强创造力。这是跟上时代发展、应对时代挑战、保证党始终走在时代前列的必然要求。

（二）建设学习型党组织是继承和发扬党的优良传统的具体体现

重视学习、善于学习是我们党的优良传统和政治优势，也是建党兴党的重要方略。我们党建立和发展壮大的过程，就是从中国实际出发，学习、研究和实践马克思主义的过程。在探索救国救民真理的实践中，中国革命的先驱们学习和接受了马克思主义，创建了中国共产党。在新民主主义革命时期，中国共产党人正是靠着这种学习精神，走出了一条把马克思主义与中国实践相结合的道路，实现了民族独立和人民解放，建立了人民当家做主的新中国。在新中国成立前夕，毛泽东同志号召全党重新学习。改革开放之初，邓小平同志倡导全党解放思想、实事求是，重新进行一次学习。党的十三届四中全会后，江泽民同志要求全党学习、学习、再学习，强调讲学习、讲政治、讲正气。党的十六大以来，以胡锦涛同志为总书记的党中央把集体学习作为一项制度长期坚持下来，使以学兴党、以学资政成为我们治党治国的鲜明特色，开创了中国特色社会主义建设和党的建设新局面。可以说，我们党团结带领人民89年的奋斗史，就是一个在学习中开拓创新、在变革中不断发展的历程。在全面建设小康社会、加快推进社会主义现代化建设新的历史时期，我们只有进一步弘扬重视学习和善于学习的优良传统，才能领导全国人民不断进行新的理论和实践创新，才能完成好始终引领中国发展进步的历史使命。

（三）建设学习型党组织是保持和发展党的先进性的紧迫任务

在领导人民进行革命、建设、改革的奋斗历程中，中国共产党的先进性得到了坚持和发展。但是，一个政党的先进性不是与生俱来的，也不是一劳永逸的。正如胡锦涛总书记所指出的："一个党过去先进不等于现在先进，现在先进不等于永远先进。"当前，我们处在一个以变革、调整、创新为显著特征的崭新时代，世情国情党情正在发生深刻变化，我们面临的新机遇新挑战前所未有，需要解决的新矛盾新问题世所罕见。在不断发展变化的形势和任务面前，忽视和放松学习，理想就会淡化、知识就会老化、思想就会僵化、能力就会退化。忧党必先忧学，兴党必先兴学，从严治党必先从严治学。我们只有通过推进学习型党组织建设，使学习成为各级党组织和广大党员的政治责任、第一需要、终身追求，不断把学习优势转化为党的政治优势、思想优势和组织优势，才能使我们党在理论上、实践上永葆先进性，才能始终在急剧变动的国内外环境中与时俱进、抢抓机遇、把握主动权。

（四）建设学习型党组织是加快经济发展方式转变的迫切要求

加快经济发展方式转变，是党中央做出的一项具有全局性、战略性和根本性的重大战略部署，是我国走出经济危机，使国民经济回升向好势头进一步发展的根本出路。深入推进加快经济发展方式转变，有大量新情况需要把握、新问题需要研究、新矛盾需要解决，我们只有通过推进学习型党组织建设，进一步提高广大党员干部贯彻落实科学发展观的学习力、执行力和创造力，才能真正在加快经济发展方式转变上达成共识、形成合力、取得突破，为推动经济社会又好又快发展奠定坚实的基础。

三 建设学习型党组织的总体要求

中共中央办公厅印发的《关于推进学习型党组织建设的意见》中明确提出了建设学习型党组织的总体要求，概括起来，主要包括四方面要求。

（一）科学理论武装

科学理论武装是学习型党组织的本质特征。从当前来看，切实做到用科学理论武装全党，必须做好以下几个方面的工作。一是加强理论武装的基础，在于认真学习马克思主义科学理论，特别是中国特色社会主义理论体系。要把学习中国特色社会主义理论体系同学习马克思列宁主义、毛泽东思想结合起来；同学习党的路线、方针、政策结合起来；同学习领导干部必备的各种知识结合起来；同学习党史，总结党的历史经验，加强党性锻炼，改造世界观结合起来；同学习社会主义核心价值体系结合起来。二是加强理论武装的重点，在于学习和掌握马克思主义世界观和方法论。马克思主义哲学是领导干部指导实践的理论指南，是博大精深的思想武器。坚持马克思主义最重要最根本的就是学习和掌握辩证唯物主义和历史唯物主义的世界观和方法论，坚持用马克思主义的立场、观点和方法武装全党，并以此来分析和解决实际问题，不断提高党的执政能力。三是加强理论武装的关键，在于提高党的各级干部特别是领导干部的理论水平。领导干部具备不具备领导素质，首要的就是有没有较高的理论素质，能不能用马克思主义的立场、观点、方法认识和解决实际问题，有没有自觉地运用中国特色社会主义理论体系解决一系列现实问题的能力。当前，新的形势和任务对领导干部的学习提出了新的要求，这就凸显出理论武装的极端重要性，凸显出用中国特色社会主义理论体系武装全党、武装干部的极端重要性。四是加强理论武装的落脚点，在于促使广大党员干部在工作实践中坚持科学思维，运用科学方法，推动科学发展。广大党员干部一定要充分认识科学思维和科学方法的基本特点和基本要求，即坚持科学思维和科学方法的创新性、开放性、民本性、辩证性。要遵循和运用规律，努力使各项工作把握规律性；要坚持统筹兼顾，协调各方，实现党的建设与党的事业的重点突出和整体推进；要善于总结、推广经验，促进党建工作全面提高。同时还要结合党的建设实践中的新情况新问题，不断开拓创新，不断提高党的建设的科学化水平，把党和人民的伟大事业不断推向前进。

（二）具有世界眼光

具有世界眼光是学习型党组织必须具有的战略高度和宽广胸怀。一是要给自己准确定位。要把自己放到世界范围内来进行，要把自己放在历史的长河中来进行。就我国现阶段来说，从世界范围讲，我们是发展中的大国，既不是现代化的强国，也不是落后的小国。从历史的角度讲，我国正处于并将长期处于社会主义初级阶段。二是要牢牢把握世界主题。当今世界，和平是人心所向，发展是大势所趋，改革是必由之路，竞争是通用手段，机遇与挑战并存。世界的基本态势决定了我国处在一个相对有利的发展环境中，具备集中精力发展自己的外部环境。三是要准确判断时代发展方向。发达国家蓬勃兴起的科技革命、世界范围内的市场化改革浪潮、政治多极化的艰难进程、各种文化思潮相互激荡，综合考量以上因素，权衡利弊所在，我们在世界舞台上才能不断增强自觉性，减少盲目性，提高警惕性，发挥主观能动性。四是要有坚定的信心。党员干部要有世界眼光，还要统筹各方，维护自己。形势好的时候要及时抓住机遇，同时要看到存在的问题和挑战；遇到困难和挑战的时候，要冷静思考，沉着应对，妥善处理。

（三）善于把握规律

善于把握规律是学习型党组织应有的科学态度和追求真理的精神。建设学习型党组织一定要着眼于培养科学精神和科学态度，引导党员干部大力发扬求真务实精神，坚持真理、修正错误，在实践中不断深化对共产党执政规律、社会主义建设规律、人类社会发展规律的认识，不断增强按客观规律办事的自觉性。我们党特别是党的各级领导干部，只有善于把握规律性，才能提高领导成效，完成执政使命。

（四）富有创新精神

富有创新精神是学习型党组织必须具有的时代品格。领导干部要培养创新思维，一要打破思维定式。要打破思维定式就必须做到不唯书、不唯上、不唯众，只唯实。二要打破思维惯性。领导干部在实际工作中要敢于冲破传统模式和思维惯性的束缚，坚持在工作中拓宽思路、务实创新，因地制宜、因时制宜、因事制宜，探索新规律、拿出新举措、解决新问题，与时俱进地抓好工作落实。三要坚持解放思想、实事求是、与时俱进。要自觉地把思想认识从那些不合时宜的观念、做法和体制的束缚中解放出来，从对马克思主义的错误的和教条式的理解中解放出来，从主观主义和形而上学的桎梏中解放出来。领导干部要善于用马克思主义的立场、观点和方法去研究当今世界，而不能用某个历史时期的某个结论去判断现在的实践。四要保持良好的心态。创新的过程必然是一个充满风险的过程，这就需要有一个良好的心态。特别是在当前，领导干部所面对的客观环境变化很快，影响变化的因素很多、很复杂，这就更需要领导干部在发挥创新思维、从事创新性工作时要有一个良好心态。只有这样，才能确保党组织和党员在世界形势深刻变化的历史进程中始终走在时代前列，在经济和社会发展进程中始终成为坚强的领导核心。

四 如何建设学习型党组织

（一）树立学习理念

正确的学习理念是学习取得成效的源泉，是建设学习型党组织的前提。

要使建设学习型党组织成为全党的自觉行动，就必须树立体现时代特征、顺应发展潮流的先进学习理念。一是终身学习的理念。党员干部要适应当今知识经济时代环境的变化，就必须不断进行知识更新，终身勤奋学习，使终身学习成为每名党员生活的一部分，成为终身习惯。二是全员学习的理念。建设学习型党组织，不仅是领导干部的事，更是每个党员的事。在注重领导干部培训和学习的同时，更要注重全体党员尤其是广大基层党员的学习。每位党员都要以学习为己任，都要全身心投入学习，创造学习条件，营造学习氛围，使党组织成为广大党员共同学习的课堂、交流思想的精神家园和团结奋进的战斗堡垒，成为广大党员能全身心投入、持续提升学习能力、不断创造自我和超越自我的学习型组织。三是平等互动的学习理念。学习需要开放的氛围、宽松的环境，需要平等包容的交流方式、民主和谐的政治生态。在学习中，包括领导干部在内的每个党员，都要开展平等交流、民主讨论，互为老师、互为学生，互为主体、互相启发，以学促用、学用相长。四是学习与工作相结合的学习理念。把学习引入工作，使学习与工作有机结合，把学习、工作融为一体，在工作中学习，在学习中工作。

（二）强化学习效果

建设学习型党组织的首要目的，就是坚持把马克思主义作为根本指导思想，用中国特色社会主义理论体系武装党员干部，巩固马克思主义在意识形态领域的指导地位，保持经济社会发展的正确政治方向，永葆广大党员干部坚定的理想信念，提高各级党员干部的决策力、执行力和免疫力。学习就是决策力。学习是创新发展的基础。荣成市自觉贯彻落实科学发展观，提出"经济文化强市""国家创新型城市""两个先行区"等一系列重大决策，无一不是学习、调研的结果。每次重大决策都是不断学习、消化吸收的过程，每次学习就是一次思想解放运动，是部署重大决策、谋求新发展的巨大动力。学习就是执行力。精神状态和知识能力决定干部的执行力，把学习作为提高执行力的重要手段，寓工作于学习、寓学习于工作，切实增强领导干部的能力和素质，改进工作作风，提高执行力，使领导干部能够更好地理解和贯彻党的路线、方针、政策以及市委、市政府的决策部署，成为领导科学发展、社会和谐的行家里手。学习就是免疫力。学习是净化陶冶情操的有效手段。反腐倡廉学习是党员特别是领导干部的重要学习内容，通过它可以常修为政之德、常思贪欲之害、常怀律己之心，自觉反对和防止腐化堕落，提高党员干部的免疫力；同时从根本上铲除滋生腐败的土壤，培育有利于反腐倡廉的文化土壤，使党员干部自觉培养高尚道德情操和健康生活情趣，始终保持昂扬奋发的精神状态。具体说，我们要围绕三大中心工作开展学习。一是服务于中心工作。当前要围绕着打造两个先行区，围绕调结构转方式，促进经济社会协调发展开展学习。二是服务于基层群众需求。深入基层开展调查研究，根据基层群众的需求，推行"菜单式"授课。三是服务于提升干部素质。2009 年以来，荣成市围绕党的十七大提出的"大规模培训干部、大幅度提高干部素质"的要求，着眼于解决传统干部教育培训与形势发展需求存在的矛盾，积极探索尝试"六位一体"的培训模式，有效地提高了全市党员干部的素质。

（三）丰富学习内容

学习型党组织最根本的特征是学习。创新学习内容，使学习既富有时代性、体现先进性，又能促进党员综合素质的提高，是建设学习型党组织的要求。在新的历史时期，建设学习型党组织需要党员学习的知识涉及诸多方面，必须把学习作为系统工程来抓，做到把握重点，统筹兼顾。一是在学习理论知识上下功夫。全面系统地学习马列主义、毛泽东思想、邓小平理论、"三个代表"重要思想和科学发展观，深入学习党的基本理论、基本纲领、基本路线、基本经验，模范践行社会主义核心价值体系，努力改造世界观、人生观和价值观，进一步坚定中国特色社会主义的理想信念不动摇，坚持用马克思主义中国化的最新理论成果武装头脑、指导实践、推动工作。二是在学习现代知识上下功夫。深化对历史发展规律和党执政规律的认识，着眼于优化知识结构，突出学习现代市场经济、现代科学技术、现代国际关系、现代管理等方面的知识，及时了解和掌握反映当代经济、政治、文化、社会等各个领域发展的新思想、新进展、新成果，把握时代脉搏，培养战略思维，树立世界眼光，用人类创造的优秀文明成果提高自己的综合素质。三是在学习专业知识上下功夫。贴近学科发展的前沿，从工作实际需要出发，本着缺什么补什么、干什么学什么的原则，学习与岗位职责相关的新知识、新技能，特别是要加强推动科学发展、驾驭复杂局面、协调利益关系、推进改革创新等方面知识的学习，努力成为本领域、本行业的行家里手，积累新经验，掌握新本领，不断提高运用理论成果推动科学发展、解决实际问题的能力和水平。

（四）创新学习方式

学习方式是激发人们学习热情、推动学习有效开展的重要方面。建设学习型党组织，必须着眼于适应时代发展的要求，着眼于满足党员干部的学习需求，不断创新符合实际、行之有效的学习方式。一是提倡研讨式学习。紧紧围绕党的中心工作，结合实际工作情况，组成若干兴趣小组，经常性地开展互动交流、案例教学、现场观摩、拓展体验、自主选学、专家讲座等各种研讨活动，积极搭建学习交流、碰撞融合的平台，共同进步、共同提高。二是提倡网络式学习。通过建立各种专题性学习网站、网络图书书库、网上讲堂、网络学习园地、网上研究论坛等，提高广大党员干部学习教育的信息化水平。三是提倡开放式学习。善于借助社会各种学习资源开展学习，特别是要有计划、有针对性地学习各种科学的新思想和新知识，自觉接受新事物，吸收新经验，追求新超越，努力把学习的成果运用于实践，不断在实践中提高本领、增长才干。

（五）拓展学习载体

学习载体是建设学习型党组织的重要平台。要不断整合优化学习资源，拓展学习载体，构建全员参与的学习体系，为党员干部学习创造良好的条件和环境。一要利用传统阵地。充分发挥党校、行政学院、社会主义学院在教育培训中的主渠道、主阵地作用，坚持正确的办学方向，遵循教学规律，积极改革创新，进一步完善教学布局，改进培训方式，加强教育管理，在教学培训中采取集体与个人、理论与实践、专题与综合、讲授与互动、团队与个体学习相结合等灵活多样的方式，突出政治理论学习、党性锻炼与修养、政治品质和道德品行等知识的培训，强化党员干部的综合素质和工作能力。二要善借辅助平台。发挥高等院校、社科研究机构以及部门和行业培训机构的作用，鼓励支持党员参加学历教育、自学考试、函授教育和在职学习，突出知识更新、专业知识研修、专业技能培训。努力形成多形式、多层次、全方位的终身学习教育体系，为建设学习型党组织提供健全的学习网络，以适应各层面党员的学习需求。三要拓展新兴载体。发挥现代传媒作用开展理论教育，采取远程教育、网上教育、网络视频、电化教育、互动教学等方式，建设党员终身学习的平台，不断提高党员干部学习教育的信息化水平，使广大党员干部的学习及时便捷，及时掌握新动态、新信息、新知识，跟上信息化时代的步伐。如荣成市依托电子政务网，在全市142个机关事业单位安装使用了远程教育专用频道，并建立了网络集中学和自学两个模式；依托农业信息网，安装了多方视频会议系统，建立了面对广大农村的现代远程教育视频互动平台；依托有线电视网络，在荣成电视台开通了远程教育频道，设置了

《党建经纬》等 13 个大栏目、27 个子栏目，实现了远程教育由进村到入户的重大跨越。四要拓宽学习渠道。组织开展各种形式的主题学习教育活动，积极开展经验交流、成果汇报、实地考察、学习论坛、知识竞赛、业务技能比赛等各具特色的各类文化活动，以及广大党员喜闻乐见、积极健康的文体活动，把学习教育寓于丰富多彩的载体活动中，既向专家要知识，又向实践要经验、向活动要成果。如从 2009 年以来，中共荣成市委组织部在全市机关事业单位组织"人人当讲师"活动，每名机关事业单位的干部都要结合中心工作、本职岗位、自身特点爱好等，在本单位集体学习中轮流讲课。通过"先学后讲、学讲相长"，延长了学习链条，巩固和扩大了学习效果。当前尤其要抓好领导干部、领导班子带头学习、带动学习，争创学习型党组织的"两带一创"主题学习活动，把开展"两带一创"学习活动与两个先行区建设紧密结合起来，与开展争先创优、争做齐鲁先锋活动紧密结合起来。

（六）打造学习品牌

学习品牌代表了学习的品位和档次，要打造一批在全省乃至全国有影响的学习品牌，吸引广大党员干部群众主动参与、热情参与和普遍参与学习，有力推动全市学习型党组织的持续健康发展。一是理论学习中心组学习品牌。党委中心组学习的定位是"学理论、议大事、转观念、出思路、建班子"，特别是市委理论学习中心组学习更是着眼于"议大事、出思路"，作为全市经济社会创新发展的重要思想动力源泉之一，要注重系统性和前瞻性，凸显高层次和高端化。二是有特色、有声势的"专家讲坛"品牌。广泛借助外部资源，每月邀请专家教授或上级行业主管部门领导进行专题讲座。包括邀请报告领导专家的高规格、辅导选题的高水准、参加学习会领导的高层次，不断提升其影响力。三是以"百课下基层"为代表的理论宣讲品牌。在全市开展"百课下基层"活动，是打造理论宣讲品牌，克服内容单一、对象单一、方法单向、部门单干的有效形式。围绕重大宣讲活动，精心挑选人员，及时组建宣讲团，深入基层开展理论宣讲。四是以鼓励全民学习为追求的"读书月"品牌。"读书月"活动旨在鼓励全民学习，推动整个城市养成求学问道的风气，树立热爱读书、追求知识的城市形象。

（七）健全学习机制

具有符合学习规律的科学化、制度化的学习机制，是推进学习型党组织建设的制度保障，也是实现党的建设科学化的必然要求和重要体现。推进学习型党组织建设，必须建立健全学习机制，切实做到用制度管学习、促学习。一是领学机制。要建设学习型党组织，必须建设学习型领导班子，做学习型领导干部。领导干部只有带头学习、率先垂范，才能带动整个组织学习，形成良好的学习氛围。二是投入机制。建设学习型党组织，应安排必要的创建经费，提供必要的学习条件。应完善优化软硬件设施建设，建立完善党员活动室、党员电教室、图书阅览室和计算机网络，确保学有阵地。三是激励机制。要在领导班子的选拔，党员干部考察、考核和评价机制等方面彰显学习的重要性，在党组织内部营造刻苦学习、勤奋工作、争先创优的良好氛围。运用竞争机制和榜样示范效应，提高基层党组织在社会主义市场经济中的竞争能力，促进每个党员不断超越自我。四是考核机制。要建立和完善与述学、考学、评学相联系的政绩评价标准、考核制度和奖惩制度等，把学习情况作为民主评议党员、综合考核评价领导班子和领导干部的重要内容，把理论素养、学习态度和学习能力作为选拔任用领导干部的重要依据，形成注重学习的用人导向，确保党组织学习的连续性、持久性，从根本上防止学习走过场、形式化。当前，要把建设学习型党组织作为加强基层党组织建设的重要内容，与开展争先创优活动紧密结合起来，统一推进，统一考评，以保证学习的成效。

（作者单位：中共荣成市委党校　课题组成员：高和进
　宋美嫒）

打造山东半岛蓝色经济区荣成先行区
人才智力支撑的调查与思考

孙建明

人才资源是第一资源，是第一生产力的第一要素。当前，在全省上下掀起建设山东半岛蓝色经济区的高潮时，作为县级人才引进管理的职能部门，我们更应该深刻理解和准确把握人才建设的重大意义，更应该把人才开发和队伍建设放到各项工作的首位，加快高层次人才、高技能人才和紧缺型人才引进培养力度，才能更好地为半岛蓝色经济区荣成先行区建设提供强大的人才智力支撑。

一 荣成市人才队伍的基本情况

荣成是海洋经济城市，蓝色特征鲜明。多年来，围绕建设海洋经济强市，促进造船、食品、汽车、港口物流、能源石化等蓝色产业膨胀扩张，市委、市政府高度重视人才队伍建设工作，大力实施"人才立市、兴市、强市"战略，成立了专门领导班子，先后出台了一系列引进、培养、使用人才的优惠政策，全市的人才资源开发和人才队伍建设取得了一定的成绩，人才工作正在向着良好的方向发展。截至目前，全市共有各类人才50427人，占全市总人口的7.4%。其中专业技术人才37716人，占人才总数74%。专业技术人才中，具有高级专业技术资格的2915人，中级专业技术资格的12495人；享受国务院政府特殊津贴的11人，省市级有突出贡献的中青年专家7人。具体工作中，主要抓了以下三点：

一是强化政策引导，用一流的待遇吸引人才。中共荣成市委、市政府先后出台了《荣成市引进专业技术人才的暂行规定》《引进高层次人才若干规定》等一系列政策，对高层次人才和紧缺人才在工资福利、住房、子女入学入托等多方面给予优惠，使各类人才引得进、留得住、用得好。二是拓宽人才视野，用开放的思维对接人才。坚持"两条腿走路"，通过多种方式聘请专家、学者、院士来荣成调研指导、解决实际问题，直接与高端人才对接，吸收最新、最前沿的发展成果，为荣成打造半岛蓝色经济先行区提供智力支援。三是搭建优质平台，多渠道培养专业人才。目前，已建立起以哈理工荣成学区为龙头，威海工程技术学院、威海水产学校两所高级职业学校为主体，其他职业中专为补充的三位一体的人才培养体系，解决了荣成市专业实用人才短缺的难题。近年来，共培训各类专业技术人才 5 万多人次。

二 人才队伍建设存在的问题

近几年来，荣成市充分发挥人才的作用和优势，推动了区域经济又好又快发展。但由于客观条件的限制和主观因素的影响，在人才队伍的建设上，仍然存在一些问题，主要有以下几点。

一是人才总量不足。随着教育水平和人才重视程度的不断提高，荣成市人才总量呈逐渐上升趋势，但远远满足不了打造半岛蓝色经济先行区的发展需要。从人才的密度看，每万人中荣成市人才仅为 724 人，比江阴少 895 人；从人才增速看，荣成市人才总量每年递增 2% 左右，而江阴每年在 15% 以上；从人才结构看，专职从事科学研究、科技开发的人才严重匮乏，企业经营管理人才数量明显不足，适合荣成市"六大蓝色产业"的专业技术人才仍十分紧缺。

二是人才分布不合理。从事教育、卫生行业的占绝大多数，直接从事"蓝色产业"的技术人才少，特别是高新技术人才、企业管理人才和复合型人才比较紧缺。同时，高学历、高职称人才所占比例太少，专业技术人才中，本科以上学历的约占 11%，高级职称仅占专业技术人才总量的 7%，且大部分集中在教育、卫生系统，高层次产业技术人才相对较少。

三是人才队伍不够稳定。由于受软硬环境的影响，部分单位引进的人才流失比例较高。部分企业高薪引进的人才往往坚持不了一年，就纷纷离开，特别是一些工程信息技术类的人才，很难真正留下来。

四是人才培养不够系统。有些企业重使用、轻培训的思想比较严重，加上企业人才流动性比较大，企业不愿支付培训员工的成本，一些企业人才知识的更新基本上处于一种自发状态。

三 加快人才队伍建设的对策措施

中共山东省委、省政府做出打造山东半岛蓝色经济区的重大战略部署后，中共荣成市委、市政府立足实际，审时度势，明确提出了打造半岛蓝色经济区荣成先行区的总体思路。作为我们人事部门坚决执行上级党委、政府的决策部署，大力加强人才队伍建设，抓紧开发发展蓝色经济急需紧缺人才，造就一支高素质海洋科技人才队伍，集聚一批在国内外有影响的创业型高端海洋科技人才，努力把荣成打造成各类优秀人才聚集之地、创新之地、创业之地、成功之地。

一是创新人才引进机制，引进一批高层次科技研究型人才。本着"不求所在，但求所用""不求所有，但求所为"的原则，实施积极的人才引进政策。根据荣成市经济和社会发展需要，采取灵活多样的形式，大力引进高层次人才和短缺人才。在强调引才的同时，积极引进外智，通过兼职、讲学、科技合作等方式，引进一批"两栖型""候鸟型"人才。创新引才渠道，开辟引进紧缺人才的"快车道"，凡是荣成市紧缺急需的各类人才，在引进时简化手续；开辟引进精英人才的"直通道"，凡是荣成市所需的高新专业技术人才，引进时手续直接到位；开辟引进特殊人才的"绿色通道"，实行"一站式"服务。具体来说，积极鼓励企业走进高校引智、引才，继续鼓励企业建立"博士后流动站"，并着力提高工作站的运行质量，加大科技研究型人才的引进力度。

二是依托大专院校、科研站所，培养一批中高级专业技术人才。继续依托荣成市现有的大中专院校，定期组织培训班，依托专业技术人员继续教育培训，不断提升全市专业技术人才特别是科技人才的整体素质和业务水平。培训过程中，注重提升培训工作规范性、科学性和时效性，充实完善培训内容，采取菜单化培训模式，实现自主选课、自主培训与集中管理的有机结合。发挥高新技术园区、博士后工作站、企业技术中心等技术创新载体的作用，吸引更多的中高层专业技术人员到站进行科研活动，提升荣成市中高层创新技术人员的能力，发挥中高层人才带动作用，提高人才队伍的整体素质。

三是加强人才培训力度，造就一批职业技能技术人才。重点抓好三大类人才培训：在企业经管人才培训上，根据企业发展的需要，定期举办企业经营管理知识讲座，聘请国内知名专家学者讲课，以管理水平的提高来推动企业的发展；在技能人才培训上，以技术学院、职业学校为基地，有针对性地组织实施"蓝色证书工程",鼓励全市技术工人参加培训,进一步壮大技能人才的队伍;在创业人才培训上,针对全市创业氛围不浓、创业意识不强、创业人才短缺的实际情况,利用市委党校、哈理工荣成分校、教育培训中心、农业示范园区等教育培训资源,通过定期举办优秀创业人才事迹报告会、辅导讲座以及开展创业结对帮带活动等形式,努力培育一大批熟悉市场行情、掌握生产技能、善于经营管理的创业人才。

四是加大资金扶持力度,为人才引进培养提供有力保障。围绕打造半岛蓝色经济区先行区,荣成市将设立人才引进培训专项资金,主要从市财政每年增长部分中提取,用于人才资源的调研与规划、培养与引进、使用与配置等。重点加大对四项工作的资金扶持。(1)每年组织2~3名企业家到清华、北大等高校进行培训。(2)鼓励企业建立高校毕业生实习基地,并按接收毕业生的数量给予资金扶持。(3)计划在哈理工、技术学院开设短训班,每年为企业培训200名急需专业人才,培训费由政府和企业按比例负担。(4)由人事部门负责建设高标准、现代化的人才资源库,促进各类人才的合理、有序流动,充分盘活荣成市现有人才资源。

四　几点建议

一是完善高等教育培训体系。针对当前高校毕业生因专业不对口、缺乏实际操作技能而造成结构性就业难的实际,建议省委、省政府应围绕产业发展需求,积极调整高校专业设置,创新培养模式,采取订单式培训,着力培养对口型、实用型、复合型海洋技术人才,为蓝色经济区建设输送高素质劳动力。

二是实施基层人才支持工程。针对基层聘请专家学者难度大的实际,建议省政府尽快启动实施基层人才支持工程,尽快建立专家下乡常态化机制,鼓励专家学者定期到基层进行调研指导,为基层解决实际问题,并制定相关的考核奖惩办法,对取得重大经济或社会效益的给予重奖。

三是加大专项资金扶持力度。建议上级财政部门将企业人才培训经费列入财政预算,实行专项管理、专款专用,地方财政要确保配套资金及时拨付到位,彻底解决企业人才培训经费不足的问题,确保教育培训工作的持续开展。

四是大力发展海洋职业教育。目前,山东省还没有一所海洋职业学院,唯一的海洋学校也并到烟台大学了,面向海洋高技术产业的专业人才十分紧缺。而设在荣成市的威海市水产学校，在教学水平、专业设置等方面都非常符合蓝色经济发展要求，建议省里应以此为依托，加快建立荣成海洋职业技术学院，积极整合现有的海洋职业教育资源，定向培养大批高端专业技术人才，从根本上解决山东省海洋工程类人才短缺的问题。

五是健全完善人才引进机制。人才同其他资本一样具有本质趋利性，这种趋利性决定了人才资本流动的必然性。因此，对县级引进的优秀人才，上级应给予一定的优惠政策。如在科研经费上给予适当补助，在机构编制上为其预留或增加部分编制和职称限额，激发他们投身基层、干事创业的积极性；对企业引进的优秀人才，也应给予一定的政府津贴，让企业放开手脚、大胆引进人才。

（作者单位：荣成市人力资源与社会保障局）

让金字招牌在市场经济大潮中闪光

——荣成市东楮岛村海草房保护的几点思考

唐建召

海草房，又名海苔房、海带草房，因其以荣成沿海所产的海草为主要材料苫盖屋顶而得名。荣成海草房被权威专家和学者鉴定为稀世民居珍品，在全球属垄断性产品，其苫盖技术已于 2006 年 9 月被批准为山东省非物质文化遗产，现正申报国家非物质文化遗产。20 世纪 80 年代，海草房被选入"中国民居"系列邮票之中。近年来不少专家学者前来考察观光，荣成市政府也出台文件对海草房的保护和开发做出规定。如何让这些带有地理标志并且全国独有的民居艺术珍品在市场经济中，既得到有效保护，又能体现经济价值，带着这样的问题我们走进东楮岛村。

一 东楮岛的海草房金字招牌

东楮岛村原为海岛，1966 年村民修路与陆地相连。现有居民 187 户、465人，拥有耕地 426 亩，滩涂 300 亩，海区 850 亩，2001 年实行村改居。原有村办企业 9 处，2004 年进行了股份制改造，设立荣成楮岛水产有限公司。2007 年村集体经济总收入达到 3300 万元，农民人均纯收入突破 6000 元。

东楮岛村之所以闻名于海内外，主要是源于该村的传统民居海草房。该村现有海草房 144 户、650 间，总建筑面积 9065 平方米，其中，最古老的海草房始建年代为清顺治年间，距今已有 300 多年的历史；百年历史以上的海草房有 83 户 442 间，主要分布在村中部分；近百年来建造的海草房有 61 户208 间，主要分布在村西部分。这些海草房成排联片，较好地保持了历史的"原汁原味"，是体现胶东海滨民居特色、保存完整的海草房村落，也是国内难得的生态民居活标本。该村于2007年6月9日被国家建设部、文物局命名为"中国历史文化名村"。此前山东省只有章丘市朱家峪村当选。东楮岛"历史文化名村"荣誉称号的获得，引起了各界的极大关注。省市级报纸电视报道后，专家学者、摄影爱好者蜂拥而至，有关东楮岛村的自然风光和古老海草房的美文美图相继上传互联网，并迅速传播。中国摄影家协会、中国作家协会会员杨机臣，中国摄影家协会会员马世民等均专程来东楮岛村采风。另据不完全统计，新浪博客、网易新闻、齐鲁书画圈、羊台山文化圈、房刊网等网站均对此做出反应，相关文章及图片浏览量过百万人次。

二　是什么成就了金字招牌

从调查中我们发现，目前荣成市现有海草房23000余户、95000多间，主要分布在沿海的12个镇400多个村庄。海草房曾经是荣成沿海渔民的主要居所，具有生态环保等优点。但随着现代生活理念和新兴建材的兴起，不少海草房遭到破坏。而独有东楮岛村的海草房得到有效保护，主要原因有：

一是海草房不仅仅是一种生活概念，更是一种历史的沉淀。村里人认为，海草房是当地历史文化的活标本和化石，海草房又是民俗文物，它真实反映了村里历史变迁和时代演变过程。村里几届班子都始终认为，保护好海草房，可以为子孙留下一份情感的寄托物，为民居发展的历史进程留下参照物，为人类居住文化遗产宝库保留一个品种或标本。

二是海草房不仅仅是一种生活习惯，更是村民精神风貌的延续。村里人认为，海草房是一部对当地现实生活有指导意义的百科全书，仍然影响着建设新民居和住进新民居的海草房传人的生活。这是一种潜移默化的力量，是现实生活中无法割断的一脉。海草房以人为本的传统观念，仍然是新一代住宅建设所遵循的基本准则；海草房的"民俗链"仍然影响着现代人的生活。

三是海草房不仅仅是一种生活态度，更是村民对先进文化的一种秉承。在村民看来，海草房是地地道道的纯生态民居。随着现代生活的发展，追求自然化、生态化不仅成为当今社会发展的潮流，也是人们生活追求的一种选择。村民自己说海草房是我们家门口的别墅，造价低、景色好、污染少、空气好，这是在别的地方花多少钱也买不来的。

四是海草房不仅仅是一种生活标志，更是千百年来海文化内涵的体现。村里人认为，海草房的建筑风格，就是村民性格的象征——憨厚豁达的胸怀、热情好义的品性、善饮的率直、礼贤敬德的乡风等社会和人格方面的魅力。

海草房在某种程度上，已经成为当地居民的精神家园。

基于上述原因，在别的村纷纷拆旧翻新时，而东楮岛村几届班子都始终把保护好海草房作为重要职责，无论经济怎么发展，企业发展多少，对海草房的保护始终不放弃，形成了该村独特的海草房群。

三 金字招牌的商机日益体现

金字招牌蕴藏着巨大的商机。目前，前来东楮岛村商谈合作开发的外商络绎不绝，不少旅游公司都慕名而来，希望通过参股等形式共同开发旅游资源，不少客商看重海草房的市场潜力，想在周边建设相关旅游设施。但村里人始终认为，开发必须是一种高层次的开发，而不是仅仅是对原生态资源的一种掠夺性开发，因此多次拒绝低层次的开发。该村通过威海市建委，邀请国家建设部领导、专家到村实地考察调研，制定了《东楮岛村历史文化村落保护规划》。目前东楮岛村海草房整体开发规划已上报国家住房和城乡建设部，正在审批当中。该村根据《东楮岛村历史文化村落保护规划》的总体要求，严格落实相关保护措施，目前该村所有新建、扩建及房屋翻修工程已全部暂缓施行。

四 金字招牌应早日体现价值

随着海草资源的枯竭和苫盖艺人的大量流失，海草房已经被有关专家定义为民居建筑史上最后的精品。如何保护并且利用好海草房资源，是一个十分重要而迫切的任务。纵观世界各地对文化遗产的保护，无不是以开发促保护。从东楮岛村目前的保护情况来看，有几点值得思考。

一是海草房的保护与开发不仅仅要体现文化价值，更要体现经济价值。从世界范围看，任何文化遗产的保护，都离不开旅游和文化市场的开发，实现以开发促保护。武汉的黄鹤楼当年维修对游人开放，不仅当年收回成本，而且当年见利3000万元。成都杜甫草堂根据历史重修，不仅挖掘了大量历史文物，而且成为四川旅游重要景点之一。海草房目前只是一种保护，但还没有形成真正的旅游资源。从东楮岛村的经济收入来看，旅游和三产所占比例很低，村民习惯了外来参观者的拥入，却少有像烟墩角村那样的服务实体和三产规模，少有实质性的旅游开发。要加大舆论宣传力度，在引导村民自觉保护好海草房的同时，大力发展旅游等新兴产业，把文化资源变成强大的经济资源。

二是海草房的保护与开发不仅仅要成为旅游景点，更要实现深层次开发。海草房的旅游开发，不仅仅是让外来游客走一走，看一看，更要成为弘扬荣成文化的重要载体，在深层次开发上做足文章；不仅仅在观光旅游上要有大动作，更要在相关产品培植上下功夫，当地的卫所文化、庄户剧社、古墓群、民间剪纸等旅游产品应该成为抢手的旅游资源。要邀请专家进行大手笔策划，发挥文化的金字招牌魅力，把东楮岛村打造成胶东的"西双版纳"。

三是海草房的保护与开发，不仅仅要靠当地资源，更要走市场化运作之路。任何一个景点的开发，仅靠自身力量是难以实现的。要加大推介力度，把荣成海草房整体包装策划，作为海文化的重要一极。要加大三产招商力度，瞄准国内一流旅游企业进行深层次合作，借助文化的金字招牌，借鉴王家大院、乔家大院等热点旅游景点经验，发挥文化的影响力，加大网络传播和影视的推动力，将海草房打造成具有明显地域特色的名牌旅游产品。

（作者单位：中共荣成市委宣传部）

对当前村民自治工作的分析与研究

——以文登市为例

隋建光

村民自治作为一项基层群众自治制度在文登市农村实施已有 20 余年。其核心精神就是通过村民自治来实现村民的自我管理、自我教育和自我服务的自治目标。为进一步完善村民自治，加强村级组织建设，夯实基层基础工作，近期，我们对文登市的村民自治情况进行了深入调研，并针对问题提出了有关对策和建议。

一 文登市村民自治工作取得的主要成效

从文登市村民自治工作情况来看，目前农村初步形成了层次不同、形式多样、内容广泛、规范性与多样性相结合的村民自治制度体系，逐步构建了以农民为主体，党的领导、依法办事、人民当家做主相统一的农村新型治理机制。其成效主要体现在以下四方面：

（一） 选举过程彰显公开

自 1987 年 11 月 24 日《村民委员会组织法》通过并公布，特别是从 1998 年 11 月 4 日修订通过以来，文登市村委会干部经历了由乡镇任命到村民代表选举到村民直接选举的过程；村民委员会候选人提名经历了村党支部和上级提名推荐到村民海选提名产生的过程；村民委员会主任、副主任和委员的产生经历了先选举村民委员会再在委员中分工到直接选举主任、副主任和委员的过程；村党支部书记、村委会主任经历了由分设到"一肩挑"的过程。目前，村级民主选举基本走上了正轨。

在选举村委会过程中，坚持候选人条件公开、选举程序公开、选举办法公开、选举结果公开，较大程度地保障选举的民主性，切实维护选民的合法权益。全市村委会选举村民参选率达98%以上，标志着村民民主意识正在逐步提高。

（二）决策流程突出科学

从调查走访的情况来看，文登市农村基层普遍实行了民主决策，程序也比较规范。村里重大的村务，一般都实行"村两委联席会议制度"，按照先党内后党外、先党员后群众的程序和民主集中制的原则实行民主决策，如村建设规划、经济发展、道路水利等公益事业，土地承包、企业承包、计划生育政策、宅基地使用方案、土地征用等重大问题的决策过程中，基本上都采用这种办法。

同时，为更好地规范村级事务，提升决策的科学性，解决在决策过程中出现的一些难点问题，乡镇干部加强了对村级事务的指导工作。2009年，文登市在全市推广实施镇村集中议事制度，将村里的重要工作以及群众关注的焦点问题拿到镇上，由镇党委书记、包片干部、相关职能部门工作人员以及村党支部书记、村委会主任集体讨论，形成解决问题的思路和办法。镇村集中议事制度的实行，提高了村级决策的民主化、科学化，有效地规范了村级事务。这方面米山镇做得比较成功。

（三）管理方式遵循规范

据调查了解，全市农村大多数行政村都制定了各项村民自治制度，有些还相当规范，把村规民约、村民会议、村民代表会议制度、民主理财制度、民主评议村干部制度、村务公开工作规范等等各项自治制度进行汇编，装订成册，发至各村民手中。通过村规民约等各项制度，把村民的权利和义务、村级各类组织之间的关系和工作程序以及经济管理、社会治安、村风民俗、婚姻家庭、计划生育等方面的要求，规定得明明白白，加强了村民的自我管理、自我教育和自我服务。

（四）监督机制注重结合

从调查走访的情况看，全市各村普遍实行了"两公开"和民主评议制度，确保落实民主监督。在制定各项制度，确保以制管人、以制管事的基础上，把制度监督与村民监督有机结合，街道（镇）监督与村民理财小组监督有机结合起来。近年来，全市普遍实行村账镇（街道）管的办法，统一了各村的财务制度，增加了财务管理的力度，有力地纠正了村级财务管理混乱的状况；同时各村都实行了村务、财务定期公开，增强了透明度，有力地保障了村民的监督权利。

二　当前村民自治中存在的问题及原因分析

当前村民自治工作尽管取得了很大的成效，但由于多方面的原因，村民自治在实践中也存在着如下问题。

（一）依法选举规范难

当前文登市村民民主选举面临着一些比较突出的问题。受到诸多因素的影响和制约，出现了诸如贿选、操纵选举等现象，在一定程度上影响了选举的规范性与合法性。为对村民民主选举影响因素进行分析，我们选择了埠口、高村、大水泊等几个乡镇作为对象进行了调查。根据调查分析，我们认为造成依法选举操作难的现状主要有以下两个原因。

一是当选人资格难界定。《村民委员会组织法》第 12 条规定："年满十八周岁的村民，不分民族、种族、性别、职业、家庭出身、宗教信仰、教育程度、财产状况、居住期限，都有选举权和被选举权；但是，依照法律被剥夺政治权利的人除外。"根据对此条的理解，村民要当选至少应同时具备以下几个条件。第一，必须年满 18 周岁。而村民是否年满 18 周岁在具体操作中，不好确定，原则上是以身份证为准，当身份证上的日期与户口簿上的日期不一致时，怎样确定？当户口簿上的日期与派出所登记的日期不一致时，又怎样确定？根本原因在于对候选人的年龄标准规定不够细化。第二，必须是本村村民。何谓本村村民？通常都是以户籍为标准，凡是拥有本村户籍就是本村村民，反之就不是。但是在现实中，居住在某一个村的人未必就具有该村户籍，而真正具有该村户籍的人又未必就在本村居住。原是本村村民，现居住地在本村，因为土地被征用后成为非农业人员，这些人员能否参加村委会选举？原是本村人员，农转非后离开村子，以后又回到本村居住，这些人能否参加村委会选举？长期居住在本村的外来人员能否参加村委会的选举？挂靠在本村的人能否参加村委会选举？对于这些问题目前争论非常大。第三，依照法律未被剥夺政治权利的村民。确认是否被剥夺政治权利，以司法机关的法律判决书为准，但对尚未判决的人，他们的资格如何确定？也未有相关细则加以细化，在实际操作中难免会出现问题。

二是违法行为难界定。贿选现象已在很多地方出现，部分地方已呈蔓延之势。贿选的手段多样化，既有给钱的，也有给物的，还有既给钱又给物的。既有候选人直接参与贿选活动的，也有候选人指使他人所为的。有人为了当选，采取送礼物、摆酒席、用钱拉票等方式花钱买选票。这个候选人送香烟，那个候选人发食油，有些地方甚至公开大摆流水宴席招待选民白吃白喝．严重干扰了民主选举的正常进行，但却无法以法律方式进行制止。还有一些人受家族观念、帮派意识的影响，由家族中的权威人士出面推出本家族的候选人，通过串联、游说和操纵，利用族大票多的优势取得选举的胜利，这是在农村比较常见且难以纠正的现象。还有部分候选人采用上门做工作、许愿或者由其亲戚出面做工作，但没有用钱物进行贿选，群众反映强烈，但是否违法，在实践中也很难界定。

（二）村级事务操作难

发展农村公益事业的"一事一议"制度，赋予了农民自主决策权利，但在实施过程中，执行起来比较困难。一是开会难集中。村级区域调整后，村域面积扩大，人口增多；加之群众居住较为分散，特别是农闲之余，农村青壮年大多外出打工经商，人员更难集中。在这种情况下，召开村民大会难度非常大。二是意见难统一。由于一些村民认识水平较低，在就公益事业表决时，往往采取实用主义、本位主义态度，对眼前利益、局部利益看得较重，有利于自家或本组的则同意，反之就反对。三是筹资难到位。实施"一事一议"制度后，农村公益事业投入明显减少，一些非办不可的公益事业，即使是在村民会议或村民代表会议上通过了，但持反对意见的一部分群众，在筹资过程中，不肯自己拿钱，出现了"谁同意谁掏腰包"的现象。有的村甚至变相将"一事一议"筹资筹劳变为新的固定收费项目，导致了农民负担的反弹，使得农民民主权利无法得到保障。

（三）民主意识增强难

虽然农民的民主意识已经由过去的启蒙和觉醒阶段发展到大胆追求民主权利，但不可否认的是农民对民主的认识还比较狭隘，民主素质与其日益增长的民主意识还不相适应。比如，有少数先富起来的村民谋求政治地位的愿望比较强烈，但却不是通过正常合法途径，而是用金钱开路、用贿赂手段去谋取村委会干部职位。有的村民不珍惜自己的民主权利，感情用事，从个人的好恶出发，不能公平、公正地对待选举，把三年一次的换届选举作为出恶气或和村干部讲条件的机会。有的村民受宗族、房头势力影响，不能出于公心选举干部。有的村民受某些候选人不切实际的"减免税费"等竞选演说的诱惑，轻易投票，甚至为一顿饭、一支烟就送掉自己的选票。特别是在经济文化较为落后、村级组织战斗力凝聚力较弱的村，不少村民更是认为村务公开、村民代表会议是村干部走走形式，村民民主监督的意识不强，参政议政的积极性不高，客观上助长了村民自治有名无实。

（四）村务公开透明难

根据调查，目前文登市大部分村务公开的特点是：形式单一、内容单调、程序混乱。作为村务公开的主要形式是位于村委会外墙的黑板报，面积 4 平方米，且多处"露白"。村务公开的内容一般是由村委会确定，几乎全部是在没有相关监督的情况下公布的，有很大随意性，缺少公开透明性。主要表现在：一是财务公开内容太专业。根据现场查看，多数村公示村级财务情况，专业性太强，村民看不懂，村民想知道的详细收支账目看不到。更有甚者，个别村公布出的财务支出有不真实现象，认为不便于真实公布。二是村务活动和财务支出公开往往只知事后结果，重大事项决策过程、实施过程公开透明度不高。有些村不想让村民明明白白知情村上的所有事项，不按规定程序办；对公示后提出的质疑基本无人解答，造成公开透明度模糊，引发一些矛盾和问题，一些村民认为那些都是做样子。这种情况的出现主要因为村级领导对村务公开有抵触情绪，担心村务公开会削弱手中的权力。同时，很多村民受传统体制影响，普遍认为村务公开只是一种形式，难以发挥实效。

（五）民主监督到位难

作为村级民主监督的主要组织，民主理财小组和村务公开监督小组的现状一是机构不健全，二是人员构成存在问题。调查发现，村级干部和部分村民认为有本村的监督小组，但大部分村民对此不加可否，这充分说明作为民主监督的主体——村民及村民代表的监督意识的薄弱，监督权利难以得到保障。民主理财小组的职责是向村民会议或村民代表会议负责并报告工作，负责对本村集体财务活动进行监督，参与制定本村集体的财务计划和各项财务管理制度。但在大部分农村村民会议和民主理财小组都没有完整地设立，导致民主评议村级领导工作难以落到实处，民主评议制度不完善。

三 完善村民自治的对策与措施

（一）提高思想认识，加强指导扶持

要加快村民自治的进程，解决村民自治的难点，乡村干部要正确理解村民自治的含义，切实转变自己的思想和观念，转换工作的方式、方法。要勇于将权利还给农民，让农民参与民主治村，焕发农民当家做主的热情，变村务少数村干部督办为农民大多数人帮办的局面。市级各部门要加强对村民自治的指导和扶植，特别是人大、组织及民政部门更要根据《组织法》和《基层组织工作条例》的规定履行好自己的职责。一是将村民自治的工作提到议事日程上来，用好用足现行的政策和法律法规，同时要结合本地实际，完善自治体制，并监督有关部门不折不扣地落实《组织法》。二是搞好调查研究和动态分析，及时发现问题和解决问题，尤其是基层解决不了、解决不好的问题和热点、难点问题。三是抓典型带动一般。推广好经验好做法，对阻挠、破坏自治的人和事要敢抓敢管，进行批评教育直至依法惩处。

（二）严把入口关，完善选举制度

一是严格把好任职条件关。明确规定几种情况的人员不宜作为村两委候选人，同时把候选人资格条件明确写进村民委员会选举办法，依法把关。二是严格把好公开推荐关。采取不同的方法，引导村民推荐好候选人。三是严格把好资格审查关。各村要成立资格审查小组，对初步候选人全面进行资格审查，并将候选人情况进行公布，接受监督。四是严格把好党内外民主测评关。将候选人的姓名按姓氏笔画排列，印制成党内外民主测评表，组织党员和村民代表进行民主测评。五是严格把好选举程序关。村民委员会选举中，主要是做好推选产生村民选举委员会和村民代表、制定选举办法、依法登记选民、提名确定候选人、组织介绍候选人和组织投票选举等环节工作。

（三）发展集体经济，强化服务基础

村民自治作为农村基层民主政治建设的一项重要内容，属于农村上层建筑的范畴，而农村经济建设，则属于经济基础的范畴。经济基础决定上层建筑，上层建筑不可能超越一定的经济基础而独立存在，这是马克思辩证唯物主义的基本观点。经济实力尤其是村委会可支配的经济收入是村委会履行好

职责、增强凝聚力的物质基础。当前，农村集体经济贫弱、债务负担沉重的一个最直接的后果就是：导致村委会连正常的工作也难以开展，更谈不上增强服务功能了。特别是随着国家免除农业费税、明晰土地等重要资源的产权、强化生态环境保护以及禁止不合理摊派等制度的确立，村委会可支配资源和收入来源逐渐减少。因此，当务之急是要加快经济建设步伐，千方百计增加农民收入，不断发展壮大农村集体经济实力，积极推进农村市场化进程，为村民自治的开展提供必要的物质基础条件。

（四）完善监督机制，强化监督力度

一是加强财务管理，搞好村务公开，这是村民自治监督的重点。要健全民主理财制度，选好民主理财小组，加强对财务的审计和监督。二是充分发挥党支部的监督作用。党支部要在本村保证贯彻执行党的路线、方针、政策；监督村委会、村民会议、村民代表会议依法做出决定；监督和推进村民自治活动，支持和保证村委会依法行使职权；负责村、社干部的管理和监督，督促村委会抓好精神文明建设、社会治安、计生工作。三是充分发挥村民代表的监督作用。要充分发挥村民代表的作用，通过代表联系群众，保证村民代表会议的决策能真正代表大多数群众的意愿；村党支部、村委会要充分运用并发挥村民代表大会的决策作用，凡是村支部、村委会的规划、主张和村内重大事项，都要提请村民代表会议通过，这一法定程序是界定村委会行为是否违背村民自治的根据。

（五）针对新情况，期待《村民委员会组织法》修改

自1998年颁布并施行《村民委员会组织法》以来，文登市农村村民自治建设取得了巨大发展，对农村社会发展做出了一定贡献，同时村民自治在实际操作中也存在许多问题。如村"两委"矛盾问题、村委会成员薪水问题、村委会中的女成员问题、选民和候选人资格问题、村委会换届后工作移交问题、村委会成员进行不公平竞选问题、选民投票问题、罢免村委会成员问题、村民会议召开问题等。虽然原因是多方面的，但是《村民委员会组织法》自身的不完善也是一个重要原因。

（作者单位：中共文登市委党校）

荣成市打造文化品牌的理论与实践

张瑞英

在经济与文化日趋一体化的现代社会，经济的竞争、综合实力的竞争的背后是文化的竞争、品牌的竞争。品牌建设是文化发展的着力点，是文化建设的经济价值与精神价值的双重凝聚，成为区域发展的核心价值体系的重要组成部分。在城市现代化的文化建设中，深入挖掘、整合、聚集文化资源，加强对具有独创性和广泛影响力的文化现象的思考，打造"人无我有、人有我新、人新我优、人优我特"的文化品牌，对增强文化竞争力、影响力和辐射力，带动经济、社会、文化的全面发展具有十分重要的现实意义。

一　文化品牌塑造应当遵循的基本原则

文化是城市的精髓和灵魂，是激发城市活力的源泉。一个不重视文化发展，没有品牌元素注入的文化"零散体"，如同无水之鱼、无本之木，在市场竞争中不具有优势，也必然不能走向长远。加强培育与打造具有核心竞争力的文化品牌要把握以下四个基本原则：

(一) 个性突出原则

要求品牌建设的目标力戒雷同化、趋同化，避免千人一面、照搬套用。要坚持高起点定位、宽视野谋划、大手笔运作，立足特色、着眼全局、放眼未来，对文化资源、文化氛围、文化发展水平等诸多因素，在自我资源优势的系统分析与研究、相邻资源特征的权衡对比、相似运作模式的借鉴创新中，筛选出既能体现区域文化内涵、文化品位，又能带来较高美誉度的差异性特征，打造出一种特殊的、高品位的、富于自我个性的文化风格。"个性"即矛盾的特殊性，通常用来表示社会个体"人"，区别于其他人的独特的精神面貌和心理特征，鲜明的、独特的个性特征形成人格。文化品牌建设亦是如此。任何一个城市要走出家门、走出国门，必须树立具有个性的品牌，有个性才有存在价值。我们可以从大连、深圳、青岛、杭州乃至于名不见经传的盱眙等经营文化品牌的成功中获得许多不无裨益的启示。以泰山文化旅游为龙头的泰山文化品牌，以泉城济南为核心的泉水文化品牌，以沂蒙革命老区为中心的红色文化品牌，以二人转、小品为代表的东北文化品牌，以儒学文化交流为基础的孔子文化品牌等无不以鲜明的文化特征独树一帜，引领文化建设的潮头。如果说这些品牌的地域差异造就了文化个性，那么大连、青岛、秦皇岛则是在海滨旅游城市的共性中，在文化品牌的激烈竞争中成为各具品牌个性特色的典范。

（二）市场导向原则

要求品牌定位能体现文化建设的战略方向与城市形象建设目标，能引导内部公众与外部目标公众关注、感知文化品牌建设的个性与优势特征，在心目中形成良好的预期印象，对经济、文化、社会的健康发展起到引导作用。品牌是一种市场资源，文化品牌是市场经济发展的产物，又反过来为经济竞争、综合实力竞争带来机遇和强劲动力。品牌催生经济效益、社会效益和精神价值的过程实质就是一个市场导向作用下的商业运作过程。以整合文化资源，优化资源配置为内容的整合效应需要市场提供条件；以吸引人流、物流、资金流和信息流为内容的聚集效应需要市场机制加以调节；以提高产业增值能力，实现利润最大化为内容的增值效应需要商业化运作方式；以带动形成产业为链条，拓展市场发展空间为内容的辐射效应需要市场预期支持；以提高市场占有率，扩大区域文化影响力和知名度为内容的放大效应，则必须在市场主导作用下进行有效策划、包装、宣传。由此可见，打造文化品牌实际上就是一个商业化的过程，是与市场充分沟通、建立良好互动关系的过程。如今各地的文化品牌已如同商品品牌一样进入了竞争时代。打造文化品牌的关键在于把握市场脉搏、顺应市场规律，谁策划到位，包装到位，宣传到位，炒作到位，谁就将最终得到社会的认同，从而拥有自己的地方文化品牌，成为最后的赢家。

（三）公众认同原则

要求品牌资源的培养、提炼、整合能够反映地域内部公众与外部目标公众的心理需求与价值取向，品牌所反映出的独特性、关联性能通过对文化建设各方面要素的感知与传播信息的接触，逐渐获得公众的认同与支持。这是对文化品牌塑造主体的要求。所谓"一方水土养一方人，一方人有一方人的品位"，品牌不仅仅是一个名称、一个标识符号，更是一个地区文化内涵与活力的释放，渗透着强烈的核心价值取向。公众是品牌资源收集、整理、利用的主体条件，只有得到公众认同与支持，文化品牌才能获得预期效益扩大化。这就要求以文化搭台为载体，以经济唱戏为主体的文化品牌必须按照"源于实际、易于认同、标志独特、意味深远"的要求，在彰显自己独特地方个性的基础上具有广为人纳的特性，把公众的品位、需求、文化涵养作为品牌打造的核心内容之一。公众所了解、接受、认同的文化品牌才会魅力尽现，人气高涨，从而带动商气的火旺，实现拉动经济发展的初衷。

（四）现实可行原则

要求品牌建设必须从实际出发，符合或贴近文化发展现实，不好高骛远、盲目攀比，确立一个经过努力可以达到的建设目标。这是理论联系实际的根本要求。打造文化品牌的目的是为了利用，使品牌优势向经济领域延伸，从而带动以地方文化品牌为纽带的相关产业和配套产业的发展。这就需要品牌建设的规划、措施、步骤要从实际出发具有可操作性，其目标价值应当是经过努力可以预见并能够实现的。否则，再好的品牌规划，再精辟的论述，失去实践的时空检验也就失去了存在的价值，只能成为幻想者、空谈家的一纸空文。

二　文化品牌建设的缺失

推进文化品牌建设，提升核心竞争力，这在当今社会已经形成了基本共识。各地品牌建设的做法、模式可谓千差万别，有的思路清晰、策划到位，达到了事半功倍的效果；有的虽然动用了大量的人力、物力、财力和智力，但收效甚微、无人问津。究其原因，主要是存在以下三个方面思想误区。

（一）缺乏整合观念

文化资源整合与文化品牌建设是一组密切相关的文化发展战略措施。文化资源整合是文化品牌建设的前提和基础，文化品牌建设则是文化资源整合的主要目的之一。就目前各地的文化品牌创建情况来看，大多缺乏大区域文化资源整合意识，更多地注意区域内的文化资源的关联性和互补性，而未能立足全省、全国，甚至全世界的高度，来把握、布置、培育、利用本地文化资源，没有或很少将地方文化资源放置在更大范围、更高层次的平台上去认识、安排，因而在功效上只体现为区域内文化生产要素的流动和互补，而未能与区域外的文化资源进行整合，形成更大竞争态势。

（二）缺乏超前意识

一些地区在文化品牌塑造过程中，很少或没有对未来 5 年或 10 年的文化消费市场做出科学的预测，对未来的文化消费群体、文化接受群体、文化审美趣味缺乏科学的评估和发展定位，而是仅仅立足眼前的地域特征、精神需求、文化消费内容、文化消费倾向、文化接受群体和文化审美追求等，来制订文化发展规划，进行文化品牌资源开发。其文化品牌建设的视野、层次、标准经受不起受众对未来文化预期的考验。

（三）缺乏独创理念

独创性即是个性的充分体现。只有具有独创性、价值高的文化品牌，才能在受众心目中形成独一无二的位置，提高市场认知度，形成注意力经济。目前，缺乏独创性是文化品牌建设的软肋。虽然文化建设已经从单纯的建设基础设施、开展文化活动发展到重视综合性开发、提升核心价值的品牌竞争时代，但从目前各地打造文化品牌的特点来看，随意性太大，雷同、趋同、模仿、跟风而上的现象较为明显。这种丧失自我特点、盲目而为的方式，浪费了资源，泯灭了区位个性，最终结果更是可想而知。

三 打造文化品牌的实践与思考

随着地域竞争的日益加剧，文化品牌成为促进经济发展、民族振兴、提高文化软实力的必然选择。强势文化品牌建设是一个长期的、复杂的综合工程。在创建过程中应把握好以下几点：

（一）要以地域特色为基

品牌创建过程是一个地域风格不断传承、有机融合和个性彰显的过程。地域风格是品牌的生命和支柱，也是地方文化最有价值的名片。品牌的属性、利益很容易被竞争者模仿、超越，而品牌的风格特色、价值、文化、个性具有"独占性"，根植于千百年的地域文明之中，一旦被整合、提炼、包装、形成，便是区域发展最为稳固的知识产权。文化品牌的创建，要紧密联系地域特色，彰显地方特色、历史特色、民族特色，将优秀的地域文化带入品牌文化，让大众产生共鸣。比如，服装节之于大连、广交会之于广州、啤酒节之于青岛……相对成熟的文化品牌对彰显地域特色具有强大的推动作用。富有特色的强势品牌既能为受众带来信任和满意，又可把现有价值经营成未来的无形资产，使目标受众对地方产生清晰明确的印象和美好联想，是地方个性化的表现，也是城市经济活力的增加和城市人文精神的塑造，从而实现受众、城市、社会三者关系的协调发展。

只有民族的，才是世界的。外来文化可以借鉴，但本土文化最具生命力。品牌的创建，必须把富有魅力的地域风格和鲜活时代气息的人文精华有机融合，形式独一无二的地域文化特征。以荣成为例，荣成地处山东半岛最东端，拥有丰富的历史资源和风景名胜。1000 多华里的黄金海岸线上分布着 10 大海湾、70 多个岛屿和 10 大天然海水浴场，各类人文景观 157 处，著名自然景区 46 处。建有两个国家森林公园以及大天鹅国家自然保护区、成山头省级海洋保护区和桑沟湾国家级城市湿地公园。这些构成了荣成独特的滨海风光，也体现了"阳光、沙滩、海水、空气、绿色"地域文化的特色要素。要创建享誉全国，走向世界的文化品牌，先决条件就是对这些地域特色文化资源进行有效的集聚、整合和利用，使其始终保持地域竞争的风格差异，以独特的魅力在城市竞争的舞台上独领风骚。

（二）要以文化内涵为重

品牌创建过程是一种文化积淀的过程。文化是品牌的灵魂，是品牌的核心。如果说品牌是一面高扬的旗帜，那么文化内涵便是旗帜要宣扬的一种价值观念、个性修养、时尚品位、审美情趣。在商业竞争中，品牌的一半是文化，产品要想独占鳌头，不单要在功能、属性、利益、质量方面做足文章，产品价值观、审美观等文化认同更是不可忽视的重要方面，是产品立于不败之地的制胜法宝。如今，文化竞争如同商业竞争，区域经济发展进入了以文化论输赢、以文明定高下的阶段。要实现经济社会的新跨越，建设文化强市、创建一流的文化事业，实现走向全国、走向世界的目标，挖掘文化内涵，打造强势品牌成为地方经济、社会、文化全面发展不得不思考的重要课题。

优秀的品牌文化是地域文化精神的高度提炼和人类美好价值观念的共同升华，凝结着时代文明发展的精髓，具有城市文化发展的强烈标志性和识别性。鄱阳湖的"生态文化"、蓬莱的"仙文化"、潍坊的"风筝之都"都是以文化的滋养、渗透，提升城市个性魅力的最好例证。我们可以从中感悟到文化与城市的紧密相连，一种蕴涵价值的文化带给受众的将是对整个城市的认可及其未来。荣成千百年历史文化的传承和积淀，造就了源远流长、深厚淳朴、特色鲜明的海文化特色，留下了海草房民居建筑技艺、石头楼、渔民节祭祀、渔家锣鼓、渔民号子、民间面塑、民间剪纸、民间神话与传说等众多文化元素。然而，如果我们只是从表面上泛泛而论，不深刻挖掘城市的文化内涵，那么我们的品牌建设只是停留在了滨海城市文化建设的共性上，与青岛、秦皇岛等滨海城市自然无法比拟。所以，在挖掘城市资源、塑造品牌时，我们要在滨海城市的共性中，打好历史牌、名人牌、生态牌，对独具地方特色文化内涵的中日韩历史文化、秦汉文化、将军文化、生态文化、民俗文化、休闲文化等，进行深入挖掘、整理、提炼和包装，打造出能够助推地方经济发展的优秀文化品牌。

（三）要以自主创新为要

品牌创建过程是一个自主创新的过程。"创新是一个民族进步的灵魂，是国家兴旺发达的不竭动力"。民族、国家、城市的发展需要创新，文化的发展同样需要创新。打造文化品牌必须在深入挖掘、传承文化的基础上，大力推进自主创新，向原有品牌注入新的生命和活力，这是全面落实科学发展观、面向未来发展的重大战略选择和重大举措。从各地的实践来看，利用自然资源、人文资源、人力资源等优势勇于创新、善于创新的成功范例不在少数。更可贵的是有的区域虽缺乏名史、名人、名事的特色优势资源，但依然打造出了通往成功的品牌发展之路，应当说"创新"在其中起到了决定性作用。如，三亚的海岸线在海南诸多城市中并不算最出色，但其就是在这种地域文化发展的夹缝中做到了"无中生有"，打造了一张家喻户晓的"美丽经济"新名片。曾经的新加坡资源贫乏，人口有限，只有一年四季直射的太阳，创新推出的阳光旅游，把阳光、海风与沙滩作为一大亮点，打造了一个休闲度假之都。可见，文化品牌建设是个动态的概念，只要创新不止，就会有广阔的发展空间。

品牌要树得起、叫得响的关键是要有特色、有创新。特色是个性，创新是灵魂。丢失了灵魂的文化品牌，等待它的只能是停步不前和残酷的淘汰。所以，要形成自己的文化品牌，既要根植于传统的文化特色，采百家之长，汲众家之精华，又要在继承传统、汲取精华的基础上，从省情、市情出发，结合地域人文风情、文化底蕴、自然特征等要素，准确、科学地进行品牌培植。当然，品牌的创建，需要一定的形成和积累过程。创新不等于盲目，要有的放矢、循序渐进。创新不同于冒进，不能顾此失彼、急功近利。

（四）要以精品意识为先

品牌创建的过程是一个精品意识持续融入的过程。精品基于优质、源于创新、成就品牌。精品意识就是品牌意识。在文化竞争日益激烈的今天，精品对于文化产业、文化事业而言具有生死攸关的意义。文化品牌创建要始终以文化精品意识为先导。

近年，荣成文化在品牌建设方面，善于整合文化资源，树立精品意识，以创新的精神精心推进文化精品创作生产。一是在文化设施方面，把文体中心、博物馆、文化广场等城市标志性建筑作为精品工程来打造。同时，带动起遍及城乡的精品文化阵地网络。推进基层文化站、文化大院、农家书屋等建设精品化、管理精细化。二是在文化活动方面，从营造文化氛围、提升文化品位入手，把广场文化、节庆文化、主题教育文化作为精品活动项目，带动各类群众性文化活动的广泛开展，提高活动的群众参与性和感染力。三是文艺创作方面，坚持专业和业余相结合的方针，发挥书协、美协、摄协、作协、京协等的文化合力，在影视、文学、歌曲、摄影、书法、绘画、新闻、理论等领域，生产创作一些富有时代精神的精品佳作。精心打造剪纸之乡、渔家锣鼓之乡、"舞乡"、"大天鹅摄影之家"等。在文化产业如旅游业方面，按照文化旅游一体化的思路，坚持发展特色旅游、精品旅游，形成旅游产业集群，如寻根朝拜游、渔家民俗游、生态休闲游等。同时大力发掘体现荣成特色的旅游产品，构建文化产业链条，把资源优势、品牌优势转化为竞争优势和产业优势。把每一件旅游小商品都作为产业精品来打造，充分体现独具魅力的地域风格和人文个性。

（作者单位：中共荣成市委宣传部）

关于推进农村居住工程的调查与思考

——以乳山市为例

隋建波

1 前言

威海市农村住房建设与危房改造工作会议要求，从 2009 年起在全市启动农村居住工程，在 3 年时间内新建农房 3.5 万户，完成 2.1 万户农村危房的改造任务。推进农村居住工程建设不仅是改善农村群众居住条件、提升农民生活质量的必要手段，也是贯彻落实科学发展观、实现城乡统筹和谐发展的客观要求，更是对各级干部执政水平和驾驭全局能力的重要考验。为破解农村居住工程中遇到的难题，扎实有效地推进居住工程建设，真正把居住工程办成民生工程，我们以乳山为例，深入开展了农村居住工程（农村住房建设及危房改造）调研。乳山市作为威海三市四区之一，在农村经济社会发展、农村居住情况方面与其他市区相比差别不大，产生的社会根源较相似，推进居住工程建设的方法和途径也具有可借鉴性。所以加强乳山农村居住工程的调查与研究，可以起到以点带面，抛砖引玉，推动整个威海居住工程建设的良好效果。

此次调研，采取发放问卷、座谈交流、实地调查相结合的方式，区分城区村及城郊村、园区村、镇驻地村及中心村、经济强村、经济一般村、经济较弱村 6 个类型，对乳山市 601 个村的空置房、新建住房、危房、家庭收入、特色产业及年龄结构等情况进行了全面调查、分类统计和归纳分析，掌握了翔实的第一手资料。以此为基础，又召开了镇村干部群众、相关职能部门、企业职工、机关事业单位工作人员等不同层面座谈会，并深入部分镇村进行了实地调研。通过广泛调查了解、多方征求意见、反复论证酝酿，就当前如何推进农村居住工程及远景规划、实施步骤进行了积极探讨和认真思索。

2 结果与分析

2.1 研究实施农村居住工程的现实意义

从调查情况看，无论是当前发展形势还是群众主观愿望，都对实施农村居住工程提出了迫切要求。首先，实施农村居住工程是落实科学发展观要求、践行"执政为民"理念的具体体现。科学发展观的核心是"以人为本"，只有真正把群众的利益放在第一位，时刻牢记为民宗旨、时刻不忘为民服务，才是落实科学发展观要求的具体体现，才能得到群众的拥护和支持。近年来，随着威海市农村经济的不断发展，农民收入的不断提高，农村居住条件和生活环境得到了明显改善，但与南方发达县（市）相比，差距仍然较为明显。江苏的昆山、张家港、江阴在经济高速发展的基础上，都十分重视统筹城乡经济社会协调发展，坚持走以城带乡、以工哺农的路子，并将城市社区理念引入农村，按照城市社区模式管理农村社区，城乡一体化发展水平较高，城乡之间几乎看不出大的差别。而目前威海市城乡差距仍然较大，农村人口比重较高，要尽快缩小城乡差距，力争农村居住环境 5 年有变化、20 年大变样，还面临许多现实的问题。这就需要各级各部门要以推进农村居住工程实施为抓手，把农村居住工程作为实践科学发展观的切入点和落脚点，切实做到宣传发动到位、组织实施到位、工作落实到位，真正把这项惠及民生的工程打造成百姓欢迎、群众受益的"民心工程"和"德政工程"，以卓有成效的工作积极践行科学发展观要求，推进农村居住工程深入扎实开展。其次，实施农村居住工程是广大农民群众的热切期盼。调查问卷显示，群众对实施居住工程的支持率达87%。特别是调查中发现农村群众有两个比较集中的意愿诉求：一是目前仍居住在破旧平房或危房中的群众普遍支持危房改造或新建楼房；二是进入婚育年龄的男青年对建房要求比较强烈。例如，城区街道夏西村群众反映，由于多年村里未批宅基地，绝大多数家庭又没有能力在市里购房，致使全村 100 多名男青年结婚没有新房，与父母挤住在一起，这种现状亟待解决。再次，实施农村居住工程是集约利用土地的有效途径。目前，农村"一户一宅"式的居住模式对土地资源占用要比建设楼房平均高出 5 倍以上，再加上有的村房屋布局不合理，加剧了土地资源的浪费。如，乳山市夏村镇赫家庄村（空置率为 27.2%）。该村属于典型的园区村，现有住户 128

户、房屋 157 栋，占地 36 亩，如果实施居住工程，仅用 5 亩土地就可建起六层式公寓楼 3 幢，既能使原来所有住户得到安置，而且可以腾出土地 30 多亩，作为发展预留空间。复次，实施农村居住工程是新农村建设的迫切需要。近年来，威海市以新农村建设为抓手，加大对农村路、水、气、医、学等基础和公共投入，农村群众生产生活条件逐步完善；相比之下，农村群众在住房改善方面明显滞后。特别是不少村庄的老房区始建于 20 世纪六七十年代甚至更早，布局混乱，规划不整，低矮破旧，而且新上沼气、道路改造都无法实施，与新农村建设的要求及农村群众的期盼极不相称。这些问题有待于通过实施农村居住工程来逐步加以解决。当前，威海全市上下正在大力实施农村环境综合整治，各级都在积极探索保持农村良好环境的长效机制。从现实和长远考虑，实施农村居住工程、以居住环境的改善逐步引导农民形成健康文明的生活方式，不失为一条治理农村环境脏乱差顽症的治本之策。最后，实施农村居住工程是扩大内需促进经济增长的强劲拉动力。在实施农村居住工程中，威海市仅用于农村基础设施和服务设施建设的投资就将达到 3.5 亿元，威海市级财政每年还安排 1000 万元资金，各市区按照不低于 1∶1.5 的比例，安排配置资金，鼓励扶持农村集中建设公寓楼，对农村危房改造给予补助。农村住房建设不仅可以直接拉动钢材、水泥、建筑劳务等市场的巨大需求，而且还会间接带动装修、家电、家具等相关产业发展。据测算，新建一户住房就可平均带动投资约 10 万元，按照威海市新建 3.5 万户农房，改造 2.1 万户危房的规划计算，可拉动投资 56 亿元。

2.2　乳山市农村居住基本情况及现状分析

乳山市农村房屋总数达 234727 栋，空置房为 40883 栋，平均空置率达 17.4%，全市共有危房 16565 间。乳山市当前农村居住情况特点主要呈现"三多三少"。

2.2.1　经济薄弱村空置房偏多，经济发展水平较高的村空置房相对较少

从调查统计看，乳山市经济薄弱村空置率为 26.3%，高于全市 17.4% 的平均水平 8.9 个百分点。经济薄弱村空置房多的一个主要原因是这些村往往都是比较偏远的山村，青年人不愿意长年居住在本村，大多外出打工并在外定居，造成村里人口老龄化趋势明显，"只减丁不添丁"，人口越来越少，空置房越来越多。从调查统计情况看，目前全市空置率在 30% 以上、人口低于 200 户的村达 43 个。这些村按照村居民现有年龄结构分析，有 9 个村 50 岁以上人口占全村人口比重 65% 以上，预计将在 10～20 年后逐渐消亡；15 个村

50 岁以上人口占全村人口比重在 55%～64% 之间，预计将在 30 年后逐渐消亡；剩下的村预计在 30～50 年内也将逐渐消亡。另一方面，经济发展水平较高的园区村、城区村及城郊村、镇驻地村、中心村等空置房相对较少，空置率相对较低，最高为 16.3%，最低仅为 9%，均低于全市平均水平。这充分说明：园区村、城区村等区位优势明显，经济发展水平较高的村，对外来人口的吸引力也大，形成了人口集聚的"洼地效应"，造成人口相对密集，购置、出租的房屋越来越多，空置房屋普遍较少。随着人口特别是这些镇村工业用地量的持续增加，亟须从园区村、城区村中腾出土地用于经济发展，新建楼房就显得越发重要、势在必行。

乳山市不同类型村空置房调查表

村类型及数量	空置房数量（栋）	空置率
城中村和城郊村（38 个）	2092	9%
中心村（78 个）	8511	16.3%
园区村（39 个）	2510	11.8%
镇驻地村（14 个）	1241	12%
经济薄弱村（共 20 个）	1097	26.3%
全市（601 个村）	40883	17.4%

2.2.2 婚龄青年集聚较多，新建住房越来越少

目前，乳山市达到适婚年龄的男青年为 26894 人，按照威海传统习俗，农村青年结婚就要建新房，那么在未来 8 年内，理论上将新批宅基地 5378.8 亩（按农村一栋房占地 0.2 亩计算）。当然，也有一部分青年（约为 65%）在外购房，但现在农村一般为一儿或一女、两女，有些为了照顾老人方便，女孩也可申请宅基地在本村结婚、定居。因此，未来 10 年新批宅基地数量将不低于 1800 亩，这个数字对于目前乳山市宅基地现有存量来说压力很大。有的镇近年来就不批农村宅基地，像城区街道，有的村十几年没有新批宅基地。而不少偏远村青年由于经济原因往往选择将来结婚时，在城区村、园区村或镇驻地村租房居住，待经济条件允许后再新建平房或购置楼房。这也造成近年来农村新建住房越来越少，特别是经济发展比较快和经济发展比较慢的村尤为明显。从调查数字分析看，以 2000 年为界，后 10 年和前 10 年相比，新建住房年均递增率降低了 0.42 个百分点，说明后 10 年新建住房明显比前 10 年要少。在新建住房越来越少的情况下，如何解决适婚青年的住房问题成为

越来越受群众关注、亟须政府解决的现实问题。

乳山市最近 20 年新建住房增长情况调查表

1990～1999 年增量	1990～1999 年年均增幅	2000～2009 年增量	2000～2009 年年均增幅
3216 间	3.2%	2945 间	2.78%

2.2.3 群众愿意迁居改造的人数较多、经济能够承受的户较少

从全市发放调查问卷和分类抽查情况看，大多数群众还是比较愿意对现有居住环境进行改造，希望通过改善居住条件，逐步缩小城乡差距，过上和城里人一样的生活。像对企业中农村户口人员抽查显示，愿意在城镇购（建）平房的占 28%，愿在城镇购置楼房的达到 51%。

但从目前看，乳山市农村年纯收入 3 万元以下的户占到了总户数的 87.9%，5 万元以上的仅占 2.8%；城区村和城郊村、园区村年纯收入在 3 万元以上户分别高出全市 12.2% 这一平均水平 26.8 个百分点、15.1 个百分点。这表明，虽然一些城区村和城郊村、园区村在一定程度上具备了先期实施农村居住工程的基本经济条件，但大多数收入低的村仍然需要政府的财力支持才能实施农村居住工程。

乳山市农民家庭年收入情况

全市农村家庭户数	3 万元以下		3～5 万元		5 万元以上	
	户数	比重	户数	比重	户数	比重
173370	152353	87.9%	16114	9.3%	4903	2.8%

2.3 实施农村居住工程亟须破解的"瓶颈"难题

农村居住工程是一项复杂的系统工程，既有其长期性，又有其复杂性，更有其艰巨性。从目前乳山市推进居住工程情况看，主要存在四个难题。

2.3.1 思想观念转变难

农村居住工程是一项惠民利民的"民心工程"，但调查中发现，一部分群众特别是上了年纪的老年人对此持消极态度。在全市 601 个村情况调查中，25～50 岁年龄段的群众在城镇居住的意愿最为集中，但随着年龄的增长比例越来越低，70 岁以上的老年人则很少有人赞同，特别是对于人口老龄化比重较大的 77 个村，推行起来较为困难；在机关事业单位的抽样调查中，父母不愿意迁居的占到了 63%，这其中 66 岁以上的占到了 39%。部分群众特别是老

年人之所以不同意实施农村居住工程，主要是其思想还没有彻底转变过来，仍固守传统的观念：有的老年人对住楼房不习惯，认为不如平房方便；有的老年人担心住楼后水、电、暖、气、物业等费用较多，害怕"买得起、住不起"；有的老年人考虑到年岁大了，与其自己享受，不如把建房的钱省下来留给子女；有的居民认为老宅风水好，不愿迁居或迁居后仍想保留原住宅，等等。群众思想有顾虑，归根到底是镇村宣传发动工作没有做到位，未能给群众讲清政府的相关优惠和补贴政策，这也是推进农村居住工程过程中，相关镇村应该着力抓好的首要工作。

企业人员调查情况汇总表（抽查 500 人）

现居住情况				购房意愿		
租房	集体宿舍	早起晚归	已在城区购房	愿在城镇购（建）平房	愿在城镇购置楼房	不愿离开农村
22%	14%	56%	8%	28%	51%	21%

机关人员调查情况汇总表（抽查 100 人）

父母在城镇购房意愿				
同意（37%）	不同意（63%）			
多为自身经济条件较好或有子女帮扶	50 岁至 55 岁	56 岁至 60 岁	61 岁至 65 岁	66 岁以上
	23%	13%	25%	39%

2.3.2 总体规划操作难

乳山市共有 601 个行政村，村村情况各不相同，在经济基础、人口多少、传统习俗等方面存在很大的差异。这就给实施农村居住工程带来了一定的困难，造成规划难实施，不能搞一刀切、一个模式，必须从整体上确定好推进的重点和方向，做到有的放矢、因村施策，才能达到预期的效果和目的。特别是居住工程不是一件小事，而是关系到群众切身利益的大事，一旦实施，将影响群众一辈子的生活起居，如果操作不当，违背了群众的意愿和实际，"好心办坏事"，"惠民"将会变成"毁民"，那将有违科学发展观"以人为本"的要求，也不利于城乡统筹和谐发展。因此，在具体规划操作中，必须细而再细、考虑周全，切实与村集体经济发展相结合、与村民愿望相结合、与群众生活习惯相结合，实施好能经得起群众评说的"百年工程""德政工程"，真正施惠于民、造福于民。

2.3.3 建设资金筹措难

实施农村居住工程需要大量资金投入，这也是调查过程中基层干群反映最多、最为强烈的一个问题。特别是对于园区村和城郊村来说，虽然占据区位优势，但由于土地的集体所有性质，对于开发商吸引力不大，而且只能建设"小产权房"，无法进入市场买卖，造成村集体或家庭负担相对较重。从调查了解看，建设"小产权"楼房，按目前的原材料价格，一平方米约为 700元左右（不包括相关配套费），一般 90 左右平方米的户型仅毛坯楼建设成本就在 6 万元以上，简单装修后将在 8 万元以上。而各级政策补贴资金数量毕竟不多，村集体负担本身就比较重，如果仅仅依靠农民收入来购置，会有很大一部分群众"想住买不起"，这将有悖农村居住工程的初衷。因此，必须在多渠道筹措资金上想办法，让群众少掏钱甚至不掏钱能够住上新房。

2.3.4 空置房屋处置难

农村空置房存在是一种普遍现象，各村都或多或少地存在，许多村民"一户两宅""一户多宅"。特别是这些闲置房中有许多已经废弃甚至坍塌，堆集在村中既有碍观瞻，又占用了大量的宅基地，成为农村环境综合整治中的"顽疾"。应该说，"一户两宅""一户多宅"虽然违背了国家"一户一宅"的基本政策，但由于这种现象长期存在，就形成了"不合法而合情"的传统观念，群众习以为常。如果不提前做好相关准备工作而进行拆除，极易引发村民的不稳定，形成新的矛盾纠纷。如何对空置房进行合情、合理、合法的处置，将是确保农村居住工程顺利实施的一个关键问题。

3 对策建议

实施农村居住工程牵涉千家万户的切身利益，在具体推进工作中，必须按照各级有关政策要求，结合乳山村情民情实际，积极稳妥地操作、分步扎实地开展，真正把这项工作做实、做好。

3.1 尊重民意、积极引导，是搞好农村居住工程的基本原则

实施农村居住工程既是一项新事，也是关系千家万户的大事，必须要搞好积极引导工作，把尊重民意、关注民生、造福于民作为村庄改造的首要目标。广泛征求和充分尊重改造村群众的意愿，因村制宜地搞好农村居住工程，调动群众参与村庄改造的积极性和主动性，推动农民居住由分散向集中转变、平房向楼房转变、村庄向社区转变，促进人口向城镇集中、产业向园区集中、

耕地向规模经营集中。实施农村居住工程需要在统筹兼顾、尊重民意的前提下，引导群众来逐步实施、梯次推进，确保农村居住工程群众满意、建有成效。特别是对于经济水平一般的村，实施居住工程时，要在尊重民意的前提下，可先对村中适龄青年或有意迁居楼房的住户进行统计，先建楼房，让其入住；对不愿或无经济能力迁居楼房的住户，可在村原空置房、已迁居户房宅基地上或新规划区内建设小户型平房，既能保证经济实惠、又能实现住新要求。同时，针对这一工作涉及面广、工作量大、政策性强的实际，要精心组织、周密谋划，依法依规地稳妥实施。特别是涉及拆迁、安置、补贴等敏感问题，要坚持严格程序、规范操作，做到政策依据充分、标准掌握统一、操作程序规范、社会上下认可，力求通过村庄改造，收到百姓受益、集体增收、环境改善、社会和谐的多重效果。像南黄镇北垟村在实施居住工程过程中，先每户发放调查问卷，在征得群众意见后，对同意实施改造的 12 户村民，每户先预交定金 2 万元，并与村里签订责任书，然后由村里统一施工建设，工程完工后将剩下的购房款交齐，从而较好地避免了一些不必要的纠纷或矛盾产生。

3.2　科学规划、统筹推进，是搞好农村居住工程的根本前提

实施农村居住工程不能搞行政命令和"一刀切"，要按照"改造城中村、整合城边村、建设中心村、合并弱小村、治理空心村、培育特色村、搬迁不宜居住村"的要求，坚持"建""改"并举、以"建"为主，抢抓当前新一轮土地利用总体规划编修的机遇，合理确定城郊村、镇驻地村、中心村等各类村庄的区位和规模，科学编制农村居住工程规划、目标任务和实施步骤。农村危房改造工作作为农村居住工程的一项重要内容，事关农村群众生命财产安全，必须统筹谋划，及早动手，区分轻重缓急，分期分批加快推进。工作中，要从住房最困难、最急需的群众入手，优先安置无房户和整体危房户，重点扶助农村低收入危房户特别是优抚对象和农村低保房；镇、村集体有闲置房屋的，可用于安置危房住户；村内有空闲房的，可由村集体出面租赁，安置危房住户；对结构尚好的危房，可更换部分构件，采取工程方法修缮加固；对鳏寡孤独人员可通过新建和扩建敬老院进行安置，对残疾、家庭困难的贫困农户，可由村集体予以一定扶助，对城中村、城边村的困难群众，应逐步纳入城市住房保障范围；对年久失修、无法采取工程方法消除安全隐患的危房，可由村集体投资帮助农户拆旧建新，产权归村集体所有，等等办法。总之，要通过实施农村住房建设与危房改造，切实缩小城乡居住环境差距，

实现城乡一体推进、和谐发展。

3.3 因地制宜、分类实施，是搞好农村居住工程的必要手段

按照"因地制宜、分类指导、量力而行、积极稳妥、先易后难、有序推进"的原则，积极引导能够集中连片建设或改造的镇村先行启动，让经济条件较好、建房积极性较高的农户率先启动，分期分批梯次展开。结合乳山市村级实际，把握好一个总的原则：既要体现各自特色，又要考虑农村特点、方便群众生产生活。城区村、园区村要集中建设公寓楼，真正实现土地集约利用；其他镇驻地村、中心村及一般村则要立足本村实际，既可建楼房，也可以建平房。具体工作中，区分不同情况，主要采取七种模式：（1）撤村建居模式。对城中村和城郊村，采用政府引导、民主决策、市场运作，积极进行整体拆迁、整合改造，变集体土地为国有土地、变村民为市民、变村庄为社区、变农村集体经济为城市混合经济或股份制经济，实现农民住房改善、形象改观、二三产业发展。（2）小城镇集聚模式。对各镇驻地村，按照小城镇建设规划，高起点编制详细规划，集中建设公寓楼或农村新型社区，依托小城镇人流物流集中、商贸设施发达的优势，把周边村庄的农户逐渐向镇驻地集中，用节约下来的土地建设产业聚集区，促进小城镇二三产业发展。（3）园区拉动模式。随着园区的配套开发和加速崛起，它们对园内村庄及周边村的辐射吸纳能力日益增强，应结合园区控制性详细规划的制定和实施，把相关村改造纳入园区开发总体框架一体考虑，通过一个或多个村庄集中建设居民小区，腾出土地开发标准厂房和商贸设施提供收益保障的方式，促进园区和村庄在互惠双赢的前提下加快融合，实现资源整合、优势互补、共同发展。（4）强企兼并模式。发挥分布在镇村骨干企业的带动作用，借鉴荣成好当家发展经验，鼓励企业在条件成熟时兼并周边村，并以土地经营权入股分红或企业安排工作等形式，为被兼并村群众提供稳定的生活保障，从而实现企业做大做强、村庄繁荣发展的双赢局面。（5）撤并融合模式。对县域村镇体系规划确定要搬迁合并的弱小村、偏远村，鉴于其已经逐渐不具备长年居住条件，本着资金"集约、高效利用"的原则，在一些基础配套建设上不再进行过多的投入，以免造成无谓浪费，并停批宅基地，通过提供优惠条件引导农户到小城镇或中心村购房、建房。（6）就地改造模式。对于一些人口较多、毗邻无村的大村，鉴于其既无周边村可以吸纳或融合，又不能实现大规模整体迁建的特殊情况，可以通过加强政策引导，鼓励其采取就地改造的形式，推倒一批旧房，在原宅基地新建住房，以此逐步实现拆旧建新。

（7）整村迁建模式。对不适合或不宜居住的村庄，根据村庄实际情况，在条件成熟时，实施整体搬迁。

3.4 多元扶持、惠民为本，是搞好农村居住工程的重中之重

农村居住工程是一项民心工程，其最终目的就是让群众广受益、得实惠，少花钱、住新房。因此，如何使群众在实施居住过程中实实在在地受益，花较少的钱就能住上新建楼房或平房，成为推进农村居住工程实施的重中之重。一要用足用活政策。围绕解决资金问题，建议在享受各级出台的相关费用减免及补贴政策的同时，积极开办按揭贷款、小额信贷等业务，支持农民购房，并对参与农村居住工程建设的资信优良的房地产开发企业和建筑安装企业，优先提供贷款，简化业务审批流程，提高贷款审批速度，充分调动其参与农村居住工程建设的积极性。围绕解决农村宅基地正常流转问题，针对村庄相互兼并过程中出现的"户口迁移政策规定必须先有住房才能落户，土地管理法规定农民获取宅基地的前提条件必须是具有本村户口的村民"这一矛盾，建议出台相关政策，本着"特事特办、灵活把握"的原则，理顺农村居民户口迁移与获批宅基地的关系，以利于农村住宅建设用地的合理流转与集中使用。二要做好土地文章。对于一些区位优势明显的村，可规划在村民原住宅集中建设楼房或规划新的住宅小区集中建设楼房，利用节省出来的土地吸引开发商参与开发，靠村集体与开发商的合资合作推动农村居住工程建设，既解决了群众的住房问题，又增加了村集体收入。对于一些区位优势不明显的村（尤其是北部山区村），进行村庄改造节省出来的土地，经复垦可由村集体统一管理；复垦增加的耕地用于置换成建设用地指标的，可在全市范围内调剂使用，以此调动开发主体单位参与村庄改造的积极性。三要集约规划建设。一方面，在新建楼房的户型设计上，要根据农村群众实际需要和消费能力，少搞大户型，侧重面积在 75～85 平方米之间的中小户型，让多数群众买得起、住得起。另一方面，适当降低工程成本，可考虑允许农村住房采用砖混结构，减少建筑成本，并采取直接补贴钢材、水泥等建筑材料的形式对农民实行直补。

3.5 灵活方式、消化闲置，是搞好农村居住工程的有效保障

近几年，乳山市年平均获批农村宅基地指标远远低于适龄青年实际需要宅基地数量，既满足不了适龄人口建房需要，也不利于农村居住工程的集中建设，而大批空置房却一直处于无人居住状态。因此，如何消化闲置住房、

收回村集体宅基地，对于推进农村居住工程将起着至关重要的作用。要解决这一问题，关键是在按照国家"一户一宅"有关政策，"拆一建一"、严把宅基地审批关的同时，积极探索多种运作模式灵活加以解决。调剂利用一批。就是对于一些质量较好（有的甚至是新房）的空置房要合理加以利用，对村里群众因实施居住工程需迁建的，调剂一批空置房让其入住。筹资收回一批。就是对城郊村或经济强村，可采取集体出资或村民自愿筹资统一购买的方式，集中回收空房宅基地，统一建设。特别是对于一些已经完全倒塌、只剩残墙断壁的空置房，要充分利用农村环境综合整治的有利契机，通过村委出面，采取购买倒塌空置房石料用于建设等方式，将地面有碍观瞻的残墙断壁全部清除干净，进行植树绿化。购旧建新一批。凡是建新房的农户必须拆足一定面积的旧房，本人旧房面积不足的，应购买其他农户多余的旧房进行拆除，这样经过一定周期的"购旧建新"，逐步消除一户多宅现象，保持农村住房总量动态调整，切实做到农村土地集约利用。江西省高安市蓝坊镇坑上村通过实践这一模式，经过十几年的改造，在没有政府投入的情况下，拆除大小旧房187幢，面积18000多平方米，腾出宅基地3万多平方米，规划建房105幢，新增耕地面积30多亩。如今的坑上村已成为全国闻名的小康示范村。有偿使用退出一批。就是严格实行一户一宅制，对一户多宅的，出台相关政策，规定超占基地的农户实行有偿使用，以此发挥经济杠杆作用，让农民将农村危旧房或废弃宅基地交回村集体。政策倾斜一批。就是对在城镇有固定工作、居住满3年且无住房的企业职工，建议凡自愿把农村空置房宅基地交给村集体、在城区或镇驻地购置楼房的，给予其一定的购房优惠政策，以此通过逐步引导将这部分人在农村的空置房加以消化。

3.6 完善配套、强化管理，是搞好农村居住工程的关键环节

实施农村居住工程，在群众迁居住宅楼后，配套基础设施、加强后续管理就成为群众能否安居的关键。因此，在实施农村居住工程中，必须要把设施配套放在优先考虑的位置，积极推广使用新型墙体材料和太阳能、沼气等可再生能源，配备简易适用的污水处理设施和垃圾收集转运系统；对于离市区较远的村，应该综合考虑供热、供气、生产工具放置、柴草堆放等诸多问题。要与加快农村基础设施建设、完善公共服务同步推进，硬化道路，设置路灯，铺设供排水管线，实施绿化美化，有条件的可配备管道供气、集中供热设施。要因村制宜搞好农村社区建设，综合配置科教文卫、治安、社保等服务设施，推进城乡基本公共服务均等化。特别要把实施农村居住工程与农

村环境综合整治有机结合、一体推进，以中心村建设为重点，在道路改造、街面硬化、新上沼气、中心卫生室建设等基础投入方面积极向中心村倾斜，并借助部门帮扶、政府扶持等机遇条件和外力作用，进一步完善载体功能，增强中心村自身吸引力和辐射力，逐步实现对周边村的吸纳和融合。同时，对新建或改造的农村社区，要建立健全长效管理机制，可根据村庄的规模和经济水平进行分类管理：对规模较大，集体经济较强的村，可参照城市小区管理模式，采取村集体补一块、业主缴一块、物业公司经营自筹一块的方式筹集物业管理经费，对居住小区进行物业管理；对中等规模村庄、村民经济条件相对较好的村，可采用承包管理模式，村民交纳一定的物业管理费，集中委托管理；对村庄规模较小、村民经济条件较差的村，可动员老干部、老党员、老教师担起管理职责，采取自愿投工为主，集体适当补助的办法，确保新村管理规范化、制度化、长效化，真正方便群众的生产生活，确保把实事办实、好事办好。

（作者单位：乳山市政府　课题组成员：孙保广　马　祝
李　超　宋　磊　王晓锐　马述朝　钟红日）

关于打造品牌节庆活动的研究

姜翠萍

1 前言

近年来，随着改革开放和经济发展的不断深入，我国节庆活动得到快速发展，许多地方已把节庆活动作为打造地方名片、推动经济发展的重要工程来抓。据统计，目前我国各种节庆活动有 2 万多个，具有一定规模的有 5000 多个。以威海市为例，就有威海国际人居节、中国（乳山）母爱文化节、中国威海（南海）沙雕艺术节、中国（南海）金滩采贝节、中国威海（文登）国际温泉节、荣成国际渔民节等一系列节庆活动。如何把这些节庆活动打造成品牌节庆活动，更好地推动区域经济社会又好又快发展，具有重要的现实意义。

2 节庆活动基本内涵、属性、分类、价值体现

要打造品牌节庆活动，首先要了解和掌握节庆活动的基本内涵、属性和价值。

2.1 节庆活动的定义

节庆活动是一个地区或一个行业，以独具个性的历史文化、民俗风情、自然人文景观、特色产业和生产经营活动为依托，以行政或行政与行业协会相结合为运作手段，以文化、艺术和舆论的渲染为媒介，以全新的节日或传统节日为载体，以聚集起有益于地方社会经济发展的人流、物流、信息流、资金流、技术流、项目流，从而高效提升该区域加快发展所必需的无形资产

和市场价值。

2.2 节庆活动的特征

（1）地方性。任何成功的节庆活动都把地方性特色视为自己的个性所在。（2）群众性。群众的广泛参与是任何节庆活动蓬勃开展的基础。（3）创新性。别开生面和创新思维是节庆活动的吸引力、生命力之所在。（4）文化性。任何节庆活动都有深刻的文化内涵。（5）经济性。拉动区域经济发展是节庆活动的重要目的。（6）可持续性。对于有特色的经济节庆而言，持续才能发展。

2.3 节庆活动的分类

根据节庆活动所主打的事件（事物）不同，可分七大类（见列表）。

节庆活动分类	其典型代表
以地方工业性产品为特色的节庆	大连国际服装节 青岛国际啤酒节
以地方物产为特色的节庆	菏泽牡丹节 栖霞苹果艺术节
以地方自然环境为特色的节庆	威海国际人居节 钱塘江观潮节
以地方人文景观为特色的节庆	江阴徐霞客旅游节 中国舟山沙雕节
以地方历史文化背景为特色的节庆	中国（乳山）母爱文化节 曲阜国际孔子文化节
以生活经营活动为特色的节庆	长岛渔家乐节 聊城蔡伦造纸节
以休闲娱乐活动为特色的节庆	德清莫干山登山节 仙居漂流节

2.4 价值体现

节庆活动作为一项有组织、有目的的综合性人为事件，它的作用是客观存在的。现以中国（乳山）母爱文化节、潍坊国际风筝节、张家口草原音乐节等节庆活动为例，进行具体研究。

2.4.1 有利于提升区域形象

节庆活动被称为"有主题的公众庆典""群众参与的节日"，参与度和公共关注度非常高,是提升城市知名度和美誉度的特殊载体,更容易引起新闻媒体和社会各界的广泛关注,从而提升城市形象,打响城市名片。近年来,乳山市立足独特的母爱文化资源优势,大力发展和弘扬母爱文化,自 2008 年以来连续举办了三届中国(乳山)母爱文化节。每年文化节期间举办的大型开幕式、文化论坛、经贸洽谈、群众性文化活动,特别是"同乐五洲""欢乐中国行——魅力乳山"等大型主题晚会的举办,吸引了央视、旅游卫视、新浪、网易、搜狐、《中国妇女报》等 50 多家主流新闻媒体的宣传报道,引起了全国亿万人民对文化节及乳山的了解和关注。互联网上可搜索到"乳山母爱文化节"的信息达 6 万多条。每年文化节前后还有近 10 万中外游客到乳山,实地感受母爱文化、自然环境和城市建设。在全国打响了"母爱圣地、幸福乳山"的城市名片,使乳山这座过去默默无闻的小城发展成为全国知名的母爱之城。山东省潍坊市,在既没有优越的地理位置条件,又缺乏自然环境优势和旅游资源的情况下,能够发展成为世界闻名的"国际风筝都"和国际风筝联合会总部所在地,依靠的就是小小风筝这一独具价值的媒介。据统计,每年风筝节期间,200 多家世界新闻媒体向世界宣传潍坊的风筝,使得潍坊市的国际知名度大大提升。风筝节成为潍坊名副其实的城市名片。

2.4.2 有利于打造城市文化

文化是城市的灵魂,是城市综合竞争力的重要内容,是城市的无形资产和品牌。从本质上来讲,节庆活动也是一种文化现象,既是对历史文化的传承,也是对现代文化的展示,同时也是对未来文化的创新。节庆活动具有弘扬文化的载体功能,充分展示着一个地区或民族独特文化、悠久历史和独特风貌,是催生和打造城市文化特色的重要因子,是显示群众文化魅力的生动舞台。节庆活动把区域特色文化嫁接到参与性高、体验性强的活动项目上来,吸引群众参与,进一步做大、做强文化活动特色项目,继而逐渐形成具有一定影响力的区域文化特色。过去几十年里,乳山市尽管有被誉为"母亲山"——大乳山的自然景观,有养育 1000 多名革命后代的母爱故事,有"三花"作品中塑造的英雄母亲形象,有母爱子孝的良好社会风气,但是母爱文化却不被人们所熟知。自 2008 年以来,乳山市以办成全民欢乐节为目标,着手举办母爱文化节,并将每年 5 月份确定为"母爱文化月",开展"十大杰出母亲"和"十大孝星"评选、优秀母爱歌曲演唱大赛等丰富多彩的群众性文化活动。乳山市对母爱文化的弘扬不仅仅限于文化节、文化月期间,而是坚持长年不断,在学校开设了母爱教育课,编写出版了《母爱无疆》文化图书,推广使用了以"母爱圣地 幸福乳山"为主题的贺年片和工作名片，发行了邮资封，开通了电话彩铃，如今正在规划建设母爱文化广场。让母爱文化无时不在、无处不在，营造出了浓厚的城市文化氛围，目前已成为乳山市人民引以为豪、积极推崇的大众文化、主流文化、核心文化（见列表）。

2008 年母爱文化节（第一届）		2009 年母爱文化节（第二届）		2010 年母爱文化节（第三届）	
群众知晓率	群众参与率	群众知晓率	群众参与率	群众知晓率	群众参与率
65%	34%	74%	46%	82%	57%

2.4.3 有利于带动三产繁荣

节庆活动展示和宣传的是一个区域或历史文化或民俗风情或自然人文景观或特色产业，这些都是旅游业发展的重要内涵。因此，许多地方把节庆活动作为旅游促销的有效手段，从而拉动商业、服务业、金融业、娱乐业、交通运输业等相关产业的发展。乳山市借助母爱文化节的影响力，引进或建设了以母爱文化为主题的大乳山旅游度假区、山东"三花"影视基地、福如东海文化园、东方如意国际城等投资过百亿元的 10 多个旅游大项目，开辟了"母爱文化"旅游线路及景区景点，举办了"母子赏花会""东方欢乐节""欢乐向前冲，相约大乳山"等一系列旅游互动活动，形成了知名的母爱文化旅游品牌，促进了乳山旅游市场持续火爆，呈现出"井喷"和"一房难求"的现象。自 2008 年以来，乳山市旅游总收入、来乳游客数量每年均保持约30%的速度增长（见列表），乳山市旅游步入发展快车道，是历史发展最好时期之一。

	旅游人数（万人次）	比上年增长	旅游收入（亿元）	比上年增长
2007 年旅游情况	196		9.6	
2008 年旅游情况（第一届文化节）	260.4	32.9%	13.1	36.5%
2009 年旅游情况（第二届文化节）	333.9	28.2%	17.16	31%

乳山市各旅游景区（点）更是母爱文化节的直接受益者。国家 4A 级景区——大乳山旅游度假区，以建设"福地养生大乳山，母爱千年温情湾"为主题，大打母爱文化牌，推动了景区旅游的快速发展（见列表）。

	旅游人数 （万人次）	比上年增长	旅游收入 （万元）	比上年增长
2007 年旅游情况	3.5		320	
2008 年旅游情况（首届文化节）	6.1	64.3%	720	125%
2009 年旅游情况（第二届文化节）	14.3	134.3%	1386	92.5%

张北是河北省张家口市的一个普通县级市，2009 年举办的首届草原音乐节让张北一夜成名，3 天的音乐节吸引观众和游客 20 多万人次，超出了张北县城常住人口的 1.5 倍，极大地拉动了张北住宿、餐饮、交通等旅游产业的发展，仅 3 天音乐节，旅游业直接收益就超过了 3000 万元以上。

2.4.4 有利于促进产业发展

节庆活动往往集旅游观光、文化研讨、商贸洽谈、招商引资于一身，所以说节庆活动是一种文化现象，也是一种经济活动。"文化搭台、经贸唱戏"成为如今节庆活动的主旋律。乳山市借助母爱文化节这一平台，积极开展"走出去、请进来"系列参观考察、经贸洽谈、签约合作活动，促进了产业发展。走出去，就是文化节前后，借助母爱文化节的影响力，大打"母爱圣地、幸福乳山"城市名片，组织有关经济职能部门组成小分队，分赴国内外开展产业招商活动。请进来，就是文化节期间，邀请中外客商前来欢乐节日、考察洽谈、签订项目，向与会客商介绍乳山独特的区位优势、鲜明的产业特色和良好的投资环境（见列表）。由此可以看出，近年来，乳山市以文促经的成效越来越大。

	文化节前后"走出去" 开展招商活动	文化节期间"请进来"举办 经贸（商业）活动
2008 年母爱文化节 （第一届）	组织大规模国内外考察招商活动 6 次	无
2009 年母爱文化节 （第二届）	组织大规模国内外考察招商活动 9 次	举办了银滩旅游房产推介促销活动、旅游商品展销、投资环境暨旅游推介说明会等经贸活动，签订合作项目 12 个
2010 年母爱文化节 （第三届）	组织开展大规模国内外考察招商活动 10 次	举办了"感恩母亲节"特惠活动日、母爱文化产业论坛、经济合作交流会等经贸活动，达成合作项目 12 个

河南省的杞县自 2007 年举办大蒜节以来，让本县大蒜市场很快火起来。2009 年全县大蒜种植面积达到 35 万亩，总产 47 万吨，总产值达 15 亿元，大

蒜节期间，100 多家国内外客商与杞县签订收购大蒜或合作加工大蒜的协议，合同金额达 9.41 亿元，一个节庆活动带起了一个大产业。

3 与品牌节庆活动的差距分析

目前，我国包括威海市举办的各类节庆文化活动丰富了人民群众的物质文化生活需求，促进了区域经济发展，其积极作用是不言而喻的。但与品牌节庆活动之间，还有一定差距。

3.1 节庆活动设置雷同，缺乏吸引力

不少地方节庆活动往往只看到别人举办节庆成功，就盲目办节，仓促办节，忽略了精心准备、科学论证的过程，从而造成内容雷同和低层次重复。目前，我国各类文化节、水果节、花卉节、经贸节比比皆是，上午开幕、中午吃饭、下午参观、晚上闭幕，节会议程如出一辙，缺少创新和吸引力。有相当一部分节庆活动出现了举办期间"热闹非凡"，节后"无声无响"，几年后"偃旗息鼓"的现象。

3.2 官办色彩较为浓厚，缺乏持久力

节庆活动离不开政府的引导和支持，特别是办节初期政府作用更为重要。但是从当前节庆活动整体情况看，更多的是靠政府在参与和运作，这种"官办"模式越来越显现出局限性，影响节庆活动的持续发展。一方面，节庆举办上百万、上千万的投入，会造成财政压力和资金浪费；另一方面，由于政府在节庆运作上专业性不足，容易出现节庆绩效不够理想、产业化程度不高的问题。

3.3 群众参与程度不高，缺乏生命力

群众参与度是衡量品牌节庆活动的重要标准。但一些节庆活动，群众从开幕式到闭幕式都很难成为活动"主角"，激发不出群众的主人翁意识和参与热情，当然也就没有属于"自己的节日"的那种亲近感和认同感。这种脱离群众的节庆，缺乏活力和持久力，很难形成品牌节庆。

3.4 文经结合力度不够，缺乏实效力

不少节庆活动都提出"文化搭台、经贸唱戏"的理念，就是想通过举办

节庆活动促进区域经济发展，让文化与经济齐头并进。但实际运作当中，文化与经济的结合并不紧密，举办的招商引资、经贸洽谈等活动，也往往是形式大于内容，没有把节庆优势转化为产业优势，缺乏实际效果。

4 品牌节庆成功经验及基本规律

近年来，纵观全国，通过节庆来展示区域优势、提升区域形象、加速经济发展的地区不胜枚举。像青岛举办的国际啤酒节、大连举办的国际服装节、潍坊举办的风筝节、长沙举办的"金鹰节"等，这些节庆活动已成为我国家喻户晓的节庆品牌，给城市发展带来巨大的经济社会效应。尽管这些品牌节庆活动有其成功的自身因素和条件，但也蕴含着节庆活动的共性和规律，有很好的学习和借鉴作用。

4.1 遵循品牌与事件的关联性原则

节庆活动品牌的打造，需要考虑节庆主题与事件的关联程度。两者的关联度越高，就越能把公众对事件的热情转移到节庆活动的主题上来，从而树立节庆活动的品牌。广西素有"歌海"之称，在广西各地都有赶歌圩的民间传统。每逢赶歌圩，成千上万的群众就聚在一起，引吭高歌，歌声此起彼伏，蔚为壮观。这种深厚的民间群众基础，使南宁市推出"民歌节"这一全国独一无二的节日。同时，民歌又具有世界性概念，全世界都可以唱民歌，是各民族共同的"语言"，所以说这种深厚的文化传统是民歌节发展壮大的良好"土壤"。如今，民歌节成了广西文化活动的一大亮点，也成为经济活动和旅游活动的一个重点。民歌节期间到南宁来的外地游客每年增加 10% ~ 30%，期间举办的经贸活动，成交额都高达数十亿元。

4.2 遵循没有做过的创新性原则

节庆活动被称为"眼球经济"或"注意力经济"。节庆活动只有具有新颖性、独特性，才能产生新闻价值，才能吸引眼球，产生轰动效应。这就要求进行节庆活动营销时巧思创意，做别人没有做过的，说别人没有说过的。苏北小县盱眙创办的"中国龙虾节"已成功举办了九届，由一个默默无闻的小县一夜成为江苏乃至全国的名县。新创意为龙虾节不断超越提供了不竭的活力之源，保证每届龙虾节都有自己的新意和特色，开创了异地办节新举措，创造了走出去办节、国际化办节的新路子，在全国节庆中首开在三省（市）

四地联动办节的先河。

4.3 遵循公众参与的群众性原则

群众是品牌节庆的培育者、参与者，任何节庆活动都有很高的新闻价值，但如果不和群众紧密结合起来，就会失去自身的活力。青岛啤酒节就做得非常到位，它充分调动起市民的热情，发挥市民的聪明才智为啤酒节献计出力，每年都举办啤酒品饮、艺术巡游、文艺演出、欢乐竞技、电视饮酒大赛、啤酒嘉年华等群众参与性很强的活动，把啤酒节办成了一个万民同乐的狂欢节。据统计，2009年啤酒节共接待游客达500万人次，中外游客共喝掉啤酒1065吨。每年啤酒节结束后，青岛市还将组织全社会对啤酒节展开大讨论，听取社会、市民对啤酒节的建议和意见，以便更好地完善青岛国际啤酒节。

4.4 遵循媒体造势的新闻性原则

媒体是节庆口碑和形象的塑造者，新闻媒介是节庆宣传促销的重要工具。加强与境内外媒体和网络的沟通与合作，是打造品牌节庆的不可缺少的手段。盱眙创办的"中国龙虾节"在宣传造势上，通过与江苏卫视合作，开展"华东地区晚报总编盱眙行"活动，在央视《对话》栏目中纵论"盱眙现象"，联合录制《同乐五洲》特别节目等形式，全方面立体推广宣传龙虾节。以独特的事件为"新闻卖点"，吸引对节庆活动的关注，这也是节庆造势的一种有效形式。比如，第六届青岛国际啤酒节上2000人共饮同一种啤酒，壮观的场面，被载入上海吉尼斯纪录，引起了媒体的广泛关注，从而很好地宣传了啤酒节。

5 打造品牌节庆需要处理好五个关系

5.1 特色定位与创新发展的关系

节庆活动的魅力在于特色，特色是节庆活动的灵魂，是节庆活动的民族性和地域性的集中体现。节庆活动必须张扬个性、追求特色，并善于把特色与个性附着于一定的客观载体。比如，中国（乳山）母爱文化节的特色就是母爱文化，它成为节庆成功举办的基础。它的特色和优势体现在三个方面。一是母爱文化不分国界，不分民族，是人类共同的文化，能够产生社会共鸣。二是具有永恒持久的生命力。它不像经济节庆那样，易受金融危机、市场环境等因素的影响,它始终是社会所弘扬,国家所支持的。三是乳山具有"大乳山"的自然景观,以及悠久传统的母爱底蕴,与乳山地域特点进行了很好的结合。但是节庆活动要想长盛不衰,在保持特色的基础上,必须与时俱进,坚持创新。青岛啤酒节从1991年首届举办以来,无论是举办模式、举办地点、活动主题、经营理念等都发生了很大的变化,而唯一不变的是啤酒这一特色。

5.2 弘扬文化与促进发展的关系

节庆活动具有两大属性:一是具有文化属性,充分展示着一个地区或民族的独特文化、悠久历史和独特风貌;二是具有经济属性,它可以拉动一个大的产业,也可以带动一个区域的整体发展,使节会成为提升区域经济核心竞争力的动力平台和招商引资的"金招牌"。对于节庆活动来说,两者是密不可分、相互促进的。成功的节会能够找到文化和经济的最佳结合点,推出既有富于地方特色和创意的文化,又有带动地方经济发展的展销活动、商贸活动,做到文中有经,经中有文。否则,就容易出现"两张皮"的现象,从而失去节庆的活力。

5.3 主动参与与被动组织的关系

节庆活动成熟的标志是以广大群众为主体。节庆组织者始终要把"一切为了群众,为了群众的一切"作为办节的主导思想,并以满足人们日益增长的物质与精神需求为最高追求,吸引群众自发地、自觉地参与到活动中来,真正把节庆办成群众的盛大节日。近年来,乳山市十分注重节庆活动的群众性,不断增加群众参与性强的娱乐活动。如第三届中国(乳山)母爱文化节举办的"欢乐中国行——魅力乳山"大型晚会,就很受群众欢迎,主动参与热情非常高。再如,青岛啤酒节举办的品饮大赛、啤酒嘉年华等活动,群众都会不约而同从全国各地涌向青岛、涌向啤酒城,去开怀畅饮,给节庆带来活力与激情。与此相反,不少节庆活动则是通过发文件、发通知等形式,使群众"被参与",从而达到撑场面、造声势的目的。这种"被参与"的方式对节庆活动初期的启动和宣传也许会发生作用,但时间一长,群众就会产生厌烦心理。所以说,从长远发展来看,应逐渐尝试让群众主动参与,最终实现活动组织工作成功转型。

5.4 政府主导与市场运作的关系

节庆活动初期,采取政府投入大量人财物包办节庆活动的形式,有利于发挥政府在组织、协调方面的优势，而且也只有充分发挥政府作用，才能够确保节庆成功。随着节会活动的推进和完善，为了更好地实现效益目标，亟须进行办节办庆体制创新，走"政府主导、市场运作"的路子。政府主导作用主要体现在确定节庆活动的主题及名称，制定政策，进行组织协调，搞好服务和宣传。市场运作就是将节庆活动交给中介组织办，政府退出、中介进入的市场化运作路子。比如，节庆活动的冠名权、赞助商、广告宣传等方面，都可以通过市场运作，吸引更多的企业参与。"政府主导、市场运作"是地方节庆活动发展增效的必由之路，从长远来看，这也是适应市场经济体制、保持节庆活动长盛不衰的必然要求。奥运会原本是各国都不愿意承办的"烫手山芋"，自洛杉矶奥运会引入市场机制运作大获成功后，各国竞相争办，并且投入、规模与影响力也越来越大。

5.5 媒体宣传与服务管理的关系

品牌节庆活动的成功打造离不开新闻媒体的大力宣传，社会各界包括新闻媒体在对节庆活动高度关注的同时，也对政府公共服务能力形成监督，对组织服务工作提出了新的挑战。所以说，地方政府在不断改善节庆硬件基础设施的同时，节庆的管理和服务一定要跟上，包括治安维稳、交通秩序、公共安全、环境卫生、信息咨询、会务接待、商务洽谈等各个细微环节。要坚持寓管理于服务的理念，改变传统管理思路和方法，突出人性化管理。加强对节庆经济的精细化研究，认真开展细微服务活动，提高服务技能和水平，拓展服务领域，以优质服务确保节庆活动的有序开展。否则，就可能因为服务管理不到位，引起新闻媒体的负面报道，从而使节庆活动陷入危机，举步维艰，这样的例子在我国节庆活动中并不少见。

（作者单位：中共乳山市委宣传部　课题组成员：李　超
刘家强　钟红日）

从银滩定位新城区透析度假区城市化现象

孙保广

银滩旅游度假区始建于 1992 年，1994 年被省政府批准为省级旅游度假区，2007 年被评为国家级旅游度假区，2005 年与白沙滩镇实现了镇区合一。自建区以来，银滩经济社会发展取得了显著成绩，特别是近年来旅游业、房地产业的迅速发展，有力地拉动了区域经济增长，进一步扩大了对外影响力，逐渐发展成为国内知名的海滨新城。但随着银滩的不断发展，原有的角色定位已不能适应新形势发展的需要，今年初，中共乳山市委、市政府站在全局发展的高度，提出了"推动银滩定位由度假区向新城区转变"的重大战略调整，从而拉开了银滩新一轮发展的帷幕。为使银滩顺利完成"角色"转换，实现继 20 世纪 90 年代大开发之后的第二次大发展，市委宣传部、市委党校对建设银滩新城区进行了深入的研究与思考。

一 银滩由度假区向新城区转变的现实必要性

不可否认，近年来银滩在创树乳山形象、增加财政收入、带动群众就业等方面发挥了重要作用。但是随着形势的发展和区域规模的扩张，银滩度假区的城市化趋势越来越明显，原有旅游度假区定位呈现出一定的局限性，特别是在吸收投资、整合资源、促进发展方面明显不足，这就需要对银滩的发展进行重新定位，通过建设新城区，用城市化发展理念来解决发展中遇到的现实问题。

（一）从居民特点看，对政府的管理和服务提出了新要求

现有的已定居银滩的外地居民的现实特点，对银滩新城区建设提出了新

要求。大量的外地移民中有教育、医疗、文化娱乐方面的各种人才，有遍布全国的人脉资源。他们的民主意识、法律意识、维护自身权益的意识都比较高，对政府的管理职能和服务职能提出了更高的要求。

（二）从发展规模上看，已具备了中等城市水平

银滩自建区以来，经过近 20 年的发展，规划控制面积、建成区面积分别达到 65 平方公里、20 平方公里，已开发建设小区 100 多个，开发面积超过 1300 万平方米，可容纳居住人口 30 多万人，已经具备了一座中等城市的规模。

（三）从设施配套上看，已满足不了形势发展的需要

与银滩发展初期相比，如今规模已经扩大了上百倍，来银滩旅游的人数每年以 30% 左右的速度递增，去年旅游总人数达到 216 万人次，夏季高峰期每天的人数能够达到三四万人。规模的扩张和人口的集聚，使度假区内设施落后、不配套问题越来越突出，成为制约银滩发展的重要因素。比如，水、电、路等基础设施跟不上开发建设发展的需要，夏季用水高峰期，高层用户无法保证正常用水；医院、交通、学校等民生设施不能很好地满足市民的生活需求，存在医疗条件落后、出行不方便、小区离学校较远等问题；银行、邮政、超市、加油站、饭店等商业设施不够密集，给市民生活带来不便，有的小区距离最近的理发店有二三公里远。

（四）从管理体制上看，政府监管呈现"力不从心"

银滩在开发建设中，个别房地产企业存在偷工减料、虚假宣传、物业不达标等问题，表现上看是由房地产商的不法行为导致的，但深层次上反映的是管理体制问题。今年初以前，银滩建设市场管理只设有建设局银滩分局，这种体制是针对银滩起步时期特殊情况而确立的，在发展初期起到了积极推动作用。但随着银滩发展步伐的不断加快、开发规模的不断扩大，建设局银滩分局的监管力度就越发"力不从心"，所以像房地产销售交易、市政设施建设维护、物业管理等工作就会出现监管不到位的现象。所以银滩原有的管理体制已远远不能适应现在发展的需要。

（五）从政府效能上看，不能更好地服务大项目建设

银滩近年来一直保持较快的发展态势，每年都有大批新项目落户，银滩

成为乳山招商引资"主力军"和经济发展的"排头兵"。在不断引进大企业、大项目加快银滩发展的同时，也存在审批权限小、办事不方便的问题。如，因为银滩没有设立相关政府职能部门，在办理项目规划、征地、建设、验收、注册等一系列审批手续时，需要驱车到市区相关部门进行办理，无法为客商提供快速、高效服务，从而影响了项目的进展速度，制约了银滩经济的发展。

（六）从产业结构上看，过度依赖房地产业的发展

近年来，凭借良好的自然环境优势，银滩房地产业得到了快速发展，对地方税收贡献率达到70%，形成过度依赖房地产业发展的局面。随着国家房地产调控政策的出台，转变经济发展方式、调整产业结构成为银滩今后发展的方向和目标，发展新城区有利于发展多元化产业，改变过去房地产业"一枝独秀"的局面。

二 建设银滩新城区面临的优势条件

（一）政策环境已经具备

中共乳山市委、市政府充分认识到建设银滩新城区的重要性，从去年年底开始，先后就新城区发展组织举办了多次座谈会和专题调研活动，并召开了全市加快银滩发展动员大会，提出了"四个转变"的发展要求，出台了《乳山市人民政府关于加快银滩旅游度假区发展的意见》，制定了加强生态建设、提升旅游业管理水平、促进服务业转型升级等支持建设银滩新城区的20多项具体举措。银滩管委作为具体管理部门，也研究制定了建设新城区的具体落实意见，并加快组织实施。应该说，建设银滩新城区已有了强大政策环境作支撑，为下步建设和发展提供有力保障。

（二）发展规划日趋完善

按照老城区、银滩新城区和经济开发区、海湾新区"两城两区"的发展布局，以加快打造有特色、有品位、有内涵的新城区为目标，完成了银滩控制性详细规划的调整完善工作，为银滩长远发展和资源合理配置夯实了基础。结合银滩自身实际，完善了产业发展规划和台湾工业园区控制性详细规划，严格控制有污染、高能耗的项目，大力鼓励发展旅游、文化、会展、商贸物流、高新技术等新兴产业，构筑起特色突出、优势明显、结构优化的产业发展布局。

（三）产业聚集加速形成

目前银滩已初步形成三大产业，为转型发展提供了强大支撑。一是高新技术产业。已引进光谷激光、东纬电通电子白板、威刚快闪记忆模块、太阳能电池模组、光伏发电示范厂等10多个高新技术项目，正在形成高新技术产业集群。二是以旅游业为主的现代服务业。以良好的自然环境为依托，大力发展旅游业，引进开发了福如东海文化园、多福山景区、东方如意国际城、潮汐湖景区、海上游乐等旅游大项目8个，带动了银滩加州风情购物广场、游客中心、台资博览交易中心、利群阳光海岸商场酒店等一系列服务配套设施的建设。三是房地产业。房地产业是银滩发展较早、贡献较大的一个产业，目前已有房地产企业50多家，去年房地产销售额达到53.4亿元，上缴税收过亿元，为银滩经济发展做出重要贡献。

（四）管理职能转型升级

为适应由旅游度假区向新城区的转变，乳山市进一步理顺了建设管理体制，完善了部门服务机制，营造出更加宽松有序的发展环境。一是理顺建设管理体制。在机构设置方面，设立市建设局银滩分局，具体负责银滩区内建设市场的综合管理工作，同时设立市政公用事业管理局，隶属银滩管委，负责区内市政公用设施的运营维护，进一步促进了银滩健康发展。二是完善部门服务机制。本着"与上衔接、优化服务"的原则，引导、鼓励、支持税务、工商、交通等部门在银滩设立分支机构，实行垂直管理，方便区内群众。对建设、规划、土地等业务关联性强的部门，正在探索借鉴行政服务中心的做法，设立综合服务大楼，通过集中办公、一站办理，进一步提高办事效率，优化服务质量。

（五）城市环境持续优化

今年以来，银滩按照新城区的发展定位，计划投资5.5亿元加大基础设施配套力度，重点完善区内水、路、暖、气、排污及游乐、食宿等设施，提高承载能力，满足外来人口和旅游旺季需要。

银滩城市设施规划建设一览表

道路	目前银滩区内总里程达到61公里，构筑起了"五横二十纵"的交通路网，今年将重点实施区内19条道路建设，完成路基约14000米，绿化面积达36万平方米

续表

供水	已完成市区至银滩 600 毫米直径供水管道与银滩管道对接工作，计划利用 3 年时间完成区内自来水旧管网改造工作，将改造管网 10 公里，投资 2000 万元。今年将对区内 13 公里的自来水主管道进行改造施工
供电	计划在区内建设一座 220KV 变电站
供暖	开展供暖情况调查论证，将出台切实可行的供暖实施方案
燃气	现已完成天然气中压管道铺设 40 公里，庭院铺设 300 公里，小区入户燃气管道及设施竣工验收 10 万户。今年将采取措施进一步完善区内天然气的配套建设
交通	进一步延伸公交车运营线路，已增设银滩至火车站夜间班车 2 辆，设立候车亭 12 个，加设了交通指示灯 15 个，规划银滩三级客运站 1 处
医疗	成立乳山市第二人民医院，原白沙滩医院改为白沙滩社区服务中心
污水	正在实施投资 8783 万元、日处理能力 3 万吨的污水处理厂一期工程建设，预计 10 月底主体土建工程完工
教育	正抓紧论证在银滩扩建中学、调整小学、配套托儿所的具体意见，在建托儿所 1 座，建筑面积 3700 平方米，可容纳学生 270 多名，11 个班级，目前正在进行室内装修工程。同时，规划在区内建设一座九年一贯制学校
市场	投资 4000 万元正在规划建设占地 117 亩、建筑面积 34000 平方米的集贸市场 1 处
加油站	正规划建设加油站 3 处
亮化设施	投资 1000 万元，对主要小区及道路进行亮化工程施工，并投入使用

三 银滩新城区今后发展方向及对策建议

要加快城市发展必须依托自身的比较优势，明确城市的战略定位，塑造独特的城市个性，提高城市的核心竞争力。根据银滩自身特色和优势，银滩新城区必须坚持生态环境建设优先的原则，应着力在培育壮大产业、完善城市服务功能、统筹城乡发展等方面做文章，把银滩建设成为宜游宜居宜业的滨海城市，力争用 5 年的时间，打造一座常住人口 15 万人，提供就业岗位 1万多个的新城区。

（一）发展产业带就业，增强新城区发展后劲

产业是城市发展繁荣的基础，离开产业支撑城市犹如无本之木。对于目前常住人口仅有 50000 多人的银滩新城区来说，发展产业尤为重要。这样既可以吸引大批就业者，增加城市常住人口数量，解决"人气"不足的现实问题，又可以拓宽新的财税渠道，增强城市发展后劲。从产业基础、城市定位

看，银滩今后应重点发展以下三大产业。一是继续发展以新能源、新光源为主的高新技术产业。目前，银滩已引进了一大批新能源、新光源项目，形成了一定规模效应和产业基础。今后要以对接蓝色经济区和高端产业聚集区为目标，以占地13平方公里的台湾工业园为载体，制定完善高新技术产业发展规划和招商政策，加大高新技术产业的招商力度，努力打造全省绿色能源基地和光电产业基地。二是推动由观光旅游向养生休闲度假产业转变。作为国家4A级旅游度假区，银滩有着优美的自然环境和旅游资源，可以说旅游业是银滩的优势产业。下一步，要推动银滩由观光旅游向养生休闲度假转型，着力发展多福山宗教养生、乐活酒店养生、潮汐湖休闲度假等项目，解决旅游"冬季闲"的问题，为新城区发展聚集"人气"。三是推动房地产业走多元化经营路子。房地产业是对银滩发展贡献最大的产业，今后要在沿海岸线（一线房）已建成住宅房、土地资源越来越紧张的情况下，着力进行高端开发，建设高层建筑，使有限的土地资源得到充分利用。与此同时，要利用当前国家房市调控的宏观环境，积极引导房地产转型升级。目前，银滩房地产企业经过多年发展，形成一定的资本积累，为成功转型奠定了基础。目前，乳山市已召开房地产企业转型升级现场观摩会，并有长城、颐和等少数房地产企业开始向非房地产业转移，政府部门要加大政策扶持和宣传引导，抓紧研究出台鼓励房地产企业转型升级的政策措施，推动更多企业找路子、上项目，实现多元化、可持续发展。

（二）完善城市服务功能，创造最佳的居住环境

银滩自然环境优美，冬无严寒，夏无酷暑，且没有大的污染项目，非常适合人类居住，这也是银滩房地产业火爆的原因。但要想让人们在此"扎根落户"，长期居住，仅靠自然环境是不够的，还需要良好的生活环境。要打造最适合人类居住的生活环境，就银滩现状而言，首先，最需要解决的是生活基础设施的有效运行问题。应该说，近年来中共乳山市委、市政府对银滩生活设施的建设非常重视，投入也很大，暖气、燃气、自来水、污水四大工程已配套或正在配套，影响银滩新城区发展的关键不再是设施是否配套问题，而是常住人口少、密度小与配套设施运作成本高之间的矛盾。以暖气为例，目前银滩大部分小区入住率都达不到10%，而采暖企业对供暖要求的入住率为60%，这是冬季银滩小区无法供暖的根本原因。此外，污水处理问题也存在"吃不饱"的现象，目前正在建设的3万吨污水处理厂，将来实际运行处理能力也可能大大低于设计标准。要解决这一矛盾，一是可实行"先开暖后

聚人"的办法，即采取政府补贴的方式，对热电厂等基础设施运营企业进行经济补贴。比如，对入住率达到40%以上但不到60%的小区由热电厂进行供暖，政府给予企业一定经济补贴，确保冬季暖气供应，吸引市民入住，待达到60%入住率后，再停止经济补贴。二是开发供暖小区，就是房地产开发商在开发销售环节中，向购房者明确提出此住宅为供暖小区，只销售给那些常年居住、冬季用暖的客户，确保入住率，从而有效解决冬季供暖问题。为提高开发商和销售商的积极性，对供暖小区可采取一定扶持优惠政策。其次，需要解决的是商业网点少、相距较远给生活带来的不便问题。目前银滩由于常住人口少、冬季流动人口少，商业经营机构出于经营成本考虑，不愿在此多设网点，给市民生活带来不便。比如，进驻银滩的银行只有3家，银滩附近的邮政网点有2家，购物超市、连锁店有4家。政府部门可协调有关开发商通过免租赁费、税收优惠等政策，吸引金融、税务、工商、邮政、超市以及个体工商户落户银滩，为市民提供服务，待常住人口、流动人口达到一定规模后，再停止优惠政策。

（三）加快新型城镇化发展，实现农民向新城区转移

银滩旅游度假区与白沙滩镇实行区镇合一后，共辖47个行政村，农村人口为4.7万左右，随着近年来银滩开发建设不断向农村深入，发展新型农村城镇化已是大势所趋。这不仅是统筹城乡发展，打破城乡二元结构，提高农民生活水平的有效途径，也是发展和建设银滩新城区的现实需要，通过农民人口向银滩新城区转移，可以更好地满足新城区产业发展对劳动力的需求，增加常住人口数量，繁荣新城区发展，解决"人气"不足的现实问题。要抓住当前新农村建设以及农村拆迁改造的机遇，在做好失地农民养老保险、拆迁补偿等工作的基础上，加快农村劳动力向新城区转移力度。目前，已有大陶家等4个村正在实行农村拆迁改造工作。在推行新型城镇化的过程中，要加快发展二、三产业，解决农民就业问题。比如，可采取相关优惠政策，引导他们从事农（渔）家乐等特色旅游产业；还可以通过发展第二产业，解决群众就业。

四　银滩"角色"转变对沿海旅游度假区带来的启示

我国东南沿海有着1.8万公里长的海岸线，分布着众多旅游度假区，和银滩一样，在发展过程中也逐渐呈现规模扩张、人口增多、产业发展、设施

配套跟不上的城市化发展趋势，与度假区发展定位存在冲突和矛盾，特别是"房地产开发热"成为沿海度假区的"共性"。银滩"角色"转变为我国东南沿海开发，特别是对周边南海、海阳等"后起之秀"有着很好的借鉴和启示作用。

（一）规划建设要有前瞻性

长远的规划对沿海旅游度假区的建设和发展有着十分重要的意义，要着眼于未来发展的需要进行科学规划。一是突出"以人为本"的理念，从满足人的旅游、居住、创业等需求出发，着重做好基础设施（道路、广场、绿化、停车场、公共厕所等）、民生设施（学校、医院、自来水、车站、热电厂、污水处理厂等）、商业服务设施（商场、超市、加油站、集贸市场、银行等）以及行政职能部门（公安、消防、建设、房管以及其他行政审批部门）的布局规划，提前预留建设用地。二是要做好各类功能区的规划。从银滩的发展经验看，度假区的发展并不是一成不变的，有向城市化发展的各类诱因和历史趋势。要综合考虑，做好风景区、生活区、工业区、行政办公区等功能区的规划，形成多种功能区并存的布局。

（二）要先配套后开发、先投入后回报

沿海度假区在起步发展时，政府要舍得在设施配套上进行投入，要避免配套滞后于开发建设的现象。这种做法虽然前期投入很大，但是"栽好梧桐树，引得凤凰来"，不仅有利于吸引投资，而且良好的配套设施能够提高土地出让金，增加政府收益，还可避免重复配套的现象，实现一举多得。此外，设施配套除了要"抢在先"，还要"走在前"，就是配套设施的承载能力要适度超前，满足一定时间内持续发展的需要，但要避免盲目求大求全，造成承载能力过大过剩而带来的资源浪费现象。比如，开发初期，常住人口较少时，如果新上热电厂投资过大、规模过大，很容易造成投资和设施浪费，短时间无法收回成本，所以说要处理好设施配套与经济社会发展的关系，保持设施配套适度超前是必要的，但不能盲目建设项目。

（三）要实现产业培育与开发建设并举

在沿海开发中要避免为追求土地收益和房产税收而大肆开发，形成处处是"楼房林立"的景象。一个区域的持续繁荣和发展靠的是产业的推动和支撑，所以，政府要注重非房地产业的发展，通过招商引资大力引进项目，培

育起有特色的产业集群，以产业发展促进人流、物流、信息流的聚集，形成强大的"人气"。同时要引导房地产企业利用开发而取得的资本积累，积极从事工业、服务业，以房地产业"反哺"其他产业，形成一定的产业基础和规模。

（四）要妥善处理好、解决好发展中遇到的社会矛盾

主要处理好以下三个关系。

一是开发建设与环境保护之间的关系。沿海开发建设中要注重保护好沙滩、海水、林带、湿地等原生态自然环境，避免因为开发建设、人口聚集以及产业招商对自然环境的破坏，实现开发建设与环境保护双赢。

二是经济发展与保护群众利益的关系。在沿海开发建设中，要尊重群众的意愿，切实维护好群众的切身利益，按照有关规定做好土地（海滩）征用、房屋拆迁补偿工作，保障群众利益的最大化。要切实解决失地、拆迁农民的生产生活问题，建立健全失地农民社会保障长效机制，解除群众的后顾之忧。要从群众长远生活考虑，积极创造就业岗位，引导农民进城打工，从事三产等工作，确保群众有稳定的经济来源。

三是开发企业与购房者的关系。政府要切实肩负起房地产审批、建设、销售、物业等方面的监管责任，规范房地产企业广告发布、地产展销等活动，杜绝房地产企业违法违规行为，让购房者买着放心，住着舒心。为打造和谐的居住关系，房地产企业要从购房者不同需求出发，规划开发常年居住型、夏季避暑型、疗养休闲型等不同类型和功能的住宅小区，这样避免不同目的购房者同住一个小区，而出现愿望需求多样化的现象。以银滩为例，同一个小区，有的购房者是以常年居住为目的，冬季需要暖气，而有的购买者是以夏季度假为目的，冬季不在此居住，不需要暖气。这样不同的消费需求，很难达到60%供暖标准，造成整个小区得不到供暖。所以，开发不同类型的住宅小区有利于充分利用资源，保持小区和谐稳定。为增加"人气"，对于开发常年居住型小区且入住率达到一定比例的房地产企业给予一定扶持和奖励。

（作者单位：中共乳山市委党校　课题组成员：李　超　刘家强　宋　华　钟红日）

对乳山市加快推进新型城镇化建设的思考

刘家强　单华伟

加快推进新型城镇化是各级党委政府非常重视的工作。乳山市专门召开了加快推进新型城镇化工作会议，通过了《关于大力推进新型城镇化的实施意见》。为更好地推进乳山市新型城镇化建设，促进乳山经济又好又快发展，增强乳山经济发展后劲，今年5月，中共乳山市委党校组成新型城镇化调研组，历时1个多月时间，先后到乳山市建设局、规划局、银滩旅游度假区、海阳所镇等相关部门、镇进行实地调研。在结合乳山市实际，借鉴外地成功经验的基础上，本文从乳山市加快推进新型城镇化建设的必要性、可行性和持续性三个方面进行了分析研究。

一　加快推进新型城镇化的必要性

城镇化不是新概念，但新形势为其赋予了新内涵。新型城镇化，是指坚持以人为本，以新型工业化为动力，以统筹兼顾为原则，推动城市现代化、城市集群化、城市生态化、农村城镇化，全面提升城镇化质量和水平，走科学发展、集约高效、功能完善、环境友好、社会和谐、个性鲜明、城乡一体、大中小城市和小城镇协调发展的城镇化建设路子。新型城镇化的"新"就是要由过去片面注重追求城市规模扩大、空间扩张，改变为以提升城市的文化、公共服务等内涵为中心，真正使我们的城镇成为具有较高品质的适宜人居之所。城镇化的本质是农业人口转为城镇人口，也就是说，今后推进城镇化，不是单纯追求城市规模的扩大和设施的建设，而是要真正把农民转移到城镇中来。

（一） 新型城镇化能够促进新农村建设，促进城乡经济社会和谐发展

改革开放以来，我国城市和农村发展都取得了长足进步，城乡联系也显著增强。但是，由于受城乡分割的二元结构体制影响，我国目前的小康还是低水平、不全面、发展不平衡的小康。这种"低水平、不全面、不平衡"的小康，主要问题在农村。加快推进城镇化发展与促进新农村建设从表面上看在资源分配方面存在着一些矛盾，实质上新型城镇化发展有利于促进社会主义新农村建设，有利于增加农民收入、改善农村环境、发展农村公共事业、加快村镇基础设施配套、提高农业产业化水平。在农民收入方面，2009 年，乳山市农民人均纯收入增长 8.8%，呈现连年增长趋势，但是低于同期 GDP 增幅。相对而言农民增收不快，渠道不多，大多数农村劳动力没有从农业中解放出来，2009 年乳山市农村劳动力中从事一产的人数为 15.05 万人，占全部农村劳动力的 54.04%。在农村环境改善方面，乳山市下大力气进行了农村环境综合整治，使农村面貌发生了翻天覆地的变化，但是在不少农村还存在着乱搭乱建、前治后乱等现象。在村镇基础设施配套方面，受多种因素影响，乳山市城乡发展不平衡问题还没有从根本上解决，镇村群众生活条件亟待改善，部分小城镇基本上是中心村和镇党政单位的结合体，多年变化不大，与经济发展极不适应。在农业产业化方面，龙头企业数量少、规模小、层次低的问题仍然突出，十大重点农业产业尚未真正形成产业化发展模式，多数农产品停留在出售原料和初加工层面。如乳山市的牡蛎，年产量在 15 万吨左右，但全市牡蛎加工企业不到 10 家，年产品加工出口能力仅 1 万多吨，且多以生鲜产品为主。再如乳山市的大姜，年产量 2 亿公斤左右，但大多数以原料形式供应市场，姜粉、姜汁、大姜调味品等下游产品基本没有，产品附加值不高。解决这些问题的根本途径在于加快发展，而加快发展的突破口是推进新型城镇化建设。

（二） 新型城镇化是促进经济可持续发展的强力引擎

城镇化水平是衡量一个国家和地区综合竞争力的重要指标。美欧等世界最先进的国家和地区城镇化率都在 85% 以上，我国经济最发达的长三角、珠三角地区城镇人口比重已超过 77%，达到中等发达国家水平。同时城镇化水平的提高也是促进一个国家和地区经济发展的强力引擎。据专家测算，我国城镇化率每提高 1 个百分点，就意味着 1300 万的农村人口向城镇转移，可增加 700 万的城镇劳动力供应，拉动投资 6.6 万亿元，拉动 GDP 增长 0.15 个百

分点。近些年来，乳山市城镇率不断提高，达到53.8%，虽然低于发达地区水平，但是仍有很大的发展空间。通过新型城镇化建设可以带动乳山市一大批相关产业的发展，形成新的经济增长点。

（三） 新型城镇化是转方式、调结构的迫切需要

转方式、调结构是今年经济工作的主线，也是一项长期任务。2009年，乳山市三次产业构成为 7.65 : 59.79 : 32.56，二产构成中传统五大产业（金属冶炼、机械汽车配件、纺织服装、食品加工、建材化工）占比近80%，高新技术产业比重仅有 24.5%，三次产业构成中旅游业所占比重仅为 5.3%。这一产业格局的明显特点就是"头重脚轻"，传统工业仍然是经济主导产业，以旅游为龙头的现代服务业发展不够。当前，我们正处在工业现代化、农村城镇化的加速发展期，加快城镇化建设，有利于吸引更多的大型商场、酒店等商贸企业入驻，提升现代服务业水平；有利于吸引高新技术企业和人才落户，提升产业层次；有利于推动农业产业化生产、规模化经营，加快农业产业结构调整，为三次产业转型升级创造有利条件；有利于充分发挥城市的聚集效应，构筑起加快发展的更高平台，推动经济又好又快发展。

（四） 新型城镇化是扩内需、稳增长的重要举措

城镇化和工业化是现代化的两大动力。加快城镇化建设，能够增加城市人口、扩大消费，能够拉动投资、推动工业和服务业发展，能够创造大量就业机会、增加居民收入，可谓一举多得。尤其是当前，全国经济在应对危机中取得了显著成效，经济回升的态势日渐明显，但回升的内在动力仍然不足。加快城镇化建设有利于扩大国内需求、保持平稳发展，是中央指导当前和今后一个时期经济发展的重要战略思想。可以说，加快城镇化建设符合科学发展观要求，符合经济社会发展需要，也符合乳山实际，是我国未来二三十年内经济增长的重要推进器。

二 乳山市大力推进新型城镇化的可行性

近年来中共乳山市委、市政府认真贯彻上级党委、政府的决策部署，把城镇化与市场化、工业化、国际化结合起来，牢固树立以人为本、环境是生产力、城乡统筹的观念，大力实施城镇化战略，高起点规划、高水平建设、高效能管理，城乡配套设施不断完善，发展承载能力持续增强，全市城镇化健康快速发

展。目前城镇化率达到53.8%，中心城区建成区面积5年扩大了1倍，"母爱圣地，幸福乳山"城市名片越来越响，这就为新型城镇化建设提供了坚实的基础。

（一）坚持规划引领，主城区和镇村协调发展的格局基本形成

城市规划是引领城市发展的"宪法"，是指导城镇化的"总纲"。为此，乳山市在科学规划上大做文章，按照城镇建设、经济建设、环境建设三个同步和经济效益、社会效益、环境效益三个兼顾的原则，始终坚持"统一规划、合理布局、综合开发、配套建设"的指导方针，从战略层面研究城市定位和战略布局，高起点、高标准地编制城镇规划和各项详细规划。规划中把推进城镇化和优化区域经济布局结合起来，突出发挥规划的科学引导和宏观调控作用，提出了构筑"两城两区三带"的城镇空间布局和"完善主城区、发展小城镇、改造中心村、合并弱小村、消除空心村"的村镇发展布局，一体理顺城镇和村庄规划，在规划中因地制宜，将全市的城镇规划成次中心区域、特色产业型小城镇、商贸聚集型小城镇、工业小区带动型小城镇、旅游房产开发型小城镇等各具特色的镇区，为工作开展提供了科学指导，逐步形成了梯次明显、功能互补、层次合理的城镇体系。

（二）坚持基础设施先行，城市综合承载能力和城乡人居环境质量明显提高

城镇化建设，设施配套是重点。围绕制约经济社会及城镇化发展的市政、交通、民生、污染治理等问题，乳山多渠道增加投入实施了"一港、一厂、两园、两桥、三站、三网、四河、四绿、七路"工程，使乳山城镇建设高起来、配套全起来、夜景亮起来、容貌美起来、文化活起来。为加快完善区域公路网络，逐步拉开以山大线、309国道、文莱高速、202省道、青威高速、牟浪线、河夏线、牟乳线、埠乳线、烟海高速和环海旅游路为主体的"五横五纵一环"区域路网大框架，为乳山构筑了方便快捷、四通八达的区域交通网。在城乡环境综合整治方面，开展了包括城区街道办事处、经济开发区及白沙滩等镇15个村的旧村改造和60个市级重点村的环境整治，到2011年完成200个村的环境整治任务。以基础设施为载体，以城乡环境综合整治为突破口，推动了城市基础设施向农村延伸、城市公共服务向农村覆盖、城市现代文明向农村辐射，使城乡差距逐步缩小，城市综合承载能力和城乡人居环境质量明显提高。

（三）坚持产业带动，促进了工业化和城镇化良性互动

新型城镇化不是简单的人口聚集，而是企业、资金、技术、人才等生产

要素向城镇的全面聚集。没有产业支撑，城镇化就成了无源之水、无本之木。为此，乳山市立足长远，提出了"工业立市""旅游兴市"的发展战略，把二、三产业发展作为推进城镇化的根本动力，把开发区和各类工业园区作为招商引资、发展现代制造业、培育产业集群的重要基地，把小城镇作为推进农业现代化、发展县域经济的重要载体，推动了产业集聚。2009年，乳山市二、三次产业构成比为59.79%、32.56%，快速发展的二、三产业，吸纳了大量的农村劳动力就地就近转移，加速了城镇化进程。现在乳山市城镇化产业培育正在以对接全省蓝色经济区和高端产业聚集区为抓手，在巩固提升农业和传统工业的同时，大力发展以新能源、新光源、IT等为代表的新兴产业，构筑起蓝色经济海岸线"一线"，高端产业聚集区和传统产业聚集区"两区"，旅游文化产业带、临港物流产业带、临海现代制造业带、海洋渔业产业带、特色农业产业带"五带"协调发展的产业布局。这个"一线、两区、五带"产业布局的形成必将大大加快乳山新型城镇化建设步伐。

（四）坚持城乡统筹，城乡一体化趋势初步显现

统筹城乡发展在乳山市上下已经成为共识，按照工业反哺农业、城市支持农村和多予少取放活的方针，以社会主义新农村建设为总抓手，以小城镇为载体，以路、水、电、医、学为重点，城市基础设施、公共服务逐步向农村延伸，城乡差距逐步缩小，呈现出城乡融合、一体发展的态势。通过为南黄岛、小青岛通水、通电、通有线电视工程，目前全市实现了村村通自来水、通电的目标；乡镇卫生院、重点村级中心卫生室、城市社区卫生设施和农村中小学、农村幼儿园校舍改造基本完成；农村义务教育阶段学生学杂费全面免除；在威海市率先建立了新农合市镇村三级网络化管理，提高了补贴标准和报销比例，新农合参保率达到99.7%，实现了诊费公开化、报销及时化、监管全程化，方便了群众就医、取药、报销；新型农村社会养老保险试点工作已经完成；农村教育、卫生、养老、文化等保障水平不断提高，群众幸福感和满意度大幅提升，城乡一体化的趋势初步显现。

三 乳山市大力推进新型城镇化的持续性

加快推进新型城镇化建设不可能一蹴而就，一时见效。它是一项长期性工作。因此如何依托城市、产业、区域经济，达到自我完善，实现可持续发展，成为当前乳山市亟须解决的问题。

（一） 以发展二、三产业为支撑，强化新型城镇化发展的经济基础

针对乳山市三次产业结构"头重脚轻"，传统工业仍然是经济主导产业，以旅游为龙头的现代服务业发展不够的特点，下一步城镇化产业培育要以对接全省蓝色经济区和高端产业聚集区为抓手，坚持走新型工业化的道路，加快产业结构优化升级。一要注重特色化，因地制宜培育产业。根据镇村的不同特点，南部沿海镇村应把旅游开发、高端产业培育、蓝色经济发展等作为用力方向；北部山区镇应把农业结构调整、延伸产业链条作为突破重点；临城临区镇应把产业配套、错位竞争作为工作目标，以此培育起具有鲜明特色的区域经济板块。二要注重外向化，与外合作培育产业。各有关部门、单位要广借外力，抓紧梳理客户资源，灵活运用概念招商、亲情招商、委托招商等手段，迅速走出去上门招商，为城镇化产业培育做贡献。三要注重高端化，转型升级培育产业。借助乳山市开展的"企业转型升级年"活动，指导企业强化自主创新、技改上新、开拓求新，推动全市企业上规模、优结构、强后劲、增效益。

（二） 以形成城乡一体化发展新格局为目标，统筹推进新型城镇化和新农村建设

加快城镇化，既要重视城市建设，又要统筹城乡发展。要把新农村建设作为城镇化的重要突破口，大力实施农村居住工程和环境综合整治，着力提高农村城镇化水平。在实施农村居住工程和环境综合整治工作中，要本着群众自愿、规模适度、有利于生产生活的原则，不断调整优化农村村庄布局，逐步撤并弱小村、改造空心村、减少自然村，促进农村群众就业向城镇集中、居住向社区集中。加大城中村、园区村和港口周边、重点景区内村庄的拆迁改造力度，涉及的镇、区和部门要态度坚决，落实责任，扎实推进。在拆迁过程中要维护群众利益，提前做好深入细致的群众工作，把政策讲明、道理说透、目标定准、工作做细，赢得群众的理解和支持，按要求实施好拆迁改造工作。

（三） 提升文化内涵，建设特色城镇

在城镇化过程中要严格保护城市和小城镇历史文化遗存。注重民族文化、历史文物、民风民俗、自然景观和人文景观的挖掘、保护和合理利用，保护好镇村的历史优秀建筑，保留历史记忆，延续历史文脉。深入挖掘历史文化底蕴，不断丰富城镇内涵，提升城镇品位，努力打造具有浓郁本地文化特色的新型城镇，体现城镇独有的地域文化魅力。建设特色城镇就是根据各镇区位、交通、产业及集聚效应等实际情况，指导各镇搞好小城镇建设。具体讲，海阳所、南黄两镇要充分发挥省级中心镇的示范带动作用，进一步增强中心城镇功能，建成设施完善、功能完备的次中心区域；其他镇要立足实际、找准定位，明确各自的发展方向，努力把崖子、育黎、午极、冯家等镇建成特色产业型小城镇，把夏村、乳山口等镇建成商贸聚集型小城镇，把下初、乳山寨、诸往、大孤山等镇建成工业小区带动型小城镇，把白沙滩、徐家等镇建成旅游房产开发型小城镇。

（四）深化制度改革，完善新型城镇化建设的政策机制

城镇化与经济发展、社会转型密切相关，是一场经济社会的深刻变革，必须以改革为动力，在影响城镇化发展的重要领域和关键环节上求突破，不断创新体制机制，推动新型城镇化加快发展。

1. 深化城乡规划建设管理体制改革

城市规划是引领城市发展的"宪法"，是指导城镇化的"总纲"。规划效益是最大的效益，规划损失是最大的损失。这几年，市里下大气力对城市总体规划进行了多次修编和完善，但镇村规划还相对滞后，存在着随意性较大、用力重点不突出等问题，成为影响城镇化建设的一大瓶颈。要按照"完善主城区、发展小城镇、改造中心村、合并弱小村、消除空心村"的思路，一体理顺城镇和村庄规划，全面推进城乡规划全覆盖，切实增强规划引领城乡发展、分配城乡资源、调控城乡建设的纲领性作用。须着力加强三个方面的工作：一是进一步完善全市城镇发展的总体规划。采用招标、方案竞选等方式择优选择高资质、高水平的专业单位修缮规划，提高规划编制水平，为城镇化发展提供科学依据。要坚持以人为本，把提高城镇环境质量、营造城镇公共空间作为城镇规划建设的主题，使市区、小城镇建设和新农村建设有机结合，城镇基础建设、经济发展和生态环境建设有机结合，总体布局、功能分布与形象设计有机结合，确保道路、绿化、给排水三配套，功能、环境、造型三统一，生态、景观、格局三协调，确保城镇规划30年至50年不落后，走出一条以加快市区和中心镇建设为重点，以城镇化为龙头，产业与人口加快集聚的新路子。二是逐步健全规划综合调控体系。充分发挥城镇体系规划的宏观调控和引导作用，努力解决城镇发展空间不足和无序发展问题，突出抓好控制性详细规划的编制和实施。三是加强城镇规划的集中统一管理。严

格执行规范的规划审查和批准制度。新区开发和旧区改造，凡涉及重大规划内容调整，必须经法定程序报批后才能组织实施。各类开发区、工业园区等必须纳入城镇的统一规划和管理。要强化规划执行的监督和管理。经过各级政府批准的规划，具有法定的权威性和约束力，必须毫不动摇地执行，决不能朝令夕改，随意变动。要严格按规划实施工程建设，逐步实现既定的城镇发展目标。健全规划管理的监督制度，加强规划执法，形成有效的制约机制，真正从制度上解决规划执行难的问题。

2. 深化土地制度改革

围绕解决城镇建设用地、土地功能布局、基本农田置换、耕地占补平衡等重大问题，探索建立统一的土地利用调控体系，推动土地集约利用。深入开展城镇建设用地挖潜，通过政策推动和市场引导，提高城镇建设用地的土地利用效率和单位投资强度；通过城中村改造，缓解城镇建设用地的供需矛盾，建立鼓励农民自愿退出宅基地、流转承包地的土地征用补偿制度。通过规划和政策引导农民向城镇和中心村集中。在"依法、自愿、有偿"和不改变农用地性质的前提下，推动农村土地承包经营权流转，促进农业适度规模经营。探索建立以宅基地换住房、以承包地换保障的政策，鼓励农民向城镇集中。

3. 深化户籍及相关制度改革

在实行城乡统一的户口登记制度基础上，全面放开县域内户口迁移政策，以合法固定住所为基本落户条件，鼓励农村劳动力有序转移。建设、房管、教育、民政、劳动保障、卫生、计生等部门要加快住房、就业、社会保障、教育、征兵、转业、退伍安置、优抚、医疗保险、计划生育等与户籍管理相关的配套制度改革，让进城务工人员与城市居民享有同等待遇。

4. 深化社会保障制度改革

以城乡劳动力充分就业和人人享有社会保障为目标，加快推进城乡劳动就业和社会保障一体化。加强农村劳动力职业技能培训，提高素质，增强就业能力。提高农村富余劳动力转移就业组织化程度，促进有序流动。加强城乡劳动者特别是农村进城务工人员的劳动权益保护。进一步完善城乡社会保险体系和救助体系，加快推进职工基本养老保险、失业保险、基本医疗保险的全覆盖，逐步提高城乡最低生活保障水平。采取以土地换社保、以土地换住房、以土地换就业的办法，解决城镇化过程中被征地农民的利益补偿和社会保障问题，并把他们纳入统一的失业登记和城镇公共就业服务体系。

（作者单位：中共乳山市委党校）

我国风电产业发展中的问题及对策分析

王冬梅

能源是经济社会发展的重要物质基础和保障。在社会技术、经济高度发展的今天，发展可再生能源越来越受到各方的关注。风力发电作为一种可再生的洁净能源，是当前技术发展相对较成熟、应用前景较好的一种能源方式，已受到包括我国政府在内世界各国政府的普遍关注。世界上第一台用于发电的风力机于 1891 年在丹麦建成，但由于技术和经济等方面原因，风力发电一直未能成为电网中的电源，直到 1973 年发生石油危机，美国和西欧的发达国家为寻求替代能源，投入大量经费，用新技术研制现代风力发电机组，80 年代开始建立示范风电场，成为电网新电源。到了 90 年代对环境保护的要求日益严格，特别是要兑现减排二氧化碳等温室效应气体的承诺，风电的发展进一步受到鼓励。经过 20 年的发展，开发风电技术日臻成熟，商业化机组的单机容量从 55 千瓦增加到 2 兆瓦，风电成本从每千瓦时 20 美分下降到 5 美分。在风电产业发展较快的欧美国家，风力发电的运行成本和可靠性已十分接近常规的火电，总装机容量也得到了较快发展。我国首台具有完全自主知识产权的直驱永磁风力发电机组于 2008 年 6 月在哈尔滨诞生，标志着中国自主研发风电机组能力迈出了坚实的一步。

1 我国风电产业发展中存在的问题探析

近几年来，随着国家出台《可再生能源法》和可再生能源"十一五"规划，使原先对风电产业驻足观望的投资者们看到了政府大力发展可再生能源的决心，促使风电产业进一步发展。但是，其发展过程却出现了多个方面的问题。

1.1 各地盲目争上风电项目、圈占风力资源

各地依托国家出台的相关法规，纷纷出台风电项目规划，划分风力资源区，风电投资商积极参加招标，争取风电特许权项目，从而出现席卷全国的风电热。仅 2005 年，内蒙古就批准了 176 万千瓦风力发电项目。广东、福建、山东、河北、甘肃、新疆等地都在规划大型风电项目。甘肃省规划了两个百万千瓦级风力发电场；江苏省近千公里的海岸线，几乎县县都在规划建设 10 万千瓦至 20 万千瓦的风电场；风能富集区的内蒙古乌兰察布市，在"十一五"规划中提出全市风力发电总装机容量可达 2400 万千瓦，未来 5 年将重点建设 3 个装机百万千瓦以上的风电场，建成国家最大的风电基地。伴随项目规划的出台，各大集团公司"跑马圈地"，争项目、争设备、互挖风力发电专业人才，造成目前的风力发电产业严重"过热"，导致整个风电产业处于无序竞争状态，极大地浪费了有限的资源。

1.2 特许权项目竞标价格过低

在各地制定风电发展规划和各投资企业争上风电项目的同时，一个不容置疑的事实是风电项目的竞标价格整体偏低，个别项目的上网电价甚至低于成本价。竞标价是国家未来制定风电上网电价的重要依据，但竞标者往往以取得项目抢占优质资源为出发点，而不以项目投资收益为出发点，这种非理性出价导致竞标价格与合理水平相差甚远。这不仅不利于风电未来合理定价，也不利于整个风电产业的发展。为了降低竞标电价，竞标企业采用的手段包括：过高评估风能资源和上网电量，设定较高的第二段电价，低估设备价格、风电机组基础成本和削减运行维护费等。有的竞标商与本公司在境外注册的企业组成所谓"中外合资企业"，享受外商优惠政策，如采购国产设备可以退增值税、减少所得税率等，形成不公平的竞争，牺牲的是国家的正常税收。此外，过低的上网电价使得风电投资商难以盈利，不能提供所得税，起不到促进当地经济发展的作用，严重挫伤了贫困地区开发风电的积极性，也达不到吸引民营和国外投资者、实现风电开发多元化的目的。过低的上网电价阻碍了风电产业链的健康发展，与培育风电这个新兴产业的初衷相违背，从而进入一个上网电价低、发电企业无利益，风机购入价格低、质量无保障，企业收益低、当地政府税收收入缩水等一系列恶性循环。

1.3 装机容量与实际上网电量脱节

与迅速增长的风电装机容量相比，项目建成后实际的风电上网电量却跟

不上。据国家电网公司统计，2006 年河北省实际的风电上网电量为 3.64 万千瓦每时，而 2005 年底河北省累计风电装机容量为 108250 千瓦，按全国平均风电等效满负荷小时数 2000 计算，实际上网电量应约为 21600 万千瓦每时。根据施鹏飞的统计，我国 2005 年底统计的风电累计装机 126 万千瓦中至少有 2.5 万千瓦机组不发电。

风电装机容量与实际上网电量脱节存在诸多的危害。首先，使已引进的风电设备等资源闲置或没有充分利用，而相对于一个风电项目来说，前期的风场建设成本是巨大的，而后期发电不足就意味着建设成本在规定期限收不回来，从而项目的整体效益也将受到影响。其次，风电项目的建设多以银行的贷款资金为支持，而风电发电不足也将会给企业还贷带来困难。总之，风电装机容量和实际上网电量相脱节不仅浪费了风电设备等资源，给投资企业的收益及资金周转等带来一系列的问题，同时也会助长了社会盲目追求装机容量，而不求实际上网电量的歪风邪气。

2 我国风电产业发展中出现问题的成因分析

针对上述风电产业发展过程中出现的问题，作者从产业政策和制度环境的角度出发，试分析其成因。

2.1 各地盲目争上风电项目、圈占风力资源问题成因

作者认为这一问题的出现，与国家相关政策的出台和引导有关。特别是《可再生能源法》、国家可再生能源中长期目标规划、酝酿出台的可再生能源配额制对这一问题的形成起到了推波助澜的作用。

（1）《可再生能源法》的出台。《可再生能源法》于 2005 年出台并于 2006 年 1 月 1 日开始执行。该法第 12 条明确规定，国家将可再生能源开发利用的科学技术研究和产业化发展列为科技发展与高技术产业发展的优先领域，纳入国家科技发展规划和高技术产业发展规划，并安排资金支持可再生能源开发利用的科学技术研究、应用示范和产业化发展，促进可再生能源开发利用的技术进步，降低可再生能源产品的生产成本，提高产品质量。并就可再生能源发电电价、电量收购、可再生能源发展激励政策等做出了规定。政策上的诸多利好促使投资者纷纷争上风电项目。然而，现行的《可再生能源法》仍只是一部框架型的法律，与此相关的许多配套管理措施多数是暂行或试行，其定价、技术扶持及监管等方面还远不够完善，其中很多细则不好实施或根

本没法实施。这致使业界在大力投资风电、发展风电的同时却无法可依、无章可循，于是投资的积极性上来，但是有限资源的浪费问题也随之出现。

（2）国家能源目标规划的引导。国家发改委制定的可再生能源发展"十一五"规划，提出全国新增风电装机容量约 900 万千瓦，到 2010 年，风电总装机容量达到 1000 万千瓦。同时，形成国内风电装备制造能力、整机生产能力达到年产 500 万千瓦，零部件配套生产能力达到年产 800 万千瓦，为 2010 年以后风电快速发展奠定装备基础。重点建设 30 个左右 10 万千瓦以上的大型风电场和 5 个百万千瓦级风电基地，做好甘肃、内蒙古和苏沪沿海千万千瓦级风电基地的准备和建设工作。充分发挥"三北"（东北、华北、西北）地区风能资源优势，建设大型和特大型风电场。风电规划的出台，必然带动各级政府纷纷制定各自的发展规划及相应招商引资政策，于是风电项目纷纷上马，这直接造成我国各地风电产业的"跑马圈风"。但是纵观各级政府的风电规划，其科学性及可行性却是令人怀疑的，很多规划没有经过专家论证就匆匆出台。不科学的规划在不遗余力地执行，执行得越多，带来的问题就会越多。

（3）应对可再生能源配额制的措施。可再生能源配额制政策是指一个国家或者其中一个地区的政府用法律或法规的办法对可再生能源发电的市场份额做出强制性规定。在规定的地区和时期内，其各种发电能源组合中，可再生能源电量应达到一个目标数量（或比例），即规定配额目标的承担者（如发电商和电网经营商）按配额比例发电和收购可再生能源的电量。可再生能源配额制作为一种激励可再生能源发展相对较成熟的政策措施，在欧美等风电强国产业发展过程中起到了非常大的积极作用。我国在可再生能源发展过程中，也酝酿实施强制性配额制，并于 2000 年 4 月在美国能源基金会的资助下，原国家计委能源研究所可再生能源发展中心开展了再生能源配额制的相关研究工作。目前，尽管可再生能源配额制在我国还没有实行，但是能源投资者们已经认识到可再生能源未来将以法律形式获得巨大的市场，电网公司或发电企业必须因此而购得或生产相应比例的可再生能源电力，这就为包括风电在内的可再生能源市场提供了保证。能源投资者或因凑够配额或因看到风电发展前景提前占领市场而纷纷争上风电项目。

2.2　特许权项目竞标价格过低成因分析

（1）风电项目招标评标依据不足。自 2003 年，我国开始对风电项目实行特许权招标制度，按政策规定规模超过 5 兆瓦的风场（江苏省除外），均由国家发改委执行特许经营权招标。项目特许权招标以上网电价为主要评标标准，同时考虑设备本地化率指标，通常承诺上网电价最低和设备本地化率最高的竞标人为中标人。

特许权项目将上网电价作为衡量某一竞标企业中标与否的最关键因素，从而刺激一些企业为了得到政府的特许权而以低于市场价甚至成本价的方式进行竞标，而一旦中标将会使企业进入微利甚至亏损状态。这样就进入了一个上网电价低，发电企业无利益；风机购入价格低，质量无保障；企业收益低，当地政府税收收入缩水等一系列恶性循环。据迄今开展的五期风电特许权招标中中标的15个项目，第一、二期明确规定承诺上网电价最低的竞标商中标，结果实际中标的上网电价远低于合理范围，甚至出现了像内蒙古辉腾锡勒0.382元/千瓦时（含税）夺标的低价。虽然第三、四期的招标将非价格标准作为考虑因素，但实际中标的仍然大多为上网电价最低的竞标商。可见评标过程虽然对于非价格标准因素给予了足够的重视，但是上网电价的高低还是起着主导作用的。

（2）国有电力公司的非市场化行为。从目前已完成的风电特许权项目招标情况来看，中标企业除江苏如东风电场项目中标单位华睿公司为民营企业外，其他中标企业或中标联合体都为国有企业或国有控股企业。也就是说，在特许权招标竞价过程中，低价竞标的领头军大都是国有电力企业。这些企业与政府关系紧密，成本及盈亏意识较弱，在竞标过程中为中标而不惜报出赔本价。而究其深度原因，作者认为这是当前我国国有企业产权制度问题在风电特许权招标过程中的新体现，是我国社会主义市场经济制度下的特殊产物。

2.3 装机容量和上网电量脱节原因分析

（1）招标价过低。除电网公司因风电上网技术和入网及维修费用分摊所造成的障碍外，招标价过低是造成上网电量与装机容量脱节的原因之一。特许权项目招标价格低，发电企业为保证效益，于是风机购入价格低，质量无保障；而且由于竞标价格过低，造成后续合同履行难度大，投资商无法按照合同建成项目。

（2）地方政府及官员实现自身利益最大化的需求所致。现实中，地方政府官员在行使权力时要同时考虑国家、集体和个人三种利益，当地方政府官员个人及集体利益与国家利益发生冲突时，地方政府一般都倾向于实现其自身和辖区居民利益的最大化而忽视国家利益的实现。这种注重实现地方政府官员个人及集体利益最大化的行为，催生了各地方政府之间的竞争。尤为重要的是，目前官员"政绩"评价体系不规范，体现在风电产业方面，其"政绩"主要以风电装机容量来衡量，而不是上网电量，忽视项目后期的培育和实效，发电量不足成为必然。

（3）项目论证不充分。部分风电项目，政府不经论证就下达装机指标，执行单位明知风能资源和可利用的土地面积不足，但仍按指标装若干万千瓦，结果发不出多少电。

3 中国风电产业发展的对策建议

3.1 进一步完善《可再生能源法》实施细则及相关配套政策措施

《可再生能源法》作为一部框架性的法律，在实施过程中尚需在几个方面加以完善。

（1）进一步完善可再生能源风电的定价机制。《可再生能源法》要求风电上网价格体现政府的主导作用，但从四期风电特许权招标的实践看，中标电价水平都使项目处于亏损状态；并且所有项目都由政府部门组织实施招标，提高了政府和投资者的管理成本。因此，作者建议今后只对列入国家规划的、超过 10 万千瓦的大型风电场项目实施招标定价，对其他中小型风电场项目，可参照就近大型风电场项目的招标定价上下浮动。另外，进一步研究大型发电企业实施可再生能源发电配额对招标定价的影响问题，解决目前发电企业基于配额的考虑而人为造成招标价格低于成本的不合理现象。

（2）加快制定优惠财税政策。在税收方面，建议合理降低风电的增值税税负，以调动地方发展风电的积极性。建议针对风电投资成本高这一主要问题，研究如何通过优惠政策的合理组合，包括支持大型国产风机研发、补助国产风机采购、风电项目贴息贷款、延长贷款期限等手段，降低投资成本。建议改变整机进口免税、部件进口征税的办法，限制整机进口，对于国内尚不能生产的零部件或散件应给予进口免税，鼓励逐步国产化，促使外国公司将整机制造技术向中国转移，达到更好消化、吸收、创新的目的。

（3）建立和完善信息披露及法律实施情况的报告制度。建立和完善有关规划编制、项目审批、价格制定等方面的政府信息公开制度，确保社会各方能够及时了解相关信息，获得参与决策和获得救济的机会。同时，应建立定期的《可再生能源法》实施情况评估和报告制度，由国务院和省级能源综合管理部门定期向同级人大常委会报告《可再生能源法》实施情况，并向社会公布。

（4）强化统一的能源行政管理。建议组建统一的政府能源管理部门，以体现国家整体利益和能源综合管理的要求，统筹能源各产业的发展和利益协调，综合规划国家能源战略和制定能源政策。按照"政监分离"的原则，组建职能相对集中的能源监管机构，并做到依法监管。

3.2　完善特许权招标评标依据

针对风电项目特许权招标制度导致的招标价格过低的问题，可从调整特许权招标的评标依据着手，改变"低价为王"的招标格局。

（1）降低电价在竞标依据中的权重。由 2003 年最初的 100%，到 2005 年降为 40%，2006 年又进一步降为 30%，2007 年是 25%，但是各期开标结果显示，除第四期的巴音项目是出价第二低的竞标人夺标外，其他中标的项目仍然是上网电价最低的竞标商，效果不明显。

（2）采用竞标价格"中间价"。考虑到非理性出价不利于风电上网价格形成，也导致风电产业发展过热的情况，第五期风电招标项目采用竞标价格"中间价"政策。即根据所有通过初评的竞标人的投标上网价格，去掉一个最高价和一个最低价，算出平均投标电价，谁越接近平均投标价，得分就越高。

（3）特许权招标评标依据中，应多关注投标人的综合实力、技术方案、经济效益和设备国产化程度及实现方案等环节，尽量达到量化。

为了克服我国目前特许权招标中评标依据方面的不足，作者认为我国尚需在风电定价制度方面尝试如下的对策，即设立最低投标价制度和"固定"电价制度，从而刺激投资者在竞标时合理出价。

3.3　完善国有企业产权改革，改进竞标风气

在我国风电项目竞标过程中，国有能源企业的低价竞标行为是我国当前产权制度下的特殊产物，而要想从根本上解决此问题，尚需实施进一步深化国有企业的改革。

（1）实现国有企业产权主体多元化。推进企业经营机制的转变。国有企业的现状是国有资产的产权主体单一，国有产权代表不明确，国有企业"所有者缺位"。解决这个问题可从两个方面着手：首先，将国有独资企业变成国有控股或国有参股企业，引入非国有的其他股东，包括非国有法人和个人股东，将居民通过金融中介形成的对国有企业大量债权转化为居民直接持有或

通过金融中介间接持有的股权。其次，对国有独资企业，要变单一国有股东为多个国有法人股东，以克服以往国有企业中资产"所有者缺位"的弊端，使国有企业成为社会主义经济中富有活力的微观主体。

（2）建立明晰有效的国有资产委托代理制度。在国有资产双层委托代理链中，第一层次要确定一个政府部门作为国有资产的委托人，其他任何部门不得插手干预和领导授权经营的代理人；在第二层次，国有资产的委托人和在企业的代理人都应落实到自然人。每个层次的代理人都应当依据其业绩和责任依法进行奖罚，以激励其对国有资产保值增值的责任心。

（3）加强企业从业人员分享剩余索取权的制度。只要存在国有股就存在双重代理问题。加强国有企业代理人内部持股的制度安排，将有利于内部人的监督和自律。通过这一制度安排，可以将个人利益同企业的利益紧密结合起来，从而解决剩余索取权与控制权不对称的问题。鼓励经理持股，使经理与所有人的价值取向趋于一致，达到激励相容，使经理偏离企业利润最大化的倾向得到有效抑制。同时，将企业部分剩余索取权扩大到员工，使职工有动力从企业内部监督经营者，在一定程度上制约经营者的不端行为。

3.4 对装机容量和上网电量脱节问题的建议

（1）调整政府风电发展的衡量依据。政府需要改变以装机容量作为衡量一个地区风电产业发展程度的依据，而把实际上网电量这个"实绩"作为衡量标准。

（2）加强对风电上网环节的激励。除调整衡量依据外，辅助以风电上网激励措施将会更大程度地刺激发电企业的发电积极性。如将原先对风电产业的各鼓励政策与风电上网电量相挂钩，就能引导发电企业把精力从扩大装机容量转移到上网电量上来。此外，政府对风电按实际上网电量进行价格补贴也是一种有效的措施。

（3）加大对电网企业的激励。随着风电装机容量的增长，电网条件的制约将更加严峻。风电是一种间歇性电源，会降低电网负荷预测精度，从而影响电网的调度和运行方式，以及频率控制、电压调整、电网的潮流分布、电能质量、故障水平和稳定性等一系列问题，使风电实际入网存在诸多的困难。因此，出台相关的政策，对电网企业实施相应的激励非常必要。

[作者单位：哈尔滨工业大学（威海）]

企税优惠及申报表填列

毕明波　王京臣

一　企税"扣除式优惠"内容及申报表填列

企业所得税的扣除式优惠可以归纳为加速折旧或摊销、全额扣除和加计扣除三大优惠。

（一）加速折旧或摊销

企业所得税法规定，在计算应纳税所得额时，固定资产按照直线法计算的折旧，准予扣除。企业的固定资产由于技术进步、产品更新换代较快，或者常年处于强震动、高腐蚀状态，确需加速折旧的，可以缩短折旧年限或者采取加速折旧的方法。采取缩短折旧年限方法的，最低折旧年限不得低于规定折旧年限的60%；采取加速折旧方法的，可以采取双倍余额递减法或者年数总和法。

集成电路生产企业的生产性设备，经主管税务机关核准，其折旧年限可以适当缩短，最短可为3年。企事业单位购进软件，凡符合固定资产或无形资产确认条件的，可以按照固定资产或无形资产进行核算，经主管税务机关核准，其折旧或摊销年限可以适当缩短，最短可为2年。

（二）全额扣除

企业所得税法规定，除国务院财政、税务主管部门另有规定外，企业发生的职工教育经费支出，不超过工资、薪金总额2.5%的部分，准予扣除；超过部分，准予在以后纳税年度结转扣除。如软件生产企业和集成电路设计企业的职工培训费用，国家税务总局就特别规定，可以按照其实际发生额在计算应纳税所得额时扣除。

（三） 企业研究开发费用的加计扣除

财务核算健全并能准确归集研究开发费用的居民企业，从事《国家重点支持的高新技术领域》和国家发展改革委员会等部门公布的《当前优先发展的高技术产业化重点领域指南（2007 年度）》规定项目的研究开发活动，其在一个纳税年度中实际发生的下列费用支出，允许在计算应纳税所得额时按照规定实行加计扣除。

（1）新产品设计费、新工艺规程制定费以及与研发活动直接相关的技术图书资料费、资料翻译费；

（2）从事研发活动直接消耗的材料、燃料和动力费用；

（3）在职直接从事研发活动人员的工资、薪金、奖金、津贴、补贴；

（4）专门用于研发活动的仪器、设备的折旧费或租赁费；

（5）专门用于研发活动的软件、专利权、非专利技术等无形资产的摊销费用；

（6）专门用于中间试验和产品试制的模具、工艺装备开发及制造费；

（7）勘探开发技术的现场试验费；

（8）研发成果的论证、评审、验收费用。但法律、行政法规和国家税务总局规定不允许企业所得税前扣除的费用和支出项目，均不允许计入研究开发费用。

企业根据财务会计核算和研发项目的实际情况，对发生的研发费用进行收益化或资本化处理的，可按下述规定计算加计扣除：

（1）研发费用计入当期损益未形成无形资产的，允许再按其当年研发费用实际发生额的 50%，直接抵扣当年的应纳税所得额；

（2）研发费用形成无形资产的，按照该无形资产成本的 150% 在税前摊销。除法律另有规定外，摊销年限不得低于 10 年。

企业未设立专门的研发机构或企业研发机构同时承担生产经营任务的，应对研发费用和生产经营费用分开进行核算，准确、合理地计算各项研究开发费用支出，对划分不清的，不得实行加计扣除。

企业必须对研究开发费用实行专账管理，同时必须按照规定项目，准确归集填写年度可加计扣除的各项研究开发费用实际发生金额。企业应于年度汇算清缴所得税申报时向主管税务机关报送规定的资料。企业在一个纳税年度内进行多个研究开发活动的，应按照不同开发项目分别归集可加计扣除的研究开发费用额。企业研究开发费各项目的实际发生额归集不准确、汇总额计算不准确的，主管税务机关有权调整其税前扣除额或加计扣除额。

对企业委托给外单位进行开发的研发费用，凡符合条件的，由委托方按照规定计算加计扣除，受托方不得再进行加计扣除。对委托开发的项目，受托方应向委托方提供该研发项目的费用支出明细情况，否则，该委托开发项目的费用支出不得实行加计扣除。

对企业共同合作开发的项目，凡符合条件的，由合作各方就自身承担的研发费用分别按照规定计算加计扣除。企业集团根据生产经营和科技开发的实际情况，对技术要求高、投资数额大，需要由集团公司进行集中开发的研究开发项目，其实际发生的研究开发费，可以按照合理的分摊方法在受益集团成员公司间进行分摊。

企业集团采取合理分摊研究开发费的，企业集团应提供集中研究开发项目的协议或合同，该协议或合同应明确规定参与各方在该研究开发项目中的权利和义务、费用分摊方法等内容。如不提供协议或合同，研究开发费不得加计扣除。

企业集团采取合理分摊研究开发费的，企业集团集中研究开发项目实际发生的研究开发费，应当按照权利和义务、费用支出和收益分享一致的原则，合理确定研究开发费用的分摊方法。

（四）企业残疾职工工资等的加计扣除

企业安置残疾人员的，在按照支付给残疾职工工资据实扣除的基础上，还可以按照支付给残疾职工工资的100%加计扣除。

企业安置国家鼓励安置的其他就业人员所支付的工资的加计扣除办法，由国务院另行规定。残疾人员的范围适用《中华人民共和国残疾人保障法》的有关规定。

企业纳税人开发新技术、新产品、新工艺发生的研究开发费用，以及安置残疾人员及国家鼓励安置的其他就业人员所支付的工资，符合税收规定条件的准予按照支出额一定比例，在计算应纳税所得额时加计扣除的金额，在填"企业所得税年度纳税申报表"时，填入第20行"加计扣除"项目，即纳税调整减少额的第五个项目。

二　企税"所得式优惠"内容及申报表填列

企业所得税的所得式优惠可以归纳为减免税项目所得和抵扣应纳税所得

额两大类。

（一）减免税项目所得

企业从事下列农、林、牧、渔业项目的所得，免征企业所得税：

（1）蔬菜、谷物、薯类、油料、豆类、棉花、麻类、糖料、水果、坚果的种植；

（2）农作物新品种的选育；

（3）中药材的种植；

（4）林木的培育和种植；

（5）牲畜、家禽的饲养；

（6）林产品的采集；

（7）灌溉、农产品初加工、兽医、农技推广、农机作业和维修等农、林、牧、渔服务业项目；

（8）远洋捕捞。

企业从事下列项目的所得，减半征收企业所得税：

（1）花卉、茶以及其他饮料作物和香料作物的种植；

（2）海水养殖、内陆养殖。

企业从事国家限制和禁止发展的项目不得享受上述规定的企业所得税优惠。

一个纳税年度内，居民企业技术转让所得不超过 500 万元的部分，免征企业所得税；超过 500 万元的部分，减半征收企业所得税。

企业从事国家重点扶持的公共基础设施项目投资经营的所得，自项目取得第一笔生产经营收入所属纳税年度起，第一年至第三年免征企业所得税，第四年至第六年减半征收企业所得税。国家重点扶持的公共基础设施项目，是指《公共基础设施项目企业所得税优惠目录》规定的港口码头、机场、铁路、公路、城市公共交通、电力、水利等项目。

企业从事符合条件的环境保护、节能节水项目的所得，自项目取得第一笔生产经营收入所属纳税年度起，第一年至第三年免征企业所得税，第四年至第六年减半征收企业所得税。符合条件的环境保护、节能节水项目，包括公共污水处理、公共垃圾处理、沼气综合开发利用、节能减排技术改造、海水淡化等。

企业的减免税项目所得，在填"企业所得税年度纳税申报表"时，填入第 19 行"减免税项目所得"项目，即纳税调整减少额的第四个项目。

（二）抵扣应纳税所得额

创业投资企业采取股权投资方式投资于未上市的中小高新技术企业 2 年以上的，可以按照其投资额的 70% 在股权持有满 2 年的当年抵扣该创业投资企业的应纳税所得额；当年不足抵扣的，可以在以后纳税年度结转抵扣。

企业的抵扣应纳税所得额，在填"企业所得税年度纳税申报表"时，填入第 21 行"抵扣应纳税所得额"项目，即纳税调整减少额的第六个项目。

另外，自 2008 年 12 月 15 日起，对台湾航运公司从事海峡两岸海上直航业务取得的来源于内地的所得，免征企业所得税。享受企业所得税免税政策的台湾航运公司应当按照企业所得税法实施条例的有关规定，单独核算其从事上述业务在大陆取得的收入和发生的成本、费用；未单独核算的，不得享受免征企业所得税政策。所称台湾航运公司，是指取得交通运输部颁发的"台湾海峡两岸间水路运输许可证"且上述许可证上注明的公司登记地址在台湾的航运公司。

（作者单位：中共威海市委党校）

创建国税文化品牌的实践与思考

于越军

随着国税文化建设的不断深入，文化品牌在增强团队凝聚力、提升核心竞争力、扩大对外影响力等方面发挥着日益重要的作用。威海经区国税局紧密结合学习实践科学发展观活动，在打造"海瞳"文化品牌的基础上，积极创新文化建设模式，着力提升品牌影响力，引领机关文化建设不断迈上新的台阶。

一 创建国税文化品牌的重要意义

文化品牌是部门文化品格、内涵和精神的反映，是部门标志性形象。国税文化品牌在引领国税文化发展、提升部门竞争力方面发挥着不可替代的重要作用。

（一）创建国税文化品牌是塑造先进机关文化、构建机关核心价值体系的重要载体

文化品牌的内核是文化，根植于以机关使命、愿景和核心价值观为基础的机关文化土壤之中。同时，文化品牌作为机关使命与价值追求的高度凝结，是机关文化的显性载体，也是机关文化的先导和旗帜。成功的文化品牌有助于机关更好地内强素质，外树形象，用人文关怀、品牌理念、利益导向凝聚大家，把文化品牌理念外化为每名工作人员自觉遵守的行为准则，引导大家干事创业。因此，打造文化品牌，既有利于丰富和提升机关文化，又有利于统一干部思想，促进机关核心价值观形成。

（二）创建国税文化品牌是改进作风、构建和谐税收的有效途径

从管理角度讲，国税文化品牌是国税机关为正确履行自己的使命所采取的凝心聚力、追求卓越、接受监督的手段；从服务角度讲，国税文化品牌是国税机关及其所提供的公共服务的综合表现；从传播角度讲，国税文化品牌是国税机关在社会公众心目中的形象和地位。打造国税文化品牌是机关形象提升的过程，也是自觉接受群众、社会监督评判的过程。从而必然推动国税机关从传统管理型向现代服务型转变，自觉强化以人为本理念，大力改进机关管理，加强队伍素质和作风建设，自觉规范行政行为，提高服务质量和工作效率，从而树立国税机关在全社会和人民群众中的良好形象。

（三）创建国税文化品牌是文化建设可持续发展的重要保证

文化品牌是文化发展的重要推动力。国税文化品牌作为特定的组织品牌，强调将机关使命、愿景、价值观，以及道德规范和行为准则等因素融合成一个有机整体，提升机关整体的文化和竞争力。以更加开放的视野，面向社会和大众，走内涵发展之路，注重热点、亮点、焦点等的深入营造，发挥特长，力求出新，增创优势，提高品位。

二 创建国税文化品牌的实践探索

文化品牌是文化建设积累、沉淀、发展到一定时期的产物，是文化建设的升华与提高。近年来，威海经区国税局结合当地独具特色的地域优势及文化资源，精心打造"海瞳"文化品牌，建设人文国税，推进文化建设持续健康发展。

（一）弘扬传统，创新发展，打造具有自身特色的"海瞳"文化品牌

优秀传统文化是国税文化的根基与源泉。经区国税局汲取传统海文化的精髓，传承"宽广博大、海纳百川"的精神，结合毗邻大海、位于海瞳路的地缘特点，通过组织干部座谈讨论、聘请专家论证，推出了以"海瞳"命名的文化品牌，寓意国税部门在执法中明察秋毫，在服务中心明眼亮，在管理中精益求精。提炼了"海瞳"文化的五种精神，即"勇立潮头的创业精神、公平公正的法治精神、以人为本的人文精神、清正廉洁的自律精神、关爱社会的奉献精神"。建立了"依法治税、文明高效、乐业奉献、勇创一流"的共

同愿景和"人文、法治、廉洁、康乐"的核心价值观，广大干部职工具有了共同的价值观念和理想追求，在思想上实现了和谐统一。

（二）丰富载体，营造氛围，让文化品牌入眼入耳

为了丰富"海瞳"文化品牌的内涵，提高品牌认知度，经区国税局注重依托有形载体，加强文化品牌的建设。设立了文化展室、文化走廊、书法长廊，制作了文化专题片，将文化理念、格言警句张贴在走廊和办公室、摆在案头，印制了包括《税海扬帆》、《税海修学》、《税海清风》、《税海拾贝》、《税海撷萃》以及《身心健康》在内的国税文化系列丛书。经常组织开展文化演讲比赛、大合唱、拔河比赛、乒乓球比赛、摄影采风、厨艺展示等健康向上、丰富多彩的文化活动，不断调动广大干部参与文化建设的热情，提高干部的文化素养，营造了浓厚的文化氛围，使干部职工在耳濡目染、潜移默化之中受到感染和熏陶，增强了文化品牌的影响力。

（三）项目推进，长效管理，让文化品牌入脑入心

为了使"海瞳"文化品牌落地生根，在干部职工中由入眼、入耳到入脑、入心，使全体人员认知、认可、认同、认行，经区国税局与专业组织文化管理机构合作，引入项目管理理论，实行文化项目推进活动。2009 年启动了"海瞳·耕心"文化管理项目，以典型案例作为推进的重要手段，进行案例征集，并在推进过程中不断进行充实完善，适时出版《"海瞳"文化案例集》；以文化经营为主体，逐步推进；以活动为载体，组织开展丰富多彩的文体活动；以全面推进与重点突破相结合的方式，不断探索"海瞳"文化与税收工作结合的有效途径和模式。通过借助文化管理机构的专业优势，采取项目推进的方式，弥补了国税部门文化管理经验不足和持续性、系统性不强的缺点，推动文化管理向规范化、专业化、科学化的方向发展，提高了国税文化的品牌效应。

（四）统筹兼顾，注重实效，以创建文化品牌引领国税工作和谐发展

文化品牌建设只有融入税收工作中，发挥文化的激励、导向作用，推动工作持续健康发展，才能体现出品牌的真正价值。在实践当中，经区国税局大力弘扬"海瞳"文化的五种精神，积极建设"管理、执法、廉政、健康"文化，推动干部队伍与国税事业和谐发展。一是以创建文化品牌促进税收职能发挥。树立科学发展理念，正确处理税收与经济的关系，充分发挥税收职

能作用，用足、用好税收优惠政策，加强税收优惠政策跟踪问效，促进经济与税收协调发展。2008 年税收收入突破 10 亿元，今年上半年完成税收收入 5.5 亿元，为企业抵扣固定资产进项税额、办理出口退税等 1.5 亿元，为服务经济发展，扶持企业应对金融危机、早日走出困境发挥了应有的作用。二是以创建文化品牌推进依法治税。树立依法治税的理念，加强税收法治教育，全面推行税收执法责任制，不断规范执法行为。深入开展发票专项整治，加强行业税收专项检查和区域税收专项整治，今年上半年，先后开展了出口退税、海关完税凭证、CPU 行业专项检查、联合公安部门对填海工程企业进行突击检查，累计查补税款 760 万元，有效地整顿和规范了经济环境和税收秩序。三是以创建文化品牌优化纳税服务。树立公平公正、文明高效的服务理念，探索多元化、人性化的办税服务措施，推行了一窗通办、同城办税、智能叫号、24 小时自助办税、身份证真伪识别复印、纳税人识别号条形码自动识别、POS 机刷卡、VIP 优先服务、专职引导服务等便民服务措施，最大限度地方便纳税人，不断提高办税效率。四是以创建文化品牌提高征管质效。树立精细管理的理念，加强税收分析预警和纳税评估，深入开展税收征管状况分析，查找征管薄弱环节，有针对性地开展纳税评估。在房地产、食品加工、汽车销售、汽车修理等行业探索实行行业分类管理，提高行业专业化、精细化管理。五是以创建文化品牌打造和谐团队。树立人才兴税的理念，以提高专业素质和专业技能为重点，推进专业能力建设，全力打造政治素质高、业务技能强的专业化队伍。通过开展群众喜闻乐见、形式多样的文化活动，丰富职工业余生活，引导干部职工将个人利益和集体利益、局部利益和整体利益、眼前利益和长远利益、实现自我价值和税收事业发展目标统一起来。同时，关注干部职工身心健康，大力倡导和谐理念，引导干部职工保持平和健康的心态，形成良好的思维方式和行为习惯，建立礼让宽容的人际关系，创造相互关爱的温馨环境，形成了"班子团结、队伍和谐、敬业乐业、干事创业"的良好氛围，有力地促进了各项工作的和谐发展。先后获得"全国创建文明行业示范点""全国职工职业道德建设百佳班组""全国税务系统先进集体"等荣誉称号。

三 完善国税文化品牌创建的思考

品牌培育和建设不是权宜之计，不可能一蹴而就。一个优秀的文化品牌真正获得认可，保持持久旺盛的生命力，必须精心、耐心地培育。

（一）要坚持不懈地提炼和完善核心价值观

一个团队的核心价值观是品牌的灵魂。要围绕中心，服务大局，结合时代精神，进行深入系统的梳理总结，要在中国传统文化中去挖掘文化精髓，吸取精华，为文化品牌建设提供充分的思想资源支持。要挖掘本地的特色文化资源，深入研究、提炼，不断发展与弘扬，为文化品牌的培育提供良好的人文环境。

（二）要大力弘扬先进的国税文化

国税文化来源于全体国税工作长期的实践总结。国税文化只有回到实践中，才能更好地发挥其应有的作用。创建品牌是践行和实现国税文化核心价值观的重要渠道和提高团队竞争力的基本要求。确定文化品牌，并不意味着就已经有了自己的品牌。品牌的生命力在于社会公信力。维护品牌的社会公信力，并非一日之功。要在实践中特别注意细节，把做好每项工作的每一个细节作为坚持不懈的追求，各自发挥力量，共铸口碑。要细心维护，持之以恒，以持久的耐心培育和保护好自己的品牌。要注意优化发展软环境，从制度建设入手，戒骄戒躁，建立经营和维护品牌的长效机制，以科学机制激励人。总之，应立足于时代进步的潮头和先进文化发展方向，将品牌创建与机关的作风建设、文化建设、组织建设和队伍建设有机结合起来，强化抓创新的观念、抓重点的方法和抓效益的目标，才能使工作品牌逐步深入人心，获得持续与广泛的社会认可。

（三）要加强文化品牌的宣传和交流

信息时代，媒体宣传具有不可替代的重要作用，是成就事业的助推器。要充分发挥广播、电视、报纸、网络和电子信息技术等各种现代传媒手段的作用，开展生动、直观的品牌宣传，扩大品牌的知名度和影响力。同时，要注重加强系统内外的交流与合作，包括国税系统之间、国税地税之间以及与其他部门、企业之间的横向交流，相互取长补短、共同提高，扩大国税文化的开放度，与时俱进，紧跟先进文化的步伐，不断提高国税文化品牌创建的层次和水平。

（作者单位：威海市经济技术开发区国税局）

落实信息管税 健全税源管理体系

孔庆俊

2009 年 6 月份全国税收征管和科技工作会议召开以后，按照国家税务总局提出的"信息管税，就是充分利用现代信息技术手段，以解决征纳双方信息不对称问题为重点，以对涉税信息的采集、分析、利用为主线，树立税收风险管理理念，健全税源管理体系，加强业务与技术的融合，进而提高税收征管水平"的总体要求，山东省威海市地税局不断完善和深化信息管税措施，紧紧抓住信息综合利用、机构职能调整和长效机制建立这三个关键，将技术、业务、管理融为一体，努力形成税源控管的合力，从而构建起信息化引领下的新的税源管理模式。

一 以规范完善信息采集与应用为主线，努力破解征纳双方信息不对称问题

破解征纳双方信息不对称问题是信息管税的首要任务，而税收信息的采集与应用则是破解信息不对称问题的关键，只有掌握了信息，才能掌握税收工作的主动权。

（一）科学合理界定信息的来源

根据信息来源不同，可以将税收信息分为三个方面。第一方信息是直接来自于纳税人登记、申报、入库、发票、财务等各类信息，在各地、各级开发的大集中系统的支撑下，该类信息趋于完整，在管理中发挥着重要的基础作用。第二方信息是指税务部门根据管理需要，利用第一方、第三方信息通过加工整理取得的信息，以及税务机关内部的相关信息，包括税收政策法规

等。该类信息的完整与真实取决于第一方信息的完整性、准确性、真实性。第三方信息是指来自于其他经济主管部门以及社会各界的信息，也就是社会综合治税信息。这部分信息在信息管税工作中具有至关重要的作用。

（二）信息采集与应用存在的问题分析

对于第一方信息，主要存在财务信息不足的问题。一般情况下，纳税人随同纳税申报提供的财务信息只有"损益表"和"资产负债表"，远远不能满足税收管理的需要。尽管可以通过进企业查账、调取企业账簿等方式了解企业账务信息，但传统的手工查阅账簿的方式效率低、工期长、反映问题不够直观，信息不能共享，而且对纳税人的生产经营活动影响较大，难以对税源实施有效监控。可以说，对企业财务信息掌握的缺乏，是造成征纳双方信息不对称的一个重要原因。

对于第二方信息，主要存在应用需求不足的问题。当前开发的各种管理软件，其功能主要体现在数据查询的灵活与快捷，而综合分析功能则相对较弱，仅能实现分类统计或对诸如税率错误等简单问题的处理。如何透过这些数据查找纳税人存在的深层次问题缺乏相应的研究，没有可用的数学模型，各类经济税收分析没有对信息本身的价值予以充分地挖掘利用。

对于第三方信息，在采集与应用上都存在缺陷。在第三方信息的采集上，主要是渠道不够畅通、数据互不兼容、有用无用信息混杂、利用效率低等问题；在具体应用上同样存在需求不足的问题。

（三）切实提升三方信息的采集及综合利用水平

针对目前三方信息采集利用中存在的问题，我们按照国家税务总局和山东省地税局关于信息管税的部署和要求，借鉴兄弟单位的成功经验，在总结近年来信息管税实践的基础上，研究提出了规范和完善三方信息采集及综合利用的思路。即：依托省局数据大集中系统，建立功能强大的数据管理利用平台，以信息的采集与应用为主线，进一步完善第一方信息，规范第二方信息，拓展第三方信息，通过对第二方信息的规范利用，推进三方信息综合利用水平的提升，推动税源管理逐步走上科学化、规范化、精细化轨道。

1. 开发抽取采集系统，实现对纳税人财务信息的电子抽取，进一步完善第一方信息

在规范和完善现有数据采集制度的基础上，针对规模以上企业普遍实现了会计核算电算化的现实，探索开发相应的数据抽取采集系统。在取得

企业授权后利用该系统对其财务信息进行完整抽取采集，将抽取的财务信息与税务系统的数据管理平台进行对接，通过数据管理平台对其财务信息进行综合分析，查找纳税疑点，从而提高税务稽查和日常管理的效率。目前，我们对该系统的前期开发工作已基本完成。在继续完善该系统功能的同时，正与有关部门积极研究解决数据抽取采集应用过程中的法律依据问题、进一步规范企业财务软件问题，以及增强数据的安全性、保护纳税人合法权益等问题。

2. 充分利用行政、法律的手段，进一步拓展第三方信息

尽管《税收征管法》及其实施细则规定了"各有关部门和单位应当支持、协助税务机关依法执行职务"，但在征管工作实践中可操作性不强，仅靠税务部门的沟通、协调，往往成效不大。我们在近年来推行社会综合治税工作基础上，进一步争取地方党委政府及各有关单位支持，着力建立"政府采集、税务使用、双向考核"的涉税信息共享机制。中共威海市委、市政府对此高度重视，专门召开会议，对与强化税收管理联系紧密的32个部门、78类信息进行了明确，提出了具体报送内容和时限要求，并确定由市财源建设领导小组办公室牵头完成涉税信息共享机制的建立工作，接收、调度各部门提供的涉税信息，及时汇总反馈至税务部门。同时，抓紧建立在政府内网运行的涉税信息采集平台，尽快实现信息传输的网络化。为确保工作落到实处，还确定由市考核办负责，市财源建设领导小组办公室配合，对涉税信息的报送和利用实行双向考核，既考核部门报送信息的及时性、完整性、真实性，又考核税务部门信息利用和税源管理效果，考核情况纳入全市年度目标绩效管理考核范围。该机制的建立，标志着政府主导下的社会综合治税工作，已由部门行为上升到政府行为。前不久山东省人大常委会专门组织开展了《山东省地方税收保障条例》立法调研，拟正式出台《山东省地方税收保障条例》，将部门协税护税、提供第三方信息等提升到法规层面。该条例的颁布实施，必将对税收社会保障水平以及管理水平的提升起到巨大的推动作用。

3. 以大集中系统和数据管理平台为依托，进一步提升三方信息的综合利用水平

信息采集不是最终目的，信息渠道解决后，更为重要的是如何应用、将有效的经济信息转化为税源的问题。为此，我们按照山东省地税局提出的建立税源管理新模式的要求，组织业务水平、理论水平较高的骨干人员成立专家组，专题对第二方信息的应用进行研究，对采集进来的每条信息都一一分析，明确各项信息与各税种、各纳税环节的联系，并据此提出信息分析比对

的具体方法，形成信息的应用需求，交由技术部门组织开发数据应用软件，以实现对三方信息的最有效利用。

二　建立适应信息管税要求的管理体系

税收管理的过程，实质上就是一个决策、组织、执行的过程。在传统体系下，基层的税管员、中间的管理层、上面的决策层所掌握的税收信息呈"金字塔"状，越向上层掌握的实际情况越少，各层之间也存在着明显的"信息不对称"问题；同时作为中间管理层各部门也同样存在着信息相互独立、不能共享的问题。而在信息管税模式下，通过数据平台实现数据的高度共享，打破了各个管理层面、各个职能部门之间的界限，实现了扁平化管理，这就迫切要求税务系统纵向上下之间、横向各部门之间职能配置、协调配合机制进一步优化，以更好地适应信息管税要求。

（一）充分发挥决策层"主事"作用

决策层特指各级税务管理部门的领导层面，主要根据上级要求和本地实际负责税收管理大的决策、举措的制定，在税收管理中起着"指挥中枢"的作用。决策层利用数据管理平台，对税收计划执行情况、分区域、分行业税收经济运行情况等进行分析，用数据揭示经济发展、产业结构、行业税收征管状况之间的内在联系，从而实现对税收管理的科学决策。

（二）进一步发挥管理层"管事"作用

管理层特指各级税务机关具有税收管理职能的部门、科室，主要负责对决策层制定的工作规划、举措进行具体的组织实施。管理人员利用数据管理平台提供的数据模型，一方面根据决策层的要求采取有效措施进行组织落实；一方面可以根据业务需求，采取关联分析法、聚类分析法等多种方法，从宏观上针对不同地域、产业、行业和注册类型等进行多角度、多层次、分类别的分析评估，从微观上对单个纳税人进行"一户式"查询分析，提高管理的针对性。

（三）切实提升执行层"办事"能力

执行层特指直接负有税收管理职能的基层一线单位、人员，主要负责对纳税人进行日常管理、对管理层制定的各种管理办法进行具体的贯彻执行。

基层征管人员利用数据管理平台提供的分析和监控功能，对本辖区纳税人征管情况进行分析评估，有针对性地加强管理。监控功能主要包括对非正常户、临时户、注销户、停业户、零申报户等异常户申报征收情况的监控，对所有纳税业户申报情况的多角度分析监控，对纳税户税负变化情况的监控，对纳税户发票使用、缴销情况的监控等。

（四）成立专门的税源管理机构

在"决策层主事、管理层管事、执行层办事"的"三层架构"下，税源管理机构充分发挥对决策层的参谋助手作用、对管理层的组织协调作用以及对执行层的检查督导作用，确保三个层面协调运转。在数据平台信息高度共享的前提下，各层面按照不同的管理职能，更新观念，调整角色，各司其职，互相配合，实现管理分工科学化、责任明确化和管理效率最大化。

（五）进一步完善税收管理岗责体系建设

信息管税工作的强力推进，为税源管理体制机制的转变提供了必要条件。要以信息采集—纳税评估—核查稽查—增值应用为主线，以税源管理部门为中枢，进一步理顺纵向各级、横向各部门的税源管理职能，规范完善税源管理的岗责体系和业务流程。在此基础上，着重理顺和规范税收管理员的职责和管理方式，突出税收管理员的户籍管理、信息采集、核实处理职能，研究税收管理员分级分类管理办法，合理调整岗位设置和工作分工，实现税收管理员职责和管理方式由管户向管事、分岗管理的转变。

三 建立"四位一体"信息管税运行机制

信息管税是对整个征管模式的变革，必须要有一套完整的与之相配套的运行机制来保证各项工作协调有序运转，实现管理效能最大化。根据国家税务总局对信息管税工作的要求，我们认为重点要抓好税收评估、部门联动、税务稽查、内部监督四个环节，通过四个环节的协同运作，实现对税源管理"病症"的集中"会诊"，建立起"四位一体"信息管税运行机制，促进税收秩序的进一步规范。

（一）健全税收评估预警机制，对税源状况进行"查体"

通过科学设置预警指标，利用计算机系统快速准确地对企业的纳税情况进行全面"体检"，对超出正常值范围的"指标"提出预警，由税收管理员进行核实、处理、反馈，逐步实现税收管理由"管户"向"管事"的转变。

（二）各级各部门纵向横向联动，对税收疑点进行"会诊"

在横向联动上，发挥征管、计统、税政等各部门作用，在数据分析发布、纳税评估分析、税收检查反馈、征管程序优化等方面，加强统一管理和协同部署，提高协同运作能力。在纵向联动上，市、县（市区）、基层分局三级明确职责分工，各有管理侧重，在税源管理各环节上，强化税收分析、纳税评估、税源监控、税务稽查等各项工作的上下整合和互动，形成税源税基控管合力。

（三）充分发挥稽查作用，对重大问题实行"解剖"

如果说纳税评估是对纳税真实情况进行一般性"体检"，那么要把"疑难病症"查深查透，则必须通过信息化支撑下的税务稽查来解决。一是要进一步充实稽查力量，创新稽查机制，改进检查方式，提高检查效率；二是要加大对重点行业、重点税源的专项检查，充分发挥稽查以查促收的重要作用；三是要广泛开展解剖性检查，通过稽查发现税收管理存在的带有规律性、有显著特征的问题，用以指导日常征管，从而发挥以查促管的重要作用。我们今年先后开展了全市范围内的重点税源检查、对建筑业和房地产业的解剖检查、对金融和保险业的专项检查、部分企业的日常检查和举报案件的检查，截至10月底，全市稽查部门共查补入库税款16188万元，查补税款占总收入比重达到3.3%，查补税款占比高于全省平均水平。

（四）推行征管质效问责制，加大内控力度，增强"固本"效果

在税管员管户模式中，由于管户数量大，经济成分复杂，使得税管员淡化责任、疏于管理的问题长期存在，这也是造成税源管理不到位的一个重要原因。因此必须采取有效措施，提升税收管理员的责任意识。今年，我们在全系统探索推行了"征管质效问责制"，从2月份开始，由纪检监察部门成立"问责小组"，对稽查中单户查补税款20万元以上企业的税管员进行"征管质效问责"，重点说明存在问题的缘由，看有无失职、渎职行为，有无业务水平不适应税收征管工作的需要等问题；对金额较大、入库难度较大的要签订税款入库保证书。截至目前，已对58人次进行了问责，签订税款入库保证书23

份，入库税款 3640 万元。问责机制的建立进一步加大了内控力度，有效提高了基层的执行力，强化了责任意识，为推动信息管税高效运转奠定了坚实基础，提供了重要保障。

（作者单位：威海市地方税务局）

威海应对金融危机
积极开展企业用工需求情况调查

孙　波

为应对金融危机对就业工作的严重影响，威海市对各企业深入展开用工情况调查。目前，该市单位从业人员 46.8 万人，其中外来务工人员约 20 万人。经济形势的波动对其目前的就业工作产生的影响较大，但目前尚未出现大规模裁员现象。到 2008 年底，全市城镇登记失业率保持在 1.7% 以内。

一　基本情况

从调查情况看，全市受冲击较大的企业 193 家，涉及职工 25110 人。

按行业划分：通信设备、计算机及其他电子设备制造业 109 家，涉及职工 10980 人；纺织服装和鞋、帽制造业 51 家，涉及职工 4890 人；机械及器材制造业 10 家，涉及职工 2970 人；农副产品及食品加工业 10 家，涉及职工 2860 人；橡胶、塑料制品业 2 家，涉及职工 2500 人；房地产业 6 家，涉及职工 500 人；化学原料及化工制品制造业 3 家，涉及职工 210 人；批发零售、进出口贸易及其他行业 2 家，涉及职工 200 人。

按企业性质划分：外商投资企业 51 家，涉及职工 17850 人；股份制企业 14 家，涉及职工 3310 人；个体、私营企业 119 家，涉及职工 2390 人；国有、集体及其他企业 9 家，涉及职工 1560 人。

调查显示，影响较大的 109 家电子加工业和 51 家纺织服装制造业占所有受冲击企业总数的 80%。而这两个行业中的 80% 以上是韩资企业，除受经济危机的影响外，人民币升值、韩币贬值，使韩资企业利益受损也非常明显。到 11 月底，全市共有 68 家电子外协加工、服装、小家纺和小外贸等非公有制企业关闭、破产或停产，涉及职工 4500 人。

机械制造和船舶汽车配件业短期内不会出现大规模裁员，但由于上年末企业订单明显减少，如果今年上半年经济形势仍不见好转，职工放长假甚至裁员将不可避免。

但从调查情况看，科技含量高、有自主品牌产品、内销型企业继续保持用工需求。代表性的企业有威海市豪顿华股份有限公司、医用高分子有限公司等。此类企业所受影响不大，甚至仍有招工意向。

从去年 10 月份金融危机以来全市的就业形势看，首先受到冲击的是外来务工人员。这个群体主要分布在电子、服装、食品、渔具等劳动密集型企业，占此类行业从业人员总数的 70% 以上。这个群体的特点是 18～28 岁的人员的占 70%、初中及以下文化程度的占 70% 左右，技能水平较低，流动性强，就业不稳定。因此，企业在限产减产时，首先计划减员的是外地普通务工人员，分流办法一般是发足工资，一次性放长假。调查显示，11 月底全市关闭停产的 68 家企业，共涉及职工 4500 多人，其中 70% 以上是外来劳动力。其次是本市大龄或无技能的城乡劳动力。2006 年以来，威海市开始实行城乡统一的失业登记制度，在企业就业的城乡劳动者同等缴纳失业保险费，失业后享受同等失业保险待遇。这一制度在今年企业遭遇危机时能够发挥显著作用，可以保证威海市大多数城乡劳动者在失业后能够享受按月申领失业保险金和免费技能培训、免费职业介绍等就业服务，保证他们的基本生活，使其能够从容面对失业。

二 春节后的用工情况及就业形势分析

1. 城镇劳动力在今年就业将出现一定难度，引起城镇登记失业率上升

预计今年需要就业的城镇劳动力有 4 万人，通过单位就业、自主创业、灵活就业等多种渠道力争有近 3 万人实现就业，仍有 1 万多人面临失业。如果经济形势不出现好转，下半年就业转失业人员会大幅增加，预计比 2008 年增加失业人员 7000 人以上，除部分人员当年得到分流安置外，期末登记失业人员将达到 1.2 万人左右，城镇登记失业率将突破 2%。

2. 相对于城镇劳动力就业来说，农村劳动力转移就业要容易些

据调查，今年威海市的企业用工需求将在 2.5 万人左右，虽然比 2008 年同期减少 2 万多人，但一些企业用工仍有一定缺口，主要集中在服装、纺织和水产品加工等劳动密集型产业中。调查了解到，春节后威海市水产加工业

拟招 13000 人左右，仅好当家集团就拟将在春节后招用 7000 人、俚岛海洋科技集团将招 2400 人、寻山集团拟招 2000 人；以魏桥纺织为代表的纺织行业同样要在春节后陆续招用 3000 名新的劳动力；全市 12 家服装行业将招用 1500 人左右。此外，食品加工行业和一些小的建筑业及电子企业需求 2000 人左右的新生劳动力。因为这些行业均为工资偏低、工时较长、季节性明显、技术含量不高的行业，其员工的准入门槛相对较低，对吸引农村及外来劳动力的优势较大，因此农村劳动力有望向这几个行业转移。所以，较城镇人员就业来说，农村劳动力转移就业相对容易。

3. 自主创业群体增加，将成为今后该市就业的主要渠道

受金融危机影响，单位就业量减少，失业群体增加，而失业人员要维持生活必须自谋职业，通过个体经营、创办经济实体、街头经商等形式实现自主创业。特别是自 2008 年 9 月 1 日起取消了所有个体工商户管理费，加上其他一些鼓励自主创业的政策，对自主创业人员提供了更加优越的创业环境，将激励一大批城乡劳动者通过自主创业实现就业再就业。预计 2009 年自主创业群体将会扩大，并成为今后就业的重要渠道。

三 为应对严峻就业形势采取的对策和措施

面对金融危机影响的日益加深，就业服务部门把帮助企业渡过难关、稳定就业局势作为当前头等大事来抓，制定切实有效的措施，确保全市就业局势持续稳定。

一是加大了积极的就业政策的扶持力度。进一步落实《做好促进就业工作的通知》（威政发〔2008〕39 号）精神，对招用失业人员给予社会保险补贴和岗位补贴；对实现灵活就业的失业人员给予社会保险补贴。

二是加大了创业扶持力度。把扶持对象从过去主要为失业人员服务，扩大到为全社会具有创业意愿和创业能力的劳动者，重点地放在高校毕业生、失业人员、返乡农民等 5 类创业者群体中，开展创业培训、开业指导、小额贷款、跟踪服务等"一条龙"创业服务。

三是加大了职业培训扶持力度。在全社会开展大规模职业培训，将更多的城乡劳动者，特别是失业人员组织吸纳到职业培训中来，使失业人员在一定时期内能够处于一个积极准备就业的状态，不断提高就业能力和素质，而不是散落于社会。鼓励企业开展内部转岗培训，根据企业需要在师资、教学、资金等方面予以扶持，适当延长培训期限，提高培训补贴标准，实行政府购

买培训成果制度，使企业和职工始终能够积极、主动、同心协力应对困难，为危机之后的经济大发展储备技能人才。结合政府投资的基础设施建设项目，开展有针对性的订单式培训等，为承担各类建设任务的企业提供高素质的技术工人。

四是建立供求岗位无缝对接和公益岗位兜底安置制度。社会公益性岗位开始实行空岗通报制度，优先录用"4050"大龄失业人员和城乡"双零"家庭成员；对失业半年以上的就业困难人员，必须落实公益岗位兜底安置，确保其稳定就业，保障基本生活。

（作者单位：威海市劳动就业办公室）

关于解决就业难和招工难并存的思考对策

郭景璐

据官方媒体报道，受金融危机的影响，今年一季度末全国各地企业用工缺口明显小于去年同期。与此同时，城乡劳动力总供给又大于去年同期，就业压力明显增加。而个别企业招用工仍存在很大难度。这种一方面就业难，另一方面招工也难的问题成为困扰各地劳动就业服务工作的重点难题。

一 形成两难的原因

通过调查得知，当前就业困难人员主要有以下两方面群体。一方面是劳动年龄偏大、文化程度和技能水平偏低的各类人员。其中，城镇大龄失业人员，各地区通过近年来的"4050 人员"的社保补贴政策，已使大部分人员实现了灵活就业。而农村转移劳动力的大年龄段人员的就业问题一直没有得到很好的解决。据了解，由于国家没有这方面统一的就业促进政策，全国也有近半数以上的农民工没有接受过任何的职业培训。另一方面就业困难的人群为高校毕业生及成长起来的新一代独生子女。他们中的多数人拈轻怕重，既想工作轻松，又希望收入高。由于放不下架子，眼高手低或学非所用，没有过硬的专业技能，职业定位模糊，结果高不成、低不就。

而招用工困难的企业，主要集中在下列用工单位。一是工资待遇偏低、加班时间长的企业。仅以威海市为例，工资在 2500 元以上的企业，即使是纺织业招工难度也不大。目前该市的最低月工资标准为 760 元，按照每月 21.1 个工作日、每天工作 8 小时计算，每小时最低工资约为 4.5 元。尽管许多企业月工资表面上能达到 1000 元以上，但许多单位每月工作近 30 个工作日、每天工作近 10 个小时，换成每小时最低工资实际约 3.6 元，这样的企业招工难度就很大。此类企业多以效益较差的纺织服装加工业为典型，他们的工作条件艰苦、噪声污染较大，并且经常加班。

二是劳动强度大、有毒有害的重体力岗位。为减少人工成本，本应 2~3 个人干的活却让 1 个人完成，使职工一直处在重压状态。这类企业主要集中于轮胎制造等有一定气味的工作环境的企业。

三是用工不规范的企业。个别小企业不能按时发放工资，时常发生拖欠情况。比如一些水产加工和渔业单位至今沿袭历史形成的年度发薪制；个别小单位不与劳动者签订劳动合同，不缴纳社会保险，劳动者没有"稳定感"等。此外，工作生活环境恶劣、职工无食堂、食宿条件差也是企业招用工难的重要原因。

目前农村的政策日趋向好，农民种地可以享受税收减免、种粮补贴、子女上学学杂费免缴等政策，使农民生活条件得到改善，生活水平有所提高；而进城门槛不断提高，外出务工的生活成本日益增加，收入预期超越了实际工资水平，也成为赴外招工难的一大障碍。

二 针对存在的问题各地采取了积极措施

一方面，抓稳定，出台刚性政策促进就业局势向好的方面发展。考虑到金融危机对企业的严重影响和部分企业生产经营遇到困难，导致从业人员难以稳定，国家劳动保障部、财政部等 5 部门联合出台了关于减轻企业负担稳定就业局势的政策，帮助企业渡过难关。许多省市出台了在确保参保人员社会保险待遇水平不降低、保证社会保险制度平稳运行、基金不出现缺口的前提下，在 2009 年之内适当降低城镇职工失业保险、工伤保险、生育保险缴费费率，以及允许困难企业在 2009 年之内阶段性缓缴社会保险费，缓缴的社会保险费不计收滞纳金的优惠政策；对经认定并及时足额缴纳失业保险费、承诺不裁员并采取在岗培训、轮班工作、协商薪酬等办法稳定员工队伍的困难企业，在 2009 年之内给予一定的稳定就业岗位补贴。

威海市还特别提出鼓励困难企业通过开展职工在职培训等方式稳定职工队伍。企业开展职工在岗培训时，应确定具体培训内容，拟定培训目标，制定具体培训计划和大纲，编制经费预算，并报同级劳动保障部门、财政部门备案。鼓励企业多措并举渡过难关。对于不裁员企业，可以采取轮岗作业、待岗培训等方式，减少工作时间，增加作业班次。经企业职工代表大会讨论通过，生产经营困难、经济效益下降的企业，可以适当降低职工工资；特别困难的企业，也可以按最低工资标准支付工资；停产、半停产企业的待岗人员，经平等协商后可以按不低于最低工资的70%发放生活费，待经济效益好转后再及时恢复或提高工资标准。企业确有困难仍需裁员，要严格按照《劳动合同法》和《劳动合同法实施条例》规定的条件和程序进行。一次裁员20人以上的，提前30日向工会或者全体职工说明情况，向有管辖权的劳动保障行政部门报告；规模裁员解除职工劳动合同的，按照《劳动合同法》的有关规定向劳动者支付经济补偿金，并做好职工安置、社会保险接续、失业保险待遇落实、再就业培训等各项工作，帮助困难企业渡过难关。此外，威海市还开展了"再就业援助周"和"春风行动"等专项活动，有效解决就业难题。

另一方面，各地都组织缺工企业开展各种招工活动。一季度末，各大媒体不断传出由劳动保障部门组织企业有效开展专场招聘会活动的消息。威海市曾在3月组织17家用工量较大的企业携带6000多个岗位，赴河北邯郸武安市、重庆市合川区举办现场招聘会，现场达成就业意向1500多人。此外，各类集团企业还积极与劳务输出机构和培训学校签订劳务合作协议，不同程度地缓解了个别企业招用工难的情况。

三 进一步缓解"两难"的思考对策

尽管各地都做了大量工作，但"两难"问题仍没有得到彻底解决。下一步还要采取更积极有效的对策措施。

（一）通过各种手段统筹各类群体就业

一是应把高校毕业生就业摆在就业工作的首位。全面落实国务院办公厅关于加强普通高等学校毕业生就业工作的通知精神，拓展一批见习基地，完善见习制度；强化毕业生就业服务，组织开展"高校毕业生就业服务系列活动"，着力解决供求信息不对接、技能与岗位不适应等问题；强化对困难毕业生的就业援助，对不同类型的困难高校毕业生落实好相应的扶持政策，并及时提供就业援助。二是做好农民工就业工作。组织开展农民工用工和就业调查，加强信息和工作对接，引导农民工有序流动和就地就近就业，落实稳定就业、扩大就业和创业带动就业各项措施，加强就业服务和职业培训，确保春节后农民工整体就业局势平稳。三是进一步做好就业困难人员就业援助工作。通过即时就业岗位扶持、公益性岗位援助、落实相关政策等方式，实施"一对一援助"，帮助就业困难人员以及因企业关闭、停产或裁员而失去工作的城镇新失业人员实现就业和稳定就业，确保每一个"零就业家庭"在规定时间内至少一人实现就业；进一步建立健全就业困难人员和"零就业家庭"就业援助制度和动态管理工作机制。

（二）建立统一的城乡劳动力资源管理制度，实现城乡就业的统筹规划和调控管理

一方面，要加强信息服务，畅通劳动者求职就业渠道。建立覆盖城乡的就业管理服务组织体系，形成服务网络。采取疏堵结合办法整顿非法职介市场秩序，在务工人员流动密集处设立服务点，提供职业介绍指南和劳动保障政策咨询服务，主动引导他们去正规劳动力市场择业。另一方面，引导无证职介机构创造条件，纳入正规渠道，更好地服务于民。加强信息网络建设，做好对不同地区职业供求信息的收集和发布工作，向社会及时提供准确的职业供求、工资价位信息，提高用人单位招聘与劳动者求职匹配效果，降低用工成本。

（三）加大培训资金投入，努力打造"品牌劳务"

组织各种技能培训，加强中级以上技能人才的培养，提高失业人员的职业技能素质，增强失业人员的就业竞争力。技能缺乏成了求职时的软肋，而有的求职者不愿在这方面下功夫。就企业而言，技工缺乏已成为阻碍企业发展的一大瓶颈，而高技能人才更是各地制造业企业自主创新能力提升的重要保障。要改变现行重学历教育、轻技能培训教育体制，提高职业学校和职业教育的社会认可度。要把技能人才培养作为一项富民利民的重要措施常抓不懈，加大培训投入，拓宽培训模式，实行"对接培训""订单培训"，与用工企业有效连接，提高培训的针对性和时效性，提高就业率，强化用人单位对员工的岗位培训责任。

（四）加强跨地劳务合作

各地市要与劳动力资源丰富的地区加强合作，组织企业赴外地举办劳动力招聘会，规范劳务派遣，建立稳固的劳务合作平台，提高劳动力流动就业的组织化程度。改善劳动者就业环境，增强就业稳定性。加快完善各项社会保障制度，探索建立外来务工人员养老保险异地转移机制，使外来务工人员

在各地的养老保险得以衔接合并。继续完善民工大病医疗保险制度，鼓励企业按现行基本医疗保险规定，将当地民工纳入参保范围，逐步抹平城乡"二元结构"鸿沟。

此外，还要加大劳动执法监察力度，积极调处工资纠纷，做好工资清欠工作，探索建立工资集体协商机制，切实维护劳动者的合法权益。

（作者单位：威海市劳动就业办公室）

推进"以港兴市"战略 打造
现代化港口城市

邹德新

近年来，荣成市大力实施"以港兴市"战略，港口发展取得了一定成绩，但与优质的港口资源、与发展临港经济的要求、与经济社会发展水平、与科学发展观要求还不相协调。新形势，新起点，必须把发展港口摆在更加重要、更加突出的战略地位，全力将荣成打造成为现代化港口城市。

一 荣成港口发展的现状

一是港口规模不断扩大。到去年底，荣成有商港 8 处，建有万吨级以上泊位 12 个，5000 吨级泊位 10 个，初步形成了设施基本齐全、功能比较完善的港口体系。

二是港口效益不断提升。去年荣成共完成港口货物吞吐量 1455 万吨，同比增长 37%；完成集装箱 25.6 万标箱，同比增长 32%；完成客运量 24.6 万人，同比增长 20%；完成货运量 368.4 万吨，同比增长 1%；装卸危化品 480 船艘次、48.66 万吨，同比增长 5%。港口经济总收入预计在 30 亿元左右。

三是临港产业不断壮大。依托港口优势，引进了三星、伽仰、扬帆、百步亭、神飞等一批造船项目，形成了好当家、泰祥等 500 多家标准化食品加工企业，滨海旅游、港口物流业等临港产业发展迅速。

四是对外交往不断加深。荣成有石岛港、龙眼港两个一类开放口岸，开通国际国内航线 13 条，货物可直达世界各地。其中开通至韩国的客滚航线 3 条。

虽然港口发展取得一定成绩，但差距也非常明显，主要表现在四个方面：

一是缺乏大港、强港。港口数量虽多，但规模偏小，缺少大型深水专业化泊位，至今不具备开辟国际干线的条件。

二是港口分布比较分散。港口建设布局不尽合理，功能相近，且大多港口仅限于满足自身需要，对区域的带动作用没有得到充分发挥。

三是集疏能力不强。尽管铁路、高速公路已列入国家和省里大盘子，但由于现在尚未开通，短期内货物疏运能力不足的问题仍较为突出；航线数量偏少，港口对内对外辐射能力有待提升；过去各个港口在建设时大都没有预留足够的陆域空间，直接影响了港口疏运和发展。

四是发展速度相对较慢。尽管这几年荣成各个港口特别是石岛港集装箱周转量、货物吞吐量增长很快，但对比来看，不要说与日照、连云港等地级市港口相比，就是与邻近的龙口港相比也有不小的差距。龙口港近几年每年投资都在 10 亿元左右，港口吞吐量由 2003 年的 600 万吨迅速提升到去年的3000 多万吨。相对而言，荣成港口投资力度还不够大，发展速度还不够快。现在看各个港口靠自身资本积累扩大规模，能量有限，在一定程度上限制了港口的发展。

二 积极推进"以港兴市"战略的对策和建议

（一）提高港口发展的重视程度

首先是确保"三个到位"，在发展动力上有保障。一要认识到位。将"以港兴市"战略放在首要位置，在全市上下形成"城因港兴，港为城用"的发展意识，学习先进地区经验，引进港口人才。二要政策到位。在专业论证研究的基础上，加快出台关于实施"以港兴市"战略加快港口发展的意见。三要组织到位。成立港口建设推进专门班子，负责统一领导、统筹协调、综合指导全市港口建设发展。其次是做好"三个规划"，在发展方向上有目标。将港口规划纳入城市总体规划，按照港城一体、港区一体的思路，聘请国内外专家，高起点、大手笔地制订出《岸线资源利用规划》、《港口总体规划》和《临港产业总体规划》。再次是强化"三种意识"，在发展速度上有推动。一要强化危机意识。认清当前严峻形势，如果不从战略高度引起足够重视，下大决心迎头赶上，荣成港口就很可能被边缘化。二要强化责任意识。把港口作为区域经济发展的重中之重。三要强化效率意识。对全市港口项目进行再梳理，排定时间表，实行市级领导分包制，确保尽早实施。

（二）放大港口发展的优势条件

首先是利用岸线优势，大力推进重点港口建设。按照"宁留不开，宁慢不乱，宁合不散"的原则，把岸线资源保护好、开发好、利用好。积极推进镆铘岛石化码头、龙眼港向马栏湾扩展、蜊江港东迁、靖海港建设等工程。其次是利用区位优势，大力发展港口物流业。（1）发展国际航运物流。以中韩整车物流项目为契机，增辟国际航线，加密内贸航线，以大物流促进大发展。（2）着力建设物流园区。依托现有保税仓库，规划建设符合第三代港口特征的物流园区，形成以港口为枢纽的现代物流体系。（3）发展集装箱中转业务。建议由市政府牵头，开展集装箱货源项目招商，吸引国内外货源通过荣成疏运；由政府出面协商，建立起与青岛港等大港的战略合作关系。再次是利用产业优势，大力推动临港产业发展。（1）优化临港工业布局。划定临港工业带，集中培植一批发展潜力大、带动能力强的主导产业和骨干企业，通过"集群渗透"带动整个区域经济的整合和发展。（2）完善综合服务体系。加快金融保险、信息网络、中介服务等行业的培育，形成以港口为核心的现代化综合服务体系，带动关联产业快速发展。（3）大力开拓货源市场。加强与内陆物流企业的合作，建设"无水港"；在日韩建立办事机构，完善营销网络，积极增辟班轮航线，拓展海向腹地。

（三）创新港口发展的思路模式

首先是整合资源，突出特色，形成有序发展的港口群。现在日照、连云港等港口发展比较快速的城市，大都由政府牵头成立港口公司，作为重要运作平台，有政府支持、有公司灵活运作，不管是整体实力、对外推介还是资本融通、与大企业联合，都更便于操作推进。荣成港口数量较多，但实力大都不是很强，多为民营企业，由于没有形成整体合力，不管是对外合作还是港口发展，都很难避免小打小闹、自身发展速度偏慢的问题。要通过政府强力协调、沟通和推动，以资本联合形式组建港口股份公司，由港口公司统筹运作港口建设、发展相关事宜。要形成大开放、大建设、大发展的格局。在功能布局上建议作适当分工：石岛港大力发展集装箱、客货滚装运输，水产品出口；龙眼港以石油及制品、钢材及客货滚装运输为主；荣成港以煤炭、水产品、钢材为主。同时应看到，荣成应将发展深水泊位、集装箱泊位和石化码头作为今后的重点，利用几年时间建几处 10 万吨以上的深水泊位。其次是联大联强，错位竞争，找准港口发展的突破口。（1）市场化运作。港口城市发展经验一再证明，与产业关联的大企业、战略资本合作是推进港口大发展的捷径和必由之路，今后应鼓励各港口与大企业、船运公司联合；加强与日韩港口和环黄渤海地区港口的合作，发展航线，拓展货源；引导货源企业参与港口运作，鼓励合作建港，实现共赢发展。（2）错位竞争。目前荣成港口运输主要以周边企业货物、产品进出为主，尚未形成像日照港、宁波北仑港那样有煤、矿石、粮食等稳定的大宗货源，应该立足干线港定位，超前研究、谋划和拓展货源组织渠道。特别是要在青岛、日照等周边大港发展中找准定位和方向，在自主拓展货源的同时，搞好与大港口的衔接配合，进一步扩大货运腹地，逐步壮大港口规模，发展成"干线港"。（3）创新思路。积极推行岸线资源价值化、区港一体化、"地主港"模式等做法，并结合实际，找到一条适合荣成特点的新路子。再次是政策扶持，多方支持，促进港口快速扩张发展。（1）给予优惠政策。对港口建设用地、海域使用、基础设施配套等给予最大优惠。（2）建设疏港通道，加快荣乌高速公路、石岛港疏港公路建设，加快推进铁路建设，对公用航道进行疏浚和扩建。到2012年，基本建成海、陆、铁、空一体的港口集疏运体系。（3）提高通关效率。完善口岸大通关模式，简化口岸手续，整合口岸信息资源，完善网络服务功能，逐步建立港口信息中心。

（作者单位：中共荣成市委宣传部）

精细化管理的"威海艺校模式"

陈福超

山东省威海艺术学校是一所国家级重点中等职业学校，自 2003 年以来，学校全面实施精细化管理，形成了以学生为本的"威海艺校精细化管理模式"，为学校带来了"654321"效应：连续六年每年招生人数超过转型时期三年的总和；连年获得山东省文明单位等五项省级荣誉；平安校园建设实现"四为零"：学校治安案件率为零、安全事故率为零、上访率为零、开除学生率为零；在校生人数连续跨上 1000 人、1500 人、2000 人三个台阶；学历教育与培训教育两线并进；连续六年学生就业率保持 100%。

一 "威海艺校模式"的理念构建——精深

有什么样的理念就会有什么样的管理。办学理念既是学校办学目标的依据，也是评价学校办学绩效的标准，更是引导与规范学校管理者、教职员工和学生自我教育行为的精神力量。因此，用理念办学是学校管理的灵魂。

世纪之交，经济体制转型给中等职业学校带来了巨大的冲击，招生、管理、就业都面临着前所未有的困难。2002 年底，威海艺校新的领导班子成立后，在认真分析市场形势，反思历史教训的基础上，认为造成职业学校难以为继的原因，除了体制转轨本身因素外，更主要的是仍然沿用计划体制下的老模式，没有从根本上转变办学理念，选择适合市场体制要求的先进管理方式。经过反复的论证，精心的提炼，确立了"我校之心——责任尽到家"的办学理念。其要义是用尽全部的力量和心劲，去完成自己担负的责任，把分内应做的事，做到相当高的水平，达到相当高的标准。这一理念回答了学校为谁服务、提供什么样的服务、如何提供服务等教育的基本问题。体现了科学发展观和构建和谐社会的时代旋律,体现了"为人民服务"的宗旨和执政为民的政治之基,体现了打造责任品牌学校、增强校格魅力的方向目标,体现了教育战线求真务实、无私奉献的信念和品质。要求干部和教职员工扑下身子干事育人,一点假的没有;真情实意干事育人,一点虚的没有;无怨无悔干事育人,一点怨气没有。旗帜鲜明地表明了对教育使命、学校使命、社会使命的庄严承诺和"要做人,首先就要承担责任",在自觉履行责任中实现自身价值的发展追求。更主要的是指明了"责任到家,工作到位,服务到底"的精细化管理方向和途径。

以"我校之心——责任尽到家"为核心,学校构建了涵盖发展目标、学校精神、教育信条、办学策略、管理思想和方法等的"五个一"理念体系。"一个标尺",就是一个"正"字,全校上下以"正"字为标尺,政治方向正,思想品行正,工作作风正,在正确的方向路线上拼搏进取,在拼搏的进程中坚持不懈,使之成为学校和每个人立身处世的牢固根基。"一种精神",就是"与时俱进,奋勇争先"的学校精神,工作体现时代性,把握规律性,富于创造性,站在时代的前列,使之成为学校和每个人生生不息的力量源泉。"一条主线",就是坚持不懈地开展教育教学管理年活动,抓纪律促学习,抓学习带纪律,使之成为学校和每个人永不放松的生命之线。"一个灵魂",就是创新,解放思想去创新,时时刻刻讲创新,处处事事搞创新,人人向上共创新,使之成为学校和每个人充满生机活力的本源。"一个面向",就是面向市场,树立强烈的市场意识,使之成为学校和每个人大显身手的广阔天地。以追求完美教育为主旨,全面、系统、人本化的理念体系,为学校实施精细化管理提供了思想基础和理论指导。

二 "威海艺校模式"的环境塑造——精美

马克思指出:"人创造环境,同样环境也创造人。"校园环境的好坏,直接影响着学生的发展方向和质量。良好的校园环境是一部立体、多彩、富有吸引力的教科书,具有奇特的感染力、约束力,有利于陶冶学生的情操,净化学生的心灵。威海艺校从优化育人环境入手,靠自身良性滚动发展,自筹资金2000多万元改造校园校舍,建成了被专家誉为"心血之作"的精美校园,成为沐浴学生成长的"雅校"。

1. 人性化的校园建设

威海艺校的校园布局呈宝葫芦造型。校门出口为"葫芦嘴",近200平方米的门前机切石广场上两棵参天水杉绿色迎宾,树后大门全用大规格蘑菇石挂壁，古朴典雅；西侧横眉石雕刻着沈鹏题写的"威海艺校"校名，上方电子屏幕上打出"我校之心——责任尽到家"的办学理念；东侧竖挂木雕着刘炳森题写的"山东省乳山幼儿师范学校"校牌，下面提示板上写着"欢迎您光临我校，感谢您带来福音"；进门鹅卵石路面上镶嵌着"成才之路"，用彩砖铺装的音符造型两侧是教学楼；迎面圆形旗台大理石上镌刻着旭宇题写的学校精神："与时俱进，奋勇争先"。乐器小号造型的文化广场为"葫芦身"，中心旱泉水柱喷涌；东侧东方明珠石雕辐射出嵌草彩砖铺设的树下广场，五彩文化廊，观看"吻子"母亲石，掩映在葱翠绿影之中；西面"二龙"绵延卧身，舞女婆娑起舞，陶行知塑像庄严肃穆，张永明题写的"见贤思齐"扇形石刻发人深省。操场是"葫芦肚"，四周绿树草坪环抱着沥青跑道，灯光球场，健身器材。整个校园简而不俗，顺从规律。高树在南，矮树在北，造绿成荫。桂花栽窗外，香气进门来。校园不划路，全凭人来走，走到哪，铺到哪，踩多宽，铺多宽，在哪踩，在哪铺，不踩不铺的地方是草坪，花木草坪与小路融为一体，行人与花木融为一体，人物相通，走在其中如在画中游。校园每一条道路的走向，每一块彩砖的铺设，每一株植物的位置，甚至连喜庆日用来插彩旗的孔洞都有着精确的计算与安排。所有给人碰撞感的地方都进行了"软"包装，不见一块路沿石，没有一处直角，没有垒起的挡墙，没有围起来的花坛，全是流线型，灵动舒展，自然流畅。

2. 人本化的室内设计

校园感染人，室内更温馨。学校以人为本，精心设计配套了教室"十大功能"：每个教室安装了多媒体设备、教学运控系统探头、广播和有线电视。顶棚用铝制材料吊顶，按防疫健康标准排列顶灯顺序、黑板灯照射角度和灯光强度、亮度；留有暗钩，备学生过节时挂彩庆贺；北墙上有同一高度、等分距离的暗钉孔，备悬挂锦旗使用；后墙挂敞口壁柜，上层为书架，中层为学校免费提供的统一编号的水杯，下层是五六十个挂钩，供学生挂放手包、换装等；教室西南角设置班栏，用于挂文件、贴课程表、记事备忘等。学校自行设计的多功能粉笔盒，盖上是活塞式压膜座次表；开盖后三格分装白粉笔、彩色粉笔和黑板擦，另有一个漏斗，不用沾手即可倒掉粉笔头；粉笔盒一侧装有倒插针，专门插存学生的请假条。靠门的存物柜，专门用来收拾笤帚、撮子、垃圾筒、抹布等；靠里的柜子，用于放录音机、VCD机和公共物品。每个教室专门配备了鱼缸，供学生养鱼；设置了多用插座，供学生手机充电。按照同样精细的思路和负责的态度，用零甲醛含量、无污染的国际品牌LG新型环保材料装修了学生宿舍；在不破坏生态环境的前提下，大胆构想，建造了生态化餐厅，上面看绿树，下面看绿草，中间就餐，舒适浪漫。

3. 人文化的环境装饰

以"文"化人，春风化雨。威海艺校在环境布置上，点点滴滴求和谐，细微之处见精致。教室、办公楼走廊悬挂的都是老师和学生的作品和肖像，用身边的人和事感染人；每个开关上方都有一块非常精致的提示牌，上面写着三句话："爱护我，送你光明。""大白天，我无亮意。""你晚安，我也要休息。"用物体语言，与大家沟通，用吉祥语言，与大家对话。学校充分利用楼梯间的空间，设立读书阅览角，简明实用的书架，人性化的软凳桌几，营造出浓郁的人文气息。校园内每棵树上都挂着永久性说明牌，注明每棵树的科属、特性、来历，开什么样的花，结什么样的果。每块文化石，都在草书大字典上查找历代书法名家的字组合，为其命名。室内室外没有一处写着"不准"字样，处处是亲情的提示，温馨的话语。每一道景观都是一支曲子，每一块石头都是一首诗，面面墙壁说话，棵棵草木育人。

4. 文明化的现代行为

净化、美化是文明的标志。威海艺校制定了《校园绿化美化管理工作的有关规定》，将绿化美化成果制度化、规范化。成立了保洁大队，校园彩砖定期水洗，保证地面见本色；卫生间每天冲刷 10 次以上，学生每上一节课，保洁冲刷一次，基本达到了宾馆化的标准。设立园林处，全面负责学校绿化工作；聘请当地林业局的专业技术人员为绿化顾问，常年指导。精心的管理，产生了"现代行为效应"。学生课堂"六无一浓"：无迟到早退旷课、无请假随便出入、无交头接耳东倒西歪、无吃喝梳妆、无乱摆乱放、无粉尘污垢灰网，学习氛围浓厚；学生宿舍"三整三净一无"：床位摆放整齐、床下物品摆放整齐、床面平整，地面净、玻璃净、卫生间净，无异味。整个校园基本达到"十无"：洗手间贵宾用纸无校内人员随便使用；楼梯图书有人读但无人乱拿；全校垃圾袋装化管理，无乱扔乱倒和明提垃圾现象；公共礼堂、操场、教室集会以后无需清扫；全校室内外墙壁上无人为的脚印、手印和污垢；全校无常明灯、常流水；全校卫生间、宿舍、餐厅均无异味；校园里的树木瓜果无人偷摘和摘花、折枝、拽叶；校园基本无蚊蝇，无吸烟。

三 "威海艺校模式"的安全保障——精密

"在山东威海的乳山市，坊间有这样一句名言：鸟悄无声息飞进威海艺校都能被发现，更不要说可疑的闲杂人员了。此话虽只是传言，但却从另外一个角度证实了这样一个事实：这所学校的安全防范工作做得很到位。"威海艺校还有一句名言：安全是最根本的以人为本，能使一个单位和一个人毁于一旦的是重大安全事故。学校始终坚持做到安全工作"三在先"：安全问题想在先、安全设施上在先、安全查验做在先。在强化"责任"意识中升华"根治"意识，在强化"共管"意识中升华"第一"意识，在强化"防范"意识中升华"前提"意识。一次性规划，全面牢固学校的物防、技防基础，健全人防制度。所有管线全部下地，空中无网线；对全校的防雷设施进行现代化改造；在师生活动集中和重要部位安装应急灯，设置疏散标志，添置灭火器；整个校园没有"死胡同"，实现了全贯通；教室里安装换气扇；室外高空楼梯和室内楼梯处悬挂警示牌；加固加高教学楼防护栏杆。安装了五套智能化科技安全防范系统，利用高科技手段，筑起了确保师生安全的"五道防火墙"。一是教学运控系统，每个教室配置监控设备，既用于教学管理，又保证教室安全；二是校园监控系统，在校门口、文化广场、学生宿舍大门等关键区域安装了"电子眼"，监控校园人员出入及活动情况；三是红外线对射封闭报警系统，在学校四周围墙、学生宿舍周围、楼内走廊、办公楼周围、微机教室周围、食堂周围安装了红外线对射封闭报警系统，一切非正常进出行为，都会引起报警系统报警；四是红外线人体热源感应报警系统，安装在学校主要办公室、财务科、食堂、微机室、女生宿舍电动门口等重要部位；五是女生宿舍紧急情况呼叫报警系统，在每个女生宿舍和走廊安装了紧急情况呼叫按钮，用于紧急情况下宿舍人员向外界发出求救信号。每个处室、班组专设了安检员，每个班级班委会增设治安员，每天负责对可能引起不安全问题的场所和人的情绪波动进行排查、监管，及时消除和化解每个不安全、不稳定的"火点"、"暗点"和"矛盾点"。每天晚上从学生熄灯开始，校园内有专人巡逻，一直到学生起床。"三防"紧密结合，在总体布局上立体交叉，内外互通，防范严密，安全可靠。

在专项安全问题上，学校都制定了严格的制度。如，礼堂消防制度。学校礼堂是木制舞台，是消防安全的重点，为保证绝对安全，学校制定了五项规定。一是每次使用礼堂集会前，保卫科都要向当地消防部门报告有多少人参会，会议时间多长等。二是安排专人守护灭火器，在无人守护灭火器的情况下，不准使用礼堂。三是电工每周对舞台电线电缆进行检查测试。四是主持人在会议开始首先公布守护灭火器、负责电源线路及灯光音响人员名单。五是每层楼梯安排防踩踏值班人员。饮食安全制度。学校主动邀请防疫站进门检查，并申请派遣防疫顾问，常年住校，跟踪检查饮食卫生。制定了食堂采购原料来源报告的规定,对原料的来源、质量、证照、供货人、采购人、验收人每天都有明细报告,责任人签名。伙房、餐厅每日消毒,消毒责任人要详细记录使用什么消毒剂,配兑比例,签名担责。校园里,教室、宿舍内,常年坚持每周消毒,灭蚊灭蝇。学生安全管理制度。班前查人,睡前查人,起床查人,放假入校查人,环环相扣,一环不松,凡查有记,记有签名,签有备档。凡是查到不明去向的,立即跟踪查找,不过时,不过夜。放假回校,必上入校安全课,携带物品要进行安检。放假离校前必上出校安全课,学生结伴共租的客运车,学校要看证件,看车况。班主任与家长通电话,告知学校放假,学生回家后给班主任回电话报平安。校医晚间值班到学生入睡,学生有病去医院,有专人陪同。紧急疏散演练制度。准确计算每幢建筑、每层楼的人流量和疏散所需要的时间,指明疏散人员集结的具体方位,确保每个人快速而有序地从危险地带疏散到指定位置。学校安装紧急情况警报器,定期和不定期地在下课时间、散会时间和夜间适当时间叫响警报,以临战姿态投入演练。异常情况报告制度。学校设计印制"异常情况报告单",发到每个师生手中,发现安全问题和隐患马上填写报告单报办公室,办公室安排专人负责,把报告中提到的问题通知到相关的部门和责任人,并跟踪监督落实。

四 "威海艺校模式"的教育教学管理——精心

2008 年 8 月 14 日 ~ 16 日,教育部党组在围绕制定《国家中长期教育改革和发展规划纲要》召开的讨论会上,周济部长强调:做好当前和今后一个时期的教育工作,关键是要认真学习贯彻党的十七大精神,深入贯彻落实科学发展观。第一,以优先发展教育、建设人力资源强国为指针;第二,以提高教育质量为核心;第三,以实施素质教育为主题;第四,以加强教师队伍为关键;第五,以促进教育公平为基石。以此来审视威海艺校的教育教学管理,多年来,学校一直是牢牢抓住教书育人的根,以精细化管理为手段,通过加强师资队伍建设,实施素质教育,深化教学改革,推动教育质量的全面提升。

1. 改革管理体制

精兵简政,删繁就简,构建扁平型、重心低、责任集中的管理组织是精细化管理的基本要求。针对"学校→科室→教研室(班组)→教师"的多层次垂直管理体制决策链长、执行延滞、反馈缓慢等弊端,威海艺校取消"教研室"的基层组织,"弱化"科室的业务指导职能,按专业布局设立了校长直接领导下的学前教育、韩国语、电脑美术设计、高考音乐美术四个教学部，形成"学校→教学部→教师"的"扁平化"管理体制。与此同时，把学生管理的重点放到班级，由教学部直接负责。领导干部"重心"下移，压缩中间环节，靠前指挥，亲自兼任班主任或副班主任、班级指导员，深入到教学第一线，从而使学校对教育教学运行情况的控制更加直接，指导安排更加细致，调度落实更加快捷。

2. 打造师资队伍

毛泽东说："教改的问题，主要是教员问题。"教育是由人来做的，人是决定教育成败的根本因素。威海艺校把建设一支素质高、品质优、气质好、作风硬、方法活、责任心强的领导型、专家型、奉献型的干部和师资队伍，作为促进工作升级，提升教育质量的长期工程，常抓不懈。每月集中三天全员师德培训；每位教师都要写好"师德承诺书"和"教书育人计划书"；每位教师都要先做学生的亲人，再做学生的老师；每位教师在教学上都要教学生明理而不是教死书，教方法而不是教死知识，培养学习兴趣而不是搞学习压迫。同时采取聘请客座教授，引进名师；向高校派送老师深造，培训名师；开办教授讲堂，请进名师；广泛招聘，大浪淘沙，筛选名师；开展竞赛活动，造就名师等一整套措施打造有德有才的名师队伍。通过名师治教，专家治校，保证教育教学质量。

3. 实施素质教育

哈佛大学校庆时，有人问：学校最值得自豪的是什么？校长的回答是："哈佛大学最引以为豪的不是培养了6位总统、36位诺贝尔奖金获得者，最重要的是给予每个学生以充分的选择机会和发展空间，让每一颗金子都发光。"哈佛大学的学生都是精英、是"金子"，而威海艺校的学生却是中考落榜生、是"长了锈的生铁"，学校的目标是给予这些学生以最精心、最实用的教育，让这些"锈"了的学生也能闪闪发光。因而，他们坚持"一切从实际出发，一切从基础抓起，一切从实效着眼"的育人原则，提出了"孝顺父母，认字识数，守住自己，平静心态"的校训，以培养学生的社会主义核心价值观为目标，从孝顺父母入手，设立学校敬母节、敬父节、敬师节、敬老节、感恩节，潜移默化教育学生懂得感恩，学会做人。把礼仪课作为必修课，规范学生的坐、立、行、卧、刷牙等基本姿势，着力培养学生的良好行为习惯。加强学生的"基础技能"训练，实施了以语文知识学习为突破口的"六个工程"：识字工程——正确认读3000字，练字工程——每天一篇钢笔字，学词工程——掌握1万个常用词，读书工程——每学期读一本书，成语工程——

讲解 100 个成语故事,名句工程——警句、俗语、名诗、歇后语各 100 句。同时,按年级建立了每个专业技能达标序列,逐个专业提炼每个学生的专业技能,让每个学生都有"一技之长"。为每个学生建立诚信档案,把学生的基本情况、学业成绩、操行评语、受奖情况、违纪情况、实习情况、专业技能情况以及每天在校的表现汇总成"包罗万象"的个人档案,永久留存,激励每个学生为一生荣誉而努力,使每个学生都以健全的人格和熟练的技能踏入社会,收获人生。

4. 完善教学机制

精细化的教学管理不仅要管结果,还要管住过程中的关键环节、关键点位;不仅要管教师教的关键环节,还要管学生学的关键环节。威海艺校对教学的"督、导、查"加以优化,把竞赛引入教学管理,创新了突出生本、师本、校本特色的"备、讲、研"竞赛机制,由行政化、控制为主的管理向民主化、引导为主的管理转变,调动了教与学两方面的积极性。"备"就是对备课环节进行制约,推行课件上课,要求人人能制作,人人会使用,建立教案展评、立档制度,制约教师的备课行为。"讲"就是讲课环节实行管理前移,头一天调度第二天的课,包括哪些教师上课、每个班级上什么课、每节课讲什么内容、教学准备情况怎样、重点课节组织试讲等,保证每个 45 分钟的效率,不损失一堂课。落实当课教师责任制,谁上课谁负责,出现问题追究当课教师的责任。同时,建立了配套的管理制度。如全员听课评课制度,把评教评学落实在每节课上;补课制度,把评教评学落实到每个学生身上;严肃考风考纪制度,把评学评教落实在考试成绩上等。"研"就是教研环节注重过程,从教学实际出发,确定教研课题,设计开题报告,举行论文答辩,扎扎实实,保证实效。建立学生学习评估机制,评估到每一个班级、每一个学生、每一门课程、每一个单元、每一节课、每一项技能。改革学生考试记分办法,把平日成绩、单元考试成绩、课堂回答问题成绩、作业完成情况和期中、期末考试成绩折算,作为一个学期或一个学年某个学科的综合成绩。考试内容不限于教科书,广泛涉及生活常识、社会知识、校园文化等,增强实用性。

五 "威海艺校模式"的方法创新——精致

著名的管理学大师彼得·德鲁克在《卓有成效的管理者》一书中说:"管理好的企业,总是单调无味,没有任何激动人心的事件。那是因为凡是可能发生的危机早已被预见,并将它们转化为例行作业。"这是精细化管理所追求的最高境界。威海艺校所创立的以"十法"为主要内容的管理模式，使整个学校的管理归于平淡，让一切可能发生的问题都转化为例行作业，达到了一种"无为而治"的状态。

1. 思路领航法

思路决定出路。威海艺校无论做什么事，首先要理清思路，明确目标，沿着正确的方向去做。2003年学校提出了"今后三年每年平均招生达到500人以上，年在校生平均1200人以上，力争1500人，学校各项总收入争取三年达到1000万以上"的目标，结果两年完成了三年目标。这种方法的实质是先树旗，再招兵，先定目标，再想办法，从目标出发，反向推演，精细地策划每一个步骤，安排每一个环节，步步链接，环环相扣，顺着精心设计的轨道，朝着预定的目标，做好当前的每一项工作。运用同样的方法，威海艺校又提出了十年发展规划，勾画了未来十年学校发展的"三大目标""三大工程""三大举措"，确立了构建"品牌响亮，特色鲜明，名师集结，学子拔萃，文化浓郁，世人信赖"的"百年老校"目标。

2. 思维创新法

在威海艺校有一种"无不行"之说："今天不行明天行，这样不行那样行，直着不行绕着行，校内不行校外行，自己不行别人行。"在学校师生的眼里，不存在解决不了的问题，只要开动脑筋，创新思维，办法总比问题多。管理要达到精密细致、天衣无缝，管理者必须保持思维清醒、敏锐、活跃、创新、不止，形成"活"思维，随时准备新问题的出现，随时寻找解决问题的办法。威海艺校从教育到教学，从管理到服务，从大事到小事，处处体现出思维创新的成果。把教室的铝合金门板换成玻璃，变"硬"为"软"，学生走近教室自觉地放慢脚步；把最后一节课排满，变"常"为"特"，解决了不到放学时间学生堵在大门口等待回家或堵在餐厅门口等待开饭的问题；开辟"课间饮食区"，变"堵"为"疏"，杜绝了学生在教室吃零食的现象。通过创新类似变"压"为"动"，变"进"为"退"，变"死"为"活"，变"先"为"后"等方法，学生管理中的棘手问题迎刃而解，学校管理中的"对抗"问题彻底消除。

3. 重点管理法

"精"是管理的关键环节，"细"是关键环节的主要控制点。"精"是战略，"细"是战术，没有战略谈不上战术与执行，没有战术的战略是行不通的。战略管理大师迈克尔·波特认为，战略的本质是抉择、权衡和各适其位。简单地说战略就是做出取舍，选择做哪些事情和不做哪些事情。学校工作千头万绪，管理者不可能面面俱到，必须善于取舍。威海艺校用抓主要矛盾和矛盾的主要方面的原理指导工作，抓重点、抓中心、抓重心、抓主流、抓关键，带动全局。一是抓重点事。在某一时期内，集中时间、人力、物力、精力干好影响全局的重点事。这个时期，尽量把能够分散这件事时间、精力、人力、物力的工作放到一边，敢于为这件重点事做出牺牲和必要的损失，舍得付出一定的代价，解决一个影响全局的问题。二是抓重点人、重点人群。主要是抓最能控制局面的人、最能挽救局面的人、最能改善局面的人。比如干部当中抓"头头"，教工当中抓骨干，学生当中抓先进。在对全校学生进行排队分析中发现，20%的男生违纪数占学生总违纪数的77%，学校就把分散的用力集中过来，重点抓好对男生的管理，使学校秩序根本好转。三是抓重点时间段。分析寻找事物在时间表上运动的轨迹和规律，把每一天、每一月、每一学期、每一年，划分出若干个有规律的重点时间段，实施重点管理。四是抓重点方位。根据人、财、物所处的方位，确定重点管理方位和管理事项。比如礼堂抓消防、教室抓学习、宿舍抓秩序等。

4. 总督查管理法

督查是有效执行的助力器。威海艺校建立了一套完善的总督查机制，每天由一名学校领导、一名中层干部、一名工作人员组成总督查小组，24小时对教学、纪律、卫生、安全、动态情况等进行全面督查，发现问题，"先斩后奏"，现场处置，跟踪落实。总督查人员在校"责任用餐"，在校住宿值班。每日总督查将一天督查到的问题及处理情况写成报告，由专人负责将总督查的报告及各处室、教学部、班组、班级、保卫科、值班门卫、警务区、卫生室、伙管室等全校所有部门的日常工作报告，汇总成《山东省威海艺术学校每日总督查报告》，印发到学校各部门。《总督查报告》每天八开四版，事无巨细，包罗万象，详细记录了学校一天中发生的大大小小事情，全面真实地保留了学校历史。更重要的是总督查将管理的触角延伸到每一段时间、每一寸空间，掌控着学校的大局，也抓住了每个细节，使全校宏观能抓住，微观能到位，消灭了管理的"真空"。

5. 游动管理法

与总督查管理法相辅相成的是游动管理法，就是把管理前移，起来行，现场办公，就地解决问题，做到"七到""七走"。"七到"，即："走到"，凡是需要管理的地方都要亲自走到；"看到"，走到之处就要观察、发现亮点和问题；"记到"，把看到的情况一一记录下来；"安排到"，结合现场实际提出要求，做出安排；"落实到"，落实具体责任人，限定落实时间；"验收到"，就是回头看，检查落实情况，进行考核；"准备到"，上一个问题解决了以后，思想上要准备新问题的产生。"七走"，即："工作跟着学生走"，学生到哪里，工作就做到哪里；"工作走在学生前"，教师先做，管理先到，提前一步，把工作做在前面；"工作避开学生走"，有些管理工作要在不影响学生学习和生活的情况下进行，在学生离开时把事情做好；"工作跟着需求走"，管理工作要满足学生的愿望和要求；"工作走在需求前"，随时了解学生的需求，不等学生要求，就把工作做好；"工作跟着问题走"，哪里有问题，就到哪里去解决，什么时间有问题，什么时间去解决；"工作走在问题前"，就是防患于未然，在问题发生之前就把问题消灭。游动管理法保证了全校每盏电灯都能亮，每盏电灯都人走灯关，每块瓷砖都完好，每个厕所都洁净，每个场所无死角，彻底解决了说了不做、开会不落实、布置不检查等问题。

6. 目录管理法

威海艺校采取把要管理的事项细化，列出目录，按目录管理的方法，使管理者有纲可循，知道该管什么，检查者有目可查，知道该查什么。如，学校制定了《班级日常事项管理目录》，内容包括教师上课情况、学生上课情况、仪容仪表情况、课桌课凳情况、公共墙体设施情况、公共电器设施情况、公共木器设施情况、教室外廊及楼梯情况、教室地面及整体卫生情况等九个大项，然后把每大项分解成若干具体管理事项，每个或几个事项设一名学生管理员专门管理，使学生人人管事，人人有事管，变一人操心为大家操心，把过去由班主任和班干部管理的事情变成人人分担，减轻了管理者的压力，又使每个学生学会了管事做事。按照这个思路和做法，学校每个科室、班组、班级都制定了详细的管理目录，把每项工作、每件事情分解到专人，保证不留"空当"，不留"死角"。

7. 流水列表管理法

对于具有连续性的工作和事项，威海艺校都要求每天从头至尾记录到底，保留完整的事务档案。学校水电用量，伙房每日采购物品数量、价格、三餐菜谱、饭菜价格及餐具、炊具消毒方式、消毒剂名称、配兑比例，卫生室学生就诊情况、疾病类型、治疗过程、用药及剂量，全校各班级每日出勤情况，学生宿舍早午晚检查住宿情况，各处室日常工作情况，教师上课、听课情况，每日出入校门人员流动情况，图书馆借阅图书情况，网站及电子幕发布信息情况等全部按列表详细记录。同时，学校统一印制职工工作日志记录本，每位职工把当天各个时间段所做的工作一一记录下来，由科室负责人审查签字，交给学校领导审查批示后，存档备案。

8. 民主管理法

精细化管理的最高境界是"事事有人管，时时有人管"，变一人操心为大家操心，也就是民主治校。威海艺校把"民意"当作管理创新的智慧源泉，凡事依靠师生，寻计于师生，让师生参与学校管理。实行了教职工代表大会制度，凡是学校的重大决策、规章制度等都经过"教代会"表决通过。建立了问卷制度和议事制度，做到大事必问，小事常问，大事必议，小事常议，不议不干。在每个方便师生投递的地方设置了校长信箱，每天专人开启，几年收到300余封来信，校长每封必批。凡关系到师生切身利益的事，都由师生自己做主，做到了"三最、三不、四让"：最大限度的保密，最大限度的公开，最大限度的民主；不定任何调子，不留任何阴影，不讲任何特殊；让竞争人员在阳光下求职，让评议人员在阳光下行使权利，让工作人员在阳光下抽签产生，让计票工作在阳光下操作。同时，学校还开辟了"互联网通道""会议通道""电话通道"等途径，广泛听取师生的建议，集思广益，群策群力，民主治校。

9. 亲情管理法

管理的对象是人，以人为本是精细化管理的前提。威海艺校把科学管理与亲情管理结合起来，以境促情，以情激情，以言传情，以身言情。全校上下从校长到教师，几乎每个人、每件事、每一天都做到了"先做学生的亲人，再做学生的老师"，对学生态度上大度宽心、教育上细致耐心、交往上融洽交心、生活上体贴关心、就业上终身负责。出台"降、减、免、补、缓、奖"的缴费政策，实行免费统一洗衣服、免费洗浴、免费供暖、免费供应开水、免费供应稀饭和咸菜、免费每年查体等"八免"政策。对家庭贫困学生"输血""造血"相结合，一面减免学费，发放"爱心餐票"等，一面帮助家庭销售农副产品、扶持经济项目、安排勤工俭学。近六年学生直接或间接享受学校优惠政策金额累计达160多万元。

10. 活动管理法

让师生置身于活动中，通过开展丰富多彩的活动，促工作，带纪律，执行制度，落实原则，是威海艺校推进精细化管理的重要方法。每项活动的组织都根据预定的目的，针对不同阶段、不同情况下学校形势的发展和中心工作的需要精心安排，做到"五有"：有组织，成立活动领导小组，在学校党委的统一领导下，明确责任，分工合作；有方案，对活动的任务、内容、方法和措施，事先做好细致周密的预案；有动员，层层召开动员会，广泛宣传，端正态度，提高认识，明确要求；有考核，按照方案对活动全程跟踪检查考核；有总结，活动结束后进行总结表彰，完善制度，建立长效机制。活动的主要类型包括导向性活动、对照性活动、形象性活动、娱乐性活动、激发性活动、竞赛性活动等。如全校开展"三赛三比"学习竞赛活动，赛道德品质，比威信高低；赛学习成绩，比进步快慢；赛安全健康，比纪律好坏。班与班赛，团支部与团支部赛，班主任与班主任赛，学生与学生赛；赛专业课，赛文化课，赛文体活动。寓教于乐，寓教于动，激发情绪，树立信心，启迪智慧。

（作者单位：威海艺术学校）

论高校外事工作者的职业素质要求

夏清文

随着中国综合国力的不断提高和国际影响的扩大，高校外事工作已呈现出多样化、务实化和纵深化的发展特点。从几年前为数不多的外宾接待，到现在的外籍教师聘用与管理、海外人才引进、师资队伍建设、来华留学生管理、派出留学生管理、国际会议组织、中外合作办学、中外科研合作和科技成果的应用与开发等事务，高校的外事活动日益活跃，内容日趋纷繁复杂。在这样的形势下，高校外事管理部门已不单纯是一个行政部门，而是集行政管理、教学管理、外事管理、海外人才引进等多种职能于一身的窗口部门。外事工作新的发展趋势和特点，对外事工作者的素质提出了更新更高的要求。高校外事工作者的一言一行都代表着学校和国家的形象，都关系着学校和国家的利益。因此，建立一支高素质的外事工作队伍已成为高校的一项重要任务。那么，高校的外事工作者应该具备哪些基本素质呢？

一　政治思想素质

高校外事工作者应具有良好的政治思想素质，具有坚定正确的政治方向和政治立场。要以邓小平关于建设具有中国特色社会主义的理论和科学发展观为指导，不断提高自身的政治鉴别力和政治敏锐性。在外事工作中运用辩证唯物主义和历史唯物主义的观点与方法，去分析问题和解决问题。

外事工作者应具有强烈的爱国主义和国际主义精神。要继承和发扬中华民族热爱祖国的光荣传统，提高民族自尊心、自信心和自豪感。无论何时何地都要牢记维护国家的尊严和学校的利益。要做到既不崇洋媚外，也不表现出大国主义的思想情结和傲慢的态度。要与世界各地的高等院校、科研院所和教育机构真诚合作，互相借鉴，取长补短，吸取精华，为我所用。外事工作者必须熟练掌握并自觉执行党和国家的外事工作方针和政策，牢记外事工作纪律。不管遇到什么问题和情况都会方向明确，思想坚定，自如应对。高校外事工作者具有国家公务员和人民教师的双重身份，应该以良好的政治思想素质、兢兢业业的工作态度、强烈的责任感、求真务实的工作作风和广博的知识视野向世界展现中国高校的风采。

二　职业道德素质

外事无小事。外事工作者的一言一行都代表着国家、学校的形象、声誉和利益。所以对待本职工作要恪尽职守，认真负责，高效务实，讲究效率，诚实守信。工作中积极促进同世界各地高等学校的教育合作、科技合作和文化交流。要以科学发展观为指导，认真执行国家各项外事工作的路线、方针和政策，规范服务行为，树立良好形象，正确认识自我，培养高尚的职业道德情操。

外事工作者要始终保持谦虚谨慎、戒骄戒躁的良好作风，提高对事物的分析能力和判断能力。在处理问题时要保持头脑清醒，养成科学的思维方法。工作中要廉洁自律，自觉抵制各种腐朽思想的侵蚀和形形色色的诱惑，珍惜自身形象，堂堂正正做人。外事工作实效性强，原则性强，责任重大。对内要养成密切合作、互相配合、步调一致、互相尊重的工作作风；对外要养成恪守信誉、遵守承诺、包容理解、平等待人的优秀品德。

高校外事工作者掌握着学校一些有关科技、国防和工业等方面的保密资料。掌握机密的工作人员往往是国外间谍、情报机构引诱拉拢的对象。为了获取中国高、精、尖的科学技术资料，他们通过公开或秘密的渠道，利用小恩小惠、金钱或西方价值观念，千方百计地采取各种卑劣手段引诱腐蚀外事工作者。如果放松警惕，误判是非，就会给国家和学校造成损失。

外事工作者必须具有严格的组织纪律性。在涉外活动中做到不该讲的话不讲，不该问的问题不问，严守国家机密，时刻铭记国家和学校利益高于一切的工作原则。不利用工作之便谋取私利、索要礼品，做到不与外国机构、个人私自交往，不私自答应外国来宾提出的不合理要求。参加外事活动要严格按规章制度办事。

三　科学文化素质

外事工作者要具备出色的科学文化素质。现代科学技术的迅猛发展，使高等学校成为国际教育合作和国际学术交流的前沿阵地。世界各国高等学校之间的交流领域已经从一般的文化交流向教育交流、学术交流、人员交流和科技成果交流等众多领域发展。其活跃程度之大和涉及领域之广都前所未有。高等学校的专业学科涉及理、工、文、管、医等许多方面，新兴学科、交叉学科和边缘学科不断涌现。外事工作者虽然不可能做到对每一个学科都有精深的掌握，但是可以做到对每一个学科有一个基本的了解。外事工作者必须拥有广博的知识储备，围绕工作中心内容，对知识进行合理组合、恰当调配、形成系统，使自己成为杂家。

另外，外事工作者还必须具有较高文化修养和多方面的兴趣爱好。对祖国的历史、地理、音乐、文化、艺术、民俗、传统节日和经济社会的发展情况有比较系统的了解，对世界各国的历史文化有一定的认识，特别是对英、美、法、德、日、俄、韩等国的历史文化更应熟悉。这样在国际交流事务中就会做到游刃有余，自然自如。掌握好教育学、心理学、管理学等知识和跨文化交际的理论与实践对做好国际交流工作具有重要意义，特别是对外国专家管理和来华留学生管理具有实际的指导作用。

四 出色的个人能力

外事工作人员要具备出色的个人能力。外语交际能力是外事工作者必备的能力。外语听、说、读、写、译的语言运用能力和对该外语使用群体文化的了解对国际合作与交流工作至关重要。在对外联系、对外接待、对外洽谈、对外访问、对外合作和各种外事仪式等所有外事活动中，外语是传达信息、交流思想的主要工具。外语表述在任何一个环节出现问题，都会影响交流效果，造成误解甚至损失。

外事工作者面对的是不同国家、不同民族、不同文化、不同语言、不同宗教、不同价值观和不同世界观的人群。面对这样一个复杂的群体，外事工作者应有出色的外事交际能力。美国著名教育家、企业家卡耐基曾说过，一个成功的管理者，专业知识所起的作用是百分之十五，而交际能力却占百分之八十五。在外事交际中要确立信心，摆正位置；不可盛气凌人，也不可妄自菲薄；不可缺乏自尊，也不可卑微献媚。应该不卑不亢，镇定自如。要不断扩大信息量，多读书，多上网，关心世界大事、国家大事，以开阔视野。要注重业余生活，学会打球、书法、下棋、唱歌等业余爱好。在外事交际中要学会用幽默诙谐的语言化解分歧和尴尬，以真诚友善的态度为人处事。

外事工作者应具备出色的组织管理能力。每项外事活动都需要精心组织，周密策划，多方协调，细致安排。出色的组织管理能力可以把各种力量组织起来，有效地协调各种关系，成功地实现工作目标。很多的外事活动不是简单的会晤，而是涉及教学、科研、行政和管理很多方面，绝大多数的工作需要多部门、多人次协作配合才能完成。外国专家管理和留学生管理就涉及教学部门（院系）、教学管理部门（教务处、教学督导办公室）、后勤部门（住房、水电暖）和外事部门。外事工作者作为外事活动的牵头人，要有能力组织力量、协调关系、解决矛盾、排除困难，完成工作任务。

优秀的口头表述能力和书面表达能力是外事工作者必备的能力之一。在外事交往中不但要把思想和见解很好地向对方表达出来，还要用自己的语言去感染说服别人。一个优秀的外事工作者要思维清晰、口齿伶俐、能言善辩。美国医药学会前会长大卫·奥门博士曾经说过，我们应该尽力培养出一种能力，让别人能够进入我们的思维和心理，让我们在任何人面前能清晰地把自己的思想和意念传递出去。在国际合作与交流活动中会形成很多备忘录、合作协议等书面文件，这些书面文件需要用清晰的思维逻辑、准确的语言书面表述出来。

五　心理素质

外事工作中会遇到很多复杂局面和难以处理的问题，也可能遇到工作的挫折和失败。这样就需要高校外事工作者应该具有良好的心理素质。工作要有坚强的信念和意志，满怀信心地制订计划并付诸行动。遇到困难和问题时，要根据政策、规定、实际情况进行分析、判断和处理。解决问题要沉着冷静，积极稳妥，周到细致，用足够的耐心和自制力调控自己的情绪。外事工作者要有丰富的情感。比如，对外国专家和留学生要给予爱心，用充满平等、尊重、信任和真诚的态度释放关怀，提出正当要求。这样才可以充分地调动外国专家的工作积极性和来华留学生的学习主动性。

外事工作者要有海纳百川、广交朋友的宽阔胸怀。在任何社会中，追求真诚友谊的人都受欢迎。但是表达感情要注意把握尺度，善于支配和控制自己的情感。敏锐的观察力是高校外事工作者不可缺少的心理素质。通过细致、深入、全面、客观、迅速、准确的观察，可以及时地了解对方的情况和需要解决的问题，有助于提高管理和服务水平。

要把创造性思维用到工作中，以积极的心态对待工作，以创新的精神去承担任务。高校外事工作纷繁而复杂，工作对象主要是外国人。这就要求在工作中不能墨守成规、循规蹈矩，而要不断创新，使工作方式灵活多样，使工作形式丰富多彩。要不断进行调查研究，总结经验，适时地提出工作的新思路、新设想和新办法。

六　礼仪素质

外事工作者必须具备良好的礼仪素质。在外事交往中，礼仪是一种交际艺术。对个人而言，它体现了一个人的思想道德水平、文化修养、交际能力；对一个国家而言，它反映了一个社会文明程度、道德风尚、精神面貌和生活习惯。在外事活动中，要坚持平等待人、严守自律、行为适度、态度真诚的原则。对待外宾无论来自大国小国、穷国富国，无论什么肤色、什么民族都要平等对待，一视同仁，给予热情与真诚。在外事活动中要自我约束，谨慎言行，积极主动，不能自以为是，口是心非。行为举止要适度得体，掌握分寸，对待宾客诚心诚意，不能逢场作戏，敷衍了事。

外事礼仪具有较高的政治意义，因为礼仪要为学校的声誉和利益服务。因此，外事活动必须做到礼仪到位而不烦琐，热情接待而不铺张，活动内容丰富而不琐碎。接待外宾应仪容整洁，仪表大方，表情亲切，举止自然。要了解各国各民族的历史文化、风俗习惯和宗教禁忌，言行举止要符合礼仪要求。

对外交往既要胸怀宽阔，又要坚持原则立场。无论与谁合作都要本着双方互利互惠的原则，不能以损害国家和学校的利益为代价，也不能强加于人，以谋取自身利益。外事礼仪纷杂繁多，意义重大，在顺利开展外事活动中举足轻重。

中国经济科技的快速发展离不开与世界各国的合作与交流。高等学校在国际合作与交流中扮演着重要的角色。做好高校的外事管理工作必须建立起一支敬岗爱业的高素质外事队伍。高校外事工作者应不断加强自身修养，努力提高自己的政治素质、知识素质、管理素质、心理素质，不断提高自己的综合业务能力。

［作者单位：哈尔滨工业大学（威海）］

我国行政听证制度存在的问题
及解决途径

刘变叶　白　洋

行政听证制度，是行政机关在做出涉及公民、法人或者其他组织利益的行政决策或者行政决定之前，充分听取公民、法人或者其他组织意见的制度。该制度是现代行政程序制度的核心，对推进社会主义民主政治建设具有非凡意义。我国法律及有关法规对该制度进行了相关规定，目前，该制度已初步拓展到价格决策、城市规划、行政立法和行政决策等领域，为实现依法行政提供了有力的制度保障。

一　我国行政听证制度现状

我国长期的集权型政治体制和计划型经济体制，使行政法只是被政府作为一种管理手段来运用，行政听证制度的产生、发展受到阻碍。随着社会民主化进程的推进，政务公开的呼声日益高涨，在此背景下，1996 年通过的《行政处罚法》中明确规定了听证程序。随后，1997 年通过的《价格法》、2003 年通过的《行政许可法》等法律、法规对行政许可听证程序都做出了相关规定。

1. 我国行政听证的适用范围

由于没有统一的行政法典，行政听证制度散落在各单行法、法规和规定中。《行政处罚法》第 42 条第 1 款规定行政听证适用于"责令停产停业、吊销许可证或执照以及较大数额罚款等行政处罚案件"。1998 年生效的《价格法》很大程度上发展了该制度，规定"制定关系群众切身利益的公用事业价格、公益性服务价格、自然垄断经营的商品价格等政府指导价、政府定价，应当建立听证会制度"，2002 年生效的《政府价格决策听证办法》更以部门规章的形式构建了价格决策听证制度的轮廓，使听证规则更加具体化；《立法法》规定"行政法规在起草过程中，应当广泛听取有关机关、组织和公民的意见，听取意见可以采取座谈会、论证会、听证会等多种形式"；《行政许可法》也规定了听证制度，并且《行政许可法》的规定较之已往的听证制度有所突破和发展。

2. 行政听证的主体

我国行政听证的主体包括听证组织机构、听证主持人和参与人。

（1）听证组织机构具体负责组织实施和主持听证工作。我国的听证组织机构由法制机构、专门的行政复议机构组成。实践中采用比较多的是行政机关内部的法制工作机构或者类似于法制工作机构来组织听证。

（2）听证主持人负责听证组织工作的调节和控制。由于行政听证制度具有准司法的属性，听证主持人在听证中占有重要的地位。其一般为非本案调查人员的行政机关内部工作人员，如《价格法》规定政府价格主管部门负责人为听证的主持人；《立法法》规定听证会的主持人为行政立法机关；《行政处罚法》规定听证由行政机关指定的非本案调查人员主持；《行政许可法》也规定由审查该行政许可申请的工作人员以外的人员担任主持人。

（3）听证参加人指与听证的内容有法律上利害关系而参加听证的人及与他们地位相当的人。《行政处罚法》规定只有当事人才有申请听证的权利，其范围过于狭窄；而《价格法》规定，听证会的参加人包括"消费者、经营者和有关方面的人员"，将与行政决定有利害关系的消费者纳入了听证参加人的范围，是非常可喜的进步；同时《行政许可法》规定利害关系人享有要求听证的权利，这又向前迈了一步。

3. 行政听证的法律程序

我国暂无一部专门法律来规定行政听证程序，使其因各法律文件的差异而不同。《立法法》、《价格法》和《行政法规制定程序条例》对听证的法律程序则未作明确的规定。国家发改委制定的《政府价格决策听证办法》完善了听证程序问题，规定了政府价格主管部门认为符合条件的，应在受理申请之日起 20 日内做出听证的决定，并且至少在举行听证会 10 日前将听证材料送达听证会代表。而《行政许可法》规定，申请人、利害关系人有被告知听证权利之日起 5 日内提出听证申请的，行政机关应当在 20 内组织听证；行政机关应当于举行听证的 7 日前将举行听证的时间、地点通知申请人、利害关系人，必要时予以公告。

国家各部委和地方政府关于听证的实施细则等对听证程序都作了比较明确、具体的规定。如国土资源部关于《国土资源听证的规定》中规定，国土资源行政主管部门对符合听证条件的事项，应当在举行听证30日前向社会公告，听证机构应当在举行听证会的10个工作日前将听证会材料送达听证会代表；听证机构应当在举行听证会后7个工作日内，根据听证笔录制作听证纪要。

二　我国行政听证制度存在的问题

尽管听证制度在中国已经初步建立，但它目前还只限于个别法律，适用范围较窄，程序也不够规范具体；在操作的层面看，行政听证制度确立后，并没有真正发挥其应有的效能。存在的问题表现如下：

1. 适用范围狭窄

行政听证在我国的适用范围非常狭窄，目前应用仅限于《行政处罚法》所规定的几种严厉的行政处罚行为、《价格法》规定的某些价格制定行为、《行政许可法》规定的重大事项或者有争议的许可行为。

有人提出，行政听证设定过窄的适用范围主要是基于如下认识：听证程序是一种类似于法院审判活动的司法程序性权利，需要花费大量资源。但是，此观点有失偏颇。诚然，听证程序的设计是要花费一定的成本，行政效率似乎受到了一定影响。但从整个行政决定过程来看，当事人对行政决定有意见是客观存在的。如果在决定做出之前没有反映的机会，那么在决定做出之后，他仍有可能通过行政或行政诉讼提出自己的反对意见，而进入行政救济程序之后所耗费的人力、物力显然会大大超过听证程序对行政效率的影响。

2. 主持人制度不健全

首先，没有排除案件调查机构内部人员可能成为听证主持人，难以完全实现听证主持人独立性的要求；其次，现有的规定未对听证主持人的资格与素质提出明确要求，目前实践中，行政机关内部还没有形成一支专业且固定的听证主持人队伍，多数听证主持人由政府法制机构工作人员担任，少数由独立于调查机构的其他机构工作人员担任，个别行政机关是根据个案需要由行政首长专项委托非本案调查人员担任，难以确保主持人的公正性。

3. 听证代表的选拔制度不健全

听证代表是听证活动的重要主体，其构成和素质将直接决定立法决策和价格决策型听证会的质量。选好听证会代表是开好听证会的关键，只有代表具有广泛性，有较强的社会责任感，又有一定的分析问题的能力，在听证会上才能提出真正有价值的意见，真正代表民意。

什么人可以参加听证会？由谁来决定？用什么标准决定？目前许多听证会既不公布真正的挑选标准，也不接受公众监督。个别部门利用挑代表的机会，选择意见一边倒的代表，听证会成为实现部门利益的手段。对于听证代表的挑选，在我国法律体系中只有一些法规和办法有所涉及，如《政府价格决策听证办法》规定："听证会代表应该具有一定的广泛性、代表性，一般由经营者代表、消费者代表、政府有关部门代表以及相关的经济、技术、法律等方面的专家、学者组成。"这只是对听证代表的来源进行的规定，但是对代表的产生、数量、结构比例等都未作具体的要求，这使得价格制定者完全有可能通过合法途径侵害利益相关者的切身利益。实践中，一些地方采取价格主管部门邀请参加人的方式，导致代表的意见过于一致，消费者的意见不能被真正采纳。另外，很多听证代表对要听证的情况根本一无所知或者了解甚少，使得他们的发言建立在事实基础上的理性分析很少。

4. 听证文书欠规范、听证笔录法律效力存争议

对于行政听证，我国法律规定了行政机关有告知和公告的义务，但未明确其形式和内容。行政机关采取电话告知、书面告知还是其他告知方式都可以，这样就给行政机关规避告知义务留下了可乘之机。基于此，很多基层执法单位制作听证文书极不严谨。从听证的严肃性考虑，如果事后引起争议时可能涉及这方面的举证，因此，听证的告知、公告方式应当由法律加以规范，须采用书面形式。美、德、日等国行政程序法规定通知、告知、公告都应当是书面形式，根本就没有将口头形式考虑进去。

另外，我国的行政听证制度对听证笔录的法律效力规定不明确。《价格法》、《立法法》、《规章制定程序条例》和《政府价格决策听证办法》都没有对听证笔录的法律效力做出明确规定。《行政处罚法》仅规定："听证应当制作笔录，笔录应当交当事人审核无误后签字或者盖章。"具体听证笔录如何做，笔录制作过程中如何达到公正和保密、笔录的效力等没有涉及。《行政许可法》第 48 条规定："听证应当制作笔录，听证笔录应当交听证参加人确认无误后签字或者盖章。行政机关应当根据听证笔录，作出行政许可决定。"该法第一次明确了听证笔录的法律依据和作用。但依然未明确听证笔录是作出行政许可决定的唯一依据、主要依据还是一般的参考性依据。这样就导致行政机关对听证笔录的使用上享有较大的自由裁量权，使行政听证笔录的效用在实践中还难以充分发挥出来。

5. 缺乏统一程序

目前我国规定行政听证制度的法律、法规中，对听证程序没有作出具体规定，如听证会如何召开、在举行过程中按照什么程序进行等。各部门、各地区完全凭借自己的理解进行听证，表现出极大的随意性，极不规范和统一。某些听证会越开越像"茶话会""研讨会"。

从各国的规定来看，听证在很大程度上借鉴了司法程序，呈现出极强的司法色彩。其基本结构为行政机关调查人员和当事人两相对抗，听证主持人居中裁判，做出初步决定。在程序上，一般都要经过调查、辩论、决定三个阶段。

三 完善我国行政听证制度的对策

我国行政听证制度处于初创阶段，要真正建立适合我国国情的行政听证制度尚需一个过程。针对存在的问题须不断改进，以期这种在设计上比较完美的制度能发挥更大的作用。

（一）扩大行政听证的适用范围

1. 扩大具体行政行为的听证范围

具体行政行为是指行政主体行使行政职权而对具体的人和事直接产生法律效果的单方行为，行政处罚、行政征收、行政征用等都是具体行政行为。而目前法律把行政听证的适用范围仅限于行政处罚，而放弃对其他行政行为的监督与救济，显然不符合公平行政的要求，与行政听证制度本身要求也不相符。为此，应逐步扩大适用听证的具体行政行为的范围，尽快将其他可能影响公民、法人合法权益的具体行政行为纳入行政听证的适用范围。

2. 在抽象行政行为中引入行政听证制度

抽象行政行为是行政机关针对不特定的对象做出的具有普遍约束力的决定和命令的行为，包括制定行政法规、规章和发布决定、命令的行为。与具体行政行为相比，它的范围更广，影响更大，一旦违法或不当，造成的危害性更大。因而在抽象行政行为中应引入行政听证制度，使做出抽象行政行为的行政机关在事先建立一种防范的措施，以确保抽象行政行为的公正、公平、合法与合理。

3. 在行政复议活动中引入听证程序

行政复议作为解决行政机关与相对方之间行政纠纷的"准司法活动"，是上承行政执法，下启司法的一个中间环节。但由于复议活动是在行政机关内部进行，整个过程透明度不高。尽管《行政复议法》第 22 条规定，"申请人提出要求或行政机关负责法制工作的机构认为必要时，可以向有关组织和人员调查了解情况，听取申请人、被申请人和第三人的意见"，但这种调查取证的具体形式是什么，是否等同于听证制度，并未真正阐述清楚。所以，为了保证行政听证制度的公正性，可以把 22 条的规定更加明确化，把听证制度引入行政复议活动。

（二）完善行政听证本身制度

1. 建立高素质的、较为独立的行政听证主持人队伍

目前我国尚未建立起一支专业的听证主持人队伍。鉴于该情况，听证主持人制度的完善有三种思路可供选择。一是借鉴美国的行政法官制度，组建独立于行政机关的听证人员队伍。即听证主持人一旦被行政机关任命，没有法定过错不能随意免职。区县以上人民政府法制部门承担听证主持人的管理职能，对听证主持人进行专业培训后派驻到有关部门。二是建立一个在行政机关内部相对独立的听证主持人队伍。听证主持人受该部门和本级政府法制部门双重领导，部门任命听证机构负责人时要征得本级政府法制部门的同意，法制机构负责听证主持人的业务培训。三是在现有体制下，听证主持人逐步由非本案调查人员担任转由非本调查机构的工作人员担任；有条件的机构，保证听证主持人由行政机关法制机构的工作人员担任。

三种模式中的听证主持人都须具备较高素质、经过特定程序或统一考试来确定其资格；具有公正的品格；具有独立性质，不受所属机关的直接控制，并且不得从事与听证不相容的工作。其实，为真正保证听证主持人的公正性，最好是采用第一种模式。

2. 明确行政听证参加人制度

我国行政听证主体制度的完善还需要我们重视行政参加人的范畴和权利问题。对于听证参加人的范围，笔者认为，一般的行政听证，原则上应将其延伸到一切利害关系人。确定某一特定案件究竟涉及哪些人，行政机关需要事先发布通告，让所有认为与己有关且欲参加听证者提出申请。登记范围可能大大超出听证会所能接纳的程度，该问题可通过在截止日期后公布所有申请者并请他们自选代表的方式解决。这其中要注意两点：一是应该面向全社会公开选聘，所有与政策的制定有利害关系的人都可以申请参加；二是选拔的标准：真正代表公众的利益，具有相关的法律、经济、技术、财务等专业知识，有相当的决策水平的人。实践中，人大代表、政协委员、政府高级公务员等社会精英往往成为听证会代表的首选对象。他们固然具有一定的参政议政能力，但这并不能代表他们对行政听证事项的熟悉程度。所以，在听证代表的遴选中，当务之急是使听证代表更具专业性。

发达国家的社会中存在大量专业性民间组织，这些民间组织在某一领域内掌握了极其专业的知识。在举行行业听证会时，都是这些民间组织作为消费者代表出席，他们能真正有效地起到听证代表的作用。而在中国，民间组织发育极其弱小。因此，借鉴发达国家的经验也不失为一种好办法。其实，听证代表一定要来自受出台政策影响的地域，并具有不同身份、不同阶层，使之能真正代表各界民众的意见和要求，真正把能够客观具体地反映其所代表的利益团体的意见的人选拔出来，确实发挥代表的作用。

3. 强化行政听证笔录的法律效力

法律上不明确听证笔录的法律效力，会直接抑制相对人申请听证的积极性，并限制行政听证制度的效力。对于听证笔录效力，可分为两种情况：依申请的行政听证，行政机关的决定必须以听证笔录内容为根据；而依职权进行的听证，笔录是行政决定的主要依据之一，因为在采用依职权听证的情况下，由于行政主体还要考虑到许多政策方面的因素，同时参加听证的主体较多，不宜完全采用案卷排他性原则。

4. 规范行政听证的程序

行政听证法律程序的复杂程度，取决于行政行为的性质。笔者认为，我们可以借鉴德国的做法，将之分为依职权的听证程序和依申请的听证程序，然后再分别对其程序进行规定。其实，我国《行政许可法》有类似规定，为我们改进行政听证程序做了铺垫。

依职权的听证程序的设定是为实现社会公众的参与权，其适用的对象主要是公共利益事项。因此，其程序设计可以相对简便，只需公告、申请和听证三个步骤。需注意的是，行政主体的公告，若登记范围大大超出听证会所能接纳的程度，行政主体可以对申请进行审核，在截止日期后公布所有申请者。

依申请的听证程序主要适用于行政机关做出的影响相对人或者第三人权利义务的事项。应主要包括以下步骤。一是告知。在法定期限内，以书面形式告知相对人与第三人有听证的权利。二是申请。相对人或者第三人应当在被告知听证权利之日起一定时期内，以书面形式向听证组织者提出申请。三是审查。听证组织者对申请人的主体资格、申请的期限、申请事项、管辖等进行审核。四是受理。听证组织者审查后根据情况在规定的期限内做出处理，符合条件的做出书面受理通知；对不符合条件的应以书面告知不予受理，并说明理由。五是听证。听证组织者宣布听证纪律，当事人、第三人提出证据、申辩和质证，制作听证笔录，当事人、第三人确认和签字或者盖章。

我们期待着通过不断完善的行政听证制度使行政权的行政更加理性化——这也正是现代法治国家的现实要求。

（作者单位：中共威海市委党校）

殷海光文化视域下的中国现代道德重建

夏卫国

在中国现代思想史上，殷海光曾狂飙地抨击了中国的传统文化。20世纪60年代，他认识到中国传统文化对"内心自由"有独到阐释，于是开始转向对中国传统文化精华部分的欣赏，个中缘由颇发人深思。然而，学界对这种变化探讨不够充分。本文不揣浅陋，尝试着进行梳理与评析，以期深化人们对中国传统文化的理解，从而有助于认识中国现代思想文化的激荡变迁，彰显其对中国当代文化转型的重要意义。

一

殷海光有一个核心价值理念：个人是不能被限制的。他曾就这个问题请教罗素，罗素认为和平高于自由，对此，殷海光无法接受。前期殷海光从逻辑经验的特定角度阐释西方自由传统与中国传统文化的重大差异，显示出对逻辑经验论的独特信念，排斥中国传统文化的思维独特性。"外部自由"的后设理论源自罗素的逻辑经验论。殷海光认为，凡正确的思想或严格的知识都是没有颜色的，因此它有"普遍的效准"和"明确和长久有效性"。逻辑乃天下之公器，经验可为天下所公证。经验与逻辑不仅是正确思想的"评准"，而且是"到正确思想之路"。只有接近客观的思想，才有希望为大家所公证。在这里，逻辑仅指演绎逻辑科学。经验有两种："原手经验"和"次手经验"。前者是由感官知觉得来的；后者是从"原手经验"的语言"报告"出发，依数学或逻辑方式推论而得的经验报告或陈述词，可见"经验"就是知识的基础，甚至是某种知识本身。有而且只有把握经验与逻辑的技术，我们才能从事正确的思想。殷海光认为，科学发展、民主与自由之实现的充分必要条件是逻辑与经验。

科学之发展当且仅当逻辑与经验。"科学最基本之处有而且只有经验与逻辑。有而且只有根据经验与逻辑，我们才能知道这个世界的真相。合于世界真相的判断才是正确的判断。所以，我们要能判别是非，有而且只有以经验与逻辑为根据。"民主之建立当且仅当逻辑与经验。民主的试金石是：民主的基础是人权；真正的民主政治是以个人为本位的，是从个人出发而又回归到个人的；在民主政治之下，反对是常态；特色是非权威主义。民主必须以科学的基本态度为心理基础。科学的基本态度是重印证的。科学既然重印证，这就蕴涵一条道理：我们要知道什么是什么。这一最起码的要求，是能看见真实世界。唯有生息于一可印证的世界里，才能第一步确保民主生活方式。民主重讨论。讨论之所以发生，端在意见不同，或在于对他方言论发生怀疑。在民主国邦，人人享有"怀疑之自由"。自由之实现当且仅当逻辑与经验。"其有自主与自动精神的人，不因人成事，不因物即事，不一定要挂搭在现成的架子上面，而是主导地寻求真理，主导地确立实践原理，主导地创造情境。"自由人具有独立精神，形成独立的思想、判断与言行。"自由的出发点是理性，如果得出各不相同的结论，个人就应坚持各自凭理性而得到的结论。由此而得到的结论，不是以之标奇立异，或故意鸣高而惊世骇俗。如果个人从理性得出的结论是相同的，那么我们也不必避免从众，必须固持。总而言之，一再以理性为本。"

殷海光认为，既然科学发展、民主自由之实现的充分必要条件是逻辑与经验，而中国传统文化没有独立于道统的学统，先秦名学与政教伦理相混，与西方的"逻辑"大异其趣，中国传统文化妨碍了科学发展、民主自由之实现，应该排斥中国传统文化。殷海光认为，在中国传统文化里，道德伦理价值掩盖一切。任何认知一旦经过道德伦理价值的认可就失去独立性，变成道德伦理价值的工具。中国文化全是"方范之学"，和经验世界的认知毫不相干。在这一伦教的传统高压之下，认知活动受到严重的压缩。认知活动受到压缩，科学怎能发展出来？在价值的主观主义主宰之下，益之以美艺韵赏和情感满足，认知作用遂遭到灭顶惨祸。思想不能自由，认知当然也无从自由。认知不能自由，就无从得到比较、观摩和不同刺激。无从得到比较、观摩和不同刺激，怎能得到真切认知呢？中国文化价值的取向既在道德伦理规范，而且认知活动被严重地压缩和方塑，于是中国传统文化缺乏纯粹逻辑思想，缺乏独立经验思考。中国哲学特质之一是：未完全发展之逻辑的、知识论的思考。由于缺乏这种思考工具，中国哲学家极少利用精密的逻辑方法来展开其思想。"无论如何，中国人要求解决百余年来的大问题以求生存并发展下去，平平坦坦实实在在的道路，有而且只有学习科学并且实现民主。然而，不幸之至，支配中国数千年之久的传统，竟是与科学和民主这样不接近。""四大发明"不能证明"中国早已有科学"。《墨经》中的"圆中一同长也"，不能算是欧几里德几何学中的圆论。"临鉴影倒"，并非光学。"易经"不是西方的"波动力学"。"民本"不仅不是"民主"，而且刚好是民主的反面。"可知中国固有的传统，无论在别方面怎样，至少是与科学及民主距离甚远。而可巧中国之需要科学与民主又是如此之紧迫。"怎么办？"一切都有待乎从头创造"。中国文化如果真要在科学上有所成就，必须在基本上从吸收和训练数学、逻辑和科学的哲学入手。我们要增加认知的可靠程度，除了运用观念和实验的工具以外，就必须倚仗上面所说的理论工具。依照上述文化发展取向，才能转出科学。这种由理性建构的信念具有相当强的信度。尽管殷海光不赞成将中国传统文化诉诸破坏，但是具体到每一个传统命题，他多是采取"狂飙式"根本否定的态度。

应该注意的是，前期殷海光不愿意在道德理性中探求自由根源。他不同意撇开"外部自由"而高论"心灵自在"，认为道德之实现必须以民主为外在条件。"民主政治并不蕴涵反道德。恰恰相反，它可能为道德之实现创造一可能的环境。从'自内而外'言，道德先于民主；但从'自外而内'言，则民主先于道德。两者孰先孰后，全系相对的。"他反对把道德问题延伸到政治领域，否定"道德是民主政治的基础"。"如果以道德作民主政治的基础，便与黑格尔的泛逻辑主义合流。泛逻辑主义则是泛政治主义的理论基础之一。而泛政治主义则是集权政治的骨架。在现代技术的影响甚或决定之下，过程比目标更为重要。因为人所亲身接触者为实际的过程，从未尝是理想目标。此点自古已然，于今为烈。实现道德目标的过程如不为道德的，则理想的道德适足以造成现实的灾害。古代的宗教的迫害，东方的'大义觉迷录'式的思想所造成的悲剧，以及现代极权政治之形成，都是置根于此。道德本身并没有防止不道德的行为出现之器用。所以，道德丝毫不能作民主政治的基础。退一步说，即令没有这些灾害，道德是在伦理界。它是制度以外的东西，因此与政治制度仍是两橛。"

二

20世纪60年代，殷海光亦转向重视"心灵自在"，愿意在道德理性中探求自由根源，认为"道义为之根"，认识到逻辑与经验只是心灵自在之实现的必要条件，中国传统文化也蕴涵自由精神。

关于殷海光对中国传统文化的重估，他自己说："人的思想史有阶段性的，而且是会转变的。我之所以转而喜欢中国文化，有四个原因：（1）从思考反省中所得的了解：中国文化对于生命层次的透视，对于人生活动的安排，我渐渐有较深的认识。（2）从生活的经验中体会而来：回味以前的乡居生活，这种生活给人带来清新、宁静、幽美、安然、自在———这才是人的生活，才是人所应过的生活，这种生活是产生中国文化的根源。（3）我受了 Eisen-tadt、Parsons 等人的影响。（4）最近受了张灏和徐先生的刺激，引起我对于中国文化的一番思考。像 Eisentadt 一些人，感到西洋文化已走向穷途末路，故而转向东方古典文化中寻求出路。"对于殷氏"自我转变说"，学界有诸多诠释。徐复观认为忧患是殷海光后期转变的根本原因。身处忧患的环境，才感受到在忧患中形成的中国文化。张灏认为，殷海光思想转变之因主要有三个方面：第一，殷海光重疾在身，心态已接近老人，喜欢忆旧。这些回忆和联想，使他不知不觉对中国传统文化增加一些温馨感觉。第二，殷海光逐渐认识到中国传统文化客观实在性，不可回避，进而发现传统的复杂性，发现传统中珍贵的东西。第三，殷海光对近代化精神缺陷感触日益强烈和真切，"现代化的迷惘"迫使他认真反思，对中国传统文化进行价值评估。也有一些学者认为，殷海光后期主要受到一些新思想资源的影响，如帕森斯等人有关情感与知识学说的影响；海耶克、波普等关于传统看法的影响；林毓生、张灏等反省传统；热衷生命哲学的陈鼓应的影响；徐复观等人的影响。可见，多方面共同促使殷海光重新思考中国传统文化。

殷海光认为，在市场经济发展的同时，技术化越来越强，而人的道德理想却越来越败坏，人的心灵越来越萎缩。人的道德素质和社会公德水准的低下严重损害现代社会。没有心灵的自由便没有定力。"'道义为之根。'……自由的取向和极权的取向之对抗，分析到底层，必须是而且仅仅必须是为了道德原则。……社会生活失去道德规范，于是共同的核心价值亡失。……他成了人世的飘萍，随着浪潮的起伏而浮沉。他化作时代的尘埃，跟着气流的冲击而左倾右倒。""我近来更痛切地感到任何好的有关人的学说和制度，如果没有道德理想作原动力，如果不受伦理规范的制约，都会被利用的，都是非常危险的，都可以变成它的反面。"

殷海光认识到逻辑经验论不能解决心灵问题。"逻辑经验论有一个设定，以为一切知识都可'整合'，逻辑经验论的这种发展，结果造成了'知识的极权主义'。……逻辑经验论最使人不满的是：以为解决了大脑的问题，就可以解决人生的问题。其实人的问题不止于此。人最重要的问题是心灵的问题。

大脑的问题是'触及'。由于心灵的问题不能确定，逻辑经验论便认为心灵的问题是'假拟的问题'。也许从逻辑经验论的论点来看，心灵的问题是'假拟的问题'，但它却是'真实的问题'。人是有悲欢离合的。""心灵是价值的主司，是感情的泉源，是信仰的动力，是人类融为一体的基础。人类要有前途，必须大脑与心灵之间有一种制衡，而制衡于大脑与心灵之间的主体便是理性。我们可在传统中找到一些理性的根苗，而将传统加以批评性的接受。"逻辑经验论不能解决心灵问题，但中国传统文化却对此显示出独特智慧。殷海光认为，中国人的价值观是既不进又不退，这种人生态度比较妥当地处理人生与心灵的种种问题，比西洋和印度的价值观更适合人生，更适合存在。他认为中国文化讲含蓄———渊博、崇高、深厚；谈到"农村经济及生活方式"、"基本的社会结构"、儒释道三者经过冲突后的巧妙结合，使得中国社会表面不稳定背后有着基本的稳定。他还说："许多讲中国文化的人，极力在中国文化中附会些科学：这实际是把科学的分量估计得过重；以为中国文化中没有科学便没有价值。其实中国文化即使没有科学，并无损于它的价值"。"中国文化不是进化而是演化；是在患难中的累积，累积得这样深厚。我现在才发现，我对中国文化的热爱，希望能再活十五年，为中国文化尽力"。他认为中国传统文化也蕴涵民主自由精神。"也许有人说，基督教义与孔制不同。基督教义涵育着自由、平等和博爱，所以容易导出民主政治。孔制里没有这些东西，所以无从导出民主政治。因此，中国要建立民主，必须排除孔制，另辟蹊径。我现在要问：孔仁孟义，再加上墨氏兼爱，为什么一定不能导出民主？"应该注意的是，殷海光明言自己所转向的是"非传统主义者"而非"传统主义"。他希望人们不要把他的看法同唐君毅、牟宗三与钱穆混在一起。他还要徐复观也要走超越的路，也要转变。"我并没有忘记中国文化在认知活动中所产生的弊病：理知活动经常碰到尊长、权威、颜面、地位、立场、情绪反应等因素就呈萎缩状态。""我是传统的批评者，更新者，再造者"。"一方面，我向反理性主义、蒙昧主义、褊狭主义、独断的教条毫无保留地奋战；另一方面，我肯定了理性、自由、民主和仁爱的积极价值———而且我相信这是人类生存的永久价值。"

三

既然中国传统文化不妨碍自由自在之建立，那么摆在殷海光面前的一个新课题就是：中国传统文化与西方传统如何沟通？殷海光提出一个"道德重建方案",追求普世伦理来实现价值理念,试图回答这个问题。作为普世伦理之一的"仁义",为自由之实现发挥重要作用。

对于中国传统道德,殷海光主张依现代人生的需要来观照并且选择它,传承其具有普世价值的道德遗产。儒家德目虽有阶层性、重男轻女、愚民、独断、泛孝主义、轻视实务等弊端,但是儒宗有不少即令在今日还是可行的德目,也包含深刻的道德原理。诸如"民无信不立","士至于道,而耻恶衣恶食者,未足与议也","勿意,勿必,勿固,勿我",以及孟子的人禽之辩和舍生取义之论等。儒家所谓"五常"之"仁义礼智信",即属于人之为人的"基本德操"。这种古今道德共同的"基本德操",是社会赖以存在的基础。在殷海光看来,我们应该把道德价值建立在生物逻辑一定限度满足的基础上来构建。

殷海光认为,新道德不可能与旧道德一刀割断,旧道德中有值得继承的成分。所谓道德重建,既非复古,又非趋新,更非"三条道路走中间"式的浮面折中,而是"调整"。调整的目标是:良好的生活是为爱所激发并为知识所指导的生活。所顾及的元次是:既有的社会文化场合;既有的社会文化里所含有的道德;民主及科学。调整的顺序和取向是:从自己的文化和道德出发向世界普遍的文化和道德整合。"民主与科学"在调整中居于必要动因。道德调整不能脱离民主,民主是一种能伸张正义,调和众益的秩序。"只有在自由的民主制度下,道德才不至于被权威利用作为钳制人的工具,而成为社会文化及各个人之有生意的内化的信持与规范"。道德的调整与重建也离不开科学。因为道德产生的实际效能只能靠科学去评估;个人行为怎样与社会文化规范整合,也只能靠社会调查工作才能了解。殷海光以科学民主为轴心,融合孔孟仁义、基督博爱和佛教慈悲的精神,整合而形成新人本主义的世界道德。尽管这三种"轴心时代"的道德传统有不同的社会文化背景,因而各有其不同的含义和色调,但仁义、博爱和慈悲是可以通约的共同价值核心,内蕴人们普遍接受的道德原理。可见,孔孟仁义,既对中国心灵自由之路是必要的,对于世界也是有益的。

徐复观指出:"他由学术上的科学一元论,转变为科学价值的限定论,这是说明他对学问的热情与诚意。他对唐、牟两位先生,始终存有误解;他未注意到他转变的方向,正是唐、牟两先生历年来的主张,即是必须在经验法则中成就知识,但仅靠知识并无建立人生价值,更不能代替人生价值的主张。"张灏指出:"他对中国传统文化的重估,认知和情感的意义较强,而价值上的肯定较弱,较模糊。"殷海光自己也意识到对中国传统文化的认识有限度，需要足够时间来融会贯通。他说："中国的传统和西方的传统要如何沟通？这个问题很值得我们深思。如果我的病能好，我要对这个问题下一点功夫去研究。"可惜殷海光过早撒手人寰，"志未酬"，远未竟功。但是，殷海光着眼于寻求人类普世道德，整合儒耶佛的道德重建方案，倡言世界诸大伦理遗产的对话与融合，填补了五四时期新文化运动的道德真空，开了中国现代道德重建的先河。一批受过殷海光思想精神熏陶的学者，开始在中国传统文化和西方传统如何沟通上做出系统的、更加具体的努力，继续殷海光未竟之业。林毓生"中国传统创造性转化"说、张灏"幽暗意识"和"现代化与传统双向批判"说，以及韦政通转化传统的实践探索等等，映衬殷海光后期思想努力的深刻意义。殷氏论说不仅克服了虚无主义，重新找到了自己的发言位置，而且提醒我们珍视民族主体性，在中国现代思想史上应占有一席之地。

[作者单位：山东大学（威海）]

积极防御下律师的调查取证权

许　浩　许宝贵

调查取证权是辩护权的重要组成部分，是律师实现辩护权的强有力手段。修改后的《律师法》增强了辩护方"积极的防御"（"积极的防御"是指向法庭提出有利于被告人的证据，积极主动地向法庭证明有利于被告人的事实，从而促使法庭做出对被告人有利的判决）的能力，体现了司法公正的价值追求，切实保障了犯罪嫌疑人、被告人的合法权益。

一　彰显控辩平等价值理念

在刑事诉讼职能中，除控诉、审判职能相分离之外，要维持控诉职能和辩护职能的相对平衡，在很大程度上取决于控、辩双方诉讼地位的平等和诉讼权利的对等，而控辩平等是指："控诉方与辩护方在诉讼中法律地位平等，诉讼权利义务相等，彼此不凌驾于对方之上。"由于控诉机关代表国家的利益，在拥有强大的司法资源的前提下以国家的名义行使刑事追诉权来履行职责，而被追诉人在缺乏国家权力保障的条件下以个人名义来保护自己的合法利益不受非法侵犯，与控诉机关相比较明显处于劣势地位，违背了公平正义的价值理念，而且还特别容易打破控诉、辩护、审判三职能的相对平衡，趋于弱化辩护职能，无法保障法官裁判的公平性和权威性，违背了控、辩对等的诉讼价值原则。

二　赋予辩护律师调查取证权是克服"调查取证难"的有效途径

（一）辩护律师摆脱了调查取证的不合理束缚

《刑事诉讼法》第 37 条第 1 款规定辩护律师调查收集证据材料是附条件性的，必须经证人或者其他有关单位和个人同意才可以收集与案件有关的证据材料；第 2 款规定辩护律师必须经过"双重许可"才能向被害人或其近亲属、被害人提供的证人调查取证：第一重许可的主体是审查起诉阶段的人民检察院或审判阶段的人民法院；第二重许可须经被害人或其近亲属、被害人提供的证人同意。针对实践中出现的某些单位或个人拒不配合律师调查取证以及律师有确切的证据证明对方当事人持有与案件相关的材料而拒不提供的情况，导致律师调查取证请求陷入尴尬的处境。新修订的《律师法》第 35 条第 1 款规定："受委托的律师根据案情的需要，可以申请人民检察院、人民法院收集、调取证据或者申请人民法院通知证人出庭作证。"这实际上是赋予律师在无需证人或者其他有关单位和个人的同意时就可以进行调查取证的权利，以及律师向被害人或其近亲属、被害人提供的证人调查取证时也不必经"双重许可"。

（二）辩护律师调查取证的方式更加科学合理

在《律师法》修改之前，辩护律师调查取证的途径主要是申请调查取证和自行调查取证。而律师自行收集证据主要是采取调查访问、复印或抄录资料等方式获取，律师的调查取证权主要是通过阅卷、会见犯罪嫌疑人或被告人和向司法机关申请等方式来实现，而且辩护律师仅在审查起诉阶段和审判阶段才享有调查取证权，与在侦查阶段就享有调查取证权的控方的侦查人员相比较，辩护律师调查取证的行使方式单一化。尽管新修订的《律师法》第 34 条规定律师调查取证时可"复制与案件有关的所有材料"，这冲破了此前一些单位仅仅愿意把资料借给律师摘抄的障碍，但最重要的是第 35 条第 1 款取消了律师申请调查取证时须经人民检察院或人民法院许可和被害人或其近亲属、被害人提供的证人同意的不合理限制，缩短律师的办案时间，提高律师的办案效率，节约了司法资源。

（三）辩护律师优先适用新修改的《律师法》

现行的《刑事诉讼法》的规定与修改后的《律师法》有冲突之处，应当适用《律师法》的规定。理由有三点。一是从立法层级分析，现行的《刑事诉讼法》是由作为国家最高立法机关的全国人民代表大会制定和通过的法律，而《律师法》则由全国人民代表大会的常设机关——全国人民代表大会常务委员会制定和通过，并由全国人民代表大会常务委员会进行修改，根据《立法法》第7条第3款规定："全国人民代表大会常务委员会制定和修改除应当由全国人民代表大会制定的法律以外的其他法律；在全国人民代表大会闭会期间，对全国人民代表大会制定的法律进行部分补充和修改，但是不得同该法律的基本原则相抵触。"因此，在遵循法律的基本原则的前提下，全国人民代表大会常务委员会修改的《律师法》与全国人民代表大会制定和通过的法律的效力相同。二是从适用范围分析，针对具有调整一般人、一般事特点的《刑事诉讼法》而言，《律师法》属于特别法，它只对特定的人、特定的事发挥作用。依据《立法法》第83条规定："同一机关制定的法律、行政法规、地方性法规、自治条例和单行条例、规章，特别规定与一般规定不一致的，适用特别规定；新的规定与旧的规定不一致的，适用新的规定。"该法律条款的前半部分阐述了"特别法优先于一般法"的原则，应当适用特别法即《律师法》的规定。三是从时间效力分析，《律师法》属于新法，而《刑事诉讼法》属于旧法。《立法法》第83条后半部分摒弃了特别规定的适用前提，立足于一般规定冲突情形，明确了"新法优先于旧法"原则，应当适用新法即《律师法》的规定。

（作者单位：中共乳山市委宣传部）

党内基层民主建设的有益探索

——乳山市公推直选基层党组织领导班子成员情况调查

中共乳山市委组织部

党内基层民主是党内民主建设的基础工程。近年来，乳山市在扩大党内基层民主方面，取得了重要进展。2003 年以来，先后开展了党的代表大会常任制、党代表直选乡镇党委书记、"两推直选"农村党支部书记试点。党的十七大以后，又把直选范围扩大到机关、事业、改制企业、外资企业等领域的基层党组织。目前，全市共有各类基层党支部 1392 个，实行"公推直选"的 707 个，占 50.7%。乳山市全方位、深层次、综合推进党内基层民主的做法，引起了有关方面的关注。今年初，李源潮同志在《全国基层组织建设工作情况通报》第 13 期对乳山的做法做出重要批示，要求"关注山东省扩大基层党组织公推直选范围的试验"。最近，我们到该市进行调查，认为乳山的实践体现了党的十七大以改革创新精神加强党的建设的要求，是有序推进党内基层民主建设的有益探索。

一　基本动因

近年来，乳山市经济社会发展步入快车道，经济实力跨入全省综合实力 20 强。经济越发展，文明越进步，基层党员和广大群众的政治参与热情就越高。特别是随着民主法制进程的加快，基层党员群众民主意识、法制观念不断增强。近几年来，随着基层民主发展，村委会换届全部实现村民直选，人民群众依法直接行使民主权利，成为人民当家做主的最有效、最广泛的途径。但目前基层党内民主发展状况，还不能适应党组织领导的充满活力的基层群众自治的需要。不少地方由于"党员选"和"村民选"的差异，引发了党支部和村委会"谁大谁小"的争论，党在农村的群众基础受到直接影响，农村党支部的领导地位和领导作用面临新的挑战。部分村党支部书记也因为自己不是全体村民选举产生，在工作上存在底气不足、腰杆不硬的问题。再加上市场经济和社会组织形式多样化的冲击，基层党组织对群众的吸引力、凝聚力减弱，有的地方存在"说话无人听、办事无人跟"的现象。同时，在农村、企业、城市社区和机关、学校、新社会组织，广大党员参与党内生活、管理党内事务的积极性、主动性不断增强，迫切需要探索保障和实现党员知情权、参与权、选举权、被选举权和监督权的方法和机制，以更好地凝聚党员的智慧和力量，有效增强基层党组织的创造力、凝聚力和战斗力。

党的十七大明确指出，"党内民主是增强党的创新活力、巩固党的团结统一的重要保证"，要"逐步扩大基层党组织领导班子直接选举范围，探索扩大党内基层民主多种实现形式"。这为推动党内民主建设指明了方向。中共乳山市委坚持把健全完善党内基层民主制度作为新形势下加强党的基层组织建设的重要抓手，以"公推直选"为主要内容，有力推进了党内基层民主建设。

二　主要做法

乳山市在"公推直选"中，坚持群众推荐、直接选举、扩大竞争、民主监督、上下联动、全面推进，通过党内选举制度的创新，更好地保障和实现党员群众的民主权利。

1. 扩大基层党组织直选范围

一是在村一级推行"两推直选"村党支部书记。按党员一人一票，群众一户一票，由党员和党外群众共同推荐候选人；根据推荐得票多少，按不低于应选人数一倍的差额确定候选人；候选人在党员大会上进行竞职演说，党员直接选举支部书记、委员。目前，全市村级直选率达到50%以上。二是在镇一级试行直选党委书记。选择三个乡镇进行试点，由基层党员直接选举党代表，党代表直接选举镇党委书记、副书记和委员。三是不断拓展基层党组织领导班子成员直选范围。先在部分机关、事业、改制企业、外商投资企业及社会中介组织等单位试点，进而在全市稳步推开，凡任期届满需要调整的基层党组织，原则上都实行"公推直选"。目前，全市已有50%的基层党组织实行了"公推直选"。

2. 把提名权交给党员群众

在实行"公推直选"的单位，上级党组织对候选人的资格作出规定，但不提名具体候选人，而是采取党员个人自荐、党员联名推荐、群众联名推荐和党组织推荐相结合的方式，按得票情况确定候选人，报上级党组织进行资格审查后进行公示。在农村，党员一人一票，党外群众每户一票推荐党支部领导班子成员候选人。在机关企事业单位，人数在100人以下的单位，组织全体党员和群众进行民主推荐；超过100人的单位，先以科室、车间（班组）为单位组织群众推荐候选人初步人选，再由党员和群众代表推荐正式候选人。在全市100多个机关企事业单位的党支部领导班子公推中，共有3725人获得初次提名，其中党员自愿报名的3276名，占87.9%；联名推荐的291名，占7.9%；组织推荐的158名，占4.2%。

3. 提高差额比例保证党员选择权

凡热爱党务工作、善做群众工作、综合素质较高的正式党员，不限年龄、学历、资历和身份均可被推荐为差额候选人。直选乡镇党委领导班子成员，规定候选人差额比例不低于30%。其中，冯家镇、乳山口镇差额比例超过了40%。徐家镇打破镇的界限，面向全市采取党员个人自荐、党组织推荐等方式确定候选人，有3人参加镇党委书记的竞选，7人参加3名副书记的竞选，8人参加5名党委委员的竞选。农村直选党支部候选人差额比例由以往的不低于20%提高到100%。其他基层党组织换届选举候选人的差额比例由以往的20%~30%逐步提高到100%，变"从少数人中选人"为"从多数中选人"，给党员更充分的选择余地。

4. 丰富候选人介绍形式

候选人确定后，各基层党组织将候选人的工作经历、政治素质、业务专长和主要事迹整理成书面材料，印发给每位选举人，供选举人酝酿讨论参考；对人数较多的单位，组织候选人参加与选举人的见面会，加强沟通交流，解答选举人的疑问；在正式选举前，候选人围绕拟竞争的职位进行公开竞职演讲，让选举人更充分了解候选人的情况。

5. 让群众全程参与和监督

让普通群众参与选举过程，给他们表达意愿的机会，这是乳山市推进党内基层民主建设的一个重要特色。坚持选举全过程公开，从选举前期的方法步骤、民主推荐、资格审查到后期的竞职演讲、正式选举等各个环节，始终向群众公开。每个试点选举现场，都要求相关部门观摩，邀请党代表、人大代表、政协委员、老干部、群众代表和媒体代表全程监督选举过程，确保选举工作的公正性。

三 初步成效

实行"公推直选",具体效果表现为"四个增强、两个带动",即群众的认同感增强,党员的主体意识增强,领导干部的责任感增强,党组织的凝聚力增强,以党内民主带动了人民民主,以党内和谐带动了社会和谐。

1. 进一步突出了党员的主体地位

党员作为党组织肌体的细胞和党的行为主体,其主体地位的实现程度是衡量党内民主发展程度的重要标尺。一是增强了党员的主体意识。"公推直选",让每个党员都参与到选举中来,党员的主体地位得到尊重,广大党员更加关心党的建设。市实验中学年轻教师王岩山在报名参加党支部直选时说:"以前,支部成员的确定没有我们年轻党员的事。而'公推直选'给了我一个机会。"二是保障了党员的民主权利。过去基层党组织换届选举,党员群众的知情权、参与权和选举权缺乏有效保障,积极性受到影响。"公推直选"从候选人的产生,再到最后正式选举,党员全过程参与,直接决定基层党组织领导班子成员人选,有效保障了党员的知情权、参与权、选举权和监督权。目前,乳山"公推直选"党员投票率达 98.5%。

2. 增强了基层党组织的创造力、凝聚力、战斗力

一是理顺了村"两委"之间的关系。"两推直选"村党支部书记,让群众直接参与党内民主,实现了党内民主与基层人民民主的双向互动,党支部选举与村委会选举关系更加理顺,夯实了农村党支部的群众基础,巩固了党组织的领导核心地位。徐家镇徐家村的徐文平是"两推直选"的党支部书记。上任两年来,他带领支部一班人,组织群众硬化村里的道路,加固水库大坝,给村里老人提高了福利。他说:"支部书记必须经过群众这一关,现在感觉说话办事更加理直气壮,工作起来也更能得到村民的拥护支持。"二是基层党组织的凝聚力明显增强。"公推直选"党组织领导班子成员,将选人用人的权利交给群众和党员,增强了党员的自豪感和责任感。党组织在群众中的威信得到进一步提高,凝聚力、吸引力明显增强。去年,乳山有 5165 人积极申请入党,35 岁以下的占 76.8%,比"公推直选"前有大幅度提高。三是形成了促进基层党组织转变领导和活动方式的倒逼机制。由于基层班子是群众推荐、党员直选的,基层党组织在考虑问题、做出决策时更加注重听取党员和群众的意见,并注意完善议事规则,工作的科学化、规范化水平不断提高。去年以来,乳山村镇两级共收集各类意见建议 1309 条,其中 561 条被采纳,基层

工作的创造性、主动性进一步增强。

3. 提高了基层党组织的群众满意度

"公推直选"基层党组织领导班子，扩大了干部的群众基础。一是拓宽了选人视野。坚持多中选好，好中选优，收到了"选拔一人、发现一批、带动一片"的效果。二是体现了"群众公认"的原则。"公推直选"实现了群众公开推荐与上级党组织推荐相结合，使基层班子和干部由原来的上级党组织根据群众意愿授权转变为在上级党组织领导下由党员群众直接授权扩大了干部选拔任用的群众基础。三是防止了选人用人上的不正之风。乳山市首次"公推直选"时，一位干了多年的老局长没有被推荐为党支部书记人选，当市委领导把民主推荐得票情况一摊，他心服口服。从问卷调查情况看，基层对以"公推直选"方式调整干部的认可率达到100%。

4. 增强了基层党组织为群众办实事的责任感

一是党员干部为民服务的意识进一步增强。实现了干部对上负责与对群众负责的有机统一，干部政绩由党员群众来评价，"逼着"干部更多地倾听民意，为民着想。徐家镇吴家屯村的孙书国是山东省第一位"两推直选"村党支部书记，他深有感慨地说："过去党支部关起门来搞选举，群众没有发言权。现在就不一样了，支部换届虽然是党内的事，但也要听群众的意见，迈不过群众这道坎，就过不了党员这个门。"二是正确用人导向的引导激励作用进一步增强。推进党内基层民主，表面上看是选举形式的变化，实质上却是干部选拔任用工作上的根本性变革。通过"公推直选"，一大批德才兼备、政绩突出、群众公认的优秀干部脱颖而出，增强了基层党组织和领导班子的活力。三是党员干部干事创业的内在动力进一步增强。组织的重托、党员的信任、群众的期盼，激发了基层干部干事创业的热情。徐家镇近两年在大项目发展上推进力度很大，财政收入连年超过两位数增长，群众得到实惠，近两年没有出现一次上访事件。该镇由党代表直选出来的党委书记说："我们是群众推荐、党代表投票选出来的，不干出一番成绩，对群众无法交代。"通过扩大党内民主，乳山市基层党组织和党员干部进一步形成了科学发展、争先发展、干事创业的浓厚氛围，促进了全市经济社会平稳较快发展。2008年，全市完成国内生产总值288.44亿元，增长12.91%，地方财政收入12.07亿元，增长15.1%。

四 几点启示

乳山市以党的十七大精神为指导，坚持立足基层实际，坚持解放思想，坚持改革创新，坚持上下联动，坚持循序渐进，推进了党内基层民主建设，给人以许多启示：

1. 推进党内基层民主，必须坚持正确方向

加强党内民主建设必须牢牢把握正确方向，紧紧围绕党的中心任务来开展，始终朝着实现党的奋斗目标来加强。坚持正确方向，就要加强党的领导，科学规划，精心组织，把推进基层民主建设的领导权牢牢抓在手上；就要贯彻党的民主集中制原则，坚持民主基础上的集中和集中指导下的民主相结合，更加坚定地维护党的团结统一；就要坚持以党内民主带动人民民主，推动基层人民民主的健康发展，更好地团结带领人民群众一道前进。

2. 推进党内基层民主，必须敢于探索创新

对干部实行竞争性选举，是基层党内民主的实质内容。乳山市在推进党内基层民主建设上，不流于形式，不走过场，得到了党员群众的普遍认可。推进基层党内民主，要尊重党员主体地位，以增强党组织的活力、调动党员和人民群众积极性为目标。只有这样，基层民主建设才有活力、生命力。

3. 推进党内基层民主，必须统筹推进

乳山市推进党内基层民主建设的一个突出特点就是有一个整体思路，注重工作的整体性、政策措施的配套性，不搞"零打碎敲""蜻蜓点水"。从市、镇、村三个层面上整体推进，"以上带下、以下促上"，形成了三级联动的机制。在此基础上，坚持横向拓展延伸，将探索创新的触角延伸到决策机制创新、议事规则改革、干部选拔方式探索、领导干部述职述廉、发挥党代会闭会期间代表的作用等方面，使党内基层民主有序推进、不断深化，形成了互相促进、整体发展的格局。

4. 推进党内基层民主，必须加强制度建设

发展党内民主，只有完善制度机制，以健全的制度机制做保障，党内民主才能健康发展。乳山市之所以能够在基层党内民主建设上工作扎实，效果明显，一个重要方面是他们在实践上大胆创新、积极探索，又及时总结经验，上升到制度机制，不断推进党内基层民主建设的制度化、规范化。一届接着一届抓，一茬接着一茬干，通过抓制度建设促进工作落实，形成了加强党内民主建设的长效机制。

健全"四项机制" 发挥农村党员主体作用

傅广照

近年来，中共乳山市委认真学习实践科学发展观，不断创新工作机制，引导广大党员在新农村建设和构建和谐农村中发挥先锋模范作用，探索尊重党员主体地位、发挥党员主体作用的有效途径，创出了具有乳山特色的新经验。

健全权利保障机制，促进党员充分表达意愿

发挥农村党员的主体作用，必须建立健全保障机制，切实保障党员民主权利的正确行使和不受侵犯。

落实好党内民主议事决策机制，保障党员的参与权、表决权。坚持发展党员票推票决制，实行"两推一公示"办法，充分保障党员的首次提名权和选择权，使党员真实愿望得到更充分的表达。完善党支部定期向党员报告工作制度，对支部的工作报告和支部成员个人的工作报告，组织党员结合年终工作考评，进行评议和测评，结果作为班子和干部考评的参考内容。规范农村基层组织议事规则，建立决策前征询党员群众意见、决策中专家论证质询、决策后效果评估的议事决策规则，充分尊重党员群众在重大事项决策中的意见和建议。对征地、拆迁、社会保障等重大决策，坚持先经党员、村民代表大会讨论，70%以上同意才能实施。在决策方式上，提倡无记名投票办法，保障党员群众平等、自主地发表意见。

落实好党内选举机制，保障党员的选举权、被选举权。积极探索市镇村三级联动，发挥党员主体作用。在市一级，从2003年开始进行党代会常任制试点。实行年会制，审议市委工作，市委委员述职述廉和民主评议；实行代

表任期制，充分发挥党代表在党代会闭会期间监督、调研等作用；实行票决制，对重大问题和任用重要干部实行全委会票决。在镇一级，2004 年在 3 个镇进行党代表直选镇党委领导班子试点。改革代表产生办法，由基层党员直接选举党代表；改革选举方式，市委不提名候选人，由党代表直接选举镇党委书记、副书记和委员；改变委员构成，各镇增设一名农村和企业委员，参加党委会议，履行委员职责。在村一级，2004 年实行了"两推直选"村党支部书记，2008 年全面实行机关事业单位和"两新"组织党组织"公推直选"，进一步扩大直选范围。

落实好党内监督机制，保障党员的监督权、批评权。推进党务公开，出台了《关于加强和完善基层党务公开的实施意见》，扩大党务公开的范围，凡属党内监督条例和其他党内法规要求公开的内容、党员和群众关注的重要事项和热点问题，只要不涉及党内秘密，都纳入公开内容，并具体明细为基层党组织自身建设、履行职责和日常党务工作三大类 50 多项具体公开内容；创新党务公开的形式，利用远程教育网，探索农村财务市镇村户四级公开。畅通党员和群众代表列席镇村有关会议、阅读有关文件等途径，筹资 100 多万元为全市农村统一规范了党务公开栏，明细了会议、文件、局域网及广播电视等新闻媒体公开的适宜形式、内容和要求，保障了党员群众对党内事务的知情权。与此同时，定期组织党员代表观摩重点工作、重点项目进展情况，建立党代表评议监督和点题公开、听证质询制度，及时收集群众意见和建议，根据需要实行再次公开、延伸公开。为保障党务公开落实到位，实行镇、村党务公开目标责任制，建立定期督查考核制度。并从基层党员群众中聘请 60 名监督员，对农村党务公开工作进行监督评议。

健全责任落实机制，发挥党员先锋模范作用

注重把党员责任的落实与党的工作、党的建设等具体的实践活动，与党员实际状况、党员发挥作用的有效方式有机结合，为党员发挥主体作用创设载体、搭建平台。

推行"三诺两评一考"党员目标管理。为给农村党员发挥主体作用搭建平台，乳山市实施了以"共性承诺、岗位承诺、实事承诺、党员评议、群众评议、综合考核"为主要内容的"三诺两评一考"农村党员目标管理。结合党员的不同行业、不同岗位、不同职务，把党章规定的党员义务细化为党员先进性的具体标准，便每个党员都有明确的责任和目标，引导党员各尽所能、

量力而行、主动承诺、自觉践诺，充分发挥先锋模范作用。结合农村党员目标管理的实施，同步建立了党员联户制度，组织每名有能力的党员和生活困难党员群众结成帮扶对子，将帮扶内容措施以承诺形式进行公示，自觉接受群众监督。

创新党组织设置。针对按行政区域设置党组织难以适应跨村跨镇跨行业流动党员发挥作用的状况，从2001年开始，本着"有所依托、就近就便、发挥优势、服务经济"的原则，依托合作组织、专业村、涉农站所、示范基地、农副产品加工企业等，将那些分散在全市镇村从事种、养、加工、商贸等行业的党员，按行业分工组织起来，建立起新型基层党组织。

健全激励关怀机制，激发党员内在动力

发挥好党员的主体作用，尤其需要关心和爱护基层党员干部、老党员、生活困难党员，强化其对组织的认同感。

在关怀范围上，由主要服务本地党员向服务流动党员延伸。针对流动党员在工作、生活、发挥作用等方面存在的实际困难，2007年，在15个镇（街道）、35个流动党员相对较多的基层党委成立流动党员服务中心，在流动党员管理服务难度较大、相对薄弱的农贸、劳务人才市场及社区等区域，分别成立流动党员服务墙，配套管理服务制度，开通"咨询服务热线"，为流动党员提供就业、培训、子女入学、就医等多方面服务。同时，拨款200多万元，对党员服务中心（站）进行维修维护，配齐电视、电脑、棋牌、图书等文体设施，使广大流动党员切实感受到党组织的关怀和温暖。

在帮扶内容上，由"一刀切"向"分类帮"延伸。围绕加强对村级党组织及干部的关怀，连续多年在全市范围内开展以市级领导包镇、市直部门包村、科级以上领导干部包贫困党员为主要内容的"三包"活动，新建、改造村级活动场所110多个，高标准建设新农村示范点30个，彻底解决了少数村无活动场所的问题；开展好农村党支部书记星级管理工作，按时兑现星级津贴。围绕加强对农村党员的关怀，每年重大节日期间，市镇各级党组织、党员领导干部都组织开展大规模走访慰问活动。

在帮扶深度上，由物质关怀向发展关怀延伸。近年来，在组织的两轮市镇村三级领导干部与贫困党员结对帮扶活动中，都明确规定，重点从技术、资金、项目和信息四方面进行扶持，扶持对象不脱贫，帮扶对子不脱钩。

健全教育培养机制，提高党员主体意识

党员素质不断提高，民主法制意识不断增强，是保证党员充分行使民主权利，推进基层民主政治建设健康稳定发展的基础。在教育内容上，突出抓好两个方面的教育：进行党的基本知识、党的路线方针政策及党规党纪教育，提高党员的主体意识、义务意识和作用意识；进行素质教育，提高党员"发挥主体作用"的能力。在教育方式方法上，根据不同类型党员的特点，分别制定相应的教育管理要求和活动形式。整合市镇党校、村党员活动室等资源，充分运用"三会一课"、党员活动日等教育阵地组织学习教育，注重发挥好现代远程教育网络作用，有计划有针对性地对党员进行教育。将党章、《党员权利保障条例》等规章制度及党的基本知识，下载、制作成系列课件，利用远程教育节目终端到户设备，直接传输到各镇、村远程教育接收站点，滚动播出、重点推介。抓好每月省市县三级集中学习日学习，健全学用需求反馈和互动机制，采取点播学习、"因需选学、按业分班"等新学习办法，使党员主动看、学得进、学有所获。让党员对自身义务、权利更明确，进一步增强民主意识，进一步提高履行义务的自觉性。

（作者单位：中共乳山市委员会）

倾注人文关怀

——马克思主义基本原理教学中值得关注的问题

胡新峰　马建青

在马克思主义基本原理教学过程中存在着一个薄弱的环节，就是哲学教学脱离学生的现实和生活，缺乏人文关怀。党的十七大报告提出的"加强和改进思想政治工作，注重人文关怀和心理疏导"，正是对多年以来思想政治教育工作中存在的问题的深刻阐述，也为以后思想政治教育工作提出了明确的发展方向和目标，这同样适用于马克思主义基本原理这门思想政治教育课。更多地倾注人文关怀，使其走向学生、走向他们的生活甚至走向他们的生命，则成为马克思主义基本原理教学过程中应予以加强的环节之一。

一　作为人文关怀的哲学

哲学作为一种爱智慧的学问，从其诞生之日起便一直在关注关于人自身的一些重大问题。本体论解决的是这个世界是什么，认识论解决的是这个世界能否被人类所认识，而存在论更是直接转向个体的生存状态。不管哲学主题如何变幻，但始终都在围绕人这个特殊的类而展开的，是为了能够在一个无边的宇宙中把握住人类自身这个既伟大又渺小的类存在物。西方哲学的这种人文关怀在文艺复兴和启蒙运动的时候表现得更加直接和明确，当时社会意识的主流表现为追求人类的解放、自由、权利和幸福，人这时候成为宇宙的中心。如果没有这种博大的人文胸怀，卢梭也不会发出如此的感慨："人生而自由，却无所不在枷锁之中。"康德更不会在自己的墓碑上留下这样美丽又动人的话语："有两种伟大的事物，我们越是经常、越是执着地思考它们，我们心中就越是充满永远新鲜、有增无已的赞叹和敬畏——我们头上的星空，我们心中的道德法则。"如果没有炙热的人文关怀，马克思也就不会毕生为人类的解放和自由而奋斗，萨特也就不会独断地宣称人是绝对自由的。所有的这一切都绵延着一种亲切的人文关怀，正是这种对人类终极命运的关怀，驱使着一代又一代的哲学家挣扎在生活和思想的矛盾和斗争之中。

而中国哲学在这方面更加突出，无论是儒家、道家还是佛教哲学也都表达了一个主题，那就是人类该如何从容而潇洒地把握自己的生活，掌握自己的命运。儒家哲学教导人们如何在红尘世界之中达到生命的最高境界——"中庸"，道家用大音希声的哲理启发人们如何达到天人合一的逍遥境界，佛家哲学在自我的了悟中摆脱欲望之苦，从而超越红尘。著名哲学家冯友兰先生更直接地认为，哲学是对人生有系统的反思的思想，他本人的"人生四境界"说便是对人生进行反思的精华。

哲学是塑造人类精神文明的灵魂，是人文精神的内核。作为时代精神的精华，哲学不会过时，它从不会因为自身的晦涩和抽象失去自身的魅力，因为它和我们作为个体的人和作为全体的人类息息相关。如果说一个时代对哲学本身的存在提出了怀疑，在一定意义上说明这个时代的人类本身缺乏一种真正内在的人文关怀，从而无法理解和领会哲学其内在的人文精神。

二 马克思主义哲学
——别样的人文关怀方式

马克思主义哲学作为西方哲学承前启后的一种理论，其人文关怀不仅仅表现在理论的字里行间，而且更加直接体现在马克思身上。马克思真正实现了理论和实践的紧密结合，他毕生批判资本主义制度，终身实践着无产阶级和全人类的解放。正如法国工人党的创始人拉法格所说："除非我们同时把他当作科学家和社会主义战士，我们就永远不能了解他。"马克思最喜欢的名言是"为人类服务"，在他读初中的时候，就表现出要为人类服务的伟大理想。而资本主义社会残酷的现实更加激发了马克思这种理想，使得理想不断转化为动人心魄的天才著作和勇往直前的革命实践。这种努力是意义深远的，在一定意义上，马克思及其他的理论改变了社会，创造了历史，拯救了人类，尤其是那些一无所有的无产阶级。这可以从 19 世纪以来西方和东方各个国家轰轰烈烈的社会主义运动和民族解放运动看出来。一个多世纪以来，马克思主义已经成为这样一种语言：数百万人用它来表达他们对一个更公正的社会的希望。直到今天马克思仍然活在人们的心中，正如后现代主义大师德里达所强调的："不能没有马克思，没有马克思，没有对马克思的回忆，没有马克思的遗产，也就没有将来；无论如何得有个马克思，得有他的才华，至少得有他的精神。"马克思留给我们的遗产并不仅仅是那些闪烁着天才光芒的著作，而更主要的是那种永不磨灭的精神：对人类命运的深切关怀。正如一位前共产主义者依纳齐奥·斯隆所说："宣称社会主义理论的'科学性'越大，这些理论的生命也就越短暂，但是社会主义的价值将是永恒的。理论和价值之间的区别没有被充分地认识，但是这种区别是根本性的。依靠一套理论，一个人可以创建一个学派，但是依靠一套价值，一个人可以创建一种文化、一种文明、一种共同生活的新方式。"马克思主义"是被压迫生灵的叹息，是无情世界的感情，正像它是没有精神状态的精神一样"。这种精神表现得如此彻底、深刻、亲厚而无私，这种人文关怀深切涌动在每个人的心中，激荡着人类的内心世界，外化为改变世界的力量。

而马克思主义哲学基本原理作为马克思主义的精华、概括，以精练的文字简明扼要地表达出了马克思主义的内容，准确地传达出了马克思主义的内在精神，对于深刻理解和领会、广泛传播和发扬马克思主义具有不可替代的重大作用。对于一个社会主义国家来说，马克思主义哲学基本原理是对青年大学生进行思想政治教育的重要武器，让马克思主义走入这一群体的生活和生命世界，不论对社会来说还是对他们每个人来说，都将是一笔财富。这门课程不仅仅教授给学生一些科学的理论，而更重要的是培养学生一种独特的思维方式，使他们在潜移默化中感染一种强烈的人文精神，从而对自我的生命有一个深刻的把握，对自我与世界的关系有一种正确的看法。

马克思主义哲学基本原理虽然是以条条框框的形式出现的，但这并不妨碍那字里行间所散发出来的人文精神和人文气息。这些生命力极强的理论最终指向一个崇高的目的：实现共产主义，也就是实现人类的解放和自由。未来的共产主义社会是一种"自由的联合体"，在这个自由联合体中，"每个人的自由发展是一切人自由发展的条件"，在这里每个人的个性和能力都得到了全面的自由的发展。如果没有这种终极的价值取向和终极的人文关怀，很难想象马克思主义在今天依然活在人们的心中。

三　马克思主义基本原理教学中存在的问题
——人文关怀的缺失

作为思想政治教育的主要课程，马克思主义哲学基本原理课从设立以来为中国的社会主义事业培养出了一批又一批的合格人才，为建设有中国特色的社会主义事业做出了重大贡献，但同时也存在着很多问题。

据上海市 10 所高校的学工部所做的联合调查结果显示，大学生对高校思想政治工作的评价，认为"很有意义"的占 26.6%，认为思想政治工作只是"形式上的需要"的占 57.4%，"可有可无"的占 8.2%，"没有意义"的占 7.9%；对思想政治工作的专职队伍工作效果的评价，认为辅导员（班主任）工作效果"相当有效"的占 18.5%，"效果一般"的占 53.9%，"不怎么有效"的占 21.9%，"不清楚"的占 6.3%。这一组数据说明目前的思想政治教育工作效果并不是很大。造成这种现象的原因是多方面的，单从思想政治教育本身来看，其中一个主要问题就是课程过于侧重思想政治层面，存在着贴近实际、贴近生活、贴近学生不够，忽视了课程自身的丰富性和人文性，没有把思想政治教育和人文精神的教育很好地统一起来。而要改变这种状况，提高思想政治教育的实效性，有必要把人文关怀作为思想政治教育的切入点，使高校的思想政治教育走向人文关怀。这种问题同样存在于马克思主义哲学基本原理的教学中。这主要表现在以下几个方面。

1. 教学内容有些重复

马克思主义哲学从初中开设一直贯穿于高中和大学，虽然内容有所不同，但的确也存在着一些重复的地方；而教师又不能很好地处理这些重复的内容，在教学中做到详略得当，从而使得学生对此课程产生一些厌倦心理。而同时哲学本身过于注重抽象而又晦涩的概念，远远偏离了学生生活的世界和现实，学生难以把握这种抽象概念所内含的具体人文价值。因此如何把这种学生早已熟知的而且抽象的理论用一种感性的语言讲出来，这依然是一个难题。

2. 教学形式呆板

我国的教学形式始终是教师讲授，学生听课，老师始终处于主动地位，而学生始终被动。灌输式的教育模式严重伤害了学生的积极性、主动性，对学生的独立思考能力是一种悄无声息的伤害。笔者在最近的一次课堂上曾让学生提过讲课意见，在 119 人所提的意见中，将近有一半建议老师要改变教学方式。由此可见这一问题的严重性。因此如何用一种多样化的教学方式进行启发式教学，便是教学中遇到的另外一个问题。

3. 教学缺乏人文关怀

在一定意义上，这个问题是最为主要的。它包含了前两个方面，教学内容的纯理论性、教学形式的非人性化，这些本身都是对以人为本的教育理念的违背，是对人文关怀的忽视。理论的主要目的并不是仅仅在理性思维的领域中自我陶醉，它不仅仅是"解释世界"，而更重要的是掌握群众，"改变世界"。思想政治教育的一个主要目的就是培养有理想、有道德、有文化和有纪律的中国新公民，培养学生正确的人生观、价值观和世界观，树立起共产主义的远大理想。但是现实说明，当前的原理教学中存在着过于注重世界观教育和价值观教育而忽视了人生观教育，导致的一个结果就是当课程遨游在远离尘世的太空中的时候，学生也放逐了这门重要的课程，对于他们最为真实的人生、生活和生命都被哲学的玄而又玄冲走了。人文性作为教师和学生、课程和学生互动的中介必须恢复起来。

如何让学生真正了解哲学，理解马克思主义哲学，人文关怀是十分重要的。要让哲学用一种轻松愉快的方式表达出来，更多地走进学生的日常生活之中、走进他们生命的深处、走进他们的人生之中，使得学生在学习中不再感到一种被边缘化，而是处处感到马克思主义哲学基本原理原来就在自己的一举一动之中，就在生活的零零散散之中，就在灵魂的隐蔽处。这样学生才会在哲学中找到自己的精神家园，从而走进哲学，走进马克思主义哲学基本原理这门课程。

四　加强马克思主义基本原理教学中人文关怀的几点措施

1. 树立以人为本的教育价值观

以人为本是现代教育的基本价值。从古代社会到近现代社会，教育的基础发生了根本性的转变。在摆脱了宗教和神权的统治之后，"学科中心"成为工业化时代学校教育的基本价值。20 世纪初，世界范围内的进步主义教育运动，奠定了"儿童中心"的新坐标，使教育哲学由"学科本位"转变为人本位、生活本位。以人为本成为现代教育的基本价值。而在我国，这一教育理念正在逐步深入到具体的教育教学活动中。而要实现这种价值观的转变就必须从以前主要从国家主义立场出发，转变为以学校和老师为中心，建立教育的自主性，恢复学生的主体性，构建促进人的和谐发展和社会和谐发展的教育理论。当然这种教育的性质依然是思想政治教育，这是大前提，大方向。

2. 把马克思主义哲学基本原理教学和人生教育结合起来

马克思主义哲学作为对宏大的社会历史规律的把握并不排斥人生哲学，相反，二者是统一的。马克思主义哲学是对西方传统哲学的继承和超越，其内在精神依然是哲学那种对智慧的不懈追求和关注人类幸福和解放的人道主义。哲学对人生的那种把握在马克思那里更多地表现在以天下为己任的博大胸怀、对罪恶社会的勇敢批判。例如马克思关于人的哲学有利于学生在思考之余反思自己的人生。人在马克思主义那里始终是"大写的人"，这种人是人的自由个性的全面发展，是真正的人，只有在共产主义社会才会出现。而共产主义社会之前的社会特别是资本主义社会是人的本性的失落和异化，是人的迷失。资产阶级在金钱和市场中变得似乎拥有一切，实际是一无所有，而无产阶级在维持生计的过程中则变得似乎一无所有，其实他们拥有整个历史。这些观点对于社会主义市场经济大潮中的学生依然具有深刻的意义，如何避免在物欲横流的浮华世界中保持自己生命的一片天地，如何将自己的人生有意义地贯彻到底，这些我们都可以在马克思主义哲学那里找到启示或者找到答案。其实马克思主义哲学还提供了如何去审视自己生活的一种方法。苏格拉底曾经说过，"未经省察的人生是没有价值的"。如何省察呢，那就是不断地反思自我的生活，不断地批判，学会辩证地理性思维，站在理性思维高度，你就能站得高望得远。

3. 把马克思主义哲学原理教学和生活结合起来

马克思主义哲学基本原理不应该仅仅拘泥于课本的教学内容，而应该理论联系实际，把哲学和生活结合起来。哲学虽然抽象，但如果和每个学生密切相关的生活结合起来，那么哲学就会变为抽象的具体。杨魁森先生把哲学概括为"生活观"。他认为生活观"就是关于人类生活的根本观点，即通过对生活世界的深刻观察和理解，为人类提供一种能充分表达生活目的、特点和意义的生活理念。它的研究对象是人类的生活世界，研究主题是人类的存在方式，研究的核心是人类生活的意义，而总的研究成果则是对于人类'生活理念'的系统表达"。在商品经济发展到今天，每个人都失落自我的时代，哲学走向生活，服务于生活，为迷途的生命提供一种有意义的参考，这是历史赋予哲学的使命。那么如何把原理和生活结合起来呢？一方面教导学生如何通过一种大家非常熟悉的命题来分析每个学生的具体生活，只要分析得彻底，那么就能把握学生，只要把握学生，那么哲学和生活便实现了统一。另一方面，从一具体的生活案例中引出发人深省的道理，在这么做的时候可以适当引用别的思想大家的相关论述以辅证，只要案例鲜活，推导丝丝入扣，引证经典，那么最后的道理也必然深入人心。通过这种方式，学生才会真正牢牢地理解和把握原理的一些基本内容。当然这只是一种非常简便却非常难的方式，还有其他各种方式，比如观摩和哲学有关的经典电影、进行小组讨论等，只要是有利于促进哲学原理和生活相结合的方式都可以加以利用。

4. 教师主动走进学生的生活世界

成功的教学依赖于一种和谐安全的课堂气氛。这种气氛的建立需借助一些手段，如温柔的目光、亲切的抚摸、殷切的希望，加强师生间的情感交流，使学生更加依赖老师，从而激起学生更大的学习热情。教师也应该在实际生活中放下教师的身份和地位，和学生成为真正的朋友，关心他们的生活，给予他们生活的指导。这种细节处的人文关怀对提升教师的人格魅力大有帮助，而这种魅力往往会吸引学生走进你的内心世界和思想世界，从而真正走进你的课堂。所谓"亲其师，学其道"就是这个道理。

以上只是笔者就目前马克思主义基本原理课程教学中存在的问题对教师提出的一点期望和建议，而要真正把人文关怀倾注于思想政治教育课的过程中，需要整个社会的关注，需要学校相关方面的配套，不仅仅是教师的努力就能完成的。其实学子们并不是拒绝哲学教育，而是在呼唤一种精彩的哲学教育。正如一位学子在《学子呼唤哲学》这篇短论中所说的："年轻一代需要的是贴近时代又高于时代的哲学，它扎根于社会现实发展又不囿于具体的一事一物，它在一定程度上超脱了现实以求对现实发展起着推动作用。"在有限的条件下，这就需要我们老师的共同努力来推动这门课程的发展，为学生提供精彩的哲学教育。

（作者单位：哈尔滨理工大学荣成学院）

走入历史深处

——从"作者式叙事干预"评拜厄特《占有》中维多利亚历史的后现代重构策略

贾宇萍　苗勇刚

一　双重叙事结构：当代叙事和历史叙事

小说《占有》自 1990 年问世以来就备受欧美国家的文学评论家们的青睐。作为一位具有强烈历史情结和历史意识的当代作家，在《占有》中，拜厄特表现出她对于过去，尤其是对维多利亚时期的浓厚兴趣。小说中，当代文学研究者们通过阅读虽已存在、但却长期被人误读的历史文本，或新近发现的关于维多利亚历史人物的文献资料，进行了一次有意识、有目的的探索历史真相之旅。在重新建构历史的过程中，拜厄特亲自创作维多利亚虚构诗人的诗歌、情书和人物日记，通过模仿特定的维多利亚风格，使得这些杜撰的文献更具有历史的真实性和可信度。虽然小说中的人物是虚构的，但是拜厄特竭力营造一个具有历史真实的文本，使其虚构的两位诗人具有真正的维多利亚诗人（如罗伯特·布朗宁、阿尔弗雷德·丁尼森和克里斯蒂娜·罗塞蒂）的气质和特点。

随着外研社于 2000 年再版的《二十世纪外国文学精选》丛书对《占有》的推介，以时为北京大学博士生的程倩女士为代表的国内学者们对这部小说给予了极大的关注，并纷纷撰写学术论文，从不同角度如主题、神话原型、女权思想、后现代性、叙事策略以及历史叙述中的多重对话关系等解读该部作品；而对《占有》的叙事艺术进行探讨的学者们多从叙事结构、叙事手段和叙事语言等方面对小说进行评析。本文则试图从拜厄特在小说的维多利亚历史叙事中有意采用的三次"作者式叙事干预"，即第三人称全知模式取代以第一人称叙事为常规视角的历史叙事为切入口，评析此三处的"作者式叙事干预"在拜厄特重构维多利亚历史的过程中所产生的戏剧性的艺术效果，进而深入剖析后现代语境下拜厄特独特的历史观。

在《占有》中，拜厄特建构了双重叙事结构，包含第一叙事层（即20世纪的当代）和第二叙事层（即19世纪的维多利亚时代）这两个并置且相互对照的叙事层面。在第一叙事层中，拜厄特安排了一位第三人称全知叙述者站在故事外，时而向读者描绘作品中人物活动的细节，时而对故事事件进行全景式的描述和评论。但是在第二叙事层，维多利亚时代两位诗人间的爱情故事则大体上是通过呈现几个虚构的历史人物的视角来进行叙事的，即第一叙事层中维多利亚时代的人物们摇身一变成为第一人称叙述者，通过写信件、记日记和进行诗歌创作等方式从各自的角度直接讲述她们自己的故事，从而间接地使整个维多利亚时代的故事变得完整。最终，不同人物的多角度叙事片断被拼接在一起，形成一个完整而松散的故事。因此，我们可以说维多利亚时代的历史叙事是第一人称集体型叙述者的行为。在这些第一人称叙述者中，有故事的主人公，如艾什和拉摩特；有参与叙事的观察者，她们存在于叙事中的意义就是通过其眼光观察中心人物的行动，如拉摩特的表妹萨宾和一位巫师利斯太太；还有身份介于主人公和观察者之间的叙述者，如布兰奇和埃伦·艾什。第一人称将她们限定在自己所见所闻的范围之内，第一人称叙述者们对自己所知部分的故事的讲述既是一种观察角度，也可以看作是作品中维多利亚历史叙事的常规视角。在重构历史的过程中，拜厄特授权维多利亚时代的第一人称叙述者们通过日记、信件和文学作品来讲述她们自己的故事，更易于揭示她们内心真实的想法和情感。这样一来，虚构的历史人物直接向读者倾诉她们的所思所感，与当代读者直接进行对话，使读者更容易认同她们，与她们在情感上产生强烈的共鸣。这可以被看作是拜厄特重新建构历史所做的努力，虽然是虚构的历史，但却具备历史的真实性。与此同时，第一人称叙述者所持的限知视角、主观甚至是带有偏见的观点，均表明历史的真相是多么难以捕捉这一事实。

二 历史重构策略：作者式叙事干预

拜厄特对历史的重构并没有仅仅限定在日记、信件和神话诗歌等历史文献的发掘，小说中在以第一人称叙事为主的维多利亚时代的历史叙事当中，出现了三次"作者式叙事干预"，即第三人称全知叙述者突然三次闯入叙事，从第三人称全知视角直接进行故事的讲述和维多利亚叙事中某些重要场景的描述，分别是：直接呈现艾什和拉摩特的约克郡"蜜月"之旅（第十五章），艾什临终之时，埃伦的最后一部分日记（第二十五章）以及"后记1868"。在她的文学评论集《历史和故事》中，拜厄特谈到她曾三次有意安排第三人称全知叙述者闯入历史叙事，目的就是"讲述小说中的历史学者和传记学家不曾发现的'史实'，引领读者进入文本的想象世界"。本文将对这三次"作者式叙事干预"进行深入分析，并在此基础上探讨身处后现代语境中的拜厄特是如何尝试以新的形式和视角重构维多利亚历史，又是如何通过突出历史文本的想象与虚构的特质对历史和传统进行重新认识和反思的。

在第十五章，第三人称全知叙述者直接讲述了艾什和拉摩特的约克郡"蜜月"之旅。在本章的开头，叙述者佯装并不知道"这个男人和女人"是谁，而是采用了一个虚拟的旁观者的视角来描述这一男一女在火车车厢里的场景：

> 在火车车厢里，这一男一女面对面地坐着……一个观察者可能会猜测很久，这两人到底是结伴还是分开旅行的，因为他们的眼神很少交流，即便当他们四目相对的时候，神情也十分警觉，不露声色。在经过很长一段时间的旅程后，这个观察者可能会得出结论：这位先生对这位女士极其欣赏，充满兴趣……

一开始，读者可能会被叙述者的描述误导，认为这对男女是当代学者罗兰和莫德，因为在先前的第十四章，他们两人追寻艾什和拉摩特的脚步来到了约克镇。然而，随着叙事的进行，从虚拟观察者的角度描述的这一男一女的外表与罗兰和莫德的外貌特征大相径庭。同时有一些线索也表明这对男女竟然是艾什和拉摩特，如男子手中的书（莱尔写的《地质原理》，艾什经常阅读）以及两人的对话。在后来的行文当中，当描述这对男女在他们的住所用餐的场景时，叙述者突然说道："克丽斯特贝尔·拉摩特用叉子拨弄着盘子里的食物。坎密斯太太告诉艾什，他的太太有些挑食，很明显是需要海边空气和美味食物的滋养。"

此处，第三人称全知叙述者试图短暂地迷惑读者，制造悬念，进而激发读者的想象力。叙述者看似漫不经心、实则蓄谋已久地"揭穿"这对男女的身份对读者可能产生两种影响：其一，对于对小说文本阅读比较仔细的、对这对男女的身份感觉疑惑的读者来说，他们终于从叙述者的讲述中印证了自己的猜测；其二，对于部分阅读比较粗心的、想当然地认为这对男女是当代学者罗兰和莫德的读者来说，无疑造成一种心理上的冲击，并产生重新仔细阅读文本的冲动。

那么，为何这里作者要安排第三人称全知叙述者来描述维多利亚时代的两位男女主人公的约克郡之旅，而不是继续采用以日记和通信等方式的第一人称叙事呢？假设艾什和拉摩特的此次"蜜月"之旅是以第一人称叙事，即日记或信件的形式呈现出来的，那会是怎样的一番光景？首先，如果是以日记的形式出现，那么采用哪个人物充当叙述者呢？艾什事后把这次秘密旅行告诉给妻子埃伦，如果让埃伦以日记的形式记录下来效果会如何呢？这次旅行无疑给两人尤其是知名诗人艾什的美誉蒙羞，而且埃伦在她的日记中也曾经提到，要提防日后掘墓者试图通过日记等文献窥视当事人的隐私，因此，她绝不可能在日记中记下这段秘史。其次，这次旅行会不会以信件的形式被告知呢？也不可能。因为拉摩特是一位具有鲜明女权主义精神的人物。她虽然勇敢地接受了艾什的爱，与他共度"蜜月"之后，便毅然决然地离开，继续独自实践她的女权主义思想。因此，两人之间的继续通信也成为不可能。再者，即便此次"蜜月"之旅勉强地出现在两人的日记或者通信中，它也只可能以极其隐晦的语言来呈现，而不可能以如此直白的、逼真的、生动的、细致的"场景叙述"的方式来呈现。

由此可见，这里的"作者式叙事干预"不仅是一个必然之举，也是一个成功之举。正如申丹教授在论述某些文学作品的视角转换问题时所指出的，"依据惯例，在叙述故事的高潮或关键事件时，一般都采用'场景叙述'的方式。在'场景叙述'中，叙述者一般都会对人物的对话和行为进行戏剧式的直接展示"（申丹，1998：259）。在本章中，第三人称全知叙述者生动描述了艾什和拉摩特共度"蜜月"的情形，细致入微地刻画了两位历史人物的容貌，深邃的思想，并且主要是通过艾什的眼光和所思来刻画拉摩特，使这位独立、大胆而且才情兼丽的女性真切地出现在读者面前。叙述者还非常含蓄地描写了他们的"洞房"之夜，艾什偶然发现拉摩特原为处女之身，更增加了他对她大胆实践爱情的勇气的敬佩，使两人的爱恋得到了进一步的升华。这是艾什和拉摩特第一次作为活生生的人物形象出现在读者面前，而不是隐藏在诗歌和信件影子里的历史人物。他们已经变得足够真实，可以和当代人物出现在小说的同一个平面上。

再者，把历史叙事中的男女主人公和当代的两位学者并置于小说的同一个平面上应该是拜厄特关于历史和现实之间相互比照、相互作用的一种独特思考。在拜厄特看来，历史不仅仅是过去的客观的存在，还是改变"现在"的力量。与此同时，对"现在"的了解和认识还可以帮助人们解读和建构历史。因此，过去和现在的相互渗透是以一种互动的方式进行的。

在第十三章，罗兰和莫德追踪艾什和拉摩特的行迹到约克郡，但是在第十四章，罗兰突然建议莫德放弃追踪，而是去一个叫波戈洞的地方。他说："我们应该抽出一天的时间远离他们，跳出他们的故事，去看一些属于我们自己的东西。"莫德欣然同意罗兰的建议，说："我只想去看一些东西，有趣而没有深层含义的东西，一些新的东西。"戏剧性的是，在第十五章，第三人称全知叙述者直接描述了艾什和拉摩特的约克郡之旅。叙述者言道："他（艾什）清楚地记得他们在一个叫波戈洞的地方待了一天，因为他们喜欢那地方的名字。"此处，罗兰和莫德没有单纯追寻前人的脚步，而是改变甚至是打破了先前的追寻模式。最终的结果是，时间顺序被颠倒，似乎是维多利亚的一对前辈在追寻他们的 20 世纪后辈的足迹。这种叙事手法表达了作者独特的历史观：后现代主义语境下的历史小说不只是对历史进行观点性的陈述；它把历史与当代并置于相同的语境中，使历史想象和现实关照有机结合在一起，进而对历史进行重新审视。

同样地，在第二十五章，艾什临终之际，埃伦 1889 年的 11 月 25 日的日记仍是以第一人称叙事呈现，但在 27 日的日记里，第三人称全知叙述者突然重新现身讲述艾什去世前后的故事。此处，的确是一个更为直接，而且有悖常理的"作者式叙事干预"，它极端打破了日记应该是第一人称叙事的常规模式。

在埃伦 27 日的日记里，叙述者一开始再次佯装不知道"这个老妇人"是谁，而是要与读者"共谋"破译老妇人的身份之谜：

> 老妇人沿着黑暗的走廊轻轻地踱步，上了楼梯，每登上一节楼梯她都心事重重地站立一会儿。从背影我们可以清楚地看见她，从背影，在阴暗处，看不出她到底多大年纪……她的妹妹佩兴斯正在最舒适的客房熟睡……在他自己的房间，他双手相扣，眼睛微闭，伦道夫·亨利·艾什静静地躺着……

在短暂的疑惑之后，从文本的细微处，读者可以判断出这位老妇人就是埃伦·艾什。接着叙述者直接描述艾什和埃伦共同度过的最后的日子以及他死后埃伦的活动：

　　她把那些由她来做决定的东西都摆开。一小捆用褪色的紫色丝带系着的信件……一封没有写完的信，没有日期，是他写的，她早先在他的书桌里发现了它。一封是给她的，出自一只蜘蛛般的纤细的手……一封封好的信。在他生命的最后的一个月，她口袋里揣着这两封信，给她的和那封封好的信，像揣着一把刀。进进出出他的房间，进进出出他们共有的岁月。

　　这两封信是一个月前拉摩特写来的，一封给埃伦，另一封封好的信是写给艾什的。但是埃伦并没有把那封封好的信给艾什看，而是愚蠢地、自欺欺人地在心里给拉摩特写信：

　　我不能把你的信给他看，他是那么平静，可以说是快乐的，我怎能忍心在此刻打扰他内心的平静？你肯定明白我一直就知道你们的……用什么词好呢？关系，联系，爱恋？……很久以前，我丈夫就真实地、毫无保留地把他对你的感情告诉了我，这件事情已经在我们之间达成了谅解，已经搁在一旁成为过去了……你怎能威胁我最后的日子，这些日子是属于我的，他是我的幸福，我马上就要永久失去的幸福，难道你不能理解这些吗？我不能把你的信给他。

　　事实上，她什么也没写。但在接下来的叙事中，第三人称叙述者从埃伦的视角描述了艾什在弥留之际，时而清醒、时而迷糊的状态。艾什提到"夏日的田地里……眼睛闪烁着……我看到了她。我应该照顾她……在我的怀表里……她的头发。告诉她"。通过埃伦的眼光，叙述者描写了这缕头发："一缕长长的、编着小辫子的金发……用浅蓝色的棉线系着，非常洁净。"接着埃伦继续在心里给拉摩特写信："你肯定明白我一直就知道……很久以前，我丈夫就真实地、毫无保留地把他对你的感情告诉了我……"紧接着，叙述当中出现一个闪回，叙述者描述了1859年秋天的场景：艾什向妻子坦白对拉摩特的爱恋，但同时，埃伦也告诉他，一个不速之客（布兰奇）曾经告诉她这一切，并把从拉摩特那里偷来的艾什的诗集《斯旺丹姆》作为证据拿给她看。接着，另一闪回描述了"一个衣衫褴褛、疯疯癫癫、脸色苍白的女人（布兰奇）"告诉埃伦有关艾什和拉摩特之间的私情的情景。

　　然后，第三人称叙述者描述了埃伦阅读艾什临终之际写给拉摩特的那封没有写完的信，从中发现艾什仍旧全心地爱着拉摩特。更令她难以忍受的是，艾什和拉摩特竟然还有一个孩子。信上写道："我的孩子怎样了？她还活着吗？我不知道应不应该问，我和你的表妹萨宾详谈过，她告诉了我她所知道的，但那仅仅是事实，而没有确切的结果……"接下来，叙述者采用间歇性的内心独白展现了埃伦知道丈夫对她身心背叛这一事实后的绝望心境。

"我的一生，她想，完全建立在谎言之上，这幢房子里充满了谎言……我不是歇斯底里的自欺者，她自言自语道。"

埃伦回忆起了她对新婚蜜月的恐惧。叙述者没有用语言，而是用一些片断式的意向展现了埃伦的蜜月感受，模糊而微妙地揭示了一个惊人的秘密：由于埃伦对性的极大恐惧，艾什和埃伦婚后一直过着无性的生活。从某种意义上来讲，另一个女人，即拉摩特才是艾什真正的妻子和他的孩子的母亲。当埃伦烧掉艾什写给拉摩特的那封未写完的信后，叙述者运用内心独白的方式来表现她对拉摩特以及那封封好的信的矛盾的态度和心理。"某天，不是现在，我将要拿起纸笔写信给她，告诉她，告诉她什么？告诉她，他走得很平静。告诉她？"最终，埃伦把那封封好的信放到了一个黑匣子里，埋葬在艾什的坟墓里。

阅读埃伦的这部分以第三人称叙事呈现的日记对读者惯常的阅读期待是一个巨大的挑战，可见"作者式的叙事干预"使文本具有一种"陌生化"的色彩，突出文本的虚构本质。日记怎么可能用第三人称来写呢？但这却是拜厄特有意为之的叙述策略。在埃伦的日记里，先前叙事中的一系列的悬念和空白都找到了答案，但是另一个更大的悬念出现了，即那封封好的信里揭示了什么？第三人称全知叙述者的突然介入传达了很多的信息，而埃伦在其日记中肯定会对这些信息有所隐瞒。在 19 世纪的历史叙事中，埃伦是一个关键人物，因为她比任何其他的维多利亚人物知道得都多。关于艾什和拉摩特之间的私情，埃伦不仅从布兰奇那里得到了消息，并有艾什的诗集为证，而且艾什从约克郡回来之后就向她坦白了和拉摩特的关系。她不仅阅读了拉摩特写给艾什的信，而且阅读了艾什临终写给拉摩特的信，那封信透露了一个惊人的秘密，即艾什和拉摩特有一个孩子。然而，埃伦是一个以非常谨慎的态度对待自己日记的女人，因为她认为"这对于那些喜欢搜集名人隐私的盗尸者和贪婪的人既是防卫又是诱饵"。因此，作为第一人称叙述者，她最不可能把心底的秘密吐露给别人，甚至是给她自己。所以，在艾什死后，埃伦烧掉了丈夫写给拉摩特的最后一封信，因为她认为这封信会给艾什原本荣耀的一生蒙上羞耻。但问题是，如果埃伦把这封信烧掉了，读者又是如何看到它的呢？事实是，读者并不是从历史文本中阅读到这封信的，而是通过第三人称叙述者的直接讲述得知的。这个叙述者不仅展示了艾什和拉摩特最后的信件，而且通过间接内心独白的方式揭示了埃伦绝望的心情，从而讲述了不可讲述的历史往事。

此处，"作者式的叙事干预"让读者再次直面文本的虚构本质，同时又激发读者的想象力，意识到真实与虚构之间没绝对的界限，鼓励他们从虚虚实实的文本世界中去感悟文学和生活的更为深刻的真实。它同时印证了后现代主义关于历史叙述具有语言建构的一些特征，以及通过历史文本和文学想象认识过去和再现历史的可能性与局限性。

小说的最后一章里，当代学者们阅读了埋葬在艾什坟墓里的小黑匣子里的信后，整个故事似乎有了一个完满的结局。可是，此处，在历史叙事中，作者又安排了一则"后记1868"，第三人称全知叙述者再一次出现，向读者描述了一位诗人和一个小女孩见面的场景。这次会面发生于艾什和拉摩特结束关系的9年后，艾什辞世的前21年。

叙述者言道："有些事情发生了，但没有留下痕迹，既没有被讲述也没有被记录下来，但是我们不能说下面的事件只是悄悄地进行，似乎从未发生过……两个人相遇了，在那炎热的五月，但是他们的会面后来从未被提及。它是这样进行的"。

此处，叙述者第三次与读者玩起了小把戏，但是很快读者就分辨出那位诗人是艾什，而那个小女孩是他的女儿梅娅。艾什用树枝条为女儿编织了一个花冠，作为交换得到了梅娅的一缕头发——金发。至此，读者才意识到所有人，包括当代学者们，埃伦和读者自己都误读了文本，意识到珍藏在艾什怀表里的"那缕金发小辫子"不是拉摩特的，而是梅娅的发辫。

最后一次的"作者式叙事干预"质疑了文本结局的确定性。通常来讲，读者不可能知晓父女之间的会面，因为这次会面没有被记录在任何历史文献里，但是读者最终还是知道了，因为它被讲述了。此处，拜厄特又一次实践了后现代主义关于历史叙事具有语言建构的种种特征这一理念，用叙事本身填补了历史空白，使读者有可能了解过去的真相。因此，"后记1868"又一次体现了文本的后现代性，因为"它使得一切都变得不确定，结尾也变得不可靠，以赋有罗曼司特征的叙事干预与读者捉起了迷藏"。

约翰·福尔斯在《法国中尉的女人》的创作中提供了三种不同的结尾：首先是一个传统的维多利亚式的结尾，查尔斯和他的未婚妻厄内斯蒂娜结婚了；第二个结尾为了满足读者的愿望，查尔斯和萨拉团聚了，萨拉还为查尔斯生下了他们的孩子；第三个结尾是为了激发读者的想象力，查尔斯和萨拉最终分手了。第三种结尾是最有趣的，因为作者把决定主人公命运的权力让渡给读者，而读者可以根据自己的愿望和想象随意地安排不同的结尾。同样地，在《占有》的创作中，拜厄特也提供了两个结尾，第一个结尾使得历史叙事和当代叙事汇合，使过去和现在达到融合和延伸，拉摩特的最后一封信揭示了莫德的身份；第二个结尾是在历史叙事层面上的继续延伸，它深刻激发了读者的历史想象力，他们不禁要问：除了父女之间令人意想不到的会面，历史上究竟还发生了些什么事情？

三 后现代语境下的拜厄特独特的历史观

《占有》被当代学者定义为"新型历史小说"或"新维多利亚小说"，抑或"后现代维多利亚小说"（Janik，1995；Schiller，1997；Brink，1998），主要是由于"对维多利亚的历史叙述始终被一种自我指涉和自我反诘的后现代意识所统摄"，使小说具备后现代主义的小说的某些特征或元素，以及其传承了19世纪小说的历史史实编撰传统等等。谈及后现代语境下的历史小说，我们不能忽视新历史主义对其产生的深刻影响。

美国学者路易斯把新历史主义描述为"文本的历史性和历史的文本性的相互关照"。它是指历史不再被看作是一系列客观的、一成不变的史实；相反，正如与其相互作用的文学一样，是一个自身同样需要被阐释的文本。另一方面，任何文本都是话语，似乎都在呈现和反映外部的现实，实际上，它是表现某个特定历史时期状况的话语。另一位新历史主义学者，美国历史学家海登·怀特在"历史与文本"这一问题上走得更远。在他看来，历史记录本身就是文本，等同于文学创作，历史和小说都是人类的创造物，都是建立在人类的想象的基础之上。"历史不再是一成不变的对过去发生的事件的记录，而是一种与历史编撰者的意识形态、价值判断、叙事方式密切相关的修辞性文本。"然而，马克思主义批评家弗瑞德·詹明信批判了后现代的历史编纂学，因为在他看来，它只强调文本即证据，而完全忽视了那个实际存在过的过去。他声称，"作为历史参照物的过去被迫消解在自我指涉的文本中"。詹明信担心后现代主义过度关注历史即文本，会把人们的注意力从关注过去真实发生过的事件转移到单只对那些事件的阐释上来。

作为后现代语境下的文学评论家和小说家，拜厄特熟知后现代批评家和史学家所提出的关于历史的种种观点和看法。她对于历史叙述中真实与虚构的关系、叙述者的视角与想象性建构的看法，显然受到新历史主义历史观的影响。很明显，《占有》承认那个真实的过去的存在，同时也强调在它转化成文本之前，读者无法了解过去这一事实。小说中20世纪80年代的学者们主要是通过新近发现的文字证据来查明过去的真相，重新评价两位虚构诗人的生活。与此同时，拜厄特对于后现代思潮中那种将历史完全等同于文本，将历史所指彻底放逐的历史相对主义观念并不认同。她相信一定存在着实际发生过的历史过去，即她试图保存和赞颂的维多利亚的过去，意识到历史真实的不可企及，但她又绝对不放弃对历史真相的不懈探索。

拜厄特深知，以文本形式出现的历史记录本身具有自我指涉的、不全面的、片断式的以及主观性强的特点，使得原本就扑朔迷离的过去变得更加难以捕捉。因此，在她重建维多利亚历史的过程中，拜厄特表现出修正主义者的姿态重新建构过去，质疑史实的准确性（比如，她再现了维多利亚女人们的历史），强调发生在历史记录以外的事件（比如，在历史叙事中的三次"作者式叙事干预"，表明了历史真相的难以触摸）。尤其是那封被烧掉的信和那缕金发，深刻暗示读者，有些事情虽然没有被文字记述，但它们的的确确发生过，仍然具有现实影响和意义。它们似乎在随时提醒读者，所谓的历史是由无限知道的、不知道的、发现的、杜撰的、忽视的和有意隐匿的小写的历史构成的。

正如在《选择：关于〈占有〉的创作》一文中，拜厄特本人也提到她在维多利亚历史叙事的三个章节中跳出了第一人称叙述模式，而是运用"作者式叙事干预"，采用了第三人称全知叙述视角，这是一种有意识的选择。并提到她曾收到了来自世界各地的愤怒的读者的信件，批评她为什么不坚持明智地采用第一人称叙述视角对维多利亚历史进行再现，而是要采用"作者式叙事干预"这一策略；并且认为在以上三个章节中，第三人称全知视角的侵入完全是一个错误，因为它不合时宜地打破了历史叙事的常规。就此问题，拜厄特言道："我的决定是有意为之的。它可能是有争议的，原因如以下两个。我确实相信传记是一种皮影戏，而真正至关重要的是那些生活片段拼接中所遗漏的东西。我也相信这个第三人称叙述者在最近的过去一直很克制，它既不渴望也不假装成为上帝，而仅仅是叙述声音，说出它所知道的事情。我想表明这样一种声音使得读者贴近人物的情感和思想，而不用去佩服小说家的聪明。这是一个非常好的反讽，即作者和读者分享当代批评家和学者们所不能够发现的东西。"

[作者单位：哈尔滨工业大学（威海）]

《师生同享高效教育》内容提要

尹安玲

《师生同享高效教育》主要是针对当前"教师教得累，学生学得苦""课堂教学效率低""人才的培养以'分数'为中心"等问题而写的。旨在帮助教师寻求心中理想的教育，树立"为祖国的繁荣昌盛而教"的思想，追求"让每个学生都享受到优质高效的教育，使每个孩子都能成为最好的自己"的教育境界，同时让教师享受到高效教育带来的快乐，并能以饱满的热情、丰厚的底蕴、良好的修养、精湛的教学技艺投入到教育工作中去。因此，该书对教师的专业成长以及教育教学改革等都具有极大的指导意义。

该书从如何让教师与学生同享高效教育的角度，回答了以下三个方面的问题。

一是做个什么样的教师——做有感召力的教师。

主要从教师自身的素养（有责任感、有思想、有智慧）等方面，谈如何做个让学生喜欢的、能实施高效教学的教师。

当今社会，质量、效率是各行各业共同追求的目标，教育教学也应以质量和效率作为自身存在的根据和价值。我们要追求的就是让孩子享受高质量、高效率的教育。那么如何让学生享受到高质量、高效率的教育？首当其冲是做个孩子喜欢的，能实施高效率、高质量教育的教师，即对学生有感召力的教师。作者认为，一个有感召力的教师，是学生喜欢的"朋友式"的教师，能走进学生心灵深处的教师。这样的教师学生喜欢亲近他，追随他，学习他，乐于接受他的一切教诲。一个有感召力的教师，是学生敬仰的"领袖式"的教师，能当好学生引路人的教师。这样的教师以其深厚的底蕴、聪明的才智、真知灼见感染着学生，吸引着学生，引领着学生。而没有感召力的教师，学生不仅会对他们所教授的课程不是那么注意和勤勉，对他们的赞扬和斥责也不会十分在意，有时甚至置若罔闻。因此，一个有感召力的教师，其言谈、举止、品格、情感，甚至一个眼神、一丝微笑，都可能起到强化或改变学生的道德观念、学习态度和行为习惯的作用。教师的感召力直接制约着教育教学的效果，制约着学生的发展水平及对教育的"享受"程度。

那么，怎样才能成为具有感召力的教师呢？作者认为：

第一，教师要有责任感。责任感有大有小，有高有低，作为教师必须具有高度的责任感，才能担当得起"教师"的职责。一个有高度责任感的教师才会赢得学生的信任和敬重，才能更好地成就学生、发展学生。书中以事实为例，来唤醒教师的责任意识——"责任创造生命的奇迹"。告诫教师，不应凭空等待奇迹的出现，而是要把自己的全部交给孩子，为孩子的生命负责，为孩子的发展负责，把平时的每件小事做好，奇迹就会不期而遇；用大量的典型事例，告诫教师要有"大爱"，并知道如何去"爱"，用"大爱"来成"大器"；提醒教师要有激情，以点燃学生的生命之火；要讲究气质，修炼自己，用自己的学识和人格去感染学生；要有忧患意识——"不是工作需要我，而是我需要工作"，鼓舞教师的工作热情；让教师明白"教育的土壤里缺少什么"，明确自己的责任……

第二，教师要有思想。一名对孩子有感召力的教师，首先要有自己的教育思想。学生的发展，需要教师用正确的教育思想引领。有思想的教师才会培养出有思想的学生来。有思想的教师对学生具有极强的吸引力。思想是何物？思想是看不见摸不着的，却是威力无边的。英国首相丘吉尔有这样一句名言：我宁愿失去一个印度，也不愿失去一个莎士比亚。可见，"一个有思想的人，才真是一个力量无边的人"。人是靠思想站起来的。思想决定着一个人的行为，决定着一个人的发展高度，决定着一个人的影响力以及人生的价值……

通过一些具体的事例，让教师明白：思想人人都会有，只要有心，人人都是思想者；思想不是权威人士的专利，也不受年龄、性别的限制，只要你在思考；思想不是从天上掉下来的，是在坚持不懈的"否定与肯定"中、反反复复的实践中诞生；思想拒绝蛮干，思想成就辉煌……让教师用思想的光辉照亮孩子前进的道路，以享受到作为一名教师"用思想培育出值得自己崇拜的学生"所带来的最大的快乐。

第三，教师要善于用智慧把细节做亮。学生的大收获往往是在一些小的细节中获得。教师要善于用自己的聪明才智，做亮细节。学生能否享受教育，主要通过细节来实现。细节能反映出一个教师的教学功力，细节能影响孩子的习惯与品行，细节能左右学生的收获与成长，细节体现品质，细节隐藏机会，细节决定着成败……书中用大量的事例，阐述了教师为什么要有智慧，为什么要注重细节。而细节又是从教师最熟悉的却又最容易忽视的说话"重复"、时间的利用、提高学生的注意力、教学中的教育瞬间的把握等方面，阐述了关注细节的重要性。教育无小事，事事有教育。教育教学中的小事情看似无关紧要，却对学生的思想品德的形成、良好习惯的培养、全面素养的提高等方面产生着深远的影响。一个成熟的、严谨的、有底蕴的、有经验的教师所实施的教育之所以成功，是因为他能抓住学生身上所表现出来的最细小的东西做文章，好的发扬光大，错的决不放过，从而让学生一步步走向健康的光明的人生。

二是给学生一个什么样的课堂——让学生享受一个充满磁力的高效课堂。

主要从课堂教学的角度谈如何进行高效教学，如何做到让学生"享受"这样的教学。

作者认为，学生接受学校教育80%的时间在课堂，课堂的质量决定了学生发展的水平，决定了学生享受教育的程度。那么学生喜欢什么样的课堂？学生需要什么样的课堂？这是每一位教育工作者必须面对的问题。为什么自己费尽心机设计教学过程，用尽心思使用先进的教学手段（录像、多媒体课件、投影），使用多种教学方法（演一演、唱一唱、画一画、游戏进课堂），而课堂教学效果却总是不尽人意呢？是刻意的雕琢、多余的粉饰让课堂效率大减。朴素的、实效大的就是最好的。朴实讲究节约，不浪费；朴实讲究实效，不花哨，但又不失自身的"高贵"。高效的课堂追求的是高效率高质量，即在单位时间内，用最简洁、最有效的方法获得最大的教学效益！教学不简单，但要简单教。要让我们的课堂朴素高效而不失其"高贵"却并不是一件容易的事，需要我们全身心投入其中，去揣摩，去探索。

不同的孩子会有不同的喜好和需求，不同的教师对课堂的理解和感悟也会因人而异。但有一点是能够达成共识的，那就是学生需要的是有吸引力的课堂，能让他们收获成长的课堂。只做到让学生喜欢的课堂是不全面的，它只是满足了学生的兴趣，没有关注学生的收获与发展；只关注学生的收获的课堂也是有偏颇的，它忽略了学生的情感，让学生学而生厌。要给学生一个充满磁力的高效课堂，这样的课堂能让学生快乐收获。书中以语文课堂教学为例，谈了三个方面的内容：

第一，民主开放的课堂——释放孩子的心灵。

讲民主，教师就要和学生肩并肩，手拉手，成朋友。要尊重学生，"要蹲下来和学生交流"。"蹲下来"不在于形式，而在于尊重的实质——对学生人格的尊重，对学生心灵的尊重。这样的民主，会让学生始终跟随着你，并会乐此不疲。讲民主，教师仍要引领，不能放任自流，对学生的错误要坚决说"不"。教育是心灵的艺术，而如何否定学生则是艺术中的艺术。一个真正经验丰富的教师，会在"否定"中蕴含着尊重与激励，激励中潜藏着对学生更高的发展要求，总是给学生不断进取的动力和勇气。课堂只有是民主的，才是开放的。讲开放，就是要开放学生的视野，开放学生的思维，开放学生学习的时间和空间。当然也不能无节制地开放，宗旨只有一个——要让学生在"放"中有更多的收获。

第二，灵动创新的课堂——开启学生的心智。

创新的重要性人人都知道，"创新精神和实践能力"是素质教育的要求，也是教学生"学会做事""学会生存"所需要的。"创新的课堂"，一方面是指教师教学方法要创新，让孩子感到"太阳"每天都是新的，以"新"来吸引孩子；另一方面是指教师要培养学生的创新精神，挖掘教材教学中的创新因素来激活孩子。创新是一把钥匙，能打开学生智慧的大门；创新是一个火把，让黑暗中的孩子紧紧跟随；创新是一粒种子，只要种下了就会收获丰硕。用具体课例指导教师如何在各种课型中（如新授课、复习课、作文课等）对学生进行创新精神的培养。

第三，朴实高效的课堂——满足学生的收获欲。

所谓高效，就是高质量、高效益。造成我们的孩子课业负担重的一个重要原因，就是课堂的低效率。"低效课堂"会让孩子倦怠，并套上"永远也学不完"的枷锁。孩子也有"收获欲""充实欲"。告诫教师不要以为孩子爱玩，课堂上让他们"少学点"，他们就会买你的账。恰恰相反，他们会因此而轻视你的存在，因为，你让他们无获。而一个在民主、开放、创新背景下的高效课堂，是以"效率"为先的课堂。它能满足学生的求知欲，给学生充实感，并给孩子"省"出更多"玩"中学的时间，其产生的吸引力是不可估量的。

高效课堂，要有准确的目标定位，要突出学科特点。就语文阅读教学而言，因其综合性极强，这就使它具有多方面的教育功能，对培养学生多方面的素质有着得天独厚的条件。但也正因为这种综合性，导致了阅读教学耗时多、收效小的问题出现。那么阅读教学的问题究竟出在哪里呢？应该说，问题是多方面的。多年的教学研究发现，除教师自身的素质问题外，主要有两点：一是教师在授课中教学目标不明确或把握不准：一堂课究竟要让学生学会什么，哪些内容是需要重点进行教学的，老师感到茫然。二是教学方式不得当：采用什么样的教学方式来有效地落实教学目标，克服蜻蜓点水般的教学，教师心中没有底。事实上，如果没有了目标，也就失去了方向，无论采用什么方式都是徒劳的。因此，高效教学必须有准确的目标定位。只有瞄得准才能打得狠。

高效课堂，要有预设更需要生成。号召教师在目标的确定上树立"少即是多"的理念，即确定的目标要少，但目标的达成度要高；在教学内容的设计上，要有"牵一发而动全身"的主线，课堂中明晰的教学主线就好比一条精品旅游路线，把学生带进一处处风光秀丽的景点，使一堂课显得有条有理、环环相扣，而且重点突出、精彩纷呈；在教学问题的设计上，要有适合学生思维层次的问题（跳一跳摘到桃子），问题尽量做到问域要宽，问距要大，且有一定的深度，让学生能沉入其中思考解决，教学的效果才会凸显出来，其生成性才能更好地体现出来。

高效课堂，应该是饱满的课堂。一个饱满的课堂一定会给人以厚重的充实感。纵观当前的语文课堂，多数给人以肤浅单薄之感，除受教师个人文化底蕴不足的影响外，更重要的是教师不能充分利用自己设计的"教学训练点"，重锤出击，给学生留下深刻的印记，往往是蜻蜓点水般，这也是造成语文教学低效的一个重要原因。这就需要我们将设计的"教学点"放大。花了心思设计的"教学点"不要轻易放过，一定要扎实到位。一个经验丰富的语文教师，总是能用足自己设计的"教学点"，进行多元立体式的教学，让每一个"点"都散发出耀眼的光芒，给学生更多的语文营养。

高效课堂应是体现"三实"——朴实、扎实、实效的课堂。教学过程是实现高效教学的关键所在，是提高学生素养的绿色通道。以"实"为本的课堂教学为学生全面语文素养的提高提供了可靠的保障。要做到"实"，就必须让课堂凸显学科特点。语文姓"语"，不姓"品"也不姓"科"。我们首先要干好自己的事，别把语文课上成思想品德课或是科学课等。语文课就要充满浓浓的语文味，即语文课要有真真切切的"情味"，语文课要有情真意切的"读味"，语文课要有扎扎实实的"写味"，语文课要有丰富多彩的"说"味。综合前面所述，就语文课堂教学而言，要真正实现让学生享受高效课堂的目标，除了对教师的素养有一定的要求外，最重要的一条是做到"用心"。对于每一节课既不敷衍，也不求全、贪多，要注意看学生掌握了多少，化为学生自己的积淀、形成学生自身的思想、素养的东西有多少，学生学习的情绪是否高涨，这才是高效课堂的根本所在。

　　这些年来，作者所进行的教学研究，主要精力就花在"快乐""高效"的研究上。指导教师参加省、市级优质课评比荣获一等奖，也全凭"快乐"、"高效"取胜。书中呈现给大家的几个教学案例，是作者与教师一起研讨而成的、得到公众认可的、学生高收获的课堂教学实录，以期能给广大教师更多的启迪！

　　三是学生需要怎样的评价——让学生品尝加了"糖"的评价。

　　谈如何用评价促进学生积极主动学习，健康快乐成长。

　　评价在教育发展的进程中起着举足轻重的作用，它制约着教师的教学方式，制约着学生的学习方式及学习动力，是教师与学生能否"享受"教育的关键所在。我们的教育教学每时每刻都离不开评价，评价伴随我们教育教学过程的始终。作为一名教师不能改变"大"环境，可以改变"小"环境，紧紧抓住这一"关键"，用自身的力量，寻求一条促进学生快乐成长的可持续发展之路。这需要我们以全新的理念来认识评价、运用评价。

　　作者认为，评价不是"筛子"，而是助跑器，给学生前进的动力；评价不是教师的专利，而是学生的特权，让学生享受自我教育；评价不是目的，而是实现目的的手段；评价不是一成不变的，而是千姿百态、个性鲜明的……对学生的评价无论采用何种方式，都要坚持这样一个原则，那就是为学生的进步和成长加油！用评价激励学生进步，用评价促进学生发展，用评价帮助学生发现问题并获取更大的发展动力。同时也用评价促进教师不断地改革自己的教学，形成以评促教、以评促发展的良好局面。学无定法，评价也没有统一的尺度，只要我们的评价能从学生的角度出发，考虑到学生的差异性，尊重孩子的心理需要，为他们的发展负责，那么我们的评价就是最具实用价值的好评价。号召教师寻找孩子成长的发力点，迎合孩子的口味，拿起评价这个有力的"武器"，为他们的成长燃起一把火。

　　该书在回答三个问题的同时，将"高效教育""享受教育"的理念贯穿其中，并将语文教学中的"听说读写思"语文能力的培养以及"字词句段篇"基本知识的教学渗透在每一章节中。信手拈来的大量教育故事、教学案例，让一条条枯燥的理论变得鲜活、生动起来，可读性非常强。

　　应该说，该书所有的经验，都来自于作者教育教学的切身体验以及一线最普通的、教学质量较高的教师的教育教学实践，具有普遍性和实用性。

（作者单位：威海经济技术开发区教研中心）

《文学的视觉：欧美文学与电影分析》
内容提要

管恩森

　　《文学的视觉：欧美文学与电影分析》一书主要围绕"作家、文学、电影的互动关系"探讨文学的视觉化问题。该书按照欧美文学发展的历史脉络安排相关章节，既简略介绍时代、社会背景等文学创作环境，又对作家创作、文学诠释与电影改编进行适当分析，深入探讨欧美文学与电影共生双赢的关系。并通过分析电影创作对文学名著的改写与重构，考察文学的电影化与电影的文学性，进而把握全球化语境中电影史与文学史在文化构成中的互动影响。

　　该书内容分为导论部分和 11 章，主要内容如下。

　　导论部分。西方电影界编剧对文学的改编，既有编剧的优良传统承传，又有艺术的不断创新发展，可以说，文学改编已经成为西方电影创作的一大特色。从欧美电影对文学改编的取材上看，一般包括两个方面：一是在时间这一纵向脉络中已经成为经典的文学名著，一是在空间这一横向边界中热门的畅销小说。电影艺术对文学的改编，因电影创作者不同的艺术风格而有不同的方式，一般而言，根据电影改编与文学原著的忠实度来说，约略可分为三类：复写式、改写式、重写式。

　　第一章，荷马史诗与电影分析。荷马史诗规模宏伟，内容丰富，一直是电影创作者偏爱的改编素材，并因不同时代、不同创作者的艺术个性而形成了电影作品中异彩纷呈的荷马史诗电影：《奥德赛》1997 年由美国、希腊等联合摄制成史诗电影《奥德修斯》（或译为《奥德修斯与七海神怪录》）。1997 年版《奥德修斯》高扬起个人主义精神，不断迎接各种挑战和风险考验，对奥德修斯在海上遭遇的各种灾难和风险进行了较为完美的展现，不愧是西方历险片的典范。作为伟大的荷马史诗的开卷作品，《伊利亚特》由文学而改编为其他艺术形态，最早可追溯到公元前 415 年的古希腊戏剧《特洛伊的女人》，时至今日呈现为银幕形象而与电影结缘亦渊源绵长：1924 年，德国导演曼弗雷德·诺亚的《海伦》是第一部取材于《伊利亚特》的电影作品；1956 年，美国著名导演罗伯特·怀斯拍摄了《特洛伊的海伦》（中译名为《木马屠城》），这是他一生中唯一的史诗题材电影；1962 年由斯蒂文·瑞文斯主演的《特洛伊木马》和《特洛伊的最后辉煌》均属取材于特洛伊战争史诗的影片；2003 年约翰·肯特·哈瑞森执导了《特洛伊的海伦》（中译名为《新木马屠城》）；2004 年好莱坞大导演沃尔夫冈·彼德森执导好莱坞大制作的《特洛伊》，更是将好莱坞史诗电影再次推至极致。2004 年版的《特洛伊》电影保持了史诗的诗性美，同时消除了史诗的神性，成为一个关于人间英雄的故事，阿喀琉斯、赫克托尔成为影片讴歌和赞美的英雄。电影使荷马史诗中的英雄褪尽了神性的光辉，但对英雄的礼赞，是影片和史诗共同的主题，这使得 2004 年版较其他版本更接近和忠实于荷马史诗的精髓。因此，从这一意义上说，尽管影片中充满着好莱坞大制作的浮华与奢靡，但却与荷马精神相通，史诗与电影达到了完美的一致，并相映生辉。

第二章，中世纪英雄史诗与电影分析。在英国，贝奥武夫这一史诗英雄具有悠久的文化底蕴，很多电影人都尝试把英雄史诗《贝奥武夫》改编成电影，通过画面和音响来讲述关于一个英雄的传奇故事。2005 年版的《贝奥武夫与格兰德尔》和 2007 年版《贝奥武夫》是较为成功的佳作。2005 年和 2007 年两个版本的电影作品都基本沿袭了史诗《贝奥武夫》的叙述框架和故事情节，二者的不同在于：2005 年版侧重贝奥武夫与格兰德尔的搏杀过程，主要演绎格兰德尔的复仇行为和贝奥武夫寻找格兰德尔并杀死他的历程，描写贝奥武夫与格兰德尔母亲的战斗则简略地予以交代，并没有展开复杂的剧情，影片实际上描写的是《贝奥武夫》史诗的前半部分内容；2007 年版则相对完整地再现了史诗的全部情节，将贝奥武夫的三次决战详尽地铺陈和呈现，每次战斗都浓墨重彩地通过电影手段较为完整地表现出来，相比较而言，2007 年版的艺术性与娱乐性更加突出和强烈。

《尼伯龙根之歌》是日耳曼民族中世纪著名的德语叙事诗，歌德曾将其与荷马史诗相媲美，后人则把这部史诗称为"德语的《伊利亚特》"。2004 年版的电影《尼伯龙根的指环》是在德国史诗《尼伯龙根之歌》和北欧神话"沃尔松格传说"的基础上改编而成的。该版影片的改编基本浓缩了史诗原著的内容，将重点放在了史诗的上部，着力表现财富与诅咒、占有与私心、阴谋与爱情、遗忘与迷情、背叛与惩罚等主题，其中，爱情主题成为主线，而财富变为副线，因此，影片将史诗的情节作了适当调整。

第三章，《圣经》与电影分析。《圣经》不仅是宗教经典，同时也是一部伟大的文学作品，甚至有人将它与"荷马史诗"并列为世界文学名著。在西方电影史上，许多导演在进行电影创作时都涉及宗教题材，或直接表现宗教内容和主题，或间接地在影片中探讨宗教信仰问题。较为著名的导演如英格玛·伯格曼、皮埃尔·保罗·帕索里尼、基耶斯洛夫斯基、阿尔弗雷德·希区柯克、西席·地密尔、罗伯特·怀斯、马丁·斯科西斯等等，都创作了许多包含丰富宗教内涵的影视作品，如《参孙与达利拉》、《大卫王与拔示巴》、《所罗门王与希巴女王》、《霸王妖姬》（即《士师记》）、《暴君焚城录》、《保罗的故事》、《雅各》、《万王之王》、《大卫的故事》、《万世流芳》（《最伟大的故事》，米高梅公司，1965 年）、《摩西的故事》、《以斯帖的故事》、《耶稣的生平》、《所罗门》、《亚伯拉罕》、《使徒行传》、《约瑟的故事》、《叛徒犹大》、《诺亚方舟》、《洪水灭世》、《魔鬼末日》、《以色列人的传奇》、《启示录》、《出埃及记》、《耶利米书》、《黑色十字架》、《与王一夜》等。可以说，《圣经》作为西方文化的精神渊薮，激励着一代又一代电影人从中发掘创作题材，不断激发创作灵感，创造更加丰富完美的《圣经》影像艺术。

第四章，莎士比亚戏剧与电影分析。莎士比亚的戏剧可能是电影界最青睐的改编来源，他的戏剧被无数次地改头换面搬上银幕。莎剧每次改编而成影片，也往往与各种电影大奖有缘，就连虚构的莎士比亚爱情故事拍成电影《莎翁情史》，也同样获得了 1999 年第七十一届奥斯卡七项大奖（最佳影片、最佳女主角、最佳女配角、最佳美术指导、最佳服装设计、最佳原著剧本、最佳电影配乐）。据不完全统计，有 37 部莎士比亚戏剧被改编成了 400 多部电影。在不同的国家还出现了大量的以莎士比亚戏剧的主要情节结构为蓝本重新编写的电影作品，如动画片《狮子王》、中国的《夜宴》、日本的《乱》等；还有许多影视作品尽管不是直接取材于莎士比亚戏剧，但在风格上也刻意去模仿莎剧，如中国曾经拍过一个电视连续剧《大明宫词》，该剧的语言风格也公开宣称具有"莎剧风格"。莎士比亚戏剧改编如此之多、影响领域如此之广，都堪称世界文学与电影改编史上的一大奇迹。

第五章，雨果小说与电影分析。维克多·雨果（1802～1885）是法国 19 世纪浪漫主义文学的杰出代表，著名的小说家、戏剧家和诗人，是法国文学史上最伟大的作家之一，被称为"法兰西的莎士比亚"。影片《巴黎圣母院》则以鲜活的影像，再次为我们讲述了这美与爱的悲歌。该片拍摄于 1956 年，导演是让·奥朗什、雅·普雷韦尔，主要演员有让·德拉努瓦、菲力浦·克雷、罗贝尔·依赫什、阿兰·库尼、吉娜·罗洛碧吉达、安托尼·奎恩等。该片既忠实于原著精髓，又另有取舍，蕴含了深刻的思想内涵。时至今日，依然被作为传世经典而成为全世界电影爱好者的收藏佳作。《悲惨世界》被认为是电影、电视改编"永恒的主题"，自1862年问世以来，一直是影视工作者改编的热点。早在1912年，经雨果本人同意，它就由百代公司拍成四段式故事片，当时曾被史学家称作"艺术电影最成功的作品"。它曾19次被拍摄成电影，4次被拍成电视剧。美国曾4次把该小说改编成影片，甚至连埃及也拍过《悲惨世界》。

第六章，海明威小说与电影分析。海明威自身的传奇经历和他小说所具有的生动性，使得电影编导们特别青睐改编他的作品。他的小说《乞力马扎罗的雪》《丧钟为谁而鸣》《永别了，武器》《太阳照常升起》《老人与海》等以及他个人的经历都多次被改编成好莱坞影片。1957年20世纪福克斯公司出品了影片《太阳照常升起》（The Sun Also Rises），亨利·金任导演，泰隆·鲍尔饰演巴恩斯、爱娃·加德纳饰演勃莱特·阿施利夫人。影片基本因循了小说的情节，用影像演绎了一段令人哀伤、怅惘的恋情。《永别了，武器》1932年由著名导演弗兰克·鲍沙其执导，海伦·海斯和加里·库柏联合主演，将该片改编演绎成了一部爱情故事片。1957年20世纪福克斯公司再次重拍，该片由查尔斯·维多、约翰·休斯顿执导，罗克·哈德森和珍妮弗·琼斯主演。由于电影审查制度的放松和电影艺术自身的发展，影片基本遵循了小说原著的情节，没有改变亨利和凯瑟琳未婚先孕的情节，亨利和凯瑟琳始终没有举行正式的婚礼，但却深深地彼此相爱着，这就更增加了小说和影片的悲剧感。《乞力马扎罗的雪》1957年摄制完成。影片在海明威小说的基础上，结合海明威个人的传奇经历，进一步丰富了小说情节和内容，通过哈里的回忆，分别讲述了四段不同的情感生活，把海明威作品中关于死亡主题的思辨演变为海明威式的恋爱史。同时，编创人员还根据当时观众的心理需求，完全改变了小说的结局，使之成为一个花好月圆的完美故事。《老人与海》也受到了电影编创人员的青睐，曾经多次被改编为电影。1990年英国导演裘德·苔勒执导的《老人与海》吸取了1958年版过于拘泥原著的教训，大胆地对部分情节进行了增补，增添了作家夫妇在古巴海边小镇的采访与写作，并使之成为全片的贯穿线索。很显然，这位新增加的作家带有海明威的影子：一位作家和他的妻子来到哈瓦那海边的小镇上，看到了一个饱经风霜的老渔夫，这位老渔夫就是桑提亚哥。于是，影片采用了多种视角去观察和呈现这位时运不济但却永不服输的老渔夫，表现他面对各种困境表现出的硬汉子精神。

第七章，大仲马小说与电影分析。大仲马文学的主要成就在于通俗小说创作方面，代表作有《三个火枪手》（中文旧译名为《三剑客》，1844）、《玛戈王后》（1845）和《基督山伯爵》（中文旧译名《基督山恩仇记》，1845）等。由于他的通俗小说充满浓郁的传奇色彩，故事性强，情节曲折生动，具有强烈的艺术吸引力，因此，历来受到影视剧编导的青睐和厚爱。几乎所有的作品都被以不同的艺术形式改编，如《基督山伯爵》《铁面人》《三剑客》《玛戈王后》均有电影出现，并不断推出新的重拍版本，形成了影视改编中的"大仲马热"。2002年好莱坞大导演凯文·雷诺兹摄制了《新基督山伯爵》（或译为《绝世英豪》），尽可能地吸收和容纳了原著的情节因素，但他并没有墨守成规，对原著亦步亦趋，而在题材选择和情节改编中表现出大胆的艺术再创造，融会进了现代人的思考。

第八章，夏洛蒂·勃朗特小说与电影分析。夏洛蒂·勃朗特（1816～1855）是19世纪英国著名的现实主义女作家，曾被马克思誉为"现代英国的一批杰出的小说家"之一。其长篇小说《简·爱》是英国文学史乃至世界文学史上的经典作品，是女性文学的代表作之一。它吸引了众多电影人的青睐，不同的电影人在各自的作品中以各自独特的角度阐述了对作品的理解，使得它不断被搬上舞台和荧屏。根据相关的统计，自1910年开始到2009年，先后拍摄了20多部不同版本的《简·爱》电影、电视作品，如1910年、1914年、1915年、1921年、1934年、1944年、1952年、1955年、1956年、1958年、1961年、1968年、1970年、1973年、1983年、1996年、1997年、2006年、2009年等均有关于这部杰出小说的影视作品推出，这可以说是小说改编影视史上的一大奇迹。

第九章，狄更斯小说与电影分析。19世纪英国现实主义作家狄更斯的小说《雾都孤儿》原名为《奥立弗·退斯特》，中文将其翻译为《雾都孤儿》。这是狄更斯继《匹斯威克外传》之后的第二部长篇小说，也是他的第一部社会批评小说。在1909年就出现了《雾都孤儿》的电影版，但此时电影艺术尚未成熟。此后又有1922年默片版、1933年版、1848年黑白版、1968年歌舞版、1985年电视剧版、2000年电视剧版等。2003年，欧洲大师级导演罗曼·波兰斯基重新演绎狄更斯的这部小说，推出了新版《雾都孤儿》，期望在《雾都孤儿》中表达一种理想主义的温情，能够带给童年的孩子们一份希望和温暖。为了表现苦难生活中的温情，影片成功地运用了色彩和光照，大量暖色调的运用，使得青灰色的苦难生活笼罩着浓重的暖意。

第十章，米切尔小说《飘》与电影《乱世佳人》分析。玛格丽特·米切尔作为美国现代女作家，她的名字是与小说《飘》紧密联系在一起的。而小说《飘》能够飘红世界，则与一部史诗般的影片《乱世佳人》分不开。对于玛格丽特·米切尔来说，尽管由于生平短暂，没有留下太多的作品，但一部小说《飘》，就足以奠定她在世界文学史中的地位，因为这部小说一出版，就立刻成为最畅销的书，而小说改编成为电影后，也成为世界电影史上的经典。作家、小说、电影，互相影响，共同成就了文学与电影史上的一段奇迹与荣耀。《乱世佳人》是好莱坞电影史上最值得骄傲的一部旷世巨片，影片放映时间接近 4 个小时，历来都是观者如潮，好评如潮，其魅力贯穿了整个 20 世纪，因此有好莱坞"第一巨片"之称。在 1939 年的第 12 届奥斯卡奖评选中，该片一举夺得八项金像奖：最佳影片奖、最佳艺术指导奖、最佳编剧奖、最佳导演奖、最佳摄影奖、最佳女主角奖、最佳女配角奖和最佳剪辑奖。该片还荣获了美国影艺学院彩色摄影特别奖以及纽约影评协会最佳女演员奖。1977 年被美国电影学会评选为"美国十大佳片"之一、美国百部经典名片之一。该影片的原底片被安置在一只金罐里，成为电影史上一件珍贵的文物。

第十一章，纳博科夫《洛丽塔》小说与电影分析。《洛丽塔》一经问世，就被贴上了情色标签，引起了广泛的关注。善于寻找新颖题材和精彩故事的影视编导们，自然不会放过这部小说的电影创作。截至目前，根据《洛丽塔》改编的电影有两个版本：一是 1962 年库布里克版；一是 1997 年阿德里安·莱恩版。如果说纳博科夫小说表现的是一种病态和悔罪，库布里克影片表达的是人性的压抑与毁灭，那么，阿德里安·莱恩通过影片表达的则是一种无奈和伤感，甚至是一种心碎的痛苦。与 1962 年库布里克版影片相比，1997 年版的《洛丽塔》在创作空间上有了很大余地，因此，该版电影叙事更加流畅饱满，演员的表演更为出色。该片最大的成功之处在于：一个擅长通过影像表现情色内容、情欲主题的导演，选择的是一部表现超级禁忌题材的小说，最终制作完成的却是一部严肃得让人压抑和无奈的影片，远离了禁忌情色，回归了心灵拷问。而这，恰恰是该片之为经典的最大价值。

该著作的学术贡献在于它是目前国内第一部探讨欧美文学名著与电影改编的著作，也是高校通识课程中第一部关于"欧美文学名著电影鉴赏"的教材。因此，从一定意义上说，该教材的出版填补了目前国内高校通识课程教材的一个空白。

[作者单位：山东大学（威海）]

对世界汉语热和汉语国际推广
工作的认识与思考

尹海良

西方曾有一位语言学家预测说，在未来的千年世界上最通行的语言恐怕只有三种，那就是英语、汉语、西班牙语。而西方另外一位作家在论及新世纪流行最广的语言时也说，可能有四种语言深受世人欢迎，他指的四种语言，除了英、汉、西语外，还有就是阿拉伯语。种种现实和预测说明，汉语在今后的国际社会中将会发挥越来越大的作用。

一　汉语热的历史背景和因由

英语凭借其独特优势在全世界的推广和国际事务中的话语权地位已不可动摇。如果说中国已经持续了20多年的英语热，表明了中国走向世界的坚定愿望——中国的发展需要世界，那么最近几年来兴起的世界性汉语热，则体现了一个正在和平崛起的中国开始显示对于世界的日益深入的影响力——世界的发展离不开中国。语言是文化的载体，当一个国家的民族语言被作为外语普遍学习的时候，就在相当程度上反映了该国国际地位的真正提升和国家软实力及国际影响力的深化。汉语热就是在中国和平崛起的大背景下形成的，具体表现为：

1. 中国机会

中国的经济发展给世界带来了前所未有的商业机会与就业机会。外国人学习汉语的原因多种多样，但功利性目的是其基本的动力。一个人是否选择学习一门外语，以及选择学习哪一门外语是要讲求付出与回报的"性价比"的。当前外国人的汉语学习需求大致有"了解新鲜事物、到中国旅游、就业、到中国学习、研究中国、欣赏传播中国语言与中国文化"等，但学好汉语以便给他们带来许多求职和就业的机会，或更多的商业机会却是最主要的动机。中国在世界经济与贸易领域中的联系网络已经深入而广泛、密切而频繁，由此一个拥有世界最庞大人口的中国为世界提供了前所未有的市场和无限的商业机会。道理很简单，来华投资以及来中国从事贸易的外国公司越来越多，就需要大量懂得汉语和中国文化的人才，不然就难以很好地把握商机。如截至 2004 年 7 月 27 日，韩国仅在山东注册投资的韩资企业就达 8586 家，占全省外商投资的 24.2%，也因此在中国学习的留学生中韩国人是最多的。同时，在海外投资的中国企业也越来越多，这些海外中国企业也需要大量懂得汉语的"老外"。即使仅仅从大量中国人出国旅游这一件事来说，对象国就需要大量懂汉语的导游、导购、翻译以及娱乐、餐饮等相关行业的服务工作人员。韩国的年轻人如今要在一些大公司谋职，即使已经从美国的大学拿到了博士学位，也还得过中文这一关。这一切都说明，学好汉语就意味着商机和就业机会，而绝大多数学习汉语的外国人也主要是基于这样的认识做出选择的。

2. 中国信心

中国经济的成功发展使世界对中国的未来充满了信心，对中国的前景怀有希望。中国从 1978 改革开放到 2008 年，经济保持了年均 9.6% 的持续高速增长，并且中国经济在未来相当长时期内的可持续高速发展的前景仍然被世界所普遍看好。世界经济论坛主席施瓦布在 2008 年夏季达沃斯论坛（天津）新闻发布会上就这样认为，"中国将会成为引领世界经济未来发展的主导力量"。同时中国的经济发展也带动了各项制度的改革和创新，一个潜力无穷而且生机勃勃的中国，必然是一个让世人产生希望、信心与遐想的国家。因此，学习汉语对于许多人来说，中国不仅仅意味着现在的机会，更意味着未来的机会。如在美国，从 1992 年至 2002 年间，上大学以前学汉语的总人数从6000 人增加到 24000 人。调查表明，有 2400 所学校希望能开设汉语课程，许多学校已经从小学开始开设汉语课程。在法国，共有 1.2 万人在学习汉语，并且这个数字正在以每年 20%～30% 的速度增长。国家汉办副主任马箭飞在进行过对外汉语教学的实地调研后说，外国人学习汉语的目的已从单纯地对中国文化感兴趣，转为要凭借懂汉语的语言优势，到中国就职，与中国人做生意。由北京语言大学汉语水平考试中心负责实施的汉语水平考试（HSK），参加人数逐年递增。2005 年的实考外国考生总人数达到近 12 万人，比 2004 年同比增长 26.52%，2006 年超过 16 万人。汉语在中国的近邻韩国和日本更是炙手可热。韩国已有近 200 所大学开设汉语课程，汉语考试已被正式列入

韩国外语高考科目；日本现有超过 200 万人学习汉语，开设中文的高中数量
从 1986 年的 46 所增加到 2003 年的 475 所。诚如亚洲协会教育部主任迈克
尔·莱文说："汉语变得热门起来是因为'学汉语是开始与中国打交道的有趣
方法'。"因此，"中国希望"和"中国前景"无疑促使许许多多的人把学习
汉语作为对未来的选择。试看 20 世纪 90 年代以来参加 HSK 考试人数的增长
情况：

年份	国内	国外	总数
1990	1934		1934
1991	1573	499	2072
1992	2167	749	2916
1993	2717	1590	4307
1994	4821	2233	7054
1995	8593	3717	12310
1996	11060	5374	16434
1997	11672	5814	17486
1998	24960	6410	31370
1999	18810	6833	25643
2000	22270	8327	30597
2001	26889	12829	39718
2002	40230	18582	58812
2003	35101	26846	61947
2004	56997	32425	89422
2005	79051	38645	117696
2006	89857	72924	162781
总计	438702	243797	682499

3. 中国认同

我们一贯坚持并主张构建"和谐世界""和谐发展"的理念，而中国的
发展和日益崛起，也确实带来了中华民族文化自信心的回归和海外华人华侨
民族认同感的强化。海外华人华侨由于特殊的历史原因，或在一些发达国家
里民族文化长期受到不同程度的歧视与压制，或在如东南亚的一些国家里以
种种形式限制华人对母国文化的认同。在中国积贫积弱的时代，他们的文化
自信心自然也比较弱。而如今随着中国经济的发展、崛起和国际地位的大幅

度提升，华人华侨有了更多的民族自豪感，重新找回了中华民族的文化自信心，他们对中华文化的认同感重新强化。在这种情况下，马来西亚华人关于"是华人就得学汉语"的观念很有代表性。这也是大多数华人华侨让子女学习汉语的文化心理动因或精神动力。据统计，现在海外华人大约有3000万，华人华侨子女占了海外汉语学习者的很大比例。其实不仅仅是定居海外的华人，就是短期在国外学习、工作、旅游的普通中国人，近些年也都明显地感到了被尊重程度的提升。

4. 中国形象

在经济快速发展的同时，中国也展现出具有中国特色的文化魅力和发展模式。近些年来，中国以积极开放的心态和负责任大国的形象走向世界。中国渴望世界，世界也需要中国。中国政府在经济上积极与国际接轨，如申请加入WTO；政治上从早先的"体制外"国家转变为国际规则与制度的合作者，如参与国际反恐，在生活中涌现出姚明这样的国际巨星；在科学技术上有"神舟"七号飞船上天，中国人也开始了漫步太空。所有这一切，都让世界看到了一个软实力和硬实力齐头并进的良好的中国新形象。中国的发展使得"中国模式"成为世界许多人的新希望和兴趣点，并促使一些人从中国的传统文化中寻找"成功因子"，如中国的儒家伦理与经济发展的关系、墨家理论与现代化的关系、中国价值观的世界意义等。而2008年北京奥运会"无与伦比"（exceptional）的冲击呈现又一次把中国形象推向了历史的顶峰。因此，中国成功而独特的经济发展模式、中国文化的复兴态势与中国积极开放地走向世界，共同塑造了一个良好的"中国形象"。许多人学习汉语的兴趣，很大程度上源自于"中国形象"的感化。

5. 中国推力

中国政府的积极推动也在一定程度上催化了海外的汉语热。HSK的推广、"汉语桥工程"的实施、"海尔杯"在华留学生汉语大赛（2008年首发）、海外"孔子学院"的创办、中国派遣汉语教学人员出国直接执教或培训当地的汉语师资，等等，这些措施都是经由中国政府批准和同意甚至鼓励才得以实施的，反映了在当前的世界性汉语热中中国政府的自觉作为。其实综观世界其他发达国家语言的推广，政府的扶持与决策都是不可缺少的。

二 汉语热：中国准备好了吗？

面对汹涌而至的世界汉语热，中国是否可以如北京奥运会那样坚定而自信地说"我们已经准备好了"呢？从现状分析，至少到现在我们还没有那份自信。

1. 师资保障

为了确保对外汉语教师队伍的基本素质，我国自 1990 年颁布了《对外汉语教师资格审定办法》，开始实施对外汉语教师资格证书制度。根据形势的发展，2004 年 10 月又颁布了《汉语作为外语教学能力认定办法》，同时废止了《对外汉语教师资格审定办法》。2004 年开始在海外设立以教授汉语和传播中华民族文化为宗旨的非营利性机构，并命名为"孔子学院"。目前已在 64 个国家和地区建立了 210 所孔子学院（包括孔子课堂），其中 125 所已开班授课，还有 61 个国家的 200 多个机构提出了开办申请。不断升温的"汉语热"促进了中外友好交往，激发了中华儿女建设祖国的豪情壮志。然而，与海外"汉语热"形成鲜明对照的是，国内汉语教学人才匮乏。据 2007 年发布的《中国语言生活状况报告》显示，2005 年全球学习汉语的外国人近 4000 万人，而从事对外汉语教学的教师不足 4 万人，师生比为 1∶1000。持有《对外汉语教师资格证书》的目前仅有 5000 余人。该报告还预测，到 2010 年，全球学习汉语的人数将达到 1 亿人，需要数百万名汉语教师。教师的缺乏显然于汉语国际推广不利。

2. 教材开发

汉语国际推广目前面临两大瓶颈，除了缺乏"合格"的汉语教师外，另一个就是缺少适合海外的所谓"精品教材"。造成这种局面的主要原因是我们缺少一个面向世界汉语教学的、大家普遍认同的汉语教学与评估标准。现在出版的教材重复率比较高，利用率比较低，教材的形式比较单一，缺少特色。作为出版社则着力追求大而全，很少注重少而精。北京大学李晓琪教授从 16 个方面谈了未来汉语教材编写应该注意的问题。这说明，汉语精品教材亟待开发和有所作为。

3. 基地建设

扎实搞好对外汉语教学基地建设，为促进和带动国内汉语教学，并对海外汉语教学发挥支持作用。重点建设国内若干所对外汉语教学基地院校和若干所边境、沿海地区的高校，以重点支持周边国家汉语教学发展。然而，目前基地的建设有很多功利因素的干扰和政府行为，创建基地成了类似评先进的评选基地，缺乏真正意义的竞争和活力。已经获评的基地，大多只是挂个牌子，没能真正发挥出基地预期的骨干作用和辐射示范作用。

4. 教学管理

高校留学生的管理与中国学生有很大的不同，除了主要的语言和心理文化等差异外，入学、作息、住宿、课程、考试等各个环节都需要格外注意。很多高校对此采取的是与中国学生"一视同仁"、一刀切的做法，造成了管理上的很多问题。虽然国家已于2000年1月份出台了《高等学校接受外国留学生管理规定》，但由于没有具体的细则，导致各高校管理的随意性，如各高校依据经验建立自己的管理制度。由于国内很多高校的留学生管理和服务制度是建立在经验之上的，经验不是科学，经验很可能并没有完全和正确地反映客观规律。因此根据经验建立的制度，也就不能完全符合工作实践的规律。由此造成服务和管理效率比较低、工作随意性比较大、留学生对学校的管理和服务满意程度不高等诸多问题。

三　汉语热背后的冷思考

1. 汉语国际推广事业与对外汉语教学学科

语言强弱不仅是国家强弱盛衰的象征，而且语言也会促进国家的发展强大，是"软国力"的核心。所以许多大国都在有计划地实施各自语言的战略，并努力扩大语言的国际影响。美英等国通过贸易、媒体、教育、文化等途径向世界倾销英语，法国努力协调有34个国家和3个地区构成的法语区的语言问题，西班牙利用西班牙语世界这一概念向世界进行语言传播，日本、韩国建立基金会不遗余力地推进日本语韩国语的国际传播。尽管目前我国对外汉语教学被看作"国家和民族的事业"，但是用"事业"的方式来办专业，容易架子大内容少。在国家汉语国际推广宏观政策的引导下，必须搞好汉语教学专业，否则汉语世界推广很难有成效。

2. 汉语话语权与推广障碍

毋庸讳言，汉语走向强势的不利因素也很多。其一，就语言本体而言，汉语的一致性差，方言分歧严重，普通话没有完全普及，汉字有繁体字与简化字之别。其二，在升学、晋职、晋级、就业等领域，存在着轻汉语重外语（主要是英语）的政策规定或心理倾向，损伤了母语的声望。其三，汉语汉字的规范标准不健全。我们对现代汉语、现代汉字的研究不够深入。其四，世界上许多信息技术的巨头公司，如微软、英特尔、IBM、富士通、摩托罗拉等，都争相把中文信息处理技术作为重要的研发任务，而我国在核心技术方面拥有自主知识产权的成果还不多。其五，汉语在国际语言生活中还算是弱势语言。将汉语作为国家通用语言或工作语言的国家和地区不多；联合国虽然将汉语列为其工作语言，但是地区性或国际性的组织、会议真正使用汉语的不多；汉语在地区或国际的重要交际领域，如外交、贸易、科技、教育等领域，使用十分有限。一项调查统计表明，现在全世界互联网 85％ 使用的是英语，78％ 的电子邮件使用的也是英语，在联合国各种场合中使用的语言，95％ 的场合是英语，汉语的使用率只有百分之零点几。有学者指出，汉语热是否能持续下去，政府的汉语国际推广策略如建立孔子学院或许会有一定作用，但从根本上说则取决于说汉语、写中文的能否在国际商业市场上拥有不可替代的话语权，取决于那些想说汉语、想写中文的人出于自身经济利益而形成的学习动力的持续。新加坡南洋理工大学吴英成教授说，博大精深的文化固然重要，但 RMB 则是汉语走向世界最原始的动力。

3. 母语者的母语意识

2004 年 9 月，作家王蒙在"2004 文化高峰论坛"上指出，在全球化的语境下，由于英语、拉丁文在国内的普遍使用，使得中华母语遭受到前所未有的伤害。面对汉语母语出现的空前危机，他呼吁全球华人共同保卫汉语，展开一场汉语保卫战。关于这一点笔者以两个亲身经历的例子再作些说明。今年暑期笔者带了来自俄罗斯的汉语短期学习班，一次笔者带领学习班成员参加本校艺术学院举办的"抗震救灾音乐会"，期间遇到了对号入座的问题，这时一个中国本科生服务者就开始用英语准备交流，可是这个中国学生刚一开口，俄罗斯的学生就马上说，"请用汉语吧，没问题！"第二个例子也是发生在暑期，笔者在办公室工作，一个韩国学生走进来操着还不错的汉语说："报名……可以用韩语吗？"笔者所在韩国学院的老师大多能讲一点儿韩国语，但出于汉语教学与推广的目的，笔者还是当即回答："对不起，不可以，请用汉语。"李宇明在 2005 年"第二届华文教学国际论坛"上指出，当前正值全世界讨论汉语发展时期，但中国内地的汉语教育教学却处于"外热内冷"的局面。试想，不珍爱自己的母语、不喜欢说自己的母语，怎么能让一个外国人去积极地学习并认同呢？这个浅显的道理值得每一个中国人深思！众所周知，法国人对语言的热爱可以说无以复加，这一点我们应该汲取。

4. 对外汉语从业者的语言素质

这里说的对外汉语从业者泛指一切与对外汉语教学或汉语国际推广有或多或少关系的工作者。从事母语教学与面向外国人的第二语言教学有很大的不同，在第二语言教学过程中，除了要注意因文化的差异导致的文化休克外，语言教学过程中的举例也要慎之又慎，且不可随意为之。请看以下几个在对外汉语教学材料中发现的例句：

> 外国侵略者的刺刀上沾满了中国人民的鲜血。
> 在日本侵略者铁蹄的践踏下……
> 我军击落了一架敌军飞机。
> 非洲有很多未开化的民族。
> 我拒绝买假货。

以上这些例句从句法结构的角度讲都是十分正确的，但从对外汉语教学的角度看却非常不合适。首先，中国一贯倡导"和谐"，而例句中却反复出现"战争"的影子；其次，人无高低贵贱之分，任何一个民族都需要得到应有的尊重，因此语言教学要力避涉及国家民族不良特征的举例内容；再次，在发达国家，产品一般没有"假"的概念，只有质量高低好坏的标准，选用"假货"举例很容易使人联想"假货"在中国横行的情况，等等。我们说汉语国际推广，并不是推广用汉语记载的一切内容，而是有选择地推广优秀的、为世人都能接受、愿意接受的，能为世界共享的知识与文化。特别是因为当前国际汉语教师匮乏，经国家汉办短期培训派出的部分汉语教师先前没有第二语言教学的经历和经验，本节所述对这些初涉对外汉语教学的工作者来说就尤其需要注意。

[作者单位：山东大学（威海）]

我国高水平竞技健美操运动员
体能特征分析

张洪振　金　遥　陈文新

健美操是一项年轻的体育运动项目，但以其自身的魅力和项目特点，在我国只经过短短的 20 多年就已得到广泛开展。1994 年国际体操联合会正式接受健美操进入国际体联，建立了 FIG 健美操委员会，使健美操作为一项竞技运动得到了进一步的发展。我国的健美操水平也得到了飞速的发展，国家队在训练方面也已积累了相当多的经验，但对健美操运动员体能方面的理论研究相对欠缺。欲在国际健美操竞技舞台上立于不败之地，保持世界先进水平，就必须加强科学理论意识，运用科学手段总结并积累成功经验，更有效地指导我们的训练实践。

1　研究对象与方法

1.1　研究对象

研究对象为备战第九届世界健美操锦标赛的中国健美操集训队队员。共85 人，其中男运动员 37 人，女运动员 48 人。

体能测试地点：北京体育大学。

1.2　研究方法

1.2.1　文献资料法

通过中国期刊网等查阅与研究有关的研究文献，作为本课题研究需要的基础资料。

1.2.2 观察法

现场观看国家健美操队训练课 6 周及第九届世界健美操世锦赛，并对相关内容做现场记录，分析并得出相关结论。

1.2.3 专家访谈法

在查阅大量相关文献资料的基础上，针对健美操体能训练的问题，先后与多名训练学专家和国家一队、国家二队健美操教练员进行访谈。

1.2.4 测试法

问卷调查与专家访谈结束后，将反映健美操体能特征的终选指标对研究对象进行测试，测试由北京体育大学的教师和国家队教练按照测试标准完成。

1.2.5 数理统计法

所有分析数据采用 SSPS12.0 统计分析软件进行处理。

2 选定测试指标

2.1 指标的选取

指标的合理选取，是完整反映运动员体能指标的关键所在。要选择出体现体能特征的既全面又简练的指标，必须充分考虑国际体操联合会（FIG）于 2005~2008 年颁布的《竞技健美操竞赛规则》的要求："展示完美的姿态和关节的正确位置，主动和被动的柔韧、力量、爆发力以及肌肉耐力"等几个方面。为此，研究通过文献资料法和专家访谈法，根据典型指标的选取原则以及专家问卷的调查结果，对初步选定 54 项身体训练指标进行筛选，并通过聚类分析法，选取问卷同意率大于 70% 的 11 项指标作为测试内容，它们分别是躯干分屈、躯干并屈、肩正测试、肩反测试、髋左纵测试、髋右纵测试、髋横测试、仰卧提臀测试、屈体分腿跳、俯卧撑击掌、5000M、3000M（女）。

2.2 专家问卷鉴定

将初次选定的 11 项测试指标，采用问卷调查的方式再次进行专家问卷鉴定，专家组由国家队健美操教练及北京体育大学的教师等一线教练组成。通过专家对测评方案的完整性及有效性等方面进行鉴定，结果表明，测评方案的各项指标设计达到了预期的目标（见图 1）。从整体情况看，专家认为，选定的 11 项测试指标能够完整地反映《竞技健美操竞赛规则》中指出的柔韧、力量、爆发力以及肌肉耐力方面的水平。

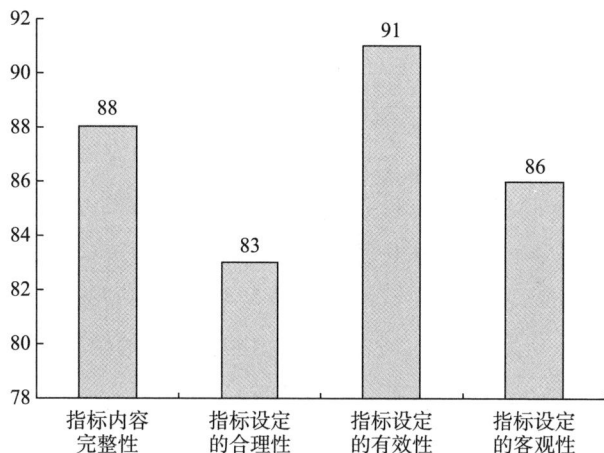

图1　竞技健美操预案专家评定结果示意

3　结果与分析

为充分揭示健美操国家集训队男、女运动员体能的基本特征，采用主成分分析方法（又称 R 型因子分析）。采用此法分析的主要目的是将众多的测试项目进行分类，甄别各类检测项目的本质内涵，明确各类运动素质的训练重点，从而为科学体能训练提供依据。

3.1　男子高水平健美操运动员体能的特征分析

3.1.1　男子高水平健美操运动员体能的测试结果

表1表达了男子健美操运动员在每项指标的测试中的平均水平，标准差表达了参加测试的运动员水平差距。

表1　男子健美操运动员专项素质测试结果统计（N = 37）

指标	平均数	标准差	指标	平均数	标准差
躯干分屈	10.081	3.825	躯干并屈	14.027	1.572
肩正测试	11.595	2.166	肩反测试	11.756	3.767
髋左纵测试	8.1081	2.913	髋右纵测试	8.297	3.178
髋横测试	8.486	5.069	仰卧提臀	30.486	10.062

指标	平均数	标准差	指标	平均数	标准差
屈体分腿跳	48.243	11.437	俯卧撑击掌	43.054	13.882
5000M	25.270	13.016			

3.1.2 男子高水平健美操运动员体能的因子分析

（1）因子分析的共同度结果

因子共同度主要反映了样本指标的公因子方差程度。本研究所测指标的公因子方差系数基本超过 0.6 以上，说明各个测试项目及其参数不仅充分符合健美操运动员运动素质特征，同时也满足因子分析的数据条件。

（2）因子分析各特征值结果

首先，我们对男运动员的测试结果进行分析，经主成分分析筛选，得出因子特征值、贡献率和累计贡献率（见表2）。由表3可见，按特征值大小排序后，以特征值大于1为临界值，提取3个主因子（又称公因子），求出初始因子的载荷矩阵。在测试的11个指标中，当某指标的特征值大于1，则提取该指标为一个主因子，贡献率表达了该因子在整个测试成绩中的重要程度，即因子的贡献率越大，对于运动员来说，这个因子对于提高比赛成绩就越为重要。同时，KMO值在0.7以上，说明各类指标适合做主成分分析。

表2 因子特征值、贡献率和累计贡献率

主成分	特征值	贡献率%	累计贡献率%	
1	3.645	33.136	33.136	
2	2.668	24.257	57.392	
3	1.279	11.627	69.019	KMO 值 = 0.724

（3）方差极大正交旋转分析结果

求出初始因子载荷矩阵后，表5把测试的11个指标划分入三个主因子中，每项指标在三个主因子中因子载荷绝对值最大者，即划分入该因子。为了进一步地遴选归类，本研究对初始因子载荷矩阵进行了方差极大正交旋转后，得出旋转后因子载荷矩阵（见表3）；为了清楚地认识旋转后因子载荷矩阵表，选取0.6为临界值，对旋转后因子载荷矩阵进行进一步地整理（见表4）。由表4可见，躯干分屈、躯干并屈、肩正测试、肩反测试、髋右纵测试、髋左纵测试、髋横测试7项指标为第1主因子；无氧耐力仰卧提臀、无氧耐力屈体分腿跳、无氧耐力俯卧撑击掌3项指标为第2主因子；5000M跑1项指标为第 3 主因子。将这 3 类主因子的贡献率进行排序，分别为 33.14%、24.26%、11.63%。可以说这 3 大类因子综合了全部测试指标的绝大多数信息，反映出我国高水平男子健美操运动员运动素质的基本特征。

表 3　旋转后因子载荷矩阵

	主成分 1	主成分 2	主成分 3
躯干分屈	0.733	− 0.149	− 0.188
躯干并屈	0.593	− 0.024	0.151
肩正测试	− 0.750	0.154	0.461
肩反测试	0.558	− 0.247	0.122
髋左纵测试	0.805	− 0.005	− 0.297
髋右纵测试	0.867	− 0.106	− 0.294
髋横测试	0.673	− 0.368	− 0.033
仰卧提臀	0.29	0.821	0.284
屈体分腿跳	0.442	0.739	− 0.105
俯卧撑击掌	0.30	0.782	0.398
5000M	0.368	− 0.211	0.753

表 4　旋转并截取值后的因子载荷矩阵

	主成分 1	主成分 2	主成分 3
躯干分屈	0.733		
躯干并屈	0.593		
肩正测试	− 0.750		
肩反测试	0.558		
髋左纵测试	0.805		
髋右纵测试	0.867		
髋横测试	0.673		
仰卧提臀		0.821	
屈体分腿跳		0.739	
俯卧撑击掌		0.782	
5000M			0.753

3.1.3　男子高水平健美操运动员体能的理论解析

由表 4 因子分析结果可见，上述项目指标可以大致分为 3 类主因子指标。

我们根据各个主因子内部主要测试指标的意义，赋予具体的名称（见表5），以便展开讨论。

表5　男子主成分分类及命名一览表

因子排序	高载荷指标	因子载荷	命名	影响程度
1	躯干分屈	0.773	柔韧因子	33.136
	躯干并屈	0.593		
	肩正测试	-0.750		
	肩反测试	0.558		
	髋左纵测试	0.805		
	髋右纵测试	0.867		
	髋横测试	0.673		
2	仰卧提臀	0.821	力量因子	24.257
	屈体分腿跳	0.739		
	俯卧撑击掌	0.782		
3	5000M	0.753	耐力因子	11.627

　　属于第1主因子的柔韧因子主要包括躯干分屈、躯干并屈、肩正测试、肩反测试，主要反映健美操运动员的上肢柔韧水平；髋左纵、髋右纵和髋横指标则主要反映健美操运动员的下肢柔韧水平。在不同级别健美操的比赛中，上肢、下肢和腰腹的柔韧好坏对运动员比赛成绩起到决定性作用，所以在训练过程中要针对性地加强对这几方面的锻炼，以适应比赛的需求。

　　属于第2主因子的专项力量因子实质上包含着健美操的专项力量、速度、爆发力素质因素。该类因子之所以将其归为一类，其意义在于提醒我们：健美操运动中的各项素质是有机地联系在一起的，必须系统地给予综合发展。40秒仰卧提臀是反映全身综合力量的重要指标，俯卧撑击掌则是一项上肢力量和速度的检测指标。屈体分腿跳反映的是运动员下肢和腰腹的快速力量。这三项素质对运动员在比赛时动作完成质量的好坏有直接影响。40秒仰卧提臀，40秒俯卧撑击掌，40秒屈体分腿跳，都直接影响着运动员的力量耐力素质，它们反映了健美操运动员长时间多次数完成技术动作的能力。从这几项指标可以看出专项技术动作瞬时速度、动作爆发力量、持久用力能力三个方面集中决定了这些指标的成绩。由各指标相关系数矩阵表和相关分析结果表明：专项力量性因子的测试项目与第1主因子的肢体力量性因子的测试项目，具有相对较高的关联性，两者既相对独立又互为影响。如果将这两主因子初始因子贡献率相加，可达 57.39%（分别为 33.13% 和 24.25%）。由此可见，男子健美操运动员柔韧素质和力量素质的发展对于运动素质的提高起到决定性的作用。同时，两者之间较高的相关性，这提示我们基础性力量素质的发展程度直接影响着专项力量的发展水平。在发展力量时，要充分考虑到基础性力量素质与专项力量素质训练的紧密结合。

属于第 3 主因子的基础耐力性因子的测试项目是 5000M 跑。严格意义上讲，这项指标属于健美操专项的基础耐力项目，本着"从难、从严、从实战出发"的训练原则，这项指标的提高可为健美操专项耐力素质训练奠定良好的基础。健美操运动员基础耐力能力的提高，不仅可使健美操运动员心肺功能、最大摄氧量、个体乳酸阈等一般能力指标提高，而且有利于促进专项耐力能力的提高。在比赛中，有氧代谢能力具有提高磷酸原恢复速度、加速乳酸消除、延缓血液酸化程度、推迟疲劳的到来等积极作用。

从运动时间看，耐力素质为基础，从度量单位上看，动作速率为目标；从动作环节上看，上肢爆发力为要素。研究将这两项指标被视为一类，不仅再次证明糖酵解供能状况下的速度耐力素质是一种专门的素质，同时提示我们，该项素质是健美操运动员不能忽视的专项运动素质之一。灵敏素质是由 30 秒钟仰卧提臀和 30 秒立卧撑跳组成，两者之间的相关系数为 0.623，而且共同组成一类。显然，数理分析结果符合运动训练的基本理论。因子分析结果尽管将灵敏因子列为最小影响因素，但是其意义不仅昭示其他素质因子的影响程度相对较大，同时提示灵敏因子也是不容忽视的运动素质之一。其中仰卧提臀与许多指标都具有高度相关性，说明健美操运动员身体素质是一种综合表现形式，涉及反应速度、协调能力、力量和速度素质等。竞技健美操的动作的完成是在音乐节奏快速多变的情况下完成的，因此，健美操运动员在高强度的比赛中必须具备准确、熟练、协调地完成各种技术动作的能力，这些都是灵敏素质的作用在健美操运动中的具体表现。

综合分析：男子优秀健美操运动员的运动素质是需要全面发展和专项深化的。然而，所有相关运动素质的发展，应当根据健美操运动各个运动素质的专项作用程度的大小，统筹考虑。本研究的初始因子贡献率的排序指出：健美操运动员的第一素质由柔韧素质构成。这是健美操运动的特点决定的，健美操的突出特点就是力与美的结合，其中美最主要体现在柔韧方面及动作结构的变异组合。健美操运动员的第二素质是力量素质（包括基础性力量和专项力量）。这是健美操运动员在比赛过程中完成技术难度动作所必须具备的。所以，肌肉往往需要最大用力、爆发用力、长时间反复用力，其技术动作的用力特征又表现出多关节协调伸屈完成一个动作的活动特点。由此可以看出，"力量运用的有效性"是健美操运动员追求的根本目的。健美操运动员的第三素质是混合供能状态下的基础耐力素质和糖酵解供能为主状况下的耐力素质，这是由健美操运动比赛规定的时间范围和竞赛的激烈程度的特点所决定。

3.2 女子高水平健美操运动员体能的特征分析

3.2.1 女子高水平健美操运动员体能的测试结果

表6表达了女子健美操运动员在每项指标的测试中的平均水平，标准差表达了参加测试的运动员水平差距。

表 6 女子高水平健美操运动员专项素质测试结果统计（N=48）

指标	平均数	标准差	指标	平均数	标准差
躯干分屈	14.770	15.342	躯干并屈	14.333	1.388
肩正测试	13.875	1.696	肩反测试	13.916	2.191
髋左纵测试	11.958	2.720	髋右纵测试	11.083	2.995
髋横测试	12.250	4.133	仰卧提臀	17.625	3.424
屈体分腿跳	36.875	6.420	俯卧撑击掌	30.354	5.998
3000M	23.645	17.566			

3.2.2 女子高水平健美操运动员体能的因子分析

首先，我们对女子健美操运动员的测试结果进行分析，经主成分分析筛选，研究得出因子特征值、贡献率和累计贡献率。按特征值大小排序后，以特征值大于1为临界值，提取3个主因子（又称公因子），求出初始因子的载荷矩阵（同男子）。

（1）极大正交旋转分析结果（同男子）；

（2）女子健美操测试样本指标的公因子方差程度（同男子）；

（3）相关系数矩阵分析结果（同男子）；

（4）极大正交旋转分析结果。

求出初始因子载荷矩阵后，表4把测试的11个指标划分入三个主因子中，每项指标在三个主因子中因子载荷绝对值最大者，即划分入该因子。为了进一步地遴选归类，研究对初始因子载荷矩阵进行了方差极大正交旋转后，得旋转后因子载荷矩阵。为了清楚地认识旋转后因子载荷矩阵表，选取0.4为临界值，对旋转后因子载荷矩阵进一步地整理。由表7可见，躯干分屈、

躯干并屈、肩正测试、肩反测试、髋右纵测试、髋左纵测试、髋横测试 7 项
指标为第 1 主因子；无氧耐力仰卧提臀、无氧耐力屈体分腿跳、无氧耐力俯
卧撑击掌 3 项指标为第 2 主因子；3000M 跑 1 项指标为第 3 主因子。由表 8 可
见，将这 3 类主因子的贡献率进行排序，分别为 33.49%、21.61%、
16.99%。可以说这 3 大类因子综合了全部测试指标的绝大多数信息，反映出
我国高水平女子健美操运动员运动素质的基本特征。

表 7　旋转并截取值后的因子载荷矩阵

	主成分 1	主成分 2	主成分 3
躯干分屈	0.413		
躯干并屈	0.478		
肩正测试	0.453		
肩反测试	0.741		
髋左纵测试	0.839		
髋右纵测试	0.640		
髋横测试	0.486		
仰卧提臀		0.742	
屈体分腿跳		0.863	
俯卧撑击掌		0.829	
3000M			0.777

3.2.3　女子高水平健美操运动员体能的理论解析

由分子分析结果可见，上述项目指标可以大致分为 3 类主因子指标。我
们根据各个主因子的内部主要测试指标的意义，赋予具体的名称（见表 9），
以便展开讨论。由表 9 可见，在女子健美操运动员的整个运动素质中，柔韧
素质、力量素质、耐力素质是主要核心素质。此点不仅由表中的绝大多数主
因子的指标含义反映出来，也可从表 8 初始因子贡献率中第 1 主因子的
33.493% 的数值中得到证明。

表 8　因子特征值、贡献率和累计贡献率

主成分	特征值	贡献率%	累计贡献率%	
1	2.914	33.493	33.493	
2	1.937	21.613	55.106	
3	1.424	16.994	72.051	KMO 值 = 0.701

表 9   女子健美操运动员测试指标主成分分类及命名一览表

因子排序	高载荷指标	因子载荷	命名	影响程度
1	躯干分屈	0.413	柔韧因子	33.493
	躯干并屈	0.478		
	肩正测试	0.453		
	肩反测试	0.741		
	髋左纵测试	0.893		
	髋右纵测试	0.640		
	髋横测试	0.486		
2	仰卧提臀	0.742	力量因子	21.613
	屈体分腿跳	0.863		
	俯卧撑击掌	0.829		
3	3000M	0.839	耐力因子	16.994

第 1 主因子反映了女子健美操运动员的柔韧因子。第 2 主因子的力量因子包括仰卧提臀、躯体分腿跳、俯卧撑击掌三项指标。第 3 主因子耐力因子是指 3000M 长距离跑这项指标，各项内容与男运动员大都相似，这里就不多作赘述。

综合理论分析，我们认为，女子优秀健美操运动员的运动素质也需要全面发展和专项深化。研究根据初始因子贡献率的排序指出：健美操运动员的第一素质是柔韧素质，第二素质是力量素质，第三素质是混合供能状态下的基础耐力素质和糖酵解供能为主状况下的速度耐力素质。

4   结论

4.1   男子竞技健美操运动员的体能素质按其贡献程度进行排序分别为：柔韧因子、力量因子、耐力因子。其中力量和柔韧素质是男子健美操运动员的主导核心素质。

4.2   体能训练在国家健美操队训练的周期中占很大比重，在一般准备期和专门准备期高达 65.5% 和 60.8%，而且在比赛期同样保持 40.5% 的训练比重。

4.3   女子竞技健美操运动员的体能素质是按柔韧因子、力量因子、耐力因子进行排序的。因生理原因女运动员的柔韧素质相对较高，因此力量素质是女子健美操运动员运动素质中的主导核心要素。

4.4　优秀竞技健美操运动员在发展基础运动素质前提下深化专项素质。但是，男、女运动员运动素质的专项作用程度有所差别。体能训练中应优先发展男子运动员的柔韧素质；女子运动员在体能训练中应侧重于力量素质的提高。

[作者单位：山东大学（威海）]

《小学习作教学 30 招》内容提要

陈丽萍

　　《小学习作教学 30 招》是一本系统的教法指导用书，主要从教学方式的改进入手解决目前作文教学面临的难点问题。本书系统地总结了习作教学的 30 余种方法，很好地诠释了教学是有方法的。在编排上以实用性为出发点，既有具体方法的介绍，也有针对性很强的教学案例和习作例文，这三个方面相辅相成，构成了一个比较完整的体系。不但适用于教师教学指导，也适用于学生自学，还适用于家长辅导，是一本针对性、实用性很强的习作教学指导用书。

　　《小学习作教学 30 招》共分四章，分别从"十六种常规训练方式""四种梯度训练""十一种常规教学模式""八种评改方法"四个部分，详尽地展示了习作教学中经常用到的一系列教法、学法。教学有法，教无定法。本书旨在积累、探讨一些习作教学方法，以期提高课堂教学效率，打开学生习作教学思路。

　　第一章介绍的十六种常规训练方式是本书的精髓，是从事教育教学多年的陈丽萍校长及一线优秀教师，结合他们自己在多年的实践中积累的经验提炼出来的。这十六种方式，各有所长。从"词群组合式"到"单词发散式"、"句子顺延式"、"依句扩充式"……甲有甲的用处，乙有乙的用处。所列的内容虽包容诸多，但要紧的是长尺短寸能为教者所用。在实际教学中，绝不应简单地运用一种方法，而应强调多种方法的优化组合。因此，内容上虽分章节，但方式方法却讲究浑然天成。在每一个训练方式中，编者先提出训练方法的要点、所针对的学生与教学情景的设置，随后用具体的教学案例做充分的展示。纵观这十六种训练方式中的教学案例，每一则案例就是一堂生动精彩的课堂教学实录。既有师生精彩的对话，也有针对每个环节设置的解析与点评，真实地反映了教学过程中的点点滴滴，充满了课堂教学鲜活的气息，实为不可多得的"源头活水"。在每一则教学案例之后，又为读者随机提供了习作例文，供读者参考研讨。这些习作例文都是从学生平时的习作训练中精心挑选出来的，是学生写作水平的真实写照，极富生活气息。这几个环节相辅相成，互为表里，为读者提供了丰富的习作常规训练资源。

第二章主要介绍了四种梯度训练方式。梯度训练就是习作训练由浅入深的顺序，而要由浅入深，按照一定的梯度，分项练习，无疑是个好方法。本章所介绍的内容，能够供教师依照每次习作内容有重点地训练一个点或几个点，从而形成一个系统层次，构成训练梯度。把习作的技巧释解成不同的点，分了项，有了层次，就会化复杂为简单，化抽象为具体，化玄妙为通俗。在具体的解说中，每一个梯度训练都结合教学实际，或是低年级说话的课堂实录，或是中高年级的习作例文。通过对这些教学内容的剖析，把编者多年的教学心得反映到这些训练中，给读者启迪。

第三章介绍的十一种常规教学模式，是本书中的又一大亮点。这些习作教学模式，均是从不同层面对习作教学的思考所得。着力于学生习作兴趣的激发、习作习惯的培养、习作能力的提高。教学模式一直以来就是一种重要的研究方法，在这一章，通过教学模式这一方式，把作者在习作教学中的研究成果呈现出来，目的是想通过这一方式使读者更加快捷、简便地了解习作教学的研究精髓。这十一种教学模式，均通过要点分析、教学案例、设计意图与反思这三个方面进行编排。在要点分析上，先提出这种模式的特征与适用范围，然后提出这种模式的基本流程。随后的教学案例中不仅有课堂教学的实录，还有适时的评点与设计意图，有很强的实用性与针对性。最后针对这种教学模式进行反思、总结与提高。每种模式都从理论和实践两方面为读者提供了参考。

第四章介绍的是八种评改方法。小学生习作评改是习作指导的重要环节，也可以说是小学生习作成败的关键所在。以往评改，大多是教师以自己的思想认识和写作能力去评改学生习作，耗时低效。随着课改的深入，教师评改手段开始多元化。《语文课程标准》指出："对学生作文评价结果的呈现方式可以是书面的，可以是口头的，可以用等第表示，也可以用评语表示，还可以综合采用多种形式评价。"这就不难看出学生习作的评改方式要灵活多变，因此，我们要倡导评改习作的多元化，以提高习作评改的实效性。本章罗列的八种评改方法有：精批细改法、略批指正法、面批面改法、黑板演示法、自行修改法、学生互改法、小组交流法、赏析评价法。在具体介绍这些方法时，采用先提出批改的要点；然后介绍一些名师的习作批改经验，并有详尽的解析；再随之举出具体的案例，在真实的习作中运用这些评改方法；最后做出评点，使读者明确每一种方法的优劣，以便在实际教学中随机应用。

"教海无涯法作舟"。新课程改革对我们的教师提出了新的挑战，因为课时数量的相对减少，使一部分善于挤、磨、挫的教师没有了生存的机会。出路只有一条，那就是提高课堂教学效率。怎样提高课堂教学效率呢？我们觉得增加课堂教学的技术含量是一个重要的方面。《小学习作教学 30 招》主要是我们长期的教学积累，期望我们菲薄的教学智慧、粗浅的教学经验能为读者转换成教育生产力，实现教育"资源"的共享，最终提高我们的课堂教学效率。

（作者单位：乳山市教育局）

后　记

　　威海市社会科学优秀成果奖，是威海市政府奖。1997 年，时值威海市成立 10 周年之际，中共威海市委宣传部、威海市人事局、威海市财政局、威海市社会科学界联合会联合报请，经时任市委副书记、市长孙守璞同志亲自过问并批准设立。

　　自 1997 年设立威海市社会科学优秀成果奖至今，共举行 20 次评选，有接近 1400 项成果获奖。许多成果进入决策，较好地解决了经济社会发展实践中的难题。

　　2007 年，为庆祝威海市建市 20 周年，我们编辑出版了《威海市社会科学优秀成果获奖作品文库》（第一卷～第十卷）。近 10 年来，威海的哲学社会科学事业，尤其是社科理论研究领域，从人才队伍到研究领域到成果质量水平，都得到了全面的发展。2017 年，威海市成立 30 周年，我们继续组织编辑了本套《威海市社会科学优秀成果获奖作品文库》（第十一卷～第二十卷）。

　　《威海市社会科学优秀成果获奖作品文库》（第十一卷～第二十卷），汇集了 2008～2017 年获得威海市社会科学优秀成果奖的著作、论文、研究报告，集中反映了近十年威海市哲学社会科学界取得的优秀成果，研究范围涉及经济学、管理学、语言文字学、教育学、文艺理论、外国文学、哲学、政治学、社会学、法学、科学社会主义理论等专业领域以及党的建设、历史文化、社会发展、经济建设、体制改革、马克思主义研究等诸多方面。

　　受篇幅的限制，编辑过程中，我们删除了成果原文中的"内容提要""关键词""参考文献"以及"尾注""角注""夹注"，加注了作者所在单位。若需详查，读者可与作者直接联系。

　　编辑过程中，有些文稿中图片的清晰度不够，达不到印刷要求，在不影响原意表达的前提下，一般作删除处理。因时间跨度较长以及各种社会因素变化，有些获奖成果已难以搜集，有些作者提供的资料过于简单或者缺乏研究的深意，也有个别研究因为资料来源不规范和一些认识偏差，没有收录，在此一并说明。

社会科学文献出版社的领导和编辑们，在文库的编辑工作中展现了出色的业务能力、精益求精的工作态度和一切从客户愿望出发的职业道德，成为我们学习的榜样。在此，表示衷心感谢！

编　者

2017 年 9 月